# RASGOS DISCURSIVOS
# Y ESTRUCTURA DE INFORMACIÓN
# DEL GRIEGO DEL NUEVO TESTAMENTO

**Equipo de redacción**

Susan McQuay, Editora de la serie
Eric Kindberg, Jefe de redacción
Eugene E. Burnham, Editor del volumen

**Equipo de producción**

Priscilla Higby, Jefa de producción
Judy Benjamin, Compositora

**Diseñadora gráfica**

Barbara Alber

# RASGOS DISCURSIVOS
# Y ESTRUCTURA DE INFORMACIÓN
# DEL GRIEGO DEL NUEVO TESTAMENTO

Stephen H. Levinsohn

Traducido por
**Marlene Ballena Dávila**

Traducción redactada por
**Stephen H. Levinsohn**
y
**Pere Cané-Gombau**

SIL Global
Dallas, Texas

© 2025 por SIL Global
Library of Congress Control Number: 2024951693
ISBN: 978-1-55671-558-7 (pbk)
ISBN: 978-1-55671-559-4 (ePub)

Todos los derechos reservados

Ninguna parte de esta publicación puede ser reproducida, almacenada en un sistema de recuperación o transmitida de ninguna forma o por ningún medio – electrónico, mecánico, fotocopia, grabación o cualquier otro – sin el permiso expreso de SIL Global. No obstante, se pueden citar sin permiso pasajes breves que, por lo general, se entienden dentro de los límites del uso legítimo.

Se pueden obtener copias de esta y otras publicaciones de SIL Global a través de distribuidores como Amazon, Barnes & Noble, otros distribuidores mundiales y, para volúmenes selectos, publications.sil.org.

SIL Global Publishing Services
7500 W Camp Wisdom Road
Dallas, TX 75236-5629 USA
publications@sil.org

La cita bíblica identificada como *DHH* es de la Biblia *Dios Habla Hoy*®, Tercera edición © Sociedades Bíblicas Unidas, 1966, 1970, 1979, 1983, 1996. Usada con permiso de las Sociedades Bíblicas Unidas.

Las citas bíblicas identificadas como *BJ* son de la *Biblia de Jerusalén*, editada por Desclée de Brouwer © 2019.

Las citas bíblicas identificadas como *LBLA* son tomadas de *LA BIBLIA DE LAS AMERICAS*, Copyright © 1986, 1995, 1997 by The Lockman Foundation. Usadas con permiso. www.LBLA.com.

Las citas bíblicas identificadas como *NBE* son de la *Nueva Biblia Española* por Luis Alonso Schökel y Juan Mateos, © 1975, Editada por Ediciones Cristiandad. Usadas con permiso de Ediciones Cristiandad.

Las citas bíblicas identificadas como *NVI* son tomadas de *La Santa Biblia, NUEVA VERSIÓN INTERNACIONAL*® *NVI*® © 1999, 2015, 2022 por Biblica, Inc.® Usadas con permiso de Biblica, Inc.® Reservados todos los derechos en todo el mundo.

Las citas bíblicas identificadas como *PDT* son de *La Palabra de Dios Para Todos* (*PDT*) © 2006 Centro Mundial de Traducción de la Biblia. Todos los derechos reservados.

Las citas bíblicas identificadas *RVR95* han sido tomadas de la *Reina-Valera 95*® © 1995, las Sociedades Bíblicas Unidas, 1995. Usadas con permiso de las Sociedades Bíblicas Unidas.

Los ejemplos griegos y las traducciones palabra por palabra se han tomado del *Nuevo Testamento interlineal griego-español* por Francisco Lacueva © 1984 por CLIE. Utilizados con permiso de CLIE. Todos los derechos reservados.

# Prefacio

Este libro se denomina *curso*, ya que puede emplearse en un aula de clase o de forma autodidacta. En gran parte, refleja y aprovecha el trabajo de otros. No se ofrece una bibliografía completa de libros y artículos para cada aspecto de la gramática griega tratado en los diferentes capítulos, pues tales bibliografías se encuentran en los materiales citados en conexión con cada materia.

Quisiera expresar mi sincero agradecimiento a los que compartieron sus investigaciones conmigo, así como a la Dra. Katy Barnwell, que insistió en que me tomara el tiempo para desarrollar un volumen sobre este tema. Agradezco de manera especial al lingüista Tony Pope, que preparó una crítica detallada de los borradores en inglés y compartió muchas ideas valiosas sobre el texto griego (ISO 639-3 code [grc]) y las variantes, y al Dr. Buist Fanning, que ofreció muchas sugerencias valiosísimas sobre la presentación óptima del material, así como detectó algunos errores desafortunados.

En cuanto a esta edición en castellano, quisiera agradecer en primer lugar a la maestra peruana Marlene Ballena, que produjo el primer borrador. Pronto se dio cuenta de las muchas diferencias en la terminología empleada en las publicaciones en castellano producidas por lingüistas norteamericanos y la recomendada por la Asociación de Academias de la Lengua Española, por ejemplo, en su *Nueva gramática de la lengua española: Manual* del año 2010. Para ayudarme a corregir esta deficiencia, busqué el consejo de varios estudiosos hispanos, quienes me dirigieron al estudiante de doctorado Pere Cané, que no sólo me sugirió muchas maneras de mejorar el volumen, sino que también me introdujo a varias gramáticas del griego escritas en castellano.

El libro habrá logrado su propósito solamente si beneficia al lector, el asesor o el traductor del texto griego a otras lenguas. Puede ser que el lector encuentre errores, piense en mejores formas de presentar los materiales e incluso pueda ofrecer un mejor análisis de algunos pasajes. En ese caso, le rogaría que los comparta conmigo (enviándolos, por ejemplo, a mi correo electrónico Stephen_Levinsohn@sil.org), de modo que cualquier edición posterior del libro sea mucho más útil.

Que el Señor haga que su Palabra sea cada vez más viva y activa, a medida que mejoramos nuestra comprensión de su mensaje escrito para nosotros y para todos los pueblos de este mundo.

# Introducción

Este libro de ninguna manera pretende cubrir la multitud de rasgos discursivos que se encuentran en el Nuevo Testamento (NT) griego. Más bien, intenta describir un número limitado de temas que se han estudiado en profundidad.

Si el lector nunca ha seguido un curso sobre el análisis de textos, comprenderá el contenido de este libro con más facilidad si lee primero los capítulos 1–7 de Dooley y Levinsohn 2007.

Dicho esto, cualquier persona con algún conocimiento de la gramática del griego del NT que desee aprovecharse de un enfoque extra-oracional del texto original se beneficiará con la lectura de este libro. El tipo de conocimiento previo necesario sería la identificación del caso de los sustantivos, así como el tiempo-aspecto de los verbos, y la distinción de oraciones principales, de relativo, de participio, etc. Es decir que se necesita un conocimiento básico de griego introductorio.

Lo que *no* se necesita para comprender este libro es mucho vocabulario griego. Todos los ejemplos ofrecen una traducción palabra por palabra, adaptada del *Nuevo Testamento Interlineal Griego-Español* de Francisco Lacueva (*CLIE* 1984). El texto griego no se cita allí donde no es relevante para el punto tratado, sino que se da la traducción de la quinta edición de la *Biblia de Jerusalén* de 2019 (*BJ*), adaptada cuando ha sido necesario para reflejar mejor el griego. En cuanto a variaciones textuales, se indican solamente cuando la interpretación alterna podría afectar al punto estudiado.[1]

El libro tiene diecisiete capítulos, cada uno de los cuales consta de una presentación de uno o más rasgos del discurso del NT griego, ilustrados con pasajes del mismo. Las secciones normalmente terminan con preguntas de repaso. El estudiante debe tratar de contestarlas *antes* de ver las respuestas sugeridas. Si las preguntas parecen demasiado difíciles de contestar, léase de nuevo la sección.

Los pasajes ilustrativos se dan para que el estudiante pueda aplicar los principios enseñados en el capítulo. Una vez más, contéstense las preguntas sobre el pasaje ilustrativo *antes* de ver las respuestas. (En el Apéndice se ofrecen respuestas sugeridas a algunos pasajes ilustrativos en vez de darlos en el capítulo correspondiente, justamente para que sean menos accesibles).

## El enfoque teórico de este libro

El lector en seguida se dará cuenta de que este volumen no aborda el griego en la forma tradicional, sino más bien desde la lingüística descriptiva. En efecto, he analizado el texto griego de la misma manera en que abordaría textos en cualquier otro idioma del mundo, utilizando los mismos principios analíticos. Más aún, las conclusiones a las que llego se corresponden con los principios generales que se aplican a otros idiomas.

Mi modo de tratar el análisis discursivo es *ecléctico*, usando ideas de diferentes lingüistas y diversas teorías lingüísticas cuando me parecen útiles. Más aún, no vacilo en tomar una idea propuesta

---

[1] Con pocas excepciones, las variantes textuales se consideran solamente si están en el marco de *SBU*.

por algún lingüista y desarrollarla en otra dirección. Esto es especialmente cierto en cuanto a Givón;[2] muchas de sus ideas me parecen muy valiosas, pero a veces las conclusiones a las que yo llego a partir de ellas son exactamente contrarias a las suyas.

Mi método también es *funcional*. Dooley define el método funcional como «un intento de descubrir y describir para qué se usan las estructuras lingüísticas: las funciones que desempeñan, los factores que condicionan su uso».[3]

Este método funcional contrasta con el *estructural*, que es «un intento de describir la estructura lingüística ... esencialmente por sí misma».[4] En el peor de los casos, el método estructural podría decir, por ejemplo, que las oraciones griegas presentan los seis órdenes posibles de sujeto (S), complemento (directo o indirecto) (C) y verbo (V) – SVC, SCV, CSV, CVS, VSC, VCS – sin tratar nunca la cuestión sobre cuándo usar cuál. Un método funcional, en cambio, empieza desde la existencia de los seis órdenes (es decir que presupone un análisis estructural) y se centra en identificar los factores que determinan la elección de un orden frente a los demás.

Un principio básico de un enfoque funcional consiste en que *elección implica significado*.[5] (Con demasiada frecuencia, los términos «opcional» y «variación estilística» son sinónimos de «no sé»). De modo que, cuando un autor o autora tiene la opción de expresarse en más de una manera, estas elecciones difieren en propósito. Por ejemplo, el sujeto de una oración griega a veces precede al verbo y a veces lo sigue. No es simplemente una cuestión de estilo, hay una razón lingüística para el cambio de orden (véanse los capítulos 1 al 4).

De manera semejante, cuando oraciones sucesivas tienen el mismo sujeto, a veces se refieren al sujeto solo en el verbo, a veces por medio de un pronombre como αὐτός 'él' y a veces por medio de un grupo nominal como ὁ Ἰησοῦς 'el Jesús'. Esto tampoco es simplemente una cuestión de estilo; hay una razón lingüística (capítulo 8).

Del mismo modo, las referencias a una persona por nombre a veces llevan artículo (ὁ Ἰησοῦς) y a veces no lo llevan (Ἰησοῦς). Una vez más, tampoco es simplemente una cuestión de estilo; hay una razón lingüística (capítulo 9).

Lo opuesto a este principio es que, si no hay elección, no hay nada más que decir. Por ejemplo, ciertos nombres nunca llevan el artículo. Cuando es así, no hay nada que investigar en esa área. En cambio, cuando un nombre a veces lleva el artículo y a veces no lo lleva y no hay una razón gramatical para la variación, la tarea del análisis de textos es descubrir el significado de la presencia o la ausencia del artículo.

Usar la «variación estilística» como una excusa para no investigar el significado de una forma de expresión frente a otra no es la única suposición peligrosa que los analistas a veces hacemos. Igualmente, errado es suponer que todos los autores del NT utilizan los rasgos discursivos de la misma manera. Sospecho que el hecho de que algunos eruditos no puedan precisar la función de ciertos rasgos tratados en este libro se debe a su expectativa de que una sola explicación cubriría a todos los autores.[6]

---

[2] Givón 1973 y Givón 1984 y 1990.

[3] Dooley 1989:1.

[4] Dooley 1989:1.

[5] *Significado* se usa aquí libremente para denotar cualquier distinción semántica o pragmática; no se emplea en contraposición con «efectos pragmáticos» (tratados a continuación). Más aún, acepto que los campos de los elementos léxicos y partículas pueden *solaparse*, aun cuando sus significados nucleares son diferentes. Asimismo, donde cambios diacrónicos estuvieron en proceso durante la redacción de un libro del NT (p.ej., el uso del pronombre relativo ὅστις en vez de ὅς cuando su referente no es «indeterminado» [Zerwick 2000:§ 216]), *puede* ser que el autor en cuestión use los dos de manera indiscriminada. Sin embargo, esto debe ser revisado continuamente. Cf. Dooley y Levinsohn 2007, capítulo 3, sobre el uso de diferentes *registros* en distintos contextos sociales por parte del mismo autor.

[6] Read-Heimerdinger (2002) nota que los editores y copistas también tienen su propio estilo, como se ve particularmente en el Códice Beza. Esto significa que el analista de una edición moderna del texto griego como la producida por las *SBU* podría estar frente a una combinación de estilos, aun cuando se concentre en las obras de un solo autor del NT.

Mi propio enfoque consiste en que:

- cada autor utiliza los rasgos discursivos que vamos a considerar de modo coherente
- hay potencial para variación entre autores y, por lo tanto, es esencial que, por ejemplo, la validez de las conclusiones a las que lleguemos acerca de los usos del presente histórico en Mateo (§ 12.2.1 y 14.3) se revisen para Lucas-Hechos y para Marcos.

Esto último resalta un punto débil de este libro y un área que necesita más investigación. No siempre he emprendido un estudio profundo de la manera en que todos los autores usan los distintos recursos. Por ejemplo, cuando describo las maneras en que Mateo usa el presente histórico, eso es todo lo que describo (véase en § 12.2.3 y 15.1 la manera un poco diferente en que Juan lo utiliza). A menos que indique lo contrario, no doy a entender que Marcos y Lucas-Hechos lo usen exactamente de la misma manera. Espero que, entre los usuarios de este libro, haya quienes deseen investigar de modo comprensivo cómo son usados los rasgos descritos por los diferentes autores. Confío en que el resultado, en el futuro no muy lejano, sea un volumen más completo.

## El valor del análisis de textos

El análisis del discurso es un análisis de rasgos lingüísticos que obtiene sus conclusiones, no desde dentro de la oración ni de la palabra (es decir que los factores involucrados no son sintácticos ni morfológicos), sino *extra-oracionales* (del contexto lingüístico más amplio). En el caso de material escrito, se llega a las conclusiones mayormente, aunque no exclusivamente, a partir de las oraciones anteriores del texto en cuestión.

El análisis discursivo en un tema amplio. Mi interés principal se concentra en aquellos factores con beneficios directos para la exégesis y la traducción a otros idiomas. Ese es el origen de mi constante preocupación por la *función* de los rasgos considerados en este volumen.

Porter ha objetado que, al fijarme en esos rasgos, me limito esencialmente «al nivel de la oración».[7] Es cierto que la unidad principal de estudio en algunos capítulos es la oración; por ejemplo, al examinar el orden de los constituyentes en los capítulos 2-4. Sin embargo, algunos de los factores que determinan el orden de estos últimos son por lo menos extra-oracionales. Lambrecht llama a esta área de la lingüística la «estructura de información», cuyo estudio «se dirige a la interacción de las oraciones y sus contextos».[8] Además, otros capítulos del presente volumen tratan áreas que Porter considera como el campo propio del análisis del discurso: «límites en los textos, prominencia, coherencia y cohesión».[9]

## Marcación

Cuando el analista trata de dar razón de algún rasgo, es importante encontrar una explicación que funcione no sólo cuando el rasgo está presente, sino también cuando está ausente. Por ejemplo, una presentación de cuándo se usa el presente histórico, debe indicar no solamente cuándo se emplea, sino también cuándo no se utiliza.

El concepto de marcación complementa este requisito. Cuando un marcador está presente, se indica también el rasgo implicado por su presencia. Cuando está ausente, en cambio, no se comunica nada en cuanto a la presencia o la ausencia del rasgo; la oración es no-marcada para dicho rasgo. En otras palabras, no es necesariamente el caso que la función de la forma no-marcada sea lo opuesto de la marcada.

El concepto de marcación tiene importancia especial en el caso del artículo, con los nombres propios, por ejemplo. Una de las razones por las que se usa el artículo es indicar que el sustantivo se refiere a un elemento específico.[10] En consecuencia, es correcto que el artículo se use con Ἰησοῦς, puesto que el referente es un individuo específico y conocido. Sin embargo, lo contrario no es verdad: Ἰησοῦς sin el artículo también se refiere a menudo a un individuo específico y conocido. El nombre simplemente no está marcado para ese rasgo cuando el artículo está ausente (véase más en el capítulo 9).

---

[7] Porter 1995:108.
[8] Lambrecht 1994:9.
[9] Porter 1995:108.
[10] Poggi 2011:87.

## Significado semántico y efectos pragmáticos

La lingüística hace una distinción crucial entre el significado inherente o *semántico* de un rasgo y los *efectos pragmáticos* del uso del mismo en un contexto específico. La construcción progresiva en inglés ilustra la utilidad de esta distinción. El progresivo tiene un significado semántico de acción en curso, como en, 'It's raining' ('Está lloviendo'). Sin embargo, en ciertos contextos lleva un matiz de insinceridad, como en, 'John is being polite' ('Juan está siendo cortés'), en contraste con, 'John is polite' ('Juan es cortés').[11] La insinceridad no es parte del significado del progresivo; es un efecto pragmático que se obtiene mediante el uso del progresivo en ciertos contextos específicos.

## Unas palabras para los asesores de traducción y traductores

Los asesores de traducción y traductores del NT deben reconocer que este libro tiene consecuencias para el análisis de textos no solo en griego sino también en las lenguas receptoras. Los que pretenden entender la sintaxis del griego desde la perspectiva discursiva deben realizar un análisis semejante de textos en la lengua receptora para saber cómo comunicar la fuerza del texto griego.

Por supuesto, comprender las sutilezas del texto griego tiene valor por sí mismo; nos ayuda a comprender mejor el flujo del argumento del autor, para elegir entre interpretaciones posibles, etc. Sin embargo, gran parte del valor de una comprensión profunda de los rasgos discursivos griegos se pierde si el traductor no tiene en cuenta la forma en que los mismos efectos se logran en la lengua receptora.

## Vista panorámica de este volumen

Antes de presentar el libro capítulo por capítulo, me permito indicar que por regla general empiezo la discusión de una materia con lo que sucede en las narraciones, luego paso a las epístolas y las secciones de enseñanza en los evangelios y Hechos. Para ello, me asisten dos razones.

1. El análisis de las narraciones es mucho más fácil que el de los argumentos razonados que caracterizan a las epístolas. Además, el género narrativo se ha investigado mucho más que los otros.
2. Los factores identificados para el género narrativo tienden a ser aplicados también a los argumentos razonados sin mucha modificación. En otras palabras, una vez que se entiende cómo funciona un rasgo en las narraciones, no es tan difícil comprender su función en las epístolas. (Esto se ve especialmente en el capítulo 7).

La Parte I del libro se dedica al *orden de los constituyentes* en las oraciones. Después de un capítulo introductorio sobre los conceptos de coherencia y discontinuidad, el capítulo 2 se dedica al significado de las maneras en que la oración empieza, ya sea con un verbo, ya sea con un constituyente nominal o adverbial. Los capítulos 3 y 4 abordan el orden de los constituyentes en el resto de la oración, así como dentro del grupo nominal. El objetivo es que, al terminar esos capítulos, el lector sepa cuándo el autor ha resaltado un constituyente y cuándo no lo ha hecho, en vez de preguntarse a qué comentarista creer.

La Parte II estudia las partículas y *conectores* coordinantes que se emplean con más frecuencia en el NT griego. La elección de una conjunción específica comunica la forma en que un autor pretende que el mensaje fluya y se desarrolle (rasgos que muchos comentaristas y traductores modernos a veces ignoran). La combinación de un conector con el constituyente inicial de una oración tiene mucho que comunicarnos. Si entendemos su mensaje correctamente, nuestra exégesis será mucho más precisa.

La Parte III considera los *patrones de referencia*, incluyendo por qué, una vez que un participante ha aparecido en escena, las referencias al mismo participante se hacen a veces solamente en el verbo, y otras veces, por medio de un pronombre o un grupo nominal. Esta sección ayuda a comprender cuándo un autor quiso interrumpir la narración y cuándo quiso resaltar alguna información. Luego se aborda la presencia o ausencia del artículo para referirse a participantes u otros conceptos activados. La ausencia a menudo señala la importancia o prominencia del referente.

---

[11] Zegarač 1989:9–31.

La Parte IV describe algunos rasgos cuyo efecto consiste en *colocar como trasfondo o destacar* las informaciones. Dichos rasgos incluyen la codificación de información en una oración de relativo o participio, en vez de una principal, así como el uso de ἐγένετο, 'sucedió', o el presente histórico.

La Parte V aborda las razones por las que las *conversaciones* se introducen de diferentes maneras en las narraciones. Entre esas razones están el estatus de la conversación dentro de la totalidad del pasaje, el estatus del último discurso en la conversación, el deseo de tomar control por uno de los participantes en la conversación, y el deseo del autor de dirigir la atención del lector hacia el discurso o la acción subsiguiente. Se trata también la motivación para presentar conversaciones referidas de manera directa o indirecta, y el efecto de introducir un discurso directo con ὅτι '*recitativo*'.

Finalmente, en la Parte VI, reviso los criterios que podrían utilizarse para defender o rechazar la segmentación de pasajes en secciones. Concluyo que no es imposible decidir con certeza en cuanto a la presencia o la ausencia de un límite, dada la mayor confianza con la que podemos afirmar que un rasgo determinado aporta pruebas de apoyo.[12]

A lo largo de este libro, las citas de obras escritas en inglés las hemos traducido nosotros al castellano.

## Terminología

En cuanto sea posible, se han utilizado en este libro los términos recomendados por la Real Academia Española y Asociación de Academias de la Lengua Española en su *Nueva gramática de la lengua española: Sintaxis II* (2009) y su *Glosario de términos gramaticales* (2019). El lector que haga una comparación con los términos empleados en Dooley y Levinsohn 2007 notará varias diferencias, debido probablemente a la influencia del inglés en Latinoamérica. El siguiente cuadro señala las más notables.

Cuadro 1. Una comparación de términos empleados

| **Inglés** | **Dooley et al.** | **Este libro** |
| --- | --- | --- |
| Clause | Cláusula | Oración subordinada |
| Discourse | Discurso | Texto |
| Left-dislocated | Dislocado a la izquierda | Desplazado a izquierda |
| Object (direct, indirect) | Objeto (directo, indirecto) | Complemento (directo, indirecto) |
| Phrase | Frase | Grupo |
| Relative clause | Cláusula relativa | Oración de relativo |
| Reported speech, Direct | Habla reportada: Estilo directo | Discurso (referido) directo |
| Reported speech, Indirect | Habla reportada: Estilo indirecto | Discurso (referido) indirecto |
| Sentence | Oración | Oración |
| Tail-Head Linkage | Conexión cola-cabeza | Enlace reanudatorio |
| Topic – Comment | Tópico – Comentario | Tema – Rema |

[a] Cf. Gallucci 2017:213; Pérez Vázquez 2017:101.
[b] En las publicaciones de la *Real Academia*, el término «frase» corresponde a «sentence» en inglés (cf. también Poggi 2011:153). Ya que muchos latinoamericanos utilizan «frase» como si fuera lo mismo que «phrase» en inglés, el término no se ha usado en este libro.

---

[12] Cf. Beekman y Callow 1974:280.

# Abreviaturas

| | |
|---|---|
| ad | aditivo (τέ *solitaria* [§ 6.3]) |
| art | artículo pronominal |
| AT | Antiguo Testamento |
| *BJ* | *Biblia de Jerusalén*, 5ª edición |
| cf. | véase, véanse |
| c.p. | comunicación personal |
| *CLIE* | *Nuevo Testamento interlineal griego-español*, Ediciones CLIE |
| D05 | Codex Bezae |
| *DHH* | Biblia *Dios Habla Hoy* (*SBU*, 5a edición revisada, 1994) |
| EFD | Elemento Focal Dominante |
| GA | genitivo absoluto (participio adverbial en genitivo [§ 11.1]) |
| *Glosario RA* | *Glosario de términos gramaticales*, Real Academia Española |
| GN | grupo nominal |
| intro | introducción |
| *LBLA* | *La Biblia de las Américas* |
| *LXX* | *Septuaginta* |
| *Manual* | *Nueva gramática de la lengua española: Manual* |
| md | marcador de información distinta (δέ [§ 5.1]) |
| MS; MSS | manuscrito; manuscritos |
| n; nota | nota de pie de página |
| *NBE* | *Nueva Biblia Española* |
| NT | Nuevo Testamento |
| *NVI* | *Nueva Versión Internacional* |
| p.ej. | por ejemplo |
| *PDT* | *La Palabra de Dios Para Todos* |
| PH | presente histórico |
| PN | participio adverbial en nominativo (§ 11.1) |
| pn | pronombre |

| | |
|---|---|
| *Real Academia* | *Diccionario de la lengua española* |
| *RVR95* | Biblia *Reina-Valera Revisada 1995* |
| *SBU*; *SBU* | Sociedades Bíblicas Unidas; *Greek New Testament*, 5ª edición revisada, *SBU* |
| v; vv | versículo; versículos |
| VIP | participante muy importante (§ 8.3) |
| *VP* | *Dios Habla Hoy – Versión Popular* |
| Ø | asíndeton, sin referencia manifiesta; símbolo vacío |
| + | aditivo (καί adverbial [§ 6.2]); símbolo más |
| – | símbolo menos |
| § | símbolo sección |

Para facilitar la ubicación de los pasajes bíblicos citados en este libro, las siguientes abreviaturas se han utilizado en conexión con cada referencia (incluyendo en las listas de referencias a pasajes en el mismo libro del NT):

| | | | | | |
|---|---|---|---|---|---|
| Mt | Mateo | Ef | Efesios | Hb | Hebreos |
| Mc | Marcos | Flp | Filipenses | St | Santiago |
| Lc | Lucas | Col | Colosenses | 1 Pe | 1 Pedro |
| Jn | Juan | 1 Ts | 1 Tesalonicenses | 2 Pe | 2 Pedro |
| Hch | Hechos | 2 Ts | 2 Tesalonicenses | 1 Jn | 1 Juan |
| Rm | Romanos | 1 Tm | 1 Timoteo | 2 Jn | 2 Juan |
| 1 Co | 1 Corintios | 2 Tm | 2 Timoteo | 3 Jn | 3 Juan |
| 2 Co | 2 Corintios | Tt | Tito | Judas | Judas |
| Ga | Gálatas | Flm | Filemón | Aps | Apocalipsis |

# PARTE I:
# ORDEN DE LOS CONSTITUYENTES

Porter afirma lo siguiente acerca de los patrones de orden de los constituyentes[1] y la estructura de la oración en el NT griego:

La flexibilidad de la sintaxis del griego debido a sus terminaciones flexivas y sus diversas maneras de formar oraciones no quiere decir que el orden de sus diversos elementos no suponga ninguna diferencia.[2]

La primera parte del presente libro describe algunas distinciones que se comunican por medio de cambios de orden en los constituyentes de las oraciones (capítulos 2-4) y en el grupo nominal (§ 4.5). Dichas distinciones involucran principalmente los modos de relación de las oraciones con su contexto (capítulo 2), así como los constituyentes focales en las mismas (§ 3.4-3.5).

Los factores que influyen en el orden de los constituyentes al *inicio* de las oraciones se presentan en el capítulo 2 y en § 3.6-3.7. Los factores que influyen en el orden de los constituyentes en el resto de las oraciones *afirmativas* se describen en las restantes secciones del capítulo 3. El orden de los constituyentes en oraciones *negativas* y en *interrogativas parciales* se trata en § 4.1 y 4.2. El enfoque *interino* se considera en § 4.3. Las motivaciones para que algunos grupos nominales se *dividan* se describen en § 4.4, y los factores que determinan si un *genitivo* precede o sigue a su sustantivo nuclear se presentan en § 4.5.

Muchos de los factores que se consideran en los capítulos 3 y 4 ilustran dos principios que se manifiestan en diversos idiomas; a saber:

- el «Principio del Flujo Natural de la Información»:[3] cuando una oración concuerda con este principio, los constituyentes no-verbales que comunican la información *establecida* se colocan antes de los que comunican información nueva o *no-establecida* (véase § 3.1).

- el patrón **P1 P2 V X** de Simon Dik,[4] en el que:

    **P1** puede albergar a uno o más constituyentes temáticos (es decir, puntos de transición [capítulo 2]);

    **P2** puede albergar a un constituyente focal (el «enfoque ante verbal» [§ 3.6]);

    **V**, el verbo, inicia la oración siempre que no se ocupen las posiciones P1 y P2;

    los constituyentes que no se ubican en P1 o P2 se localizan en **X**.[5]

---

[1] Utilizo el término «orden de los *constituyentes*» en vez de «orden de las *palabras*», porque los elementos que se ordenan de maneras diferentes en oraciones son a menudo grupos, no palabras sueltas.

[2] Porter 1992:289.

[3] Comrie 1989:127-128.

[4] Dik 1989:363.

[5] Dik utiliza P0 en vez de P2.

Antes de considerar estos y otros factores que influyen en el orden de los constituyentes en las oraciones del griego, dedico un capítulo preliminar al concepto de *coherencia*, y a la manera en que la agrupación temática de oraciones o de grupos de oraciones se caracteriza por medio de la presencia de *discontinuidades*.

# 1
# Coherencia y discontinuidad

Este capítulo parte de la suposición de que cada libro del NT griego es básicamente *coherente*.[1] Esto significa que un lector que conoce algo de la cosmovisión del autor podrá relacionar la información comunicada en cada nueva oración del libro con la «representación mental»[2] que se ha formado a través de la lectura de lo que ya se ha presentado.

Por ejemplo, consideremos las primeras oraciones de la carta a los Colosenses (dadas a continuación). El lector de **Col 1,1–3** construirá una representación mental en la que estos versículos constituyen el principio de una carta cuyos autores son las dos personas identificadas como 'Pablo, apóstol de Cristo Jesús' y 'Timoteo el hermano' (1). Los destinatarios, a su vez, son un grupo de personas identificadas como 'los santos de Colosas, hermanos fieles en Cristo' (2).

A medida que el lector procesa cada oración del texto, añade nueva información a esta representación mental o la modifica. Por lo tanto, la segunda mitad del 2 se añade a la representación como el saludo de la carta.

(1) Παῦλος ἀπόστολος Χριστοῦ Ἰησοῦ διὰ Θελήματος θεοῦ καὶ Τιμόθεος
    Pablo   apóstol   de.Cristo Jesús  mediante Voluntad de.Dios y  Timoteo
    ὁ   ἀδελφὸς
    el  hermano

(2) τοῖς  ἐν  Κολοσσαῖς ἁγίοις καὶ πιστοῖς ἀδελφοῖς ἐν Χριστῷ, χάρις
    a.los en  Colosas   santos y   fieles  hermanos en Cristo   gracia
    ὑμῖν     καὶ εἰρήνη ἀπὸ     θεοῦ   πατρὸς ἡμῶν.
    a.vosotros y  paz    de.parte de.Dios Padre  nuestro

---

[1] Cf. Dooley y Levinsohn 2007, capítulo 5, para una introducción al concepto de coherencia. Muchos comentaristas cuestionan si hay coherencia entre las partes de ciertos libros (p.ej., 2 Corintios), aunque en su mayoría aceptarían que hay coherencia *dentro de* cada parte. Sin embargo, tomo como aplicable la observación de Turner (1976:57) en cuanto a la homogeneidad de Hechos: «cualesquiera que hayan sido sus fuentes, y qué tan extensas hayan sido … el editor final ha podido imponer su propio estilo en todo su material». Así asegura que el libro sea básicamente coherente.

[2] Dooley y Levinsohn 2007:23.

(3) Εὐχαριστοῦμεν τῷ θεῷ πατρὶ τοῦ κυρίου ἡμῶν Ἰησοῦ Χριστοῦ
Damos.gracias al Dios padre del Señor nuestro Jesús Cristo

πάντοτε περὶ ὑμῶν προσευχόμενοι,
siempre por vosotros orando

El lector recibe ayuda en la construcción de su representación mental por las señales lingüísticas de *cohesión*[3] que se han utilizado. En este pasaje de Colosenses, por ejemplo, los pronombres de primera persona plural ('nuestro') y la flexión verbal en los vv. 2 y 3 indican identidad de referencia con los autores de la carta, mientras que los pronombres de segunda persona plural ('a vosotros' y 'por vosotros') indican identidad con sus destinatarios.

De manera semejante, lo típico es que un sustantivo articulado[4] implique que su referente ya debe encontrarse en la representación mental que el lector ha construido a partir de los versículos anteriores. Por lo tanto, la referencia articulada a Dios en el 3 dirige al lector a identificar a 'Dios, Padre de nuestro Señor Jesucristo' con el personaje que fue presentado en el 2 como 'Dios nuestro Padre', a pesar de la forma diferente de referencia.

Cuando examinamos la estructura interna de un texto coherente, pronto concluimos que las oraciones no forman una cadena simple. Las ediciones actuales del NT griego utilizan uno o más recursos (como sangría de párrafos y líneas en blanco) para indicar *conjuntos temáticos*. Son agrupaciones de oraciones que parece que van juntas frente a otras agrupaciones de oraciones.[5]

Aunque los editores y comentaristas a menudo no están de acuerdo sobre dónde termina un conjunto de oraciones y empieza otro, de manera consciente o inconsciente usan como base para la segmentación cambios «de escena, tiempo, configuración de personajes, estructura de los acontecimientos, y similares».[6] Givón formaliza esos cambios para el género narrativo como *discontinuidades* de tiempo, lugar, acción y participantes.[7] El cuadro 2 indica cómo se manifiestan la continuidad y la discontinuidad en estas dimensiones.[8]

Cuadro 2. Dimensiones de continuidad y discontinuidad en el género narrativo

| Dimensión | Continuidad | Discontinuidad |
|---|---|---|
| **tiempo** | acontecimientos separados por cortos periodos de tiempo | acontecimientos separados por largos periodos de tiempo o fuera de orden |
| **lugar** | el mismo lugar o (para movimiento) cambio continuo | cambios discretos de lugar |
| **acción** | todo material del mismo tipo: acontecimientos, no-eventos, conversación referida, etc. | cambio de un tipo de material a otro |
| **participantes** | el mismo reparto y por lo general los mismos roles unos respecto a otros | cambios discretos de reparto o cambios en roles relacionados |

Por lo tanto, lo típico en la narración es que el oyente [o lector] empiece una nueva agrupación temática cuando hay una discontinuidad significativa en por lo menos una de estas cuatro dimensiones, y por lo general en más de una. Dentro de una agrupación temática, por lo general, hay continuidad en

---

[3] Cf. Dooley y Levinsohn 2007, capítulo 6, para una presentación de tipos comunes de cohesión.

[4] Un sustantivo «articulado» es un sustantivo precedido por un artículo (Wallace y Steffen 2015:168); por ejemplo, τῷ θεῷ 'al Dios'. Un ejemplo de un sustantivo inarticulado es ἀπὸ θεοῦ 'de parte de Dios'. Cf. el capítulo 9.

[5] Me refiero a esas agrupaciones de oraciones como párrafos, y a las agrupaciones de agrupaciones de oraciones como secciones. En el género narrativo, el término episodio se refiere a los acontecimientos descritos en uno o más párrafos que forman un conjunto temático.

[6] Chafe 1987:43.

[7] Givón 1984 y 1990:I.245.

[8] Tomado de Dooley y Levinsohn 2007:30 y basado en Givón 1984 y 1990:I.245.

# 1 Coherencia y discontinuidad

las cuatro dimensiones. Se puede pensar que una nueva agrupación temática resulta cuando el oyente sale de una sección de la representación mental y va a otra, o quizá crea otra.[9]

En el cuadro anterior, *discreto* («Separado, distinto» [*Real Academia*]) describe elementos lingüísticos que tienen «límites definibles, sin gradación ni continuidad entre ellos».[10] Un cambio discreto de *lugar*, por ejemplo, puede percibirse cuando un conjunto de oraciones describe acontecimientos en un lugar mientras que el siguiente conjunto cambia a acontecimientos en otro lugar. Por ejemplo, los acontecimientos de **Hch 9,36–43** suceden en Jope, mientras que los de los primeros versículos del capítulo 10 (Hch 10,1–8) se sitúan en Cesarea. Esto quiere decir que hay una discontinuidad de lugar al principio de ese capítulo (md = el marcador de información distinta δέ [véase § 5.1]).

(9,43) Pedro permaneció en Jope bastante tiempo, en casa de un curtidor llamado Simón.

(10,1) Ἀνὴρ δέ τις ἐν Καισαρείᾳ ὀνόματι Κορνήλιος ...
varón md cierto en Cesarea de.nombre Cornelio

En cambio, cuando la descripción de un *viaje* aparece entre la presentación de acontecimientos en el lugar donde éste se inicia y su destino, el cambio de lugar que se percibe no es un cambio discreto. En la parábola del hijo pródigo (**Lc 15,11–13**), por ejemplo, los 11–12 suceden en la casa del padre mientras que los 13b–19 se ubican en un país lejano. Sin embargo, puesto que el 13a describe el viaje del hijo menor desde la casa de su padre hasta el país lejano, no hay discontinuidad de lugar al principio del 13.

(11–12) Un hombre tenía dos hijos. El menor de ellos dijo al padre: «Padre, dame la parte de la hacienda que me corresponde.» Y el padre les repartió la hacienda.

(13a) καὶ μετ' οὐ πολλὰς ἡμέρας συναγαγὼν πάντα ὁ νεώτερος υἱὸς
y después.de no muchos días recogiendo todo el más.joven hijo

ἀπεδήμησεν εἰς χώραν μακράν
partió para país lejano

(13b) καὶ ἐκεῖ διεσκόρπισεν τὴν οὐσίαν αὐτοῦ ζῶν ἀσώτως.
y allí dilapidó la hacienda suya viviendo licenciosamente

Las discontinuidades de *tiempo* se manifiestan cuando los acontecimientos se separan por periodos largos. Por ejemplo, hay una discontinuidad de tiempo en Lc 15,13a, puesto que los acontecimientos descritos en esa oración sucedieron unos días después de los del 12.

Las discontinuidades de tiempo también se manifiestan cuando los acontecimientos están «fuera de orden». Un *flashback* (escena retrospectiva) presenta por definición una discontinuidad, puesto que es una «interrupción de la acción en curso para presentar los hechos que, ocurridos en un tiempo anterior, guardan relación con ella» (*Real Academia*). **Mc 6,17** es un caso de un flashback, porque el arresto de Juan por parte de Herodes se realizó antes de que Herodes escuchara que Jesús hacía milagros (16).

(16) Al oír esto [que Jesús hacía milagros], Herodes dijo: «Éste es Juan, el que yo decapité, que ha resucitado de los muertos.»

(17) Αὐτὸς γὰρ ὁ Ἡρῴδης ἀποστείλας ἐκράτησεν τὸν Ἰωάννην ...
Mismo pues el Herodes enviando prendió al Juan

Las discontinuidades de *acción* incluyen los cambios del tipo de acción descrita. Por ejemplo, un cambio de la descripción de acontecimientos a *no-eventos* constituye una discontinuidad de acción.

---
[9] Cf. Dooley y Levinsohn 2007:30.
[10] Crystal 1997:107.

Esto se ilustra en **Hch 19,13–15**. La acción descrita en el 15 reanuda la secuencia de acontecimientos interrumpida por la descripción de un no-evento en el 14 que identifica a los 'algunos exorcistas judíos' del 13.

(13) Algunos exorcistas judíos ambulantes intentaron también invocar el nombre del Señor Jesús sobre los que tenían espíritus malos, diciendo: «Os conjuro por Jesús, a quien predica Pablo».

(14) ἦσαν δέ τινος Σκευᾶ Ἰουδαίου ἀρχιερέως ἑπτὰ υἱοὶ τοῦτο ποιοῦντες.
    estaban md cierto Esceva judío sumo.sacerdote siete hijos esto haciendo

(15) Pero, en una ocasión, el espíritu malo les respondió: ...

Otro cambio que involucra una discontinuidad de acción es *de una conversación referida o de un discurso largo* a acciones que resultan de la conversación o discurso. **Mt 7,28**, que sigue al Sermón del Monte (5,3–7,27), ilustra este tipo de discontinuidad.[11]

(28) Καὶ ἐγένετο ὅτε ἐτέλεσεν ὁ Ἰησοῦς τοὺς λόγους τούτους,
    Y sucedió cuando acabó el Jesús las palabras estas
    ἐξεπλήσσοντο οἱ ὄχλοι ἐπὶ τῇ διδαχῇ αὐτοῦ
    se.quedaban.atónitas las turbas sobre la doctrina suya

Otro tipo de discontinuidad de acción se identifica al considerar la siguiente definición de Givón sobre continuidad de acción:

La continuidad de acción corresponde principalmente a la secuencialidad temporal dentro de un párrafo temático .... Las acciones se dan principalmente en el orden secuencial natural en el que en realidad ocurrieron y lo normal es que haya únicamente una brecha temporal ... entre una acción y la siguiente.[12]

De la definición anterior se desprende que las discontinuidades de acción deben ser detectadas cuando una oración describe un acontecimiento que *no* hace progresar la narración hacia la acción siguiente en el orden secuencial. Esto ocurre cuando intervienen acontecimientos simultáneos o reiteraciones.[13]

En una discontinuidad de acción que involucra *acontecimientos simultáneos*, el segundo no es el siguiente en el orden secuencial.[14] En **Hch 12,5**, por ejemplo, las oraciones de la iglesia por Pedro (5b) son simultáneas con el encierro de Pedro en la cárcel (5a).

(5a) ὁ μὲν οὖν Πέτρος ἐτηρεῖτο ἐν τῇ φυλακῇ
    el entonces Pedro era.guardado en la cárcel

(5b) προσευχὴ δὲ ἦν ἐκτενῶς γινομένη ὑπὸ τῆς ἐκκλησίας
    oración md era insistentemente siendo.hecha por la iglesia
    πρὸς τὸν θεὸν περὶ αὐτοῦ.
    a el Dios acerca.de él

---

[11] Οὖν se usa a menudo en Juan después de discontinuidades de acción de este tipo (§ 5.3.3).
[12] Givón 1973:8.
[13] Las oraciones que describen acontecimientos simultáneos o reiteraciones por lo general pertenecen a la misma agrupación temática. En otras palabras, las discontinuidades de acción de ese tipo no tienden a formar la base de un nuevo agrupamiento temático.
[14] Lo típico es que los acontecimientos simultáneos se presenten en el tiempo-aspecto imperfecto.

**Mt 25,15** es un ejemplo de una discontinuidad de acción que consiste en una *reiteración* de naturaleza genérico-específica. El acontecimiento del 15 no es el que sigue en secuencia después de la acción del 14b; más bien, es un caso específico de ese acontecimiento.

(14a)   Es también como un hombre que, al ausentarse, llamó a sus siervos

(14b)   y les encomendó su hacienda;

(15)   καὶ ᾧ μὲν ἔδωκεν πέντε τάλαντα ...
       y  a.quien  dio  cinco  talentos

Por último, las discontinuidades de *participantes* típicamente involucran cambios discretos en el reparto de personajes. Lo podemos ver en Hch 10,1 (citado previamente). El reparto en la escena anterior incluía al apóstol Pedro y a los discípulos de Jope (Hch 9,36–43). El capítulo 10, en cambio, empieza con una interacción entre el centurión Cornelio, un ángel y miembros de la casa de Cornelio. El reparto en las dos escenas es completamente diferente, por consiguiente, nos encontramos con una discontinuidad de participantes.

Las dimensiones temáticas de Givón en las narraciones pueden generalizarse a otros géneros textuales[15] en tres parámetros:

- *situación*: continuidad *versus* discontinuidades de tiempo, lugar, condiciones, circunstancias y suposiciones
- *referencia*: continuidad *versus* discontinuidades de participantes y temas
- *acción*: como se define más arriba.

Como veremos en § 2.2, lo típico es que la información situacional se codifique por medio de grupos y oraciones subordinadas *adverbiales*, mientras que la información referencial más a menudo se codifica por medio de grupos *nominales*.

### Preguntas de repaso[16]

(a) ¿Cuál es el significado de que un texto sea *coherente*?
(b) ¿Cuáles son las cuatro *dimensiones* de continuidad y discontinuidad en las narraciones, según Givón? ¿Cómo pueden generalizarse para otros géneros?
(c) ¿Qué tipo de discontinuidad muestra un *flashback*?
(d) ¿Por qué la descripción de acontecimientos *simultáneos* y de *reiteraciones* implica discontinuidades de acción?
(e) Un nuevo párrafo de la 'Parábola del hijo pródigo' comienza en Lc 15,25 en *SBU*, *BJ*, etc. ¿Qué discontinuidades (de tiempo, lugar, acción o participantes) se presentan entre los 24 y 25?

### Respuestas sugeridas

(a) Un texto es coherente si un lector que conoce algo de la cosmovisión del autor puede relacionar la información comunicada en cada nueva oración del libro con la representación mental que se ha formado a partir de lo que ya ha sido presentado.
(b) Las cuatro dimensiones de continuidad y discontinuidad en las narraciones, según Givón, son *tiempo, lugar, acción y participantes*. Pueden generalizarse a otros géneros como las dimensiones de *situación, referencia y acción*.

---

[15] Cf. Dooley y Levinsohn 2007, capítulo 2, para una división de los géneros textuales en categorías generales.
[16] Las preguntas van seguidas de respuestas sugeridas. El lector debe tratar de contestar las preguntas *antes* de ver estas últimas. Si las respuestas del estudiante son incorrectas, sería aconsejable repasar la sección.

(c) Un flashback muestra discontinuidad de *tiempo*, puesto que los hechos implicados están fuera del orden secuencial, ya que suceden en un tiempo anterior a la acción en curso.

(d) La descripción de acontecimientos *simultáneos* y de *reiteraciones* implica discontinuidades de acción debido a que los acontecimientos en cuestión no hacen que la narración avance hacia la acción siguiente en secuencia temporal.

(e) Entre Lc 15,24 y 15,25 hay discontinuidades de lugar, de participantes y de acción (un cambio de acontecimientos a un no-evento).

# 2
# Puntos de transición

Veremos ahora un recurso que indica discontinuidades de situación, de referencia y, a veces, de acción, a saber, la colocación al principio de una oración de un constituyente adverbial o nominal.[1] En los círculos lingüísticos, este recurso a menudo recibe el nombre de *tópico*[2] o *topicalización*. Sin embargo, debido a la posibilidad de confusión entre esos términos y el tema de una oración o pasaje, utilizaré el término *punto de transición*.[3]

Como fundamento para examinar este tema, se distinguen tres maneras funcionales de organizar la información dentro de las oraciones (§ 2.1). Luego se examina el significado de comenzar una oración con un *punto de transición* (§ 2.2). En su mayoría los puntos de transición indican la naturaleza del *cambio* operado respecto al contexto anterior. Sin embargo, ciertos puntos de transición *renuevan* un punto de transición o tema previo (§ 2.3). Después se consideran las implicaciones de *no* empezar una oración con un posible punto de transición (§ 2.4). Se presenta una advertencia en § 2.5 sobre la colocación de los constituyentes al principio de una oración no solo para establecer puntos de transición, sino también como «foco» o «énfasis» (véase a continuación). La cuestión de cuál es el orden básico de los constituyentes en las oraciones del NT griego se trata brevemente en § 2.6. El capítulo termina con ejemplos de pasajes narrativos (§ 2.7) y no-narrativos (§ 2.8).

El uso que doy a los términos *foco y énfasis* merece un comentario. Cuando el orden de los constituyentes de la oración no es el normal, la única explicación que dan la mayoría de los comentaristas es que se trata de un caso de «énfasis» o sea, *prominencia*. Este último término se refiere «a cualquier recurso que da a ciertos acontecimientos, participantes u objetos más importancia que a otros en el mismo contexto».[4] Callow establece una útil distinción entre la prominencia *temática* (prominencia dada a «aquello de lo que estoy hablando») y la prominencia *focal*[5] (prominencia dada a «la parte central de [la información remática]»).[6] *Énfasis propiamente dicho* se reserva para expresiones de sentimientos fuertes en cuanto a un concepto o para indicaciones de que algo es sorprendente o inesperado (§ 3.7).[7]

---

[1] Cf. también Levinsohn 2007:§ 2.1, 3.1.

[2] *Manual* 2010:§ 40.2.1.

[3] Runge (2010:190) usa el término «frame of reference» (marco de referencia).

[4] Kathleen Callow 1974:50.

[5] Kathleen Callow 1974:52.

[6] *Manual* 2010:§ 40.3.1. Foco: «Segmento sintáctico del enunciado al que se otorga mayor relieve informativo». El foco y el enfoque se tratan en § 3.4.

[7] Para Callow, la prominencia *enfática* es una categoría aparte de la prominencia focal o temática. Puesto que tanto los constituyentes focales como los temáticos pueden ser enfatizados, prefiero considerar el énfasis propiamente dicho como una *razón* para dar prominencia a un constituyente.

## 2.1 Configuraciones de la oración

Para hablar del concepto de puntos de transición, tenemos que reconocer distintas estructuras funcionales o «pragmáticas» de la oración.[8] Andrews distingue tres configuraciones principales, a las que me refiero como tema-rema (tópico-comentario), identificativa y presentativa.[9]

El siguiente ejemplo concierne a la configuración *tema-rema (tópico-comentario)*. La oración tiene un tema (en general el sujeto; en este caso, 'Su hijo mayor') y un comentario [el rema] ('estaba en el campo') que da información acerca del tema.[10]

Su hijo mayor / estaba en el campo. (Lc 15,25)

El siguiente ejemplo concierne a la configuración *identificativa*. La oración tiene una presuposición que, se presume, los lectores ya comparten ('habéis recibido el Espíritu' de alguna manera). El foco está en *cómo* sucedió eso ('por las obras de la ley o por creer en la predicación').

¿Habéis recibido el Espíritu / por las obras de la ley o por creer en la predicación? (Ga 3,2b)

El próximo ejemplo concierne a la configuración *presentativa*. La oración presenta a un nuevo participante ('un discípulo llamado Ananías') en la narración.

Había en Damasco un discípulo llamado Ananías. (Hch 9,10)

La oración de Hechos 9,10 es existencial («que aporta nuevos referentes al discurso» [*Real Academia*] y se traduce con 'había'). Sin embargo, otros tipos de oraciones también pueden presentar un nuevo referente en la narración. Por ejemplo:

Se le apareció el ángel del Señor. (Lc 1,11)

La discusión que sigue solamente se ocupa de las oraciones cuya configuración es tema-rema o presentativa. Las oraciones de configuración identificativa se consideran en § 4.1–2.

## 2.2 Tema, rema y punto de transición

Vimos en el primer capítulo que un texto coherente puede segmentarse en unidades temáticas que se separan por discontinuidades de situación, referencia y acción. Un recurso que se emplea en los puntos de discontinuidad consiste en colocar un constituyente pertinente al principio de la oración. Este recurso, como veremos más adelante, indica la naturaleza de la discontinuidad y la relación de lo que sigue con el contexto.

En una sola oración con configuración tema-rema (tópico-comentario), como vimos en § 2.1, el autor desea hablar acerca de algo o alguien, a saber, el tema proposicional, y hacer un comentario acerca de ese tema, como en:

*Tema* (*tópico*)   *Rema* (*comentario*)
El hijo menor /    se marchó a un país lejano.

---

[8] Comrie 1989:64.

[9] Andrews 1985:I.77–80. Andrews usa los términos «focus-presupposition» (foco-presuposición) para la configuración identificativa. Según Lambrecht (1984:222), las estructuras tema-rema enfocan el predicado, las identificativas enfocan un «argumento» y las presentativas enfocan toda la oración.

[10] Rema: la parte de una oración «que se proporciona como relevante en alguna situación discursiva para completar la información temática» (*Manual* 2010:§ 40.1.1b). Hay que tener cuidado en no confundir el tema proposicional con el tema de un párrafo o de una extensión más larga de un texto, («Asunto general que en su argumento desarrolla una obra literaria» [*Real Academia*]). «Un referente es interpretado como el tópico [tema] de una proposición si en una situación dada la proposición ... expresa información que es relevante para el oyente y aumenta su conocimiento de ese referente» (Lambrecht 1984:131). El tema de una proposición es de *interés actual*; el referente «ya debe estar establecido en el discurso o estar fácilmente relacionado con uno que ya está establecido» (Lambrecht 1984:164). Cf. § 3.8.2 para una observación parecida acerca de los puntos de transición.

## 2.2 Tema, rema y punto de transición

Sin embargo, surge un problema si se dividen todas las oraciones con configuración tema-rema en simplemente un tópico y un comentario. Si 'el hijo menor se marchó a un país lejano' está precedido por el grupo temporal 'pocos días después', 'el hijo menor' todavía es el tema acerca del cual se hace el comentario 'se marchó a un país lejano'. En consecuencia, siguiendo al lingüista praguense Beneš, divido la oración en tres partes funcionales:

| *Pto de transición* | *Tema (tópico)* | *Rema (comentario)* |
|---|---|---|
| Pocos días después / | el hijo menor / | se marchó a un país lejano. |

Muchas veces, los que han descrito la función de los puntos de transición se fijan en lo que sigue en el discurso. Así, Chafe dice que un constituyente de ese tipo «establece un campo espacial, temporal o individual dentro del que la predicación principal es valedera».[11]

Sin embargo, otros lingüistas reconocemos que los puntos de transición miran tanto hacia atrás como hacia delante.[12] En otras palabras, esos constituyentes tienen una función *bidireccional*. Esta idea probablemente se originó con Beneš quien, en 1962, se refirió a este constituyente como una «base» que, «sirviendo como un punto de partida para la comunicación, se enlaza directamente con el contexto».[13]

Por lo tanto, el grupo temporal 'pocos días después' en la oración anterior tiene una función bidireccional. Por un lado, mira hacia delante, estableciendo el punto de partida temporal o el escenario para lo que sigue. Al mismo tiempo mira hacia atrás, indicando que lo que sigue se relaciona con el contexto a partir del tiempo, señalando un «cambio»[14] de un marco temporal anterior (sea explícito o implícito) a otro nuevo.

> **Definición:**
>
> El término «Punto de transición» designa a un elemento colocado al principio de una oración con una función dual:
>
> 1. Da un punto de inicio para la comunicación; y
> 2. «fija cohesivamente la(s) oracion(es) subsiguiente(s) a algo que ya está en el contexto (es decir, a algo accesible en la representación mental del oyente)».[15]

Nótese que las conjunciones como καί, δέ y οὖν se ignoran al identificar el elemento inicial.

En el género narrativo, los puntos de transición pueden ser de tiempo, de lugar o de referencia, según el tipo de relación de los acontecimientos con su contexto. En otros géneros, los constituyentes adverbiales que expresan condición, razón, propósito y otras relaciones situacionales también pueden colocarse en posición inicial para actuar como puntos de transición.

Vamos a considerar ahora una variedad de grupos adverbiales que empiezan oraciones. En todos los casos, establecen un punto de transición *situacional* (subrayado en el texto griego) para el material que sigue. (Recuérdese: para ser un punto de transición, el constituyente debe estar en posición *inicial*).

Como hemos visto, un punto de transición *temporal* se usa en **Lc 15,13** y en griego es el grupo adverbial μετ' οὐ πολλὰς ἡμέρας. Este constituyente establece el ámbito en el tiempo para aquello que sigue. También indica que la base principal para relacionar lo que sigue con el contexto es por medio de un cambio de tiempo, de cuando el padre divide la hacienda, a otro tiempo algunos días después.

(12b)   Y les repartió la hacienda.

---

[11] Chafe 1976:50.
[12] Cf., por ejemplo, Givón 1984 y 1990:II.847.
[13] Beneš 1962:6; citado por Garvin 1963:1:508.
[14] Andrews 1985:78.
[15] Dooley y Levinsohn 2007:53.

(13a) καὶ  μετ'        οὐ   πολλὰς  ἡμέρας  συναγαγὼν  πάντα
      y   después.de  no   muchos  días    recogiendo  todo

      ὁ   νεώτερος    υἱὸς  ἀπεδήμησεν  εἰς  χώραν  μακράν
      el  más.joven   hijo  partió      para país   lejano

**Mt 6,2** comienza con un punto de transición temporal que es una *oración subordinada* adverbial.[16] El cambio que señala es desde la práctica habitual de τὴν δικαιοσύνην ὑμῶν 'vuestra justicia' (1) a un caso específico de esa práctica (véanse también Mt 6,5 y Mt 6,16).

(1) Cuidad de no practicar vuestra justicia delante de los hombres para que os vean; en tal caso no tendréis recompensa de vuestro Padre que está en los cielos.

(2) Ὅταν   οὖν   ποιῇς  ἐλεημοσύνην,  μὴ  σαλπίσῃς        ἔμποσθέν  σου    ...
    Cuando pues  hagas  limosna       no  toques.trompeta delante   de.ti

**Hch 9,36** comienza con un punto de transición *espacial* (que señala una discontinuidad de lugar). El grupo adverbial inicial Ἐν Ἰόππῃ establece el escenario espacial para los acontecimientos subsiguientes. Indica también que la base principal para relacionar lo que sigue con el contexto es por medio de un cambio desde Lida y Sarón (35) hasta Jope.

(35) Todos los habitantes de Lida y Sarón, al verle curado, se convirtieron al Señor.

(36a) Ἐν  Ἰόππῃ  δέ   τις     ἦν     μαθήτρια  ὀνόματι  Ταβιθά
      En  Jope   md   cierta  había  discípula llamada  Tabitá

(Para una serie de seis puntos de transición espaciales dentro de material *descriptivo*, véase Ap 4,4–6).

**Hch 14,26** ilustra un punto de transición espacial en el contexto de un *diario de viaje*. Comienza con el grupo adverbial inicial κἀκεῖθεν, que se refiere al destino del viaje anterior, y establece el punto de partida para la siguiente etapa del viaje. También indica que la base principal para relacionar lo que sigue con el contexto es mediante un cambio respecto al viaje anterior.

(25) Predicaron en Perge la palabra y bajaron [de Perge] a Atalia.

(26) κἀκεῖθεν    ἀπέπλευσαν   εἰς   Ἀντιόχειαν  ...
     y.de.allí   navegaron    para  Antioquía

**Jn 15,6** y **Jn 15,7** empiezan con oraciones adverbiales de *condición* que establecen puntos de transición. La primera señala un cambio de situación respecto a la descrita en el 5b ('el que permanece en mí ...'). La condición contraria es el punto de transición para el 7. En este pasaje, el cambio entre los dos puntos de transición tiene el efecto de *contrastar* las consecuencias de satisfacer las dos condiciones; el contraste es un caso especial de cambio.

(5b) El que permanece en mí y yo en él dará mucho fruto; porque separados de mí nada podéis hacer.

---

[16] En la terminología lingüística, una oración «se construye en torno a un verbo predicativo» ([*Real Academia*]—en este ejemplo, 'hagas'). El término «grupo» se limita a constituyentes que no tienen un verbo.

## 2.2 Tema, rema y punto de transición

(6) ἐὰν μή τις μένῃ ἐν ἐμοί, ἐβλήθη ἔξω ὡς τὸ κλῆμα
si no alguno permanece en mí fue.echado fuera como el sarmiento
καὶ ἐξηράνθη ...
y fue.secado

(7) ἐὰν μείνητε ἐν ἐμοὶ καὶ τὰ ῥήματά μου ἐν ὑμῖν μείνῃ,
si permanecéis en mí y las palabras mías en vosotros permanecen
ὃ ἐὰν θέλητε αἰτήσασθε ...
cuanto queráis pedid

**Ap 3,16** empieza con una oración adverbial de *razón* para establecer un punto de transición para lo que sigue. También relaciona la comunicación con el contexto por medio de un cambio desde el deseo de que el oyente sea frío o caliente (15b) hasta lo contrario.

(15a) Conozco tu conducta: no eres ni frío ni caliente.

(15b) ¡Ojalá fueras frío o caliente!

(16) οὕτως ὅτι χλιαρὸς εἶ καὶ οὔτε ζεστὸς οὔτε ψυχρός,
así porque tibio eres y ni caliente ni frío
μέλλω σε ἐμέσαι ἐκ τοῦ στόματός μου.
estoy.por te vomitar de la boca mía

**Ef 6,21** empieza con una oración adverbial de *propósito* que establece un punto de transición para lo que sigue. Se relaciona con el contexto por medio de un cambio desde la oración de propósito que la precede inmediatamente en el 20 ( + = el aditivo καί adverbial [véase § 6.2]).

(19) Y orad también por mí, para que (ἵνα) Dios me conceda la palabra adecuada cuando abra mi boca para dar a conocer con valentía el misterio del evangelio, (20) del cual soy embajador entre cadenas, para que (ἵνα) hable de él valientemente como conviene.

(21) Ἵνα δὲ εἰδῆτε καὶ ὑμεῖς τὰ κατ' ἐμέ, τί πράσσω,
Para.que md sepáis + vosotros lo tocante a.mí qué estoy.haciendo
πάντα[17] γνωρίσει ὑμῖν Τυχικὸς ...
todo dará.a.conocer -os Tíquico

Finalmente, **Jn 15,4b** empieza con una oración adverbial de *comparación* que establece un punto de transición para lo que sigue. También relaciona la afirmación que sigue acerca de *vosotros* con la figura del 2b por medio de un cambio desde los sarmientos que dan fruto a los que no pueden dar fruto a menos que permanezcan en la vid.

(2b) y limpia todo el que da fruto, para que dé más fruto.

(3–4a) Vosotros estáis ya limpios gracias a la palabra que os he dicho. Permaneced en mí, como yo en vosotros.

---

[17] Πάντα precede al verbo para dar énfasis (§ 2.5 y 3.6). La existencia de variantes en el orden de los constituyentes no afecta el punto tratado aquí.

(4b) καθὼς τὸ κλῆμα οὐ δύναται καρπὸν φέρειν ἀφ' ἑαυτοῦ
     como  el  sarmiento no puede fruto llevar de sí.mismo

     ἐὰν μὴ μένῃ ἐν τῇ ἀμπέλῳ,
     si  no permanece en la vid

     οὕτως οὐδὲ ὑμεῖς ἐὰν μὴ' ἐν ἐμοὶ μένητε.
     así   ni  vosotros si no  en mí permanecéis

Hasta aquí hemos estado considerando los constituyentes adverbiales que empiezan oraciones para establecer puntos de transición situacionales. Ahora pasamos a los puntos de transición *referenciales*.

Algunos puntos de transición referenciales empiezan con la preposición περί 'en cuanto a', y se usan para establecer el *tema* de un párrafo o una sección más larga. Cuando una oración comienza con un grupo preposicional de ese tipo, típicamente se indica también un cambio respecto al párrafo anterior.

Vemos un ejemplo en **1 Co 8,1**, que comienza con el grupo preposicional Περὶ τῶν εἰδωλοθύτων para establecer el tema del capítulo. También indica un cambio de tema respecto a la sección anterior (Περὶ τῶν παρθένων 'Acerca de la virginidad' [1 Co 7,25]).[18]

(1) Περὶ δὲ τῶν εἰδωλοθύτων, οἴδαμεν ὅτι πάντες γνῶσιν ἔχομεν.
    Acerca.de md los sacrificios.idólatros sabemos que todos conocimiento tenemos

Los puntos de transición referenciales también pueden involucrar constituyentes *nominales*. En tales casos, lo normal es que el punto de transición comúnmente sea también el tema de una oración tema-rema, especialmente si el punto de transición es el sujeto de la oración.

En **Hch 20,6**, por ejemplo, el sujeto inicial ἡμεῖς es a la vez el punto de transición y el tema de la oración. Su posición inicial indica que la base para relacionar aquello que sigue con el contexto se establece por medio de un cambio de las actividades de οὗτοι 'éstos' a ἡμεῖς.[19] Dicho cambio tiene el efecto de poner en contraste las actividades de los dos grupos.

(5) Éstos se adelantaron y nos esperaron en Tróade.

(6a) *Pto de transición/*
     *Tema        Rema*
     ἡμεῖς  δὲ  ἐξεπλεύσαμεν μετὰ τὰς ἡμέρας τῶν ἀζύμων ἀπὸ Φιλίππων
     nosotros md zarpamos después.de los Días de.los Ázimos de Filipos

De manera semejante, en **Ap 4,7**, la posición inicial del sujeto τὸ ζῷον τὸ πρῶτον indica que la base para relacionar lo que sigue con el contexto es por medio de un cambio desde los cuatro vivientes en general hasta uno de ellos en particular. En otras palabras, se involucra un cambio *genérico-específico*.

(6b) En medio del trono, y en torno al trono, se ven cuatro vivientes llenos de ojos por delante y por detrás.

---

[18] Los constituyentes iniciales como Περὶ τῶν εἰδωλοθύτων están «desplazados a la izquierda» porque están sintácticamente separados del resto de la oración (cf. Dooley y Levinsohn 2007:53). Los temas introducidos en un constituyente desplazado a la izquierda o un «nominativo 'pendens'» (Poggi 2011:33) son «por lo general cognitivamente accesibles» (Lambrecht 1984:183). En el caso de 1 Co 7,25 y 8,1, los temas son accesibles porque los corintios aparentemente habían preguntado acerca de ellos en su carta (cf. Pereira Delgado 2017:154).

[19] En los idiomas de tipo Sujeto-Verbo como el español, el sujeto solo funciona como punto de transición cuando lo acompaña algún rasgo que lo identifica como tal. Por ejemplo, un «espaciador» (Dooley y Levinsohn 2007:57) como *en cambio* puede separar el sujeto del resto de la oración y así establecerlo como punto de transición (p.ej., 'Ustedes, en cambio' [Mc 7,11 *NVI*]).

## 2.2 Tema, rema y punto de transición

(7a)         *Pto de transición/Tema*       *Rema*

καὶ τὸ ζῷον τὸ πρῶτον ὅμοιον λέοντι
y el viviente el primero como león

A veces, *dos* puntos de transición inician una oración, uno situacional y otro referencial. El primero indica la base principal para relacionar la oración con su contexto.

Vemos un ejemplo en **Rm 11,26–30**. En el 30, el punto de transición referencial ὑμεῖς marca un cambio desde 'todo Israel' (26), mientras que el punto de transición situacional ποτε señala un cambio secundario a partir del tiempo presente del 28.[20]

(26) De ese modo, todo Israel se salvará .... (28) En cuanto al Evangelio, los israelitas son contrarios para vuestro bien; pero, en cuanto a la elección, son amados en atención a sus antepasados. (29) Que los dones y la vocación de Dios son irrevocables.

(30) ὥσπερ γὰρ ὑμεῖς ποτε ἠπειθήσατε τῷ θεῷ ...
como porque vosotros en.otro.tiempo fuisteis.desobedientes al Dios

Véase también 2 Co 5,16 (el punto de transición referencial ἡμεῖς 'nosotros' indica la base principal para relacionar la oración con su contexto, y el punto de transición situacional ἀπὸ τοῦ νῦν 'en adelante' ofrece una base secundaria).

**Preguntas de repaso**

(a) ¿Cuáles son las tres configuraciones de la oración, según Andrews? Identifíquese el tipo de configuración de las siguientes oraciones:

    En Jope había una discípula llamada Tabitá. (Hch 9,36)

    Al día siguiente Pablo fue con nosotros a casa de Santiago. (Hch 21,18)

    ¿Quién os ha fascinado? (Ga 3,1)

(b) Divídase Hch 21,18 (véase arriba) en punto de transición, tema y rema.

(c) ¿Cuál es la base principal para relacionar **Lc 1,57** (a continuación) con su contexto?

    (56) María se quedó con ella (Isabel) unos tres meses, y luego regresó a su casa.

    (57a) Τῇ δὲ Ἐλισάβετ ἐπλήσθη ὁ χρόνος τοῦ τεκεῖν αὐτήν
           a.la md Isabel se.cumplió el tiempo del dar.a.luz ella

(d) En **Hch 27,41b, c**, ¿qué constituyentes son el punto de transición, el tema y el rema? (Ignórense las conjunciones καί, δέ y μέν, de las que se tratará en la Parte II).

    (41a) Pero tropezando contra un lugar con mar por ambos lados, encalló allí la nave.

    (41b) καὶ ἡ μὲν πρῷρα ἐρείσασα ἔμεινεν ἀσάλευτος,
            y la proa estando.clavada quedó inmóvil

    (41c) ἡ δὲ πρύμνα ἐλύετο ὑπὸ τῆς βίας [τῶν κυμάτων].
            la md popa se.rompía por la fuerza de.las olas

---

[20] El Códice Alejandrino (A) invierte el orden de ὑμεῖς y ποτε.

**Respuestas sugeridas**

(a) La primera oración tiene una configuración *presentativa* (Tabitá se presenta en la escena).

La segunda oración tiene una configuración *tema-rema* (El comentario es acerca del tema Pablo).

La tercera oración tiene una configuración *identificativa* (La presuposición es que 'alguien los ha fascinado'. El foco está en 'quién').

(b) *Pto. de transición*     *Tema*     *Rema*
Al día siguiente /     Pablo /     fue con nosotros a casa de Santiago.

(c) La base para relacionar Lc 1,57 con su contexto es un cambio de atención desde María (en el 56) a Isabel. Esto podría reflejarse en castellano empezando la oración con un grupo como «En cuanto a Isabel». Véase también la *RVR95*: «Cuando a Isabel se le cumplió el tiempo de su alumbramiento».

(d) En Hch 27,41b, ἡ πρῷρα es a la vez el punto de transición y el tema acerca del que se hace el comentario ἐρείσασα ἔμεινεν ἀσάλευτος. De manera semejante, ἡ πρύμνα (41c) es a la vez el punto de transición y el tema acerca del que se hace el comentario ἐλύετο ὑπὸ τῆς βίας [τῶν κυμάτων].

## 2.3 Puntos de transición que actúan como reanudación

Hasta aquí, hemos considerado solamente los puntos de transición que se relacionan con el contexto por medio de un *cambio* respecto a un constituyente correspondiente. Sin embargo, los puntos de transición también pueden relacionarse con el contexto como *reanudación*.

Un punto de transición que actúa como reanudación tiene varios referentes posibles.

- Puede referirse al *punto de transición* del contexto anterior.
- Puede referirse al *tema* de la oración anterior.
- Puede referirse al participante que acaba de ser *introducido* en una oración con configuración presentativa.

Puesto que los referentes de esos puntos de transición ya aparecieron en el contexto inmediato, el punto de transición a menudo emplea una forma «reducida»,[21] sea pronombre o adverbio (véase más adelante en § 8.2).

**Lc 2,36–37** ilustra dos puntos de transición que actúan como reanudación. En el 36b, el constituyente inicial αὕτη se refiere a Ana, que se introdujo en el 36a en una oración con configuración presentativa. Luego en el 37a, que no tiene verbo, el constituyente inicial αὐτή se refiere al punto de transición para el 36b. (Ambos constituyentes funcionan no solo como puntos de transición, sino también como el tema de las oraciones correspondientes).

(36a) Καὶ ἦν Ἄννα προφῆτις, θυγάτηρ Φανουήλ ...
Y estaba Ana profetisa hija Fanuel

(36b) <u>αὕτη</u> προβεβηκυῖα ἐν ἡμέραις πολλαῖς,
ésta habiendo.avanzado en días muchos

ζήσασα μετὰ ἀνδρὸς ἔτη ἑπτὰ ἀπὸ τῆς παρθενίας αὐτῆς
habiendo.vivido con esposo años siete desde la virginidad de.ella

---
[21] Werth 1984:9.

## 2.3 Puntos de transición que actúan como reanudación

(37) καὶ <u>αὐτὴ</u> χήρα ἕως ἐτῶν ὀγδοήκοντα τεσσάρων,
     y   ella  viuda hasta años  ochenta    cuatro

ἣ οὐκ ἀφίστατο τοῦ ἱεροῦ ...
quien no se.apartaba del templo

El constituyente inicial de **Mc 6,17** (citado en el capítulo 1 como un ejemplo de *flashback*) se refiere al tema de la oración anterior, a saber, Herodes. (Los discursos referidos como 'Éste es Juan …' se analizan como complementos de los verbos de lengua, ya que se incrustan en la estructura de la narración, aunque no forman parte de la estructura narrativa en sí. De modo que Herodes es el sujeto de ambas oraciones narrativas: la del 16 y la del 17).

(16) Al oír esto [que Jesús hacía milagros], Herodes dijo: «Éste es Juan, el que yo decapité, que ha resucitado de los muertos.»

(17) <u>Αὐτὸς</u> γὰρ <u>ὁ Ἡρῴδης</u> ἀποστείλας ἐκράτησεν τὸν Ἰωάννην ...
     mismo  porque el Herodes  enviando   prendió  al  Juan

Veremos en § 2.8 que los puntos de transición que actúan como reanudación son muy frecuentes en el material no-narrativo. En el género narrativo, en cambio, un constituyente *nominal* inicial repite un constituyente anterior con menos frecuencia. No obstante, hay una situación en las narraciones donde un punto de transición que actúa como reanudación se usa de manera regular, a saber, para introducir los no-eventos y otros materiales de *trasfondo*,[22] como en Mc 6,17 (más arriba). Más aún, si dos o más oraciones consecutivas empiezan con el mismo punto de transición, cada una presenta un comentario de trasfondo distinto, como en Lc 2,36–37 (más arriba). Véase también Ap 11,4–6.

De vez en cuando, un punto de transición nominal que actúa como reanudación introduce un acontecimiento narrativo de *primer plano*. Tal es el caso en **Lc 22,41**. Después de la instrucción de Jesús a los discípulos respecto a orar (40), el uso de αὐτός asegura que la atención siga sobre Jesús, en vez de sobre la respuesta de los discípulos a esa instrucción. Una traducción como «Él se arrancó …» (*NBE*),[23] en vez de «Entonces se separó …» (*NVI*), capta bien este efecto.

(40) Llegado al lugar, les dijo: «Pedid que no caigáis en tentación.»

(41a) καὶ <u>αὐτὸς</u> ἀπεσπάσθη ἀπ' αὐτῶν ὡσεὶ λίθου βολὴν
      y   él   se.apartó  de  ellos  como de.piedra tiro

Finalmente, **Mc 12,38** (*SBU*) es un ejemplo de un constituyente *adverbial* inicial que repite el escenario del párrafo anterior.[24] Lo típico es que esos puntos de transición introduzcan *episodios diferentes* que transcurren en el mismo escenario general (compárese la reanudación de puntos de transición nominales para presentar distintos comentarios acerca del mismo referente, que acabamos de ver).

(35) Jesús, tomando la palabra, decía mientras enseñaba en el Templo: «¿Cómo dicen los escribas que el Cristo es hijo de David? … (37) Si el mismo David le llama Señor; ¿cómo entonces puede ser hijo suyo?» La muchedumbre le oía con agrado.

---

[22] Los acontecimientos en primer plano forman la línea principal de la narración, a diferencia del material de *trasfondo* (véase la introducción a la Parte IV).

[23] Cf. también (en catalán): *Ell, però, s'apartà d'ells* 'Él, en cambio, se separó de ellos' (Rius-Camps y Read-Heimerdinger 2009:I.363).

[24] El escenario para Mc 12,35 no se expresa a través de un punto de transición temporal (como en la *NVI*) sino por un participio adverbial posnuclear (διδάσκων ἐν τῷ ἱερῷ). El efecto pragmático consiste en comunicar continuidad con el contexto (cf. § 2.4).

(38) Καὶ ἐν τῇ διδαχῇ αὐτοῦ ἔλεγεν, Βλέπετε ἀπὸ τῶν γραμματέων ...
    Y   en  la  enseñanza suya  decía: «Guardaos de los  escribas ...

## 2.4 Potenciales puntos de transición que no empiezan una oración

Existe un corolario para todos los idiomas en los que los constituyentes adverbiales (y los nominales, donde corresponda) tienen la opción de empezar o no una oración: si un punto de transición aparente *no* constituye la base principal para relacionar la oración con su contexto, *no* se colocará en posición inicial. A la inversa, si un punto de transición aparente no empieza una oración, *tampoco* constituye la base principal para relacionarla con su contexto.

Vemos un ejemplo en **Hch 20,6a** (considerado anteriormente en § 2.2), que contiene el grupo temporal μετὰ τὰς ἡμέρας τῶν ἀζύμων.[25] El hecho de que el sujeto, y no la expresión temporal, esté en posición inicial indica que la oración debe relacionarse con su contexto principalmente sobre la base de un cambio de atención de un grupo de participantes a otro, y no de un cambio de tiempo.

(5)   Éstos se adelantaron y nos esperaron en Tróade.

(6a)  ἡμεῖς   δὲ  ἐξεπλεύσαμεν  μετὰ     τὰς  ἡμέρας  τῶν   ἀζύμων  ἀπὸ  Φιλίππων
      nosotros md  zarpamos   después.de los  días  de.los Ázimos  de  Filipos

**1 Co 11,25** (a continuación) es un caso parecido. La segunda parte del relato paulino de la cena del Señor se relaciona con la primera sobre la base de un cambio de 'pan' a 'la copa'. Este cambio no se refleja en la traducción de la *NBE* «Después de cenar, hizo igual con la copa», que relaciona las dos partes principalmente sobre la base de un cambio de tiempo de 'habiendo dado gracias' (24) a 'después de cenar'.[26]

(23)  ... el Señor Jesús, la noche que fue entregado, tomó pan; (24) y habiendo dado gracias, lo partió y dijo: «Éste es mi cuerpo, que se entrega por vosotros; haced esto en memoria mía.»

(25)  ὡσαύτως   καὶ   τὸ   ποτήριον   μετὰ      τὸ  δειπνῆσαι ...
      asimismo   +    la    copa    después.de  el  cenar

Otros pasajes en los que una o más traducciones en castellano cambian la base principal para relacionar el material en cuestión con el contexto son:[27]

- Lc 16,19–20: el cambio es del hombre rico del 19 a πτωχὸς τις ὀνόματι Λάζαρος 'un pobre, llamado Lázaro' (20), no de la casa del hombre rico a «la puerta de su casa» (*NVI*).
- Hch 1,5: el cambio es de Juan (5a) a ὑμεῖς 'vosotros' (5b) (*NBE*, *RVR95*), no del tiempo en que Juan estaba bautizando a «dentro de pocos días» (*NVI*).
- Col 1,20–21: el cambio es de 'todas las cosas' que a Dios le agradó reconciliar consigo mismo (20) a ὑμᾶς 'a vosotros' (ya reconciliados [21]), no del tiempo en que a Dios le agradó reconciliar todas las cosas consigo mismo a «en otro tiempo» (*NVI*).[28]
- 1 Pe 5,8–10: el cambio es de 'vuestro adversario, el diablo' (8) a ὁ θεὸς πάσης χάριτος 'el Dios de toda gracia' (10), no del tiempo de resistir al diablo a «Tras un breve padecer» (*NBE*).

---

[25] Como en muchos otros idiomas, es poco común en el NT griego que las referencias a un punto en el tiempo *no estén en* posición inicial. En Hechos, por ejemplo, solamente 13 de las 81 expresiones de ese tipo no se encuentran al inicio de la oración.

[26] Interpreto ὡσαύτως como una conjunción (§ 6.1, nota 1). Cf. § 2.2 (Rm 11,30) sobre la posibilidad de que dos puntos de transición aparezcan en la misma oración.

[27] Cf. también la traducción de la *NVI* de 2 Co 5,16, a la que nos referimos al final de § 2.2.

[28] Ποτέ 'en otro tiempo' precede al verbo en anticipación de un cambio al punto de transición νυνί 'ahora' (v. 22); cf. § 4.3.

## 2.4 Potenciales puntos de transición que no empiezan una oración

Si *ningún* punto de transición aparente empieza una oración, el efecto pragmático consiste principalmente en comunicar *continuidad* con el contexto. Puesto que los puntos de transición señalan discontinuidades de situación, de referencia y, a veces, de acción, la ausencia de punto de transición significa que no se ha indicado ninguna discontinuidad *por ese medio*. (Eso no impide que una discontinuidad se señale por algún otro medio [véase más adelante]).

**Hch 5,21** (a continuación) es un caso en el que ningún constituyente adverbial o nominal empieza la oración.[29] Si hubiera empezado con el constituyente temporal ὑπὸ τὸν ὄρθρον (como en la *NVI*), la base principal para relacionar la oración son su contexto habría sido a través de un cambio a otro marco temporal. Eso habría dado lugar a la pregunta de por qué los apóstoles esperaron hasta el amanecer para obedecer la orden del ángel. El hecho de que ni este ni ningún otro punto de transición aparente esté en posición inicial tiene como efecto pragmático comunicar continuidad con el contexto, en este caso con la orden del 20. Esta relación entre la orden y su respuesta es más importante que el cambio de marco temporal.[30]

(19) Pero el ángel del Señor ... les dijo: (20) «Id, presentaos en el Templo y comunicad ...»

(21) ἀκούσαντες δὲ εἰσῆλθον ὑπὸ τὸν ὄρθρον εἰς τὸ ἱερὸν καὶ ἐδίδασκον.
     oyendo      md  entraron  de  el  amanecer  a   el  templo  y   enseñaban

En muchos pasajes narrativos en los que oraciones sucesivas empiezan con un verbo o participio, éstas presentan acontecimientos consecutivos y, en términos de Givón, existe continuidad de acción entre ellas. Véase, por ejemplo, Lc 1,59–65a.

Sin embargo, no es correcto sugerir que, siempre que una oración empieza con un verbo en vez de con un constituyente no-verbal, se indica una continuidad *completa* con los últimos acontecimientos descritos.[31] Tal afirmación es fácilmente refutable. Por ejemplo, las oraciones con configuración presentativa que tienen un verbo en posición inicial a menudo introducen participantes en mitad de una narración (§ 8.1), pero no necesariamente en la misma localización que los acontecimientos previos.

Vemos un ejemplo en **Hch 9,10**, una oración presentativa que comienza con un verbo. Ananías es presentado en la narración después de contar cómo Saulo se encontró con el Señor Jesús en el camino a Damasco (1–9). Aunque ambas personas se ubican en Damasco, los próximos versículos indican que no están en la misma casa.[32]

(8–9) ... le introdujeron [a Saulo] en Damasco. Pasó tres días sin ver, sin comer y sin beber.

(10a) Ἦν    δέ  τις    μαθητὴς  ἐν  Δαμασκῷ  ὀνόματι  Ἀνανίας,
      Había md cierto  discípulo en Damasco  llamado  Ananías

Un problema parecido surge con cierto tipo de *orientadores* (es decir, «verbos que admiten subordinadas sustantivas de complemento directo»)[33] que introducen nuevos temas en un discurso o epístola. La combinación de un orientador de ese tipo con un asíndeton (ausencia de conectiva) señala una discontinuidad, aunque la oración empiece con un verbo (§ 17.2.1). Entre los ejemplos están Ἠκούσατε ὅτι 'Habéis oído que' (Mt 5,21, 5,27, 5,33, 5,38 y 5,43), Μὴ νομίσητε ὅτι 'No penséis que' (Mt 5,17), y Ἐλπίζω ... ἵνα 'Espero ... que' (Flp 2,19).

Concluyo que todo lo que se puede afirmar con certeza sobre las oraciones que empiezan con un verbo en griego es que no *marcan* una discontinuidad con el contexto. Al mismo tiempo, si ningún

---

[29] Sostengo en § 11.1 que los participios adverbiales prenucleares no deben interpretarse como puntos de transición.
[30] La *BJ* refleja muy bien esta relación empezando el v. 21, «Ellos obedecieron y ...». Cf. también «En vista de aquello» (*NBE*).
[31] En Hechos, cuando una oración empieza con un participio, ello implica continuidad de situación y otros factores relevantes; cf. § 11.1.3.
[32] Además, el verbo ἦν señala una discontinuidad de acción, cuando la narración cambia de acontecimientos a no-eventos. Para una oración de configuración presentativa que empieza con un punto de transición, cf. Lc 4,33a (pasaje 2 de § 2.7).
[33] *Manual* 2010:§ 43.2.3a.

punto de transición aparente empieza una oración que describe un acontecimiento, aunque uno o más aparezca luego en dicha oración, lo típico es que implique continuidad con el contexto.

**Preguntas de repaso**

(a) ¿Qué se indica cuando un potencial punto de transición no se coloca en posición inicial en la oración?

(b) En **Lc 20,19a**, ¿por qué el constituyente temporal ἐν αὐτῇ τῇ ὥρᾳ no empieza la oración? (El 18 termina una parábola relatada por Jesús).

(19a) καὶ ἐζήτησαν οἱ γραμματεῖς καὶ οἱ ἀρχιερεῖς
y buscaban los escribas y los sumos.sacerdotes

ἐπιβαλεῖν ἐπ' αὐτὸν τὰς χεῖρας ἐν αὐτῇ τῇ ὥρᾳ,
poner sobre él las manos en misma la hora

(19b) pero tuvieron miedo de la gente,

(19c) porque comprendieron que había dicho aquella parábola por ellos.

**Respuestas sugeridas**

(a) Si un potencial punto de transición no se coloca en posición inicial en la oración, indica que no es la base principal para relacionarla con su contexto.

(b) El constituyente temporal ἐν αὐτῇ τῇ ὥρᾳ no empieza la oración en Lc 20,19a porque el intento de los escribas (y los jefes de los sacerdotes) para echar mano a Jesús responde a la parábola que acaba de relatar (véase el 19c). Si el constituyente temporal la hubiera empezado, habría indicado que la base principal para relacionar ese intento con el contexto sería temporal. Cualquier relación de causa-efecto entre los dos acontecimientos habría resultado opacada. Más aún, puesto que el punto de transición habría actuado como reanudación (§ 2.3), habría implicado que otro episodio realizado en el mismo escenario estaba por comenzar.

## 2.5 Una advertencia acerca de los constituyentes iniciales

Hasta aquí, todos los constituyentes adverbiales y nominales que empiezan oraciones se han interpretado como puntos de transición. No obstante, es posible colocar constituyentes al principio de una oración también por otras razones. En particular, pueden ubicarse allí para darles *prominencia focal* (véase la introducción a este capítulo).

En **Hch 14,2–3**, por ejemplo, ἱκανὸν χρόνον (3) es un constituyente focal colocado al principio de la oración para enfatizar «la duración del ministerio de Pablo y Bernabé ... porque era notorio y hasta sorprendente, en vista de las circunstancias reinantes (2)».[34]

(2) Pero los judíos que no habían creído excitaron y envenenaron los ánimos de los gentiles contra los hermanos.

(3) **ἱκανὸν** μὲν οὖν **χρόνον** διέτριψαν παρρησιαζόμενοι ...
largo entonces tiempo pasó hablando.valientemente

Para una discusión sobre la manera de distinguir los puntos de transición de los constituyentes que se han colocado en posición inicial para prominencia focal, véase § 3.8.2. Aquí destaco simplemente que, igual que los temas proposicionales, un punto de transición «debe estar ya establecido en

---

[34] Levinsohn 1987:52. Los constituyentes que se ubican en posición inicial para enfocarlos o enfatizarlos aparecen en negrilla en griego.

el discurso o ser fácilmente relacionable con uno ya establecido».[35] En cambio, la información que se enfoca, o bien *no* se ha establecido en el texto (se trata de información «nueva»), o tiene que *re*establecerse.

## 2.6 Implicaciones para el orden básico de constituyentes en el NT griego

Longacre aborda la identificación del orden básico de sujeto, verbo y complemento (directo o indirecto) en los idiomas cuyo sujeto frecuentemente se encuentra después del verbo, y sostiene que, si el orden más frecuente de «las oraciones de la trama de un texto narrativo de un idioma dado es VSC [verbo – sujeto – complemento], ese idioma debe clasificarse como un idioma VSC».[36]

Sin embargo, Porter observa que «la mayoría de oraciones en griego no presentan todos los elementos», verbo, sujeto y complemento. Más aún, «basar la formulación del orden básico en casos en los que los tres elementos están presentes tergiversa … las conclusiones».[37] Es mucho más común que el verbo aparezca solo o que sea seguido solamente por un complemento directo o indirecto. Otros patrones comunes son los órdenes complemento-verbo y sujeto-verbo.[38]

Las siguientes estadísticas para las narraciones de Hechos confirman las observaciones de Porter.[39]

> Estadísticamente, en el discurso narrativo de Hechos encontramos más oraciones que empiezan con el verbo que con el sujeto. De las 720 oraciones cuyo sujeto o tema es diferente del de la oración con que se relacionan:
> el sujeto precede al verbo en un máximo de 264;
> el sujeto sigue al verbo en 310;
> no hay sujeto explícito en 146.

No he compilado estadísticas para las secciones narrativas de los evangelios, pero Terry, que defiende el orden sujeto-inicial como el orden básico de constituyentes en algunos tipos de oración del griego del NT, admite, no obstante, que el orden verbo-sujeto-complemento puede ser lo normal para oraciones en la trama narrativa.[40] Véase también lo que escriben Blass et al.: «El verbo o el predicado nominal con su cópula aparece inmediatamente después de la conjunción».[41]

Es más fácil explicar las variaciones en el orden de los constituyentes si se toma la configuración de verbo-inicial como el orden *por defecto*.[42] Hay que entender la presencia de constituyentes adverbiales o nominales colocados antes del verbo en otras oraciones como un orden *marcado*, motivado por el deseo de establecer el constituyente en cuestión como un punto de transición o para darle prominencia focal. Más aun, sostengo en § 2.8 que en los géneros no-narrativos, esas mismas motivaciones determinan si un constituyente adverbial o nominal se coloca o no antes del verbo, aunque como resultado la mayoría de oraciones empiecen con el sujeto en vez de con el verbo.[43]

Por lo tanto, a lo largo de este libro, considero el ordenamiento con verbo inicial como el orden pragmático por defecto en las oraciones tanto independientes como dependientes en el NT griego, sin importar el género al que pertenezca el pasaje.[44]

---

[35] Lambrecht 1984:164.

[36] Longacre 1995:333.

[37] Porter 1992:293.

[38] Estas conclusiones se basan en un análisis de Filipenses, 1 y 2 Timoteo, Mt 5–7, Hch 21–23, Rm 5–6, 1 Co 12–14 y 2 Co 10–13 (Porter 1992:293n2).

[39] Levinsohn 1987:3.

[40] Terry 1995:154.

[41] Blass, Debrunner, y Funk 1961:§ 472(1).

[42] Contrástese con Porter (1992:295), para quien los órdenes normales o por defecto son los que «ocurren con alta frecuencia» (cf. también Dryer 1997:74). Porter considera «no obligatorio para el exégeta explicar los patrones normales de uso», aunque dichos patrones incluyan los órdenes complemento-verbo y verbo-complemento.

[43] Cf. también la observación de Porter (1992:295): «El sujeto explícito se usa a menudo como una forma de marcador de tema o palanca de cambio … y está correctamente colocado en primer lugar para señalar esta función semántica».

[44] Dryer (1997:69ss) utiliza dos factores para clasificar los idiomas: si el complemento sigue al verbo o no (VC *versus* CV); y si el sujeto sigue al verbo o no (VS *versus* SV). De modo que el griego del NT se clasifica VS/VC, en vez de VSC.

De esto se desprende que, cuando un grupo nominal o adverbial aparece entre dos verbos y puede construirse con cualquiera de ellos, se considera que está en su posición normal después del primer verbo, en vez de estar antepuesto con respecto al segundo. Por ejemplo, en Hch 3,12 (ἰδὼν δὲ ὁ Πέτρος ἀπεκρίνατο πρὸς τὸν λαόν 'al verlo Pedro, se dirigió al pueblo'), ὁ Πέτρος *no* está antepuesto con respecto a ἀπεκρίνατο.

## 2.7 Pasajes narrativos ilustrativos

En las siguientes narraciones de Lucas,[45] identifíquese el tipo de discontinuidad que se indica cuando un constituyente adverbial o nominal empieza la oración para establecer un punto de transición. Nótese, además, *cómo* la falta de un punto de transición tiende a corresponder con continuidad con el contexto. Después de estudiar cada pasaje, contéstense las preguntas que siguen.

Los constituyentes en posición inicial <u>subrayados</u> son puntos de transición. Los constituyentes en posición inicial en **negrilla** se han antepuesto para darles prominencia focal.

**Pasaje 1: Lc 5,27–32**

(27a) Καὶ <u>μετὰ</u> <u>ταῦτα</u> ἐξῆλθεν
Y después.de estas.cosas salió

(27b) καὶ ἐθεάσατο τελώνην ὀνόματι Λευὶν καθήμενον ἐπὶ τὸ τελώνιον,
y vio a.publicano llamado Leví sentado en la oficina de impuestos

(27c) καὶ εἶπεν, αὐτῷ Ἀκολούθει μοι.
y dijo –le: Sigue –me

(28) καὶ καταλιπὼν πάντα ἀναστὰς ἠκολούθει αὐτῷ.
y dejando todo levantándose siguió –le

(29a) Καὶ ἐποίησεν δοχὴν μεγάλην Λευὶς αὐτῷ ἐν τῇ οἰκίᾳ αὐτοῦ,
E hizo banquete grande Leví para.él en la casa suya

(29b) καὶ ἦν ὄχλος πολὺς τελωνῶν καὶ ἄλλων
y había multitud grande de.recaudadores y de.otros

οἳ ἦσαν μετ' αὐτῶν κατακείμενοι.
que estaban con ellos reclinados

(30) καὶ ἐγόγγυζον οἱ Φαρισαῖοι καὶ οἱ γραμματεῖς αὐτῶν
y murmuraron los fariseos y los escribas de.ellos

πρὸς τοὺς μαθητὰς αὐτοῦ ...
a los discípulos de.él

(31-32) καὶ ἀποκριθεὶς ὁ Ἰησοῦς εἶπεν πρὸς αὐτούς ...
y respondiendo el Jesús dijo a ellos

---

[45] Los pasajes se han escogido porque καί es casi la única conjunción usada en ellos, para evitar así el tratamiento de temas que se originan por la elección de una conjunción en vez de otra (tema tratado en la Parte II de este libro).

## Preguntas

La narración anterior tiene un solo punto de transición, el grupo adverbial de tiempo en el v. 27a.

(a) ¿Sobre qué base se relaciona con su contexto el episodio de los 27–32?

(b) ¿Cómo relaciona Lucas la llamada de Leví en los 27–28 con la fiesta que ofreció (29ss), en lo que respecta a continuidad o discontinuidad?

## Respuestas sugeridas

(a) El episodio se relaciona con su contexto principalmente sobre la base de un cambio temporal.

(b) Lucas no señala discontinuidad entre la llamada de Leví y la fiesta que ofrece. En efecto, puesto que el punto de transición potencial ἐν τῇ οἰκίᾳ αὐτοῦ no empieza la oración, el verbo inicial del v. 29a tiende a comunicar *continuidad*.[46] El banquete que dispuso para Jesús podría interpretarse como una «expresión concreta del "seguimiento" de la nueva dedicación de Leví».[47] La relación lógica entre la decisión de seguir a Jesús y ofrecer un banquete en su honor tiene precedencia sobre el cambio espacial entre los 27–28 y los 29ss.

## Pasaje 2: Lc 4,31–37

(31a) καὶ κατῆλθεν εἰς Καφαρναοὺμ πόλιν τῆς Γαλιλαίας
y bajó a Cafarnaún ciudad de.la Galilea

(31b) καὶ ἦν διδάσκων αὐτοὺς ἐν τοῖς σάββασιν
y estaba enseñando –les en los sábados[48]

(32a) καὶ ἐξεπλήσσοντο ἐπὶ τῇ διδαχῇ αὐτοῦ,
y se.asombraron de la enseñanza de.él

(32b) ὅτι **ἐν ἐξουσίᾳ** ἦν ὁ λόγος αὐτοῦ.
pues con autoridad era la palabra de.él

(33a) καὶ ἐν τῇ συναγωγῇ ἦν ἄνθρωπος ἔχων πνεῦμα δαιμονίου ἀκαθάρτου
y en la sinagoga había hombre teniendo espíritu de.demonio inmundo

(33b) καὶ ἀνέκραξεν φωνῇ μεγάλῃ, Ἔα, τί ἡμῖν καὶ σοί ...
y gritó con.voz grande: ¡Ah! ¿Qué a.nosotros y a.ti?

(35a) καὶ ἐπετίμησεν αὐτῷ ὁ Ἰησοῦς λέγων, Φιμώθητι ...
y reprendió –le el Jesús diciendo: Cállate

(35b) καὶ ῥίψαν αὐτὸν τὸ δαιμόνιον εἰς τὸ μέσον ἐξῆλθεν ἀπ᾽ αὐτοῦ ...
y arrojando –le el demonio en el medio salió de él

---

[46] Nótese, sin embargo, la referencia a Leví en el v. 29a (§ 17.2.7). El 29b tiene configuración presentativa, así que se podría discernir una discontinuidad de acción con el 29a, puesto que se inserta información descriptiva. Cf. después del pasaje 2 para un comentario adicional sobre esta oración.

[47] Fitzmyer 1987:II.533.

[48] Cantera y Iglesias (2000:1162) consideran que σάββασιν es singular en cuanto a referencia. Fitzmyer (1987:II.451), en cambio, sugiere que en los vv. 31–32 «se describe genéricamente la enseñanza de Jesús durante los sábados y la reacción de la gente de la ciudad ante esa doctrina» y escribe, «Lucas utiliza el plural: *ta sabbata*, tanto para referirse a un sábado concreto (cf. Lc 13,10, y, según el códice D, Lc 6,2) como a diversos sábados sucesivos (cf. Hch 17,20)» (Fitzmyer 1987:455).

(36a) καὶ ἐγένετο θάμβος ἐπὶ πάντας
y se.volvió asombro sobre todos

(36b) καὶ συνελάλουν πρὸς ἀλλήλους λέγοντες, **Τίς** ὁ λόγος οὗτος
y conversaban a uno.a.otro diciendo: qué la palabra esta

ὅτι **ἐν ἐξουσίᾳ καὶ δυνάμει** ἐπιτάσσει τοῖς ἀκαθάρτοις πνεύμασιν ...
pues con autoridad y poder ordena a.los inmundos espíritus

(37) καὶ ἐξεπορεύετο ἦχος περὶ αὐτοῦ εἰς πάντα τόπον ...
y salía rumor sobre él a todo lugar

**Preguntas**

(a) ¿El punto de transición de Lc 4,33a (la referencia a la sinagoga en posición inicial), implica cambio o reanudación?

(b) Puesto que el 33a (en el pasaje 2) y Lc 5,29b (en el pasaje 1) son oraciones presentativas que introducen a nuevos participantes en los respectivos relatos, ¿por qué 4,33a incluye un punto de transición, pero 5,29b no lo tiene?

**Respuestas sugeridas**

(a) Es probable que el punto de transición en el v. 33a implique *reanudación*. Aunque el escenario espacial de los 31b–32 no se menciona, es probable que la enseñanza de Jesús el sábado haya sido en la sinagoga.

(b) La presencia de un punto de transición en Lc 4,33a indica que se debe percibir una discontinuidad en la trama de la narración. A menudo se usan puntos adverbiales de transición que actúan como reanudación en la narración cuando ocurren *episodios diferentes* en el mismo escenario (§ 2.3). Los versículos 31–32 tienen que ver con la enseñanza de Jesús, enfatizando que su palabra era 'con autoridad' (32b). Aunque los 33ss terminan con un énfasis parecido (36b), esta vez la respuesta es a su *orden a un demonio*.

En cambio, la oración presentativa 5,29b proporciona algunos detalles acerca del *mismo* episodio que comenzó a describirse en el 29a.

**Pasaje 3: Lc 14,16b–24**

(16b) Ἄνθρωπός τις ἐποίει δεῖπνον μέγα,
Hombre cierto hacía cena grande

(16c) καὶ ἐκάλεσεν πολλούς
e invitó a.muchos

(17) καὶ ἀπέστειλεν τὸν δοῦλον αὐτοῦ τῇ ὥρᾳ τοῦ δείπνου
y envió al siervo suyo a.la hora de.la cena

εἰπεῖν τοῖς κεκλημένοις, Ἔρχεσθε ...
a.decir a.los invitados: Venid

(18a) καὶ ἤρξαντο ἀπὸ μιᾶς πάντες παραιτεῖσθαι.
y comenzaron de uno todos a.disculparse

## 2.7 Pasajes narrativos ilustrativos

(18b) ὁ πρῶτος εἶπεν, αὐτῷ Ἀγρὸν ἠγόρασα ...
      el primero dijo  -le:  Campo  compré

(19)  καὶ ἕτερος εἶπεν, Ζεύγη βοῶν ἠγόρασα πέντε ...
      y   otro    dijo:  Yuntas de.bueyes compré cinco

(20)  καὶ ἕτερος εἶπεν, Γυναῖκα ἔγημα ...
      y   otro    dijo:  Mujer   esposé

(21a) καὶ παραγενόμενος ὁ δοῦλος ἀπήγγειλεν τῷ κυρίῳ αὐτοῦ ταῦτα.
      y   llegando      el siervo informó    al señor  suyo  estas.cosas

(21b) τότε      ὀργισθεὶς ὁ οἰκοδεσπότης εἶπεν τῷ δούλῳ αὐτοῦ,
      entonces enojándose el dueño.de.casa dijo al siervo suyo:
      'Sal en seguida a las plazas ... y haz entrar aquí a los pobres y lisiados, a ciegos y cojos.'

(22)  καὶ εἶπεν ὁ δοῦλος, Κύριε, γέγονεν ...
      y   dijo  el siervo: Señor  se.ha.hecho

(23-24) καὶ εἶπεν ὁ κύριος πρὸς τὸν δοῦλον, Ἔξελθε ...
        y   dijo  el señor  a    el  siervo: Sal

Nótese: Ἄνθρωπός τις 'Un hombre' empieza el v. 16b para establecer un punto de partida para la parábola, porque hay una discontinuidad de referencia con el discurso que la inspiró ('¡Dichoso el que pueda comer en el Reino de Dios!' [15]). Por esta razón las oraciones al inicio de una parábola comienzan frecuentemente con un constituyente no-verbal.

**Preguntas**

(a) ¿Por qué el v. 18b empieza con el sujeto?
(b) ¿Por qué los 19 y 20 empiezan con el sujeto?
(c) ¿Cómo se relaciona el acontecimiento del 17 con los del 16?

**Respuestas sugeridas**

(a) El v. 18b empieza con el sujeto porque existe una discontinuidad de acción con el 18a que consisten en una reafirmación genérico-específica (los 18b–20 describen casos específicos de personas que se disculpan y el acontecimiento del 18b, por lo tanto, no se encuentra en secuencia temporal con el del 18a).

(b) Los 19 y 20 empiezan con el sujeto porque se relacionan con el contexto sobre la base de un cambio de sujeto.

(c) Entre los acontecimientos de los 16 y 17 no se señala ninguna discontinuidad. De hecho, puesto que el punto de transición aparente τῇ ὥρᾳ τοῦ δείπνου no empieza la oración, el verbo inicial en el 17 sugiere *continuidad*. La relación lógica en la cultura de ese tiempo entre invitar a personas para asistir a un banquete en una fecha posterior y decirles que la fecha ha llegado tiene precedencia sobre el cambio en el marco temporal («la invitación es seguida por una verdadera convocatoria a la cena cuando está lista»).[49]

---

[49] Marshall 1978:587.

**Pasaje 4: Lc 2,22–28**

(22) καὶ <u>ὅτε</u> <u>ἐπλήσθησαν</u> <u>αἱ</u> <u>ἡμέραι</u> <u>τοῦ</u> <u>καθαρισμοῦ</u> ...
y cuando terminaron los días de.la purificación

ἀνήγαγον αὐτὸν εἰς Ἱεροσόλυμα παραστῆσαι τῷ κυρίῳ,
llevaron –le a Jerusalén a.presentar al Señor

(23a) καθὼς γέγραπται ἐν νόμῳ κυρίου
conforme está.escrito en ley de.Señor

(23b) ὅτι <u>πᾶν</u> <u>ἄρσεν</u> <u>διανοῖγον</u> <u>μήτραν</u> **ἅγιον** **τῷ** **κυρίῳ** κληθήσεται,
que todo varón abriendo matriz santo al Señor será.llamado

(24) καὶ τοῦ δοῦναι θυσίαν ...
y del ofrecer sacrificio

(25a) καὶ ἰδοὺ ἄνθρωπος ἦν ἐν Ἱερουσαλὴμ
y he.aquí hombre había en Jerusalén

(25b) ᾧ <u>ὄνομα</u> Συμεών
a.quien nombre Simeón

(25c) καὶ <u>ὁ</u> <u>ἄνθρωπος</u> <u>οὗτος</u> δίκαιος καὶ εὐλαβὴς ...
y el hombre este justo y devoto

(25d) καὶ **πνεῦμα** ἦν **ἅγιον** ἐπ᾽ αὐτόν·
y Espíritu estaba Santo sobre él

(26) καὶ ἦν αὐτῷ κεχρηματισμένον ὑπὸ τοῦ πνεύματος τοῦ ἁγίου
y había –le comunicado por el Espíritu el Santo

μὴ ἰδεῖν θάνατον πρὶν [ἢ] ἂν ἴδῃ τὸν Χριστὸν κυρίου.
no ver muerte antes que viese al Cristo de.Señor

(27a) καὶ ἦλθεν ἐν τῷ πνεύματι εἰς τὸ ἱερόν·
y vino por el Espíritu a el templo

(27b) καὶ <u>ἐν</u> <u>τῷ</u> <u>εἰσαγαγεῖν</u> <u>τοὺς</u> <u>γονεῖς</u> <u>τὸ</u> <u>παιδίον</u> Ἰησοῦν ...
y en el introducir los padres al niño Jesús

(28a) καὶ <u>αὐτὸς</u> ἐδέξατο αὐτὸ εἰς τὰς ἀγκάλας
y/+ él tomó –lo en los brazos

(28b) καὶ εὐλόγησεν τὸν θεόν
y bendijo al Dios

(28c) καὶ εἶπεν ...
y dijo

**Notas**

- En el v. 25a, ἰδού seguido inmediatamente por una referencia a un nuevo participante, se usa «para enfocar especial atención sobre un ... participante principal cuando es introducido en la línea de acontecimientos de un episodio».[50] Se trata este tema en § 8.1.
- Los constituyentes divididos como πνεῦμα ... ἅγιον (25d) se tratan en § 4.4.2.

**Preguntas**

(a) ¿Por qué el v. 23b empieza con el sujeto?

(b) ¿Por qué el 25c empieza con el sujeto?

(c) ¿Qué implica empezar el 28a con αὐτός?

**Respuestas sugeridas**: véase el Apéndice bajo 2(4); es decir, capítulo 2, pasaje 4.

## 2.8 Puntos de transición en pasajes no-narrativos

Aunque hemos visto ejemplos de puntos de transición en oraciones pertenecientes a material no-narrativo, tales como *argumentos razonados*, todavía no hemos examinado su presencia en pasajes más extensos. Será nuestra tarea en esta sección.

El rasgo más notable de los puntos de transición en argumentos razonados es la mayor frecuencia de puntos de transición *nominales*. En las narraciones, éstos se usan casi exclusivamente en conexión con discontinuidades de acción (principalmente, para introducir no-eventos o para dirigir la atención a otro participante en vez de describir el siguiente acontecimiento de una secuencia). En los cuatro pasajes de § 2.7, por ejemplo, hay apenas ocho puntos de transición nominales en 38 oraciones. En St 1,2–11 (que se cita a continuación), en cambio, aparecen siete puntos de transición nominales dentro de 14 o 15 oraciones.

La mayor frecuencia de puntos de transición nominales en textos no-narrativos no se debe a un cambio en su función, sino a la manera en que el argumento se estructura. En las narraciones, la misma *situación espacio-temporal* a menudo es compartida por una serie de oraciones, de modo que cualquier punto de transición temporal o espacial se aplica a toda la serie. La continuidad *referencial* es también la norma, ya que es más común introducir participantes en un escenario existente que hacer un cambio completo de un reparto de participantes a otro. Además, los acontecimientos narrativos tienden a ordenarse de manera secuencial, conservando así la continuidad de *acción*.

Los argumentos razonados, en cambio, no se caracterizan por la continuidad ni de acción ni de tiempo y lugar. Más bien, los argumentos progresan a medida que, después de una o dos oraciones, se establecen nuevos temas (a menudo repitiendo un constituyente del rema [comentario] de la oración anterior),[51] o bien se proponen nuevas condiciones para las afirmaciones siguientes. Esos cambios típicamente se logran por medio de puntos de transición.

En **St 1,3–4a**, por ejemplo, el concepto de paciencia (ὑπομονή) se introduce en el rema del 3b. Se retoma luego en un punto de transición referencial, cuando el tema cambia de 'la calidad probada de vuestra fe' (3b) a la paciencia (4a).

(2–3a)  Hermanos míos, sentíos realmente dichosos cuando os veáis rodeados por toda clase de pruebas, pues sabéis

(3b)  ὅτι τὸ δοκίμιον ὑμῶν τῆς πίστεως κατεργάζεται ὑπομονήν.
que la prueba de.vuestra la fe produce paciencia

(4a)  ἡ δὲ ὑπομονὴ ἔργον τέλειον ἐχέτω,
la md paciencia obra completa tenga

---

[50] Van Otterloo 1988:34.

[51] Lautamatti (1987:87ss) llama a este patrón «progresión secuencial». Cf. también Levinsohn 2023, § 4.1 y 4.3.

Así también, en **St 1,4b–5**, el concepto de 'faltar, carecer de' (λειπόμενοι) se introduce en el rema del 4c. Luego se retoma en un punto de transición condicional (5), cuando Santiago cambia desde 'les falte nada' hasta alguien que carece de sabiduría.

(4b)  para que seáis perfectos e íntegros,

(4c)  ἐν μηδενὶ   λειπόμενοι.
      en nada    faltando

(5)   Εἰ   δέ   τις      ὑμῶν         λείπεται   σοφίας,
      Si   md   alguno   de.vosotros  falta      de.sabiduría

      αἰτείτω    παρὰ   τοῦ   διδόντος   θεοῦ   πᾶσιν     ἁπλῶς         καὶ   μὴ   ὀνειδίζοντος
      que.pida   a      el    dando      Dios   a.todos   generosamente  y    no   reprochando

      Καὶ   δοθήσεται   αὐτῷ.
      y     será.dada   –le

El mismo principio (introducir un concepto en el rema de una oración y retomarlo luego como el punto de transición de la siguiente) se utiliza a menudo cuando un autor introduce material de apoyo con γάρ. En **St 1,6**, por ejemplo, el concepto de 'vacilar' (διακρινόμενος) se introduce en el rema del 6a. Luego se retoma en un punto de transición referencial en el material de apoyo del 6b, cuando Santiago cambia desde 'sin vacilar' hasta 'el que vacila'.

(6a)  αἰτείτω    δὲ   ἐν   πίστει   μηδὲν   διακρινόμενος·
      que.pida   md   en   fe       nada    vacilando

(6b)  ὁ    γὰρ     διακρινόμενος   ἔοικεν    κλύδωνι   θαλάσσης ...
      el   porque  vacilando       es.como   ola       de.mar

La *ausencia* de un punto de transición en un argumento razonado a menudo se relaciona con *continuidad de tema* (*referencial*) en algún nivel.[52] Por ejemplo, **St 1,7** continúa con el tema de 'el que vacila' (6b; ὁ ἄνθρωπος ἐκεῖνος tiene el mismo referente que ὁ διακρινόμενος). En consecuencia, el sujeto sigue al verbo, en vez de precederlo como punto de transición.

(7)   μὴ   γὰρ      οἰέσθω    ὁ    ἄνθρωπος   ἐκεῖνος
      no   porque   suponga   el   hombre     ese

      ὅτι    λήμψεταί   τι     παρὰ      τοῦ   κυρίου,
      que    Recibirá   algo   de.parte   del   Señor

Un patrón común de argumentación en las epístolas consiste en comenzar con un punto de menor importancia que forma la base o el *contrapunto* para la afirmación principal, como puede verse en **St 1,9–10**. El 9 presenta el contrapunto para la aserción principal del 10. (La atención cambia del 'hermano de condición humilde' al rico, así que ὁ πλούσιος se coloca primero en el 10). Lo típico es que cualquier referencia al tema de un contrapunto *no* se anteponga (véase también el 11a más adelante y Tt 1,15a [pasaje 5]).

(9)   Καυχάσθω    δὲ   ὁ    ἀδελφὸς   ὁ    ταπεινὸς   ἐν   τῷ   ὕψει     αὐτοῦ,
      Gloríese    md   el   hermano   el   humilde    en   la   altura   suya

---

[52] Aunque considero que la configuración verbo-inicial es el orden por defecto (§ 2.6), vale la pena plantearse por qué los sujetos que siguen al verbo no empiezan la oración como puntos de transición.

(10a) ὁ δὲ <u>πλούσιος</u> ἐν τῇ ταπεινώσει αὐτοῦ,
     el  md  rico  en  la  pequeñez  suya

(10b) ὅτι **ὡς ἄνθος χόρτου** παρελεύσεται.
     pues  como  flor  de.hierba  pasará

El mismo patrón de argumentación se ve en **St 1,11**. Como muestra la presencia de γάρ, este versículo apoya la aserción del 10b que 'el rico se marchitará como la flor de hierba'. Sin embargo, las dos primeras afirmaciones (11a–b) solamente dan el contrapunto para las 11c–d, que son las que apoyan directamente al 10b.[53]

(11a) ἀνέτειλεν γὰρ ὁ ἥλιος σὺν τῷ καύσωνι
     salió  porque  el  sol  con  el  calor.abrasador

(11b) καὶ ἐξήρανεν τὸν χόρτον
     y  secó  la  hierba

(11c) καὶ <u>τὸ</u> <u>ἄνθος</u> <u>αὐτοῦ</u> ἐξέπεσεν
     y  la  flor  suya  cayó

(11d) καὶ <u>ἡ</u> <u>εὐπρέπεια</u> <u>τοῦ</u> <u>προσώπου</u> <u>αὐτοῦ</u> ἀπώλετο·
     y  la  belleza  del  rostro  suyo  pereció

El hecho de que ὁ ἥλιος *no* comience el v. 11 indica que el material introducido con γάρ no involucra un cambio al tema de 'el sol' (compárese con el 6b). Dentro de este material de apoyo, en cambio, el tema cambia de τὸν χόρτον en el 11b a τὸ ἄνθος αὐτοῦ en el 11c y a ἡ εὐπρέπεια τοῦ προσώπου αὐτοῦ en el 11d (11b–c es una cita de la LXX).

Por lo tanto, los puntos de transición se utilizan en St 1,2–11 siempre que hay un cambio de atención a algo distinto del punto de transición anterior.

Para ilustrar mejor los puntos anteriores, veamos ahora Tt 1,10–16.

**Pasaje 5: Tt 1,10–16**

(10) Εἰσὶν γὰρ πολλοὶ [καὶ] ἀνυπότακτοι, ματαιολόγοι ...
     Hay  pues  muchos  [+]  insumisos  vanos.palabreros

(11a) οὓς δεῖ ἐπιστομίζειν,
     a.los.que  es.menester  tapar.boca

(11b) οἵτινες **ὅλους οἴκους** ἀνατρέπουσιν
     los.cuales  enteras  casas  trastornan

(11c) διδάσκοντες ἃ μὴ δεῖ αἰσχροῦ κέρδους χάριν.
     enseñando  lo.que  no  es.debido  de.sórdida  ganancia  en.pro

(12a) εἶπέν τις ἐξ αὐτῶν ἴδιος αὐτῶν προφήτης,
     dijo  cierto  de  ellos  propio  de.ellos  profeta:

(12b) <u>Κρῆτες</u> ἀεὶ ψεῦσται, κακὰ θηρία, γαστέρες ἀργαί.
     Cretenses  siempre  mentirosos  malas  bestias  vientres  ociosos

---

[53] Para más ejemplos del patrón de argumentación que comienza con un contrapunto, cf. § 7.1.

(13a)  ἡ   μαρτυρία   αὕτη   ἐστὶν   ἀληθής.
       el  testimonio este   es      verídico

(13b)  δι'  ἣν   αἰτίαν   ἔλεγχε    αὐτοὺς   ἀποτόμως,
       por  la.cual causa redarguye -los     severamente

(13c)  ἵνα       ὑγιαίνωσιν   ἐν   τῇ   πίστει,
       para.que  sean.sanos   en   la   fe

(14)   μὴ   προσέχοντες   Ἰουδαϊκοῖς   μύθοις   ...
       no   atendiendo    a.judaicas   fábulas

(15a)  **πάντα**   καθαρὰ    τοῖς καθαροῖς·
       todas.cosas limpias   a.los limpios

(15b)  τοῖς  δὲ   μεμιαμμένοις   καὶ   ἀπίστοις   οὐδὲν   καθαρόν,
       a.los md   contaminados  e     infieles   nada    limpio

(15c)  ἀλλὰ   μεμίανται         αὐτῶν    καὶ   ὁ νοῦς     καὶ   ἡ συνείδησις.
       sino   están.contaminadas de.ellos  +    la mente    +    la conciencia

(16a)  **θεὸν**   ὁμολογοῦσιν   εἰδέναι,
       a.Dios     profesan      conocer

(16b)  τοῖς    δὲ   ἔργοις   **ἀρνοῦνται**,[54]
       con.las md   obras    niegan

(16c)  **βδελυκτοὶ**   ὄντες   **καὶ**   **ἀπειθεῖς**[55]   ...
       abominables     siendo  y         desobedientes

El tema inicial de este pasaje (πολλοὶ [καὶ] ἀνυπότακτοι, ματαιολόγοι ... (10) no se establece por medio de un punto de transición. Más bien se introduce al argumento en curso con una oración presentativa (10 [véase § 7.1]; la última oración del 9 tenía que ver con que un epíscopo deba refutar a los que contradicen la sana doctrina).[56] El pronombre relativo del 11 (οὓς) asegura que esas mismas personas sigan siendo el tema.

En el 12a, la posición del sujeto τις ἐξ αὐτῶν ... προφήτης después del verbo indica que la atención no cambia al profeta cretense, sino que continúa en esas personas rebeldes (10). Esto implica, a su vez, que la cita se hace para confirmar lo que el 10 ha dicho en cuanto a la naturaleza de los cretenses. «No era simplemente algo que decía Pablo sobre los habitantes de Creta, sino que otro hombre nativo, un sabio, de la propia Creta había dicho cosas parecidas».[57]

En el 12b, la colocación en posición inicial del tema Κρῆτες establece el punto de transición para la cita y señala un cambio temático de los rebeldes de los 10–11 a los cretenses en general.

En el 13a, hay un cambio de tema de los cretenses a ἡ μαρτυρία αὕτη (la cita del 12b), pero la atención vuelve a ellos en los 13c–14.[58]

Surge la pregunta de por qué no se usa un punto de transición cuando la atención vuelve a 'ellos' en el 13c. Los textos exhortativos como la carta a Tito tratan «de la manera en que la gente ... debe comportarse»,[59] en este caso, las personas con quienes Tito va a relacionarse. Lo típico es que los

---

[54] Los verbos prominentes se tratan en § 3.5.
[55] Los constituyentes divididos se tratan en § 4.4.
[56] La norma es que el sujeto de una oración presentativa siga al verbo, cf. § 3.5.
[57] Boswell 2008. Cf. § 7.1 para más discusión de este versículo.
[58] Cf. § 11.2 para el significado de la oración de relativo «explicativa de sucesión» (*Manual* 2010:§ 44.3.2i) en el 13b.
[59] Dooley y Levinsohn 2007:10; citando a Longacre 1996:9.

## 2.8 Puntos de transición en pasajes no-narrativos

puntos de transición en los textos exhortativos se usen para señalar cambios de atención a *otros* referentes. En cambio, los puntos de transición *no* se emplean cuando la atención vuelve a los referentes originales, a menos que un contraste con otros participantes sea intencionado (como sucede en St 2,6).

Los 15–16 no tienen que ver principalmente con 'los limpios' (el contrapunto), sino con 'los contaminados y no creyentes', de modo que τοῖς καθαροῖς no empieza el 15a. En el 15b, en cambio, el argumento se desarrolla a través de un contraste entre 'los limpios' y el otro grupo, así que τοῖς μεμιαμμένοις καὶ ἀπίστοις empieza la oración. La atención sigue sobre este grupo en el 15c, así que el sujeto sigue al verbo (véase § 4.5 sobre la posición de αὐτῶν).

En el 16b la referencia inicial a τοῖς ἔργοις indica que el argumento se desarrolla por medio de un contraste con lo que 'profesan' en el 16a.

De nuevo, pues, la presencia de un punto de transición indica un cambio de atención. Cuando la oración no empieza con el sujeto (en ausencia de cualquier otro punto de transición), esto implica que el tema bajo consideración no cambia o que el tema ha vuelto a los referentes originales.

Presentamos ahora un pasaje para su estudio. Fíjense en la presencia y ausencia de puntos de transición en cada oración.

### Pasaje 6: Ga 3,1–14

(1a) Ὦ ἀνόητοι Γαλάται, **τίς** ὑμᾶς ἐβάσκανεν,
Oh insensatos gálatas ¿quién os hechizó

(1b) οἷς κατ᾽ ὀφθαλμοὺς Ἰησοῦς Χριστὸς προεγράφη ἐσταυρωμένος;
a.los.que ante ojos Jesús Cristo fue.presentado crucificado?

(2a) **τοῦτο μόνον** θέλω μαθεῖν ἀφ᾽ ὑμῶν·
esto sólo quiero averiguar de vosotros

(2b) **ἐξ ἔργων νόμου** τὸ πνεῦμα ἐλάβετε ἢ ἐξ ἀκοῆς πίστεως;
¿por obras de.ley el Espíritu recibisteis o por oír de.fe?

(3a) **οὕτως ἀνόητοί** ἐστε,
¿tan necios sois?

(3b) ἐναρξάμενοι πνεύματι **νῦν σαρκὶ** ἐπιτελεῖσθε;
habiendo.comenzado por.Espíritu ¿ahora por.carne sois.perfeccionados?

(4) **τοσαῦτα** ἐπάθετε εἰκῇ; εἴ γε καὶ εἰκῇ.
¿tantas.cosas padecisteis en.vano? si realmente + en.vano

(5) ὁ οὖν ἐπιχορηγῶν ὑμῖν τὸ πνεῦμα καὶ ἐνεργῶν δυνάμεις ἐν ὑμῖν
el pues suministrando -os el Espíritu y efectuando milagros entre vosotros
ἐξ ἔργων νόμου ἢ ἐξ ἀκοῆς πίστεως;
¿por obras de.ley o por oír de.fe?

(6a) καθὼς Ἀβραὰμ ἐπίστευσεν τῷ θεῷ,
como Abrahán creyó al Dios

(6b) καὶ ἐλογίσθη αὐτῷ εἰς δικαιοσύνην
y fue.contado -le para justicia

(7a) Γινώσκετε ἄρα
Conoced entonces

(7b) ὅτι οἱ ἐκ πίστεως, οὗτοι **υἱοί** εἰσιν Ἀβραάμ.⁶⁰
     que  los de  fe        éstos  hijos  son  de.Abrahán

(8a) προϊδοῦσα      δὲ  ἡ  γραφὴ
     habiendo.previsto md la Escritura

(8b) ὅτι **ἐκ πίστεως** δικαιοῖ    τὰ    ἔθνη     ὁ  θεός,
     que por fe         justificaría a.los gentiles el Dios

(8c) προευηγγελίσατο    τῷ  Ἀβραὰμ
     anunció.de.antemano al  Abrahán

(8d) ὅτι Ἐνευλογηθήσονται   ἐν  σοὶ πάντα τὰ  ἔθνη·
     que serán.bendecidas   en  ti  todas las naciones

(9)  ὥστε        **οἱ ἐκ πίστεως** εὐλογοῦνται    σὺν τῷ πιστῷ Ἀβραάμ.
     de.modo.que los de fe         son.bendecidos con el  fiel  Abrahán

(10a) ὅσοι    γὰρ   ἐξ  ἔργων  νόμου   εἰσίν, **ὑπὸ κατάραν** εἰσίν
      cuantos porque de obras de.ley  son    bajo maldición están

(10b) γέγραπται      γὰρ
      ha.sido.escrito porque

(10c) ὅτι Ἐπικατάρατος πᾶς  ὅς      οὐκ ἐμμένει
      que maldito      todo el.que  no  continúa

      πᾶσιν    τοῖς    γεγραμμένοις         ἐν  τῷ βιβλίῳ  τοῦ νόμου
      en.todas las.cosas habiendo.sido.escritas en el rollo  de.la ley

      τοῦ     ποιῆσαι αὐτά.
      para.el hacer   –las

(11a)* ὅτι δὲ ἐν  νόμῳ **οὐδεὶς** δικαιοῦται    παρὰ    τῷ  θεῷ  δῆλον,
       que md por ley  nadie    es.justificado para.con el  Dios evidente

(11b) ὅτι Ὁ δίκαιος ἐκ πίστεως ζήσεται·
      pues el justo por fe     vivirá

(12a) ὁ  δὲ νόμος οὐκ ἔστιν ἐκ πίστεως,
      la md ley   no  es   por fe

(12b) ἀλλ Ὁ  ποιήσας αὐτὰ ζήσεται ἐν  αὐτοῖς.
      sino El haciendo –las vivirá por ellas

---

⁶⁰ Οἱ ἐκ πίστεως es un «nominativo 'pendens'» (Poggi 2011:33), usado para introducir un tema accesible (§ 2.1, nota 10). «Consiste en la enunciación del sujeto lógico (pero no gramatical) al inicio de la frase, seguido por una proposición en la que el término en nominativo se encuentra implícito en el pronombre que está en el caso que le corresponde» (Ibíd.). Valdría la pena determinar el efecto producido por el establecimiento de un punto de transición mediante el uso de un nominativo «pendens» en vez de la simple anteposición.

## 2.8 Puntos de transición en pasajes no-narrativos

(13a) <u>Χριστὸς</u> **ἡμᾶς** ἐξηγόρασεν ἐκ τῆς κατάρας τοῦ νόμου
Cristo nos redimió de la maldición de.la ley
γενόμενος ὑπὲρ ἡμῶν κατάρα,
habiendo.vuelto a.favor de.nosotros maldición

(13b) ὅτι γέγραπται,
pues ha.sido.escrito:

(13c) Ἐπικατάρατος πᾶς ὁ κρεμάμενος ἐπὶ ξύλου,
Maldito todo el colgado en madero

(14a) ἵνα <u>εἰς τὰ ἔθνη</u> **ἡ εὐλογία τοῦ Ἀβραὰμ** γένηται ἐν Χριστῷ Ἰησοῦ,
para.que a los gentiles la bendición del Abrahán llegase en Cristo Jesús

(14b) ἵνα <u>τὴν ἐπαγγελίαν τοῦ πνεύματος</u> λάβωμεν διὰ τῆς πίστεως.
para.que la promesa del Espíritu recibiésemos mediante la fe

*Tomo la oración subordinada ὅτι ἐν νόμῳ οὐδεὶς δικαιοῦται παρὰ τῷ θεῷ 'que por la ley nadie es justificado ante Dios' en el v. 11a como un punto de transición y un tema, acerca del cual se hace el comentario δῆλον '(es) cosa evidente'. Dentro de este punto de transición, ἐν νόμῳ se antepone como un punto de transición inserido (nótese el doble subrayado).

**Preguntas**

(a) En el v. 5, ¿por qué ὁ ἐπιχορηγῶν ὑμῖν τὸ πνεῦμα καὶ ἐνεργῶν δυνάμεις ἐν ὑμῖν empieza la oración?
(b) En el 6a, ¿por qué Ἀβραὰμ empieza la oración?
(c) En el 8a, ¿por qué ἡ γραφὴ no empieza la oración?
(d) En el 14a, ¿por qué εἰς τὰ ἔθνη está en posición inicial en la oración adverbial de propósito?

**Respuestas sugeridas**: véase el Apéndice bajo 2(6).

(Véase el final del capítulo 3 para más preguntas sobre este tema).

# 3
# Orden de los constituyentes en el rema

El capítulo anterior trató de la presencia o ausencia de puntos de transición, es decir, de constituyentes en posición inicial de la oración que establecen un campo para el material que sigue y que indican la base para relacionar aquello que viene a continuación con su contexto. Ahora pasamos al resto de la oración y, especialmente, al orden de los constituyentes del *comentario* sobre el tema.[1]

En idiomas como el griego con el llamado orden 'libre', varios factores interactúan para influir en el orden de los constituyentes. Trataremos primero cuatro principios de ordenamiento *por defecto*:

- la colocación de constituyentes *pronominales* inmediatamente después del verbo (§ 3.1),
- la colocación de constituyentes *nucleares* antes que los *periféricos* (§ 3.2),
- la colocación de un tema explícito antes del rema (el comentario sobre el tema) (§ 3.3), y
- la colocación hacia el final de una oración del constituyente más importante o focal del rema (§ 3.4).

Luego pasaremos a los órdenes *marcados*: la colocación al final de la oración (§ 3.5) o antes del verbo (§ 3.6) de un constituyente que habría podido aparecer en otro lugar si se hubieran seguido las reglas por defecto de § 3.1–4. Consideraremos en § 3.7 cuándo se usa una de las dos posiciones marcadas de focalización en vez de la otra. En § 3.8 trataremos los órdenes *ambiguos*, es decir, los que podrían ser el producto de más de un principio de ordenamiento, y sugeriré modos en los que la ambigüedad podría resolverse. Por último, revisaremos en § 3.9 unas preguntas clave que deben considerarse respecto al orden de los constituyentes de las oraciones.

Debo recalcar que lo que se presenta en este capítulo son *principios* de ordenamiento, no reglas. El grado en el que se sigan, particularmente en la última parte de oraciones largas, probablemente dependa de la medida en que el autor original ha compuesto la oración en su mente antes de empezar a escribirla o dictarla. Con todo, parece que la gran mayoría de oraciones siguen estos principios.

Este capítulo no trata el orden de las palabras dentro de los grupos nominales (o verbales); véase § 4.5.

## 3.1 Constituyentes pronominales

En la mayoría de las oraciones de un texto, el orden de los constituyentes no-verbales tiende a obedecer el «Principio del Flujo Natural de la Información»,[2] al colocarse los constituyentes no-verbales que comunican información *establecida* antes de los que presentan información nueva o *no-establecida*.

---

[1] Cf. § 4.1 para el orden de los constituyentes en las oraciones negativas, y § 4.2 para el orden en otras oraciones tales como las «interrogativas parciales» (*Manual* 2010:§ 42.3.3).
[2] Comrie 1989:127–128.

Los constituyentes pronominales[3] «no enfáticos» del griego típicamente comunican información establecida, ya que se refieren a personajes o conceptos que ya se conocen por el contexto. Su posición por defecto sigue dicho principio, al ubicarse inmediatamente después del verbo y antes de los constituyentes nominales.[4]

> Principio 1 de ordenamiento por defecto:
> **Verbo – constituyentes pronominales – consitutyentes nominales**

Este orden se encuentra en muchas expresiones que introducen discursos referidos. En **Jn 2,7**, por ejemplo, la referencia pronominal a los oyentes se ubica antes de la referencia nominal al hablante. En **Jn 2,5**, en cambio, la referencia a los oyentes sigue a la referencia al hablante cuando ambas son nominales (véase también § 3.3).

(7) λέγει / αὐτοῖς / ὁ Ἰησοῦς ...
    dice     –les      el   Jesús

(5) λέγει / ἡ μήτηρ αὐτοῦ / τοῖς διακόνοις ...
    dice    la madre suya    a.los servidores

Para ejemplos comparables en los demás evangelios y en Hechos donde la referencia pronominal a los oyentes se ubica antes de la referencia nominal a los hablantes, véanse Mt 4,7, Mc 1,17 (*versus* Mc 6,22 cuando ambas referencias son nominales), Lc 20,34 (*versus* Lc 15,12), y Hch 9,34 (*versus* Hch 8,29; véase § 3.2 para la discusión de Hch 12,8).[5]

En **Ga 1,24**, el constituyente pronominal que precede al nominal es un *grupo preposicional* (véanse también Lc 19,9 y Hch 5,8).

(24) καὶ ἐδόξαζον / ἐν ἐμοὶ / τὸν θεόν.
     y   gloriaban    en mí    al Dios

**Ga 5,10** es parecido, salvo que la oración empieza con un punto de transición, que también es un pronombre, ἐγώ. De modo que ἐγώ está en una posición marcada en la oración, mientras que εἰς ὑμᾶς se ubica en la posición por defecto para los constituyentes pronominales.

(10) **ἐγὼ** πέποιθα / εἰς ὑμᾶς / ἐν κυρίῳ ...
     yo confío    respecto.de vosotros    en Señor

En **1 Co 5,2c**, el constituyente pronominal es complejo. Sin embargo, precede al sujeto.

(2c) ἵνα ἀρθῇ / ἐκ μέσου ὑμῶν / ὁ τὸ ἔργον τοῦτο πράξας;
     para.que sea.quitado    de en.medio de.vosotros    el la obra esta habiendo.hecho

Finalmente, en **St 1,18c**, el constituyente pronominal es el *sujeto* de la oración subordinada (véase también § 3.3).

---

[3] «Constituyente pronominal» quiere decir un pronombre independiente (como ἐγώ en Ga 5,10 [citado a continuación]) o un pronombre que es el núcleo de un grupo preposicional (como εἰς ὑμᾶς, también en 5,10).
[4] Blass et al. 1961:§ 472; Turner 1963:347.
[5] En Jn 11,12 (*SBU*), la referencia nominal a los hablantes se encuentra antes que la referencia pronominal a los oyentes (εἶπαν οὖν οἱ μαθηταὶ / αὐτῷ), aunque otros MSS invierten el orden o cambian αὐτῷ por αὐτοῦ. Cf. también Mt 14,4.

(18c) εἰς τὸ εἶναι / ἡμᾶς / ἀπαρχήν τινα τῶν αὐτοῦ κτισμάτων.
 a el ser nosotros primicia cierta de.las suyas criaturas

En § 3.5, véase también Ga 2,13a. Véase § 3.7 para casos en los que el constituyente pronominal se sitúa inmediatamente *antes* del verbo después de un constituyente focal.

## 3.2 Núcleo – Periferia

Lo normal en los idiomas es que los constituyentes nucleares se ubiquen antes que los periféricos. En el caso del griego, podemos clasificar libremente los 'argumentos'[6] nucleares como el sujeto, los complementos directo e indirecto, y los constituyentes nominales o pronominales no precedidos por una preposición, junto con el complemento adjetival. Los constituyentes periféricos consisten principalmente en los grupos preposicionales más los grupos adverbiales de tiempo y lugar.

> Principio 2 de ordenamiento por defecto:
> **Constituyentes nucleares – constituyentes periféricos**[6]

**Col 1,6c** es un ejemplo típico de un constituyente nuclear que precede a uno periférico.

(6c) καὶ ἐπέγνωτε τὴν χάριν τοῦ θεοῦ / ἐν ἀληθείᾳ·
 Y conocisteis la gracia del Dios en verdad

**1 Co 1,11** ilustra la operación de este principio cuando dos constituyentes pronominales aparecen en la misma oración. El constituyente nuclear μοι precede al periférico περὶ ὑμῖν (con el que el vocativo ἀδελφοί μου es correferencial). Los constituyentes pronominales aparecen luego seguidos de un constituyente periférico nominal (conforme al principio 1 [§ 3.1]).

(11) ἐδηλώθη γάρ μοι / περὶ ὑμῶν, ἀδελφοί μου, / ὑπὸ τῶν Χλόης …
 se.informó porque a.mí sobre vosotros hermanos míos por los.de Cloé

**St 2,18d** es otro ejemplo en el que operan los principios 1 y 2, puesto que el constituyente pronominal precede a los constituyentes nominales nuclear y periférico.

(18d) δεῖξόν μοι / τὴν πίστιν σου / χωρὶς τῶν ἔργων,
 muestra –me la fe tuya sin las obras

En **Col 1,22b**, el constituyente nuclear que sigue al constituyente pronominal y precede al constituyente periférico (también pronominal—véase más abajo) es un complemento adjetival complejo.

(22b) παραστῆσαι ὑμᾶς / ἁγίους καὶ ἀμώμους καὶ ἀνεγκλήτους / κατενώπιον αὐτοῦ,
 a.presentar –os santos y sin.tacha e irreprochables delante de.él

Sin embargo, parece que cualquiera de los dos principios puede tener la prioridad, dependiendo de los autores. Esto podría explicar por qué en Col 1,22b y en **Hch 12,8**, un constituyente

---

[6] Los «participantes que intervienen en la noción predicativa se suelen denominar ARGUMENTOS» (*Manual* 2010:§ 1.6.1c).

[7] Los constituyentes periféricos podrían subdividirse en una periferia interior (funcionando a nivel proposicional) y una periferia exterior (funcionando a un nivel más alto). Como sus nombres sugieren, la periferia exterior por lo general sigue a la periferia interior.

periférico *pronominal* sigue al nominal nuclear. En este ejemplo, el principio 2 se ha impuesto sobre el principio 1.[8]

(8) εἶπεν δὲ ὁ ἄγγελος / πρὸς αὐτόν ...
   dijo  md  el ángel      a    él

### 3.3 Tema – Rema (tópico – comentario)

En la gran mayoría de idiomas, el orden por defecto en oraciones con configuración tema-rema consiste en que el tema preceda al rema. En el caso del NT griego, este principio significa que, si el tema se expresa abiertamente en la oración, se coloca por defecto antes de los constituyentes no-verbales del rema.[9]

> Principio 3 de ordenamiento por defecto:
> **Tema – constituyentes no-verbales del rema**

Las estadísticas indican que este orden es el más común en el NT griego. En oraciones cuyo sujeto es el tema, tres de los seis órdenes posibles del sujeto (S), complemento (directo o indirecto) (C) y verbo (V) colocan el tema antes del rema. Estos tres órdenes (SCV, SVC y VSC) son mucho más comunes que los otros tres (CSV, CVS y VCS).

En la carta de Santiago, por ejemplo, de las 80 oraciones que contienen sujeto y algún tipo de complemento, la frecuencia de los diferentes órdenes es como sigue:

SCV (34); SVC (24); VSC (12); o sea, S precede a C 70 veces.

CSV (2); CVS (6); VCS (2); o sea, C precede a S 10 veces.

(Puesto que C podría ser el tema y S parte del rema [como en St 3,8a], estas cifras son sólo ilustrativas).

En **St 5,18b–c**, por ejemplo, los sujetos nominales se colocan antes que los complementos directos nominales (SCV, SVC).

(18b) καὶ ὁ οὐρανὸς / ὑετὸν / ἔδωκεν
    y  el cielo      lluvia   dio

(18c) καὶ ἡ γῆ / ἐβλάστησεν / τὸν καρπὸν αὐτῆς
    y  la tierra   produjo      el  fruto   suyo

En **St 1,19b**, el sujeto de un imperativo de tercera persona precede a los constituyentes no-verbales del rema (VSC).

(19b) ἔστω δὲ πᾶς ἄνθρωπος / ταχὺς εἰς τὸ ἀκοῦσαι,
    sea  md todo hombre     veloz para el  oír

**Jn 2,5** (repetido aquí de § 3.1) es típico de las oraciones que introducen discursos referidos e identifican tanto al hablante como al oyente con un constituyente nominal. La referencia al hablante (sujeto) se coloca antes de la referencia al oyente (y antes del discurso mismo, lo que también podría verse como parte del rema acerca del tema).

---

[8] Cf. también Hch 13,15 (*SBU*; unos MSS invierten el orden de los constituyentes). Se requiere más investigación para identificar la norma que determina qué principio de orden tiene precedencia. Podría darse que un sujeto nominal preceda un constituyente pronominal periférico cuando se hace necesario establecer cuál es el tema proposicional acerca del que se va a hacer el comentario (§ 3.3).

[9] Este orden obedece el Principio del Flujo Natural de la Información (§ 3.1), ya que el tema típicamente se relaciona con información establecida, mientras que el rema normalmente comunica información nueva o no-establecida.

(5)  λέγει / ἡ μήτηρ αὐτοῦ / τοῖς διακόνοις …
     dice    la madre suya   a.los servidores

Véanse § 2.2 y 2.3 para ejemplos en los que el sujeto como tema precede al rema cuando es el punto de transición para la oración. Véase en § 3.1 un ejemplo (St 1,18c) en el que un sujeto/tema pronominal precede al rema.

## 3.4 Elemento focal dominante al final de la oración

Jan Firbas, lingüista de la Escuela de Praga, considera que, cuando el rema comprende más de un constituyente, esos constituyentes no tienen la misma importancia y se ordenan de tal manera que la posición por defecto del constituyente más *importante* está tan cerca del final de la oración como la gramática del idioma lo permite.[10] Seguiré a Heimerdinger al referirme a ese constituyente como el «Elemento Focal Dominante» o «EFD» de la oración.[11]

Parece que este principio a veces se sigue en el NT griego cuando el orden relativo de los constituyentes no está determinado por los principios 1–3.[12] Esto sucede, por ejemplo, cuando dos constituyentes periféricos o dos constituyentes nucleares aparecen en la misma oración.

> Principio 4 de ordenamiento por defecto:
> **Constituyente de apoyo – EFD (para los constituyentes cuyo orden relativo no lo determinan los principios de ordenamiento 1–3)**

Cuando dos constituyentes periféricos aparecen en la misma oración, los principios de orden 1–3 no determinan su orden relativo. El principio 4 dice que el EFD seguirá al otro constituyente periférico. Esto se ilustra en **St 5,17c**, el EFD (ἐνιαυτοὺς τρεῖς καὶ μῆνας ἕξ) sigue al otro constituyente periférico (ἐπὶ τῆς γῆς), ya que es más importante.[13]

(17c) καὶ οὐκ ἔβρεξεν ἐπὶ τῆς γῆς / ἐνιαυτοὺς τρεῖς καὶ μῆνας ἕξ·
       y no  llovió    sobre la tierra   por.años tres y meses seis

Otro ejemplo en el que este principio determina el orden relativo de dos constituyentes periféricos se encuentra en **Ga 3,19d**. Como lo confirma el versículo siguiente ('Ahora bien, cuando actúa uno solo, no hay mediador …'), el EFD de la oración es el mediador, no los ángeles.

(19d) διαταγεὶς δι' ἀγγέλων / ἐν χειρὶ μεσίτου.
       ordenada mediante ángeles   por mano de.mediador

**Ga 1,14a** ilustra la importancia de identificar con cuidado los constituyentes de las oraciones. El verbo está seguido por solo *dos* constituyentes periféricos, puesto que ἐν τῷ γένει μου modifica a συνηλικιώτας, no a προέκοπτον. Una vez que esto se reconoce, se ve que la oración obedece el principio 4, y el constituyente ἐν τῷ Ἰουδαϊσμῷ precede al EFD ὑπὲρ πολλοὺς συνηλικιώτας ἐν τῷ γένει μου.

---

[10] Firbas 1964:111ss. Para una discusión de lo que dijo Firbas, más ejemplos del inglés y del inga (quechua) que refuerzan sus observaciones, cf. Levinsohn 1975:13ss.

[11] Heimerdinger 1999:167. Una definición más técnica de foco, que refleja el trabajo de Lambrecht (1984) sobre representaciones mentales es la siguiente (Dooley y Levinsohn 2007:48): «El foco de un enunciado es aquella parte que intenta hacer el cambio más importante … en la representación mental del oyente».

[12] Cf. Denniston 1952:45–46.

[13] La ausencia *versus* la presencia del artículo a menudo ayuda a identificar qué constituyente está en el foco y cuál es de apoyo o «temático» (Firbas 1959:43). Cf. también § 3.7.2 y 9.3.

(14a) καὶ προέκοπτον ἐν τῷ Ἰουδαϊσμῷ / ὑπὲρ πολλοὺς συνηλικιώτας ἐν τῷ γένει μου,
y progresaba en el judaísmo más.que muchos coetáneos en la raza mía

**1 Co 5,5a** ilustra la operación del mismo principio cuando la oración contiene dos constituyentes *nucleares*. El constituyente más focal (τῷ Σατανᾷ—un nuevo referente en este contexto) se ha colocado después del de más apoyo (τὸν τοιοῦτον, referente establecido). En esta oración, un constituyente periférico sigue a los dos nucleares.

(5a) παραδοῦναι τὸν τοιοῦτον / τῷ Σατανᾷ / εἰς ὄλεθρον τῆς σαρκός,
entregar al tal al Satanás para destrucción de.la carne

Véase también Ap 15,7, donde el EFD (ἑπτὰ φιάλας χρυσᾶς ... 'siete copas de oro ...'—un nuevo referente) está colocado después del otro constituyente nuclear (τοῖς ἑπτὰ ἀγγέλοις 'a los siete ángeles'—referentes establecidos).

Como sugerí en la introducción a este capítulo, el grado en que se siguen los principios de ordenamiento presentados en oraciones largas, probablemente dependa de las dimensiones en las que el escritor original haya compuesto la oración en su mente. En particular, no podemos excluir la posibilidad de que, en vez de seguir el principio 4 y colocar el EFD después de un constituyente de apoyo, el autor piense en información de apoyo después de escribir o dictar el EFD de la oración.

**Mt 3,6** (a continuación) proporciona un ejemplo, donde un constituyente pronominal sigue a un constituyente nominal (ambos son periféricos). Sin embargo, es posible que la referencia al Jordán en el 5 haga que la mención posterior al río Jordán en el 6 sea de apoyo en vez de foco (en Mc 1,5 [*SBU*], el Jordán se menciona una sola vez y el orden de los constituyentes es inverso). En cualquier caso, el EFD de la oración entera es el participio adverbial ἐξομολογούμενοι τὰς ἁμαρτίας αὐτῶν, que se ubica al final del 6, de acuerdo con el principio 4.

(5) Acudía entonces a él gente de Jerusalén, de toda Judea y de toda la región del Jordán,

(6) καὶ ἐβαπτίζοντο ἐν τῷ Ἰορδάνῃ ποταμῷ / ὑπ' αὐτοῦ /
y eran.bautizados en el Jordán río por él

ἐξομολογούμενοι τὰς ἁμαρτίας αὐτῶν.
confesando los pecados suyos

**Preguntas de repaso**

1. ¿Cuáles son los cuatro principios de orden por defecto en las oraciones del NT griego?
2. ¿Cuáles de estos órdenes concuerdan generalmente con el Principio del Flujo Natural de la Información?

**Respuestas sugeridas**

1. Los cuatro principios de orden por defecto en las oraciones del NT griego son:
    a. Verbo – constituyentes pronominales – constituyentes nominales
    b. Constituyentes nucleares – constituyentes periféricos
    c. Tema – constituyentes no-verbales del rema
    d. Constituyente de apoyo – EFD (para los constituyentes cuyo orden relativo no viene determinado por los principios de orden 1–3).
2. Los órdenes que concuerdan generalmente con el Principio del Flujo Natural de la Información son:
    a. el 1º (los referentes pronominales típicamente se relacionan con información establecida más que los nominales),
    b. el 3º (los temas típicamente se relacionan con información establecida, mientras que los remas normalmente comunican información nueva o no-establecida) y
    c. el 4º (el EFD es típicamente la información menos establecida en el contexto).

**Oraciones ilustrativas de 2 Timoteo**

¿Qué principios de ordenamiento por defecto determinan el orden de los constituyentes postverbales en las siguientes oraciones?

(2 Tm 1,8b)  ἀλλὰ      συγκακοπάθησον  τῷ       εὐαγγελίῳ   / κατὰ      δύναμιν   θεοῦ,
             sino      sufre.juntos    por.el   evangelio     conforme.a  poder     de.Dios

(2 Tm 1,3b)  ᾧ         λατρεύω         ἀπὸ      προγόνων    / ἐν         καθαρᾷ    συνειδήσει,
             a.quien   rindo.culto     desde    antepasados   con        limpia    conciencia

(2 Tm 2,7b)  δώσει     γάρ             σοι      / ὁ κύριος   / σύνεσιν   / ἐν πᾶσιν.
             dará      porque          a.tí       el Señor     entendimiento en todo

**Respuestas sugeridas**

Los principios de ordenamiento por defecto que determinan el orden de los constituyentes de estas oraciones de 2 Timoteo son:

(1,8b)  2. El constituyente nuclear τῷ εὐαγγελίῳ precede al constituyente periférico κατὰ δύναμιν θεοῦ.

(1,3b)  4. El EFD ἐν καθαρᾷ συνειδήσει sigue al constituyente de apoyo ἀπὸ προγόνων.

(2,7b)  1, 2 y 3. El constituyente pronominal σοι aparece inmediatamente después del verbo. El tema ὁ κύριος precede a los demás constituyentes no-verbales del rema. El constituyente nuclear σύνεσιν precede al constituyente periférico ἐν πᾶσιν.

## 3.5 Casos marcados de foco al final de la oración

Esta sección se refiere a aquellos constituyentes cuya posición por defecto *no* se encuentra al final de la oración. Cuando son focales, esos constituyentes pueden trasladarse al final para darles más prominencia. Puede tratarse de constituyentes pronominales, sujetos, verbos, y constituyentes nucleares del rema colocados después de los constituyentes periféricos.

> Principio 5 de ordenamiento marcado:
> **Para dar más prominencia a un constituyente[14] cuya posición por defecto no se encuentra al final de la oración, se coloca en dicho final**

Los constituyentes *pronominales* no constituirán normalmente el EFD, porque su referente ya es conocido, y el EFD suele aportar información nueva.[15] Una manera de convertir un constituyente pronominal en el EFD es trasladándolo al final de la oración correspondiente, lo que viola el principio 1 de ordenamiento por defecto (§ 3.1).

Podemos apreciarlo en **1 Pe 1,4**. El constituyente pronominal está colocado al final del versículo para convertirlo en el EFD (el próximo versículo tiene que ver con 'vosotros', y no con los 'cielos').

---

[14] Se ha suprimido la palabra 'focal' en el principio 5, ya que los sujetos temáticos también pueden colocarse al final de su oración para darles prominencia (temática). Cf., por ejemplo, Jn 19,4 y Jn 19,19 (Pilato), Jn 19,21 (los sumos sacerdotes de los judíos), Jn 19,30 (Jesús) y Jn 19,31 (los cuerpos). Cf. también Ga 2,9 (tratado en § 4.4.2) y el complemento pronominal αὐτὸν en Hch 14,20a (κυκλωσάντων δὲ τῶν μαθητῶν αὐτὸν [habiendo.rodeado MD los discípulos a.él]). Cuando un sujeto temático se traslada al final, lo típico es que las próximas acciones ejecutadas por él o que lo involucran, sean significativas para el desarrollo de la narración o del argumento.

[15] Firbas 1964:114.

(4) εἰς      κληρονομίαν   ἄφθαρτον       καὶ    ἀμίαντον         καὶ    ἀμάραντον,
    para     herencia      incorruptible  e      incontaminada    e      inmarcesible

    τετηρημένην              ἐν    οὐρανοῖς  /  εἰς    ὑμᾶς
    habiendo.sido.reservada  en    cielos       para   vosotros

(5) los que sois protegidos por el poder de Dios por medio de la fe, para alcanzar la salvación, dispuesta ya para ser revelada en el último momento.

A primera vista, la presencia de εἰς ὑμᾶς al final de **2 Co 13,4** (*SBU*) podría considerarse como una idea adicional de apoyo. Sin embargo, Barnett afirma: «El griego εἰς ὑμᾶς es enfático, localizado al final de la oración y dando una nota de advertencia a los corintios».[16] En otras palabras, este constituyente pronominal se ha trasladado al final del 4d para convertirlo en el EFD («pero viviremos con él por la fuerza de Dios» [*BJ*] refleja una lección variante que suprime εἰς ὑμᾶς).[17]

(4a–c)  Ciertamente, fue crucificado en razón de su debilidad, pero está vivo por la fuerza de Dios. Así también nosotros: somos débiles en él,

(4d)   ἀλλὰ   ζήσομεν   σὺν   αὐτῷ  /  ἐκ    δυνάμεως   θεοῦ     /  εἰς        ὑμᾶς.
       pero   vivimos   con   él       por   poder      de.Dios     para.con   vosotros

Las oraciones con configuración *presentativa* no tienen tema proposicional y el sujeto que se presenta es el constituyente focal.[18] Ése es el caso en **St 2,2**. El sujeto sigue al constituyente periférico εἰς συναγωγὴν ὑμῶν, en violación del principio 2 de ordenamiento por defecto, porque es focal.

(2)    ἐὰν   γὰρ      εἰσέλθῃ   εἰς   συναγωγὴν   ὑμῶν     /  ἀνὴρ     χρυσοδακτύλιος ...
       si    porque   entra     en    sinagoga    vuestra     hombre   con.anillo.de.oro

**Ap 11,13c** es un caso parecido. El sujeto focal sigue al constituyente periférico ἐν τῷ σεισμῷ, en violación del principio 2.[19]

(13c)  καὶ   ἀπεκτάνθησαν    ἐν    τῷ    σεισμῷ     /  ὀνόματα   ἀνθρώπων      χιλιάδες   ἑπτὰ
       y     fueron.matados  en    el    terremoto     nombres   de.personas   millares   siete

Un constituyente *nuclear* del comentario puede colocarse después de un constituyente periférico, en violación del principio 2, para darle prominencia focal. Esto puede verse en **Ap 12,15a**. El constituyente nuclear ὕδωρ ὡς ποταμόν se localiza después de los constituyentes periféricos ἐκ τοῦ στόματος αὐτοῦ y ὀπίσω τῆς γυναικὸς para darle prominencia.

(15a)  καὶ   ἔβαλεν   ὁ     ὄφις        /  ἐκ    τοῦ    στόματος   αὐτοῦ   /  ὀπίσω      τῆς      γυναικὸς  /
       y     arrojó   la    serpiente      de    la     boca       suya       detrás     de.la    mujer

       ὕδωρ   ὡς     ποταμόν,
       agua   como   río

Véase también el discurso de Mt 14,8 (Δός μοι ... ὧδε ἐπὶ πίνακι / τὴν κεφαλὴν Ἰωάννου τοῦ βαπτιστοῦ 'tráeme ... aquí, en una bandeja, la cabeza de Juan el Bautista'), en el que el constituyente

---

[16] Barnett 1997:603n60.
[17] La *DHH* traduce el v. 4d: «pero unidos a él viviremos por el poder de Dios para servirles a ustedes».
[18] Firbas y Pala 1971:97.
[19] Cuando el sujeto de una oración que introduce un discurso referido sigue a una referencia pronominal al oyente (§ 3.1), lo que está enfocado es el propio discurso al final de la oración, no el sujeto.

## 3.5 Casos marcados de foco al final de la oración

nuclear τὴν κεφαλὴν Ἰωάννου τοῦ βαπτιστοῦ se ha colocado después del constituyente periférico para darle prominencia focal.

Finalmente, el *verbo* a veces se pospone al final de la oración para darle prominencia focal. Ya notamos que la posición por defecto del verbo es al principio de la oración (§ 2.6), seguido por los constituyentes pronominales y nominales del rema (§ 3.1–3.2). Es cierto que a veces el verbo termina una oración porque el único otro constituyente se ha antepuesto, como en Lc 5,27a (Καὶ μετὰ ταῦτα ἐξῆλθεν 'y después de estos sucesos, salió'; véase también § 3.7). Sin embargo, hay ocasiones en las que el verbo se ha colocado al final para darle prominencia focal.[20]

En **St 1,11e**, por ejemplo, el verbo sigue al constituyente periférico ἐν ταῖς πορείαις αὐτοῦ. La naturaleza articulada de este constituyente tiende a confirmar que el verbo es el EFD.

(11e)  οὕτως   καὶ   ὁ   πλούσιος   /   ἐν   ταῖς   πορείαις   αὐτοῦ   μαρανθήσεται.
       así     +     el  rico            en   las   idas       suyas   se.marchitará

En **Ga 2,19a**, el verbo no solo sigue al tema (que también es el punto de transición); sigue además a dos constituyentes del rema: el periférico διὰ νόμου y el nuclear νόμῳ.[21] Por lo tanto, parece que el verbo es el EFD (véase también la posición del acento tónico cuando se lee la traducción castellana de la oración en voz alta).

(19a)  ἐγὼ   γὰρ      διὰ        νόμου   /   νόμῳ    ἀπέθανον,
       yo    porque   mediante   ley         a.ley   morí
       'En efecto, yo por la ley he **muerto** a la ley'

Véase § 4.1 para oraciones como Jn 1,5b (καὶ ἡ σκοτία αὐτὸ οὐ κατέλαβεν 'y las tinieblas no la vencieron'), en la que el verbo *negativo* se ha pospuesto para prominencia focal.

**Pregunta de repaso**

¿Cuándo puede considerarse que un constituyente que termina una oración se ha colocado allí para darle prominencia focal?

**Respuesta sugerida**

Puede considerarse que un constituyente que termina una oración se ha colocado allí para darle prominencia si su posición viola uno de los principios de ordenamiento por defecto.

**Oraciones ilustrativas de 1 Corintios**

En las oraciones siguientes, ¿qué sugiere que los constituyentes finales constituyan el EFD?

1 Co 10  (8a)  Tampoco forniquemos, como algunos de ellos,
         (8b)  καὶ   ἔπεσαν    μιᾷ     ἡμέρᾳ   /   εἴκοσι τρεῖς   χιλιάδες.
               y     cayeron   en.un   día         veintitrés     mil

1 Co 7   (37a) ὃς       δὲ   ἕστηκεν         ἐν   τῇ   καρδίᾳ   αὐτοῦ   /   ἑδραῖος   ...
               el.que   md   se.ha.parado    en   el   corazón  suyo        firme

---

[20] Cf. § 3.7.1 para una salvedad a esta afirmación.
[21] El hecho de que un constituyente periférico preceda al constituyente nuclear en violación del principio 2 podría indicar que hay dos constituyentes focales o «focos de información» (Halliday 1967:202) en esta oración: ἀπέθανον y διὰ νόμου (§ 3.6).

1 Co 9 (19a) Efectivamente, a pesar de sentirme libre respecto de todos,

(19b) πᾶσιν ἐμαυτὸν ἐδούλωσα,
a.todos yo.mismo me.esclavicé

**Respuestas sugeridas**

Tanto en 1 Co 10,8b como en 7,37a, el constituyente nuclear sigue al constituyente periférico, en violación del principio 2 de ordenamiento por defecto (μιᾷ ἡμέρᾳ es un grupo adverbial de tiempo). Esto sugiere que εἴκοσι τρεῖς χιλιάδες y ἑδραῖος se ubican al final de sus oraciones correspondientes para darles prominencia focal.

En 1 Co 9,19b, el verbo no está en su posición por defecto. Parece que los demás constituyentes presentan información de apoyo, lo que implica que ἐδούλωσα haya sido trasladado al final para darle prominencia focal (contrastante).

## 3.6 Foco anteverbal

En muchos idiomas, los constituyentes focales pueden ser *antepuestos*, es decir, colocados *antes* de su posición por defecto en la oración. El griego del NT no es una excepción, como los gramáticos han reconocido desde hace tiempo.[22]

En **St 1,2a**, por ejemplo, πᾶσαν χαρὰν precede al verbo para darle prominencia focal.[23]

(2a) **Πᾶσαν χαρὰν** ἡγήσασθε, ἀδελφοί μου,
por.todo gozo tened hermanos míos

(2b) ὅταν **πειρασμοῖς** περιπέσητε ποικίλοις,
cuando con.pruebas os.encaréis diversas

En **Ga 4,14b**, ὡς ἄγγελον θεοῦ precede al verbo para darle prominencia focal.[24]

(14a) ... no me mostrasteis desprecio ni repulsa;

(14b) ἀλλὰ **ὡς ἄγγελον θεοῦ** ἐδέξασθέ με, ὡς Χριστῷ Ἰησοῦ,
sino como a.ángel de.Dios acogisteis –me como a.Cristo Jesús

En **Ga 4,17b**, el pronombre αὐτοὺς precede al verbo (en violación del principio 1 de ordenamiento por defecto) porque se ha enfocado para contrastar con el pronombre ὑμᾶς 'por vosotros' del 17a.

(17a) Ese interés que algunos tienen por vosotros no es sano; quieren sin duda alejaros de mí

(17b) ἵνα **αὐτοὺς** ζηλοῦτε·
para.que por.ellos tengáis.celo

Cualquier punto de transición que está presente *precede* a cualquier constituyente focal anteverbal. Vemos un ejemplo en **St 2,18**. Las oraciones 18b y 18c empiezan con sus temas,[25] mientras que los elementos focales contrastantes de los comentarios sobre dichos temas preceden a los verbos respectivos.

---

[22] Por ejemplo, Blass et al. 1961:§ 472(2); cf. § 3.7 sobre cuándo es conveniente utilizar el término «énfasis».

[23] Como en el capítulo 2, los constituyentes anteverbales que están enfocados aparecen en negrilla. Cf. en § 4.4 la discusión de constituyentes divididos como πειρασμοῖς ποικίλοις en el v. 2b.

[24] Esta oración tiene dos constituyentes focales en aposición el uno al otro, uno que precede al verbo, el otro (ὡς Χριστὸν Ἰησοῦν) al final de la oración.

[25] Se han propuesto puntuaciones alternativas del v. 18c; cf. la discusión de Kelly y Radke 2015.

En cuanto al 18e, contiene *dos* constituyentes focales: τὴν πίστιν y el constituyente pronominal σοι, que está en contraste con μοι.

(18a) Y al contrario, alguno podrá decir:

(18b) Σὺ πίστιν ἔχεις,
 Tú fe tienes

(18c) κἀγὼ ἔργα ἔχω·
 y.yo obras tengo

(18d) δεῖξόν μοι / τὴν πίστιν σου / χωρὶς τῶν ἔργων,
 muestra –me la fe tuya sin las obras

(18e) κἀγώ σοι δείξω ἐκ τῶν ἔργων μου / τὴν πίστιν.
 y.yo te mostraré por las obras mías la fe

Así tenemos un segundo patrón de ordenamiento marcado respecto a los constituyentes focales:[26]

> Patrón 6 de ordenamiento marcado:
>  **(Punto de transición)    Constituyente focal    Verbo**

Esto significa que existen dos posiciones en la oración a las que los constituyentes pueden trasladarse desde su posición por defecto para darles prominencia focal:

1. al final de la oración, de acuerdo con el Principio del Flujo Natural de la Información (principio 5)
2. antes del verbo (siguiendo al punto de transición, si lo hay) (principio 6).

## 3.7 Foco anteverbal versus foco al final de la oración

Consideramos ahora cuándo se usa una de las posiciones de prominencia focal en vez de la otra.

Ya se observó (§ 3.5) que la posición por defecto del *verbo* es al principio de la oración, y que lo típico es que los *sujetos* que preceden al verbo se interpreten como temas que funcionan como puntos de transición. Para estos dos constituyentes, pues, el final de la oración es la única posición disponible para dotarse de prominencia focal (a menos que algún otro rasgo esté presente; véase § 4.1 para sujetos precedidos por una partícula negativa, y § 6.2 sobre καί adverbial con verbos en posición inicial).

Cuando un constituyente focal puede colocarse o bien antes del verbo o al final de la oración, en cambio, los gramáticos siempre consideran que la posición anteverbal da «énfasis» al constituyente. En otras palabras, la posición anteverbal da *más prominencia* al constituyente que el que tendría al final de la oración. No veo ningún motivo para oponerme.

Las dos razones más comunes para dar prominencia a un constituyente son:

- para subrayar un contraste y
- por énfasis propiamente dicho; es decir, para expresar sentimientos fuertes acerca de un elemento o para indicar que el asunto es sorprendente o inesperado (véase la introducción al capítulo 2).

Los ejemplos de § 3.6 ilustran estas dos razones.

- Ga 4,17b y St 2,18b-c ilustran la anteposición de un constituyente focal para subrayar un contraste.
- St 1,2 y Ga 4,14b ilustran la anteposición de un constituyente focal para énfasis propiamente dicho (porque el asunto es sorprendente o inesperado).

---

[26] Compárese el patrón **P1 P0 V X** de Dik (1989:363), presentado en la introducción de la Parte I, en el que P1 puede albergar a uno o más puntos de transición y P0 puede albergar a un constituyente focal.

En el caso de las oraciones *copulativas* cuyo complemento se enfoca, la norma es, según observa John Callow, que un complemento focal preceda a la cópula, como en 1 Co 3,16b ([¿Acaso no sabéis] ὅτι **ναὸς θεοῦ** ἐστε 'que **templo de.Dios** sois ...?').[27]

Tales complementos siguen a la cópula solamente cuando, en algún sentido, «están fuera de la línea temática».[28] Éste es el caso cuando el sujeto es un pronombre relativo, como en 1 Co 3,11 (ὅς ἐστιν Ἰησοῦς Χριστός 'el cual es Jesucristo').

Por lo tanto, aunque según la norma los complementos focales deben preceder a la cópula, tales complementos siguen teniendo más prominencia que los que siguen a la cópula.

Otra circunstancia bajo la que los complementos focales tienden a seguir a la cópula se da cuando se trata de *grupos coordinados largos*. Véase, por ejemplo, la lista de los frutos del Espíritu en **Ga 5,22-23**.

(22) Ὁ δὲ καρπὸς τοῦ πνεύματός ἐστιν ἀγάπη χαρὰ εἰρήνη ...
    El  md  fruto   del Espíritu    es    amor  gozo  paz

De manera semejante, en 1 Corintios, los complementos focales cuya estructura es un grupo coordinado del tipo οὐ/μή X ἀλλά Y, siempre siguen al verbo cuando el sujeto lo precede.[29] Éste es el caso en **1 Co 2,5**, por ejemplo.

(5) ἵνα      ἡ   πίστις ὑμῶν   μὴ ᾖ   ἐν σοφίᾳ    ἀνθρώπων
    para.que la  fe     vuestra no esté en sabiduría de.hombres
    ἀλλ' ἐν  δυνάμει θεοῦ.
    sino en  poder   de.Dios

No obstante, existe otra manera de presentar los grupos coordinados largos, a saber, colocando la primera parte del grupo antes de la cópula y el resto al final de la oración (p.ej., en Ga 4,2 [pasaje 1 de § 3.9] y St 1,23 [véase § 4.4.1]). En consecuencia, la longitud del constituyente focal no garantiza que se coloque al final de la oración.

Los complementos focales también siguen al verbo cuando la oración comienza con un pronombre cuya función es *deíctica*; es decir que señala el tema acerca del que se va a hacer un comentario. Vemos un ejemplo en **Mt 3,17**, donde οὗτός identifica a Jesús como la persona acerca de quien la voz del cielo hace un comentario.[30]

(17) Y una voz que salía de los cielos decía:
    Οὗτός ἐστιν ὁ  υἱός μου ὁ  ἀγαπητός, ἐν ᾧ     εὐδόκησα.
    Éste  es    el hijo mío el amado     en quien estoy.muy.complacido

Se encuentra el mismo orden cuando la oración empieza con un pronombre personal como ἐγώ y no se intenta un cambio del constituyente correspondiente (contrástese St 2,18, tratado en § 3.6). Un ejemplo se da en Jn 8,12: Ἐγώ εἰμι τὸ φῶς τοῦ κόσμου 'Yo soy la luz del mundo'.

---

[27] John Carlow 1992:68ss. «Complemento» debe entenderse aquí en un sentido amplio, como un segmento sintáctico que depende del verbo y completa la significación de la oración (cf. *Real Academia*). Entre los complementos de la cópula se encuentran grupos nominales (como en 1 Co 3,16b), adjetivos (como ἅγιός 'santo' en 1 Co 3,17), posesivos (como ὑμῶν 'vuestro' en 1 Co 3,21), y varias grupos preposicionales (como en 1 Co 2,5, citado más abajo).

[28] John Callow 1992:74.

[29] John Callow 1992:77.

[30] Una explicación posible de este orden radica en que el uso de un deíctico o un pronombre personal da cierta prominencia al tema. La yuxtaposición del constituyente focal podría restar valor a su prominencia, de modo que se coloca al final.

## 3.7 Foco anteverbal versus foco al final de la oración

La presencia en la oración de dos posiciones focales significa que tenemos a nuestra disposición una estructura *quiástica* para enunciados paralelos. Lo típico es que el constituyente focal de la primera oración siga al verbo, mientras que el constituyente focal de la segunda lo precede.

**Mc 1,34** ilustra esta estructura (se explica en § 3.8.1 por qué el EFD del 34b es el complemento y no el verbo).

(34a) καὶ ἐθεράπευσεν / πολλοὺς κακῶς ἔχοντας ποικίλαις νόσοις
     y   sanó           a.muchos enfermos teniendo con.diversas enfermedades

(34b) καὶ **δαιμόνια πολλὰ** / ἐξέβαλεν
     y   demonios muchos   expulsó

A menudo se presenta un cambio en la posición de los *constituyentes pronominales* cuando un constituyente focal precede al verbo. Si bien en otros casos el constituyente pronominal terminaría la oración, en éste casi siempre se encuentra *antes* del verbo, en violación del Principio del Flujo Natural de la Información (§ 3.1). De modo que tales oraciones tienen la estructura: *Constituyente Focal – Constituyente Pronominal - Verbo*.[31] **1 Co 2,14b** ilustra este orden.

(14a) El ser humano naturalmente no acepta las cosas del Espíritu de Dios,

(14b) **μωρία** γὰρ αὐτῷ ἐστιν·
     necedad pues para.él es

Lo mismo sucede en 1 Co 1,11b (ὅτι **ἔριδες** ἐν ὑμῖν εἰσιν 'que existen **discordias** entre vosotros'), que tiene configuración presentativa.

**1 Co 7,35** da un ejemplo en el que el verbo no es una cópula.

(35a) Os digo esto para vuestro bien,

(35b) οὐχ ἵνα **βρόχον** ὑμῖν ἐπιβάλω
     no para.que lazo a.vosotros ponga

Esta anteposición de un constituyente pronominal también se encuentra a menudo cuando el constituyente focal antepuesto sigue a una partícula negativa (véase § 4.1).

**Preguntas de repaso**

(a) ¿A qué posiciones en una oración pueden trasladarse los constituyentes focales desde su posición por defecto para darles prominencia?
(b) ¿Cuál de esas posiciones se ha considerado tradicionalmente como más «enfática»?

---

[31] En otras oraciones, el constituyente focal precede al verbo pero éste va seguido por un constituyente pronominal de apoyo; p.ej., Ga 4,14b (citado en § 3.6) y Mc 4,36c (καὶ ἄλλα πλοῖα ἦν μετ' αὐτοῦ 'También había **otras barcas** con él).

Otros idiomas también manifiestan cambios en el orden de los constituyentes *no* focales cuando a un constituyente se le da prominencia focal. En el toussian de Burkina Faso, por ejemplo, el orden normal de los constituyentes es Sujeto-Complemento-Verbo (Wiesmann 2000:9). Cuando se añade un marcador de foco al sujeto, en cambio, el orden se convierte en Sujeto+Foco-Verbo-Complemento. En el mambila de Camerún, cuando un constituyente después del verbo es el EFD, los constituyentes no focales «se desplazan a la izquierda» antes del verbo (Perrin 1994:233).

**Respuestas sugeridas**

(a) Las dos posiciones en una oración a las que los constituyentes focales pueden trasladarse desde su posición por defecto son:
- al final de la oración (principio 5)
- antes del verbo (después del punto de transición, si lo hay) (principio 6).

(b) Tradicionalmente, la posición anteverbal se ha considerado como más «enfática».

**Oraciones ilustrativas**

(a)  En **1 Co 2,10**, ¿por qué ἡμῖν precede al verbo?

(9) Más bien, como dice la Escritura: *lo que ni el ojo vio, ni el oído oyó, ni al corazón del hombre llegó; lo que Dios preparó para los que lo aman:*

(10) ἡμῖν     δὲ   ἀπεκάλυψεν   ὁ   θεὸς   διὰ     τοῦ   πνεύματος·
a.nosotros  md   reveló       el  Dios   a.través del   Espíritu

(b) En **Hch 13,44**, ¿por qué dos constituyentes, τῷ ἐρχομένῳ σαββάτῳ y σχεδὸν πᾶσα ἡ πόλις, preceden al verbo?

(44) Τῷ   δὲ   ἐρχομένῳ   σαββάτῳ / σχεδὸν   πᾶσα   ἡ   πόλις   συνήχθη
al   md   siguiente   sábado     casi      toda   la  ciudad  se.reunió

ἀκοῦσαι   τὸν   λόγον   τοῦ   κυρίου.
para.oír  la    palabra del   Señor

**Respuestas sugeridas**

(a) En 1 Co 2,10, ἡμῖν precede al verbo para darle prominencia focal; está en contraste con el 'nadie' que ha tenido conciencia de lo que 'Dios preparó para los que lo aman' (9).

(b) En Hch 13,44, τῷ ἐρχομένῳ σαββάτῳ y σχεδὸν πᾶσα ἡ πόλις preceden al verbo porque son respectivamente el punto de transición y el EFD de la oración. σχεδὸν πᾶσα ἡ πόλις se antepone para enfatizar el tamaño de la multitud que se reunió.

## 3.8 Órdenes ambiguos cuando un verbo termina una oración

Paso ahora a examinar un par de situaciones en las que la aplicación de principios diferentes produce el mismo orden de constituyentes: una que a veces ocurre cuando una oración termina con un verbo, y otra que sucede cuando un solo constituyente precede al verbo.

### 3.8.1 Ambigüedades cuando la oración termina con un verbo

Una oración puede *terminar con un verbo* y el verbo puede estar precedido por otro constituyente del complemento como resultado de dos principios de ordenamiento:
- el verbo se ha colocado al final para darle prominencia focal (§ 3.5)
- el otro constituyente se ha colocado antes del verbo para darle prominencia focal (§ 3.6).

Por ejemplo, en **Mc 1,34b** (repetido de § 3.7), se obtiene el mismo orden de los constituyentes si se considera que el EFD es δαιμόνια πολλὰ o ἐξέβαλεν.

## 3.8 Órdenes ambiguos cuando un verbo termina una oración

(34a)  Jesús curó a muchos que se encontraban mal de diversas enfermedades,

(34b)  καὶ     δαιμόνια    πολλὰ    /    ἐξέβαλεν
       y       demonios    muchos         expulsó

Firbas ha propuesto que, en tales casos, la norma considera al complemento más focal que su verbo, a menos que se trate de información ya conocida por el contexto.[32] Por lo tanto, Firbas consideraría a δαιμόνια πολλὰ como el EFD en Mc 1,34b.

No obstante, el principio de Firbas no nos ayuda a interpretar el orden de los constituyentes en **St 4,11c**, ya que tanto 'ley' como 'juzgar' figuran en el contexto inmediato. Solo al considerar el contenido del 11d es posible establecer que el EFD del 11c es el verbo κρίνεις.

(11b)  <u>ὁ</u>   <u>καταλαλῶν</u>   <u>ἀδελφοῦ</u>   <u>ἢ</u>   <u>κρίνων</u>   <u>τὸν</u>   <u>ἀδελφὸν</u>   <u>αὐτοῦ</u>
       el    hablando.mal    de.hermano    o    juzgando    al    hermano    suyo

       καταλαλεῖ    νόμου    καὶ    κρίνει    νόμον·
       habla.mal    de.ley    y    juzga    a.ley

(11c)  <u>εἰ</u>    δὲ    <u>νόμον</u>    **κρίνεις**,
       si    md    a.ley    juzgas

(11d)  οὐκ    εἶ    ποιητὴς    νόμου    ἀλλὰ    κριτής.
       no    eres    hacedor    de.ley    sino    juez

La misma ambigüedad que involucra al verbo se produce por su observada tendencia a la colocación final -cuando hubiera sido el penúltimo constituyente- en una oración con al menos *cuatro* constituyentes. En Filipenses, por ejemplo, si una oración comienza con un punto de transición seguido por un constituyente focal, entonces «otro elemento no-verbal puede preceder al verbo, siempre que su referente sea información 'dada' y de apoyo».[33] En tales casos, el EFD podría haber sido teóricamente el constituyente que sigue al punto de transición o el verbo.

Esta ambigüedad se presenta en **Flp 1,15b** (a continuación). El verbo está precedido por tres constituyentes, el primero de los cuales (τινές) se interpreta fácilmente como un punto de transición que marca un cambio de un grupo diferente identificado por otro τινές (15a). El tercer constituyente, una referencia articulada a Cristo, parece ser simplemente de naturaleza de apoyo (véase también el 17). Esto deja o a καὶ δι' εὐδοκίαν o a κηρύσσουσιν como el EFD. En realidad, no hay razón para suponer que el verbo es el EFD (el 14 ya habló acerca de 'anunciar sin temor la palabra'). Más aún, καὶ δι' εὐδοκίαν contrasta con καὶ διὰ φθόνον καὶ ἔριν (e incluye una καί adverbial [véase § 6.2]). Por lo tanto, deduzco que καὶ δι' εὐδοκίαν es el EFD.

(15a)  **Τινὲς**    μὲν    καὶ    διὰ    φθόνον    καὶ    ἔριν,
       algunos    +            a.causa.de    envidia    y    rivalidad

(15b)  <u>τινὲς</u>    /    δὲ    **καὶ**    **δι'**    **εὐδοκίαν**    /    τὸν    Χριστὸν    κηρύσσουσιν·
       algunos         md    +    a.causa.de    buena.voluntad         al    Cristo    proclaman

**St 1,25** ilustra la misma ambigüedad potencial, pero aquí el verbo principal es una cópula, por lo cual es poco probable que se trate del EFD.

---

[32] Firbas 1959:48. Cf. Levinsohn 1975:15ss para pruebas del idioma inga (quechua) que validan las afirmaciones de Firbas.

[33] Levinsohn 1995:67. Payne (1995:480) observa que, en los idiomas con verbo en posición inicial, «hay pruebas de que los GN temáticos pueden colocarse inmediatamente después del verbo». En Col 3,4, en contraste, aunque el constituyente de apoyo σὺν αὐτῷ 'con él' precede al verbo, el constituyente inarticulado ἐν δόξῃ 'en gloria' lo sigue.

(25) En cambio, el que considera atentamente la Ley perfecta de la libertad y se mantiene firme, no como oyente olvidadizo, sino como cumplidor de ella,

| οὗτος | / | μακάριος | / | ἐν | τῇ | ποιήσει | αὐτοῦ | ἔσται. |
|---|---|---|---|---|---|---|---|---|
| éste | | feliz | | en | el | obrar | suyo | será |

En **Ga 2,11**, el EFD teóricamente podría ser o bien κατὰ πρόσωπον o bien ἀντέστην. En realidad, κατὰ πρόσωπον es probablemente el EFD, como sugiere la traducción de la *RVR95*: «lo reprendí cara a cara».

(11) Ὅτε δὲ ἦλθεν Κηφᾶς εἰς Ἀντιόχειαν, / **κατὰ πρόσωπον** / αὐτῷ ἀντέστην,
cuando md vino Cefas a Antioquía    en cara    le resistí

**Ga 5,5** ofrece otro ejemplo en el que el verbo está al final y es potencialmente el EFD. Sin embargo, parece que dos constituyentes se han colocado antes del verbo para prominencia focal: πνεύματι está en contraste con la carne,[34] mientras que ἐκ πίστεως contrasta con la ley. El constituyente de apoyo ἐλπίδα δικαιοσύνης 'esperanza de justicia' (véase el 4) también precede al verbo.

(3) Os declaro de nuevo que todo hombre que se circuncida queda obligado a practicar toda la ley.
(4) Todos cuantos buscáis la justicia en la ley habéis roto con Cristo; habéis caído en desgracia.

(5) ἡμεῖς γὰρ **πνεύματι** / **ἐκ πίστεως** / ἐλπίδα δικαιοσύνης ἀπεκδεχόμεθα.
nosotros pues en.espíritu    por fe    esperanza de.justicia aguardamos

### 3.8.2 Ambigüedades cuando un solo constituyente precede al verbo

Un único constituyente puede preceder al verbo y empezar su oración por tres razones:[35]
1. para establecer un punto de transición para la comunicación (§ 2.2)
2. para dar prominencia focal al constituyente (§ 3.6)
3. para dar prominencia focal al verbo (§ 3.5).

Las ambigüedades que resultan de la tercera razón ya se consideraron en § 3.8.1, así que nos fijamos ahora en las otras dos.

Aunque los gramáticos a menudo se refieren a ambas operaciones, 1 y 2, como «énfasis», se trata de casos bastante diferentes y, en muchos idiomas, marcados de maneras distintas. En muchas lenguas chádicas, por ejemplo, los puntos de transición van precedidos por un marcador temático, del que carecen los constituyentes enfocados.[36] En muchas lenguas bantúes, los constituyentes enfocados van seguidos por un marcador especial, algo que no ocurre con los puntos de transición. En el inga (quechua), el sufijo *-ca* se añade a los puntos de transición, mientras que un enclítico de verificación se añade a los constituyentes enfocados.[37]

Como su nombre implica, un *punto de transición* proporciona un punto de partida para alguna comunicación; «fija cohesivamente la(s) oracion(es) subsiguiente(s) a algo que ya está en el contexto».[38] En consecuencia, los puntos de transición o bien refieren a información accesible en el contexto o cambian a partir de información accesible en el contexto. Como resultado, los puntos de transición son a menudo *articulados*.[39]

---

[34] Pastor Ramos 1977:147.

[35] Cuando dos constituyentes preceden al verbo, lo normal es que el punto de transición preceda al constituyente enfocado (§ 3.6).

[36] Cf., por ejemplo, Headland y Levinsohn 1976:9.

[37] Levinsohn 1975:15, 25ss.

[38] Dooley y Levinsohn 2007:53.

[39] «El sujeto [temático] se distinguirá del predicado por la presencia del artículo» (Wallace y Steffen 2015:170). Cf. también Zerwick 2000:§ 174.

## 3.8 Órdenes ambiguos cuando un verbo termina una oración

En cambio, los constituyentes *focales* típicamente comunican la parte más importante de la *nueva* información del rema (el comentario sobre el tema). Por eso, los constituyentes focales son a menudo *inarticulados* (es decir, no llevan artículo).

Esto significa que, si el constituyente anteverbal es articulado, lo más probable es que se trate de un punto de transición, especialmente si algún otro constituyente es inarticulado. Si el constituyente anteverbal es inarticulado, lo más probable es que se trate de un foco.

Vemos un ejemplo en **St 1,3–4**. En el 3b, el constituyente anteverbal es articulado, puesto que se relaciona con la referencia a pruebas en el 2, así que lo más probable es que se trate de un punto de transición. Este análisis viene confirmado por la presencia de un constituyente inarticulado al final de la oración, que probablemente constituye el foco. En el 4a, este mismo constituyente es articulado, y va seguido por otro constituyente inarticulado, así que llegamos a la conclusión de que el primer constituyente del 4a es el punto de transición, mientras que el segundo es el EFD.

(3a) γινώσκοντες
 conociendo

(3b) ὅτι τὸ δοκίμιον ὑμῶν τῆς πίστεως κατεργάζεται ὑπομονήν.
 que la prueba de.vuestra la fe produce paciencia

(4a) ἡ δὲ ὑπομονὴ ἔργον τέλειον ἐχέτω,
 la md paciencia obra completa tenga

(4b) ἵνα ἦτε τέλειοι καὶ ὁλόκληροι
 para.que seáis perfectos y cabales

(4c) ἐν μηδενὶ λειπόμενοι.
 en nada faltando

Para aquellos pasajes en los que no queda claro el motivo por el cual un constituyente no-verbal se encuentra al inicio de una oración, hay tres preguntas que pueden ayudar a distinguir un punto de transición de un constituyente enfocado:

1. ¿El constituyente inicial parece ser parte del *rema* (el comentario sobre un tema)? Si es así, es poco probable que se trate de un punto de transición para lo que sigue.

2. ¿El constituyente inicial parece *vincular* lo que sigue con el contexto? Si es así, nos encontramos con un punto de transición, a menos que la respuesta a la pregunta anterior haya sido también sí.

Y en cuanto a una prueba subjetiva:

3. Cuando una traducción de la oración al español se lee en voz alta, ¿cae el *acento tónico* en el constituyente inicial? Si es así, probablemente es parte del rema.[40]

Los pasajes siguientes ilustran la manera en que los anteriores principios pueden aplicarse para identificar la función de un constituyente inicial.

En **Hch 8,3** (a continuación), el constituyente inicial del 3a, Σαῦλος, se interpreta fácilmente como un punto de transición ('Saulo, por su parte' [*RVR95*]), que vincula la oración con su contexto por medio de un cambio de atención de nuevo hacia Saulo desde Esteban y el acontecimiento del 2. Se trata también del tema más natural de la proposición y, subjetivamente, parecería que el acento tónico recae más tarde en la oración (por ejemplo en 'iglesia').

En el 3b, el constituyente inicial, κατὰ τοὺς οἴκους, es parte de en un participio adverbial en nominativo, cuyo tema es el mismo, típicamente, que el de la oración a la que está subordinada (en este

---

[40] «Solo las PALABRAS TÓNICAS pueden ser remas» (*Manual* 2010:§ 40.1.2b). Randall Buth (c.p.) sugiere otro principio para interpretar la función de constituyentes no-verbales en posición inicial. Sostiene que el establecimiento de un punto de transición es el propósito no-marcado para anteponer un constituyente y que no deberíamos considerar que un constituyente de ese tipo esté enfocado a menos que no pueda interpretarse como un punto de transición (cf. también *Manual* 2010:§ 40.1.2c).

caso, Saulo). Forma parte del comentario sobre Saulo. Por otra parte, no parece vincular la oración con el contexto; no describe escenario espacial, sino la magnitud de la persecución del 3a. Por lo tanto, este constituyente se ha colocado antes del verbo para darle prominencia *focal* a la minuciosidad de la persecución.

(1) Saulo aprobaba su muerte. Aquel día se desató una gran persecución contra la iglesia de Jerusalén. Todos se dispersaron por las regiones de Judea y Samaría, a excepción de los apóstoles. (2) Unos hombres piadosos sepultaron a Esteban e hicieron gran duelo por él.

(3a) <u>Σαῦλος</u> δὲ ἐλυμαίνετο τὴν ἐκκλησίαν
     Saulo    md  asolaba     la  iglesia

(3b) **κατὰ τοὺς οἴκους** εἰσπορευόμενος,
     casa.por.casa         entrando

Aunque el constituyente inicial de **1 Co 10,9c** (ὑπὸ τῶν ὄφεων) lleva artículo, parece ser parte del comentario sobre τινες αὐτῶν (9b). No vincula la oración con el contexto y, cuando se lee en voz alta, el acento tónico recaería sobre el constituyente. Por lo tanto, se ha colocado antes del verbo para darle prominencia focal.

(9a) μηδὲ  ἐκπειράζωμεν τὸν Χριστόν,
     ni    tentemos      al  Cristo

(9b) καθὼς <u>τινες</u> <u>αὐτῶν</u> ἐπείρασαν
     como   algunos    de.ellos    tentaron

(9c) καὶ **ὑπὸ τῶν ὄφεων** ἀπώλλυντο.
     y   por las serpientes perecían

Una traducción en castellano de **1 Co 3,16c** puede leerse de modo que el acento tónico recaiga en el constituyente inicial (el **Espíritu de Dios** habita en vosotros) o en el constituyente final (el Espíritu de Dios habita **en vosotros**). El hecho de que τὸ πνεῦμα τοῦ θεοῦ lleva artículo y puede relacionarse con el contexto por medio de un cambio desde ναὸς θεοῦ en el 16b, sugiere que debería interpretarse como un punto de transición, en vez de haber sido antepuesto para darle prominencia focal.

(16a) οὐκ οἴδατε
      no   sabéis

(16b) ὅτι **ναὸς θεοῦ** ἐστε
      que templo de.Dios sois

(16c) καὶ <u>τὸ πνεῦμα τοῦ θεοῦ</u> οἰκεῖ ἐν ὑμῖν;
      y   el Espíritu del Dios       habita en vosotros

## Preguntas de repaso

(a) Cuando una oración termina con un verbo que va precedido por otro constituyente del complemento, ¿cuáles son los dos principios que podrían haber producido este orden?

(b) Cuando un solo constituyente precede al verbo, ¿cuáles son las tres razones que potencialmente explican el orden de los constituyentes?

## 3.8 Órdenes ambiguos cuando un verbo termina una oración

**Respuestas sugeridas**

(a) Cuando una oración termina con un verbo precedido por otro constituyente del complemento, cualquiera de los siguientes principios podría haber producido dicho orden:
- la colocación del verbo al final de la oración para darle prominencia focal
- la colocación del otro constituyente antes del verbo para darle prominencia focal.

(b) Cuando un solo constituyente precede al verbo, cualquiera de las tres razones siguientes explica potencialmente el orden de los constituyentes:
1. el constituyente se encuentra en posición inicial con el fin de establecer un punto de transición para la comunicación
2. el constituyente se encuentra en posición inicial para darle prominencia focal
3. el verbo está al final para darle prominencia focal.

**Pasajes ilustrativos**

(a)  En **Ga 6,14**, ¿por qué ἐμοὶ está en posición inicial en la oración?

(13)  Pues ni siquiera esos mismos que se circuncidan cumplen la ley; sólo desean veros circuncidados para presumir de que lo habéis hecho gracias a ellos.

(14a)  ἐμοὶ δὲ μὴ γένοιτο καυχᾶσθαι
a.mí md no suceda jactarme

εἰ μὴ ἐν τῷ σταυρῷ τοῦ κυρίου ἡμῶν Ἰησοῦ Χριστοῦ,
si no en la cruz del Señor nuestro Jesús Cristo

(b)  En **Ga 4,1b**, ¿por qué κύριος πάντων está en posición inicial en la oración?

(1a)  Pienso yo que el heredero, mientras es menor de edad, en nada se diferencia de un esclavo,

(1b)  κύριος πάντων ὤν,
señor de.todos siendo

(c)  En **Rm 8,24a**, ¿por qué τῇ ἐλπίδι está en posición inicial en la oración?

(23)  ... También nosotros mismos, que poseemos las primicias del Espíritu, gemimos en nuestro interior anhelando la liberación de nuestro cuerpo.

(24a)  τῇ γὰρ ἐλπίδι ἐσώθημεν·
en.la porque esperanza fuimos.salvos

(24b)  ἐλπὶς δὲ βλεπομένη οὐκ ἔστιν ἐλπίς·
esperanza md siendo.vista no es esperanza

**Respuestas sugeridas**

(a) En Ga 6,14, ἐμοὶ está en posición inicial para establecer un nuevo punto de transición por un cambio de atención de 'esos mismos que se circuncidan' (13) a 'mí'. Es fácil interpretar este constituyente como el tema acerca del cual el resto de la oración constituye un comentario. Subjetivamente, el acento tónico recaería más adelante en la oración.

(b) En Ga 4,1b, κύριος πάντων está en posición inicial para darle prominencia focal. Es fácil interpretarlo como parte del comentario sobre el tema de la oración, 'el heredero'. Subjetivamente, el acento tónico recaería en este constituyente.

(c) En cuanto a Rm 8,24a, 'nosotros' fue el tema de la oración anterior y puede tomarse como el tema de esta oración también. Godet afirma que τῇ ἐλπίδι, «desde su posición al principio de la oración, evidentemente tiene el énfasis».[41] En otras palabras, estaría en posición inicial para darle prominencia focal. Sin embargo, el constituyente es articulado (el concepto de 'esperanza' fue introducido en el 20 y está implícito en 'anhelando' [23]). Por lo tanto, parece más probable que ἐσώθημεν sea el EFD. Τῇ ελπίδι podría estar en posición inicial porque el verbo se ha pospuesto. Sin embargo, parece más probable que sirva de punto de transición para la oración, marcando un cambio de tema a 'esperanza' (véase el 24b).

## 3.9 Comentarios finales

Después de tantas observaciones, algunos lectores pensarán que hay demasiados factores a considerar y que en realidad no es posible sacar conclusiones acerca del ordenamiento de los constituyentes en las oraciones del texto griego. Pero de hecho, ¡la situación no es tan grave!

Los factores tratados en § 3.1–3.4 explican aquello que *por regla general* ocurre y ofrecen explicaciones para los órdenes de los constituyentes *por defecto* – órdenes que concuerdan con el Principio del Flujo Natural de la Información. Así, los constituyentes pronominales generalmente aparecen después del verbo de forma inmediata (§ 3.1). Los constituyentes nucleares generalmente preceden a los periféricos (§ 3.2). El tema generalmente precede al rema (§ 3.3). Dos constituyentes periféricos (sean nucleares o pronominales) se ordenan generalmente de modo que el más focal siga al menos focal (§ 3.4).

Para fines expositivos, debemos ser capaces de identificar cuándo un orden es significativo, es decir, *marcado*. Para muchas oraciones, basta con fijarse en cualquier constituyente (máximo dos) que preceda a un verbo y, si más de un constituyente sigue al verbo, asegurarse que el orden por defecto se haya seguido. Son de gran ayuda las tres preguntas siguientes:

1. ¿Cómo *empieza* la oración? Si comienza con un verbo, típicamente no se ha indicado una discontinuidad (véase § 2.4 para algunas excepciones). Si empieza con un constituyente no-verbal, debe determinarse si dicho constituyente constituye un punto de transición o bien si está enfocado.

2. Si un punto de transición precede al verbo, ¿también precede al verbo un *segundo* constituyente? Si es así, por lo general este último está enfocado (en § 2.2, véase Rm 11,30 para una excepción).

3. ¿*Sigue* al verbo más de un constituyente del comentario? Si es así, ¿se han seguido los ordenamientos por defecto? Si no es así, el constituyente final está enfocado.

**Pasaje 1: Ga 4,1–7**

Después de estudiar el orden de los constituyentes en cada oración de este pasaje, contéstense las preguntas que siguen. Se basan en los capítulos 2 y 3, así que deben repasarse ambos capítulos. (Véase § 4.4.1 sobre los constituyentes coordinados divididos como ὑπὸ ἐπιτρόπους ... καὶ οἰκονόμους en el 2).

(1a) Λέγω δέ,
digo md

(1b) ἐφ' ὅσον χρόνον ὁ κληρονόμος νήπιός ἐστιν,
por cuanto tiempo el heredero niño.pequeño es

(1c) οὐδὲν διαφέρει δούλου
en.nada difiere de.esclavo

(1d) κύριος πάντων ὤν,
señor de.todo siendo

---
[41] Godet 1977:319.

(2) ἀλλὰ ὑπὸ ἐπιτρόπους ἐστὶν καὶ οἰκονόμους   ἄχρι τῆς προθεσμίας   τοῦ πατρός.
    sino bajo tutores   es   y administradores hasta el plazo.prefijado del padre

(3a) οὕτως καὶ ἡμεῖς,   ὅτε   ἦμεν   νήπιοι,
     así   +   nosotros cuando éramos niños.pequeños

(3b) ὑπὸ τὰ στοιχεῖα τοῦ κόσμου ἤμεθα δεδουλωμένοι·
     bajo los elementos del mundo estábamos esclavizados

(4a) ὅτε   δὲ   ἦλθεν   τὸ   πλήρωμα   τοῦ   χρόνου,
     cuando md vino la plenitud del tiempo

(4b) ἐξαπέστειλεν ὁ θεὸς τὸν υἱὸν αὐτοῦ,
     despachó el Dios al Hijo Suyo

(4c) γενόμενον ἐκ γυναικός,
     volviéndose de mujer

(4d) γενόμενον ὑπὸ νόμον,
     volviéndose bajo ley

(5a) ἵνα τοὺς ὑπὸ νόμον ἐξαγοράσῃ,
     para.que a.los bajo ley redimiera

(5b) ἵνα τὴν υἱοθεσίαν ἀπολάβωμεν.
     para.que la adopción.de.hijos recibiésemos

**Preguntas**

(a) En el v. 1b, suponiendo que ἐφ' ὅσον χρόνον es un conjunto subordinante, ¿por qué ὁ κληρονόμος precede al verbo? ¿Por qué νήπιός también precede al verbo?
(b) ¿Cuál es la base principal para relacionar el 3a con el contexto?
(c) En el 3a, ¿por qué νήπιοι sigue al verbo?
(d) En el 3b, ¿por qué ὑπὸ τὰ στοιχεῖα τοῦ κόσμου precede al verbo?
(e) El 4 es una sola oración. ¿Qué constituyente está en posición inicial y por qué?
(f) En el 4a, ¿por qué τὸ πλήρωμα τοῦ χρόνου está al final?
(g) En el 4b, ¿por qué ὁ θεὸς no está en posición inicial?
(h) En el 5a, ¿por qué τοὺς ὑπὸ νόμον precede al verbo?
(i) En el 5b, ¿por qué τὴν υἱοθεσίαν precede al verbo?

**Respuestas sugeridas:** véase el Apéndice bajo 3(1).

# 4
# Más sobre el orden de los constituyentes

Este capítulo trata cinco aspectos adicionales del orden de los constituyentes en las oraciones: el orden en las oraciones negativas (§ 4.1) y en las interrogativas parciales (§ 4.2); el foco interino cuando un constituyente se antepone anticipando un cambio de atención hacia un constituyente correspondiente que constituye el verdadero foco de la oración (§ 4.3); los constituyentes divididos (§ 4.4); y la anteposición de atributos en el grupo nominal (GN) (§ 4.5).

## 4.1 Orden de constituyentes en oraciones negativas

El orden de los constituyentes en oraciones negativas sigue los principios descritos en el capítulo 3 para oraciones afirmativas con configuración tema-rema. Dichas oraciones negativas gozan de la ventaja que aporta la posición de la partícula negativa μή o οὐ como ayuda para identificar los puntos de transición y los constituyentes que han sido antepuestos para prominencia focal.

Si una partícula negativa *precede inmediatamente al verbo*, implica que parte o todo el rema se ha negado. En **Ga 4,30c**, por ejemplo, el tema es 'el hijo de la esclava', y lo negado es el rema 'no heredará junto con el hijo de la libre'.

(30c) οὐ γὰρ μὴ κληρονομήσει ὁ υἱὸς τῆς παιδίσκης μετὰ τοῦ υἱοῦ τῆς ἐλευθέρας.
no porque no heredará el hijo de.la esclava con el hijo de.la libre

Lo mismo ocurre cierto cuando el tema precede al verbo como *punto de transición*, por ejemplo en **Jn 1,5b**. Lo que se niega es el comentario 'la venció' respecto a 'la(s) tiniebla(s)'. (El constituyente pronominal αὐτό precede al verbo en violación del Principio del Flujo Natural de la Información (véase § 3.1), para dar más prominencia al verbo negativo).

(5a) Y la luz resplandece en la(s) tiniebla(s),

(5b) καὶ ἡ σκοτία αὐτὸ οὐ κατέλαβεν.
y la tiniebla la no venció

Véase también Ga 3,20a (ὁ δὲ μεσίτης ἑνὸς οὐκ ἔστιν 'y el mediador no lo es de uno solo').[1]

---
[1] Éste es un contraejemplo de la sugerencia de John Callow (1992:86) según la cual, solo los constituyentes que siguen al verbo son negados en las oraciones copulativas.

Cuando una oración negativa con οὐ o μή viene seguida por la conjunción ἀλλά, lo que se niega suele ser solo el constituyente que corresponde al que ha sido introducido por ἀλλά. Véase, por ejemplo, Mt 5,17b (οὐκ ἦλθον καταλῦσαι ἀλλὰ πληρῶσαι), que literalmente dice, «he venido no a abolir, sino a cumplir». Es decir, lo negado es «abolir», no «he venido a abolir».

Noté en § 3.8.1 la ambigüedad potencial que surge cuando el verbo es el constituyente final de la oración. Este orden puede resultar tanto de colocar el verbo al final para darle prominencia focal, como de colocar un constituyente no-verbal antes del verbo para dar prominencia focal a ese constituyente. La misma ambigüedad surge teóricamente en las oraciones negativas que terminan con un verbo.

En **Ga 5,21c**, por ejemplo, κληρονομήσουσιν podría estar al final de la oración, bien para enfocar el verbo, o porque βασιλείαν θεοῦ se ha antepuesto para darle prominencia focal.

(21c) ὅτι οἱ τὰ τοιαῦτα πράσσοντες βασιλείαν θεοῦ οὐ κληρονομήσουσιν.
 que los las tales.cosas practicando reino de.Dios no heredarán

Una manera de dar prominencia a un constituyente focal no-verbal que además es negativo consiste en colocarlo inmediatamente después de la partícula negativa y antes del verbo (seguido por un constituyente pronominal de apoyo, cuando sea conveniente [véase § 3.7]). En otras palabras, el orden de los constituyentes sería:

**Partícula negativa    Constituyente Focal    (Constituyente Pronominal)    Verbo.**

En **Ga 2,5a**, por ejemplo, πρὸς ὥραν se ha colocado inmediatamente después de la negativa οὐδέ para negarlo y darle prominencia focal; véase la traducción «ni por un instante cedimos a sus requerimientos» (*BJ*), en el que *ni* resalta el foco.

(5a) οἷς **οὐδὲ**[2] **πρὸς ὥραν** εἴξαμεν τῇ ὑποταγῇ,
 a.los.que ni por hora nos.rendimos en.la sumisión

En **Mt 4,4b**, ἐπ᾽ ἄρτῳ μόνῳ se ha ubicado inmediatamente después de la partícula negativa para negarlo y darle prominencia focal. (Véase § 4.3 donde se tratan casos de «enfoque interino» en anticipación de un cambio de enfoque a otro constituyente).

(4b) Οὐκ **ἐπ᾽ ἄρτῳ μόνῳ** ζήσεται ὁ ἄνθρωπος,
 no de pan solo vivirá el hombre
 ἀλλ᾽ ἐπὶ παντὶ ῥήματι ἐκπορευομένῳ διὰ στόματος θεοῦ.
 sino de toda palabra saliendo por boca de.Dios

En **Mt 6,15b**, al sujeto ὁ πατὴρ ὑμῶν se le da prominencia focal al colocarlo inmediatamente después de la negativa (y no al final de la oración [véase § 3.5]).

(15a) ἐὰν δὲ μὴ ἀφῆτε τοῖς ἀνθρώποις,
 si md no perdonáis a.los hombres

(15b) οὐδὲ **ὁ πατὴρ ὑμῶν** ἀφήσει τὰ παραπτώματα ὑμῶν.
 tampoco el Padre vuestro perdonará las transgresiones vuestras

Así también, en **Ga 5,6**, περιτομή se ha colocado inmediatamente después de la negativa οὔτε para negarlo y darle prominencia focal. El constituyente pronominal τι también precede al verbo para aumentar la prominencia. (Véase § 4.4.1 sobre la ubicación de οὔτε ἀκροβυστία después del verbo).

---
[2] Algunos MSS omiten οὐδὲ.

## 4.1 Orden de constituyentes en oraciones negativas

(6) ἐν γὰρ Χριστῷ Ἰησοῦ οὔτε **περιτομή** τι ἰσχύει
    en porque Cristo Jesús ni circuncisión algo vale

    οὔτε ἀκροβυστία ...
    ni incircuncisión

Si un constituyente se antepone para prominencia focal pero *no* es negado, precede a la partícula negativa.[3] Vemos un ejemplo en **1 Co 16,12b**. Πάντως se ha colocado antes del verbo para darle prominencia focal pero, debido a que no es negado, precede a οὐκ.

(12a)    En cuanto a nuestro hermano Apolo, le he insistido mucho para que fuera a visitaros con los hermanos;

(12b)    καὶ **πάντως** οὐκ ἦν θέλημα ἵνα νῦν ἔλθῃ·
        y totalmente no era voluntad que ahora viniese

Para los negativos *indefinidos*[4] como οὐδείς 'nadie' o οὐδέν 'nada,' si preceden inmediatamente al verbo, se da prominencia focal a dicho indefinido. Pope (c.p.) dice que, puesto que tales indefinidos consisten en la negativa οὐδέ más una forma de εἷς 'uno', pueden verse también como casos en los que se le da prominencia focal al constituyente que sigue inmediatamente a la partícula negativa.

En **St 3,8**, por ejemplo, οὐδείς es el constituyente enfocado, siguiendo al punto de transición τὴν γλῶσσαν.

(8)    τὴν δὲ γλῶσσαν / **οὐδείς** δαμάσαι δύναται ἀνθρώπων ...
    la md lengua ninguno domar puede de.hombres

En **Ga 2,6b**, οὐδέν es el constituyente enfocado. Una vez más, un constituyente pronominal de apoyo también precede al verbo para aumentar la prominencia de la negación.

(6b)    ὁποῖοί ποτε ἦσαν / **οὐδέν** μοι διαφέρει·
        cuáles entonces eran nada me importa

**Flp 4,15b** comienza con un punto de transición complejo al que sigue el constituyente enfocado οὐδεμία. La oración termina con una *excepción* de οὐδεμία que está introducida por εἰ μὴ.[5]

(15a)    Y sabéis también vosotros, filipenses,

---

[3] En Juan y en el Apocalipsis, parece que algunos sustantivos inarticulados que van seguidos por una partícula negativa están enfocados. Cf., por ejemplo, Jn 19,9d (ὁ δὲ Ἰησοῦς ἀπόκρισιν οὐκ ἔδωκεν αὐτῷ [el MD Jesús respuesta no dio –le]), que a menudo se traduce 'Pero Jesús no le respondió'. Sin embargo, puesto que se espera una respuesta, este orden probablemente da prominencia focal solamente al elemento negativo: 'pero Jesús no le contestó NADA' (*NVI*). Cf. también Ap 20,11c (καὶ τόπος οὐχ εὑρέθη αὐτοῖς [y lugar no fue.encontrado para. ellos]), que se traduce mejor como 'NINGÚN lugar se halló ya para ellos'.

[4] *Manual* 2010:§ 48.1.3a.

[5] El efecto retórico de colocar μοι entre οὐδεμία y ἐκκλησία puede ser para dar prominencia adicional al negativo (Pope c.p. [cf. § 4.4.2]).

(15b) ὅτι ἐν ἀρχῇ τοῦ εὐαγγελίου, ὅτε ἐξῆλθον ἀπὸ Μακεδονίας,
que en principio del evangelio cuando salí de Macedonia

**οὐδεμία** μοι ἐκκλησία ἐκοινώνησεν εἰς λόγον δόσεως καὶ λήμψεως
ninguna conmigo iglesia compartió en razón de.dar y recibir

εἰ μὴ ὑμεῖς μόνοι,
si no vosotros solos

John Callow (c.p.) dice que la posición *normal* de un indefinido negativo es antes del verbo (alrededor de 85% de las veces en el NT). Cree que la combinación de una partícula negativa antes del verbo más el indefinido negativo después del verbo debe ser una manera más enfática de enfocar esa palabra. Compárense **Mt 27,12** y **Mt 27,14a**, por ejemplo.

(12) καὶ ἐν τῷ κατηγορεῖσθαι αὐτὸν ὑπὸ τῶν ἀρχιερέων καὶ πρεσβυτέρων
y en el ser.acusado él por los sumos.sacerdotes y ancianos

**οὐδὲν** ἀπεκρίνατο.
nada contestó

(14a) καὶ οὐκ ἀπεκρίθη αὐτῷ πρὸς, οὐδὲ ἓν ῥῆμα
y no respondió –le con ni.aun una palabra

Sin embargo, no es tan evidente que éste sea siempre el caso. Por ejemplo, **Mc 5,37** ilustra la combinación de una partícula negativa antes del verbo y un indefinido negativo después del verbo cuando una excepción (εἰ μή) sigue al indefinido negativo. Me parece que el indefinido negativo se destaca más cuando precede al verbo en Flp 4,15b (citado arriba), que cuando lo sigue en Mc 5,37.[6]

(37) καὶ οὐκ ἀφῆκεν οὐδένα μετ' αὐτοῦ συνακολουθῆσαι
y no dejó a.nadie con él acompañar

εἰ μὴ τὸν Πέτρον καὶ Ἰάκωβον καὶ Ἰωάννην ...
si no al Pedro y a.Santiago y a.Juan

Compárese también Flp 1,20b con Flp 1,28a, que se citan abajo. En definitiva, creo que el postulado según el cual la posición anteverbal da más prominencia a un constituyente que la posición al final de la oración (§ 3.7), aplica tanto a las oraciones negativas como a las afirmativas.[7]

Cuando una *interrogativa retórica* empieza con un elemento negativo, la colocación de un constituyente inmediatamente después de dicho elemento y antes del verbo le da prominencia. El constituyente en cuestión puede estar enfocado, como en St 2,21 (a continuación), o tratarse del tema acerca del cual el resto de la oración presenta un comentario, como en St 2,5–7.[8]

En el caso de **St 2,21**, en el que el constituyente enfocado ἐξ ἔργων sigue inmediatamente a la partícula negativa y precede al verbo, dicha palabra va precedida por el punto de transición Ἀβραὰμ ὁ πατὴρ ἡμῶν, puesto que la atención cambia a él desde 'tú'. Una traducción que refleje todos los detalles del orden de los constituyentes de esta oración podría ser: «Abrahán, nuestro padre, ¿no fue por obras que alcanzó la justificación cuando ofreció a su hijo Isaac sobre el altar?»

---

[6] Lo mismo ocurre en español, en mi opinión. Por ejemplo, creo que 'nada' en 'nada respondía' (Mc 14,61) es más enfático que en '¿No respondes nada?' (Mc 14,60).

[7] Otra posibilidad es que la diferencia entre las dos formas de negación se compare con la diferencia en inglés entre negar una *oración* (como en 'He didn't answer anything') y negar un constituyente de una oración ('He answered nothing'). Aunque un indefinido negativo puede seguir al verbo en el griego del NT sin que una partícula negativa lo preceda (p.ej., en St 1,13), la norma es que la partícula esté presente cuando un indefinido negativo sigue al verbo (como en español).

[8] Para una interrogativa retórica que empieza con un negativo en la que ningún constituyente se ha antepuesto, cf. St 2,4.

## 4.1 Orden de constituyentes en oraciones negativas

(20) ¿Te enterarás de una vez, insensato, que la fe sin obras es estéril?

(21) Ἀβραὰμ ὁ πατὴρ ἡμῶν οὐκ ἐξ ἔργων ἐδικαιώθη
Abrahán el padre nuestro no por obras fue.justificado
ἀνενέγκας Ἰσαὰκ τὸν υἱὸν αὐτοῦ ἐπὶ τὸ θυσιαστήριον;
al.ofrecer a.Isaac el hijo suyo sobre el altar

En cada una de las interrogativas retóricas de **St 2,5–7**, el tema sigue inmediatamente a la partícula negativa, seguido por el rema. La prominencia dada al tema se refleja fácilmente en castellano por medio del uso de una construcción hendida, por ejemplo, «¿No son acaso los ricos los que os oprimen?» (6b [BJ]).[9]

(5b) οὐχ ὁ θεὸς ἐξελέξατο τοὺς πτωχοὺς τῷ κόσμῳ
no el Dios eligió a.los pobres en.el mundo
πλουσίους ἐν πίστει καὶ κληρονόμους τῆς βασιλείας ...
ricos en fe y herederos del reino

(6a) ὑμεῖς δὲ ἠτιμάσατε τὸν πτωχόν.
vosotros md afrentasteis al pobre

(6b) οὐχ οἱ πλούσιοι καταδυναστεύουσιν ὑμῶν
no los ricos oprimen –os

(6c) καὶ αὐτοὶ ἕλκουσιν ὑμᾶς εἰς κριτήρια;
y ellos arrastran –os a tribunales

(7) οὐκ αὐτοὶ βλασφημοῦσιν τὸ καλὸν ὄνομα τὸ ἐπικληθὲν ἐφ ὑμᾶς;
no ellos blasfeman el buen nombre el invocado sobre vosotros

### Preguntas de repaso

(a) ¿Cuál es el significado de que una partícula negativa preceda inmediatamente al verbo?
(b) Cuando el elemento negativo está separado del verbo por medio de uno o más constituyentes, ¿qué constituyente está enfocado? Si el negativo que precede al verbo es un indefinido como οὐδείς, ¿qué significa?
(c) Cuando uno o más constituyentes no-verbales preceden a una partícula negativa, ¿qué funciones podrían tener dichos constituyentes?

### Respuestas sugeridas

(a) Cuando una partícula negativa precede inmediatamente al verbo, se ha negado el rema (o una parte del mismo).
(b) Cuando el elemento negativo está separado del verbo por uno o más constituyentes, el constituyente que se ubica inmediatamente después del negativo es a la vez negado y enfocado. Cuando el negativo es un indefinido, significa que éste está enfocado.
(c) Cuando uno o más constituyentes no-verbales *preceden* a una partícula negativa, podrían funcionar o bien como un *punto de transición* o como un constituyente *enfocado* que no está siendo negado.

---

[9] La configuración de estas oraciones no debe interpretarse como identificativa (la presuposición en el v. 6b sería 'alguien os oprime' y el foco estaría en quiénes; es decir, 'los ricos'). Si ése fuera el caso, los constituyentes pronominales (como ὑμῶν) habrían precedido al verbo, en vez de estar en su posición por defecto inmediatamente después del verbo. Más aún, los constituyentes antepuestos son articulados (§ 9.4).

## Oraciones ilustrativas de Filipenses

(a) En **Flp 1,22b**, ¿por qué τί αἱρήσομαι precede a la partícula negativa?

    (21) pues para mí la vida es Cristo, y el morir, una ganancia. (22a) Pero si el vivir en el cuerpo significa para mí trabajo fecundo,

    (22b) καὶ τί αἱρήσομαι οὐ γνωρίζω.
           y qué escogeré no sé

(b) En **Flp 2,6b**, ¿por qué ἁρπαγμὸν sigue a la partícula negativa?

    (6a) ὃς **ἐν μορφῇ θεοῦ** ὑπάρχων
         quien en forma de.Dios existiendo

    (6b) οὐχ ἁρπαγμὸν ἡγήσατο τὸ εἶναι ἴσα θεῷ,
         no rapiña consideró el ser iguales.cosas a.Dios

(c) En **Flp 3,9b**, ¿qué constituyente(s) son negados?

    (8) ... para ganar a Cristo (9a) y encontrarme arraigado en él,

    (9b) μὴ ἔχων ἐμὴν δικαιοσύνην τὴν ἐκ νόμου
         no teniendo mi.propia justicia la de ley

         ἀλλὰ τὴν διὰ πίστεως Χριστοῦ ...
         sino la mediante fe de.Cristo

(d) En **Flp 1,20b**, ¿por qué el indefinido negativo ἐν οὐδενὶ precede al verbo?

    (20a) Conforme a mi anhelo y esperanza (*RVR95*)

    (20b) ὅτι ἐν οὐδενὶ αἰσχυνθήσομαι
         que en nada seré.avergonzado

(e) En **Flp 1,28a**, aparecen juntos una partícula negativa y un indefinido negativo. ¿Qué principio determina el orden de los constituyentes postverbales y qué constituyente parece que está enfocado?

    (27) Lo que importa es que llevéis una conducta digna del Evangelio de Cristo, para que ... oiga que os mantenéis firmes en un mismo espíritu y lucháis unánimes por la fe del Evangelio,

    (28a) καὶ μὴ πτυρόμενοι ἐν μηδενὶ ὑπὸ τῶν ἀντικειμένων,
         y no siendo.intimidados en nada por los que.se.oponen

    (28b) que será para ellos una señal de perdición ...

## Respuestas sugeridas

(a) En Flp 1,22b, τί αἱρήσομαι precede a la partícula negativa porque proporciona un punto de transición para la oración, ya que el argumento cambia de una de las dos posibilidades que se contemplan ('vivir' contra 'morir') a la consideración conjunta de ambas.

(b) En Flp 2,6b, ἁρπαγμὸν sigue a la partícula negativa para darle prominencia focal.

(c) En Flp 3,9b, el constituyente negado es τὴν ἐκ νόμου, puesto que es el constituyente que corresponde al que es introducido por medio de ἀλλά.
(d) En Flp 1,20b, ἐν οὐδενί, que es un indefinido negativo, precede al verbo para darle prominencia focal.
(e) En Flp 1,28a, el principio 1 de ordenamiento por defecto determina el orden de los constituyentes postverbales periféricos (el pronominal ἐν μηδενὶ precede al nominal ὑπὸ τῶν ἀντικειμένων). Considero que ἐν μηδενὶ refuerza a μὴ πτυρόμενοι, pero que es menos focal que ὑπὸ τῶν ἀντικειμένων.

**Oraciones 1: St 1,20 y St 2,1.**

(1,20) ὀργὴ γὰρ ἀνδρὸς δικαιοσύνην θεοῦ οὐκ ἐργάζεται.
ira porque de.hombre justicia de.Dios no produce

(2,1) Ἀδελφοί μου, μὴ ἐν προσωπολημψίαις ἔχετε τὴν πίστιν
Hermanos míos no en acepción.de.personas tengáis la fe

τοῦ κυρίου ἡμῶν Ἰησοῦ Χριστοῦ τῆς δόξης.
del Señor nuestro Jesús Cristo de.la gloria

**Preguntas**

(a) ¿Qué significa la posición de la partícula negativa en 1,20?
(b) ¿Qué significa la posición de la partícula negativa en 2,1?

**Respuestas sugeridas: véase el Apéndice bajo 4(1).**

## 4.2 Orden de constituyentes en interrogativas parciales

Las interrogativas parciales «se denominan así porque contienen un elemento interrogativo ... que proporciona la incógnita que debe ser satisfecha en la respuesta».[10] Típicamente tienen configuración *identificativa* (§ 2.1), en la que todo menos el elemento interrogativo constituye la presuposición, y el elemento interrogativo es el foco. Por lo tanto, no es de sorprender que dicho elemento interrogativo preceda al verbo en posición enfocada.

En **Ga 3,1**, por ejemplo, la presuposición es 'alguien os hechizó'; el foco es el elemento interrogativo 'quién'. El constituyente pronominal ὑμᾶς también precede al verbo, como es común cuando el constituyente focal está antepuesto, para aumentar la prominencia de τίς.

(1) Ὦ ἀνόητοι Γαλάται, **τίς** ὑμᾶς ἐβάσκανεν ...;
Oh insensatos gálatas ¿quién os hechizó?

El constituyente focal puede ser un grupo interrogativo, en vez una sola palabra. En **Mt 21,23c**, por ejemplo, el constituyente focal es Ἐν ποίᾳ ἐξουσίᾳ.

(23c) Ἐν **ποίᾳ ἐξουσίᾳ** ταῦτα ποιεῖς;
¿Con qué autoridad estas.cosas estás.haciendo?

Véase también Mt 19,16 (el constituyente focal es τί ἀγαθὸν 'qué cosa buena').

Un *punto de transición* puede preceder al elemento interrogativo. En **Mt 12,27b**, por ejemplo, οἱ υἱοὶ ὑμῶν es el punto de transición para señalar que la atención cambia de 'yo' a 'vuestros hijos'.

---

[10] *Manual* 2010:§ 42.3.3a.

(27a) Y si yo expulso los demonios por Belcebú,

(27b) οἱ    υἱοὶ    ὑμῶν    ἐν    τίνι    ἐκβάλλουσιν;
los    hijos    vuestros    ¿por    quién    expulsan?

Cuando el constituyente focal pregunta '*por qué*' con διὰ τί, por ejemplo, el *resto* de la oración tiene configuración *tema-rema*. Una oración hendida recoge bien la estructura de ese tipo de interrogativas: «**¿Por qué** es que [proposición de configuración tema-rema]?»; por ejemplo, «¿Por qué es que [{tema: vosotros} {rema:} no le creísteis]?» (Mt 21,25b, a continuación).

La parte tema-rema de las interrogativas de tipo 'por qué' sigue los principios normales del orden de constituyentes. En **Mt 21,25b**, por ejemplo, un constituyente *pronominal* sigue al verbo, de conformidad con el principio 1 de ordenamiento por defecto.

(25b) Ellos discurrían entre sí: «Si decimos que es del cielo, nos dirá:
Διὰ τί    οὖν    οὐκ    ἐπιστεύσατε    αὐτῷ;
¿Por qué    pues    no    creísteis    –le?

A veces, un *punto de transición* empieza el resto de una interrogativa de tipo 'por qué'.[11] En tales casos, *no* se señala un cambio respecto a un punto de transición anterior (contraste con Mt 12,27b, citado más arriba). En **Mt 15,2a**, por ejemplo, el tema acerca del cual los interrogadores desean hacer un comentario se indica inmediatamente después del elemento interrogativo. Así que la estructura de la oración es: «**¿Por qué** [{tema:} tus discípulos {rema:} transgreden la tradición de los ancianos]?»[12]

(1) Se acercaron entonces a Jesús algunos escribas y fariseos venidos de Jerusalén, que le dijeron:

(2a) Διὰ τί    <u>οἱ μαθηταί σου</u>    παραβαίνουσιν τὴν παράδοσιν τῶν πρεσβυτέρων;
¿Por qué    los discípulos tuyos    transgreden la tradición de.los ancianos?

El resto de una interrogativa de tipo 'por qué' puede empezar con un constituyente *focal* antepuesto. En **Mt 13,10**, por ejemplo, ἐν παραβολαῖς se ha antepuesto para prominencia focal.

(10) Los discípulos se acercaron y le preguntaron:
Διὰ τί  /  **ἐν παραβολαῖς**  λαλεῖς αὐτοῖς;
¿Por qué  en parábolas  hablas –les?

## Preguntas de repaso

(a) ¿Qué tipo de configuración tienen típicamente las interrogativas parciales?

(b) ¿Qué principios determinan el orden de los constituyentes en una interrogativa de tipo 'por qué'?

## Respuestas sugeridas

(a) Las interrogativas parciales tienen típicamente configuración *identificativa*, en la que el elemento interrogativo es el foco y el resto de la oración es la presuposición.

(b) En una interrogativa de tipo 'por qué', el elemento interrogativo empieza la oración, pero los constituyentes restantes se ordenan según los principios aplicables a oraciones con configuración tema-rema.

---

[11] No encuentro ejemplos en los que un punto de transición *precede* a διὰ τί, aunque no veo ninguna razón inherente por la que no podría darse un caso tal.

[12] Contrástese Mc 7,5 (*SBU*) (Διὰ τί οὐ περιπατοῦσιν οἱ μαθηταί σου κατὰ τὴν παράδοσιν τῶν πρεσβυτέρων ...). El 2 ya ha dicho que los fariseos y los escribas notaron que algunos de los discípulos de Jesús comían 'con manos impuras', así que no es necesario establecer un punto de transición para el discurso. Los constituyentes postverbales de este versículo se ordenan según el principio 2 de ordenamiento por defecto.

## Oraciones ilustrativas

(a) En **Mt 21,23d**, ¿por qué σοι precede al verbo?

(23c) ¿Con qué autoridad haces esto

(23d) καὶ    τίς    σοι    ἔδωκεν    τὴν    ἐξουσίαν    ταύτην;
y       quién  te     dio        la     autoridad   esta?

(b) En **Mt 22,28a**, ¿cuál es el constituyente focal? ¿Por qué ἐν τῇ ἀναστάσει empieza la oración?

(28a) ἐν    τῇ    ἀναστάσει    οὖν    τίνος    τῶν    ἑπτὰ    ἔσται    γυνή;
en    la    resurrección  pues   ¿de.cuál de.los   siete    será     esposa?

(c) En **Mt 9,11b**, ¿por qué μετὰ τῶν τελωνῶν καὶ ἁμαρτωλῶν precede al verbo, y ὁ διδάσκαλος ὑμῶν lo sigue?

(10) En cierta ocasión, estando él (Jesús) a la mesa en la casa, vinieron muchos publicanos y pecadores, que se sentaron a la mesa con Jesús y sus discípulos. (11a) Al verlo los fariseos, dijeron a los discípulos:

(11b) Διὰ τί   μετὰ τῶν τελωνῶν    καὶ ἁμαρτωλῶν  ἐσθίει ὁ διδάσκαλος ὑμῶν;
¿Por qué con   los publicanos  y   pecadores    come   el Maestro    vuestro?

## Respuestas sugeridas

(a) En Mt 21,23d, σοι precede al verbo para aumentar la prominencia focal del elemento interrogativo τίς. Es común que un constituyente pronominal preceda al verbo cuando un constituyente focal se ha antepuesto.

(b) En Mt 22,28a, el constituyente focal es τίνος τῶν ἑπτά. Ἐν τῇ ἀναστάσει empieza la oración para establecer un punto de transición y señalar que la atención cambia de vida en este mundo a vida en la resurrección.

(c) Mt 9,11b es una interrogativa de tipo 'por qué' en la que el resto de la oración sigue los principios de ordenamiento de los constituyentes en una oración con configuración tema-rema. Μετὰ τῶν τελωνῶν καὶ ἁμαρτωλῶν precede al verbo para darle prominencia focal. Es de suponer que Ὁ διδάσκαλος ὑμῶν sigue al verbo porque los interrogadores respondían a lo que tanto ellos como sus oyentes podían ver (11a). Por lo tanto, no sería necesario establecer un punto de transición.

## Oración 2: Ga 5,7

(7a) Vosotros corríais bien;

(7b) τίς    ὑμᾶς   ἐνέκοψεν
¿quién  os     obstaculizó

(7c) [τῇ]   ἀληθείᾳ   μὴ    πείθεσθαι;
por.la verdad    no    ser.persuadidos?

## Preguntas

(a) En el v. 7b, ¿cuál es la presuposición y cuál el foco?
(b) En el 7c, ¿por qué [τῇ] ἀληθείᾳ precede al verbo?

**Respuesta sugerida:** véase el Apéndice bajo 4(2).

## 4.3 Enfoque interino

Esta sección abarca casos en los que a un constituyente focal se le da prominencia colocándolo antes del verbo, cuando el foco verdadero se presenta después. Hablamos en estos casos de enfoque *interino* del constituyente inicial, en anticipación de un cambio de foco al constituyente correspondiente que se presenta más tarde.

Por ejemplo, cuando una oración empieza con un *pronombre demostrativo* como οὗτος 'este' y la oración luego especifica a qué se refiere 'este', οὗτος se ha enfocado de modo interino, con el propósito de dirigir la atención del lector a su referente. En **Ga 3,2a**, por ejemplo, τοῦτο dirige la atención del lector a la oración siguiente (2b).

(2a) **τοῦτο μόνον** θέλω μαθεῖν ἀφ ὑμῶν·
     esto   sólo   quiero averiguar de vosotros

(2b) **ἐξ ἔργων νόμου** τὸ πνεῦμα ἐλάβετε ἢ ἐξ ἀκοῆς πίστεως;
     por  obras  de.ley  el  Espíritu  recibisteis  o  por  oír  de.fe

Véanse también Flm 15 (διὰ τοῦτο), 1 Jn 2,25 (αὕτη), y Ap 9,17 (οὕτως).

Pueden presentarse *alternativas*, de manera tal que la primera alternativa se enfoca de modo interino al colocarla antes del verbo, en anticipación de un cambio de foco a la alternativa más importante que se presenta después en la oración.

En Ga 3,2b (arriba), por ejemplo, ἐξ ἔργων νόμου se enfoca de modo interino, antes de cambiar al foco verdadero, ἐξ ἀκοῆς πίστεως. Esta oración tiene configuración identificativa; se presupone que 'habéis recibido el Espíritu' por algún medio, y el enfoque está en uno de los medios posibles.

En **Ga 3,16a**, τῷ Ἀβραάμ se enfoca de modo interino, en anticipación de un cambio de atención a la 'descendencia' a quienes se hicieron *también* las promesas. Τῷ σπέρματι αὐτοῦ, en vez de Abrahán, es el asunto del que se ocupa el resto del versículo. (Véase también § 4.4.1).

(16a) τῷ δὲ **Ἀβραάμ** ἐρρέθησαν αἱ ἐπαγγελίαι καὶ τῷ σπέρματι αὐτοῦ.
     al  md  Abrahán  fueron.dichas  las  promesas  y  a.la  simiente  de.él

(16b) La Escritura no dice: 'y a los descendientes', como si fueran muchos; sino a uno solo, *a tu descendencia* ...

**St 2,14b** es un poco diferente, dado que πίστιν se enfoca de modo interino, en anticipación de un cambio de atención a ἔργα en la próxima oración. Puesto que ἔργα precede a la partícula negativa μή, el EFD del 14c es el verbo negativo).

(14a) ¿De qué sirve, hermanos míos,

(14b) ἐὰν **πίστιν** λέγῃ τις ἔχειν
     si  fe  dice  alguien  tener

(14c) ἔργα δὲ **μὴ ἔχῃ**;
     obras  md  no tiene

**Pregunta de repaso**

¿Cuáles son las características del enfoque interino?

## Respuesta sugerida

El enfoque interino da prominencia a un constituyente focal al colocarlo antes del verbo, en anticipación de un cambio de atención a un constituyente correspondiente que se presenta después, que es el foco *verdadero* de la oración.

### Oraciones ilustrativas

(a) En **St 3,15**, ¿por qué ἄνωθεν precede a su verbo (κατερχομένη)?[13]

(15) οὐκ ἔστιν αὕτη ἡ σοφία ἄνωθεν κατερχομένη
no es ésta la sabiduría de.arriba descendiendo

ἀλλὰ ἐπίγειος, ψυχική, δαιμονιώδης.
sino terrenal natural demoníaca

(b) En **Jn 13,35**, ¿por qué ἐν τούτῳ empieza la oración? Y ¿por qué ἀγάπην precede a su verbo?

(34) Os doy un mandamiento nuevo: que os améis los unos a los otros; que, como yo os he amado, así os améis también entre vosotros.

(35) ἐν τούτῳ γνώσονται πάντες ὅτι ἐμοὶ μαθηταί ἐστε,
en esto conocerán todos que mis discípulos sois

ἐὰν ἀγάπην ἔχητε ἐν ἀλλήλοις.
si amor tenéis entre unos.con.otros

### Respuestas sugeridas

(a) En St 3,15, ἄνωθεν precede a su verbo para enfocarlo de modo interino, en anticipación de un cambio de atención a la alternativa 'correcta', ἐπίγειος, ψυχική, δαιμονιώδης.

(b) En Jn 13,35, ἐν τούτῳ empieza la oración para enfocarlo de modo interino, para dirigir la atención del lector a su referente, a saber, la oración condicional que termina la oración. Ἀγάπην precede a su verbo para darle prominencia especial como el constituyente enfocado de la oración.

### Pasaje 3: Jn 18,7–8

(7) Les preguntó de nuevo: «¿A quién buscáis?» Le contestaron: «A Jesús el Nazareno».

(8a) ἀπεκρίθη Ἰησοῦς, Εἶπον ὑμῖν ὅτι ἐγώ εἰμι·
respondió Jesús Dije –os que yo soy

(8b) εἰ οὖν ἐμὲ ζητεῖτε, ἄφετε τούτους ὑπάγειν
si pues me buscáis dejad a.éstos irse

(a) En el v. 8a, ¿por qué ἐγώ precede a εἰμι?
(b) En el 8b, ¿por qué ἐμὲ precede a ζητεῖτε?

**Respuesta sugerida: véase el Apéndice bajo 4(3).**

---

[13] La combinación de ἔστιν y el participio no es perifrástica, puesto que el sujeto gramatical aparece entre ellos (cf. Porter 1992:45–46).

## 4.4 Constituyentes divididos

Se considera que un grupo sintáctico está dividido cuando consiste en más de una palabra pero las palabras *no son contiguas* porque otro constituyente las separa.[14] En **Rm 12,4b**, por ejemplo, el complemento, τὴν αὐτὴν πρᾶξιν, se encuentra a ambos lados del verbo ἔχει, así que está dividido.

(4a) Pues así como nuestro cuerpo, aunque es uno, posee muchos miembros,

(4b) τὰ δὲ μέλη πάντα οὐ **τὴν αὐτὴν** ἔχει πρᾶξιν,
 los md miembros todos no la misma tiene(n) función

Nótese: No trataremos la división de grupos como τὰ μέλη por las partículas pospositivas como δέ.

Hay dos razones básicas por las que algunos constituyentes se dividen, una *procesual* y otra de carácter *pragmático*. La razón procesual se relaciona por lo general con la anteposición de constituyentes focales; si el constituyente que va a anteponerse es complejo, es normal que solamente la primera parte preceda al verbo (§ 4.4.1).[15] La razón pragmática se aplica cuando dos partes de un constituyente no tienen la misma importancia, por ejemplo cuando solamente una parte de dicho constituyente se relaciona con lo que sigue o va a enfocarse (§ 4.4.2).

### 4.4.1 División de un constituyente focal debido a su complejidad

Winer observa que «si el sujeto es complejo, [los escritores del NT] colocan solamente el sujeto principal antes del verbo, dejando que el resto siga ... de manera que la atención del lector no quede demasiado tiempo en espera».[16] Por lo tanto, si se enfoca un constituyente complejo, lo normal es que solamente una parte preceda al verbo, y que el resto lo siga según los principios de ordenamiento de § 3.1 a 3.5.

Los constituyentes *coordinados* a menudo se dividen cuando están enfocados, con la primera parte antes del verbo y la segunda parte a continuación del mismo. Ése es el caso en **Ap 17,14c**, por ejemplo.

(14b) y el Cordero los vencerá

(14c) ὅτι **κύριος κυρίων** ἐστὶν καὶ βασιλεὺς βασιλέων
 pues señor de.señores es y rey de.reyes

En **St 3,14a**, el constituyente focal ζῆλον πικρὸν καὶ ἐριθείαν contrasta con ἐν πραΰτητι 'en sabia mansedumbre' en el 13.[17] La primera parte del grupo coordinado precede al verbo, mientras que la segunda lo sigue en la posición por defecto para los constituyentes nucleares, a saber, antes del constituyente periférico ἐν τῇ καρδίᾳ ὑμῶν (§ 3.2).

(13) ¿Hay entre vosotros alguien sabio y con experiencia? Pues que lo demuestre con su buena conducta, con las obras inspiradas en la humildad que da la sabiduría.

(14a) εἰ δὲ **ζῆλον πικρὸν** ἔχετε καὶ ἐριθείαν ἐν τῇ καρδίᾳ ὑμῶν,
 si md celo amargo tenéis y rivalidad en el corazón vuestro

(14b) no os jactéis ni mintáis contra la verdad.

En **1 Co 3,7**, el sujeto negativo οὔτε ὁ φυτεύων οὔτε ὁ ποτίζων se enfoca de modo interino (§ 4.3) en anticipación de un cambio de atención a la contraparte afirmativa, ὁ αὐξάνων θεός. La primera

---

[14] Healey 1984:3ss.
[15] En la mayoría de los ejemplos de esta sección, el constituyente dividido está separado por el verbo, aunque las razones para que otros constituyentes se dividan son semejantes a las que se describen aquí.
[16] Winer 1882:685.
[17] Kelly y Radke 2015.

## 4.4 Constituyentes divididos

parte del grupo coordinado precede al verbo, mientras que la segunda lo sigue en el lugar normal para los sujetos focales, a saber, después del complemento (§ 3.5).

(7) ὥστε οὔτε **ὁ φυτεύων** ἐστίν τι οὔτε ὁ ποτίζων
    para.que ni el plantando es algo ni el regando

    ἀλλ' ὁ αὐξάνων θεός.
    sino el obrando.crecimiento Dios

Véanse también Ga 5,6 (citado en § 4.1) y Ga 6,16b, que no tiene verbo (εἰρήνη ἐπ' αὐτοὺς καὶ ἔλεος 'paz a ellos y misericordia'); la segunda parte del grupo coordinado sigue al constituyente pronominal (§ 3.1).

Contrástese St 1,4b, donde las dos partes del complemento coordinado τέλειοι καὶ ὁλόκληροι 'perfectos y cabales' siguen a la cópula. Puesto que los versículos subsiguientes no mencionan ninguno de esos conceptos, no es de extrañar que el complemento, aunque se trate del foco, siga a la cópula; véase la discusión de las oraciones copulativas en § 3.7.

### 4.4.2 División de un constituyente porque sus partes no son igualmente relevantes

A menudo los constituyentes se dividen por razones pragmáticas, dos de las cuales se tratan ahora:
* Porque solamente la primera parte se enfoca
* Porque solamente la segunda parte se relaciona con lo que sigue.

En primer lugar, los constituyentes pueden dividirse porque se enfoca solamente la *primera* parte (la antepuesta), mientras que el resto es de apoyo.[18]

En **Ga 6,11**, por ejemplo, se enfoca el *tamaño* de las letras, y no el grupo πηλίκοις γράμμασιν como un todo. (Un constituyente pronominal separa las dos partes del grupo, en vez del verbo).

(11) Ἴδετε **πηλίκοις** ὑμῖν γράμμασιν ἔγραψα τῇ ἐμῇ χειρί.
    ved con.cuán.grandes os letras escribí con.la mía mano

En **Rm 11,24a**, el foco está en el *tipo* de olivo específico, como muestra el resto del versículo, en vez de en todo el grupo ἐκ τῆς κατὰ φύσιν ἀγριελαίου.

(24a) εἰ γὰρ <u>σὺ</u> **ἐκ τῆς κατὰ φύσιν** ἐξεκόπης ἀγριελαίου
     si porque tú de el por naturaleza fuiste.cortado olivo.silvestre

(24b) καὶ **παρὰ φύσιν** ἐνεκεντρίσθης εἰς καλλιέλαιον,
     y contra naturaleza fuiste.injertado en buen.olivo

(24c) πόσῳ μᾶλλον <u>οὗτοι οἱ</u> <u>κατὰ φύσιν</u> ἐγκεντρισθήσονται τῇ ἰδίᾳ ἐλαίᾳ.
     cuánto más éstos los por naturaleza serán.injertados en.el propio olivo

En **St 1,13c**, ἀπείραστός es lo que se relaciona con πειράζομαι y contrasta con esta palabra en el 13b, mientras que κακῶν es solamente de apoyo.

(13a–b) μηδεὶς πειραζόμενος λεγέτω ὅτι **Ἀπὸ θεοῦ** πειράζομαι·
      nadie al.ser.tentado diga que de Dios soy.tentado

---

[18] Parece que algunos constituyentes pueden dividirse para dar prominencia a la *segunda* parte. Cf., por ejemplo, Mt 1,20d, donde ἐκ πνεύματός precede al verbo, pero ἁγίου lo sigue. Puesto que José había supuesto que el niño que estaba en el vientre de María había sido concebido fuera del matrimonio, la división del constituyente puede perfectamente dar prominencia particular a ἁγίου.

(13c)   ὁ   γὰρ    θεὸς   ἀπείραστός   ἐστιν   κακῶν,
        el  porque Dios   no.tentado   es      de.mal

(13d)   ni tienta a nadie.

Véase también Ap 16,3c (καὶ **πᾶσα ψυχὴ ζωῆς** ἀπέθανεν τὰ ἐν τῇ θαλάσσῃ 'y murió todo ser viviente que había en el mar'), donde la segunda parte del grupo es de apoyo (el 3a dice que el segundo ángel derramó su copa sobre el mar).

En el caso de **St 4,4b**, las dos partes del grupo dividido (φίλος τοῦ κόσμου) aparecen también en el 4a. Sin embargo, el escritor acaba de insistir en que sus lectores son como adúlteras (4a), así que le conviene enfocar la relación de amistad con quien no es Dios, en vez de enfocar todo el GN.

(4a)  μοιχαλίδες, οὐκ οἴδατε ὅτι ἡ φιλία    τοῦ κόσμου ἔχθρα     τοῦ θεοῦ ἐστιν;
      adúlteras   no  sabéis que la amistad del mundo  enemistad del Dios es

(4b)  ὃς ἐὰν      οὖν  βουληθῇ    φίλος  εἶναι τοῦ κόσμου,
      cualquiera  pues que.quiera amigo  ser   del mundo

      ἐχθρὸς  τοῦ  θεοῦ  καθίσταται.
      enemigo del  Dios  se.constituye.en

En segundo lugar, los constituyentes pueden dividirse porque, aunque se enfoque todo el grupo, solamente la *segunda* parte se relaciona con lo que sigue.[19] Lo típico es que la(s) oracion(es) siguiente(s) se desarrollen solo en relación a la parte del constituyente más cercana a la continuación.

Vemos un ejemplo en **Ga 2,20d**. Las oraciones nominalizadas del 20e se relacionan con 'del Hijo de Dios' (τοῦ υἱοῦ τοῦ θεοῦ), no con 'por fe' (ἐν πίστει).

(20d) ἐν    πίστει  ζῶ    τῇ      τοῦ υἱοῦ  τοῦ θεοῦ
      por   fe      vivo  de.la   del hijo  del Dios

(20e) τοῦ  ἀγαπήσαντός  με   καὶ  παραδόντος  ἑαυτὸν     ὑπὲρ      ἐμοῦ.
      del  amando       –me  y    entregando  a.sí.mismo a.favor   de.mí

En **Ga 2,9**, el constituyente dividido es δεξιὰς κοινωνίας. Lenski observa que «κοινωνίας está colocado al final para que ἵνα lo defina».[20]

(9)   καὶ  γνόντες    τὴν  χάριν   τὴν  δοθεῖσάν  μοι,
      y    conociendo la   gracia  la   dada      a.mí

      Ἰάκωβος   καὶ  Κηφᾶς  καὶ  Ἰωάννης,  οἱ    δοκοῦντες  στῦλοι   εἶναι,
      Santiago  y    Cefas  y    Juan      los   pareciendo columnas ser

      δεξιὰς           ἔδωκαν  ἐμοὶ  καὶ  Βαρναβᾷ    κοινωνίας,
      (manos).derechas dieron  a.mí  y    a.Bernabé  de.comunión

      ἵνα        ἡμεῖς    εἰς  τὰ   ἔθνη,    αὐτοὶ  δὲ  εἰς  τὴν  περιτομήν·
      para.que   nosotros a    los  gentiles ellos  md  a    la   circuncisión

Véase también Ga 3,16a (tratado en § 4.3).

---

[19] «La conexión con la oración siguiente también puede ser decisiva para una posición final» (Blass et al. 1961:§ 473).

[20] Lenski 1962. Ga 2,9 es otro ejemplo en el que un sujeto temático (Santiago y Cefas y Juan) se ha pospuesto para prominencia temática porque su acción es importante para el desarrollo del argumento (cf. § 3.5, nota 14).

## 4.4.3 Conclusión

Los factores identificados en esta sección no explican todos los casos de constituyentes divididos que se encuentran en el NT. (Por ejemplo, ¿por qué se divide πνεῦμα ἅγιον 'Espíritu Santo' en el texto de Lc 2,25c y Hch 1,5?) Sin embargo, parece que la preocupación de Healey con la función *sintáctica* de constituyentes que se dividen o que dividen a otros constituyentes está mal dirigida.[21] Parecería más productivo buscar razones *procesuales* o *pragmáticas* para explicar la división.

**Preguntas de repaso**

(a) Identifique una razón común *procesual* para dividir un constituyente.

(b) Identifique dos razones *pragmáticas* para dividir un constituyente.

**Respuestas sugeridas**

(a) Una razón común *procesual* para dividir un constituyente es su complejidad. Se divide el constituyente para evitar que deba colocarse completo antes del verbo, por tratarse del foco.

(b) Dos razones *pragmáticas* para dividir un constituyente se dan cuando:
- solo se enfoca la primera parte del constituyente
- solo la segunda parte del constituyente se relaciona con lo que sigue.

**Oraciones ilustrativas**

(a) En **Ga 4,2**, ¿por qué está dividido ὑπὸ ἐπιτρόπους καὶ οἰκονόμους?

    (1) Pienso yo que el heredero, mientras es menor de edad, en nada se diferencia de un esclavo, a pesar de ser dueño de todo,

    (2) ἀλλὰ ὑπὸ ἐπιτρόπους ἐστὶν καὶ οἰκονόμους ἄχρι τῆς προθεσμίας τοῦ πατρός.
        sino bajo tutores es y administradores hasta el plazo.prefijado del padre

(b) En **Rm 12,4b**, ¿por qué está dividido τὴν αὐτὴν πρᾶξιν?

    (4a) καθάπερ γὰρ ἐν ἑνὶ σώματι πολλὰ μέλη ἔχομεν,
        así.como pues en un cuerpo muchos miembros tenemos

    (4b) τὰ δὲ μέλη πάντα οὐ τὴν αὐτὴν ἔχει πρᾶξιν,
        los md miembros todos no la misma tiene(n) función

    (5) así también nosotros, aunque somos muchos, no formamos más que un solo cuerpo en Cristo: los unos somos miembros para los otros.

(c) En **Hb 2,3b**, ¿por qué está dividido τηλικαύτης σωτηρίας?

    (2) Pues si la palabra promulgada por medio de los ángeles obtuvo tal firmeza legal que cualquier transgresión y desobediencia recibió justo castigo,

    (3a) πῶς ἡμεῖς ἐκφευξόμεθα
        ¿cómo nosotros escaparemos

---

[21] Healey 1984.

(3b)  τηλικαύτης    ἀμελήσαντες         σωτηρίας,
       tan.grande   habiendo.descuidado  salvación

(3c)   la cual (ἥτις) habiendo sido anunciada primeramente por el Señor, nos fue confirmada por la palabra de quienes la oyeron?

(d) En **Ga 2,6c**, ¿por qué los constituyentes πρόσωπον y [ὁ] θεός preceden al verbo negativo (§ 4.1)? ¿Por qué está dividido πρόσωπον ἀνθρώπου?

(6a–b) Los que eran tenidos por notables – ¡No importa lo que fuesen

(6c)   πρόσωπον  [ὁ]  θεός  ἀνθρώπου  οὐ  λαμβάνει –
       rostro    el   Dios  de.hombre no  recibe! –

## Respuestas sugeridas

(a) En Ga 4,2, ὑπὸ ἐπιτρόπους καὶ οἰκονόμους está dividido porque es un constituyente complejo y enfocado. La primera parte del grupo coordinado precede al verbo, mientras que la segunda parte lo sigue en la posición por defecto para constituyentes nucleares.

(b) En Rm 12,4b, τὴν αὐτὴν πρᾶξιν está dividido porque se enfoca solamente la primera parte, en contraste con el constituyente focal del 4a, πολλὰ μέλη.

(c) En Hb 2,3b, τηλικαύτης σωτηρίας está dividido porque, aunque no sería incorrecto anteponerlo para darle prominencia focal (para enfatizar τηλικαύτης), conviene terminar la oración con σωτηρίας, puesto que el autor sigue luego con el tema de esta salvación.

(d) Si θεός es inarticulado en Ga 2,6c, entonces πρόσωπον precede al verbo negativo porque es un punto de transición (que señala un cambio a partir de 'lo que hayan sido' en el 6b). A su vez, θεός precede al verbo porque es un constituyente enfocado («el θεός enfático»)[22] que no es negado (aparece antes de la partícula negativa). Si se sigue la lectura articulada, lo más probable es que πρόσωπον sea antepuesto para prominencia focal. Ὁ θεός es entonces un constituyente de apoyo (§ 3.8.1). Πρόσωπον ἀνθρώπου está dividido porque es el 'rostro' de una persona lo que se relaciona con 'lo que hayan sido' en el 6b en vez del grupo πρόσωπον ἀνθρώπου como un todo.[23]

## Pasajes 4

¿Por qué están divididos los constituyentes en St 1,2b, St 2,15 y St 4,6a?

### Pasaje 4a: St 1,2–3

(2a)  Πᾶσαν    χαρὰν  ἡγήσασθε,  ἀδελφοί   μου,
      Por.todo gozo   tened      hermanos  míos

(2b)  ὅταν    πειρασμοῖς  περιπέσητε   ποικίλοις,
      cuando  con.pruebas os.encaréis  diversas

(3)   sabiendo que la calidad probada de vuestra fe produce paciencia.

---

[22] Eadie 1979:120.
[23] Arichea y Nida 1976:35.

**Pasaje 4b: St 2,15–16**

(15) ἐὰν   ἀδελφὸς   ἢ   ἀδελφὴ   γυμνοὶ   ὑπάρχωσιν
    si    hermano   o   hermana   desnudos  están

    καὶ   λειπόμενοι   τῆς   ἐφημέρου   τροφῆς
    y     faltando     del   diario     sustento

(16) y alguno de vosotros les dice: «Id en paz, calentaos y hartaos», pero no les dais lo necesario para el cuerpo, ¿de qué sirve?

**Pasaje 4c: St 4,5–6**

(5) ¿Pensáis que la Escritura dice en vano: "Tiene deseos ardientes el espíritu que él ha hecho habitar en nosotros"?

(6a) μείζονα   δὲ   δίδωσιν   χάριν;
     mayor     md   da        gracia

(6b) Por esto dice: *Dios resiste a los soberbios y da su gracia a los humildes*.

**Respuestas sugeridas**: véase el Apéndice bajo 4(4).

## 4.5 Ordenamiento en grupos nominales

Vamos a considerar ahora el ordenamiento del sustantivo nuclear y sus atributos[24] dentro de los GN, con atención especial a la posición del genitivo (§ 4.5.1), antes de presentar algunas notas acerca de la ubicación del atributo adjetival (§ 4.5.2).

Las estadísticas confirman la norma de que el atributo en *genitivo* siga a su sustantivo.[25] En el caso del atributo *adjetival*, en cambio, aunque «sigue a su sustantivo aproximadamente el 75% de las ocasiones en Lucas y Marcos», «precede a su sustantivo aproximadamente el 65% de las veces en Pablo».[26] Más aún, cuando el artículo precede al sustantivo en los escritos de Pablo, el adjetivo casi sin excepción precede también al sustantivo. Sin embargo, es más fácil tomar el orden sustantivo-atributo como el orden por defecto y luego explicar las motivaciones para los otros órdenes.

Smith afirma que, en los GN, el orden opuesto (atributo-sustantivo) es marcado y que los órdenes genitivo-sustantivo, adjetivo-sustantivo y dativo-sustantivo se usan para dar prominencia al constituyente que precede al sustantivo nuclear.[27] Cuando el atributo se ubica antes del sustantivo nuclear, lo más común es que el Principio del Flujo Natural de Información se haya violado, en el sentido de que la información comunicada por el sustantivo es más conocida por el contexto que la comunicada por el atributo, y por ello el atributo «tiene más énfasis que el sustantivo».[28] Cuando el Principio del Flujo Natural de Información no se ha violado, en cambio, veremos que el atributo no se ha resaltado, a pesar de preceder al sustantivo nuclear.

### 4.5.1 La anteposición del genitivo en los grupos nominales

Esta sección se centra primero en los constituyentes genitivos de carácter nominal, antes de pasar a los pronominales.

Un constituyente genitivo *nominal* se antepone dentro de un GN por dos propósitos:

---

[24] Atributo: «Tradicionalmente, función que desempeñan el adjetivo y otros modificadores del sustantivo dentro del sintagma nominal» (*Real Academia*).
[25] Porter 1992:291.
[26] Porter 1992:290, siguiendo a Davison 1989:19ss.
[27] Smith 1985:22.
[28] Wallace y Steffen 2015:208.

- para darle prominencia focal
- dentro de un punto de transición, para indicar que es específicamente el genitivo el que se relaciona con un constituyente correspondiente del contexto.

En primer lugar, el genitivo puede anteponerse dentro de un GN para darle *prominencia focal*. En **Ga 4,31**, por ejemplo, παιδίσκης 'de una criada' está antepuesto, porque se enfoca de modo interino (§ 4.3) en anticipación de un cambio de atención a τῆς ἐλευθέρας.

(31) διό, ἀδελφοί, οὐκ ἐσμὲν **παιδίσκης** τέκνα
por.lo.cual hermanos no somos de.criada hijos

ἀλλὰ τῆς ἐλευθέρας.
sino de.la libre

En **Ga 1,10d**, Χριστοῦ está antepuesto para prominencia focal porque 'de Cristo' (en vez de 'siervo de Cristo') es el punto específico de contraste con ἀνθρώποις (10c).

(10c) εἰ ἔτι **ἀνθρώποις** ἤρεσκον,
si aún a.hombres agradara

(10d) **Χριστοῦ** δοῦλος οὐκ ἂν ἤμην.
de.Cristo siervo no sería

Otros ejemplos en los que un genitivo está antepuesto para darle prominencia focal incluyen Ga 2,15 (**ἐξ ἐθνῶν** ἁμαρτωλοί 'pecadores de entre los gentiles', que es el punto específico de contraste con Ἰουδαῖοι 'judíos' mencionados antes en la misma oración); Ga 3,29b (**τοῦ Ἀβραὰμ** σπέρμα 'simiente de Abrahán'); Ga 4,28 (**ἐπαγγελίας** τέκνα 'hijos de [la] promesa'); y Ga 6,2 (**ἀλλήλων** τὰ βάρη 'las cargas mutuamente'). Véase también Ap 7,17 (**ζωῆς** πηγὰς ὑδάτων 'fuentes de aguas de vida').[29]

En segundo lugar, el constituyente genitivo puede anteponerse dentro de un *punto de transición*. Por lo general, eso indica que el *cambio* de atención es específicamente al genitivo desde el constituyente correspondiente, en vez de a todo el GN.

En **St 3,3**, por ejemplo, τῶν ἵππων está antepuesto dentro del punto de transición para indicar que la base principal para relacionar lo que sigue con el contexto es por medio de un cambio de atención de 'un hombre' (2) a los caballos (en vez de a 'los frenos de los caballos'). Τοὺς χαλινούς proporciona entonces el punto específico de transición y el tema para la oración.

(2) pues todos caemos muchas veces. Si alguno no cae al hablar, puede ser considerado un hombre perfecto, capaz de refrenar todo su cuerpo.

(3) εἰ δὲ <u>τῶν</u> <u>ἵππων</u> <u>τοὺς</u> <u>χαλινοὺς</u> **εἰς** **τὰ** **στόματα** βάλλομεν ...
si md de.los caballos los frenos en las bocas ponemos

En **Mt 1,18**, el constituyente genitivo τοῦ Ἰησοῦ Χριστοῦ (o cualquiera de sus variantes textuales) está antepuesto dentro del punto de transición para indicar un cambio de atención de αἱ γενεαί 'las generaciones' (17) a Jesucristo (en vez de a 'el origen de Jesucristo'). A su vez, ἡ γένεσις proporciona el punto de transición específico para los acontecimientos descritos en los siguientes versículos.

(17) ... desde la deportación a Babilonia hasta Cristo, otras catorce.

---

[29] Según Turner (1963:218), cuando dos genitivos modifican al mismo sustantivo, uno se colocará a cada lado del sustantivo. Sin embargo, en Ap 7,17, ζωῆς precede al sustantivo nuclear para darle prominencia focal (Turnbull 1997).

## 4.5 Ordenamiento en grupos nominales

(18) **Τοῦ** δὲ Ἰησοῦ Χριστοῦ ἡ γένεσις **οὕτως** ἦν.
del md Jesús Cristo el origen así era

En **Ga 3,15b**, en cambio, el constituyente genitivo ἀνθρώπου, que es parte del punto de transición, está antepuesto para enfocarlo de modo interino en anticipación del cambio en el 17b a διαθήκην προκεκυρωμένην ὑπὸ τοῦ θεοῦ 'un testamento hecho por Dios en toda regla'.

(15b) ὅμως ἀνθρώπου κεκυρωμένην διαθήκην οὐδεὶς ἀθετεῖ ἢ ἐπιδιατάσσεται.
aunque de.hombre ratificado testamento nadie anula o añade

Consideremos ahora las oraciones en las que un genitivo *pronominal* «no enfático» precede a un sustantivo.[30] Como Turner observa, éstos *no* están necesariamente enfocados a pesar de estar antepuestos.[31] Me interesa especialmente el grupo (b) de Turner, a saber, los que aparecen antes del artículo, como en αὐτοῦ τὸν ἀστέρα 'suya la estrella' (Mt 2,2).

En 51 de la muestra de 55 ejemplos «no enfáticos» que Turner cita, el GN en conjunto es el constituyente nuclear que sigue inmediatamente al verbo. Por eso nos encontramos con el orden:

verbo – genitivo pronominal – resto del GN.

En estos ejemplos, los genitivos aparecen en la posición por defecto para constituyentes pronominales del comentario (§ 3.1), así que es posible que hayan sido antepuestos para concordar con el Principio del Flujo Natural de la Información.[32] Sin embargo, los genitivos pronominales a veces siguen al resto del GN nuclear (como en Mt 9,29a más abajo). Por lo tanto, se necesitan otras razones para un orden de ese tipo.

Dos de los principios tratados en el capítulo 3 pueden contribuir a dar razón, al menos por analogía, de la anteposición del genitivo pronominal sin darle prominencia focal:

1. el principio de § 3.5 según el cual un constituyente focal cuya posición por defecto no se encuentra al final de la oración se coloca al final para darle más prominencia
2. el principio 3 de ordenamiento por defecto según el cual los temas preceden a los remas (§ 3.3).

En primer lugar, el pronombre puede anteponerse cuando el resto del GN se enfoca. Esto permite que la parte enfocada del GN (el EFD) aparezca al final de la oración y reciba, por lo tanto, más prominencia (§ 3.5). Por ejemplo, en Mc 9,24 (menos en D; βοήθει μου τῇ ἀπιστίᾳ 'ayuda mía a la poca fe'), μου puede haber sido antepuesto para dar más prominencia a las palabras finales, o sea, a τῇ ἀπιστίᾳ. Véanse también:

- Mt 17,15 (Κύριε, ἐλέησόν μου τὸν υἱόν 'Señor, ten piedad de mío el hijo)')
- Lc 6,47 (καὶ ἀκούων μου τῶν λόγων 'y escuchando mías las palabras')
- Jn 1,27 (ἵνα λύσω αὐτοῦ τὸν ἱμάντα τοῦ ὑποδήματος 'que desate suya la correa de su sandalia')
- Hch 21,11 (δήσας ἑαυτοῦ τοὺς πόδας καὶ τὰς χεῖρας 'habiendo atado de él mismo los pies y las manos')
- 1 Co 8,12 (καὶ τύπτοντες αὐτῶν τὴν συνείδησιν ἀσθενοῦσαν 'e hiriendo suya la conciencia siendo débil')
- Flp 4,14 (συγκοινωνήσαντές μου τῇ θλίψει 'en compartir mía la aflicción')
- Col 2,5 (βλέπων ὑμῶν τὴν τάξιν 'viendo vuestra la armonía')

---

[30] Turner 1963:189–190. Para Turner, entre los genitivos 'no enfáticos' están μου y αὐτοῦ. Entre los genitivos 'enfáticos' están ἐμοῦ y ἑαυτοῦ.

[31] Turner 1963:218. Cf. también la distinción de Pierpont (1986:11) entre genitivos pronominales antepuestos para «énfasis» y los que lo son por «contraste/comparación».

[32] En cuanto a los otros cuatro ejemplos de la lista (b) de Turner, el genitivo pronominal sigue inmediatamente al verbo en Jn 3,19, pero está separado del resto del GN por πονηρά 'malas'. En Mc 5,30 (menos en D), el genitivo pronominal aparece entre el pronombre interrogativo τίς y el verbo; compárese con Ga 3,1, tratado en § 4.2. En Mt 8,8 y 1 Tm 4,15, el genitivo pronominal empieza un constituyente antepuesto; cf. la discusión a continuación.

- 2 Tm 1,4 (μεμνημένος σου τῶν δακρύων 'al recordar tuyas las lágrimas')
- Ap 14,18 (πέμψον σου τὸ δρέπανον τὸ ὀξὺ 'mete tuya la hoz la afilada').

En segundo lugar, los genitivos pronominales a veces se anteponen cuando el referente del pronombre es *temáticamente sobresaliente* (es decir, se trata del centro de la atención). Aunque el referente del pronombre puede que no sea el tema proposicional, en cierto sentido el resto de la oración se organiza alrededor de dicho referente y constituye un comentario acerca del mismo. En esos casos, la colocación de la referencia pronominal antes de su sustantivo nuclear es análoga al principio 3 (§ 3.3), según el cual es normal que un tema preceda al comentario.

Vemos un ejemplo en **Mt 2,2**. La pregunta del 2a establece 'el rey de los judíos' como el centro de atención. El resto de la oración tiene que ver con este rey y, en el 2b, αὐτοῦ precede a τὸν ἀστέρα al hacerse un comentario sobre dicho rey.[33]

(2a) λέγοντες, Ποῦ ἐστιν ὁ τεχθεὶς βασιλεὺς τῶν Ἰουδαίων;
diciendo ¿Dónde está el nacido rey de.los judíos?

(2b) εἴδομεν γὰρ αὐτοῦ τὸν ἀστέρα ἐν τῇ ἀνατολῇ
vimos porque suya la estrella en el oriente

(2c) καὶ ἤλθομεν προσκυνῆσαι αὐτῷ.
y venimos a.adorar –le

Véanse también:[34]

- Mt 8,3 (καὶ εὐθέως ἐκαθαρίσθη αὐτοῦ ἡ λέπρα 'y al instante fue limpiada suya la lepra')
- Mt 9,2 y Mt 9,5 (ἀφίενταί σου αἱ ἁμαρτίαι 'son perdonados tuyos los pecados')
- Mt 24,48 (Χρονίζει μου ὁ κύριος 'Tarda mío el señor')
- Mt 26,43 (ἦσαν γὰρ αὐτῶν οἱ ὀφθαλμοὶ βεβαρημένοι 'pues estaban suyos los ojos cargados')
- Jn 1,27 (citado más arriba) y Jn 3,33 (ὁ λαβὼν αὐτοῦ τὴν μαρτυρίαν 'el que acepta suyo el testimonio')
- Rm 14,16 (μὴ βλασφημείσθω οὖν ὑμῶν τὸ ἀγαθόν 'por tanto, no sea vituperado vuestro el privilegio')
- Ga 2,13b (ὥστε καὶ Βαρναβᾶς συναπήχθη αὐτῶν τῇ ὑποκρίσει 'hasta el punto de que el mismo Bernabé se vio arrastrado a suya la simulación')
- Tt 1,15c (μεμίανται αὐτῶν καὶ ὁ νοῦς καὶ ἡ συνείδησις 'están contaminadas suyas tanto la mente como la conciencia' [véase la discusión del pasaje 5 en § 2.8]).

Si el referente del genitivo pronominal *no* es el centro de la atención, el pronombre no se antepone. Vemos un ejemplo en **Mt 9,29a**. La pregunta del 28b tiene que ver con si Jesús 'puede hacer esto', así que la acción descrita en el 29a es un comentario sobre él. Puesto que αὐτῶν no se refiere a Jesús, sigue al resto del GN. En cambio, 'vosotros' es el centro de atención en el discurso del 29b. Ya que αὐτῶν en el 30a se refiere a estos mismos participantes, precede al resto del GN.

(28a) Al llegar a la casa, se le acercaron los ciegos.

(28b) Jesús les preguntó: «¿Creéis que puedo hacer esto?»

(28c) Respondieron: «Sí, Señor».

---

[33] En estos ejemplos, el resto del GN o bien no aparece al final de la oración o parece que no está enfocado.
[34] No he investigado si Marcos y Lucas anteponen el genitivo pronominal porque su referente es el centro de la atención.

## 4.5 Ordenamiento en grupos nominales

(29a) τότε      ἥψατο   τῶν      ὀφθαλμῶν   αὐτῶν
      entonces  tocó    de.los   ojos       suyos

(29b) diciendo: «Hágase en vosotros según vuestra fe».

(30a) καὶ  ἠνεῴχθησαν     αὐτῶν   οἱ    ὀφθαλμοί.
      y    fueron.abiertos suyos  los   ojos

Compárese también Mt 9,25 (ἐκράτησεν τῆς χειρὸς αὐτῆς [tomó de la mano suya]) con Mt 28,9 (αἱ δὲ προσελθοῦσαι ἐκράτησαν αὐτοῦ τοὺς πόδας [ellas, acercándose, se asieron de suyos los pies]). En ambos pasajes, Jesús es temático (el centro de la atención). En 9,25, αὐτῆς sigue al resto del GN porque no se refiere a él. En Mt 28,9, en cambio, αὐτοῦ precede al resto del GN porque se refiere a Jesús; además, τοὺς πόδας 'los pies' se enfocan.

En resumen, cuando un genitivo pronominal no enfático sigue inmediatamente al verbo y precede al resto del GN, probablemente no se ha antepuesto para prominencia focal. Más bien, su posición permite que recaiga una mayor prominencia en el resto del GN y/o su referente es temáticamente sobresaliente.[35]

Cuando un genitivo pronominal empieza un constituyente *antepuesto*, en cambio, se antepone por las mismas razones que se haría con un constituyente genitivo nominal, a saber, para darle prominencia focal o para indicar que dicho genitivo es lo que se relaciona específicamente con un constituyente correspondiente del contexto.

**Ef 2,10** puede ser un caso en el que un genitivo pronominal se ha antepuesto para prominencia focal (Turner lo clasifica como «enfático»). Se resalta αὐτοῦ para contrastar lo que Dios ha hecho con lo que 'nosotros' no hemos hecho. (El constituyente también está dividido [véase § 4.4.2]).

(8–9) Pues habéis sido salvados gratuitamente, mediante la fe. Es decir, esto no viene de vosotros, sino que es un don de Dios; tampoco viene de las obras, para que nadie se gloríe.

(10)  **αὐτοῦ**   γάρ    ἐσμεν   ποίημα  ...
      suya       pues   somos   hechura

Alternativamente, un genitivo pronominal se antepone, como parte de un constituyente antepuesto, para indicar que el genitivo es lo que específicamente se relaciona con un constituyente correspondiente del contexto. **En Flp 3,20**, por ejemplo, ἡμῶν está antepuesto porque hay un cambio, en primer lugar, de los que viven como enemigos de la cruz (18) a 'nosotros'.

(18)  Porque muchos viven, según os dije tantas veces—y ahora os lo digo con lágrimas—, como enemigos de la cruz de Cristo, (19) cuyo final es la perdición. Para éstos, su Dios es el vientre; su gloria, lo vergonzoso; y su apetencia, lo terreno.

(20a) <u>ἡμῶν</u>   γάρ    <u>τὸ   πολίτευμα</u>   **ἐν   οὐρανοῖς**   ὑπάρχει,
      nuestra     pues   la   ciudadanía       en   cielos       está

---

[35] Turner (1963:190) clasifica como «enfático» un solo ejemplo en el que el genitivo pronominal aparece entre el verbo y el resto del GN, a saber, Lc 22,53 (en la mayoría de los MSS: αὕτη ἐστιν ὑμῶν ἡ ὥρα ... [ésta es vuestra la hora]). Para que ὑμῶν fuera claramente 'enfático', yo habría esperado que precediera al verbo (como es el caso en algunos MSS).

Turner (1963:189) también escribe: «donde el sustantivo tiene un atributo, el pronombre genitivo personal sigue al atributo». En esos casos, el atributo adjetival se enfoca en vez del pronombre. Turner cita los siguientes ejemplos: Mt 27,60; 2 Co 4,16; 2 Co 5,1; 1 Pe 1,3; 1 Pe 2,9 y 1 Pe 5,10.

Otros ejemplos «enfáticos» de genitivos pronominales antepuestos citados por Turner que encajan en esta categoría son Lc 12,30 (ὑμῶν δὲ ὁ πατὴρ οἶδεν … 'y vuestro el Padre ya sabe …') y 1 Tm 4,15 (ἵνα σου ἡ προκοπὴ φανερὰ ᾖ πᾶσιν 'para que tuyo el aprovechamiento sea manifiesto a todos').[36]

En **1 Co 9,11b**, ἡμεῖς es un punto de transición por reanudación y el constituyente que empieza con ὑμῶν se antepone para prominencia focal. Esto nos llevaría a esperar que ὑμῶν también hubiera sido antepuesto para prominencia focal. Sin embargo, puesto que ὑμῶν se relaciona con ὑμῖν en el 11a y τὰ πνευματικὰ es el constituyente enfocado en el 11a, lo más probable es que ὑμῶν haya sido antepuesto para establecer un segundo punto de transición para el 11b.

(11a) εἰ   ἡμεῖς   ὑμῖν       τὰ   πνευματικὰ        ἐσπείραμεν,
      si   nosotros en.vosotros las  cosas.espirituales sembramos

(11b) μέγα  εἰ   ἡμεῖς  ὑμῶν     τὰ   σαρκικὰ       θερίσομεν;
      ¿gran.cosa si nosotros vuestros los bienes.carnales recogeremos?

Concluyo, en definitiva, que cuando un genitivo pronominal empieza un constituyente antepuesto, se ha colocado ahí o bien para prominencia focal o para establecer el punto de transición específico para aquello que sigue.

### Pregunta de repaso

¿Con qué propósito pueden colocarse los genitivos nominales antes de su sustantivo nuclear en un GN?

### Respuesta sugerida

Los genitivos nominales pueden colocarse antes de su sustantivo nuclear en un GN por dos propósitos:
- para dar prominencia focal al genitivo
- dentro de un punto de transición, para indicar que es específicamente dicho genitivo el que se relaciona con un constituyente correspondiente del contexto.

### Oraciones ilustrativas

(a) En **Ga 2,17c**, ¿por qué ἁμαρτίας precede a διάκονος?

(17a) εἰ   δὲ   ζητοῦντες   δικαιωθῆναι    ἐν   Χριστῷ
      si   md   buscando    ser.justificados en   Cristo

(17b) εὑρέθημεν      καὶ   αὐτοὶ   ἁμαρτωλοί,
      fuimos.hallados +    mismos  pecadores

(17c) ἆρα    Χριστὸς   ἁμαρτίας   διάκονος;
      ¿entonces Cristo  de.pecado  ministro?

(b) En **Jn 19,32b**, ¿por qué τοῦ πρώτου precede al verbo, mientras que τὰ σκέλη lo sigue?

(31b) Así que rogaron a Pilato que les quebraran las piernas y los retiraran. (32a) Fueron, pues, los soldados

---

[36] Turner 1963:189

4.5 *Ordenamiento en grupos nominales* 79

(32b) καὶ    τοῦ    μὲν    πρώτου    κατέαξαν    τὰ    σκέλη
y    del    primero    quebraron    las    piernas

καὶ    τοῦ    ἄλλου    τοῦ    συσταυρωθέντος    αὐτῷ·
y    del    otro    del    habiendo.sido.crucificado.con    él

(33a) ἐπὶ    δὲ    τὸν    Ἰησοῦν    ἐλθόντες    ...
cerca.de    md    el    Jesús    habiendo.venido

(c) En **1 Ts 3,10**, ¿por qué ὑμῶν precede a τὸ πρόσωπον?

(9) ¿Cómo podremos agradecer a Dios todo el gozo que, por causa vuestra, experimentamos ante Él?

(10) νυκτὸς    καὶ    ἡμέρας    ὑπερεκπερισσοῦ    δεόμενοι
noche    y    día    sobreabundantemente    pidiendo

εἰς    τὸ ἰδεῖν    ὑμῶν    τὸ    πρόσωπον
para    el ver    vuestro    el    rostro

καὶ    καταρτίσαι    τὰ    ὑστερήματα    τῆς    πίστεως    ὑμῶν;
y    completar    las    deficiencias    de.la    fe    vuestra?

**Respuestas sugeridas**

(a) En Ga 2,17c, ἁμαρτίας precede a διάκονος para darle prominencia focal.

(b) En Jn 19,32b, τοῦ πρώτου precede al verbo mientras que τὰ σκέλη lo sigue porque solamente la primera parte está enfocada. Τοῦ πρώτου se enfoca de modo interino en anticipación del cambio de atención a Jesús (véase también μέν [§ 10.1]). Observemos además que τοῦ πρώτου καὶ τοῦ ἄλλου τοῦ συσταυρωθέντος αὐτῷ puede interpretarse como un grupo coordinado dividido (§ 4.4.1).

(c) En 1 Ts 3,10, ὑμῶν precede a τὸ πρόσωπον para colocar a τὸ πρόσωπον al final de la oración y así darle más prominencia.

**Pasaje 5a: Mt 5,20b (*SBU*)**

¿Por qué ὑμῶν precede a ἡ δικαιοσύνη?

ἐὰν μὴ    περισσεύσῃ    ὑμῶν    ἡ δικαιοσύνη    πλεῖον    τῶν    γραμματέων καὶ Φαρισαίων,
si no    abunda    vuestra    la justicia    más.que    de.los    escribas    y    fariseos

οὐ μὴ    εἰσέλθητε    εἰς.    τὴν    βασιλείαν    τῶν    οὐρανῶν
no    entraréis    en    el    reino    de.los    cielos

**Pasaje 5b: Jn 18,10**

En el v. 10b, ¿por qué τοῦ ἀρχιερέως precede a δοῦλον? En el 10c, ¿por qué αὐτοῦ precede a τὸ ὠτάριον τὸ δεξιόν?

(10a) Entonces Simón Pedro, que llevaba una espada, la sacó

(10b) καὶ ἔπαισεν τὸν τοῦ ἀρχιερέως δοῦλον
     e   hirió    al  del  sumo.sacerdote sirviente

(10c) καὶ ἀπέκοψεν αὐτοῦ τὸ ὠτάριον τὸ δεξιόν·
     y   cortó    suya  la  oreja    la  derecha

**Respuestas sugeridas:** véase el Apéndice bajo 4(5).

### 4.5.2 Las posiciones atributivas del adjetivo en los grupos nominales[37]

Según Wallace y Steffen, hay «tres posiciones atributivas en que el adjetivo modifica directamente a un sustantivo» en las cuales se emplea artículo;[38] a saber:

1. artículo + adjetivo + sustantivo
2. artículo + sustantivo + artículo + adjetivo
3. sustantivo + artículo + adjetivo.

En la *primera* posición atributiva (artículo + adjetivo + sustantivo), «el adjetivo tiene más énfasis que el sustantivo»,[39] como en Mt 4,5: εἰς τὴν **ἁγίαν** πόλιν 'a la Ciudad Santa'. Esta afirmación parece verosímil en muchos ejemplos y, típicamente, el adjetivo se ha antepuesto para prominencia enfática o contrastante. En estos ejemplos, el adjetivo nunca se refiere a información más establecida que la del sustantivo nuclear.

En 1 Jn 4,18b (ἡ **τελεία** ἀγάπη 'el amor pleno'), por ejemplo, ἀγάπη se mencionó en la oración anterior, pero la última referencia a la plenitud se encuentra en el 17a (τετελείωται 'ha alcanzado su plenitud'). De modo que el referente de τελεία es menos establecido que el de ἀγάπη, y τελεία precede a ἀγάπη para darle prominencia.

Si el adjetivo se refiere a información más establecida que la del sustantivo nuclear, en cambio, el adjetivo no «tiene más énfasis que el sustantivo».[40] En este caso, el orden de los constituyentes del GN concuerda con el Principio del Flujo Natural de la Información.

Vemos un ejemplo en **Mt 5,30** (a continuación). El orden de los constituyentes del GN ἡ δεξιά σου χείρ se rige por el Principio del Flujo Natural de la Información, puesto que σου ὁ δεξιός aparece en el 29 y χείρ es información nueva. Además, el genitivo pronominal no enfático σου no se ubica al final del GN sino antes de χείρ. Esto resalta el contraste entre 'ojo' (29) y 'mano', que llevaría el acento tónico al leer en voz alta la traducción 'Y si tu mano derecha te es ocasión de tropiezo'.

(29) εἰ δὲ ὁ ὀφθαλμός σου ὁ δεξιὸς σκανδαλίζει σε, ἔξελε αὐτὸν …
     si md el ojo     tuyo el derecho es.ocasión.de.tropiezo -te saca -lo

(30) εἰ δὲ ἡ δεξιά σου χείρ σκανδαλίζει σε, ἔκκοψον αὐτήν …
     si md la derecha tuya mano es.ocasión.de.tropiezo -te corta -la

En resumen, cuando el adjetivo se ubica en la primera posición atributiva, «tiene más énfasis que el sustantivo» siempre que no se refiera a información más establecida que la del sustantivo nuclear. En ese caso, no se resalta.[41]

---

[37] Este asunto se considera con más detalle en Levinsohn 2011.

[38] Wallace y Steffen 2015:208ss. La cuarta posición (sustantivo + adjetivo) (p. 214) es la normal cuando el GN carece de artículo (cf. capítulo 9), como en ζωὴν αἰώνιον 'vida eterna' (Jn 3,16).

[39] Wallace y Steffen 2015:208.

[40] Wallace y Steffen 2015:208.

[41] Wallace y Steffen 2015:208. Este resumen se aplica también a los GN que carecen de artículo cuando el atributo adjetival precede al sustantivo nuclear, como en ἐν **αὐχμηρῷ** τόπῳ 'en un lugar oscuro' (2 Pe 1,19).

## 4.5 Ordenamiento en grupos nominales

En la *segunda* posición atributiva (artículo + sustantivo + artículo + adjetivo), la conclusión de Bakker acerca del griego de Heródoto es la que mejor se corresponde con su uso en el NT. Esta autora escribe que, en esta posición, el adjetivo es de igual o menos importancia comparado con el sustantivo nuclear.[42] Por ejemplo, parece que ὁ ὀφθαλμός σου ὁ δεξιὸς (Mt 5,29—arriba) es la manera normal (por defecto) de referirse a 'tu ojo derecho' como el tema de la oración 'si tu ojo derecho te es ocasión de tropiezo', y la ausencia de ὁ δεξιὸς en el pasaje paralelo (Mc 9,47) sugiere que 'derecho' no es de gran importancia.

**Ap 4,7** es un ejemplo ilustrativo del uso de las primeras dos posiciones atributivas en listas que comienzan con un punto de transición. En el 7a, el adjetivo se ubica en la segunda posición (por defecto). En los 7b–d, en cambio, se ha antepuesto a la primera posición para señalar el cambio de atención del primer Viviente a los otros por turno.

(7a) καὶ τὸ ζῷον τὸ πρῶτον ὅμοιον λέοντι
     y el Viviente el primero semejante a.león

(7b) καὶ τὸ δεύτερον ζῷον ὅμοιον μόσχῳ
     y el segundo Viviente semejante a.becerro

(7c) καὶ τὸ τρίτον ζῷον ἔχων τὸ πρόσωπον ὡς ἀνθρώπου
     y el tercer Viviente teniendo el rostro como de.hombre

(7d) καὶ τὸ τέταρτον ζῷον ὅμοιον ἀετῷ πετομένῳ.
     y el cuarto ser.viviente semejante a.águila volando

La *tercera* posición atributiva (sustantivo + artículo + adjetivo) típicamente se emplea cuando algo nuevo se introduce, ya que «Cuando un participante es activado (introducido por primera vez), lo típico es que la referencia sea inarticulada» (§ 9.2.1). Cuando un concepto se introduce de esta manera, «el atributo adjetival es una aplicación específica del sustantivo».[43] Véase, por ejemplo, ἀσπάσασθε Ἡρῳδίωνα τὸν συγγενῆ μου 'Saludad a Herodión el pariente mío' (Rm 16,11a).

Finalmente, se puede observar un paralelo entre las posiciones 2 y 1 del atributo adjetival y las del adjetivo indefinido τις cuando modifica un sustantivo en Lucas-Hechos. La posición por defecto de τις es antes del sustantivo nuclear, como en Ἄνθρωπός τις (hombre cierto [Lc 15,11]). Cuando τις precede al sustantivo, en cambio, su anteposición ancla el referente del GN en el contexto. En Hch 16,14 (τις γυνὴ ὀνόματι Λυδία 'cierta mujer llamada Lidia'), por ejemplo, la posición de τις señala que Lidia es un miembro «del grupo de mujeres mencionadas en la oración anterior».[44]

---

[42] Bakker 2009:288. En cambio, Wallace y Steffen (2015:209) dicen que «tanto el sustantivo como el adjetivo reciben el mismo énfasis».

[43] Wallace y Steffen 2015:210.

[44] Read-Heimerdinger 2002:100. Este asunto se considera con más detalle en Levinsohn y Pope 2009.

# PARTE II: CONJUNCIONES Y CONECTORES DISCURSIVOS

Esta segunda parte se ocupa de las «conjunciones de coordinación»[1] más comunes que se encuentran en el NT, a saber, ἀλλά, γάρ, δέ, καί, οὖν, τέ y, siguiendo a Blass et al.,[2] τότε, junto con la ausencia de cualquier conjunción («asíndeton»). El término «conjunción» se refiere a una «Clase de palabras invariables ... cuyos elementos manifiestan relaciones de coordinación o subordinación entre palabras, grupos sintácticos u oraciones» (*Real Academia*), y los capítulos siguientes se dedican a las funciones de las conjunciones «coordinantes»[3] cuando enlazan oraciones o conjuntos de oraciones (párrafos, secciones, etc.), o sea, cuando «actúan como conectores en el discurso».[4]

Veo dos formas básicas de abordar la manera en que se describen las funciones de las conjunciones del NT griego.

Un enfoque consiste en describir cada conjunción en términos de los diferentes *sentidos* en los que se emplea. Por ejemplo, Porter identifica dos sentidos para γάρ: «El sentido inferencial es generalizado .... También se encuentra el sentido explicativo».[5]

Un segundo enfoque, como encontramos en las obras de Diane Blakemore,[6] se basa en describir cada conjunción en términos de la *restricción* que ésta introduce en el modo de procesar una oración con referencia a su contexto.[7] Cuando un lector o lectora encuentra una conjunción en un texto, la conjunción siempre restringe el modo de relación entre lo que le sigue y el contexto de una misma manera. Los diferentes sentidos identificados por los gramáticos se producen por la *misma* restricción aplicada en contextos distintos.

Por ejemplo, γάρ indica que se debe interpretar el material introducido por ella como *refuerzo* de una afirmación o una suposición que se ha presentado o se ha implicado en el contexto inmediato.[8] La *naturaleza* de ese apoyo, a saber, explicación *versus* inferencia o causa, se deduce a partir del contenido del material, no de la presencia de γάρ.

---

[1] Poggi 2011:154.

[2] Blass et al. 1961:§ 459.

[3] *Manual* 2010:§ 31.1.2a.

[4] *Manual* 2010:§ 1.4.2d.

[5] Porter 1992:207.

[6] Por ejemplo, Blakemore 1987.

[7] Cf. en nota 3 (p. viii) una condición para esta afirmación. Wallace y Steffen (2015:268) advierten contra el peligro de «ver una especie de significado 'invariable' que esté siempre presente» y no tener en cuenta que «El significado de las palabras cambia con el tiempo».

[8] La Teoría de la Relevancia (Wilson y Sperber 2004:233–283) utiliza el término «*confirmación*» (Sperber y Wilson 1995:76).

Así pues, Heckert observa que γάρ se usa en 1 Timoteo en ocasiones para introducir algo parecido a la *causa* de la proposición anterior,[9] como en 1 Tm 4,5, y en otras, como la *razón* para el material anterior, por ejemplo en 1 Tm 4,8. También introduce material que «puede considerarse de confirmación y refuerzo» cuando «aun "razón" parece una palabra demasiado fuerte para describir la función de la proposición introducida por γάρ, como en 1 Tm 4,10».[10] Estos sentidos diferentes no son producidos por γάρ, sino por las relaciones percibidas entre el material introducido por γάρ y el material que se va a reforzar.[11]

Podría parecer, según el ejemplo anterior, que la restricción que se identifica para cada conjunción no sería más que el «mínimo común denominador» de los sentidos propuestos por los gramáticos. No es así. Más bien, una vez identificada la restricción impuesta por cada conjunción, es posible entonces rechazar sentidos y glosas incompatibles con dicha restricción. Entre los ejemplos de sentidos inaceptables que se tratan en los capítulos 5-7 están el sentido «adversativo» de καί (§ 7.3) y de οὖν (§ 7.4), δέ traducida como «pues» o «porque» (§ 7.1), y τέ traducida como «sino» (§ 6.3). Más aún, mientras que dos conjunciones pueden tener el mismo catálogo de sentidos (como δέ y καί [véase § 5.1]), si se expresa la función de cada conjunción en términos de la restricción sobre el procesamiento que impone, la diferencia entre ellas se distingue inmediatamente.

Pasemos ahora a un comentario obvio. Cada conjunción se asocia con una restricción *diferente*. Esto significa que, cuando nos encontramos con lecciones variantes para las conjunciones en el texto de un determinado pasaje, las diferentes lecciones van a imponer restricciones sobre el material para que se relacione con su contexto de modos distintos.

En **Mc. 13,21–22**, por ejemplo, γάρ y δέ aparecen como variantes en el 22. Si se lee γάρ, el lector está restringido a interpretar el 22 como un refuerzo del 21. Si se lee δέ, el lector debe procesar el 22 como tránsito desde el 21 hacia un nuevo punto (§ 7.1).

(21)  Entonces, si alguno os dice: 'Mirad, el Cristo aquí' o 'Miradlo allí', no lo creáis.

(22)  ἐγερθήσονται  γὰρ*  ψευδόχριστοι  καὶ  ψευδοπροφῆται  ...
       se.levantarán  porque  falsos.cristos  y  falsos.profetas  (*variante*: δὲ)

La siguiente definición de **conector** que ofrecen Reboul y Moeschler recoge muy bien las observaciones acerca de la manera en que funcionan las conjunciones consideradas en esta sección:[12]

Un conector es un marcador lingüístico, extraído de diversas categorías gramaticales (conjunciones coordinantes [p.ej., "pero"], conjunciones subordinantes ["ya que"], adverbios ["así"], expresiones adverbiales ["en efecto"]), que:

a) enlaza una unidad lingüística o discursiva de cualquier **extensión** con su contexto;

b) da instrucciones sobre **cómo** relacionar esta unidad con su contexto;

c) apremia a que se saquen conclusiones basadas en este nexo textual, conclusiones **que a veces no se hubieran sacado si éste hubiese estado ausente**.

La característica (a) quiere decir que, al encontrar una conjunción, no sabemos de antemano si introduce una sola oración, dos o más oraciones o una unidad más grande tal como un párrafo o un conjunto de párrafos. Todas estas opciones se ilustran al considerar la función de δέ en § 5.1.

La característica (b) quiere decir que cada conjunción comunica una instrucción distinta (véase la discusión más arriba de Mc 13,21–22).

La característica (c) explica por qué, ya que se ha identificado la restricción sobre el procesamiento que impone cada conjunción, es apropiado rechazar sentidos y glosas que no pueden ser compatibles con dicha restricción. Por ejemplo, no faltan gramáticas del griego donde se sugiere que οὖν a veces

---

[9] Heckert 1996:32–36. La Real Academia define una *causa* como «Aquello que se considera como fundamento u origen de algo» y una *razón* como «Argumento o demostración que se aduce en apoyo de algo».

[10] Heckert 1996:36.

[11] Para mayor discusión de γάρ, cf. § 5.4.2. Cf. § 7.1 para una discusión detallada de la manera en que los sentidos adversativo y conectivo asociados con δέ se determinan por los contextos en los que aparece.

[12] Reboul y Moeschler 1998:77. Cf. también Levinsohn 2007:§ 2.3, 3.3; Levinsohn 2018.

*PARTE II: CONJUNCIONES Y CONECTORES DISCURSIVOS*

tiene fuerza adversativa. Para Reboul y Moeschler, en cambio, la presencia de οὖν impide esta interpretación (véase § 7.4).

Empezaremos el estudio de las conjunciones distinguiendo las funciones de καί y δέ en el género narrativo (capítulo 5). Este capítulo también considera las funciones de οὖν y el asíndeton en Juan, y las implicaciones de introducir material de trasfondo con γάρ, δέ, καί o asíndeton. El capítulo 6 se ocupa de otras dos conjunciones que se encuentran casi exclusivamente en material narrativo, τότε y τέ, y compara la función de esta última con la de καί adverbial. Por último, el capítulo 7 pasa al asíndeton, καί, δέ y οὖν en material no-narrativo, y compara la función de δέ con la de ἀλλά.

En la Parte I de este libro, pudimos examinar los principios generales para determinar el orden de los constituyentes de las oraciones, sin tener que restringir la aplicación de dichos principios a autores específicos. Ése no es el caso cuando se consideran las funciones de los conectores discursivos, como indica el siguiente cuadro.

El cuadro compara la función de las formas más comunes de conexión que se encuentran en las secciones narrativas de los evangelios y de Hechos. El símbolo Ø representa al asíndeton. Véase el capítulo 5 para una discusión del término «desarrollo».

Cuadro 3. La función de los vínculos en los evangelios y en Hechos

| Función | Mateo | Marcos | Lucas | Juan | Hechos |
|---|---|---|---|---|---|
| por defecto[a] | καί | καί | καί | Ø (entre oraciones) | καί |
| desarrollo | δέ | (δέ) | δέ | δέ, οὖν | δέ |
| otra | Ø, τότε | --- | --- | καί | τέ, τότε |

[a] Καί es también la forma de conexión por defecto en el Apocalipsis.

# 5
# Καί y δέ en el género narrativo

El propósito primordial de este capítulo es distinguir las funciones de las conjunciones usadas con más frecuencia en los evangelios y en Hechos, a saber, καί y δέ. Primero defino su función en términos generales para los evangelios sinópticos y Hechos (§ 5.1), antes de destacar las diferencias de detalle entre dichos libros, especialmente de Marcos (§ 5.2). Luego (§ 5.3) vuelvo a Juan, donde también examino las funciones del asíndeton y de οὖν. Por último, considero el efecto de empezar material de trasfondo con δέ *versus* γάρ, καί, y asíndeton más un punto de transición (§ 5.4).

## 5.1 Καὶ y δέ en los evangelios sinópticos y Hechos

Es posible relatar todo un episodio de una narración en el NT griego utilizando una sola conjunción coordinante, a saber, καί. Estos pasajes son comparables con narraciones en hebreo en las que se usa solamente la conjunción waw. Se puede considerar dichos pasajes como «narrativa lineal».

Por ejemplo, cada oración de la narración de Lc 5,27–32 (ignorando los discursos referidos que se incrustan en la narración) empieza con καί (véase también Mc 2,13–17).

**Pasaje 1: Lc 5,27–32**

(27a) Καὶ μετὰ ταῦτα ἐξῆλθεν
y después.de estas.cosas salió

(27b) καὶ ἐθεάσατο τελώνην ὀνόματι Λευὶν καθήμενον
y vio a.publicano llamado Leví sentado
ἐπὶ τὸ τελώνιον,
en la oficina.de.impuestos

(27c) καὶ εἶπεν αὐτῷ, Ἀκολούθει μοι.
y dijo –le: Sigue –me

(28) καὶ καταλιπὼν πάντα ἀναστὰς ἠκολούθει αὐτῷ.
y dejando todo levantándose siguió –le

(29a) Καὶ ἐποίησεν δοχὴν μεγάλην Λευὶς αὐτῷ ἐν τῇ οἰκίᾳ αὐτοῦ,
e hizo banquete grande Leví para.él en la casa suya

(29b) καὶ ἦν ὄχλος πολὺς τελωνῶν καὶ ἄλλων
y había multitud grande de.recaudadores y de.otros

οἳ ἦσαν μετ' αὐτῶν κατακείμενοι.
que estaban con ellos reclinados

(30) καὶ ἐγόγγυζον οἱ Φαρισαῖοι καὶ οἱ γραμματεῖς αὐτῶν
y murmuraron los fariseos y los escribas de.ellos

πρὸς τοὺς μαθητὰς αὐτοῦ ...
a los discípulos de.él

(31-32) καὶ ἀποκριθεὶς ὁ Ἰησοῦς εἶπεν πρὸς αὐτούς ...
y respondiendo el Jesús dijo a ellos

Aunque Lucas y Marcos en particular presentan algunos pasajes como narrativa lineal, usando solamente la conjunción por defecto καί, todos los autores tienen la opción de enlazar las oraciones en modos más marcados. La conjunción que usan más a menudo en vez de καί es δέ.

Algunos gramáticos sostienen que δέ es «por lo general ... indistinguible de καί».[1] El problema se capta bien al comparar la lista de «sentidos» de las dos conjunciones según Porter:

«δέ (... Adversativa o Conectiva o Enfática ...)»

«καί (... Conectiva o Adversativa o Enfática)»[2]

Es decir, aunque la καί conjuntiva puede traducirse en general como «y» (es decir, como «conectiva»), hay contextos donde parece que «pero» sería más natural (es decir, parecería ser «adversativa»). Véase, por ejemplo, la versión de *RVR95* en Rm 1,13, en la que «pero» traduce καί: «... me he propuesto ir a vosotros pero [καί] hasta ahora he sido estorbado».

A la inversa, aunque δέ puede traducirse en general como «pero» o «ahora», hay ocasiones en las que «y» parecería más natural.[3] Véase, por ejemplo, **Hch 5,10**.

(9) Pedro le dijo (a Safira): «¿Cómo os habéis puesto de acuerdo para poner a prueba al Espíritu del Señor? Mira, aquí a la puerta están los pies de los que han enterrado a tu marido; ellos te llevarán también a ti.»

(10) ἔπεσεν δὲ παραχρῆμα πρὸς τοὺς πόδας αὐτοῦ καὶ ἐξέψυξεν
cayó md al.instante a los pies de.él y expiró

Otros gramáticos han definido las condiciones bajo las que δέ puede usarse, pero sin explicar por qué a menudo ésta *no* aparece aunque dichas condiciones se cumplan. Por ejemplo, la siguiente observación de Winer es correcta: «Δέ se usa a menudo cuando el escritor añade algo nuevo, diferente y distinto de lo que precede».[4] Sin embargo, «por lo menos cien veces en Hechos, καί introduce una oración que contiene algo distintivo».[5]

---

[1] Turner 1963:331, cf. también Thrall 1962:51.

[2] Porter 1992:208, 211.

[3] Poggi 2011:156.

[4] Winer 1882:552. «A veces indica simplemente el avance de la narración» (Poggi 2011:156n3).

[5] Levinsohn 1987:86. Es común en los idiomas que dos conectivas tengan el significado 'y'. A menudo uno de ellos resulta ser asociativo y el otro distintivo.

- **Asociativo**: el punto o los puntos afirmados por las proposiciones vinculadas es el mismo o está estrechamente relacionado: *que seáis unánimes en el hablar y que no haya entre vosotros divisiones* (1 Co 1,10).

## 5.1 Καί y δέ en los evangelios sinópticos y Hechos

Mi investigación sobre la distribución de καί y δέ en Hechos determinó que, para que se usara δέ, tenía que darse un factor de distinción (un cambio de escenario espacio-temporal o de circunstancias, un cambio del sujeto subyacente, o un cambio a material de trasfondo).[6] Sin embargo, la presencia de un factor de ese tipo no garantiza el uso de δέ. En Lc 5,27–32 (pasaje 1 más arriba), por ejemplo, hay cambios de sujeto en los 28, 29b, 30 y 31; además, el 29b es material de trasfondo; sin embargo, δέ no se usa.

El factor que falta en la descripción de la función de δέ en Winer es el propósito del autor al presentar su material. Si se va a usar δέ, la oración no solo debe contener algo distintivo, como se define arriba; debe ser material distintivo que sea *relevante para la narración o el argumento del autor*. Puede ser un nuevo paso en el desarrollo de la narración o del argumento, o una información relevante de trasfondo (§ 5.4). Los siguientes pasajes lo ilustran.

Primero, un pasaje en el que se usa δέ siempre que una oración contiene algo distintivo (como se define arriba). Δέ aparece en Mt 1,18–25 cada vez que hay un cambio de sujeto entre las oraciones independientes, en el conjunto de oraciones sucesivas (18, 19, 20, 22, 24a). En algunos de esos casos, se presentan también otros cambios que justificarían el uso de δέ. Por ejemplo, el 18 abre el pasaje con un cambio de circunstancias: se pasa de la genealogía en los 1–17 a los acontecimientos que conducen al nacimiento de Jesús; por otra parte el 22 presenta un cambio de un acontecimiento a un material de trasfondo. En cambio, καί se usa en los 24–25 donde el sujeto (José) no cambia.

Nótese: En los siguientes pasajes, solo la conjunción se da en griego, para que el desarrollo general de la narración sea más fácilmente discernible para los que no lo leen con fluidez. El castellano se basa en la *Biblia de Jerusalén* pero, como en la primera parte del libro, el subrayado identifica los puntos de transición, y los constituyentes antepuestos para prominencia focal están en **negrilla**. Las líneas horizontales del diagrama indican la división de cada pasaje en unidades de desarrollo.

**Pasaje 2: Mt 1,18–25**

| 18 | Δέ | El origen de Jesucristo fue **de la siguiente manera**. Su madre, María, estando desposada con José, antes de empezar a estar juntos, se encontró **encinta** por obra del Espíritu Santo. |
|---|---|---|
| 19 | Δέ | Su marido José, siendo **justo** y no queriendo infamarla, resolvió repudiarla **en privado**. |
| 20–21 | Δέ | Así lo tenía planeado, cuando **el ángel del Señor** se le apareció en sueños y le dijo: «José, hijo de David, no temas tomar contigo a María tu mujer …» |
| 22–23 | Δέ | Todo esto sucedió para que se cumpliese lo dicho por el Señor por medio del profeta: *La virgen concebirá y dará a luz un hijo, y le pondrán por nombre Emmanuel …* |
| 24a | Δέ | Una vez que despertó del sueño, José hizo como el ángel del Señor le había mandado, |
| 24b | καί | tomó consigo a su mujer, |
| 25a | καί | no la conocía hasta que ella dio a luz un hijo, |
| 25b | καί | le puso por nombre Jesús. |

Veamos ahora pasajes en los que un análisis de δέ como marcador de distintividad es inadecuado.

En primer lugar, es muy común que los acontecimientos *iniciales* de un episodio estén enlazados por καί, aun cuando las oraciones contienen información distintiva. Ocurre así porque la escena tiene que estar establecida antes de que se dé el primer paso o el desarrollo de la narración.

En el relato de Mateo acerca de las tentaciones de Jesús, por ejemplo, cada uno de los vv. 1–3 contiene información distintiva (el 2 presenta un cambio de las circunstancias y el 3, un cambio de sujeto);

---

- **Distintivo**: los puntos afirmados por las proposiciones vinculadas son distintos: *puse el fundamento, y otro edifica encima* (1 Co 3,10).

La diferencia asociativo–distintiva no explica totalmente la diferencia entre καί y δέ. No obstante, nos da un punto de partida para distinguir ambas conjunciones.

[6] Levinsohn 1987:96.

sin embargo, están enlazados por καί. Es así porque el primer desarrollo de la narración requiere que Jesús esté en el desierto (1) para tener hambre (2), y que el diablo se vea involucrado (3).[7]

**Pasaje 3: Mt 4,1–4**

| 1 | Τότε | Jesús fue llevado por el Espíritu al desierto para ser tentado por el diablo. |
|---|---|---|
| 2 | καί | habiendo ayunado cuarenta días y cuarenta noches, al final sintió hambre. |
| 3 | καί | habiéndose acercado el tentador, le dijo: «Si eres **Hijo** de Dios, di que estas piedras se conviertan en **panes**.» |
| 4 | δέ | Él respondiendo dijo: «Está escrito: ...» |

También es común que los acontecimientos *finales* de un episodio estén conectados por καί, aun cuando contengan información distintiva. Lo típico es que esto ocurra cuando la narración subsiguiente se va a desarrollar a través de participantes o acciones distintos de los involucrados en el episodio actual.[8]

La última oración en la narración de los Magos (Mt 2,1–12) ilustra este caso. En los 1–11, δέ y τότε se usan siempre que la oración en cuestión presenta información distintiva, mientras que καί enlaza oraciones que tienen el mismo sujeto (3–4, 7–8, 10–11). En el 12, καί se emplea otra vez, aunque un cambio de circunstancias se presenta en la primera oración. Sucede así porque la narración que sigue a continuación se desarrolla, no a través de los Magos, sino a través de acontecimientos que afectan directamente a José, María y Jesús.

**Pasaje 4: Mt 2,10–13**

| 10 | δέ | Al ver la estrella, se llenaron de inmensa alegría. |
|---|---|---|
| 11a | καί | al entrar en la casa, vieron al niño con María, su madre. |
| 11b | καί | postrándose lo adoraron; |
| 11c | καί | habiendo abierto sus cofres, le ofrecieron dones de oro, incienso y mirra. |
| 12 | καί | avisados en sueños que no volvieran a Herodes, regresaron a su país **por otro camino**. |
| 13 | δέ | Habiéndose ido ellos, **el ángel del Señor** se aparece en sueños a José diciendo: ... |

Hay, además, *párrafos* enteros en los que las oraciones están enlazadas con καί aun cuando contengan información distintiva. Esto sucede cuando el párrafo en sí no representa un desarrollo nuevo en la narración, sino que describe el escenario para el desarrollo siguiente.

Veamos por ejemplo Mt 4,23–25. El párrafo se ubica entre el llamamiento de los cuatro primeros discípulos (18–22) y el «Sermón del Monte» (5,1ss), usándose δέ en ambos pasajes. Parece que los acontecimientos de 4,23–25 preparan el escenario para el sermón explicando la presencia de multitudes muy grandes, en vez de desarrollar la narración (véanse más pruebas para este análisis en § 8.3).

**Pasaje 5: Mt 4,21–5,1**

| 21a | Καί | siguiendo caminando, vio a otros dos hermanos, Santiago el de Zebedeo y su hermano Juan, en la barca con su padre Zebedeo arreglando sus redes; |
|---|---|---|
| 21b | καί | los llamó. |
| 22 | δέ | Ellos dejando **al instante** la barca y a su padre, le siguieron. |
| 23 | Καί | recorría toda Galilea, enseñando en sus sinagogas, proclamando la Buena Nueva del Reino y sanando las enfermedades y dolencias de la gente. |

---

[7] Mateo a menudo usa τότε donde Lucas tiene δέ. Τότε podría verse como una «forma marcada de δέ» (Levinsohn 1987:151). Cf. la discusión sobre τότε en § 6.1.
[8] Cf. Levinsohn 1987:107–117 para una discusión detallada de pasajes de Hechos que ilustran este punto.

| 24a | καί | su fama llegó a toda Siria. |
| 24b | καί | le traían a todos los que se encontraban mal, con enfermedades y dolencias diversas, endemoniados, lunáticos y paralíticos, |
| 24c | καί | los curaba. |
| 25 | καί | le siguió una gran muchedumbre de Galilea, Decápolis, Jerusalén y Judea, y del otro lado del Jordán. |
| 5,1 | δέ | Viendo a la muchedumbre, subió al monte y se sentó. |

Véase también Lc 5,27–32 (pasaje 1), que sirve de trasfondo para el intercambio de los 33–39, cuyas dos intervenciones se introducen con δέ. Hch 13,16–41 (el sermón de Pablo en Antioquía) es parecido, pues δέ no aparece hasta el 25.[9]

Mateo tiene un buen número de pasajes en los que solamente la *conclusión* se introduce con δέ. La intención principal del autor en esos episodios consistiría en llevarnos hasta dicha conclusión.

Por ejemplo, Mt 9,1–8 es la tercera de las «tres maravillas»[10] y δέ se usa solamente para introducir la respuesta de las turbas a la manifestación de la autoridad de Jesús (precedida por un discurso final introducido por τότε, véase § 6.1.1). Este uso de δέ sugiere que el autor tiene un propósito más amplio que la simple narración del episodio; su interés principal está más bien en la respuesta de las personas con las que Jesús interactúa (véase también Mt 8,27, la respuesta a la primera de las tres maravillas).

**Pasaje 6: Mt 9,1–8**

| 1a | καί | habiendo subido a la barca, pasó a la otra orilla |
| 1b | καί | llegó a su pueblo. |
| 2a | καί | en esto le trajeron un paralítico postrado en una camilla. |
| 2b | καί | viendo Jesús la fe que tenían, dijo al paralítico: «¡Ánimo!, hijo, tus pecados te son perdonados.» |
| 3 | καί | **algunos escribas** dijeron para sí: «Éste está blasfemando.» |
| 4 | καί | sabiendo Jesús lo que pensaban, dijo: «¿Por qué pensáis mal en vuestro interior? ...» |
| 6b | τότε | dice al paralítico: «Levántate, toma tu camilla y vete a tu casa.» |
| 7 | καί | levantándose, se fue a su casa. |
| 8a | δέ | Al ver aquello la gente, temió |
| 8b | καί | alabó a Dios, que había dado tal poder a los hombres. |

Véase también Mt 9,9–13 (δέ se usa solamente para introducir el punto de enseñanza de Jesús en los 12–13). Lc 2,21–40 parece similar (δέ se usa solamente en el 40 para introducir el comentario final en cuanto a Jesús).

A menudo δέ introduce una *agrupación de acontecimientos* (un conjunto de acontecimientos enlazados por καί),[11] específicamente cuando el acontecimiento significativo que desarrolla la narración no es el primero del conjunto. En Hch 5,7, por ejemplo, el acontecimiento significativo no es el intervalo de tres horas (7a), sino que la esposa de Ananías entró ignorando lo que le había ocurrido a su esposo (7b).

---

[9] «La primera parte del discurso (vv. 16–25) es un resumen de la historia de Israel» (González 2000:253).
[10] Morris 1992.
[11] Unger (1996:408) nota que ciertas conjunciones conectan «un conjunto de enunciados».

(7a) Ἐγένετο    δὲ    ὡς    ὡρῶν    τριῶν    διάστημα
     Hubo       md    como  de.horas tres     intervalo

(7b) καὶ ἡ γυνὴ αὐτοῦ μὴ εἰδυῖα τὸ γεγονὸς εἰσῆλθεν.
     y   la mujer de.él no  sabiendo lo ocurrido entró

Veamos ahora el pasaje 7, que va seguido por algunos comentarios sobre la distribución de καί y δέ.

**Pasaje 7: Lc 2,1–20**

| | | |
|---|---|---|
| 1 | δέ | Por aquel entonces se publicó un edicto de César Augusto, por el que se ordenaba que se empadronase todo el mundo. |
| 2 | ∅ | Este primer empadronamiento tuvo lugar siendo Cirino gobernador de Siria. |
| 3 | καί | todos fueron a empadronarse, cada cual a su ciudad. |
| 4 | δέ | También José subió desde Galilea … (5) para empadronarse con María, su esposa, que estaba encinta. |
| 6 | δέ | Mientras estaban allí, se le cumplieron los días del alumbramiento |
| 7a | καί | dio a luz a su hijo primogénito, |
| 7b | καί | lo envolvió en pañales |
| 7c | καί | lo acostó en un pesebre, porque no tenían sitio en el albergue. |
| 8 | Καί | había en la misma comarca **unos pastores**, que dormían al raso y vigilaban por turno durante la noche su rebaño. |
| 9a | καί | se les presentó **el ángel del Señor** |
| 9b | καί | **la gloria del Señor** los envolvió en su luz |
| 9c | καί | se llenaron de temor. |
| 10–12 | καί | el ángel les dijo: «No temáis, pues os anuncio una gran alegría …» |
| 13–14 | καί | **de pronto** se juntó con el ángel una multitud del ejército celestial … |
| 15 | καί | cuando los ángeles los dejaron y se fueron al cielo, los pastores se decían unos a otros: … |
| 16a | καί | fueron a toda prisa |
| 16b | καί | encontraron a María y a José, y al niñito acostado en el pesebre. |
| 17 | δέ | Al verlo, contaron lo que les había dicho acerca de aquel niño; |
| 18 | καί | todos cuantos lo oían se maravillaban de lo que los pastores les decían. |
| 19 | δέ | María guardaba **todas** estas cosas meditándolas en su interior. |
| 20 | καί | los pastores se volvieron glorificando y alabando a Dios … |

En el pasaje anterior, las oraciones siguientes tienen algo distintivo, como lo definimos anteriormente (cambios de sujeto, circunstancias, etc.): vv. 1, 2, 3, 4, 6, 8, 9a, 9c, 10, 13, 15, 18, 19 y 20. Sin embargo, δέ solamente se emplea cinco veces – en los 1, 4, 6, 17, 19 – en uno de los cuales (17) no hay cambio de sujeto. De hecho, δέ solamente se usa cuando un acontecimiento distintivo afecta a Jesús y a sus padres (los personajes principales del episodio).

La presencia de δέ en el 1 puede ser considerada como un uso de alto nivel, al indicar que todo el episodio representa un desarrollo nuevo en la narración. Véase más adelante.

Los 1–3 establecen el escenario en general para el episodio, mencionando el decreto que llevó a María y José a Belén (1), más adelante identifican el empadronamiento decretado (2), y luego describen sus consecuencias para la población (3). Estas oraciones vienen enlazadas por καί o una forma del demostrativo οὗτος (§ 5.4.3). La presencia de δέ en el 4 corresponde al cambio de acontecimientos-que-establecen-escenario, al primer acontecimiento que involucra específicamente a José y María; es decir, al primer desarrollo significativo del episodio.

La presencia de δέ en el 6 corresponde al siguiente acontecimiento distintivo: el nacimiento de Jesús y lo que María hizo con él (7).

La ausencia de δέ a lo largo de los 8–16 es notable, puesto que varias oraciones contienen algo distintivo, pero todas están introducidas con καί. De hecho, los acontecimientos en cuestión se realizan lejos del escenario del nacimiento de Jesús. Lo que podemos observar es que estos versículos juntos, establecen el escenario para el desarrollo siguiente de la narración, que ocurre únicamente cuando los pastores interactúan con los personajes principales. Esto se presenta en el 17 (δέ), cuando ellos «dieron a conocer lo que se les había dicho acerca del niño».

La referencia a María en posición inicial de la oración en el 19 indica un cambio de atención hacia ella del grupo general de personas que escucharon el discurso de los pastores (y cuya reacción introduce καί en el 18). La presencia de δέ indica que Lucas ve la acción de María como un nuevo desarrollo, en lo que respecta a su propósito como autor, quizá debido a la autenticidad que esto da a su narración. En cambio, la salida de escena de los pastores (20) no se marca como un desarrollo nuevo, puesto que no tiene un impacto registrado sobre los personajes principales.

En resumen, δέ se usa en Lc 2,1–20 cuando un acontecimiento distintivo involucra a los personajes principales de la narración. De lo contrario, se usa καί, aunque la oración contenga algo distintivo.

Como ya dije, la presencia de δέ en Lc 2,1 podría considerarse como un uso de *alto nivel*. Esta observación coincide con las observaciones de Kathleen Callow acerca de δέ en 1 Corintios: «Aun una interpretación superficial ... revela que δέ aparece en varios niveles discursivos. Puede aparecer con *significación de alto nivel*, iniciando una materia nueva que va a formar un bloque textual principal ... Puede aparecer con *significación de bajo nivel*, siendo relevante solamente para la oración en la que se encuentra ...»[12]

En el caso de una narración como un evangelio, «significación de alto nivel» quiere decir que, cuando δέ introduce un episodio como Lc 2,1–20, el episodio como un todo representa un desarrollo nuevo en la narración más amplia. En efecto, todos los episodios nuevos de Lc 1,5–2,7 se introducen con δέ (Lc 1,8; Lc 1,24; Lc 1,26; Lc 1,39; Lc 1,56; Lc 1,57; Lc 1,80; Lc 2,1; Lc 2,6). En otras palabras, cada uno de estos episodios representa un nuevo desarrollo en el argumento general de la narración.

Hay que notar, por cierto, que las series de episodios terminan con el que describe el nacimiento de Jesús, puesto que no hay más episodios en Lucas 2 introducidos con δέ. La siguiente serie de episodios introducidos con δέ empieza en 3,1[13] (Lc 3,1; Lc 3,15; Lc 3,21; Lc 4,1); después de éstos, los episodios siguientes se introducen con καί (Lc 4,14; Lc 4,16; Lc 4,31). Necesitamos más investigación sobre la distribución de δέ a alto nivel en los evangelios sinópticos.

La afirmación de que la información introducida por δέ representa un nuevo paso o desarrollo en la narración o el argumento en lo que respecta al propósito del autor[14] implica que esa información *se basa* en lo que la precede. La relevancia de esta implicación puede verse al comparar Lc 4,1, que tiene δέ, con Lc 1,67, que tiene καί. En ambos ejemplos, el sujeto está en posición inicial como punto de transición y tema proposicional.

En **Lc 4,1**, la referencia inicial a Jesús vuelve a establecerlo como el centro de atención, cuando la narración continúa después de la genealogía de Lc 3,23–38. Δέ indica que el nuevo episodio se basa en y desarrolla a partir de los acontecimientos de Lc 3,21–22 (el bautismo de Jesús en el río Jordán, la presencia del Espíritu Santo sobre él y la voz del cielo).

---

[12] Kathleen Callow 1992:184. El uso de δέ con un «artículo pronominal» (el artículo usado como pronombre [Poggi 2011:85]) en conversaciones referidas posiblemente podría ser considerado de significación a un tercer nivel. Cf. el cuadro, pasage 8 abajo, y en § 13.1.

[13] El episodio que empieza en Lc 3,1 representa un desarrollo nuevo con respecto a Lc 1,80.

[14] Δέ no puede describirse como una conjunción exclusivamente de desarrollo, puesto que también introduce material de trasfondo, que puede verse como un *paso* nuevo en una narración, pero difícilmente como un desarrollo nuevo. En Levinsohn 1976, clasifico el sufijo comparable del inga (quechua) -ca como un marcador de «progresión-digresión». El término «cambio significativo» (Buth 1992:145) engloba los nuevos desarrollos y el material de trasfondo, pero no capta la idea de un avance en el propósito del autor.

(1) Ἰησοῦς δὲ πλήρης πνεύματος ἁγίου ὑπέστρεψεν ἀπὸ τοῦ Ἰορδάνου
    Jesús md lleno de.Espíritu Santo regresó de el Jordán

    καὶ ἤγετο ἐν τῷ πνεύματι ἐν τῇ ἐρήμῳ
    y era.conducido en el Espíritu en el desierto

La referencia inicial a Zacarías en **Lc 1,67** indica un cambio de atención hacia él por parte de los que oyeron que había recobrado el habla (65–66). El hecho de que δέ no se use aquí indica que, a pesar de este cambio de atención, la profecía de Zacarías *no* se desarrolla a partir de lo que precede. No es en respuesta de los acontecimientos de los 65–66; hasta podrían haber sucedido después de lo que dijo.

(65) Se llenaron de temor todos sus vecinos y en todas las montañas de Judea se divulgaron estas cosas. (66) Los que las oían las guardaban en su corazón, diciendo: «¿Quién, pues, será este niño?» Y la mano del Señor estaba con él.

(67) καὶ Ζαχαρίας ὁ πατὴρ αὐτοῦ ἐπλήσθη πνεύματος ἁγίου
     y Zacarías el padre de.él fue.llenado de.Espíritu Santo

     καὶ ἐπροφήτευσεν λέγων,
     y profetizó diciendo

Aquí quisiera enfatizar que el desarrollo y los puntos de transición son parámetros *diferentes*.

Los puntos de transición se relacionan con la *coherencia*. Permiten que las discontinuidades de situación, tema, participantes y acción se presenten de manera tal que la coherencia general del libro se preserve. Los puntos de transición también especifican cómo se cohesionan las diferentes partes del todo en aquellos puntos de discontinuidad donde aparecen.

El desarrollo, por otra parte, se relaciona con el *propósito* de la narración o el argumento. Δέ indica cuándo un acontecimiento o episodio representa un nuevo desarrollo de la narración o el argumento, en el sentido de que hace avanzar el propósito o intención del autor.

En las primeras oraciones de la parábola del «Hijo pródigo» (Lc 15,11–14), por ejemplo, el 13 empieza con un punto de transición que indica una discontinuidad de tiempo (§ 2.2). Sin embargo, la conjunción usada es καί, dado que los 11–13 *en conjunto* establecen el escenario para el desarrollo significativo del 14. Existe por tanto un desajuste entre el parámetro de continuidad y el de desarrollo, que se indica con las líneas horizontales del diagrama siguiente.

**Pasaje 8: Parámetros de coherencia y desarrollo en Lc 15,11–14**

|      | Coherencia | Desarrollo |
|------|------------|------------|
| 11b  | Un hombre tenía dos hijos. | Un hombre tenía dos hijos. |
| 12a  | El menor de ellos dijo al padre: «Padre, dame mi parte de la hacienda.» | καί el menor de ellos dijo al padre: «Padre, dame mi parte de la hacienda.» |
| 12b  | Y él les repartió la hacienda. | καί/ὁ δὲ[15] les repartió la hacienda. |
| 13a  | Pocos días después reuniendo todo el hijo menor, se marchó a un país lejano | καί pocos días después reuniendo todo el hijo menor, se marchó a un país lejano |
| 13b  | y allí malgastó su hacienda viviendo como un libertino. | καί allí malgastó su hacienda viviendo como un libertino. |
| 14a  | Habiendo gastado todo, sobrevino una hambruna extrema … | Habiendo gastado δέ todo, sobrevino una hambruna extrema … |

[15] Como dije antes (nota 4), el uso de δέ con un artículo pronominal puede tratarse un tercer nivel en el que funciona. Si se lee la variante textual ὁ δέ en Lc 15,12b, yo interpretaría a δέ como un marcador de desarrollo *dentro* del intercambio del 12.

## 5.1 Καί y δέ en los evangelios sinópticos y Hechos

Un desajuste parecido se presenta al principio de Hechos. Δέ se encuentra en Hechos generalmente cuando una oración contiene información distintiva. Sin embargo, eso no ocurre en Hch 1,9–2,4 aunque varias oraciones comienzan con expresiones temporales (Hch 1,10; Hch 1,13; Hch 1,15 y Hch 2,1). A pesar de que en los versículos citados se observan discontinuidades de tiempo, la narración de los «hechos de los apóstoles» solo comienza a desarrollarse después de que Jesús ha ascendido al cielo y el Espíritu Santo ha venido sobre ellos. La presencia o la ausencia de δέ no afecta la coherencia del libro de Hechos, sino que añade la dimensión del propósito del autor.

**Preguntas de repaso**

(a) ¿En qué sentido es inadecuada la observación de Winer: «Δέ se usa a menudo cuando el escritor añade algo ... distinto de lo que precede»?

(b) Cuando καί enlaza oraciones que contienen algo distintivo al *principio* de un episodio, ¿qué se indica?

(c) ¿Qué sugiere el hecho de que la única oración introducida con δέ en un episodio sea la *conclusión*?

(d) En las narraciones, ¿cuál es la diferencia entre el funcionamiento de δέ a *alto* y *bajo nivel*?

(e) Cuando se usa δέ, ¿qué dos condiciones son ciertas respecto a la información asociada con ella?

(f) Si una oración comienza con δέ más una expresión temporal como τῇ ἐπαύριον 'al día siguiente' (Mt 27,62), ¿qué dos cosas se indican?

(g) ¿Qué es una *agrupación de acontecimientos*, y cuándo tiene especial utilidad dicho concepto?

**Respuestas sugeridas**

(a) Lo inadecuado en la observación de Winer según la cual δέ se usa a menudo cuando un escritor añade algo distintivo, es que no explica por qué una oración que contiene algo distintivo a veces se introduce con καί.

(b) Cuando καί enlaza oraciones que contienen algo distintivo al principio de un episodio, se indica que esas oraciones *juntas* establecen el escenario para el primer paso del desarrollo de la narración.

(c) Cuando la única oración introducida con δέ en un episodio es la conclusión, eso sugiere que la intención principal del autor al relatar el episodio es llevarnos a dicha conclusión.

(d) Cuando δέ funciona a *alto nivel* en una narración, indica que el episodio en cuestión se basa en un episodio anterior y se desarrolla a partir del mismo. Cuando funciona a *bajo nivel*, se relaciona la oración en que se encuentra principalmente con la inmediatamente anterior.

(e) Cuando se usa δέ, la información en cuestión (1) *se basa* en el contexto anterior y (2) representa un nuevo paso o *desarrollo* de la trama o el argumento, en lo que concierne al propósito del autor.

(f) La anteposición de una expresión temporal como τῇ ἐπαύριον indica un cambio de marco temporal. Δέ indica que el(los) acontecimiento(s) que ocurran en el nuevo marco temporal representa(n) un nuevo desarrollo significativo de la trama.

(g) Una *agrupación de acontecimientos* se refiere a un conjunto de acontecimientos enlazados por καί e introducidos por un marcador de información distintiva como δέ. El concepto es especialmente útil cuando el acontecimiento significativo que desarrolla el propósito del autor no es el primero de la agrupación.

**Pasaje ilustrativo 9: Mt 8,14–22**

Nótese la distribución de δέ y καί en el pasaje que sigue. Luego contéstense las preguntas.

| | | |
|---|---|---|
| 14 | Καί | Al llegar Jesús a casa de Pedro, vio a la suegra de éste en cama, con fiebre. |
| 15a | καί | le tocó la mano |
| 15b | καί | la fiebre desapareció. |
| 15c | καί | se levantó |
| 15d | καί | se puso a servirle. |
| 16a | δέ | <u>Al atardecer</u>, le trajeron muchos endemoniados; |
| 16b | καί | con sólo una palabra, expulsó a los espíritus. |
| 16c | καί | curó también **a todos los que se encontraban mal**, |
| 17 | Ø | Así se cumplió lo dicho por el profeta Isaías al decir: *Él tomó **nuestras flaquezas** y cargó con **nuestras enfermedades**.* |
| 18 | δέ | Viéndose Jesús rodeado de la muchedumbre, mandó pasar a la otra orilla. |
| 19 | καί | se le acercó un escriba y le dijo: «Maestro, te seguiré adondequiera que vayas.» |
| 20 | καί | Jesús le dice: «<u>Las zorras</u> tienen **guaridas**, y las aves del cielo nidos; pero <u>el Hijo del Hombre</u> no tiene donde reclinar la cabeza.» |
| 21 | δέ | <u>Otro de los discípulos</u> le dijo: «Señor, déjame ir primero a enterrar a mi padre.» |
| 22 | δέ | <u>Jesús</u> le dice: «Sígueme, y deja que los muertos entierren a sus muertos.» |

**Preguntas**

(a) El episodio anterior (Mt 8,5–13) tiene que ver con la curación del siervo del centurión. ¿Cuál es el significado de empezar el episodio de los 14ss con καί?

(b) En el 15b–c, ¿por qué se usa καί, en vez de δέ? ¿Y por qué δέ es pertinente en el 16a?

(c) ¿Cuál es el significado de empezar el episodio de los 18ss con δέ?

(d) En los 19 y 20, ¿por qué se usa καί en vez de δέ?

**Respuestas sugeridas**

(a) Al empezar el episodio de Mt 8,14ss con la conjunción por defecto καί, Mateo evita sugerir que el episodio se basa en el anterior y se desarrolla a partir de él. (Mc 1,21–28 y Lc 4,31–37 registran la curación de un endemoniado en la sinagoga inmediatamente antes de que Jesús entrara en casa de Pedro).

(b) Es probable que καί se use en vez de δέ en el 15b–c, porque el propósito de narrar los 14–16 es mostrar cómo la actuación de Jesús lleva a cumplimiento una profecía de Isaías. El episodio de los 14–15 sirve por tanto como el escenario (y el estímulo) para la reunión vespertina del 16 que se presenta como el cumplimiento específico de la profecía. Por lo tanto, el 16 representa un desarrollo significativo en lo que concierne al propósito del autor.

(c) Al empezar el episodio de los 18ss con δέ, «la intención de San Mateo es obviamente unir los episodios siguientes con el acontecimiento que acaba de relatar».[16] Hendriksen dice: «el tema del sufrimiento y la abnegación implicado claramente en el v. 17 … está subrayado aquí en los 18–22».[17]

(d) Καί se usa en vez de δέ en los 19 y 20, aparentemente, para tratar el episodio de los 18–20 como una agrupación de acontecimientos en el que se basa el intercambio que sigue (21–22). (Sugiero en § 14.3 que el presente histórico se usa en el 20 para dirigir la atención al intercambio que sigue).

---

[16] Alford 1863:I.81.
[17] Hendriksen 1974:401.

## 5.1 Καί y δέ en los evangelios sinópticos y Hechos

**Pasaje 10: Lc 24,13–31 (*SBU*)**

Nótese la distribución de δέ y de καί en el pasaje siguiente. Luego contéstense las preguntas que siguen.

| | | |
|---|---|---|
| 13 | καί | **He aquí dos de ellos** iban aquel mismo día a un pueblo llamado Emaús … |
| 14 | καί | ellos conversaban entre sí sobre todo lo que había pasado. |
| 15a | καί | sucedió mientras conversaban y discutían, |
| 15b | καί | el mismo Jesús acercándose a ellos, se puso a caminar a su lado. |
| 16 | δέ | Sus ojos estaban como incapacitados para reconocerle. |
| 17a | δέ | Les dijo: «¿De qué vais discutiendo por el camino?» |
| 17b | καί | se pararon con aire entristecido. |
| 18 | δέ | Respondiendo uno de ellos, llamado Cleofás, le dijo: «¿Eres tú el único residente en Jerusalén que no se ha enterado de lo que ha pasado allí en estos días?» |
| 19a | καί | les dijo: «¿Qué ha ocurrido?» |
| 19b–24 | δέ | Ellos le dijeron: «Lo de Jesús el Nazoreo …» |
| 25–26 | καί | él les dijo: «¡Qué poco perspicaces sois …! ¿No era necesario que el Cristo padeciera eso para entrar así en su gloria?» |
| 27 | καί | empezando por Moisés … les fue explicando lo que decían de él en todas las Escrituras. |
| 28a | καί | se acercaron al pueblo a donde iban, |
| 28b | καί | él hizo ademán de seguir adelante. |
| 29a | καί | le rogaron insistentemente: «Quédate con nosotros, porque atardece …» |
| 29b | καί | entró para quedarse con ellos. |
| 30a | καί | sentado a la mesa con ellos, tomando el pan, pronunció la bendición |
| 30b | καί | partiéndolo se lo iba dando. |
| 31a | δέ | Se les abrieron los ojos |
| 31b | καί | lo reconocieron, |
| 31c | καί | él desapareció de su vista. |

**Preguntas**

(a) El primer acontecimiento del episodio que se introduce con δέ se ubica en el v. 17a (el significado de δέ en el 16 se trata en § 5.4.1). ¿Por qué se usa δέ en el 17a y no antes?

(b) Los 17b y 19a entrañan cambios de tema, que es un rasgo distintivo asociado a menudo con δέ. ¿Por qué Lucas no usa δέ en esos versículos?

(c) Δέ no introduce los acontecimientos de los 25–30, pero sí lo hace con los del 31. ¿Qué nos dice esto acerca del propósito del autor al contar la narración? (La siguiente aparición de δέ se encuentra en el 36, después de que los dos discípulos han regresado a Jerusalén y han sabido que Jesús se había aparecido a Simón; el 36 empieza, 'Mientras aún hablaban de estas cosas, Jesús se puso en medio de ellos').

**Respuestas sugeridas:** véase el Apéndice bajo 5(10).

## 5.2 Notas sobre δέ en el evangelio de Marcos

En § 5.1 sugerí que δέ se usa en Mateo, Lucas y Hechos básicamente de la misma manera. Mateo utiliza τότε en algunos lugares donde Lucas emplearía δέ, y δέ se usa con mucha más frecuencia en Hechos que en cualquiera de los evangelios sinópticos. Hasta cierto punto esto reflejaría las fuentes semíticas de los evangelios y la ausencia, supuestamente, de una conjunción de desarrollo en dichas fuentes. Sin embargo, creo que el progreso en la investigación revelará una explicación satisfactoria, en cuanto al desarrollo de la narración se refiere, sobre la presencia y la ausencia de δέ en todo Mateo y Lucas, y la ausencia relativa de δέ en ciertos pasajes se explicará en términos de los propósitos de alto nivel de los autores respectivos.

Queda por ver si δέ en Marcos puede explicarse en términos de desarrollo.[18]

Buth (c.p.) ha sugerido que el *umbral* en el que Marcos percibe la distintividad es mucho más alto que en los otros sinópticos y en Hechos. En general esto significa, en la práctica, que deben darse matices *adversativos* en Marcos antes que δέ aparezca, sea que se manifiesten como un contraste o como un cambio desde algo distinto (por ejemplo, en conexión con un punto de transición o con el paso de acontecimientos narrativos a material de trasfondo).

Los contextos en los que δέ se encuentra con un *punto de transición* en las narraciones de Marcos incluyen:[19]

- un marco temporal con matices de contraste, como en Mc 4,29
- otros puntos de transición que involucran contraste, como en Mc 4,34
- una referencia al nuevo personaje a través del cual la narración se va a desarrollar, como en Mc 5,33, Mc 5,36 y Mc 15,16.

Los ejemplos de δέ con *material de trasfondo*, especialmente si es significativo para el desarrollo de la narración, incluyen Mc 1,30a y Mc 2,6.

Ejemplos de oraciones con δέ que empiezan con un verbo cuando hay matices adversativos incluyen Mc 2,20 y Mc 6,16. Solo en contadas ocasiones encontramos δέ en oraciones con verbo en posición inicial en las que *no* hay matices adversativos. Véanse, por ejemplo, Mc 7,20 y Mc 9,25.

Marcos casi nunca usa δέ para introducir un nuevo *episodio* (Mc 1,32 y Mc 10,32 son raras excepciones en las que καί no es una variante textual).[20] En otras palabras, no es común que Marcos emplee δέ para indicar que un episodio se desarrolla a partir del anterior.

El cuadro que sigue muestra que Marcos usa καί cuando Lucas y Mateo utilizan δέ y no hay connotaciones adversativas (véanse Lc 19,32, Lc 19,33, Lc 19,36, Lc 19,37). Una línea que cruza la columna indica la presencia de δέ para señalar un nuevo desarrollo. Cuando δέ sigue al artículo pronominal οἱ 'ellos' (Lc 19,34, Mc 11,6a), se usa una línea punteada, puesto que esta combinación marca 'pasos intermedios' hacia la meta de la conversación (§ 13.1).

**Pasaje 11: Lc 19,28–37, (Mt 21,1–9) y Mc 11,1–9**

| | Lucas 19 (y Mateo 21) | | Marcos 11 |
|---|---|---|---|
| 28 | Καί dicho esto, marchaba por delante subiendo a Jerusalén. | | |
| 29 | Καί sucedió, al aproximarse a B y B, al pie del monte llamado de los Olivos, | 1 | Καί cuando se aproximaban a Jer., cerca ya de B y B, al pie del monte de los Olivos, |
| | envió dos de sus discípulos | | envía a dos de sus discípulos |
| 30s | diciendo: «Id al pueblo ...» | 2s | καί les dice: «Id al pueblo ...» |
| | (Mt 21,4 Esto δέ sucedió para que se cumpliese lo dicho por el profeta: ...) | | |

---

[18] Cf. Levinsohn 1977 para una discusión de δέ en Mc 14,1–16,8 desde una perspectiva de desarrollo.

[19] Cf. § 13.1 sobre las respuestas del oyente a un discurso referido que se introducen con la combinación ὁ δέ, ἡ δέ, etc.

[20] Pope (c.p.) nota los siguientes como posibles casos de δέ de alto nivel en Marcos; en todos ellos καί es la lectura preferida o una variante textual: Mc 1,16, Mc 15,33 y, con un punto de transición temporal o espacial, Mc 1,14, Mc 4,10, Mc 7,24.

| 32 | Habiendo ido δέ los enviados, lo encontraron tal como les había dicho. | 4a | καί fueron |
| --- | --- | --- | --- |
| | | 4b | καί encontraron el pollino atado … |
| 33 | Cuando δέ desataban el pollino, les dijeron los dueños: «¿Por qué desatáis el pollino?» (*no en Mateo*) | 4c | καί lo desatan. |
| | | 5 | καί algunos de los que estaban allí les decían: «¿Qué hacéis desatando el pollino?» |
| 34 | οἱ δέ dijeron: «Porque el Señor lo necesita.» (*no en Mateo*) | 6a | οἱ δέ les dijeron según les había dicho Jesús, |
| | | 6b | καί les dejaron. |
| 35a | καί lo trajeron a Jesús | 7a | καί llevan el pollino ante Jesús, |
| 35b | καί echando sus mantos sobre el pollino, hicieron montar en él a Jesús. | 7b | καί echan encima sus mantos |
| | | 7c | καί se sentó sobre él. |
| 36 | Mientras δέ él avanzaba, extendían sus mantos por el camino. | 8a | καί <u>muchos</u> extendieron **sus mantos** por el camino; |
| 37 | Cerca δέ ya de la bajada del monte de los Olivos toda la multitud de los discípulos, llenos de alegría, se pusieron a alabar a Dios … | 8b | <u>otros</u> δέ **follaje** cortado de los campos. |
| | | 9 | καί <u>los que iban delante y los que le seguían</u> gritaban: «¡*Hosanna*! …» |

## 5.3 Δέ, καί, οὖν, y asíndeton en el evangelio de Juan

Las maneras en las que καί y δέ se usan en Juan no corresponden exactamente con las en que se emplean en los evangelios sinópticos y en Hechos. Eso se debe a que otras dos formas de enlace se utilizan en Juan en los contextos en los que καί y δέ se habrían utilizado si el material se hubiera escrito en el estilo de los sinópticos.[21] Una de ellas es el *asíndeton* (la ausencia de conjunción), que es el medio por defecto que usa Juan para conectar oraciones,[22] en vez de καί. El otro marcador común de conexión en Juan es οὖν; lo usa como marcador de desarrollo de bajo nivel en ciertos contextos en los que los sinópticos y Hechos utilizan δέ.[23]

Buth recoge las diferencias entre asíndeton, δέ, καί y οὖν en Juan en el cuadro que sigue.[24] El signo menos (–) significa que la forma *no* está marcada para el rasgo en cuestión. (Buth usa el término «cambio significativo», en vez de desarrollo).

Cuadro 4a. La función de los vínculos en Juan

| Función | – conexión estrecha | + conexión estrecha |
| --- | --- | --- |
| – desarrollo | ∅ | καί |
| + desarrollo | δέ | οὖν |

El asíndeton en Juan se trata en § 5.3.1 y καί en § 5.3.2. Las funciones de δέ y οὖν se comparan en § 5.3.3.

---

[21] Algunos escritores sugieren que el género de Juan es diferente del de los sinópticos (cf., por ejemplo, Robinson 1985:225n30). Sin embargo, no creo que las diferencias en el uso de las conjunciones puedan explicarse solamente en términos de un cambio de género, a pesar de la semejanza entre la función de οὖν en Juan y las epístolas (§ 5.3.3).

[22] Cf. Poggi 2011:154.

[23] Especialmente en Lucas-Hechos, δέ y οὖν son variantes textuales en varios pasajes narrativos; por ejemplo, Lc 10,37b, Lc 22,36, Hch 15,2, Hch 16,10, Hch 16,11, Hch 20,4 y Hch 25,1. Cf. § 10.1 sobre μέν οὖν.

[24] Buth 1992:157.

### 5.3.1 El asíndeton en Juan

El asíndeton, en vez de καί, es el medio por defecto para unir oraciones en Juan. Se encuentra tanto en puntos de discontinuidad (con un punto de transición)[25] como cuando no se indica discontinuidad (con el verbo en posición inicial).[26]

A lo largo de toda esta sección, los ejemplos se han tomado en lo posible de Jn 1,19–2,12 (más abajo). Para facilitar la comprensión, el pasaje se divide en secciones (episodios) basándose en la presencia de puntos de transición temporales.

**Pasaje 12: Jn 1,19–2,12**

**1,19–28**

| | | |
|---|---|---|
| 19 | καί | éste es el testimonio de Juan, cuando los judíos enviaron desde Jerusalén sacerdotes y levitas a preguntarle: «¿Quién eres tú?» |
| 20 | καί | lo confesó, sin negarlo: «Yo no soy el Cristo.» |
| 21a | καί | le preguntaron: «¿Quién, pues?; ¿tu eres **Elías**?» |
| 21b | καί | dice: «No.» |
| 21c | | «¿Eres tú **el profeta**?» |
| 21d | καί | respondió: «No.» |
| 22 | οὖν | Le dijeron: «¿Quién eres, entonces? ... ¿Qué dices de ti mismo?» |
| 23 | Ø | dijo: «Yo soy *la voz del que clama en el desierto: Rectificad el camino del Señor* ...» |
| 24 | καί | los enviados eran de los fariseos. |
| 25 | καί | le preguntaron y le dijeron: «¿Por qué bautizas entonces, si no eres el Cristo, ni Elías ni el profeta?» |
| 26–27 | Ø | Juan les respondió: «Yo bautizo con agua, pero entre vosotros hay uno a quien no conocéis ...» |
| 28 | Ø | Estas.cosas pasaron en **Betania**, al otro lado del Jordán, donde estaba Juan bautizando. |

**1,29–34**

| | | |
|---|---|---|
| 29a | Ø | Al día siguiente ve a Jesús venir hacia él |
| 29b–31 | καί | dice: «He ahí el cordero del Dios que quita el pecado del mundo ...» |
| 32–34 | καί | Juan dio testimonio diciendo: «He visto al Espíritu que bajaba como una paloma del cielo ...» |

**1,35–42**

| | | |
|---|---|---|
| 35 | Ø | Al día siguiente, Juan se encontraba de nuevo allí con dos de sus discípulos. |
| 36 | καί | fijándose en Jesús que pasaba, dice: «He ahí el Cordero del Dios.» |
| 37a | καί | sus dos discípulos le oyeron hablar así |
| 37b | καί | siguieron a Jesús. |
| 38a | δέ | Vuelto el Jesús y al ver que le seguían, les dice: «¿Qué buscáis?» |

---

[25] Cf. Poythress 1984:334. Aunque Poythress ve al asíndeton como una conjunción por defecto en la narrativa de Juan, luego detalla seis circunstancias específicas en las que aparece entre oraciones en las narraciones (pp. 332–333).

[26] «Juan abunda en casos de asíndeton del tipo más variado e inesperado ... especialmente con un verbo en posición inicial» (Abbott 1906:70).

| 38b | δέ | Ellos le dijeron: «Rabbí … ¿dónde vives?» |
|---|---|---|
| 39a | Ø | Les dice: «Venid y lo veréis.» |
| 39b | οὖν* | Fueron (*variante*: Ø) |
| 39c | καί | vieron dónde vivía |
| 39d | καί | con él se quedaron aquel día. |
| 39e | Ø | La hora era más o menos la décima. |
| 40 | Ø | Andrés, el hermano de Simón Pedro, era uno de los dos que … habían seguido a Jesús. |
| 41a | Ø | Éste encuentra primero a su propio hermano, Simón, |
| 41b | καί | le dice: «Hemos encontrado al Mesías» —que quiere decir, Cristo—. |
| 42a | Ø* | Le llevó donde Jesús. (*variante*: καί) |
| 42b | Ø* | Fijando Jesús su mirada en él, le dijo: «Tú eres Simón …; tú te llamarás Cefas» … (*variante*: δέ) |

## 1,43–51

| 43a | Ø | Al día siguiente, quiso partir para Galilea |
|---|---|---|
| 43b | καί | encuentra a Felipe. |
| 43c | καί | Jesús le dice: «Sígueme.» |
| 44 | δέ | Felipe era de Betsaida, del pueblo de Andrés y Pedro. |
| 45a | Ø | Felipe encuentra a Natanael |
| 45b | καί | le dice: «Hemos encontrado a aquel de quien escribió Moisés …; es Jesús … el de Nazaret.» |
| 46a | καί | Natanael le dijo: «¿De Nazaret puede haber cosa buena?» |
| 46b | Ø | Felipe le dice: «Ven y lo verás.» |
| 47a | Ø | Vio Jesús que se acercaba Natanael, |
| 47b | καί | dice de él: «Ahí tenéis a un israelita de verdad, en quien no hay **engaño**.» |
| 48a | Ø | Le dice Natanael: «¿De qué me conoces?» |
| 48b | Ø | Respondió Jesús y le dijo: «Te vi cuando estabas debajo de la higuera, antes de que Felipe te llamara.» |
| 49 | Ø | Le respondió Natanael: «Rabbí, tú eres el Hijo del Dios, tú eres **el rey** de Israel.» |
| 50 | Ø | Respondió Jesús y le dijo: «**¿Por haberte dicho** que te vi debajo de la higuera crees? Has de ver **cosas mayores**.» |
| 51 | καί | le dice: «En verdad, en verdad os digo: veréis el cielo abierto …» |

## 2,1–11

| 1a | καί | Tres días después se celebraba **una boda** en Caná de Galilea, |
|---|---|---|
| 1b | καί | estaba allí la madre de Jesús. |
| 2 | δέ | Fueron invitados también a la boda Jesús y sus discípulos. |
| 3 | καί | al quedarse sin vino, le dice a Jesús su madre: «No tienen vino.» |
| 4 | [καί] | Jesús le dice: «¿Qué tengo yo contigo, mujer? Todavía no ha llegado mi hora.» |
| 5 | Ø | Su madre dice a los sirvientes: «Haced **lo que él os diga**.» |

| 6 | δέ | Había allí seis tinajas de piedra ... |
| 7a | Ø | Jesús les dice: «Llenad las tinajas de agua.» |
| 7b | καί | las llenaron hasta arriba. |
| 8a | καί | les dice: «Sacadlo ahora y llevadlo al maestresala.» |
| 8b | δέ* | <u>Ellos</u> lo llevaron (*variante para οἱ δέ: καί) |
| 9a | δέ | <u>Cuando el maestresala probó el agua convertida en vino, como ignoraba de dónde era</u> |
| (9b) | (δέ) | (**los sirvientes**, los que habían sacado el agua, sí que lo sabían) llama al novio el maestresala |
| 10 | καί | le dice: «<u>Todos</u> **primero** sirven **el vino bueno** .... <u>Tú</u> has reservado el vino bueno hasta ahora.» |
| 11a | Ø | **Éste** fue el comienzo de los signos que realizó Jesús, en Caná de la Galilea; |
| 11b | καί | manifestó su gloria |
| 11c | καί | creyeron en él sus discípulos. |

**2,12**

| 12a | Ø | <u>Después.de esto</u> bajó a Cafarnaún con su madre, sus hermanos y sus discípulos |

En el pasaje anterior, el asíndeton se encuentra en varios puntos de discontinuidad. Introduce secciones separadas en las que se desarrolla una materia nueva, en Jn 1,29a, Jn 1,35, Jn 1,43a y Jn 2,12 (casos que comportan un punto de transición temporal). También introduce el comentario final del autor en cuanto a los acontecimientos anteriores, en Jn 1,28 y Jn 2,11a. (Este último contiene un pronombre demostrativo en posición inicial [§ 5.4.3]). Véase § 5.3.2 sobre καί con un punto de transición temporal en Jn 2,1a).

Cuando el asíndeton se usa en conexión con una oración que empieza con un verbo, entonces equivale a una conjunción coordinante por defecto en la narrativa lineal. Entre los ejemplos se encuentran algunos intercambios conversacionales como en Jn 1,47b–50, material de trasfondo como en Jn 1,39e (§ 5.4.3), y acontecimientos como en Jn 1,41a y Jn 1,45a, que siguen a material de trasfondo. Véanse también los acontecimientos de Jn 1,42 (*SBU*).

Nota. El asíndeton a veces se encuentra en secciones narrativas de los evangelios sinópticos y Hechos. Véase § 5.4.3 para materiales de trasfondo que empiezan con asíndeton y un pronombre demostrativo, y § 14.2 para el asíndeton en conexión con las conversaciones referidas en Mateo.

El asíndeton a veces se emplea cuando una unidad narrativa se abre con un participio adverbial de genitivo absoluto (GA) que empieza con el adverbio ἔτι 'todavía' (§ 6.1, nota 1). Por ejemplo, véase Mc 5,35: Ἔτι αὐτοῦ λαλοῦντος ἔρχονται ἀπὸ τοῦ ἀρχισυναγώγου 'Mientras él aún hablaba, vinieron de casa del alto dignatario'. El GA indica que el próximo acontecimiento se realiza mientras el acontecimiento anterior está todavía en proceso; el acontecimiento descrito después del GA introduce a unos participantes que cambian la dirección de la narración (§ 11.1.1).[27]

Otros ejemplos en los que una unidad narrativa empieza con un GA y con ἔτι pero donde no se emplea una conjunción se encuentran en Mt 12,46 (variante δέ), Mt 17,5, Lc 8,49, Lc 22,47 (variante δέ) y Hch 10,44. En algunos de estos casos, el asíndeton puede deberse a la posición inicial del versículo en una lectura de un leccionario de la iglesia primitiva.

En Hch 18,1, algunos manuscritos empiezan la unidad con μετὰ ταῦτα 'después de estas cosas' pero no hay conjunción; otros insertan δέ. En Juan y en el Apocalipsis, en cambio, es común que las unidades narrativas empiecen con μετὰ τοῦτο/ταῦτα y asíndeton. Véanse, por ejemplo, Jn 2,12 (el pasaje 12 más arriba) y Ap 4,1.

---

[27] Se puede usar una conjunción al principio de una unidad narrativa que empieza con un GA y ἔτι. Cf., por ejemplo, Mt 26,47 (con καί) y Lc 9,42, Lc 15,20 y Lc 24,41 (con δέ). Pope dice (c.p.): «Parece que los ejemplos con δέ operan a un nivel más bajo en la narración».

## 5.3.2 La conjunción καί en Juan

El καί conjuntivo se usa de dos maneras en Juan:

1. para asociar informaciones en ciertos contextos específicos.[28]
2. para añadir uno o más acontecimientos (compárese la función aditiva de καί adverbial [§ 6.2]).

Encontramos ejemplos del primero de estos usos en Jn 1,29b y Jn 1,41b, donde καί asocia informaciones en lo que se puede considerar como una oración coordinada. En ambos ejemplos, el acontecimiento y el discurso que sigue se enlazan con καί para formar una *agrupación de acontecimientos* (§ 5.1).[29]

Entre oraciones, como en los sinópticos y en Hechos (§ 5.1), καί asocia acontecimientos o discursos *iniciales* que en conjunto establecen el escenario para los acontecimientos o discursos de primer plano. Por ejemplo, las distintas intervenciones del intercambio conversacional en Jn 1,19–21 entre Juan y los fariseos están asociadas con καί, puesto que juntas establecen el escenario para el intercambio clave de Jn 1,22–23 en el que Juan dice quién es, en vez de quién no es. De manera semejante, los acontecimientos de Jn 1,35–37 se asocian con καί porque en conjunto establecen la escena para la interacción más importante entre Jesús y los que habían estado con Juan.

La otra función de καί es *añadir* uno o más acontecimientos al material anterior.

En Jn 1,32 y Jn 1,51, por ejemplo, se añade otro *discurso* por parte del mismo hablante a un discurso anterior. Cuando se refiere un discurso, la norma es que el destinario responda, así que la presencia de καί puede contrarrestar esa expectativa.

En el caso de Jn 9,39 (más abajo), el episodio que gira alrededor de un hombre ciego al que Jesús ha sanado termina con la profesión de fe del hombre (38). Καί añade a este episodio el *intercambio* de los 39–41 entre Jesús y los fariseos.

**Pasaje 13: Jn 9,38–41**

| 38ª | δέ | Él dijo: «Creo, Señor.» |
|---|---|---|
| 38b | καί | se postró ante él. |
| 39 | καί | dijo Jesús: «**Para un juicio** he venido a este mundo: para que <u>los que no ven</u>, vean; y <u>los que ven</u>, se vuelvan **ciegos**.» |
| 40ª | ∅* | Algunos fariseos que estaba con él oyeron esto (*variantes*: δέ, καί, οὖν) |
| 40b | καί | le dijeron: «¿Es que **también nosotros** somos ciegos?» |
| 41 | ∅ | Jesús les dijo: «<u>Si fuerais ciegos</u>, no tendríais pecado. <u>Ahora</u> δέ decís que veis; <u>vuestro pecado</u> sigue en vosotros.» |

En Jn 2,1a (pasaje 12), καί añade un *episodio* entero al material anterior («Propiamente dicha, la sección presente [1,1–51] termina con el relato de las bodas de Caná»).[30]

## 5.3.3 Las conjunciones δέ y οὖν en Juan[31]

Las conjunciones δέ y οὖν funcionan como marcadores de desarrollo, en el sentido de que ambas se usan para introducir información que representa un desarrollo significativo en lo que concierne al propósito del autor. Los contextos en los que se usa δέ en los evangelios sinópticos y en Hechos se han dividido entre estas dos conjunciones en Juan.

---

[28] Titrud (1991:23) dice: «καί informa que lo que sigue debe unirse estrechamente con lo anterior». También señala que las unidades vinculadas por medio de καί no necesariamente son distintas.
[29] Cf. Poythress 1984:330331.
[30] Slade 1998:41.
[31] El análisis que sigue es el resultado de una interacción con el Dr. Randall Buth durante un curso sobre los rasgos discursivos del NT griego realizado en Camerún en noviembre de 1989.

Puede considerarse a οὖν como una conjunción marcada de desarrollo,[32] utilizada en contextos específicos en los que se habría empleado δέ en los sinópticos. Se emplea en Juan en dos contextos específicos (véase también § 7.4):

1. en conexión con la *reanudación* de la línea de acontecimientos,[33] siempre y cuando el acontecimiento en cuestión represente un nuevo desarrollo en lo que concierne al propósito del autor;
2. cuando está en primer plano una relación *inferencial* (lógica) con el acontecimiento anterior.

El siguiente pasaje (Jn 4,1-7) ofrece tres ejemplos del uso de οὖν como *reanudación*. El 1 vuelve a la trama en tanto tiene que ver con Jesús (el punto de transición temporal se relaciona retrospectivamente con los acontecimientos de Jn 3,22) y la sigue desarrollando, después de un pasaje que tiene que ver principalmente con Juan y en el que Jesús no es un participante activo (Jn 3,25-36). Siguiendo el comentario del autor en el 4,4, el 5 reanuda y desarrolla más esta trama, cuando Jesús llega al lugar donde se desarrollarán los próximos acontecimientos. Por último, siguiendo el material de trasfondo del 6a, el 6b vuelve de nuevo a la trama con un desarrollo más, cuando Jesús se sienta en un lugar específico donde va a tener lugar la interacción con la mujer de Samaría.

**Pasaje 14: Jn 4,1-7**

| 1-3a | οὖν | Como Jesús se enteró de que había llegado a oídos de los fariseos que él hacía más **discípulos** y bautiza más que Juan ..., abandonó Judea |
|---|---|---|
| 3b | καί | volvió a Galilea. |
| 4 | δέ | Tenía que pasar por Samaría. |
| 5 | οὖν | Llega a un pueblo de Samaría llamado Sicar, cerca de la heredad que Jacob legó a su hijo José. |
| 6a | δέ | Estaba allí el pozo de Jacob. |
| 6b | οὖν | Jesús, que estaba cansado de tanto andar, se había sentado junto al pozo. |
| 6c | Ø | La hora era alrededor de la sexta. |
| 7 | Ø | Llega una mujer de Samaría a sacar agua. |

Nótese que, a pesar de que el v. 6c es material de trasfondo, οὖν no se usa en el 7. Se prefiere el asíndeton, puesto que no se percibe más desarrollo en la narración hasta después que Jesús ha empezado a hablar con la mujer. En otras palabras, el próximo desarrollo de la narración se realiza solo después que Jesús se sienta junto al pozo y la mujer llega al mismo lugar.

El uso inferencial de οὖν, para introducir un acontecimiento en secuencia *lógica* con el acontecimiento anterior, se encuentra en Jn 4,53a. Los siervos dicen al padre a qué hora había mejorado su hijo οὖν él se dio cuenta que ésa había sido la hora en que Jesús le había dicho que su hijo viviría.

**Pasaje 15: Jn 4,51-53**

| 51 | δέ | Cuando bajaba, le salieron al encuentro sus siervos, diciendo que su hijo vivía. |
|---|---|---|
| 52a | οὖν | Les preguntó la hora en que se había sentido **mejor**. |
| 52b | οὖν* | Le dijeron que: «**Ayer a la hora séptima** le dejó la fiebre.» (*variante*: καί) |
| 53a | οὖν | El padre comprobó que era la misma hora en que le había dicho Jesús: «Tu hijo vive», |

---

[32] En cambio, Poythress (1984:328) considera que οὖν, en vez de δέ, es «la forma no-marcada de continuar la narración cuando hay un cambio a un nuevo agente». La naturaleza de οὖν, relacionada con el desarrollo, puede verse en la siguiente afirmación: su presencia «asegura [al lector] que [lo que sigue] está directamente relacionado con algo anterior» (p. 330); cf. también Reimer 1985:35.

[33] Cf. Abbott 1906:472ss y Poythress 1984:327. Trataremos en § 7.4 hasta qué punto οὖν comunica cierta fuerza inferencial cuando se usa como marcador de reanudación. La misma sección sostiene que οὖν indica un regreso a la misma línea temática de antes, mientras que δέ permite un cambio de tema.

Véase también Jn 1,39b (pasaje 12 de § 5.3.1, *SBU*): Jesús invita a los discípulos a venir (39a) οὖν ellos van con Jesús.[34]

El uso inferencial de οὖν es especialmente común cuando introduce conversaciones (como en 4,52). Lo típico es que la respuesta a un discurso anterior tenga una relación lógica con ese discurso y, cuando representa un nuevo desarrollo en el intercambio, οὖν se use en el orientador del discurso.

Esto también se ve en Jn 1,22 (pasaje 12); se usa οὖν en el momento en que el intercambio entre Juan y los fariseos cambia de lo que Juan no es (19–21) a lo que es.[35]

Δέ se usa como un marcador de desarrollo en Juan en los contextos restantes, en los que también se emplea en los sinópticos. Lo que sigue son contextos típicos en los que se utiliza.

Δέ se usa en conexión con los *cambios de iniciativa*, cuando la narración se desarrolla a través de las acciones de otro participante. En Jn 1,38a (pasaje 12), por ejemplo, la trama cambia de las iniciativas de Juan (en el 36) a las de Jesús. Jn 2,9a es parecido, en que la trama cambia de las acciones realizadas por los siervos en respuesta a las órdenes de Jesús (7–8) a las realizadas por el maestresala.

Δέ más un artículo pronominal, cuyo referente es el oyente de un discurso anterior, introducen lo que, en § 13.1, llamo un «*paso intermedio*». Véanse ejemplos en el pasaje 12: Jn 1,38b y Jn 2,8b (*SBU*).

Δέ a menudo introduce *material de trasfondo*. Véanse en el pasaje 12: Jn 1,44, Jn 2,6 y Jn 2,9b. Véase también Jn 3,1, que es una oración presentativa que introduce un nuevo participante en la narración (§ 2.4 y 8.1). (Para más comentarios sobre las conjunciones usadas para introducir material de trasfondo, véase § 5.4).

Δέ también se usa en conexión con los *puntos de transición* temporales para marcar un desarrollo adicional de la trama cuando no se percibe a primera vista una relación lógica con el contexto inmediato. Véanse, por ejemplo, Jn 4,43, Jn 7,37 y Jn 20,1.

El concepto de una *agrupación de acontecimientos* (un conjunto de acontecimientos enlazados por καί) fue presentado en § 5.1, y es de especial utilidad cuando el acontecimiento significativo que hace avanzar el propósito del autor no es el primero del conjunto. En Juan, esos conjuntos pueden introducirse con δέ o οὖν.

Vemos un ejemplo en Jn 2,9–10 (cuando δέ el maestresala probó el agua hecha vino … llamó al novio y le dijo: «Todo hombre sirve primero el buen vino … sin embargo, tú has reservado el buen vino hasta ahora»). El acontecimiento clave en conexión con el cambio de iniciativa no es que el maestresala haya llamado al novio, sino lo que le dice acerca del vino.

El siguiente pasaje (Jn 4,28–34) da un ejemplo parecido que involucra a οὖν. El 28 retoma la trama en lo que concierne a la mujer de Samaría, después de la reintroducción de los discípulos (27). El acontecimiento clave en lo que se refiere al desarrollo de la narración no es que ella haya dejado su cántaro (28a) sino lo que dice a los hombres cuando llega a la ciudad (28c).

**Pasaje 16: Jn 4,28–34**

| 28a | οὖν | La mujer dejó su cántaro |
|---|---|---|
| 28b | καί | corrió al pueblo |
| 28c–29 | καί | dice a la gente: «Venid a ver a un hombre que me ha dicho todo lo que he hecho. ¿No será **éste** el Cristo?» |
| 30a | Ø* | Salieron del pueblo (*variantes*: καί, οὖν) |
| 30b | καί | Se encaminaban hacia él. |
| 31 | Ø* | <u>Entretanto, los discípulos le insistían</u>: «Rabbí, come.» (*variante*: δέ) |
| 32 | δέ | <u>Él les dijo</u>: «<u>Yo</u> tengo para comer **un alimento** que <u>vosotros</u> no sabéis.» |

---

[34] Muchos casos de οὖν inferencial se encuentran cuando hay una discontinuidad de acción que involucra un cambio de una conversación referida a los acontecimientos resultantes (capítulo 1).

[35] Reimer (1985:34) sugiere que la ausencia de οὖν en conexión con el milagro de Caná (Jn 2,1–11) y ciertas conversaciones (p.ej., la de Jesús con Nicodemo en Jn 3,1–15) refleja la ausencia de conflicto o tensión. Sin embargo, parece que la presencia de οὖν en Jn 4,52 (pasaje 15) es un contraejemplo. Lo más probable es que οὖν esté ausente cuando la conversación no es un fin en sí misma (cf. el capítulo 15), sino que más bien lleva a los acontecimientos resultantes.

| 33 | οὖν | Los discípulos se decían entre sí: «¿Le habrá traído **alguien** de comer?» |
| 34 | Ø | Jesús les dice: «<u>Mi alimento</u> es hacer la voluntad del que me ha enviado y llevar a cabo su obra ...» |

Véase también Jn 11,54; οὖν no solo introduce el acontecimiento colateral del 54a (lo que Jesús no hizo), sino también el acontecimiento actual del 54b (lo que hizo), que es introducido con ἀλλά.

De la misma manera, οὖν a menudo se usa en conexión con la introducción de unos, *conjuntos de discursos*, enlazados entre ellos por asíndeton. Vemos un ejemplo en Jn 4,33-34 (más arriba). El nuevo desarrollo, en secuencia lógica con los acontecimientos anteriores, podría parecer la respuesta de Jesús en los 34ss, no la especulación de los discípulos en el 33. Esto quiere decir que οὖν introduce el conjunto de discursos de los 33ss, y no un solo discurso.

Otro ejemplo de un conjunto de discursos se encuentra en Jn 1,22 (pasaje 12); puede considerarse que οὖν introduce el intercambio de los 22-23, en vez de solo el discurso del 22.

Por consiguiente las funciones de δέ, καί, οὖν y el asíndeton en Juan podrían resumirse en la siguiente expansión del cuadro al inicio de esta sección.

Cuadro 4b. Las funciones de δέ, καί, οὖν y asíndeton en Juan

| Función | – conexión estrecha | + conexión estrecha |
|---|---|---|
| – desarrollo | Ø (por defecto) | καί: asociativo, aditivo |
| + desarrollo | δέ | οὖν: de reanudación, inferencial |

**Preguntas de repaso**

(a) ¿Cuál es el medio por defecto para enlazar oraciones en los evangelios sinópticos? ¿Cuál es el medio por defecto para enlazarlas en Juan?

(b) ¿Cuáles son las dos funciones específicas de καί en Juan?

(c) ¿Cuáles son las dos circunstancias específicas en las que se emplea οὖν como marcador de desarrollo en Juan, en vez de δέ?

**Respuestas sugeridas**

(a) En los evangelios sinópticos, καί es el medio por defecto para enlazar oraciones. En Juan, el asíndeton es el medio por defecto para dicho fin.

(b) Las funciones de καί son asociar información (p.ej., en conjuntos de acontecimientos) y añadir uno o más acontecimientos al material anterior.

(c) Οὖν se emplea como marcador de desarrollo en conexión con un regreso a la trama (reanudación) y cuando una relación lógica con el acontecimiento anterior está en primer plano (inferencia).

**Pasaje ilustrativo 17: Jn 6,1-11**

Léase este pasaje con cuidado fijándose en la forma en que cada oración se enlaza con el contexto por medio de δέ, καί, οὖν o asíndeton. Algunas preguntas siguen al pasaje. (Véase § 5.4.2 sobre γάρ).

| 1 | Ø | <u>Después de esto</u>, se trasladó Jesús a la otra ribera del mar de Galilea (el de Tiberíades), |
| 2 | δέ* | Mucha gente le seguía, porque veían los signos que realizaba en los enfermos. (*variante*: καί) |
| 3a | δέ* | Subió Jesús al monte (*variante*: οὖν) |
| 3b | καί | <u>allí</u> se sentó en compañía de sus discípulos. |
| 4 | δέ | (Estaba próxima la Pascua, la fiesta de los judíos). |

## 5.3 Δέ, καί, οὖν, y asíndeton en el evangelio de Juan

| 5   | οὖν  | Al levantar Jesús los ojos y ver que venía hacia él **tanta gente**, dice a Felipe: «¿Dónde nos procuraremos panes para que coman éstos?» |
|-----|------|---|
| 6a  | δέ   | Esto se lo decía para probarle, |
| 6b  | γάρ  | él ya sabía lo que iba a hacer. |
| 7   | Ø    | Felipe le contestó: «**Doscientos denarios de pan** no bastan para que cada uno coma un poco.» |
| 8–9 | Ø    | Uno de sus discípulos, Andrés, el hermano de Simón Pedro, le dice: «Aquí hay un muchacho que tiene cinco panes de cebada y dos peces; pero eso ¿**qué** es para tantos?» |
| 10a | Ø*   | Dijo Jesús: «Haced que se recueste la gente.» (*variantes*: δέ, οὖν) |
| 10b | δέ   | (Había en el lugar mucha hierba). |
| 10c | οὖν  | La gente se recostó: eran unos cinco mil. |
| 11a | οὖν* | Tomó Jesús los panes (*variantes*: δέ, καί) |
| 11b | καί  | después de dar gracias, los repartió entre los que estaban recostados ... |

**Preguntas**

(a) ¿Cuál es la función del asíndeton en el v. 1?

(b) ¿Cuál es la función del asíndeton en los 7 y 8?

(c) ¿Por qué se usa οὖν en los 5 y 10c? ¿Por qué no se utiliza en el 7?

(d) ¿Cuál es la función de οὖν en el 11a (SBU)?

(e) ¿Cuál es la función de δέ en el 2 (SBU)? ¿Qué relación con el 1 se sugiere si se lee καί?

(f) ¿Cuál es la función del asíndeton en el 10a (SBU)? ¿Qué relación con los 8–9 se implica si se lee οὖν? ¿Y si se lee δέ?

**Respuestas sugeridas**

(a) El asíndeton se usa en el v. 1, en conexión con un cambio a un nuevo marco temporal, para introducir un nuevo episodio en el que se desarrolla un tema diferente. No hay relación asociativa ni de desarrollo entre los episodios de los capítulos 5 y 6.

(b) El asíndeton se utiliza en los 7 y 8 para introducir la segunda y demás intervenciones en la conversación de los 5ss.

(c) Οὖν se usa para reanudación en los 5 y 10c, después del material de trasfondo de los 4 y 10b, para introducir los próximos desarrollos de la narración. No se emplea en el 7, después del material de trasfondo del 6, porque la narración vuelve a la conversación que empezó en el 5, en vez de presentar un discurso que Juan considera como un nuevo desarrollo.

(d) Οὖν se usa de modo inferencial en el 11a. Implica que debe percibirse una relación lógica con el 10c, que presente el desarrollo siguiente de la narración (los 11a–b forman una agrupación de acontecimientos).

(e) Si se lee δέ en el 2, es probable que la oración deba interpretarse como material de trasfondo (§ 5.4.1). Si se lee καί, asociaría el material de los 1–2 como acontecimientos iniciales que juntos establecen el escenario para los acontecimientos de primer plano que siguen.

(f) Si se lee asíndeton en el 10a, entonces se usa para introducir un discurso adicional de la conversación que empezó en el 5 (véase la respuesta (c)). Si se lee οὖν, el discurso del 10a representa el próximo desarrollo de la narración y la relación lógica con el discurso de los 8–9 está a la vista; es decir, Andrés le habla a Jesús acerca de un muchacho que tiene la comida *así que* él dice a la gente que se siente. Si se lee δέ, el discurso del 10a también representa el próximo desarrollo de la narración, pero no se marca una relación lógica con el discurso de los 8–9.

El pasaje 18 continúa el episodio que empezó en el pasaje 17.

**Pasaje 18: Jn 6,12–21**

Léase este pasaje con cuidado fijándose en cómo cada oración se enlaza con el contexto por medio de δέ, καί, οὖν o asíndeton. En cuanto a τέ en el 18, véase § 6.3. En cuanto al artículo pronominal más δέ en el 20, véase § 13.1.

| 12 | δέ | <u>Cuando se saciaron</u>, dice a sus discípulos: «Recoged los trozos sobrantes para que **nada** se pierda.» |
|---|---|---|
| 13a | οὖν | Los recogieron |
| 13b | καί | llenaron doce canastos con los trozos de los cinco panes de cebada que sobraron … |
| 14 | οὖν | Al ver <u>la gente</u> el signo que había realizado, decían que: «<u>Éste</u> es verdaderamente el profeta que iba a venir al mundo.» |
| 15 | οὖν | Sabiendo <u>Jesús</u> que intentaban venir a tomarle por la fuerza para hacerle rey, huyó de nuevo al monte él solo. |
| 16 | δέ | <u>Al atardecer</u>, bajaron sus discípulos a la orilla del mar |
| 17a | καί | habiendo subido a una barca, se dirigían al otro lado del mar, a Cafarnaún. |
| 17b | καί | Había ya **oscurecido** |
| 17c | καί | Jesús todavía no había llegado. |
| 18 | τέ | <u>El mar</u>, al soplar **un fuerte viento**, comenzó a encresparse. |
| 19a | οὖν | Cuando habían remado unos veinticinco o treinta estadios, ven a Jesús que caminaba sobre el mar y se acercaba a la barca; |
| 19b | καί | sintieron miedo. |
| 20 | δέ | <u>Él</u> les dice: «Soy **yo**. No temáis.» |
| 21a | οὖν | Querían recogerle en la barca, |
| 21b | καί | **en seguida** la barca tocó tierra en el lugar a donde se dirigían. |

**Preguntas**

(a) ¿Por qué se usa καί en el v. 21b?

(b) ¿Por qué se usa καί en el 17a? ¿Por qué se emplea en los 17b y 17c?

(c) ¿Por qué se usa οὖν en el 13a? ¿Por qué se emplea en los 14 y 15? ¿Y en el 19a?

(d) ¿Por qué se usa δέ con un punto de transición temporal en los 12 y 16, en vez del asíndeton o οὖν?

**Respuestas sugeridas:** véase el Apéndice bajo 5(18).

## 5.4 Material de trasfondo

Lo típico es que el material de trasfondo en las narraciones use un verbo de no-evento como la cópula; puede incluso prescindir de verbo.[36] Se llama material de trasfondo no para dar a entender que la información que comunica carece de importancia, sino porque dicha información está fuera de la línea de acontecimientos, ya que éstos constituyen el primer plano en las narraciones.[37]

Por regla general, el material de trasfondo se introduce con δέ o γάρ (con un punto de transición o sin él), o con un punto de transición pero sin conjunción, aunque a veces se encuentra καί. El lector se ve limitado a relacionar dicho tipo de material con su contexto de una manera que sea coherente con la función básica de la conjunción usada. Por lo tanto, δέ introduce material de trasfondo que mueve la

---

[36] El pluscuamperfecto se usa también para presentar material de trasfondo (p.ej., en Jn 6,17b), ya que presenta estados que resultan de acontecimientos terminados.

[37] Grimes 1975:55–56.

narración hacia algo *distintivo* (§ 5.4.1), mientras que γάρ introduce material de trasfondo que *refuerza* algún aspecto de lo que se acaba de presentar (§ 5.4.2). Lo típico es que un punto de transición sin conjunción dé más información acerca de un *elemento* recién mencionado, y καί se use para *añadir* más material acerca de ese elemento (§ 5.4.3).

### 5.4.1 Material de trasfondo con δέ

Cuando δέ introduce un material de trasfondo, la oración mueve la narración hacia algo *distintivo*, como se define en § 5.1. Más aún, esta información distintiva es a menudo significativa para el desarrollo de la trama que se estaba siguiendo antes del material de trasfondo.

Normalmente, dos tipos de material de trasfondo se introducen con δέ:

- material con configuración presentativa, para introducir un elemento al relato que está en curso
- material con configuración tema-rema que empieza con un punto de transición, para relacionar el material de trasfondo con el contexto por medio de un cambio de atención a partir de un constituyente correspondiente.

El material de trasfondo con configuración *presentativa* se usa comúnmente para introducir a participantes o accesorios que van a figurar en la narración. Véase, por ejemplo, Lc 8,32 (Ἦν δὲ ἐκεῖ ἀγέλη χοίρων ἱκανῶν βοσκομένη ἐν τῷ ὄρει 'Había allí una gran piara de puercos que pacían en el monte'). Entre otros ejemplos están la presentación de Nicodemo en Jn 3,1, de las tinajas de piedra que se van a llenar con agua que se convertirá en vino (Jn 2,6 [pasaje 12 de § 5.3.1]), y del pozo junto al que Jesús va a sentarse (Jn 4,6a [pasaje 14]).

Nótese que el material de trasfondo con configuración presentativa no tiene por qué empezar con δέ. Por ejemplo, no se usa una conjunción en Mt 21,33b (Ἄνθρωπος ἦν οἰκοδεσπότης 'había un propietario') porque la oración inicia una parábola y no hay material anterior desde el que ésta se desarrolle. Véanse Lc 5,29b (pasaje 1 de § 5.1) y Lc 4,33a para casos en los que el material de trasfondo con configuración presentativa se introduce con καί; como se ve en § 5.1, Marcos y Lucas cuentan algunas historias como 'narrativa lineal'.[38]

Aunque la información comunicada en el material de trasfondo introducida por medio de δέ sea generalmente significativa para el desarrollo de la narración, su significado no es siempre evidente para el lector moderno. A veces parece que el material solo da «información como por ejemplo la del número de personas presentes».[39] Vemos un ejemplo en Hch 19,7 (ἦσαν δὲ οἱ πάντες ἄνδρες ὡσεὶ δώδεκα 'Eran en total unos doce hombres'). Sin embargo, estos doce discípulos llenos del Espíritu pueden haber sido un factor importante para que el subsiguiente ministerio de Pablo en Éfeso haya sido tan fructífero.[40]

Cuando el material de trasfondo con configuración *tema-rema* empieza con un punto de transición más δέ, típicamente se relaciona con el contexto por medio de un cambio de atención a partir de un constituyente correspondiente. Véase, por ejemplo, Lc 24,16 (pasaje 10 de § 5.1). En **Lc 4,38b**, la atención cambia a un nuevo participante con quien Jesús va a interactuar.

(38a)   Entonces Jesús se levantó, salió de la sinagoga y entró en la casa de Simón.

(38b)   πενθερὰ   δὲ   τοῦ   Σίμωνος   ἦν   συνεχομένη   πυρετῷ   μεγάλῳ
        suegra    md   del   Simón      estaba siendo.sujetada.por fiebre    grande,

(38c)   y le rogaron por ella. (39) Entonces se inclinó sobre ella y conminó a la fiebre ...

A veces, el material de trasfondo empieza con una forma del pronombre demostrativo οὗ 'este' más δέ. Aunque el referente del demostrativo se identifica en el contexto inmediato, el material de trasfondo presenta información distintiva que hace avanzar el propósito del autor.

---

[38] Se explica en § 2.7 por qué Lc 4,33a empieza con un punto de transición espacial.
[39] Levinsohn 1987:91.
[40] González (2000:341) sugiere que puede haber una relación entre ellos y Apolo (cf. 18,25).

En Mateo, por ejemplo, varios acontecimientos están seguidos inmediatamente por una oración como Τοῦτο δὲ ὅλον γέγονεν ἵνα πληρωθῇ τὸ ῥηθὲν ὑπὸ κυρίου διὰ τοῦ προφήτου ('Todo esto sucedió para que se cumpliese lo dicho por el Señor por medio del profeta' Mt 1,22 [pasaje 2 de § 5.1]; véanse también Mt 21,4 y Mt 26,56). La presencia de δέ en dichos pasajes indica que estos cumplimientos de las profecías del AT desarrollan más el propósito del autor al narrar los acontecimientos.

Entre el material de trasfondo con configuración tema-rema que se introduce con δέ pero no empieza con un punto de transición, véanse Jn 1,44 (pasaje 12 de § 5.3.1), Jn 2,9b (οἱ διάκονοι está antepuesto para prominencia focal) y Jn 4,4 (pasaje 14 de § 5.3.3).

### 5.4.2 Material de trasfondo con γάρ

El material de trasfondo introducido por medio de γάρ «tiene valor explicativo, que se refiere al enunciado precedente».[41] La presencia de γάρ exige que el material introducido sea interpretado como *refuerzo* de algún aspecto de la proposición anterior, en vez de como información distintiva.

En **Mt 4,18**, por ejemplo, el material introducido con γάρ explica por qué Simón y Andrés echaban una red en el mar. Refuerza la suposición de que podrían ser pescadores ya que lo hacían.

(18a)  Caminando por la ribera del mar de Galilea, vio a dos hermanos, Simón, llamado Pedro, y su hermano Andrés, largando las redes en el mar;

(18b)  ἦσαν  γὰρ  ἁλιεῖς.
       eran  pues pescadores

Véase también Mc 2,15b (καὶ **πολλοὶ τελῶναι καὶ ἁμαρτωλοὶ** συνανέκειντο τῷ Ἰησοῦ καὶ τοῖς μαθηταῖς αὐτοῦ· ἦσαν γὰρ πολλοὶ καὶ ἠκολούθουν αὐτῷ 'muchos publicanos y pecadores estaba sentados a la mesa con Jesús y sus discípulos, pues eran muchos los que lo seguían').

El material de trasfondo introducido por γάρ es relativamente raro en las secciones narrativas de los evangelios y Hechos. En las partes no-narrativas, en cambio, se usa muy a menudo para reforzar algún aspecto de la proposición anterior. Las versiones modernas en castellano a menudo no traducen γάρ y, aunque el asíndeton podría ser apropiado en algunos contextos, en otros se pierde la restricción que se pone en la interpretación del pasaje por medio de la presencia de γάρ.

En **Rm 8,22**, por ejemplo, la *NVI* empieza un nuevo párrafo. Como resultado, es probable que el lector asuma que el 22 empieza un punto nuevo cuando, en efecto, la presencia de γάρ exige que se interprete como refuerzo de los 20–21. Una forma de evitar el problema consiste en usar expresiones como «pues» (*BJ*) o «en efecto» (20), indicándonos que debe interpretarse lo que sigue como refuerzo de algún aspecto ya en el contexto.

(20–21) La creación, en efecto, fue sometida a la caducidad, no espontáneamente, sino por voluntad de aquel que la sometió; pero latía en ella la esperanza de verse liberada de la esclavitud de la corrupción, para participar en la gloriosa libertad de los hijos de Dios.

(22)  οἴδαμεν    γὰρ   ὅτι  πᾶσα  ἡ   κτίσις    συστενάζει
      sabemos    pues  que  toda  la  creación  gime.a.una

      καὶ  συνωδίνει                 ἄχρι τοῦ νῦν·
      y    sufre.dolores.de.parto.a.una  hasta el presente

### 5.4.3 Material de trasfondo con un punto de transición y sin conjunción

Cuando ninguna conjunción introduce el material de trasfondo, la oración siempre tiene que ver con el punto de transición/tema proposicional con el que empieza, para ofrecer un comentario sobre su referente. Como con γάρ, esa información se relaciona con el contexto aunque, a diferencia de γάρ, su función no es explicar, exponer ni reforzar algún aspecto de la proposición anterior.

---
[41] Rodríguez Alfageme 2017:385.

Cuando un autor desea hacer un comentario sobre un elemento que acaba de ser mencionado, lo común es que lo introduzca con una forma del *pronombre demostrativo* οὗτος 'este' (véase § 2.3 sobre puntos de transición que actúan como reanudación).

Para un ejemplo, véase Hch 8,26 (αὕτη ἐστὶν ἔρημος 'Este es un *camino* desierto' [*LBLA*]), cuyo contexto es la instrucción de un ángel a Felipe para que vaya hacia el sur 'por el camino que baja de Jerusalén a Gaza'. El punto de transición/tema αὕτη se refiere al camino, y el comentario da más información acerca del camino. Otros ejemplos se encuentran en Mt 27,46 (τοῦτ' ἔστιν 'esto es'), Lc 2,2 (pasaje 7 de § 5.1), Lc 2,36b (§ 2.3), Jn 21,24 y Ap 20,5b (el 5a también es material de trasfondo con un punto de transición y sin conjunción, aunque no se usa un pronombre demostrativo).

Καί más un pronombre como punto de transición/tema puede añadir un comentario *adicional* acerca del mismo referente, como en Lc 2,37 (§ 2.3).

En un par de oraciones en Juan, ὥρα 'hora' es el punto de transición/tema para un material de trasfondo que no tiene una conjunción. Véanse Jn 1,39e (pasaje 12 de § 5.3.1) y Jn 4,6c (pasaje 14 de § 5.3.3). Sospecho que es otro caso en el que Juan prefiere el asíndeton cuando otros escritores habrían usado una conjunción; véanse Mc 15,25 y Lc 23,44, que usan δέ y καί (con δέ como variante), respectivamente.

**Preguntas de repaso**

(a) ¿Qué diferencia hay entre un material de trasfondo que empieza con γάρ y otro con δέ?

(b) ¿Qué información presenta un material de trasfondo que empieza con un punto de transición pero sin conjunción?

**Respuestas sugeridas**

(a) Cuando un material de trasfondo empieza con γάρ, refuerza algún aspecto de la proposición anterior. En cambio, un material de trasfondo introducido con δέ empuja la narración hacia algo distintivo, que a menudo es significativo para el desarrollo de la trama.

(b) Un material de trasfondo que empieza con un punto de transición pero no tiene conjunción proporciona más información sobre dicho punto de transición/tema proposicional. Lo típico es que el punto de transición haya sido mencionado en el contexto inmediato.

**Pasajes ilustrativos**

(a) En **Hch 13,8b**, ¿por qué el material de trasfondo se introduce con γάρ?

(8a) ἀνθίστατο δὲ αὐτοῖς Ἐλύμας ὁ μάγος,
se.oponía md –les Elimas el mago

(8b) οὕτως γὰρ μεθερμηνεύται τὸ ὄνομα αὐτοῦ ...
así pues se.traduce el nombre de.él

(b) En **Hch 9,10a**, ¿por qué el material presentativo se introduce con δέ?

(8) ... llevándole (a Saulo) de la mano, le introdujeron en Damasco. (9) Pasó tres días sin ver, sin comer y sin beber.

(10a) Ἦν δέ τις μαθητὴς ἐν Δαμασκῷ ὀνόματι Ἁνανίας,
Había md cierto discípulo en Damasco de.nombre Ananías

(10b) El Señor le dijo en una visión: «Ananías.»

**Respuestas sugeridas**

(a) En Hch 13,8b, el material de trasfondo se introduce con γάρ porque se relaciona con el v. 7 y justifica la referencia a Elimas como un mago.

(b) En Hch 9,10a, el material presentativo se introduce con δέ porque presenta un nuevo participante que va a estar involucrado en la narración.

Regresamos ahora a Juan 6 (pasaje 17) para fijarnos en los tres casos de material de trasfondo que se encuentran en los vv. 1–6.

**Pasaje 19: Jn 6,1–6**

| | | |
|---|---|---|
| 1 | ∅ | <u>Después de esto</u>, se trasladó Jesús a la otra ribera del mar de Galilea (el de Tiberíades), |
| 2 | δέ* | Mucha gente le seguía, porque veían los signos que realizaba en los enfermos. (*variante*: καί) |
| 3a | δέ* | Subió Jesús al monte (*variante*: οὖν) |
| 3b | καί | <u>allí</u> se sentó en compañía de sus discípulos. |
| 4 | δέ | (Estaba próxima la Pascua, la fiesta de los judíos). |
| 5 | οὖν | Al levantar Jesús los ojos y ver que venía hacia él **tanta gente**, dice a Felipe: «¿Dónde nos procuraremos panes para que coman éstos?» |
| 6a | δέ | <u>Esto</u> se lo decía para probarle, |
| 6b | γάρ | <u>él</u> ya sabía lo que iba a hacer. |

**Pregunta**

¿Por qué los materiales de trasfondo de los vv. 4, 6a y 6b se codifican de maneras diferentes?

**Respuesta sugerida:** véase el Apéndice bajo 5(19).

# 6
# Τότε, καί adverbial, y τέ *solitaria*

Este capítulo trata dos conjunciones que se encuentran mayormente en material narrativo: el adverbio τότε (§ 6.1) y la τέ *solitaria* (§ 6.3). Sin embargo, debido a que τέ es una «aditiva», § 6.2 se dedica a otra aditiva, καί adverbial.

## 6.1 Τότε

Τότε es uno entre varios adverbios que, en ausencia de una conjunción como δέ o καί, pueden empezar una oración y funcionar como conector discursivo.[1] Este uso se encuentra principalmente en Mateo y Hechos,[2] quizá bajo la influencia del arameo.[3]

En primer lugar, no obstante, veamos algunos ejemplos de τότε acompañado de una conjunción: Mt 24,21 (ἔσται γὰρ τότε θλῖψις μεγάλη 'Porque habrá entonces un gran tribulación') y Mt 26,16 (καὶ ἀπὸ τότε ἐζήτει εὐκαιρίαν ἵνα αὐτὸν παραδῷ 'Desde ese momento andaba buscando una oportunidad para entregarlo').

A menudo, el efecto pragmático del uso de τότε reside en resaltar el hecho de que el acontecimiento en cuestión va a ocurrir *entonces* o *luego* y no en un tiempo anterior. Véase, por ejemplo, Mt 5,24 (ἄφες ἐκεῖ τὸ δῶρόν σου ἔμπροσθεν τοῦ θυσιαστηρίου καὶ ὕπαγε πρῶτον διαλλάγηθι τῷ ἀδελφῷ σου, καὶ **τότε** ἐλθὼν πρόσφερε τὸ δῶρόν σου 'deja tu ofrenda allí, delante del altar, y vete primero a reconciliarte con tu hermano. *Luego* vuelves y presentas tu ofrenda'); la ofrenda no debe ofrecerse mientras 'tu hermano tiene algo contra ti' (23), sino solo cuando ha habido reconciliación.

Τότε puede utilizarse de una manera similar en una oración compleja, especialmente después de una oración subordinada por las partículas temporales ὅτε u ὅταν. Tomemos por ejemplo **Lc 21,20**. En respuesta a la pregunta de los discípulos sobre cuándo iba a suceder la destrucción de Jerusalén (7), Jesús menciona primero algunos acontecimientos que precederían la destrucción (9) y luego dice cuándo ésta en efecto iba a ocurrir.

---

[1] Las expresiones como *entonces* «no se consideran hoy conjunciones, sino adverbios o locuciones adverbiales que actúan como CONECTORES en el discurso» (*Manual* 2010:§ 1.4.2d). Los adverbios que pueden funcionar como conectores al principio de una oración incluyen ἔτι 'aún' (§ 5.3.1), ὅπως 'así' (Mt 8,17 [cf. el pasaje 9 de § 5.1]) y ὡσαύτως 'de manera parecida' (1 Co 11,25 [§ 2.4]).

[2] Cf. Blass et al. 1961:§ 459(2).

[3] Rodríguez Carmona 1992:310.

(20) Ὅταν δὲ ἴδητε κυκλουμένην ὑπὸ στρατοπέδων Ἰερουσαλήμ,
Cuando md viereis cercada por ejércitos a.Jerusalén

τότε γνῶτε ὅτι ἤγγικεν ἡ ἐρήμωσις αὐτῆς.
entonces conoced que se.ha.acercado la desolación de.ella

Otro ejemplo se encuentra en Hch 28,1 (Καὶ διασωθέντες τότε ἐπέγνωμεν ὅτι **Μελίτη** ἡ νῆσος καλεῖται. 'Una vez a salvo, *entonces* pudimos saber que la isla se llamaba Malta'); antes no habían sabido el nombre de la isla (véase 27,39).

A veces, τότε puede seguir a una oración adverbial de tiempo para resaltar los próximos acontecimientos (véase § 12.1 para otros casos de «redundancia» (pleonasmo) para ralentizar la trama justo antes de un desarrollo particularmente significativo). Por ejemplo, **Mt 21,1** introduce un episodio que France describe como una «visita culminante» para la que «desde 16,21 en adelante Mateo ha estado preparando» a sus lectores.[4]

(1) Καὶ ὅτε ἤγγισαν εἰς Ἱεροσόλυμα
Y cuando se.acercaron a Jerusalén

καὶ ἦλθον εἰς Βηθφαγὴ εἰς τὸ Ὄρος τῶν Ἐλαιῶν,
y vinieron a Betfagé a el monte de.los Olivos

τότε Ἰησοῦς ἀπέστειλεν δύο μαθητὰς
entonces Jesús envió dos discípulos

Cuando τότε *no* aparece acompañado de conjunción en un pasaje narrativo, lo más apropiado es considerar a τότε como el conector, puesto que el asíndeton muy raras veces se encuentra en los evangelios sinópticos y en Hechos (§ 5.3.3). Sin embargo, eso no significa que τότε haya perdido sus características adverbiales. Por ejemplo, en algunos pasajes continúa indicando «entonces y no en un tiempo anterior» (véanse los ejemplos al final de § 6.1.1).

Τότε como conector discursivo puede compararse con 'entonces' en castellano (y su equivalente en muchas otras lenguas), en el hecho de que se presenta en la narración en «divisiones de bajo nivel dentro de un episodio».[5] Señala la división y a la vez funciona como un «recurso cohesivo»,[6] indicando continuidad de tiempo y *de otros factores* entre las subsecciones.

La naturaleza de dichos factores dependerá del contexto, como viene ilustrado en Mt 2,16–17 (pasaje 1 más abajo). El 16a empieza con una referencia antepuesta a Herodes que lo reintroduce a la narración y lo establece como un nuevo punto de transición/tema proposicional. La discontinuidad en el reparto de participantes entre los acontecimientos del 16 y los de los 14–15 es evidente. A pesar de esta discontinuidad, τότε indica continuidad de tiempo y de otros factores entre las dos unidades. Implica específicamente que las unidades pertenecen al *mismo episodio* y que la iniciativa de Herodes representa el próximo desarrollo significativo del episodio.

En cuanto al comentario del autor en el 17, por su propia naturaleza presenta una discontinuidad de acción con los acontecimientos narrativos que acaban de ser descritos. A pesar de esa discontinuidad, la presencia de τότε indica continuidad de tiempo y de otros factores con la unidad anterior. En particular, señala que la Escritura se había cumplido entonces y por los acontecimientos recién descritos.[7]

---

[4] France 1985:295.
[5] Schooling 1985:18.
[6] Akin 1987:83.
[7] Parece que algunos gramáticos han pasado por alto este uso de τότε cuando lo describen como «consecutivo» (Porter 1992:217) o introduciendo «un acontecimiento subsiguiente» (Blass et al. 1961:§ 459[2]). En cambio, García Santos (2011:853) dice que indica no solo «*una idea de sucesión inmediata*», sino también «*una simultaneidad temporal*».

## 6.1 Τότε

**Pasaje 1: Mt 2,14–18**

| 14a | δέ | Él se preparó, tomó de noche al niño y a su madre, |
|---|---|---|
| 14b | καί | se retiró a Egipto. |
| 15 | καί | estuvo allí hasta la muerte de Herodes, para que se cumpliera lo dicho por el Señor por medio del profeta: *De Egipto llamé a mi hijo.* |
| 16a | Τότε | Herodes, al ver que había sido burlado por los magos, se enfureció terriblemente |
| 16b | καί | mandó matar todos los niños menores de Belén y de toda su comarca, menores de dos años, según el tiempo que había precisado por los magos. |
| 17–18 | τότε | se cumplió lo dicho por el profeta Jeremías: *Un clamor se ha oído en Ramá* ... |

La naturaleza continuativa de τότε puede verse también al contrastar su uso con el de ἐν ἐκείνῳ τῷ καιρῷ 'en ese tiempo' (que se encuentra en Mt 11,25, Mt 12,1 y Mt 14,1). Como punto de transición que implica reanudación (§ 2.3), esta expresión abre típicamente un episodio que, aunque ocurra en el mismo periodo de tiempo que el episodio anterior, no se asocia sin embargo a este último. Los materiales enlazados por medio de τότε, en cambio, se asocian estrechamente.

En Mateo y Hechos, se usa τότε como conector discursivo en las subsecciones de una narración y también «en el punto culminante de un párrafo o como acontecimiento final».[8] En Lucas, en cambio, solamente encontramos el primer uso, y aún así con poca frecuencia. En cuanto a los evangelistas Marcos y Juan, nunca usan τότε como conector entre oraciones. El cuadro siguiente resume la manera en que cada uno de los evangelistas usa τότε entre oraciones cuando no aparece otro conector.[9]

Cuadro 5. El uso de τότε

| τότε como conector entre oraciones | Mateo | Lucas | Hechos | Marcos/Juan |
|---|---|---|---|---|
| en subsecciones de una narración | sí | (poco) | (poco) | no |
| para resaltar la conclusión | sí | no | sí | no |

El uso más frecuente de τότε como conector discursivo se encuentra en Mateo, así que nos centraremos en dicho evangelio en § 6.1.1.[10] Consideraremos el uso de τότε en los otros evangelios y Hechos en § 6.1.2.

### 6.1.1 Τότε como conector en Mateo

Las dos funciones conectivas de τότε indicadas en el cuadro anterior se encuentran en Mateo. Más comúnmente, τότε aparece en las subsecciones de una narración. Sin embargo, también introduce conclusiones cuando uno de los participantes en un episodio consigue su objetivo.

Como ya se indicó más arriba, la presencia de τότε señala divisiones de un episodio en subsecciones y da cohesión entre ellas indicando continuidad de tiempo y de otros factores. El acontecimiento introducido por τότε también se presenta como el siguiente desarrollo significativo del episodio.

En los cinco párrafos siguientes agrupo casos en Mateo en los que τότε da cohesión e indica desarrollo entre unidades. No sugiero que estas agrupaciones representen una clasificación significativa. Más bien sirven como ilustraciones de la manera en que τότε se emplea para indicar continuidad de tiempo y de otros factores entre las subsecciones de un episodio.

Lo más común es que τότε dé cohesión y señale desarrollo entre unidades que tratan del *mismo tema* pero tienen un *reparto modificado*. Por lo general, el nuevo reparto incluye a unos participantes que figuraron ya antes en el episodio. En Mt 2,16 (pasaje 1), por ejemplo, un participante que figuró antes en el episodio (Herodes) se reintroduce en un punto de transición cuando se vuelve a contar otra parte del mismo episodio. Véase también Mt 13,43.

---

[8] Buth 1990:46 (cf. el final de § 6.1.1)
[9] Τότε no se usa como conector en las epístolas, salvo en la cita del Salmo 40 en Hb 10,7–9 como traducción de *'az*.
[10] En Mateo, τότε es seguido a menudo por un verbo en presente histórico (§ 12.2.1).

En Mt 13,36 (Τότε ἀφεὶς τοὺς ὄχλους ἦλθεν εἰς τὴν οἰκίαν 'Entonces, después de despedir a la multitud, se fue a casa'), τότε enlaza la narración por Jesús de una serie de parábolas con la petición de los discípulos para que interpretara una de ellas. No hay un punto de transición, así que τότε señala el comienzo de una nueva subsección del episodio general. Sin embargo, hay continuidad de tiempo y de otros factores entre las subsecciones. Así también, en Mt 16,20, τότε enlaza la unidad en la que Jesús responde a la declaración de Pedro de que él es el Cristo con la advertencia a todos los discípulos de no comunicarlo a la gente. En ambos casos, τότε señala una división en el episodio, indica que el material enlazado así comparte continuidad de tiempo y de otros factores, e introduce el acontecimiento que representa el próximo desarrollo significativo del episodio.

Τότε también da cohesión y señala desarrollo entre conjuntos de acontecimientos que tienen el *mismo reparto* de participantes. En Mt 4,5, por ejemplo, enlaza dos intercambios entre el diablo y Jesús. En Mt 26,31, enlaza interacciones consecutivas que involucran a Jesús y los apóstoles. En ambos casos, τότε señala una división de los acontecimientos en subsecciones. Al mismo tiempo, indica que las unidades tienen continuidad de tiempo y de otros factores, e introduce el próximo desarrollo significativo del episodio.

En otros pasajes, τότε da cohesión y señala desarrollo entre unidades en las que el *mismo participante principal* interactúa de manera sucesiva con diferentes participantes. En Mt 2,7, después de que Herodes ha interactuado con sus consejeros, τότε introduce su interacción con los Magos. En Mt 11,20, después de reprender Jesús a 'esta generación', τότε introduce su reprensión a las tres ciudades que no habían creído. Así también, en Mt 23,1, después de interactuar Jesús con los fariseos, τότε introduce un discurso a las multitudes en el que les critica. En cada uno de los pasajes, τότε señala una división de los acontecimientos en subsecciones, indica que las unidades comparten una continuidad de tiempo y de otros factores, e introduce el próximo desarrollo significativo de la trama.

De modo similar a los anteriores pasajes se encuentran aquellos en los que τότε abre una unidad narrativa en la que un verbo *presentativo* introduce nuevos participantes en una escena ya existente. Por ejemplo, en Mt 3,13 (Τότε παραγίνεται ὁ Ἰησοῦς 'Por entonces se presenta Jesús'), Jesús es introducido al lugar donde Juan bautizaba (5–12). Así también, en Mt 19,13 (Τότε προσηνέχθησαν αὐτῷ 'Entonces le fueron presentados unos niños'), los niños son traídos al lugar donde Jesús enseñaba (3–12). En ambos casos, τότε señala una división de los acontecimientos en subsecciones, indica que las unidades comparten continuidad de tiempo y de otros factores, e introduce el próximo desarrollo significativo de la trama.

Por último, en Mt 2,17 y en Mt 27,9, τότε introduce una referencia a las Escrituras. Su presencia indica que la Escritura se *cumplió* en el momento en que los acontecimientos sucedieron y por medio de ellos.

En cada uno de los ejemplos de τότε que se han citado hasta ahora, su presencia divide un episodio en subsecciones. Sin embargo, τότε se usa también para introducir el acontecimiento o el discurso *final* hacia el cual el episodio ha estado progresando, aunque la conclusión no constituya una subsección separada. Se puede considerar un uso (retórico) *marcado* de τότε, que trata a la conclusión como si fuera una subsección aparte para resaltarla.

Lo típico es que las conclusiones introducidas con τότε logren el objetivo buscado o pronosticado en los acontecimientos anteriores. En Mt 26,74, por ejemplo, τότε abre la agrupación final de acontecimientos (§ 5.3.3), a saber, la negación final de Pedro y el canto del gallo. Estos acontecimientos son los que Jesús había pronosticado, como el 75 hace recordar al lector.

A veces, el logro del objetivo buscado o pronosticado se ve retrasado por discursos o acontecimientos que intervienen (compárese con el uso adverbial de τότε entre oraciones que se describió anteriormente). Vemos un ejemplo en Mt 15,28 (pasaje 2); encontramos el objetivo que la mujer se había propuesto ya en el 22.

**Pasaje 2: Mt 15,21–28**

| 21 | καί | Jesús, saliendo de allí, se retiró a la región de Tiro y de Sidón. |
|---|---|---|
| 22 | καί | una mujer cananea, que había salido de aquel territorio, gritaba diciendo: «¡Ten piedad de mí, Señor, Hijo de David! Mi hija está malamente endemoniada.» |
| 23a | δέ | Él no le respondió palabra. |
| 23b | καί | sus discípulos, acercándose, le rogaban: «Despídela, que viene gritando detrás de nosotros.» |

## 6.1 Τότε

| 24 | δέ | <u>Él</u> respondiendo, dijo: «No he sido enviado más que a las ovejas perdidas de la casa de Israel.» |
|---|---|---|
| 25 | δέ | <u>Ella</u> vino a postrarse ante él, diciendo: «¡Señor, socórreme!» |
| 26 | δέ | <u>Él</u> respondiendo dijo: «No está bien tomar el pan de los hijos y echárselo a los perritos.» |
| 27 | δέ | <u>Ella</u> dijo: «Sí, Señor; pero también los perritos comen de las migajas que caen de la mesa de sus amos.» |
| 28a | τότε | respondiendo Jesús, le dijo: «Mujer, grande es tu fe; que te suceda como deseas.» |
| 28b | καί | desde aquel momento quedó curada su hija. |

Mateo 8,26b, 9,6b, 9,29, 12,13 y 16,12 dan otros ejemplos de τότε cuando introduce un acontecimiento o un discurso final que puede ser interpretado como el cumplimiento retrasado de un objetivo.

### 6.1.2 Τότε en Marcos, Lucas, Juan y Hechos

Como se ha indicado el cuadro de § 6.1, τότε no se usa en *Marcos* como conector entre oraciones. Solo aparece después de una oración adverbial de tiempo y en la combinación καὶ τότε.

Tampoco se usa τότε como conector entre oraciones en *Juan* (pero véanse Jn 8,59 y 18,10 [D05]). Aparece después de expresiones de tiempo y también cuando está presente una conjunción como οὖν.

En *Lucas*, τότε se encuentra comúnmente después de oraciones adverbiales de tiempo, resaltando el hecho de que el acontecimiento o los acontecimientos que siguen ocurrieron en el momento especificado, a veces con la implicación adicional 'y no en un momento anterior'. Sin embargo, ocasionalmente enlaza unidades narrativas de bajo nivel, para indicar que éstas comparten continuidad de tiempo y de otros factores, y para introducir el próximo desarrollo significativo de la trama. En Lc 24,45, por ejemplo, τότε enlaza dos discursos de Jesús a los discípulos sobre lo que las Escrituras decían respecto a lo que le había ocurrido a él (44) y lo que iba a suceder como resultado (46–48), quizá con la implicación, «en este tiempo y no antes» (Pope c.p.).[11]

En *Hechos*, τότε es un conector entre oraciones bastante común. Como en Lucas, a veces da un vínculo cohesivo entre unidades narrativas de bajo nivel (como en Hch 1,12 y 7,4). En la mayoría de casos, sin embargo, introduce conclusiones que logran el objetivo de uno de los participantes en los acontecimientos anteriores, como en Hch 25,12, 27,32 y probablemente Hch 15,22 (Lc 14,10 también puede ser un ejemplo). En Hch 4,8 y 26,1b, τότε introduce un discurso que quizá podría considerarse como un objetivo, puesto que se desarrolla en respuesta a una pregunta o una invitación.[12]

### Preguntas de repaso

(a) ¿Cuáles son las funciones básicas de τότε cuando se usa como conector discursivo?

(b) Τότε y ἐν ἐκείνῳ τῷ καιρῷ 'en ese tiempo' indican que las unidades que enlazan se realizan en el mismo periodo de tiempo. ¿Qué información adicional comunica τότε?

### Respuestas sugeridas

(a) Cuando se usa como conector discursivo, τότε típicamente señala divisiones de un episodio en subsecciones y les da cohesión indicando continuidad de tiempo y de otros factores. El acontecimiento introducido por τότε también se entiende como el próximo desarrollo significativo del episodio. A veces, τότε introduce *conclusiones* que cumplen (en ocasiones después de un retraso) el objetivo o pronóstico de los acontecimientos anteriores.

(b) Τότε indica que las unidades enlazadas son parte del mismo episodio.

---

[11] Alternativamente, τότε introduce y resalta una agrupación final de acontecimientos (§ 5.3.3) que comprende los vv. 45 καί 46–49.

[12] Cf. más discusión sobre el uso de τότε en Hechos en Levinsohn 1987:151–153.

**Pasaje ilustrativo 3: Lc 14,16b–23**

| 16b–c |  | Un hombre dio una gran cena |
|---|---|---|
| 16c | καί | convidó a muchos. |
| 17 | καί | envió a su siervo a la hora de la cena a decir a los invitados: 'Venid, que ya está todo preparado.' |
| 18–20 | καί | todos a una empezaron a excusarse ... |
| 21a | καί | regresó el siervo y se lo contó a su señor. |
| 21b | τότε | airado, dijo a su siervo: 'Sal en seguida a las plazas y calles del pueblo, y haz entrar aquí a los pobres y lisiados, a ciegos y cojos.' |
| 22 | καί | dijo el siervo: 'Señor, se ha hecho lo que mandaste y todavía hay sitio.' |
| 23 | καί | dijo el señor al siervo: 'Sal a los caminos y cercas, y obliga a la gente entrar, hasta que se llene mi casa.' |

**Pregunta**

¿Cuál es la función de τότε en el v. 21b?

**Respuesta sugerida**

Τότε en el v. 21b señala la división del episodio en subsecciones e indica que las unidades que enlaza tienen continuidad de tiempo y de otros factores (p.ej., el objetivo, que sigue siendo el mismo a pesar de que la segunda unidad entraña un cambio de táctica). También introduce el próximo desarrollo significativo del episodio.

**Pasaje 4: Hch 6,8–11**

| 8 | δέ | Esteban, lleno de gracia y de poder, realizaba grandes prodigios y signos entre el pueblo. |
|---|---|---|
| 9 | δέ | Se presentaron algunos de la sinagoga llamada de los Libertos, cirenenses y alejandrinos, y otros de Cilicia y Asia, y se pusieron a discutir con Esteban; |
| 10 | καί | no eran capaces de enfrentarse a la sabiduría y al Espíritu con que hablaba. |
| 11 | τότε | sobornaron a unos hombres para que dijeran: «Hemos oído a éste pronunciar palabras blasfemas contra Moisés y contra Dios.» |

**Pregunta**

¿Cuál es la función de τότε en el v. 11?

**Respuesta sugerida:** véase el Apéndice bajo 6(4).

## 6.2 Καί adverbial

Todos los idiomas tienen maneras de indicar que una oración debe relacionarse con su contexto por medio de la *adición*. El castellano tiene varios de esos recursos entre los que están «también», «además» y «más aún». Sin embargo, los aditivos tienen distintos usos en diferentes idiomas. A este respecto, Regina Blass ha escrito varios artículos sobre los aditivos en el alemán y el sissala (un idioma Niger-Congo hablado en Burkina Faso y en Ghana), describiendo en qué manera se diferencian de los aditivos del inglés.[13]

---

[13] Por ejemplo, Blass 1990.

## 6.2 Καί *adverbial*

Es normal que los aditivos indiquen *paralelismo* entre la proposición en cuestión y una anterior. Por lo tanto, en el siguiente par de oraciones, el aditivo (indicado con +) indica que la oración b está en paralelo con la oración a. De modo que «una» en la oración b debe entenderse como 'una computadora' debido al paralelismo con la oración a.

(1) a. Guillermo tiene una computadora.
    b. + Susana tiene una.

Sin embargo, en algunos idiomas el mismo aditivo también indica «*confirmación (retrospectiva)*».[14] En otras palabras, la proposición en cuestión se añade para confirmar una anterior. Por ejemplo, cuando el hablante B usa un aditivo en el contexto siguiente en tales idiomas, lo hace para mostrar que confirma lo que el hablante A ha afirmado.[15]

(2) Hablante A: Juan es peruano.
    Hablante B: + es, yo lo conozco.

Los siguientes son otros casos en los que algunos idiomas usan el aditivo como un marcador de confirmación:

(3) Ella le dijo que lo hiciera. + él lo hizo.

(4) Él no quiere parar, + ni por un momento.

En castellano no se utiliza el aditivo «también» para confirmar una proposición anterior. En su lugar, se emplea «hasta», «aun» o «incluso» (p.ej., en 1 Co 2,10b BJ, RVR95, PDT). El griego del NT, en cambio, puede usar el mismo aditivo, καί *adverbial*,[16] para marcar confirmación así como paralelismo. Trataré ahora este marcador y, en § 6.3, contrastaré su función con la de la τέ *solitaria*, otra partícula aditiva.

Antes de ilustrar con ejemplos el empleo de καί adverbial para indicar paralelismo y confirmación, debemos distinguir este uso de καί de su uso conjuntivo; es decir, cuando su función consiste en unir oraciones o grupos de oraciones.[17] Titrud distingue los dos usos sobre la base de la posición que καί ocupa:

> Como una conjunción que enlaza oraciones, καί solamente aparece como la primera palabra de una oración, nunca [más adelante en la misma] .... Cuando καί aparece [más adelante en la oración], es un adverbio.[18]

Titrud dice también:

> La καί conjuntiva es una conjunción coordinante; coordina unidades gramaticales del mismo rango .... Cuando καί aparece entre un verbo indicativo y un participio ..., καί es un adverbio y no una conjuntiva.[19]

En **2 Pe 2,1** (más abajo), καί se emplea tres veces y según los principios de Titrud cada una debe interpretarse como adverbio. Puesto que las dos primeras no inician una oración, no pueden ser

---

[14] Puesto que confirmación *retrospectiva* me parece redundante, me referiré a esta función del aditivo como simplemente *confirmación*.
[15] Blass 1990:135.
[16] García Santos 2011:442.
[17] Para una discusión detallada de καί como una conjunción en las epístolas pastorales, cf. Heckert 1996:71–90.
[18] Titrud 1991:89. Titrud usa la palabra «postpositionally» (en posición no-inicial).
[19] Titrud 1991:9.

conjuntivas. En cuanto a la καί en el 1d, Titrud no la considera como una conjunción porque, si lo fuera, estaría coordinando un indicativo y un participio adverbial.[20]

(1,21)   ... Los profetas fueron hombres que hablaron de parte de Dios movidos por el Espíritu Santo.

(1a)   Ἐγένοντο    δὲ    καὶ    ψευδοπροφῆται    ἐν    τῷ    λαῷ,
       Se.volvieron  md  +    falsos.profetas   entre   el   pueblo

(1b)   ὡς    καὶ    ἐν    ὑμῖν    ἔσονται    ψευδοδιδάσκαλοι,
       como  +    entre  vosotros   habrá     falsos.maestros

(1c)   οἵτινες    παρεισάξουσιν    αἱρέσεις    ἀπωλείας,
       los.cuales  introducirán.secretamente  herejías  de.destrucción

(1d)   καὶ    τὸν    ἀγοράσαντα    αὐτοὺς    δεσπότην    ἀρνούμενοι,
       +    al     habiendo.comprado  -los   Dueño     negando

(1e)   atrayendo sobre sí una rápida destrucción.

Heckert añade un segundo principio para distinguir los usos conjuntivo y adverbial de καί:

Como conjunción, καί enlaza casi invariablemente constituyentes contiguos. Si aparece al principio de una oración, normalmente enlaza oraciones contiguas.[21] En cambio, la καί adverbial, enlaza constituyentes no contiguos a través de los límites entre oraciones distintas ... [P]recede inmediatamente al constituyente que está añadiendo a un constituyente anterior.[22]

Este principio confirma que los dos primeros casos de καί en 2 Pe 2,1 son adverbiales. En ambos casos, el constituyente que sigue inmediatamente es añadido a un constituyente no contiguo a través de una oración distinta. En el 1a, καί precede inmediatamente a ψευδοπροφῆται, y el constituyente al que se añade es la referencia en la oración anterior a los profetas verdaderos o ὑπὸ πνεύματος ἁγίου φερόμενοι ... ἄνθρωποι ('hombres ... movidos por el Espíritu Santo'). Así también, en el 1b, καί precede inmediatamente a ἐν ὑμῖν, y el constituyente al que esto se añade es ἐν τῷ λαῷ, que se encuentra en la oración anterior, separado por ὡς.

Otro principio más para distinguir los usos conjuntivo y adverbial de καί es el siguiente: si los dos principios anteriores arrojan dudas respecto a su uso, trátese καί como conjuntiva.

**Pregunta de repaso**

¿Cómo se puede distinguir la καί adverbial de la καί conjuntiva?

**Respuesta sugerida**

La καί adverbial puede distinguirse de la καί conjuntiva de las siguientes maneras:

- Lo típico es que la καί conjuntiva coordine unidades gramaticales del mismo rango y que, cuando enlaza oraciones aparezca como la primera palabra de una oración.
- Lo típico es que la καί conjuntiva enlace constituyentes contiguos, mientras que la καί adverbial enlaza constituyentes no contiguos a través de los límites entre oraciones distintas.

Las dos primeras oraciones de 2 Pe 2,1 ilustran casos de καί adverbial usada cuando el constituyente al que modifica es *paralelo* al constituyente al cual se añade. En el 1a, ψευδοπροφῆται es paralelo

---

[20] Titrud 1991:9. Muchos gramáticos consideran que, a veces, καί se usa para coordinar unidades de rango *diferente*. Sin embargo, es un buen principio lingüístico empezar suponiendo que las normas para interpretar καί se han seguido y ver si esa suposición conduce a una interpretación aceptable del pasaje bajo consideración, antes de proponer una interpretación basada en el incumplimiento de las normas.

[21] Cf. Ef 2,6a para una excepción. Los grupos coordinados divididos (§ 4.4.1) constituyen otra excepción.

[22] Heckert 1996:58.

## 6.2 Καί adverbial

a ὑπὸ πνεύματος ἁγίου φερόμενοι ἄνθρωποι (1,21). De manera semejante, en el 1b, ἐν ὑμῖν es paralelo a ἐν τῷ λαῷ.[23]

Los pasajes siguientes son también ejemplos de καί adverbial usada cuando hay paralelismo con un constituyente anterior y no contiguo.

En **2 Tm 2,2b**, el constituyente que sigue inmediatamente a καί, ἑτέρους, es paralelo al constituyente no contiguo πιστοῖς ἀνθρώποις (hombres fieles) del 2a.

(2a) y cuanto me has oído en presencia de muchos testigos confíalo a hombres fieles,

(2b) οἵτινες **ἱκανοὶ** ἔσονται **καὶ** ἑτέρους διδάξαι.
los.cuales idóneos serán + a.otros a.enseñar

En **1 Tm 2,5**, el constituyente que sigue inmediatamente a καί, μεσίτης θεοῦ καὶ ἀνθρώπων, es paralelo al constituyente no contiguo θεός.

(5) εἷς γὰρ θεός, εἷς καὶ μεσίτης θεοῦ καὶ ἀνθρώπων,
un porque Dios un + mediador de.Dios y de.hombres

En **2 Tm 2,12b**, el constituyente que sigue inmediatamente a καί, ἐκεῖνος, es paralelo al sujeto del verbo anterior ('nosotros').

(12b) εἰ ἀρνησόμεθα, **κἀκεῖνος** ἀρνήσεται ἡμᾶς·
si negáramos +.aquél negará -nos

Como señalan Titrud y Heckert, la καί adverbial modifica el constituyente que la *sigue inmediatamente* (aun si es un verbo [véase más abajo]). Como tal, se diferencia de «también» en castellano, que no tiene que ubicarse necesariamente antes del constituyente que modifica. Por lo tanto, la RVR95 traduce 2 Tm 2,12b como «Si lo negamos, él *también* nos negará».

**Rm 5,7b** da un ejemplo de καί adverbial usada como marcador de *confirmación*. La presencia de γάρ hace que el 7b deba interpretarse como refuerzo del 7a. A su vez, la presencia de καί confirma la posibilidad de que alguien pueda tener *de hecho* la valentía de morir por una buena persona, a la luz de que solo raras veces uno morirá por una persona justa.

(7a) Y pensemos que difícilmente habrá quien muera por un justo;

(7b) ὑπὲρ γὰρ τοῦ ἀγαθοῦ τάχα τις καὶ τολμᾷ ἀποθανεῖν·
por porque el bueno quizás alguien + se.atreva a.morir

La mayoría de los casos de καί adverbial que se usan para confirmación se llaman tradicionalmente «ascendentes» y «se presentan en contextos que dan lugar a una interpretación de "baja probabilidad"».[24] **1 Co 2,10b** ofrece un ejemplo de dicho uso. El constituyente que sigue inmediatamente a καί, τὰ βάθη τοῦ θεοῦ, se añade al constituyente no contiguo πάντα para confirmar que el Espíritu verdaderamente examina *todas* las cosas. 'Lo profundo de Dios' se considera el elemento *menos probable* de entre todas las cosas que el Espíritu (o, más probablemente, los oponentes de Pablo) podría sondear.

(10b) τὸ γὰρ πνεῦμα **πάντα** 'ραυνᾷ, καὶ τὰ βάθη τοῦ θεοῦ.
el porque Espíritu todas.cosas sondea + las profundidades del Dios

---

[23] Cf. más adelante la discusión de καί en 2 Pe 2,1d como marcador de confirmación.
[24] Wallace y Steffen 2015:532; Blass 1993.

En **St 2,19b**, el constituyente que sigue inmediatamente a καί, τὰ δαιμόνια, se añade al pronombre no contiguo σύ (tú) en confirmación irónica de que 'tú' haces bien en creer que hay un Dios. 'Los demonios' se consideran como los seres con los que 'tú' menos quisieras ser comparado en relación a 'tu' fe en Dios.

(19a)  ¿Crees que hay un solo Dios? Estupendo.

(19b)  καὶ   τὰ   δαιμόνια   πιστεύουσιν   καὶ   φρίσσουσιν.
      +   los   demonios   creen   y   tiemblan

2 Pe 2,1d (citado más arriba) da un ejemplo más donde el constituyente que sigue inmediatamente a καί, τὸν ἀγοράσαντα αὐτοὺς δεσπότην (ἀρνούμενοι), se presenta como el caso más extremo de las 'herejías perniciosas' que van a traer los falsos maestros (1c).

El constituyente al que se añade el constituyente modificado por καί no siempre se expresa explícitamente. Puede *suponerse contextualmente*. Vemos un ejemplo en **Ga 5,12**, donde el contexto habla de la circuncisión (2–11). Pablo añade a la información supuesta contextualmente de que 'los que os perturban' han sido circuncidados o ellos mismos se han circuncidado, la acción paralela que menos probablemente harían: 'mutilarse ellos mismos'.[25]

(11)  En cuanto a mí, hermanos, si aún predicase la circuncisión, no tendría por qué ser perseguido. ¡En tal caso, la cruz ya no supondría ningún escándalo para quienes me persiguen!

(12)  ὄφελον   καὶ   ἀποκόψονται   οἱ   ἀναστατοῦντες   ὑμᾶς.
      ¡Ojalá   +   se.mutilasen   los   perturbando   –os!

En conclusión, Blass recuerda a sus lectores que «la implicación de "bajo en la escala de probabilidad" de "hasta" no forma parte del significado de καί. Más bien la interpretación escalar surge a partir de su uso en el contexto.»[26] En otras palabras, se reconoce el uso ascendente de la καί adverbial cuando lo añadido en asociación con ella es «bajo en la escala de probabilidad».

**Preguntas de repaso**

(a) ¿Con qué constituyente se relaciona la καί adverbial como un aditivo?
(b) ¿Cuáles son las dos relaciones con un constituyente no contiguo correspondiente que pueden discernirse cuando aparece καί adverbial?
(c) ¿Cómo surge el sentido ascendente de καί?

**Respuestas sugeridas**

(a) La καί adverbial se relaciona como un aditivo con el constituyente que la sigue inmediatamente.
(b) Las relaciones con un constituyente correspondiente no contiguo que pueden discernirse cuando aparece καί adverbial son las de paralelismo y de confirmación.
(c) El sentido ascendente de καί surge cuando el constituyente que modifica se considera desde el contexto como el elemento menos probable o el más extremo de un conjunto de posibilidades.

Ahora paso al *grado de prominencia* que debe asociarse con καί adverbial, y afirmo que se determina por la *posición* en la oración del constituyente que modifica (véanse los capítulos 2–3).[27]

---

[25] Lightfoot (1892:207) nota la yuxtaposición de los conceptos de circuncisión y mutilación en Dion Cassius.
[26] Blass 1993.
[27] En el caso de *verbos* modificados por καί, cf. § 3.5 sobre la colocación de un verbo al final de su oración para prominencia focal (como en Rm 5,7b [tratado más arriba]).

## 6.2 Καί *adverbial*

Si el constituyente modificado por καί se antepone por prominencia focal (*precede* al verbo), entonces es realmente «intensificado o enfatizado».[28]

Si el constituyente modificado por καί está en su posición *por defecto* (*sigue* al verbo), entonces lo típico es que se le dé menos prominencia que cuando está antepuesto para prominencia focal.

Si el constituyente modificado por καί se antepone como *punto de transición*, solamente recibe la prominencia asociada con un cambio desde el constituyente correspondiente.[29]

**2 Pe 2,1** (repetido más abajo) ilustra las tres posiciones. En el 1d, καὶ τὸν ἀγοράσαντα αὐτοὺς δεσπότην precede al verbo y ha sido antepuesto por prominencia focal; ésta es la posición más común cuando se da el sentido ascendente de καί. En el 1a, καί ψευδοπροφῆται sigue al verbo en su posición por defecto. Este constituyente no está antepuesto porque el interés del escritor en falsos profetas es solo de paso mientras va al tema de su pasaje, los 'falsos maestros' que van a estar entre 'vosotros'. Finalmente, el 1b tiene configuración presentativa, con el sujeto ψευδοδιδάσκαλοι al final de la oración para prominencia focal (§ 3.5). Καὶ ἐν ὑμῖν, a su vez, se ha antepuesto como punto de transición, que bien podría tener una prominencia temática ya que la atención cambia de los falsos profetas del 1a, pero no es el foco principal de la oración.[30]

(1a) Ἐγένοντο δὲ καὶ ψευδοπροφῆται ἐν τῷ λαῷ,
Se.volvieron md + falsos.profetas entre el pueblo

(1b) ὡς καὶ ἐν ὑμῖν ἔσονται ψευδοδιδάσκαλοι,
como + entre vosotros habrá falsos.maestros

(1c) οἵτινες παρεισάξουσιν αἱρέσεις ἀπωλείας,
los.cuales introducirán.secretamente herejías de.destrucción

(1d) καὶ τὸν ἀγοράσαντα αὐτοὺς δεσπότην ἀρνούμενοι,
+ al habiendo.comprad -los Dueño negando

St 2,19b (citado más arriba) da otro ejemplo en que el constituyente modificado por καί está antepuesto para prominencia focal.[31] En el caso de **1 Co 2,10b** (repetido más abajo), aunque καὶ τὰ βάθη τοῦ θεοῦ sigue al verbo, es una aposición a πάντα, que ha sido antepuesto para prominencia focal, así que es de suponer que recibe el mismo grado de prominencia.

(10b) τὸ γὰρ πνεῦμα πάντα ἐραυνᾷ, καὶ τὰ βάθη τοῦ θεοῦ.
el porque Espíritu todas.cosas sondea + las profundidades del Dios

En **Hch 21,16a**, el constituyente modificado por καί está en su posición por defecto después del verbo. Es una posición totalmente adecuada para el constituyente focal de la oración, ya que el versículo tiene que ver menos con los discípulos que 'vinieron también con nosotros' que con la persona a la cual fuimos traídos, a saber, Mnasón.[32]

---

[28] Titrud 1992:242–243.

[29] Titrud (1992:242–243) hace una afirmación más fuerte: «Parece que la καί adverbial pone una especial atención a lo que la sigue, marcándolo con prominencia … parece que la función principal de la καί adverbial es indicar que el(los) constituyente(s) deberían ser intensificados o enfatizados, tal como un reflector enfoca nuestra atención en algo». Sin embargo, también dice (p. 245): «En muchos casos, es bastante difícil determinar el grado de intensidad que el escritor desea comunicar» por medio de καί adverbial. Esta sección sostiene que «el grado de intensidad» se determina por la posición del constituyente en la oración.

[30] Entre los constituyentes modificados por καί en los pasajes citados por Titrud (1991:4–7), parece que los siguientes se anteponen como puntos de transición: Mt 18,33b, Mc 13,29, Lc 17,10 y Lc 21,31.

[31] Titrud (1991:4–7) cita muchos pasajes en los que el constituyente modificado por καί precede al verbo para prominencia focal, entre ellos Mt 5,46, Mc 4,41, Jn 7,47, 1 Pe 2,21, 1 Pe 3,19, 2 Pe 1,14 y 2 Pe 3,16a.

[32] El orden de los constituyentes en Hch 21,16a se ha determinado por medio de los principios por defecto 2 y 3, en vez de 1 (§ 3.1–3.3).

(15)   ... subíamos a Jerusalén.

(16a)  συνῆλθον     δὲ    καὶ   τῶν   μαθητῶν   ἀπὸ   Καισαρείας   σὺν   ἡμῖν,
       vinieron.con  md   +    de.los  discípulos   de    Cesarea      con   nosotros

(16b)  que nos llevaron a casa de un tal Mnasón, de Chipre, antiguo discípulo, donde nos habíamos de hospedar.

Véase también Ef 6,21 ("Ἵνα δὲ εἰδῆτε καὶ ὑμεῖς τὰ κατ᾽ ἐμέ 'Para que también vosotros sepáis mis asuntos').[33]

En **Hch 9,24b**, la *BJ* trata la καί adverbial como ascendente, traduciendo la oración, «Habían montado vigilancia día y noche hasta en las puertas de la ciudad». Sin embargo, el constituyente en cuestión sigue al verbo en su posición por defecto, y creo más probable que el constituyente inarticulado final, ἡμέρας τε καὶ νυκτος 'día y noche', sea el foco del comentario. En cualquier caso, τὰς πύλας difícilmente puede considerarse el lugar «menos probable o más extremo» que los judíos vigilarían en relación a su complot para matar a Saulo.[34] En consecuencia, aunque parecería que τὰς πύλας se añade para confirmar la seriedad del complot para matar a Saulo, no se le da particular prominencia.

(23b–24a)   los judíos tomaron la decisión de matarlo, pero Saulo tuvo conocimiento de su conjura.

(24b)  παρετηροῦντο       δὲ   καὶ   τὰς   πύλας     ἡμέρας   τε   καὶ   νυκτὸς
       vigilaban.de.cerca   md  +    las   puertas   de.día    AD   y    de.noche

       ὅπως      αὐτὸν   ἀνέλωσιν·
       a.fin.de   le      matar

Flp 2,9 (διὸ <u>καὶ ὁ θεὸς</u> αὐτὸν ὑπερύψωσεν [por.lo.que + el Dios le exaltó.sobre]) es un caso en el que el constituyente modificado por καί, ὁ θεός, está antepuesto como un punto de transición, pues la atención cambia de Jesús (el sujeto en los 6–8) a Dios. Varios comentaristas hacen observaciones como «Καί implica que Dios *por su parte responde*»,[35] lo cual sugiere que καί debe interpretarse como un marcador de *confirmación*. O sea, la acción de Dios de exaltar a Jesús confirma lo que Jesús hizo en obediencia. Alternativamente, el himno que Pablo cita traza un paralelo entre Dios que exalta a Jesús y Jesús siendo exaltado (ὑψωθῆναι [Jn 3,14]) en la cruz, lo cual se menciona al final del 8.[36]

Finalmente, consideremos **1 Pe 3,5**, puesto que es un ejemplo sobre el que Titrud expresa dudas en cuanto a «el grado de intensidad que el escritor desea comunicar».[37] El problema es que el constituyente modificado por καί podría estar antepuesto como un punto de transición o para prominencia focal. Si ἐκόσμουν ἑαυτὰς ὑποτασσόμεναι τοῖς ἰδίοις ἀνδράσιν se considera como un comentario sobre αἱ ἅγιαι γυναῖκες αἱ ἐλπίζουσαι εἰς θεόν, funcionaría como un punto de transición/tema proposicional, que no recibe prominencia especial. En cambio, si ἐκόσμουν ἑαυτὰς ὑποτασσόμεναι τοῖς ἰδίοις ἀνδράσιν se ve como información que se presupone (el contexto tiene que ver con la manera en que deben adornarse las mujeres sumisas a sus maridos), el constituyente se antepone por prominencia focal. Esta interpretación se refleja en castellano en una oración hendida con dos focos de información: «Era **así** que <u>en tiempos antiguos</u> se adornaban **las santas mujeres que esperaban en Dios** ...». El

---

[33] Yo interpretaría Mt 6,10b (γενηθήτω τὸ θέλημά σου, ὡς ἐν οὐρανῷ καὶ ἐπὶ γῆς 'hágase tu Voluntad, como en el cielo, así también en la tierra') como dos «unidades de información» (Halliday 1967:200), con el constituyente modificado por καί en su posición por defecto en la segunda. Cf. también Hch 7,51.

[34] Καί adverbial precede a τὰς πύλας, no a παρετηροῦντο.

[35] Plummer 1919:47.

[36] Cf. Greenlee (1992:118) para un resumen de los puntos de vista de los comentaristas en cuanto al constituyente con el que καί se relaciona en este versículo. Mi discusión asume que διὸ καί es una combinación de διό y καί adverbial, como parece claro en Lc 1,35 y 2 Co 5,9, en vez de un conector compuesto. Algunos comentaristas relacion καί con ὑπερύψωσεν 'altamente exaltado', aunque no sigue inmediatamente a καί.

[37] Titrud 1992:245.

foco de la primera unidad de información es οὕτως, y el constituyente modificado por καί es el foco de la segunda, siguiendo al punto de transición ποτέ.

(1) Igualmente, vosotras, mujeres, sed sumisas a vuestros maridos ... (4) en la incorruptibilidad de un espíritu dulce y sereno. Dios considera precioso ese comportamiento.

(5) οὕτως γάρ <u>ποτε</u> καὶ αἱ ἅγιαι γυναῖκες αἱ ἐλπίζουσαι εἰς θεὸν
    así    porque otrora +   las  santas  mujeres  las  esperando   en  Dios

ἐκόσμουν ἑαυτάς, ὑποτασσόμεναι τοῖς ἰδίοις ἀνδράσιν,
ataviaban a.sí.mismas, sometiéndose a.los propios maridos

En resumen, la *presencia* de καί adverbial indica que el constituyente que lo sigue inmediatamente debe ser añadido a un constituyente correspondiente (sea explícito o supuesto contextualmente) para paralelismo o confirmación. La *posición* en la oración de este constituyente determina el grado de prominencia que se le debe dar, sea como un punto de transición, antepuesto para prominencia focal, o siguiendo al verbo en su posición por defecto.

**Pregunta de repaso**

Cuando καί adverbial modifica un constituyente de una oración, ¿cómo afecta la posición en la oración la prominencia de dicho constituyente?

**Respuesta sugerida**

La posición en la oración de un constituyente modificado por καί afecta su prominencia como sigue:
- Si está antepuesto por prominencia focal (*precede* al verbo), es realmente «intensificado o enfatizado».[38]
- Si está en su *posición por defecto* (*sigue* al verbo), lo típico es que se le dé menos prominencia que cuando está antepuesto por prominencia focal.
- Si está antepuesto como un *punto de transición*, solamente recibe la prominencia asociada con un cambio desde un constituyente correspondiente.

**Pasaje ilustrativo 5a: Flp 2,23–24**

(23) <u>τοῦτον</u> μὲν οὖν ἐλπίζω πέμψαι ὡς ἂν ἀφίδω τὰ περὶ ἐμὲ
     a.éste    pues     espero  enviar tan.pronto como vea.claro lo concerniente a.mí

ἐξαυτῆς·
inmediatamente

(24) πέποιθα δὲ ἐν κυρίῳ ὅτι καὶ αὐτὸς ταχέως ἐλεύσομαι.
     confío   md  en Señor  que  +  (yo) mismo en.breve vendré

**Pregunta**

En el v. 24, ¿en qué sentido es aditivo καί? ¿Cuánta prominencia se le da a αὐτὸς?

**Respuesta sugerida**

En el v. 24, la presencia de καί indica paralelismo con 'éste' (23), es decir, con Timoteo (19); «aunque, con la ayuda del Señor, estoy persuadido de que también yo iré pronto a veros».[39] Αὐτός puede haber

---

[38] Titrud 1992:245.
[39] Ramírez Fueyo 2006:143.

sido antepuesto para dar un nuevo punto de transición, con la prominencia asociada a un cambio de atención desde otro participante. Ταχέως se interpretaría entonces como el foco del comentario acerca de 'yo mismo'. Alternativamente, αὐτός puede haberse antepuesto por prominencia focal.

**Pasaje ilustrativo 5b: Flp 2,4-5**

(4) μὴ    τὰ         ἑαυτῶν        ἕκαστος    σκοποῦντες
    no   las.cosas  de.sí.mismos  cada.uno   poniendo.mira

   ἀλλὰ  [καὶ]  τὰ    ἑτέρων    ἕκαστοι.
   sino    +    las   de.otros  cada.unos

(5) τοῦτο  φρονεῖτε  ἐν      ὑμῖν       ὃ       καὶ  ἐν   Χριστῷ  Ἰησοῦ,
    esto   pensad    entre   vosotros   lo.que   +   en   Cristo  Jesús

**Preguntas**

(a) En el v. 4, ¿qué diferencia ejerce la presencia o ausencia de καί respecto al modo en que el constituyente que modifica se relaciona con el contexto? ¿Cuánta prominencia se da a dicho constituyente? (Véase la discusión de 1 Co 2,10 más arriba).

(b) En el 5, ¿en qué sentido es aditivo καί? ¿Cuánta prominencia se da a ἐν Χριστῷ Ἰησοῦ?

**Respuestas sugeridas**

(a) En el v. 4, la presencia de καί indica una relación aditiva entre τὰ ἑτέρων y τὰ ἑαυτῶν. Sin καί, se podría entender el versículo como una instrucción a los destinatarios de cara a ver los intereses de otros *en vez de* sus propios intereses (pero véase § 7.1 sobre el uso de ἀλλά después de un negativo). Puesto que τὰ ἑαυτῶν está antepuesto para enfocarlo de modo interino (§ 4.3), τὰ ἑτέρων también está marcado para darle prominencia.

(b) En el 5, καί se usa probablemente para indicar que ἐν Χριστῷ Ἰησοῦ debe interpretarse como *paralelo* a ἐν ὑμῖν. Ὃ καὶ ἐν Χριστῷ Ἰησοῦ sigue al verbo en su posición por defecto, puesto que facilita la introducción de un tema secundario (el tema primario son las exhortaciones a los filipenses [véanse los 1–5, 12ss]). Sin embargo, es posible que καί se use en un sentido *confirmatorio*, y la actitud de Cristo Jesús se mencione para reforzar la exhortación de los 1–4, en cuyo caso τοῦτο «se refiere a la generosidad y la humildad aconsejados en los versículos anteriores».[40] Este sentido sería el preferido si se leyera la variante γάρ en el 5.

**Pasaje 6a: Mt 10,29-30**

(29)  ¿No se venden dos pajarillos por un as? Pues bien, ni uno de ellos caerá en tierra sin el consentimiento de vuestro Padre.

(30)  ὑμῶν        δὲ   καὶ  αἱ    τρίχες    τῆς      κεφαλῆς   πᾶσαι   ἠριθμημέναι  εἰσίν.
      de.vosotros md    +   los   cabellos  de.la    cabeza    todos   contados     están

**Pasaje 6b: 1 Co 7,40**

(40a) Sin embargo, será más feliz si permanece así según mi consejo;

(40b) δοκῶ   δὲ   κἀγὼ    πνεῦμα    θεοῦ     ἔχειν.
      pienso md   +.yo    Espíritu  de.Dios  tener

---

[40] Greenlee 1992:103.

**Preguntas**

(a) En Mt 10,30, ¿por qué ὑμῶν empieza la oración? (Véase § 4.5).

(b) ¿Cuál es la función de καί en este versículo? ¿Cuánta prominencia se da al constituyente que modifica?

(c) En 1 Co 7,40b, ¿cuál es la función de καί?

**Respuestas sugeridas**: véase el Apéndice bajo 6(6).

## 6.3 Τέ *solitaria*

La forma de τέ de la que hablamos en esta sección aparece sola, sin una καί o τέ que le corresponda, de ahí lo de *solitaria*.[41] Debe distinguirse de τέ correlativa, es decir, τέ usada en las combinaciones τέ ... καί y τέ ... τέ que se traducen tradicionalmente 'tanto ... como', 'no solo ... sino también'.

Casi todos los casos de τέ *solitaria* en el NT se encuentran en Hechos. Los demás casos en los que enlaza oraciones contiguas se ubican en Mt 28,12, Lc 24,20, Jn 4,42, Jn 6,18, Rm 2,19, Rm 16,26, Ef 3,19, Hb 1,3, Hb 12,2 y Judas 6.[42] En muchos de estos pasajes, δέ es una variante; en otros, τέ se omite. Donde la quinta edición corregida de las *SBU* registra una variante, el comentario «(*SBU*)» indica que mis observaciones se basan en la interpretación preferida por dicha edición.

Hemos visto que la καί adverbial añade acontecimientos u oraciones *paralelos* (muy a menudo con sujetos diferentes), u oraciones que *confirman* una oración anterior. En cambio, la τέ *solitaria* añade oraciones distintas que se caracterizan por *mismidad*, en el sentido de que se refieren a diferentes aspectos del mismo acontecimiento, de la misma ocasión o de la misma unidad pragmática.[43]

En **Hch 8,25**, la τέ *solitaria* enlaza oraciones que se refieren a dos aspectos del mismo acontecimiento. El hecho de 'anunciar el evangelio en muchas poblaciones de los samaritanos' es un aspecto diferente del mismo acontecimiento 'regresaban a Jerusalén', en el sentido de que el anuncio se realizó mientras los apóstoles regresaban allí (la τέ *solitaria* aparece con la abreviatura ad).

(25a) Οἱ μὲν οὖν διαμαρτυράμενοι καὶ λαλήσαντες τὸν λόγον τοῦ κυρίου
Ellos pues habiendo.testificado y habiendo.hablado la palabra del Señor

ὑπέστρεφον εἰς Ἰεροσόλυμα,
regresaban a Jerusalén

(25b) πολλάς τε κώμας τῶν Σαμαριτῶν εὐηγγελίζοντο.
muchas AD aldeas de.los samaritanos evangelizaban

Otros pasajes en los que la τέ *solitaria* enlaza proposiciones que se refieren a aspectos diferentes del mismo acontecimiento son Hch 20,7 (Pablo les estaba predicando ... τέ siguió hablando [el mismo sermón] hasta medianoche) y, entre participios, Mt 28,12 (habiéndose reunido con los ancianos τέ habiéndose hecho un plan [durante esa reunión]).

En **Hch 21,18** (*SBU*), la τέ *solitaria* enlaza oraciones que se refieren a dos aspectos diferentes de la misma *ocasión*; los presbíteros asistían a la reunión entre Pablo, nosotros y Santiago.

(18a) τῇ δὲ ἐπιούσῃ εἰσῄει ὁ Παῦλος σὺν ἡμῖν πρὸς Ἰάκωβον
al md día.siguiente entró el Pablo con nosotros a Santiago

---

[41] Winer 1882:542.

[42] En Rm 7,7, la τέ *solitaria* enlaza constituyentes no contiguos entre oraciones unidas por γάρ; τὴν ἐπιθυμίαν 'la codicia' es un caso específico de τὴν ἁμαρτίαν 'el pecado'. Como en otros casos de τέ solitaria, las oraciones en cuestión se caracterizan por *mismidad*.

[43] «Es adicional, pero en relación íntima con lo anterior» (Robertson 1934:1179).

(18b) **πάντες** τε παρεγένοντο οἱ πρεσβύτεροι.
todos AD estaban.presentes los presbíteros

Otros pasajes en los que la τέ *solitaria* enlaza oraciones que se refieren a aspectos diferentes de la misma ocasión son:

Hch 1,15: Pedro se puso en pie ante los hermanos τέ el grupo (entre los que estaba en pie) era de unos ciento veinte.

Hch 12,17 (*SBU*): Pedro describe cómo el Señor lo había sacado de la cárcel τέ dice (en la misma ocasión): «Comunicad esto a Santiago y a los hermanos.»

Jn 4,41–42 (*SBU*): Muchos más creyeron por sus palabras τέ decían a la mujer: «Ya no creemos por tus palabras, pues nosotros mismos hemos oído ....» Τέ enlaza aspectos diferentes de la respuesta de ellos al hecho de que Jesús se quedó con ellos dos días.

Si aplicamos las conclusiones anteriores a la presencia de la τέ *solitaria* en **Hch 17,14** (*SBU*), las oraciones en cuestión deben interpretarse como referidas a aspectos diferentes de la misma ocasión. «La urgencia de la salida de Pablo fue tal que Silas y Timoteo tuvieron que quedarse».[44] Eso significa que las oraciones no están en contraste, y que 'pero' no es la conjunción apropiada para expresar la relación entre ellas («mientras que Silas y Timoteo se quedaron allí» [*BJ*]).

(14a) εὐθέως δὲ τότε τὸν Παῦλον ἐξαπέστειλαν οἱ ἀδελφοὶ
inmediatamente md entonces al Pablo enviaron los hermanos

πορεύεσθαι ἕως ἐπὶ τὴν θάλασσαν,
a.marchar hasta junto al mar

(14b) ὑπέμεινάν τε ὅ τε Σιλᾶς καὶ ὁ Τιμόθεος ἐκεῖ.
se.quedaron AD los AD Silas y el Timoteo allí

**Hch 5,41–42** ilustra el uso de la τέ *solitaria* para enlazar oraciones que pertenecen a la misma *unidad pragmática*, en el sentido de que es el contexto lo que las aúna. Los versículos describen la respuesta de los apóstoles a las acciones de las autoridades, y podrían verse como aspectos diferentes de la misma respuesta, siendo ambos contrarios a las intenciones de las autoridades.

(41) Οἱ μὲν οὖν ἐπορεύοντο χαίροντες ἀπὸ προσώπου τοῦ συνεδρίου,
Ellos pues se.iban gozosos de presencia del sanedrín

ὅτι κατηξιώθησαν ὑπὲρ τοῦ ὀνόματος ἀτιμασθῆναι,
que fueron.tenidos.por.dignos.de a.favor del Nombre ser.afrentados

(42) πᾶσάν τε ἡμέραν ... οὐκ ἐπαύοντο διδάσκοντες καὶ εὐαγγελιζόμενοι
todo AD día no cesaban enseñando y anunciando

τὸν Χριστὸν Ἰησοῦν.
al Cristo Jesús

Un ejemplo más en el que la τέ *solitaria* enlaza oraciones que pertenecen a la misma unidad pragmática se encuentra en Hch 10,33 (Así que luego envié por ti τέ tú has hecho bien en venir). El contexto aclara que la razón por la que Cornelio envió un mensaje a Pedro era llamarlo para que viniera, así que las dos oraciones juntas representan aspectos complementarios del cumplimiento de la orden del ángel en el 32.

Los estudios realizados en varios idiomas han revelado que, cuando se usa un aditivo para indicar que oraciones distintas pertenecen a la misma unidad pragmática, el efecto es identificar el acontecimiento con el que está asociado el aditivo como *de significación particular* para el desarrollo siguiente

---

[44] Levinsohn 1987:129; cf. el v. 15b.

## 6.3 Τέ solitaria

de la narración. Se hace más evidente cuando una conjunción coordinante ha enlazado las oraciones anteriores.[45]

Este efecto puede ilustrarse en el caso del griego por medio de pasajes en los que una oración asociada con τέ sigue a una o más introducidas por καί. Lo típico es que en esos pasajes, la oración asociada con τέ introduzca la *entrada específica* al siguiente desarrollo de la trama. Parece que la presencia de τέ, después de una serie de acontecimientos introducidos con καί, aumenta la tensión (Pope c.p.) en anticipación de un desarrollo importante que se basará en el acontecimiento asociado con τέ.

Vemos un ejemplo en Hch 12,10-13 (a continuación). Mientras que los acontecimientos de los 10-11 (la liberación de Pedro de la prisión y su reconocimiento de que su liberación fue milagrosa) los enlaza καί, la última parte de su camino (12) es introducida con τέ y presenta la entrada específica al desarrollo siguiente de la narración (introducido en el 13, con δέ).

**Pasaje 7: Hch 12,10-13**

| 10a | δέ | Una vez atravesadas la primera y la segunda guardias, llegaron a la puerta de hierro que daba a la ciudad, la cual se les abrió por sí misma. |
|---|---|---|
| 10b | καί | habiendo salido, recorrieron una calle, |
| 10c | καί | el ángel desapareció de pronto de su vista. |
| 11 | καί | Pedro, volviendo en sí, dijo: «Ahora me doy cuenta realmente de que el Señor ha enviado su ángel y me ha librado de las manos de Herodes y de la expectación de los judíos.» |
| 12 | τέ | Consciente de su situación, marchó a la casa de la María ... donde se hallaban muchos reunidos en oración. |
| 13 | δέ | Cuando llamó a la puerta del vestíbulo, salió a abrirle una sirvienta llamada Rosa. |

Este efecto pragmático al usarse τέ se encuentra no solamente después de una serie de acontecimientos introducidos con καί; puede hallarse también cuando el acontecimiento añadido, aunque tiene que ver con la misma ocasión, por otra parte *no está relacionado* con el acontecimiento al que se asocia. Hch 28,1-3 (más abajo) ilustra este caso. La oración del 1 proporciona información de trasfondo que no es particularmente importante para los acontecimientos que siguen, mientras que el 2a, con su constituyente antepuesto que marca un cambio de atención de 'nosotros' a 'los habitantes del lugar', añade un acontecimiento no relacionado. Este acontecimiento es el que establece el paso al desarrollo del 3.

**Pasaje 8: Hch 28,1-3**

| 1 | καί | Una vez a salvo, pudimos saber que la isla se llamaba Malta. |
|---|---|---|
| 2a | τέ | Los nativos nos mostraban una humanidad poco común; |
| 2b | γάρ | encendiendo una hoguera, hicieron que nos acercáramos todos para resguardarnos de la lluvia que caía y del frío. |
| 3 | δέ | Pablo habiendo reunido una brazada de ramas secas, al ponerla sobre la hoguera, una víbora, que salía huyendo del calor, le mordió en la mano. |

---

[45] Cf., por ejemplo, Follingstad 1994:163-164 sobre el uso del aditivo *kìn* en el idioma nigeriano tyap (Niger-Congo).

Este efecto pragmático puede explicarse desde los principios de la Teoría de la Relevancia. Cuando un hablante escoge usar una aditiva (marcada) como «también», aunque una conjunción coordinante (no-marcada) como «y» aparentemente podría ser adecuada, «debe haber querido comunicar efectos contextuales especiales» (Gutt 1991:103). La afirmación de Gutt se basa en que el rasgo en cuestión es menos común que el otro. Escogiendo una forma menos común o más marcada, «el comunicador hace que el enunciado sea más laborioso de procesar ... [y] eso indicaría que quería comunicar implicaciones adicionales para compensar el aumento del esfuerzo procesual» (p. 41).

Véanse también Hch 9,3 y Hch 15,4.[46]

Debido a ejemplos de este tipo, los antiguos gramáticos del griego sugirieron que los elementos enlazados por medio de τέ no eran «homogéneos», en el sentido de que no eran de igual importancia.[47] Sin embargo, ese rasgo no forma parte del significado *semántico* de τέ (ni de «también»). Más bien, el *efecto pragmático* de añadir el último acontecimiento de una serie o de añadir un acontecimiento no relacionado con el anterior, en vez de simplemente coordinarlo con καί, indica que es de importancia especial para un desarrollo significativo que vendrá a continuación.[48]

Lc 24,19–21 ofrece un caso *no-narrativo* de τέ usada para añadir una proposición que tiene significado especial para lo que sigue. El discurso de los 19b–24 se refiere en general a aquello que su oyente debería conocer («¿Qué ha ocurrido?» [19a]) y τέ en el 20 añade el acontecimiento específico que los lleva a volver a examinar sus expectativas acerca de Jesús (21a).

**Pasaje 9: Lc 24,19b–21a (*SBU*)**

| 19b | | «Lo de Jesús el Nazoreo, un profeta poderoso en obras y en palabras a los ojos de Dios y de todo el pueblo: |
|---|---|---|
| 20 | τέ | cómo nuestros sumos sacerdotes y magistrados lo condenaron a muerte y lo crucificaron. |
| 21a | δέ | <u>Nosotros</u> esperábamos que iba a ser quien liberaría a Israel; ...» |

**Preguntas de repaso**

(a) ¿Cuál es la función básica de la τέ *solitaria*? ¿En qué se diferencia de la función de la καί adverbial?

(b) ¿Qué efecto pragmático tiene la τέ *solitaria*, especialmente cuando sigue a una serie de oraciones enlazadas por medio de καί?

**Respuestas sugeridas**

(a) La función básica de la τέ *solitaria* es añadir oraciones caracterizadas por la *mismidad*; se refieren al mismo acontecimiento, la misma ocasión o la misma unidad pragmática. En cambio, la καί adverbial añade acontecimientos u oraciones *paralelos* (que muy a menudo tienen sujetos diferentes), u oraciones que *confirman* una oración anterior.

(b) Cuando la τέ *solitaria* sigue a una serie de oraciones enlazadas por medio de καί, tiene especialmente el efecto de aumentar la tensión y marcar la entrada específica a un desarrollo significativo a continuación.

**Pasaje ilustrativo 10: Jn 6,16–19a**

| 16 | δέ | Al atardecer, bajaron sus discípulos a la orilla del mar |
|---|---|---|
| 17a | καί | habiendo subido a una barca, se dirigían al otro lado del mar, a Cafarnaún. |
| 17b | καί | Había ya **oscurecido** |
| 17c | καί | Jesús todavía no había llegado. |
| 18 | τέ | <u>El mar</u>, al soplar un fuerte viento, comenzó a encresparse. |
| 19a | οὖν | Cuando habían remado unos veinticinco o treinta estadios, ven a Jesús que caminaba sobre el mar y se acercaba a la barca; |

---

[46] Tratados en Levinsohn 1987:132–133.

[47] Winer 1882:542. De hecho, Winer dice que, por lo general, el segundo elemento *es menos* importante.

[48] En Lc 14,26 (*SBU*), τέ añade el complemento final y más significativo que un posible discípulo debe 'aborrecer'. También se usa καί adverbial, puesto que el referente (τὴν ψυχὴν ἑαυτοῦ 'su propia vida') es el menos probable que se esperaría que alguien aborrezca.

## 6.3 Τέ solitaria

**Pregunta**

¿Cuál parece ser la función de τέ en el v. 18?

**Respuesta sugerida**

Parece que τέ en el v. 18 añade al resto de las circunstancias mencionadas en el 17 una circunstancia de significado especial que se aplica a la misma ocasión ('Por si fuera poco …'). Se puede considerar esta circunstancia como la entrada específica al desarrollo significativo del 19 (introducido con οὖν); en el relato de Marcos (6,48), esta circunstancia fue la que llevó a la decisión de Jesús de acercarse a ellos.

### Pasaje ilustrativo 11: Hch 21,27–32

En el siguiente pasaje, τέ aparece en los vv. 30a y 31 (*SBU*).

| 27a | δέ | <u>Cuando estaban a punto de cumplirse los siete días, los judíos venidos de Asia</u>, al verlo en el Templo, amotinaron a todo el pueblo |
|---|---|---|
| 27b–28 | καί | lo echaron mano, gritando: «¡Auxilio, hombres de Israel! Éste es el hombre que va enseñando a todos, por todas partes, cosas contra el pueblo, contra la Ley y contra este Lugar. Y hasta ha llegado a introducir a unos griegos en el Templo, profanando así este Lugar Santo.» |
| 29 | γάρ | habían visto anteriormente con él en la ciudad a Trófimo, de Éfeso, a quien creían que Pablo había introducido **en el Templo**. |
| 30a | τέ | La ciudad entera se alborotó, |
| 30b | καί | la gente concurrió de todas partes. |
| 30c | καί | apoderándose de Pablo, lo arrastraron fuera del Templo, |
| 30d | καί | **inmediatamente** cerraron las puertas. |
| 31 | τέ* | Intentando darle muerte, alguien subió a decir al tribuno de la cohorte que toda Jerusalén estaba revuelta, (**variante*: δέ) |
| 32a | ὅς | **inmediatamente** tomando consigo soldados y centuriones, bajó corriendo. |
| 32b | δέ | Ellos, al ver al tribuno y a los soldados, dejaron de golpear a Pablo. |

**Preguntas**

(a) ¿Qué indica el uso de τέ en el v. 30a?

(b) ¿Cuál es el efecto del uso de τέ en el 31?

(c) ¿Cuál es el efecto sobre el desarrollo de la narración si se lee la variante δέ en el 31?

**Respuestas sugeridas**

(a) El uso de τέ en el v. 30a indica que el alborotarse toda la ciudad fue otro aspecto del mismo acontecimiento de amotinar a la multitud por parte de los judíos de Asia (27a). En otras palabras, la acción de alborotarse se presenta como la otra cara de amotinar a la gente, en vez de un nuevo desarrollo.

(b) El efecto de usar τέ en el 31, después de la serie de oraciones enlazadas con καί, es la identificación del acontecimiento como de especial significación. Esto, junto con la oración de relativo 'continuativa' del 32a (§ 11.2), da la entrada específica al desarrollo que sigue en la narración: que dejaron de golpear a Pablo (32b).[49]

---

[49] Pope (c.p.) sugiere que, «cuando se encuentran dos τέ consecutivas … se acumula aún más tensión».

(c) Con τέ en los 30a y 31, el efecto es organizar la narración claramente alrededor de Pablo como tema pasivo.[50] En una unidad de desarrollo del episodio, Pablo es prendido, arrastrado fuera del templo y golpeado. En la próxima unidad (32b), dejan de golpearle. Si se lee la variante δέ en el 31, la noticia del alboroto que llega al comandante romano (31) se presenta como un desarrollo aparte, y la narración no se organiza alrededor de Pablo.

**Pasaje 12: Hch 6,7–7:1**

| 7a | καί | La palabra del Señor iba creciendo. |
|---|---|---|
| 7b | καί | El número de los discípulos se multiplicaba considerablemente en Jerusalén; |
| 7c | τέ | una gran multitud de sacerdotes iba aceptando la fe. |
| 8 | δέ | Esteban, lleno de gracia y de poder, realizaba grandes prodigios y signos entre el pueblo. |
| 9 | δέ | Se presentaron algunos de la sinagoga llamada de los Libertos, cirenenses y alejandrinos, y otros de Cilicia y Asia, y se pusieron a discutir con Esteban; |
| 10 | καί | no eran capaces de enfrentarse a la sabiduría y al Espíritu con que hablaba. |
| 11 | τότε | sobornaron a unos hombres para que dijeran: «Hemos oído a éste pronunciar palabras blasfemas contra Moisés y contra Dios.» |
| 12a | τέ | Amotinaron al pueblo, a los ancianos y a los escribas; |
| 12b | καί | viniendo de improviso, lo detuvieron |
| 12c | καί | lo condujeron al Sanedrín. |
| 13–14 | τέ | Presentaron testigos falsos que decían: «Este hombre no para de hablar en contra del Lugar Santo y de la Ley; …» |
| 15 | καί | Al fijar su mirada en él todos los que estaban sentados en el Sanedrín, vieron su rostro como el rostro de un ángel. |
| 7,1 | δέ | El Sumo Sacerdote dijo: «¿Es así?» |

**Pregunta**

¿Cuál es la función de τέ en los vv. 7c, 12a y 13?

**Respuesta sugerida: véase el Apéndice bajo 6(12).**

Terminamos este capítulo con un comentario breve acerca de las **aditivas negativas** οὔτε y μήτε, junto con sus equivalentes por defecto οὐδέ y μηδέ. Estas formas mayormente aparecen como correlativas, aunque también pueden aparecer solas. Véase, por ejemplo, **Ga 2,3**, donde οὐδέ añade al compañero de Pablo que, con menor probabilidad, los líderes de Jerusalén hubieran intentado hacer circuncidar.

(2) Subí movido por una revelación. Allí les expuse a los notables en privado el Evangelio que proclamo entre los gentiles, para ver si corría o había corrido en vano.

(3) ἀλλ' οὐδὲ Τίτος ὁ σὺν ἐμοί, Ἕλλην ὤν, ἠναγκάσθη περιτμηθῆναι·
    Pero  ni   Tito  el  con –migo, griego siendo, fue.compelido a.ser.circuncidado

Véase también Mc 2,2 (con μηδέ).

---

[50] O sea, es el «paciente»: el «elemento que recibe la acción del verbo» (*Real Academia*).

## 6.3 Τέ solitaria

Cuando dos o más oraciones negativas se refieren a la *misma situación*, se usa οὔτε.[51] **Hch 24,11–13** ilustra la diferencia entre οὔτε y οὐδέ. La oración y los constituyentes introducidos con οὔτε (12a y 12b) se relacionan con el mismo período de 'no más de doce días desde que subí a adorar a Jerusalén'. En cambio, la oración que empieza con οὐδέ (13) se relaciona con otra ocasión.

(11) Como tú mismo podrás comprobar, no hace más de doce días que subí a Jerusalén en peregrinación;

(12a) καὶ **οὔτε ἐν τῷ ἱερῷ** εὗρόν με πρός τινα διαλεγόμενον …
y ni en el templo encontraron -me con alguien discutiendo

(12b) οὔτε ἐν ταῖς συναγωγαῖς οὔτε κατὰ τὴν πόλιν,
ni en las sinagogas ni en la ciudad

(13) οὐδὲ **παραστῆσαι** δύνανταί σοι περὶ ὧν <u>νυνὶ</u> κατηγοροῦσίν μου.
ni probar pueden -te acerca de.lo.que ahora acusan -me

El cuadro que sigue muestra la forma en que los conectores tratados en § 6.1 y 6.3 se relacionan con δέ y καί. Cabe destacar que todos los que se asocian con mismidad terminan con τέ.

Cuadro 6. El uso de los conectores

| uso | + desarrollo | – desarrollo | + negativo |
|---|---|---|---|
| por defecto | δέ | καί | οὐδέ, μηδέ |
| + mismidad | τότε | τέ | οὔτε, μήτε |

---

[51] Lo mismo es cierto cuando se usa el correlativo τε … τε como ilustra Hch 2,45–46. Μήτε nunca se usa en el NT griego para añadir oraciones. Solamente agrega constituyentes de oraciones.

# 7
# Desarrollo temático en textos no-narrativos

Este capítulo se centra en cuatro de las formas de relación más comunes entre las oraciones en textos no-narrativos: por medio de δέ (§ 7.1); yuxtaposición simple, es decir, asíndeton (§ 7.2); καί conjuntiva (§ 7.3); y οὖν (§ 7.4).[1] § 7.1 también contrasta las funciones de δέ y ἀλλά en contextos parecidos.[2] El capítulo termina con una ojeada a un conjunto de conectores de inferencia que se encuentran en el NT griego (§ 7.5).

## 7.1 Δέ

La función básica de δέ es la misma en los textos narrativos y no-narrativos. En ambos géneros se usa para señalar desarrollos nuevos, en el sentido de que la información introducida añade algo a lo ya presentado y aporta una contribución nueva para el argumento. También introduce material de trasfondo en ambos géneros.

Empiezo esta sección revisando el argumento de Heckert según el cual los sentidos «adversativo» y «conectivo» que tradicionalmente se atribuyen a δέ surgen de los diferentes *contextos* en los que se usa este marcador de información distintiva.[3]

Heckert cita **1 Tm 4,8b** (más abajo) como un contexto típico en el que un sentido adversativo de *contraste* puede discernirse cuando δέ está presente; reproduzco su razonamiento más o menos literalmente.[4] El uso de γάρ al principio del 8 hace que el versículo se procese reforzando algún aspecto de la afirmación del 7b (γύμναζε σεαυτὸν πρὸς εὐσέβειαν). Este material de refuerzo se encuentra en dos partes, enlazadas por δέ: ἡ σωματικὴ γυμνασία πρὸς ὀλίγον ἐστὶν ὠφέλιμος (8a) y ἡ εὐσέβεια πρὸς πάντα ὠφέλιμός ἐστιν (8b). La primera parte no habla de 'piedad', que fue el foco del 7b. Más bien, da el contrapunto (§ 2.8) para la segunda parte con la que contrasta. Es esta segunda parte la que refuerza algún aspecto del 7b. Por lo tanto, dentro del material de refuerzo del 8, encontramos un desarrollo desde material menos relevante hasta material más relevante. La presencia de δέ, a su vez, hace que el 8b sea procesado como desarrollo del material anterior.

---

[1] Cf. La introducción a la Parte II y § 5.4.2 sobre γάρ.
[2] Sobre ἀλλά como marcador de contraste en las epístolas pastorales, cf. Heckert 1996:13–28.
[3] Heckert 1996:47–56. Los párrafos que siguen se basan en Levinsohn 1999:320–325.
[4] Heckert 1996:54.

(7b) γύμναζε δὲ σεαυτὸν πρὸς εὐσέβειαν·
ejercita md a.ti.mismo para piedad

(8a) ἡ γὰρ <u>σωματικὴ γυμνασία</u> **πρὸς ὀλίγον** ἐστὶν ὠφέλιμος,
el porque corporal ejercicio para poco es provechoso

(8b) ἡ δὲ **εὐσέβεια πρὸς πάντα** ὠφέλιμός ἐστιν
la md piedad para todo provechoso es

Heckert cita **2 Tm 1,5** como un caso en el que δέ aparece con sentido *conectivo*, en vez de adversativo.[5] Πίστεως (5a) es modificado por una oración de relativo compuesta, cuyas dos partes vienen enlazadas por δέ: ἐνῴκησεν πρῶτον ἐν τῇ μάμμῃ σου Λωΐδι καὶ τῇ μητρί σου Εὐνίκῃ (5b) y πέπεισμαι ὅτι καὶ ἐν σοί (5c).[6] De estas dos oraciones, la del 5c es la que se relaciona directamente con el 5a. La presencia de δέ hace que el 5c sea procesado como desarrollo del material anterior; o sea, del 5b.

(5a) ὑπόμνησιν λαβὼν τῆς ἐν σοὶ ἀνυποκρίτου πίστεως,
recuerdo habiendo.tomado de.la en ti no.fingida fe

(5b) ἥτις ἐνῴκησεν πρῶτον ἐν τῇ μάμμῃ σου Λωΐδι καὶ τῇ μητρί σου Εὐνίκῃ,
la.cual inhabitó primero en la abuela tuya Lois y la madre tuya Eunice

(5c) πέπεισμαι δὲ ὅτι καὶ ἐν σοί.
estoy.persuadido md que + en ti

Si δέ no es un marcador adversativo y, no obstante, aparece con frecuencia en contextos en que se puede discernir un contraste,[7] ¿qué es lo que comunica el sentido adversativo? Para que haya contraste prototípico entre dos proposiciones, «debe haber por lo menos dos pares opuestos de elementos léxicos».[8] Según Mann y Thompson, las proposiciones están en contraste prototípico cuando:

1. se perciben como iguales en ciertos aspectos
2. se perciben como diferentes en ciertos aspectos, y
3. se comparan respecto a una o más de esas diferencias.[9]

En el caso de 1 Tm 4,8, el elemento común entre las dos proposiciones es ἐστὶν ὠφέλιμος, mientras que hay dos pares opuestos de elementos léxicos: ἡ σωματικὴ γυμνασία versus ἡ εὐσέβεια, y πρὸς ὀλίγον *versus* πρὸς πάντα. Por lo tanto, este versículo es un caso de contraste prototípico, *sea que εέ o no esté presente*.

Más aún, esos casos de contraste en el griego tienen por lo menos un miembro de uno los pares opuestos como punto de transición, que señala por sí mismo el cambio desde otro miembro del par. En 1 Tm 4.8, ἡ εὐσέβεια es un punto de transición, que señala un cambio desde el elemento correspondiente ἡ σωματικὴ γυμνασία. Por lo tanto, concluyo que, en el contexto de contraste prototípico, δέ o bien es redundante o bien *comunica algo aparte de contraste*, a saber, desarrollo.

Cuando falta una o más de las características de contraste prototípico, los comentaristas a menudo discrepan en cuanto a si δέ se emplea en sentido adversativo o conectivo. **2 Tm 2,23a** (más abajo) constituye un ejemplo. Esta exhortación a evitar comportamientos negativos sigue a una exhortación en positivo (22b), lo cual lleva a la *RVR95* a traducir δέ como 'pero'. Sin embargo, la dificultad (entre

---

[5] Heckert 1996:48.

[6] Como Heckert (1996:48) observa, la presencia de καί adverbial tiende a asegurar que el material sea interpretado en un sentido conectivo más bien que adversativo.

[7] Según Heckert (1996:53), «de las 59 apariciones de δέ en las E[pístolas] P[astorales], 38 son contrastivas».

[8] Longacre 1996:55.

[9] Mann y Thompson 1987:8. El término prototipo denota un «Ejemplar más perfecto y modelo de una» categoría (*Real Academia*).

otros factores) de identificar dos pares de elementos léxicos opuestos entre los 22b y 23 lleva a otros comentaristas a ver aquí δέ como una conectiva que introduce una segunda advertencia en paralelo con la del 22a o los 20–22.[10] Un tratamiento de δέ como marcador de desarrollo se ajusta fácilmente al pasaje: dentro del tema general de los comportamientos que se deben practicar y los que se deben evitar (14–26), el punto de transición τὰς μωρὰς καὶ ἀπαιδεύτους ζητήσεις indica un cambio hacia el próximo tema secundario, en el desarrollo del tema general.

(22a) τὰς   δὲ   νεωτερικὰς   ἐπιθυμίας   φεῦγε,
      las   md   juveniles     pasiones    huye.de

(22b) δίωκε   δὲ   δικαιοσύνην   πίστιν   ἀγάπην   εἰρήνην
      sigue   md   justicia      fe       amor     paz

      μετὰ   τῶν   ἐπικαλουμένων   τὸν   κύριον   ἐκ      καθαρᾶς   καρδίας.
      con    los   invocando       al    Señor    desde   limpio    corazón

(23a) τὰς   δὲ   μωρὰς   καὶ   ἀπαιδεύτους   ζητήσεις    παραιτοῦ,
      las   md   necias  y     estúpidas     discusiones esquiva

Muchos comentaristas toman δέ en **2 Tm 2,20a** (más abajo) como adversativa. Sin embargo, los puntos de contraste con el contexto no están explícitos y, por lo tanto, algunos escritores la toman como conectiva.[11] Una vez más, una interpretación de δέ como desarrollo se ajusta bien al contexto. Habiendo dicho (19) que 'el sólido fundamento puesto por Dios se mantiene firme, marcado con este sello: *El Señor conoce a los que son suyos, y Apártese de la iniquidad todo el que pronuncia el nombre del Señor*', δέ hace que el 20 se procese en tanto que basado o desarrollado a partir del material anterior. La naturaleza del desarrollo se aclara cuando el autor pasa del ejemplo en el 20 a la aplicación en el 21a. 'Si alguno se mantiene limpio de las faltas mencionadas' (compárese con Ἀποστήτω ἀπὸ ἀδικίας 'apártese de la iniquidad' [19]), 'será como un utensilio para uso noble, santificado y útil para su Dueño, dispuesto para toda obra buena'.

(20a) Ἐν μεγάλῃ   δὲ   οἰκίᾳ   οὐκ   ἔστιν   μόνον   σκεύη      χρυσᾶ    καὶ ἀργυρᾶ
      En grande   md   casa    no    hay     sólo    vasijas    de.oro   y de.plata

(20b) ἀλλὰ   καὶ   ξύλινα     καὶ   ὀστράκινα ...
      sino   +     de.madera  y     de.barro

(21a) ἐὰν   οὖν[12]   τις      ἐκκαθάρῃ   ἑαυτὸν     ἀπὸ   τούτων,
      si    pues      alguien  limpia     a.sí.mismo de    estas.cosas

(21b) ἔσται   σκεῦος   εἰς   τιμήν,   ἡγιασμένον,   εὔχρηστον   τῷ   δεσπότῃ,
      será    vasija   para  honor    santificada   útil        al   dueño

      εἰς    πᾶν    ἔργον   ἀγαθὸν   ἡτοιμασμένον.
      para   toda   obra    buena    dispuesta

Como observa Heckert, en **1 Tm 3,5** (más abajo) δέ aparece en conexión con material de trasfondo que interrumpe la lista de calificaciones para ser supervisor.[13] El material en cuestión se basa en el 4 y

---

[10] Cf., por ejemplo, Hendriksen 1957:274. Esta advertencia es vista por algunos (como Smith y Beekman 1981:62–63) como un ejemplo específico de la exhortación de los vv. 14–15, en paralelo con los 16–19.

[11] De hecho, 2 Tm 2,20a tiene una configuración presentativa y se usa para introducir nuevos elementos al argumento en curso; cf. § 5.4.1.

[12] Cf. § 7.4 para una discusión de οὖν en el v. 21a.

[13] Smith y Beekman 1981:57.

crea un nuevo punto. Aunque varias versiones (como la *BJ*) traducen δέ como «pues», interpretando el 5 como una razón para la orden del 4, no haber usado aquí γάρ significa que la observación de Vidal es correcta: «El v. 5 es un claro paréntesis, en el que la *comunidad* (*ekklesia*) cristiana se presenta al estilo de una familia (*casa*), cuyo jefe es el padre, el *supervisor*».[14] En otras palabras, la selección de δέ, en vez de γάρ, hace que el 5 sea procesado como un nuevo punto que se desarrolla a partir del material anterior, aunque también resulta que refuerza dicho material.

(4) τοῦ    ἰδίου    οἴκου    καλῶς    προϊστάμενον    …
    de.la   propia   casa     bien     dirigiendo

(5) εἰ   δέ   τις      τοῦ    ἰδίου    οἴκου    προστῆναι    οὐκ    οἶδεν,
    si   md   alguno   de.la  propia   casa     dirigir      no     sabe

    πῶς     ἐκκλησίας    θεοῦ       ἐπιμελήσεται;
    ¿cómo   iglesia      de.Dios    cuidará?

## Δέ versus ἀλλά

Una comparación de los usos de δέ y de ἀλλά en contextos parecidos nos ayuda a entender la naturaleza del desarrollo que se asocia con δέ. Cuando ἀλλά enlaza una característica u oración negativa con una afirmativa que la sigue, la proposición negativa generalmente retiene su relevancia.[15] Cuando se usa δέ, en cambio, la característica u oración asociada con δέ tiene más realce; la proposición negativa es por lo general desechada o reemplazada por la afirmativa.[16]

Veamos un ejemplo al comparar 1 Tm 6,17 y 1,9. En **6,17**, los ricos deben evitar poner su confianza en las riquezas *y al mismo tiempo* poner su confianza en Dios.[17]

(17) Τοῖς    πλουσίοις    ἐν    τῷ    νῦν       αἰῶνι    παράγγελλε    μὴ    ὑψηλοφρονεῖν
     A.los   ricos        en    el    presente  siglo    encarga       no    ser.altivos

     μηδὲ    ἠλπικέναι         ἐπὶ    πλούτου       ἀδηλότητι       ἀλλ'    ἐπὶ    θεῷ    …
     ni      tener.puesta.esperanza   en   de.riqueza   incertidumbre   sino    en     Dios

En **1 Tm 1,9a**, en cambio, δικαίῳ está antepuesto para enfoque interino (§ 4.3) en anticipación de un cambio a la lista de tipos de personas más realzada introducida con δέ. Δέ hace que la lista sea procesada como desarrollo del material precedente.

(9a) εἰδὼς      τοῦτο,   ὅτι    **δικαίῳ**    νόμος    οὐ    κεῖται,
     sabiendo   esto     que    a.justo       ley      no    está.puesta

(9b) ἀνόμοις     δέ    καὶ    ἀνυποτάκτοις    …
     a.inicuos   md    y      a.insumisos

---

[14] Vidal 2015:1059n15.

[15] La proposición o la característica afirmativa podría verse como «la otra cara de la moneda» de la negativa (Pope c.p.).
Nótese que ἀλλά como conjunción adversativa «corrige una expectativa» (Heckert 1996:22) aun cuando sigue a una proposición afirmativa. Cf. Ga 2,3, Flp 1,18 y 2 Tm 3,9.

[16] Según Alford (1863:IV.354), δέ tiene el efecto de «sacar la cosa anteriormente negada totalmente fuera de nuestro campo de visión, y sustituirla con algo totalmente diferente».

[17] Cf. también 1 Tm 3,3 y 2 Tm 2,24. Las combinaciones como οὐ μόνον A ἀλλὰ καί B también ilustran que 'A' permanece en el primer plano cuando ἀλλὰ καί añade 'B', como en 2 Tm 2,20a–b (arriba). Cf. Heckert 1996:19–28 para una discusión de otros ejemplos de ἀλλά en las epístolas pastorales.
La negación de un constituyente que precede a ἀλλά puede ser *relativa* y no absoluta. En Hch 5,4, por ejemplo, Meyer (1883:106) observa que οὐκ ἐψεύσω ἀνθρώποις ἀλλὰ τῷ θεῷ significa «*no tanto … sino más bien*».

## 7.1 Δέ

**Preguntas de repaso**

(a) ¿Qué condiciones deben cumplirse para que exista un contraste prototípico entre dos oraciones, según Longacre, y Mann y Thompson?

(b) ¿Cómo surgen los sentidos «adversativo» y «conectivo» asociados con δέ?

(c) Cuando se enlaza una característica o una oración negativa con una afirmativa, ¿en qué se diferencian las funciones de ἀλλά y δέ?

**Respuestas sugeridas**

(a) Para que haya contraste prototípico entre dos oraciones, «debe haber por lo menos dos pares opuestos de elementos léxicos» (Longacre). Según Mann y Thompson, para que dos oraciones estén en contraste prototípico deben:

1. percibirse como iguales en ciertos aspectos
2. percibirse como diferentes en ciertos aspectos, y
3. compararse respecto a una o más de esas diferencias.

(b) Los sentidos «adversativo» y «conectivo» asociados con δέ surgen del contexto. Un sentido adversativo puede percibirse en la medida que la relación entre dos oraciones o conjuntos de oraciones se ajusta a las condiciones para contraste prototípico. Si los comentaristas pueden identificar tan solo un par opuesto de elementos léxicos, la relación tiende a verse como «conectiva».

(c) Cuando ἀλλά enlaza una característica u oración negativa con una afirmativa, la parte negativa generalmente mantiene su relevancia. Cuando se usa δέ, encontramos un desarrollo desde la parte negativa a la afirmativa, y la parte negativa es desechada o reemplazada por la afirmativa, por regla general.

**Oración ilustrativa: Tt 1,15**

(15a) πάντα καθαρὰ τοῖς καθαροῖς·
todas.cosas limpias a.los puros

(15b) τοῖς δὲ μεμιαμμένοις καὶ ἀπίστοις οὐδὲν καθαρόν,
a.los md contaminados e infieles nada limpio

(15c) ἀλλὰ μεμίανται αὐτῶν καὶ ὁ νοῦς καὶ ἡ συνείδησις.
sino están.contaminadas de.ellos + la mente y la consciencia

(a) ¿Por qué las oraciones de los vv. 15a–b dan un ejemplo de contraste prototípico?

(b) ¿Por qué ἀλλά es la conjunción indicada, en vez de δέ, para enlazar las oraciones negativa y afirmativa de los 15b–c?

**Respuestas sugeridas**

(a) Las oraciones de los 15a–b dan un ejemplo de contraste prototípico porque tiene un constituyente común ('ser puro'), y dos pares de elementos léxicos opuestos: πάντα *versus* οὐδὲν y τοῖς καθαροῖς *versus* τοῖς μεμιαμμένοις καὶ ἀπίστοις. Este último constituyente es el punto de transición del 15b, para marcar el cambio desde τοῖς καθαροῖς.

(b) Ἀλλά es la conjunción indicada, en vez de δέ, para enlazar las oraciones negativa y afirmativa de los 15b–c porque la proposición negativa (οὐδὲν καθαρόν) retiene su relevancia, en vez de ser desechada o reemplazada por la afirmativa. En otras palabras, sigue siendo cierto cuanto se dice en el 15c; nada es puro para el corrompido e incrédulo.

Consideremos ahora St 1,2–11 (más abajo), para ver cómo δέ marca los pasos en el desarrollo del argumento del autor. Después del pasaje se presenta una discusión de δέ en los 4, 5a, 6a, 9 y 10. (Véase en § 2.8 una discusión sobre la presencia y ausencia de puntos de transición en este mismo pasaje).

**Pasaje 1: St 1,2–11**

| 2–3 | Ø | Sentíos **realmente dichosos**, hermanos míos, cuando os veáis rodeados **por toda clase de pruebas**, sabiendo que la calidad probada de vuestra fe produce paciencia. |
|---|---|---|
| 4 | δέ | La paciencia ha de culminar en **una obra perfecta**, para que seáis perfectos e íntegros, faltando **en nada**. |
| 5a | δέ | Si alguno de vosotros tiene falta de sabiduría, que la pida a Dios, que da a todos generosamente, y sin echarlo en cara, |
| 5b | καί | le será dada. |
| 6a | δέ | Que la pida con fe, sin vacilar; |
| 6b | γάρ | el que vacila es semejante al oleaje del mar, agitado por el viento y zarandeado de una a otra parte. |
| 7–8 | γάρ | Que no piense recibir cosa alguna del Señor un hombre así, irresoluto e inconstante en todos sus caminos. |
| 9 | δέ | Que el hermano de condición humilde se sienta orgulloso en su exaltación; |
| 10 | δέ | el rico, en su humillación, porque pasará **como flor de hierba**. |
| 11a | γάρ | Sale el sol con fuerza, |
| 11b | καί | seca la hierba |
| 11c | καί | su flor cae, |
| 11d | καί | su hermosa apariencia se pierde. |
| 11e | Ø | οὕτως + el rico se marchitará en plenos proyectos. |

Δέ se usa en St 1,2–11 para pasar de un punto al próximo; cada punto se basa en el anterior.

Por lo tanto, la referencia a paciencia (ὑπομονήν) al final del 3 se toma en el 4 como un punto de transición/tema proposicional, en conexión con δέ. La afirmación del 4 se basa en las afirmaciones del 3, pero son distintas.

El 4 termina con el constituyente 'en nada faltando' (ἐν μηδενὶ λειπόμενοι), mientras que el 5 empieza con una oración condicional que recoge la idea de faltar algo. Δέ en el 5 indica que esta nueva afirmación se basa en lo que ha precedido y presenta algo distinto.

El 6 recoge el verbo 'que pida' (αἰτείτω) del 5 y añade el concepto nuevo de: 'con fe' (ἐν πίστει). Aquí también, δέ refleja el hecho de que este versículo se basa en lo que le precede y a la vez tiene algo distinto que decir.

La relación exacta del 9 con el contexto no es clara, pero muchos comentaristas piensan que se basa en la afirmación del 2 en cuanto a 'pruebas' (πειρασμοῖς), en cuyo caso opera a un nivel más alto que en los 4–6 (§ 5.1).[18] La presencia de δέ indica simplemente que el 9 se basa en lo que ya se ha dicho y lo desarrolla.

Finalmente, en el 10, δέ se usa en conexión con un punto de transición para indicar que el argumento se desarrolla a través de un cambio de 'el hermano de condición humilde' (ὁ ἀδελφὸς ὁ ταπεινὸς en el 9) a 'el rico' (ὁ πλούσιος). Esto queda claro a partir del contenido del 11, que tiene que ver, no con el hermano humilde, sino con el hombre rico. (La relación entre el 10 y el 9 cumple las condiciones de un contraste prototípico [véase más arriba]).

---

[18] Por ejemplo, un hermano humilde cuya fe se está probando (v. 2) será exaltado si permite que la paciencia culmine en una obra perfecta (4). Si el 9 se hubiera estado desarrollando a partir de la exhortación del 6, se habría usado οὖν con función de reanudación, después de las oraciones introducidas por γάρ (§ 7.4).

## 7.1 Δέ

Como queda demostrado con esta discusión de St 1,9, el sentido en que el material introducido con δέ se basa y se desarrolla desde el contexto no siempre se ve con facilidad. Sin embargo, hacemos bien en tomar seriamente la presencia de δέ.

Las ediciones más antiguas del análisis de la estructura semántica (SSA) hecho por el SIL International no siempre recogen la naturaleza de desarrollo de δέ, como por ejemplo en **2 Pe 1,13**. Más abajo comento la presencia de δέ en los 13 y 15.

(12) Por tal motivo, estaré siempre recordándoos estas cosas, aunque ya las sepáis y os mantengáis firmes en la verdad que poseéis.

(13) **δίκαιον** δὲ ἡγοῦμαι, ἐφ ὅσον εἰμὶ ἐν τούτῳ τῷ σκηνώματι,
justo md tengo.por mientras estoy en este el tabernáculo

διεγείρειν ὑμᾶς ἐν ὑπομνήσει ...
estimular –os con recordatorio

(15) σπουδάσω δὲ καὶ ἑκάστοτε ἔχειν ὑμᾶς μετὰ τὴν ἐμὴν ἔξοδον
pondré.diligencia md + siempre tener a.vosotros después.de la mía partida

τὴν τούτων μνήμην ποιεῖσθαι.
la de.estas.cosas memoria hacer

Johnson considera que los vv. 13–14 dan la razón para el 12.[19] Sin embargo, la presencia de δέ hace que el 13 sea interpretado como una nueva afirmación que se basa en el 12 o como material de trasfondo (prefiero el primer análisis). En el 12, el autor dice: 'estaré siempre recordándoos'; en el 13, 'me parece justo'; y en el 15, desarrolla más la misma línea de razonamiento ('pondré empeño ...'). Por lo tanto, aunque los 13–14 pueden interpretarse como relacionados semánticamente con el 12 sobre la base de la razón, la relación *formal* entre los dos versículos es de desarrollo.

El propósito del SSA, como su nombre indica, es reflejar las relaciones *semánticas* entre oraciones o conjuntos de oraciones. Por lo tanto, cuando δέ relaciona dos conjuntos de oraciones entre los que se puede discernir una relación semántica específica, el SSA generalmente indica dicha relación semántica. Mi problema con dicho proceder radica en que puede inducir a error al traductor de la Biblia; el SSA indica un tipo de relación (semántica), cuando el autor bíblico puede estar usando un tipo diferente (de desarrollo).

Leamos el siguiente pasaje (Flp 1,22–25), en el que parece que el 23a es una ampliación del 22b,[20] pero la presencia de δέ hace que el material con el que está asociado sea interpretado como un desarrollo adicional del argumento de Pablo.

**Pasaje ilustrativo 2: Flp 1,22–25**

(22a) εἰ δὲ <u>τὸ</u> <u>ζῆν</u> <u>ἐν</u> <u>σαρκί,</u> τοῦτό μοι καρπὸς ἔργου,
si md el vivir en carne esto a.mí fruto de.obra

(22b) καὶ τί **αἱρήσομαι** οὐ γνωρίζω.
y qué escogeré no sé

(23a) συνέχομαι δὲ ἐκ τῶν δύο,
soy.apremiado md desde los dos

τὴν **ἐπιθυμίαν** ἔχων εἰς τὸ ἀναλῦσαι καὶ **σὺν Χριστῷ** εἶναι,
el deseo teniendo para el partir y con Cristo estar

---
[19] Johnson 1988.
[20] Banker 1996:59.

(23b) πολλῷ   [γὰρ]   μᾶλλον   κρεῖσσον·
      mucho   porque  más      mejor

(24)  τὸ   δὲ   ἐπιμένειν   [ἐν]   τῇ   σαρκὶ   ἀναγκαιότερον   δι᾽           ὑμᾶς.
      el   md   quedar      en     la   carne   más.necesario   por.causa.de  vosotros

(25)  καὶ   τοῦτο   πεποιθὼς                 οἶδα   ὅτι   μενῶ      ...
      y     esto    habiendo.sido.persuadido sé     que   quedaré

**Pregunta**

¿Cuánto abarca el grupo de oraciones restringido por la δέ del v. 23a a ser interpretado como un desarrollo adicional del argumento de Pablo?

**Respuesta sugerida**

El grupo de oraciones restringido por la δέ del v. 23a a ser interpretado como un desarrollo adicional del argumento de Pablo abarca por lo menos los 23–24 (y, probablemente los 23–26). En el 22, Pablo presenta su dilema (vivir *versus* morir [21]). En los 23–24 desarrolla más su argumento llegando a la conclusión de que seguir viviendo es necesario para sus destinatarios. Dentro de esta unidad de desarrollo, el 23 da el contrapunto para la afirmación principal del 24. (Καί entonces hace que los 25–26 se añadan y se asocien con el 24 [véase § 7.3]).

## 7.2 Asíndeton

En sentido estricto, la ausencia de una conjunción entre las oraciones de un texto griego debería implicar únicamente que el autor no ofrece restricciones procesuales sobre la manera en que el material siguiente debe relacionarse con su contexto (véase la introducción a la Parte II). Sin embargo, los autores del NT en la práctica tienden a usar conjunciones siempre que la relación con el contexto es de refuerzo (γάρ), de desarrollo (δέ), de asociación o adición (καί), o inferencial/de reanudación (οὖν), etc. En consecuencia, el asíndeton tiene la tendencia a sugerir una relación «*no* de refuerzo, *no* de desarrollo, *no* de asociación, *no* inferencial, etc.». Por ello el asíndeton es a menudo la norma cuando la relación del material que sigue con el contexto no es lógica ni cronológica.[21]

El asíndeton se encuentra en dos contextos muy diferentes en los textos no-narrativos:

- cuando hay una conexión *estrecha* entre las informaciones en cuestión (es decir, las dos oraciones o conjuntos de oraciones pertenecen a la misma unidad)
- cuando *no* hay conexión directa entre las informaciones en cuestión (es decir, las dos oraciones o conjuntos de oraciones pertenecen a unidades diferentes).[22]

Un caso de asíndeton que involucra una conexión *estrecha* entre oraciones o conjuntos de oraciones se da cuando la relación entre ellas es *GENÉRICO-específica*. Vemos un ejemplo en Tt 2,1–3; el 1 se refiere a la enseñanza sana en general, mientras que los 2 y 3 introducen casos específicos de dicha enseñanza.

---

[21] Para los que conocen la metodología de análisis de la estructura semántica (SSA) de la SIL International, las siguientes son las relaciones que he observado donde el asíndeton es la norma:
- orientación: orientador–CONTENIDO
- reiteración: GENÉRICO–específica(s) y genérico–ESPECÍFICA
- asociativa: NÚCLEO–comentario y NÚCLEO–paréntesis.

Para materiales suplementarios sobre dichas relaciones, cf. Beekman y Callow 1974:287–311.

[22] Una manera de reconocer que no se pretende una conexión directa entre información yuxtapuesta es la presencia de vocativos como ἀδελφοί 'hermanos' (Banker 1984:31), como en St 2,1, y de orientadores (como Ἠκούσατε 'Oísteis' (Mt 5,21); cf. más en § 17.2.1. (Flp 3,13a es una excepción; la información del 12 se repite para resaltar la afirmación de los 13b–14 [cf. § 12.1]). A la inversa, normalmente no se espera encontrar vocativos u orientadores separando constituyentes yuxtapuestos cuando se pretende una relación estrecha entre ellos.

## 7.2 Asíndeton

**Pasaje 3: Tt 2,1–3**

(1) <u>Σὺ</u> δὲ λάλει ἃ πρέπει τῇ ὑγιαινούσῃ διδασκαλίᾳ.
    tú  md  habla lo.que conviene a.la que.es.sana enseñanza

(2) Ø <u>πρεσβύτας</u> **νηφαλίους** εἶναι, σεμνούς ...
      viejos         sobrios      ser    serios

(3) Ø <u>πρεσβύτιδας</u> ὡσαύτως ἐν καταστήματι ἱεροπρεπεῖς ...
      viejas           asimismo en porte        reverentes

**1 Tm 3,1** da otro ejemplo de asíndeton que tiene que ver con una conexión estrecha entre dos oraciones. En este caso, la relación es de *orientador-CONTENIDO*. El orientador es el 1a y el CONTENIDO de ὁ λόγος, 1b.

(1a) Ø Πιστὸς ὁ λόγος.
       Fiel    la palabra

(1b) Ø Εἴ τις ἐπισκοπῆς ὀρέγεται, **καλοῦ ἔργου** ἐπιθυμεῖ.
       Si alguno cargo.de.supervisor anhela buena obra desea

La primera oración de este mismo versículo da un ejemplo de asíndeton cuando no se pretende *ninguna* conexión directa entre unidades. No se pretende conexión directa entre las «Instrucciones sobre la adoración» (capítulo 2) y «Obispos y diáconos» (capítulo 3) (*NVI*).

El asíndeton es la norma entre *párrafos* con temas diferentes [23] cuando no se considera que el tema del nuevo párrafo refuerza, se desarrolla, está asociado, o se infiere del tema del párrafo previo. Lo típico es que el asíndeton se encuentre en las siguientes transiciones:

• de la salutación inicial al cuerpo de cada carta (como en St 1,2 [pasaje 1])
• del cuerpo de una carta al cierre (como en 1 Tm 6,21b)[24]
• de un tema principal o menor a otro (como en 1 Tm 3,1a).[25]

El asíndeton también se encuentra entre *oraciones simples* que se ven como independientes. Por lo tanto, en **Tt 3,15**, aunque ambas oraciones contienen saludos, no son estrictamente paralelas, y la segunda no refuerza a la primera ni se desarrolla a partir de ella.

(15a) Ἀσπάζονταί σε οἱ μετ' ἐμοῦ πάντες.
      Saludan     -te los con–migo todos

(15b) Ἄσπασαι τοὺς φιλοῦντας ἡμᾶς ἐν πίστει.
      Saluda   a.los amando    –nos en fe

Otras relaciones entre oraciones o conjuntos de oraciones caracterizadas por el asíndeton son:

---

[23] En términos del SSA, la relación entre los párrafos es NÚCLEO-NÚCLEO.
[24] En Judas 24–25, en cambio, δέ hace que se interpreten dichos versículos como un desarrollo nuevo que se basa en los versículos anteriores.
[25] Sin embargo, un cambio de tema puede señalarse por medio de un cambio a un nuevo punto de transición en conexión con δέ, como en 1 Co 8,1 (tratado en § 2.2). En esos casos, el autor ve el nuevo tema como un desarrollo adicional del propósito general de la carta. Los cambios de tema que involucran un grado de paralelismo podrían caracterizarse por medio de la conjunción adverbial ὡσαύτως 'asimismo', como en Tt 2,3 (pasaje 3 arriba) o en 1 Tm 2,9 (con καί adverbial).

- *Evaluaciones* del material anterior, muchas veces con el pronombre demostrativo οὗτος como punto de transición/tema proposicional. Véase, por ejemplo, 1 Tm 2,3 (τοῦτο[26] καλὸν καὶ ἀπόδεκτον ἐνώπιον τοῦ σωτῆρος ἡμῶν θεοῦ 'Esto es bueno y agradable a Dios, nuestro Salvador'), que da una evaluación de los 1–2.
- *Resúmenes* del material anterior, también con οὗτος como el punto de transición/tema proposicional. Véase, por ejemplo, Tt 2,15 (Ταῦτα λάλει ... 'Estas cosas habla ...') siempre que ταῦτα se refiera a «todas las exhortaciones prácticas contenidas en el capítulo ii».[27]
- Algunas relaciones de naturaleza *orientador-CONTENIDO* (véase 1 Tm 3,1 arriba), en las que la primera oración introduce a la segunda. Véase también Tt 1,12 (pasaje 4 más abajo).[28]
- Relaciones de naturaleza *Genérico-Específica*, en las que la segunda oración da un caso específico de la más genérica que la precede, como en Tt 2,1–2 (arriba).

En el pasaje siguiente (Tt 1,10–16; véase el pasaje 6 de § 2.8 para el texto griego y observaciones acerca de los puntos de transición), el asíndeton se encuentra en los 12a, 12b (véase arriba), 13a, 15, y 16 (véase la discusión que sigue al pasaje). El análisis del SSA se basa en el de Banker;[29] las denominaciones NÚCLEO₁ y NÚCLEO₂ dan a entender que los conjuntos de oraciones en cuestión son de igual importancia y paralelos.

**Pasaje 4: Tt 1,10–16**

Fundamentos para la CONCLUSIÓN de 13b–14 (10–13a)

    NÚCLEO₁ (10–11)

        (10a) porque (γάρ) hay muchos rebeldes, vanos habladores y embaucadores, sobre todo los partidarios de la circuncisión,

        (11a) a quienes es menester tapar la boca,

        (11b) los cuales trastornan **familias enteras** enseñando por torpe ganancia lo que no deben.

    NÚCLEO₂ (12–13a)

        orientador para 12b

        (12a) Ø* Dijo uno de ellos, profeta suyo: (*variantes*: γάρ, δέ)

        COMENTARIO

        (12b) Ø «Cretenses siempre mentirosos, malas bestias, vientres perezosos.» evaluación de 12b

        (13a) Ø Este testimonio es verdad,

---

[26] Γάρ es una variante para el asíndeton, en cuyo caso el v. 3 debería ser procesado como refuerzo de todo o parte de los 1–2.

[27] Guthrie 1957:202. «La sección concluye con una monición final a la enseñanza abierta de Tito (v. 15)» (Vidal 2015:1084n11).

[28] Otras relaciones de naturaleza orientador-CONTENIDO requieren que ὅτι introduzca el contenido. Cf. el capítulo 16 sobre el uso de ὅτι *recitativo* en Lucas-Hechos y en Juan.

[29] Banker 1987.

CONCLUSIÓN (13b–14)

    (13b) por tanto repréndeles severamente, (14) a fin de que conserven sana la fe, no dando oídos a fábulas judaicas, ni a mandamientos de hombres que se apartan de la verdad.

Comentario sobre la CONCLUSIÓN de 13b–14 (15–16)

  NÚCLEO$_1$ (15a–c)

    (15a) Ø Todo es limpio para los limpios;

    (15b) en cambio (δέ), nada hay limpio <u>para los</u> <u>contaminados y no creyentes</u>,

    (15c) ἀλλὰ su mente y conciencia están contaminadas.

  NÚCLEO$_2$ (16)

    (16a) Ø Profesan conocer **a Dios**,

    (16b) mas (δέ) <u>con sus</u> <u>obras</u> le niegan, siendo **abominables** y rebeldes, e incapaces de hacer una sola obra buena.

En el pasaje anterior, los ejemplos indiscutibles de asíndeton se presentan donde la relación entre los constituyentes no es «de refuerzo, de desarrollo, asociación ni referencial, etc.».

En el v. 13a, la evaluación del COMENTARIO del 12b empieza con un punto de transición/tema proposicional que incluye una forma del demostrativo οὗτος, pero no con una conjunción (§ 5.4.3).

En el 15a, el asíndeton introduce un comentario sobre el NÚCLEO de los 13b–14 (Banker [1987] nota que la oración del 15a es probablemente otro dicho, paralelo al del 12b). Podría ser también un segundo NÚCLEO en paralelo con los 13b–14.

En el 16a, el asíndeton introduce un enunciado NUCLEAR que es paralelo con del 15.

Consideremos ahora el 12a.

El asíndeton es coherente con la interpretación de los 12–13 como un segundo NÚCLEO en paralelo con los 10–11. Los 10–13a juntos se entienden como el fundamento para la CONCLUSIÓN de los 13b–14.

Sin embargo, hay una complicación. Como dije en § 2.8, el orden de los constituyentes en el 12a indica que la atención sigue en los 'muchos rebeldes, vanos habladores y embaucadores' del 10a, lo que podría sugerir que la cita se hace para confirmar lo que el 10 ha dicho sobre la naturaleza de los cretenses. Eso sugeriría una relación lógica CONCLUSIÓN-fundamento entre los 10–11 y los 12–13a. Quizá por ello uno de los manuscritos insertó γάρ en el 12a. Se necesita una mayor investigación para determinar si el asíndeton es aceptable cuando la relación es CONCLUSION-fundamento, o si la ausencia de γάρ excluye esa relación lógica. (Si se sigue la interpretación alternativa de δέ, el 12a desarrollaría más el argumento de los 10–11, y el fundamento para la CONCLUSIÓN de los 13b–14 serían solamente los 12–13a).

Hemos visto que el asíndeton se asocia por regla general con la ausencia de los tipos de relaciones señaladas por medio de γάρ, δέ, καί, οὖν, etc. En algunas ocasiones, sin embargo, encontramos oraciones sobre una misma materia yuxtapuestas y tratadas formalmente como independientes, cuando una conjunción podría parecer apropiada. Esto es particularmente común hacia el final de una epístola.

Ese es el caso de **1 Tm 5,20a** (más abajo), para el que existe una variante con δέ. White observa que, mientras los 17–25 «forman una sección, marcada por un tema prominente, la relación de Timoteo con los presbíteros», «la secuencia de pensamiento en estos versículos de conclusión del capítulo es informal y deliberada».[30] El efecto de añadir δέ es hacer que el 20 sea procesado como desarrollo del material anterior. Sin δέ, τοὺς ἁμαρτάνοντας podría referirse a los pecadores de toda la comunidad; con δέ, se refiere más claramente solo a los presbíteros.

---

[30] White 1970:136.

(19)　No admitas ninguna acusación contra un presbítero si no viene con el testimonio de dos o tres.

(20a)　Ø*　τοὺς　ἁμαρτάνοντας　ἐνώπιον　πάντων　ἔλεγχε,　(*variante: δέ)
　　　　　　a.los　pecando　　　　　delante　de.todos　redarguye

**2 Tm 4,17–18** (más abajo) da otro caso en el que la yuxtaposición de oraciones significa que se tratan como formalmente independientes, pero su contenido sugiere una relación entre ellas que podría haber justificado una conjunción. Varios comentaristas consideran al 18 como una conclusión sacada del versículo anterior.[31] La variante καί añadiría esta conclusión al párrafo (§ 5.3.2). Sin embargo, la relación entre las oraciones queda implícita en *SBU*.

(17d)　καὶ　ἐρρύσθην　ἐκ　στόματος　λέοντος.
　　　　y　　fui.librado　de　boca　　　de.león

(18a)　Ø*　ῥύσεταί　με　ὁ　κύριος　ἀπὸ　παντὸς　ἔργου　πονηροῦ　(*variante: καί)
　　　　　　librará　-me　el　Señor　de　toda　　　obra　　mala

Por lo tanto, aunque los autores tienden a yuxtaponer oraciones que no indican ni refuerzo, ni desarrollo, ni asociación, ni inferencia, aún existe la posibilidad, en ciertos pasajes, de que el asíndeton indique simplemente una ausencia de restricción en el procesamiento. En este caso se deja al lector deducir la relación entre cada nueva oración y su contexto.

Kathleen Callow identifica una motivación más para el asíndeton: «lo característico es que δέ aparezca donde hay desarrollo lineal de pensamiento, y ... marca nuevos desarrollos en la progresión del mensaje. No aparece cuando el mensaje es *emotivo*, o cuando hay *una insistencia poética o retóricamente motivada en un punto*» (el énfasis es mío).[32]

Un pasaje que expresa tal emoción es 1 Co 6,1–11.[33] A pesar de la aparición de μέν οὖν en el 4 y μέν [οὖν] en el 7, ningún δέ se usa en este pasaje.

**Preguntas de repaso**

(a) ¿En qué dos contextos muy diferentes se encuentra comúnmente el asíndeton en textos no-narrativos?

(b) La ausencia de conjunción entre oraciones de un texto griego debe implicar solamente que el autor no ofrece ninguna restricción procesual sobre la manera en que el material debe relacionarse con su contexto. En la práctica, ¿qué tiende a implicar el asíndeton?

(c) ¿Con cuáles de las siguientes relaciones entre oraciones o conjuntos de oraciones se espera el asíndeton: (i) orientador-CONTENIDO, (ii) GENÉRICO-específica[n], (iii) NÚCLEO-NÚCLEO, (iv) CONCLUSIÓN-fundamento?

(d) ¿Qué otra motivación para el asíndeton sugiere Kathleen Callow?

**Respuestas sugeridas**

(a) El asíndeton se encuentra comúnmente en los textos no-narrativos en dos contextos muy diferentes:
- cuando hay una conexión *estrecha* entre las informaciones en cuestión (es decir, las dos oraciones o conjuntos de oraciones pertenecen a la misma unidad);
- cuando *no* hay conexión directa entre las informaciones en cuestión (es decir, las dos oraciones o conjuntos de oraciones pertenecen a unidades diferentes).

(b) El asíndeton tiende a implicar que *no* hay refuerzo, *ni* desarrollo, *ni* asociación, *ni* inferencia, etc.

---

[31] Por ejemplo, Hendriksen 1957:327.
[32] Kathleen Callow 1992:192.
[33] «Pablo inicia la sección, en vivaz asíndeton, con una pregunta retórica» (Pereira Delgado 2017:134).

## 7.2 Asíndeton

(c) (i) El asíndeton se espera para algunas relaciones de naturaleza orientador-CONTENIDO (se espera ὅτι para las demás).

(ii) El asíndeton se espera para relaciones de naturaleza GENÉRICO-específica[n].

(iii) El asíndeton se espera para algunas relaciones de naturaleza NÚCLEO-NÚCLEO. Sin embargo, δέ las podría enlazar si se percibe una relación de desarrollo entre ellas.

(iv) Para relaciones de naturaleza CONCLUSIÓN-fundamento, se espera γάρ o ὅτι, en vez de asíndeton.

(d) Kathleen Callow sugiere que se encuentra asíndeton donde se habría esperado δέ «cuando el mensaje es emotivo, o cuando hay una insistencia poética o retóricamente motivada en un punto».

**Pasaje ilustrativo 5: Ga 3,1–14**

Fíjense en el uso de asíndeton, δέ y ἀλλά en este pasaje (el texto griego se presenta en el pasaje 7 de § 2.8). Véanse § 7.4 (pasaje 8) sobre οὖν (v. 5), § 7.5.1 sobre ἄρα (7), y § 7.5.2 sobre ὥστε (9).[34]

| | | |
|---|---|---|
| 1 | Ø | ¡Gálatas insensatos! ¿**Quién** os ha fascinado, después que ante vuestros ojos ha sido presentado <u>Jesucristo</u> crucificado? |
| 2a | Ø | Quiero que me respondáis **a una sola cosa**: |
| 2b | Ø | ¿habéis recibido el Espíritu **por las obras de la ley** o por creer en la predicación? |
| 3a | Ø | ¿**Tan insensatos** sois? |
| 3b | Ø | Habiendo comenzado por el Espíritu, ¿termináis <u>ahora</u> **en la carne**? |
| 4 | Ø | ¿Habéis pasado en vano **por tales experiencias**? ¡Pues bien en vano sería! |
| 5 | οὖν | <u>El que os otorga el Espíritu y obra milagros entre vosotros</u>, ¿lo hace por las obras de la ley o por creer en la predicación? |
| 6a | καθώς | <u>Abrahán</u> creyó en Dios, |
| 6b | καί | le fue reputado como justicia. |
| 7 | ἄρα | Tened bien presente que <u>los que creen</u>, <u>éstos</u> son **hijos** de Abrahán. |
| 8 | δέ | La Escritura, previendo que Dios justificaría a los gentiles **por la fe**, anunció con antelación a Abrahán que *En ti serán bendecidas todas las naciones*. |
| 9 | ὥστε | **los que creen** son bendecidos con Abrahán el creyente. |
| 10a | γάρ | <u>Todos los que viven **de las obras de.ley**</u> incurren **en maldición**. |
| 10b | γάρ | Dice la Escritura que **Maldito** *quien no practique fielmente todos los preceptos escritos en el libro de la Ley*. |
| 11a | δέ | que la <u>ley no justifica</u> **a nadie** ante Dios es cosa evidente, |
| 11b | ὅτι | *El justo vivirá **por la fe**.* |
| 12a | δέ | <u>La ley</u> no puede proceder de la fe, |
| 12b | ἀλλά | **Quien practique sus preceptos** *vivirá por ellos.* |
| 13a | Ø | <u>Cristo</u> **nos** rescató de la maldición de la ley, haciéndose la misma maldición por nosotros, |
| 13b | ὅτι | Dice la Escritura: |
| 13c | Ø | **Maldito** *el que cuelga de un madero*, |
| 14a | | para que la bendición de Abrahán llegara <u>a los gentiles</u>, a través de Cristo Jesús, |
| 14b | | para que, por la fe, recibiéramos <u>el Espíritu de la promesa</u>. |

---

[34] La conjunción ὅτι (aquí traducida 'porque, pues') se trata en Levinsohn 2009a:163ss.

**Preguntas**

(a) Considérense los casos de asíndeton en los vv. 1a, 2a, 2b, 3a, 3b y 4. (Si hay asíndeton en el 6a depende de cómo se interprete καθώς).[35]

    1. ¿Qué casos de asíndeton reflejan una relación NÚCLEO-NÚCLEO entre oraciones o conjuntos de oraciones?

    2. ¿Cuáles reflejan una relación orientador-CONTENIDO entre oraciones?

    3. ¿Qué relación entre los 1 y 2 sería coherente con el asíndeton en el 2a?

    4. ¿Qué relación entre los 3 y 4 sería coherente con el asíndeton en el 4?

(b) Fíjense ahora en los casos de δέ en los 8a, 11a y 12a.

    1. ¿Por qué δέ es apropiada en el 8a?

    2. ¿Por qué δέ es apropiada en los 11a y 12a?

(c) ¿Qué indica ἀλλά en el 12b?

(d) ¿Qué sugiere el uso del asíndeton en el 13?

**Respuestas sugeridas**

(a) En cuanto al asíndeton en los vv. 1a, 2a, 2b, 3a, 3b y 4.[36]

    1. El asíndeton en el 1a enlaza enunciados NÚCLEO-NÚCLEO al principio de una sección (un análisis reforzado por el uso del vocativo [§ 17.2.8]). Rogers también sugiere una relación NÚCLEO-NÚCLEO entre los 1–2 y los 3–5.[37]

    2. El asíndeton en los 2b y 3b refleja una relación orientador-CONTENIDO entre oraciones (2a–Ø–2b y 3a–Ø–3b).

    3. Una relación genérico-ESPECÍFICA entre los 1 y 2 sería coherente con el asíndeton en el 2a.[38]

    4. Una relación NÚCLEO-evaluación (o NÚCLEO-paréntesis) entre los 3 y 4 sería coherente con el asíndeton en el 4.

(b) En cuanto a δέ en los 8a, 11a y 12a.

    1. Una comparación de los 7b y 9 indica que la unidad de los 8–9 se relaciona estrechamente con el 7 (ambos tienen que ver con οἱ ἐκ πίστεως 'los que creen'). Al mismo tiempo, el 9 tiene más que decir que el 7b:[39] en el 7b, estas personas son 'hijos de Abrahán'; en el 9, son bendecidos con Abrahán, que es el punto clave de la cita del 8d. Por lo tanto, los 8–9 se basan en el 7 y se desarrollan a partir del mismo.

    2. Los 10–12 consisten en una línea de razonamiento en tres puntos, cada uno de los cuales se basa en el anterior y es distinto de los anteriores. Primero, ἐν νόμῳ 'por la ley', un concepto que fue reintroducido en el 10, se convierte en el 11a en el punto de transición. Esta oración hace una nueva declaración acerca de la ley, a saber, que nadie es justificado ante Dios por la ley. (Véase § 9.4 sobre la ausencia de artículo en la expresión inicial ἐν νόμῳ). Entonces el 12 desarrolla más el argumento, esta vez con ὁ νόμος como punto de transición/tema proposicional. Nuevamente, el material introducido con δέ se basa en lo que lo precede y también hace una declaración diferente, a saber, que la ley no tiene nada que ver con la fe.

(c) La presencia de ἀλλά en el 12b indica una relación de no-desarrollo entre los enunciados negativo y afirmativo del 12 y, en particular, que el enunciado del 12a mantiene su relevancia.

(d) El uso de asíndeton en el 13 sugiere que la línea de razonamiento en los 10–12 ha llegado a su término, y que se presenta un nuevo punto (NÚCLEO).

---

[35] Cf. Rogers 1989:67.

[36] La ausencia de conjunciones también puede deberse a que «el mensaje es emotivo» (Kathleen Callow 1992:192; cf. más arriba).

[37] Rogers 1989:67.

[38] Cf. el comentario de Meyer (1873:135): «La insensatez de su error está ahora para ellos …»

[39] Rogers (1989:73) llama a esta relación contracción-NÚCLEO.

## 7.3 Καί conjuntiva[40]

En § 6.2, dijimos que la καί conjuntiva «se usa para enlazar elementos del mismo estatus».[41] En los textos no-narrativos, restringe el material introducido para ser procesado como añadido al material anterior y asociado con él (es decir, básicamente tiene la misma función que se describe en § 5.3.2 para Juan). En contraste con δέ, el material que introduce no representa un nuevo desarrollo con respecto al contexto.

Para la mayoría de los casos de καί conjuntiva en textos no-narrativos, es extremadamente obvio que asocia el material que conjunta. Así, en **1 Co 2,14**, καί asocia las dos oraciones introducidas por γάρ. Estas oraciones *juntas* refuerzan el 14a.

(14a) El ser humano naturalmente no acepta las cosas del Espíritu de Dios,

(14b) **μωρία** γὰρ αὐτῷ ἐστιν
 necedad en.efecto para.él son

(14c) καὶ οὐ δύναται γνῶναι, ὅτι **πνευματικῶς** ἀνακρίνεται.
 y no puede conocer porque espiritualmente se.disciernan

**2 Tm 4,17** describe dos acciones realizadas por el Señor (17a–b), junto con su propósito (17c–d). La καί final del versículo (17e) tiene el efecto de asociar el resultado de las acciones descritas en los 17a–b con dichas acciones.

(17a) ὁ δὲ **κύριός** μοι παρέστη
 el md Señor junto.a.mí estuvo

(17b) καὶ ἐνεδυνάμωσέν με,
 y dio.poder -me

(17c) ἵνα δι' ἐμοῦ τὸ κήρυγμα πληροφορηθῇ
 para.que mediante mí la proclamación fuese.llevada.a.cabo.cumplidamente

(17d) καὶ ἀκούσωσιν πάντα τὰ ἔθνη,
 y oyesen todos los gentiles

(17e) καὶ ἐρρύσθην ἐκ στόματος λέοντος.
 y fui.librado de boca de.león

En **2 Tm 3,10–12** (a continuación), muchos comentarios interpretan la καί del 11c como *adversativa* (traducida «pero»). Esto no significa que la propia καί comunique un sentido adversativo, sino más bien que καί asocia proposiciones que se encuentran en una relación adversativa. Entonces, ¿por qué se usó καί en este pasaje (asociando las proposiciones juntas), en vez de δέ (tratándolas como unidades distintas)? La razón se encuentra en el flujo del argumento. Es decir, desde 'las persecuciones que he sufrido' (11b) hasta 'todos los que quieren vivir piadosamente en Cristo Jesús padecerán persecución' (12), que está restringido por δέ para ser procesado como desarrollo del material anterior. Puesto que el 12 no se desarrolla a partir del 11c sino del 11b, καί es el enlace apropiado para asociar 11c con el resto del 11 de un modo que no implique desarrollo.[42]

---

[40] Esta sección se basa en Heckert 1996:79–89 y en Levinsohn 1999:§ 3.
[41] Porter 1992:211.
[42] «Καί enlaza las oraciones W y X si los acontecimientos que siguen Y no se basan en el acontecimiento descrito en X» sino en W (Levinsohn 1987:112). En el v. 12, καί adverbial hace que πάντες sea procesado como paralelo con un constituyente correspondiente, a saber, 'yo' (Pablo).

(10) Tú, en cambio, me has seguido asiduamente en mis enseñanzas, conducta, planes, fe, paciencia, caridad, constancia, (11a) en mis persecuciones y sufrimientos, como los que soporté en Antioquía, en Iconio, en Listra,

(11b) οἵους διωγμοὺς ὑπήνεγκα
 cuales persecuciones soporté

(11c) καὶ ἐκ πάντων με ἐρρύσατο ὁ κύριος.
 y de todas me libró el Señor

(12) καὶ πάντες δὲ οἱ θέλοντες εὐσεβῶς ζῆν ἐν Χριστῷ Ἰησοῦ
 + todos md los queriendo piadosamente vivir en Cristo Jesús
 διωχθήσονται.
 serán.perseguidos

En **1 Tm 3,16a**, no es necesario sostener que καί «aumenta la fuerza de la predicación»,[43] puesto que su uso está bien motivado desde la perspectiva del discurso. La δέ en 4.1 introduce una restricción de modo que el material asociado se procese como desarrollo de la unidad discursiva que lo precede. Esta unidad da primero la motivación para escribir (3,14–15a) y, después de enfatizar la verdad del evangelio, se extiende sobre la magnificencia del evangelio (15b–16).[44] El capítulo 4 se desarrolla a partir de esta unidad precedente como un todo informando a los lectores que algunos se apartarán de la fe y enseñarán cosas perjudiciales para 'la casa de Dios' (3,15a).

(14) Te escribo estas cosas con la esperanza de ir pronto a ti; (15a) pero (δέ) si tardo, para que sepas cómo hay que portarse en la casa de Dios,

(15b) que es la Iglesia de Dios vivo, fundamento de la verdad.

(16a) καὶ ὁμολογουμένως μέγα ἐστὶν τὸ τῆς εὐσεβείας μυστήριον·
 y sin.lugar.a.dudas grande es el de.la piedad misterio

(16b) quien ha sido manifestado en la carne, justificado en el Espíritu, aparecido a los ángeles, proclamado a los gentiles, creído en el mundo, levantado a la gloria.

(4,1) Pero (δέ) el Espíritu dice claramente que en los últimos tiempos algunos apostatarán de la fe ...

Aunque § 6.2 presenta algunos criterios para distinguir a la καί conjuntiva de la καί adverbial, no siempre es fácil discernirlo cuando καί empieza una oración y ninguna (otra) conjunción está presente. Sin embargo, en lo que concierne al desarrollo del discurso, las implicaciones de empezar una oración con καί son muy parecidas, sea que se trate de conjuntiva o adverbial. En cualquier caso, el material que introduce debe asociarse al material anterior, en vez de representar un nuevo desarrollo en el argumento.

**2 Tm 1,16–18** ilustra este punto. Si la καί del 18b se considera conjuntiva, la oración debe vincularse con los 16–17, aunque no sean contiguos al 18b. Si se considera adverbial, ὅσα ἐν Ἐφέσῳ διηκόνησεν está restringida a un procesamiento paralelo al servicio de Onesíforo en Roma. En cualquier caso, el material introducido por καί debe asociarse al menos con el 17.

(16a) Que el Señor conceda misericordia a la familia de Onesíforo,

(16b) ὅτι πολλάκις με ἀνέψυξεν
 pues muchas.veces me refrigeró

---

[43] Ellicott 1883:194.
[44] Cf. Knight 1992:182.

## 7.3 Καί conjuntiva

(16c) καὶ <u>τὴν</u> <u>ἅλυσίν</u> <u>μου</u> οὐκ ἐπαισχύνθη,
     y    la   cadena   mía   no   se.avergonzó.de

(17) ἀλλὰ γενόμενος ἐν Ῥώμῃ **σπουδαίως** ἐζήτησέν με καὶ εὗρεν·
    sino estando en Roma diligentemente buscó —me y halló

(18a) Ø δῴη αὐτῷ ὁ κύριος εὑρεῖν ἔλεος παρὰ κυρίου ἐν ἐκείνῃ τῇ ἡμέρᾳ.
     dé -le el Señor hallar misericordia de.parte de.Señor en aquel el día

(18b) καὶ <u>ὅσα</u> **ἐν Ἐφέσῳ** <u>διηκόνησεν</u>, **βέλτιον** σὺ γινώσκεις.
    +/y cuantos.modos en Éfeso ministró mejor tú conoces

**Pregunta de repaso**

En los textos no-narrativos, ¿qué restricción procesual impone καί para el material que introduce?

**Respuesta sugerida**

En los textos no-narrativos, καί restringe el material introducido para que se procese como añadido al material anterior y asociado con él.

**Pasaje ilustrativo 6: Tt 3,6–8**

La *BJ* empieza un nuevo párrafo en el v. 8a, pero algunas versiones insertan un salto de párrafo entre los 8a y 8b. A la luz de la presencia de asíndeton en el 8a y de καί en el 8b, ¿cuál es el lugar más probable para un salto de párrafo?

(6–7) el cual (el Espíritu) derramó sobre nosotros con largueza por medio de Jesucristo nuestro Salvador, para que, justificados por su gracia, fuésemos constituidos herederos, viviendo con la esperanza de vida eterna.

(8a) Ø Πιστὸς ὁ λόγος·
     Fiel la palabra

(8b) καὶ <u>περὶ</u> <u>τούτων</u> βούλομαί σε διαβεβαιοῦσθαι,
    y tocante.a estas.cosas deseo tú afirmar.con.insistencia

(8c) ἵνα φροντίζωσιν **καλῶν ἔργων** προΐστασθαι οἱ πεπιστευκότες θεῷ·
    para.que se.interesen.en buenas obras practicar los habiendo.creído a.Dios

**Respuesta sugerida**

El asíndeton es la norma antes de un orientador evaluativo. Sin embargo, también se encuentra comúnmente entre párrafos con temas diferentes, así que la presencia de asíndeton en el v. 8a es coherente con un salto de párrafo al principio del 8. Además, καί hace que el material que introduce sea procesado como añadido al material anterior y asociado con él. Por lo tanto, un salto de párrafo al principio de 8a es más probable que uno entre 8a y 8b.

## 7.4 Οὖν

Οὖν se describe en § 5.3.3 como una conjunción marcada de desarrollo, empleada en Juan de dos maneras: de manera inferencial y para indicar reanudación (llamada también «continuativa»).[45] Se usa de las mismas maneras en los textos no-narrativos, a saber:[46]

- de manera inferencial
- para indicar reanudación, por lo general después de material de naturaleza digresiva como el introducido por γάρ para reforzar una proposición o una suposición presente en o implicada por el contexto inmediato.

Paso a considerar esas dos maneras por orden.

**1 Tm 3,2a** da un ejemplo de οὖν usada de manera *inferencial*. El 1b expresa el tema (quien aspira al episcopado, desea una noble tarea). Οὖν entonces introduce las inferencias que se derivan de ello. Οὖν restringe el material con el que está asociada para que sea procesado como un punto nuevo sobre el tema del 1b, que se desarrolla a partir de dicho versículo de modo inferencial.

(1b) Εἴ    τις     **ἐπισκοπῆς**          ὀρέγεται,  καλοῦ  ἔργου  ἐπιθυμεῖ.
     Si    alguno  cargo.de.supervisor   anhela     buena   obra   desea

(2a) δεῖ          οὖν    τὸν  ἐπίσκοπον   **ἀνεπίλημπτον**  εἶναι,
     es.menester  pues   el   supervisor  irreprochable    ser

Véase también 2 Tm 2,21 (tratado en § 7.1), en cuanto a lo que Heckert afirma: «En ... 2,20 Pablo introduce la analogía de una casa real .... De esa analogía, Pablo saca una inferencia ... introducida por οὖν (v. 21)».[47]

Ya hemos visto el uso de οὖν para indicar *reanudación* en las narraciones de Juan (§ 5.3.3). De hecho, οὖν indica reanudación en casi todas las epístolas del NT. Lo típico es que aparezca después de material de refuerzo asociado con γάρ o con ὅτι. En esas situaciones, la *línea temática* que estaba bajo consideración antes de la introducción del material de refuerzo se reanuda y progresa, pero οὖν comunica una «fuerza inferencial, puesto que también saca una conclusión del material de apoyo introducido por γάρ».[48]

Por ejemplo, **2 Tm 1,8** reanuda la línea temática del 6, después del material del 7 que refuerza la exhortación del 6, al dar una exhortación adicional que hace progresar el argumento.

(6) Por tal motivo, te recomiendo que reavives el carisma de Dios que está en ti por la imposición de mis manos.

(7) οὐ   γὰρ     ἔδωκεν   ἡμῖν   ὁ    θεὸς   πνεῦμα   δειλίας
    no   porque  dio      –nos   el   Dios   Espíritu  de.cobardía
    ἀλλὰ   δυνάμεως   καὶ   ἀγάπης    καὶ   σωφρονισμοῦ.
    sino   de.poder   y     de.amor   y     de.cordura

---

[45] Los párrafos siguientes se basan en Heckert 1996:96–104 y Levinsohn 1999:§ 4. Cf. § 10.1 sobre μέν οὖν.

[46] Cf. Heckert 1996:96. Una de las ocho categorías en las que Moulton et al. (1978:798ss) clasifica a οὖν es *resumen* (como Mt 1,17), que considero un caso de inferencia. Se necesita más investigación para determinar si esas ocho categorías pueden reducirse a dos (inferencial y de reanudación) y si, en la práctica, cada ejemplo es interpretable como un desarrollo adicional de la línea temática principal. Cf. más abajo la sugerencia de que οὖν tiene un sentido «adversativo (pero)».

[47] Heckert 1996:97. En efecto, οὖν en 2 Tm 2,21 marca probablemente la *reanudación* de la línea temática del 19 (cf. la discusión del 20a en § 7.1), después de la introducción de algunos utensilios (§ 8.1).

[48] Heckert 1996:118. Cuando οὖν se usa con la partícula inferencial ἄρα 'así que, como resultado, en consecuencia', siempre indica reanudación (cf. § 7.5.1).

## 7.4 Οὖν

(8) μὴ οὖν ἐπαισχυνθῇς τὸ μαρτύριον τοῦ κυρίου ...
    no por.tanto te.avergüences.de el testimonio del Señor

Heckert considera que οὖν en **1 Tm 2,1** también indica reanudación, volviendo al tema principal después de una digresión: «los versículos 1 y 2 del capítulo 2 no solo reanudan el tema de las directrices dadas a Timoteo, sino que también lo desarrollan pasando a un nuevo punto». Sin embargo, observa: «Aquí no está claro que la función de οὖν en este texto sea inferencial».[49] Es decir, no es evidente que haya una relación inferencial entre 2,1ss y los comentarios de 1,19b–20 sobre los que habían naufragado en la fe.

(18) Esta es la recomendación, hijo mío Timoteo, que yo te hago, de acuerdo con las profecías pronunciadas sobre ti anteriormente. Combate, apoyado en ellas, el buen combate, (19a) conservando la fe y la conciencia recta;

(19b) algunos, por haberla rechazado, naufragaron en la fe; (20) entre éstos están Himeneo y Alejandro, a quienes entregué a Satanás para que aprendiesen a no blasfemar.

(2,1) Παρακαλῶ οὖν πρῶτον πάντων ποιεῖσθαι δεήσεις προσευχὰς ...
      Exhorto pues primero de.todas.cosas ser.hechas peticiones oraciones

En casos como éstos, la presencia de οὖν restringe el material con el que está asociada, para ser procesado como un desarrollo adicional del tema principal bajo consideración, que se basa en ese material anterior y se desarrolla a partir de él, pero sin connotaciones inferenciales. (Véase también 2 Tm 2,1. En el caso de Hb 4,14, donde οὖν retoma el tema de Jesús como nuestro sumo sacerdote que había sido mencionado en Hb 2,17, el material interpuesto se ocupa de otro tema).

Por lo tanto, lo más probable parece ser que οὖν comunique cierta fuerza inferencial cuando se usa para indicar reanudación si el material interpuesto es corto. Sea corto o largo el material interpuesto, la presencia de οὖν solamente restringe aquello que sigue de modo que se interprete como un desarrollo adicional de la línea temática reanudada.

El uso de οὖν después de un material de refuerzo asociado con γάρ puede contrastarse con el uso de δέ en la misma situación. Todos los casos de las epístolas pastorales en los que δέ sigue a un material de refuerzo asociado con γάρ, también involucran un punto de transición cuyo referente es una temática diferente de la del material anterior. En otras palabras, después de este material de refuerzo, la epístola se desarrolla en conexión con un cambio del tema anterior a otro diferente.

Vemos un ejemplo en **2 Tm 3,8–10**. El 10 sigue a unos comentarios sobre el destino de los que 'resisten a la verdad' (8–9a). Sin embargo, después del 9b, que refuerza la afirmación del 9a, no es el tema de los que 'resisten a la verdad' aquello que se reanuda. Más bien, δέ hace que el 10 sea procesado como desarrollo del material anterior. El σύ inicial y el contenido del versículo aclaran que ese desarrollo es contrastante: 'tú' contrasta con 'los que resisten a la verdad' y 'seguido mi doctrina' contrasta con 'resistir a la verdad' (8).

(8) Del mismo modo que Janés y Jambrés se enfrentaron a Moisés, así también éstos se oponen a la verdad; son hombres de mente corrompida, descalificados en la fe.

(9a) ἀλλ᾿ οὐ προκόψουσιν ἐπὶ πλεῖον,
     pero no avanzarán a más

(9b) ἡ γὰρ <u>ἄνοια αὐτῶν</u> **ἔκδηλος** ἔσται πᾶσιν ...
     la porque insensatez de.ellos notoria será a.todos

(10) <u>Σὺ</u> δὲ παρηκολούθησάς μου τῇ διδασκαλίᾳ ...
     Tú md seguiste.de.cerca de.mí la enseñanza

---
[49] Heckert 1996:118.

Véanse también 1 Tm 6,9, 1 Tm 6,11 y 2 Tm 4,5.

En resumen, pues, mientras que δέ y οὖν conducen el material con el que están asociadas a procesarse como desarrollo de material anterior, se diferencian sin embargo en que, cuando se usa οὖν, una línea temática principal anterior sigue progresando, mientras que dicha restricción no se aplica con δέ.[50]

Una de las categorías en las que Moulton et al. dividen a οὖν es «*Adversativa* (pero)».[51] De todos modos, en esos casos, οὖν introduce un desarrollo adicional de la línea temática principal.

Por ejemplo, en 1 Co 11,20 (a continuación), la *Biblia de Jerusalén* traduce συνερχομένων οὖν ὑμῶν ἐπὶ τὸ αὐτὸ «Pero, cuando os reunís en esas condiciones». En realidad, οὖν se usa para *retomar* y hacer progresar el tema de los problemas que se presentan cuando 'os reunís en la asamblea' (17–18), siguiendo al material del 19 que es introducido con γάρ para reforzar una de las afirmaciones del 18, lo que capta bien la *RVR95*: 'Cuando, pues, os reunís vosotros'.

**Pasaje 7: 1 Co 11,17–20**

| 17 | Δέ | Al establecer estas disposiciones, no puedo felicitaros, porque vuestras reuniones son más para mal que para bien. |
|---|---|---|
| 18a | γάρ | sobre todo, oigo decir que, cuando os reunís en la asamblea, hay entre vosotros divisiones; |
| 18b | καί | en parte lo creo. |
| 19 | γάρ | tiene que haber entre vosotros divisiones, para que se pongan de manifiesto quiénes sois los auténticos. |
| 20 | οὖν | Cuando os reunís en esas condiciones, eso ya no es comer la cena del Señor, |

Rm 10,14 es otro caso de οὖν que Moulton et al. clasifican como adversativo,[52] cuando, de hecho, señala que el 14 retoma y hace progresar el tema principal de los capítulos 9–11 (los judíos incrédulos),[53] después de doce versículos (10,2–13) que refuerzan las proposiciones anteriores. Compárense Jn 12,7 y Hch 26,22 (que ellos también clasifican como adversativo), en los que οὖν también indica que se retoma y progresa la línea de acontecimientos o el tema principal después de un material de trasfondo.

En **Hch 23,20–21** se percibe fácilmente una relación adversativa entre el enunciado del 20 y la recomendación del 21. La referencia inicial a 'tú' lo refuerza, marcando un cambio al nuevo punto de transición/tema proposicional. Sin embargo, οὖν no se encuentra ahí para señalar dicha relación adversativa. Más bien, indica que el 21 debe procesarse como una *inferencia* derivada del 20.[54]

(20) Él le dijo: «Los judíos se han concertado para pedirte que mañana bajes a Pablo al Sanedrín con el pretexto de hacer una indagación más a fondo sobre él.»

(21a) σὺ    οὖν   μὴ   πεισθῇς              αὐτοῖς·
      tú    pues  no   te.dejes.persuadir   por.ellos

**Preguntas de repaso**

(a) ¿De qué dos maneras se usa οὖν en los textos no-narrativos?

(b) Δέ restringe el material con el que está asociada para que se procese como desarrollo del material anterior. ¿Qué restricción adicional pone la presencia de οὖν en el procesamiento?

---

[50] En Judas 5, después del material de refuerzo asociado con γάρ, parece que el tema bajo consideración en el 3 se retoma y progresa. Eso probablemente explica por qué οὖν es una lectura variante para δέ en el 5.

[51] Moulton et al. 1978:1104.

[52] Moulton et al. 1978:1104.

[53] Cf. '¿Cómo, pues ...?' (*RVR95*).

[54] Otros casos de οὖν que Moulton et al. (1978:1104) clasifican como adversativos pero deben ser interpretados como inferenciales son Mt 26,54 (el sentido adversativo viene de la premisa asumida de la cual se saca la inferencia: 'Pero si yo pidiera a mi Padre'), Jn 8,38 (note la presencia de καί adverbial que modifica a ὑμεῖς), Jn 9,18 y Rm 11,19.

## Respuestas sugeridas

(a) En los textos no-narrativos, οὖν se usa:
 1. de manera inferencial
 2. para indicar reanudación, por lo general después de material de naturaleza digresiva como el introducido por γάρ o ὅτι para reforzar una proposición o una suposición presentada o implicada por el contexto inmediato. A menudo hay también connotaciones inferenciales, especialmente si el material interpuesto es corto.

(b) Mientras que tanto δέ como οὖν restringen el material con el que se asocian para que se procese como desarrollo del material anterior, la presencia de οὖν también indica que el tema principal anterior se sigue tomando en cuenta.

## Pasaje ilustrativo 8: Mt 5,43–48

(43)  Habéis oído que se dijo: Amarás a tu prójimo y odiarás a tu enemigo.

(44)  ἐγὼ  δὲ  λέγω  ὑμῖν,  ἀγαπᾶτε  τοὺς  ἐχθροὺς  ...
      yo   md  digo   –os:   Amad      a.los  enemigos

(45a) ὅπως        γένησθε  υἱοὶ  τοῦ  πατρὸς  ὑμῶν   τοῦ  ἐν  οὐρανοῖς,
      para.que.así seáis    hijos del  Padre   vuestro del  en  cielos

(45b) ὅτι  τὸν  ἥλιον  αὐτοῦ  ἀνατέλλει  ἐπὶ     πονηροὺς  καὶ  ἀγαθοὺς
      pues el   sol    suyo   hace.salir sobre   malvados  y    buenos
      καὶ  βρέχει  ἐπὶ    δικαίους  καὶ  ἀδίκους.
      y    llueve  sobre  justos    e    inicuos

(46a) ἐὰν  γὰρ    ἀγαπήσητε  τοὺς   ἀγαπῶντας  ὑμᾶς,  τίνα  μισθὸν    ἔχετε;
      si   porque amáis      a.los  amando     –os    ¿qué  galardón  tenéis?

(46b) ∅  οὐχὶ  καὶ  οἱ τελῶναι    τὸ  αὐτὸ   ποιοῦσιν;
      ¿no  +   los  publicanos   lo  mismo  hacen?

(47a) καὶ  ἐὰν  ἀσπάσησθε  τοὺς   ἀδελφοὺς  ὑμῶν     μόνον,
      y    si   saludáis   a.los  hermanos  vuestros solamente
      τί   περισσὸν  ποιεῖτε;
      ¿qué de.más    hacéis?

(47b) ∅  οὐχὶ  καὶ  οἱ  ἐθνικοὶ  τὸ  αὐτὸ   ποιοῦσιν;
      ¿no  +   los  gentiles    lo  mismo  hacen?

(48)  Ἔσεσθε  οὖν   ὑμεῖς    τέλειοι
      Sed     pues  vosotros perfectos
      ὡς    ὁ   πατὴρ   ὑμῶν    ὁ   οὐράνιος  τέλειός  ἐστιν.
      como  el  Padre   vuestro el  celestial perfecto es

**Preguntas**

(a) ¿Por qué es apropiado el asíndeton en el v. 46b?

(b) ¿Por qué es apropiada la καί conjuntiva en el 47?

(c) ¿Por qué es apropiada οὖν en el 48?

**Respuestas sugeridas**

(a) El asíndeton es apropiado en el v. 46b porque la oración es una evaluación del 46a.

(b) La καί conjuntiva es apropiada en el 47 porque la oración da un segundo ejemplo paralelo al del 46. Como la presencia de γάρ indica, estos dos ejemplos se dan para reforzar la exhortación de los 44–45 explicando «cómo los discípulos, como hijos del Padre celestial, podían no mantener su posición si se negaban a mostrar amor como el de su Padre».[55]

(c) Οὖν es apropiada en el 48 porque el tema de los 44–45a se retoma y progresa. No solo debéis 'amar a vuestros enemigos ... para que seáis hijos de vuestro Padre que está en el cielo'; además, debéis 'ser perfectos, como vuestro Padre celestial es perfecto'.

El siguiente diagrama del flujo del argumento de Mt 5,44–48 indica cómo se desarrolla.

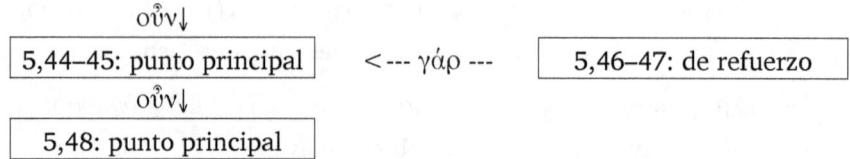

Diagrama 1. El flujo del argumento de Mt 5,44-48.

**Pasaje ilustrativo 9: Ga 3,1–5 (véase el pasaje 6 de § 2.8 para el texto griego)**

| 1 | ∅ | ¡Gálatas insensatos! ¿**Quién** os ha fascinado, después que ante vuestros ojos ha sido presentado <u>Jesucristo</u> crucificado? |
|---|---|---|
| 2a | ∅ | Quiero que me respondáis **a una sola cosa**: |
| 2b | ∅ | ¿habéis recibido el Espíritu **por las obras de la ley** o por creer en la predicación? |
| 3a | ∅ | ¿**Tan insensatos** sois? |
| 3b | ∅ | Habiendo comenzado por el Espíritu, ¿termináis <u>ahora</u> **en la carne**? |
| 4 | ∅ | ¿Habéis pasado en vano **por tales experiencias**? ¡Pues bien en vano sería! |
| 5 | οὖν | El que os otorga el Espíritu y <u>obra milagros entre vosotros</u>, ¿lo hace por las obras de la ley o por creer en la predicación? |

**Pregunta**

¿Por qué es apropiada οὖν en el v. 5?

**Respuesta sugerida**

Οὖν es apropiada en el v. 5 porque se retoma el tema del 2,[56] después del comentario o paréntesis evaluativo del 4. El argumento del 5 hace progresar el tema; mientras que el 2 se refería a la recepción del Espíritu, el 5 se fija en la experiencia actual del Espíritu por parte de los gálatas.

Las preguntas que siguen al pasaje 10 tienen que ver con las conjunciones usadas y el orden de los constituyentes. (Las lecturas variantes en los 4–5a no afectan a los puntos considerados aquí).

---
[55] Lenski 1943:250.
[56] Lightfoot 1892:136.

## 7.4 Οὖν

**Pasaje 10: Col 3,1–5a**

(2,20) Si habéis muerto con Cristo a los elementos del mundo, ¿por qué sujetaros, como si aún estuvierais en el mundo, a preceptos como (21) «no toques», «no pruebes», «no acaricies», (22) cosas todas destinadas a perecer con el uso, y conforme a *preceptos y doctrinas puramente humanos?* (23) Tales cosas tienen una apariencia de sabiduría por su piedad afectada, sus mortificaciones y su rigor con el cuerpo; pero carecen de valor para combatir la insolencia de la carne.

(3,1a) Εἰ οὖν συνηγέρθητε τῷ, Χριστῷ
Si pues fuisteis.conresucitados con.el Cristo

(1b) τὰ ἄνω ζητεῖτε,
las.cosas de.arriba buscad

(1c) οὗ ὁ Χριστός ἐστιν
donde el Cristo está

(1d) ἐν δεξιᾷ τοῦ θεοῦ καθήμενος·
a derecha del Dios sentado

(2) ∅ τὰ ἄνω φρονεῖτε, μὴ τὰ ἐπὶ τῆς γῆς.
las.cosas de.arriba poned.mente.en no las sobre la tierra

(3a) ἀπεθάνετε γάρ
Moristeis porque

(3b) καὶ ἡ ζωὴ ὑμῶν κέκρυπται σὺν τῷ Χριστῷ ἐν τῷ θεῷ.
y la vida vuestra ha.sido.escondida con el Cristo en el Dios

(4a) ∅ ὅταν ὁ Χριστὸς φανερωθῇ, ἡ ζωὴ ὑμῶν,
Cuando el Cristo sea.manifestado, la vida vuestra

(4b) τότε καὶ ὑμεῖς σὺν αὐτῷ φανερωθήσεσθε ἐν δόξῃ.
entonces + vosotros con él seréis.manifestados en gloria

(5a) Νεκρώσατε οὖν τὰ μέλη τὰ ἐπὶ τῆς γῆς,
Haced.morir pues los miembros los sobre la tierra

**Preguntas**[57]

(a) En 3,1a, ¿por qué la oración empieza con una construcción condicional? ¿Por qué se usa οὖν?

(b) En el 2, ¿por qué se emplea el asíndeton?

(c) En el 3b, ¿por qué se utiliza la καί conjuntiva? ¿Por qué ἡ ζωὴ φμῶν empieza la oración? ¿Cuál es la implicación de terminar la oración con ἐν τῷ θεῷ?

(d) En el 4a, ¿por qué se usa el asíndeton, en vez de γάρ, δέ, καί o οὖν?

(e) En el 4b, ¿por qué se emplea τότε? ¿Por qué se utiliza καί adverbial? ¿Qué tan prominente es el constituyente que modifica? ¿Por qué σὺν αὐτῷ precede al verbo?

(f) ¿Por qué se usa οὖν en 5a?

**Respuestas sugeridas**: véase el Apéndice abajo 7(9).

---

[57] Estas preguntas solo requieren tener en cuenta el orden de los constituyentes en algunas oraciones. De hecho, el lector debería ser capaz de explicar el orden de los constituyentes en todas las oraciones, en términos de ordenamientos por defecto y marcados.

## 7.5 Conectores de inferencia

Esta sección da una ojeada al conjunto de conectores de inferencia que se encuentran en el texto griego del NT.[58]

La siguiente lista describe las diferencias que se han identificado entre cinco conectores que utiliza Pablo en sus cartas y que, a veces, se traducen 'por eso', etc. (οὖν se designa «+ de inferencia + Nuevo Punto»; véase § 7.4).[59]

| | |
|---|---|
| ἄρα | + de inferencia + Consecuencia |
| ἄρα οὖν | + de inferencia + Consecuencia + Nuevo Punto |
| ὥστε | + de inferencia + Resultado |
| διό | + de inferencia + Continuativa (no introduce un nuevo punto) |
| διὰ τοῦτο | + de inferencia + Temática Específica |

Las secciones siguientes ilustran el uso de estos conectores.

### 7.5.1 Ἄρα y ἄρα οὖν

Se utiliza ἄρα para introducir una «*consecuencia*»[60] de lo que se acaba de escribir, como se puede apreciar en Ga 3,29 (a continuación). Si la situación descrita en el 29a es cierta ('vosotros sois de Cristo'), la consecuencia es que 'sois descendientes de Abrahán y herederos según la promesa' (29b).

**Pasaje 11: Ga 3,28–29**

| 28a | Ø | Ya no hay judío ni griego, ni esclavo ni libre, ni hombre ni mujer, |
|---|---|---|
| 28b | γάρ | todos vosotros sois uno en Cristo Jesús. |
| 29a | δέ | Si sois de Cristo, |
| 29b | ἄρα | ya sois descendencia de Abrahán, herederos según la promesa. |

Se emplea la combinación ἄρα οὖν para reanudar la línea principal e introducir una consecuencia.[61] Vemos un ejemplo en Rm 9,16. Después de insistir en que no hay injusticia en Dios (14), Pablo apoya su tesis con un versículo del AT (15). En el 16 reanuda su argumento y lo hace progresar (οὖν). Al mismo tiempo indica, con ἄρα, que se trata de una consecuencia de lo que acaba de escribir.

**Pasaje 12: Rm 9,14–16**

| 14 | οὖν | ¿qué diremos? ¿Que Dios es injusto? ¡De ningún modo! |
|---|---|---|
| 15 | γάρ | Él dice a Moisés: *Seré misericordioso con quien lo sea; me apiadaré de quien me apiade.* |
| 16 | ἄρα οὖν | no se trata de que alguien quiera o se afane, sino de que Dios tenga misericordia. |

---

[58] Esta sección se basa en Levinsohn 2015:§ 2. El «valor» de estos conectores se describe como «conclusivo» en Corsani et al. 1997:375–376.

[59] Cf. Levinsohn 2014a:340 para consideración de estas y otras conjunciones de inferencia; a saber:
 διόπερ: + de inferencia + Continuativa (no introduce nuevo punto) + Intensiva;
 τοιγαροῦν: + de inferencia + Enfática + Nuevo Punto;
 τοίνυν: + Situación Actual + Enfática.

[60] Poggi 2011:157.

[61] Cf. también Rm 7,3, Rm 9,18; Ga 6,10 y 1 Ts 5,6.

## 7.5 Conectores de inferencia

El siguiente diagrama del flujo del argumento indica cómo se desarrolla el pasaje:

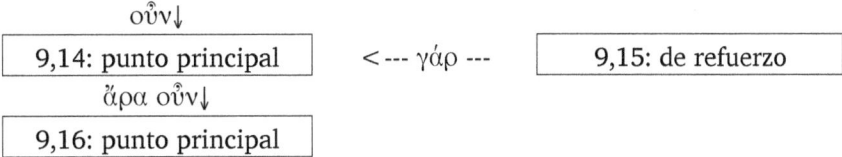

Diagrama 2. El flujo del argumento de Romanos 9,14-16.

### 7.5.2 Ὥστε

Se utiliza ὥστε para introducir un *resultado*. Acabamos de ver que ἄρα introduce la consecuencia directa de lo que acaba de escribirse (la relación con el contexto inmediato es muy directa). En cambio, la información introducida con ὥστε típicamente no se relaciona directamente con la oración anterior; más bien, es el resultado de un conjunto de oraciones.

Vemos un ejemplo en el siguiente pasaje. La información de 1 Ts 4,18 no es el resultado de lo que acaba de escribirse en la oración anterior (17), sino del conjunto de oraciones en los 14–17.

**Pasaje 13: 1 Ts 4,13–18**

| 13 | δέ | No queremos, hermanos, que estéis en ignorancia respecto de los muertos, para que no os entristezcáis como los otros que no tienen esperanza. |
|---|---|---|
| 14 | γάρ | Si creemos que Jesús murió y resucitó, de la misma manera Dios se llevará consigo a quienes murieron en Jesús. |
| 15 | γάρ | Os decimos esto como palabra del Señor: Nosotros, los que vivimos, los que quedemos hasta la Venida del Señor, no nos adelantaremos a los que murieron. |
| 16a | ὅτι | el mismo Señor bajará del cielo con clamor, acompañado de una voz de arcángel y del sonido de la trompeta de Dios. |
| 16b | καί | los que murieron siendo creyentes en Cristo resucitarán en primer lugar. |
| 17a | ἔπειτα 'Después' | nosotros, los que vivimos, los que quedemos, seremos arrebatados en las nubes, junto con ellos, al encuentro del Señor en los aires. |
| 17b | καί | así estaremos siempre con el Señor. |
| 18 | Ὥστε | consolaos mutuamente con estas palabras. |

El siguiente diagrama del flujo del argumento indica cómo el pasaje se desarrolla:

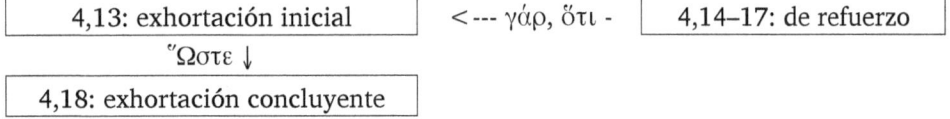

Diagrama 3. El flujo del argumento de 1 Ts 4,14-18.

### 7.5.3 Διό y διὰ τοῦτο

La clave del conector διό estriba en *no* introducir un nuevo punto del argumento. Vemos un ejemplo en 1 Ts 5,11 (Διό παρακαλεῖτε ἀλλήλους 'Por esto, confortaos mutuamente …'), que repite la exhortación de 1 Ts 4,18 (Ὥστε παρακαλεῖτε ἀλλήλους ἐν τοῖς λόγοις τούτοις 'Consolaos, pues, mutuamente con estas palabras'). Como indica la *RVR95*, 1 Ts 4,13–5,11 trata de un solo tema, «La venida del Señor».

Otros pasajes en los que διό introduce información que ya se presentó antes incluyen los siguientes:

**Rm 4,22** (διὸ [καὶ] ἐλογίσθη αὐτῷ εἰς δικαιοσύνην 'Por lo cual [también] *le fue reputada como justicia*') se relaciona con Rm 4,9 (λέγομεν γάρ, Ἐλογίσθη τῷ Ἀβραὰμ ἡ πίστις εἰς δικαιοσύνην 'Decimos, en efecto, que la *fe de Abrahán le fue reputada como justicia*').

**Rm 13,5** (διὸ ἀνάγκη ὑποτάσσεσθαι 'Por lo cual, es preciso someterse ...') se relaciona con Rm 13,1 (Πᾶσα ψυχὴ ἐξουσίαις ὑπερεχούσαις ὑποτασσέσθω 'Que todos se sometan a las autoridades establecidas').

Rm 15,15 comienza una perícopa que se relaciona con lo que escribió Pablo en el primer capítulo de su carta y **Rm 15,22** (Διὸ καὶ ἐνεκοπτόμην τὰ πολλὰ τοῦ ἐλθεῖν πρὸς ὑμᾶς 'Ésa ha sido la razón que siempre me ha impedido llegar hasta vosotros') se relaciona con 1,13 (ὅτι πολλάκις προεθέμην ἐλθεῖν πρὸς ὑμᾶς, καὶ ἐκωλύθην ἄχρι τοῦ δεῦρο, '... que me propuse viajar hasta vosotros en numerosas ocasiones, pero hasta el presente me he visto impedido').

**2 Co 12,10** (διὸ εὐδοκῶ ἐν ἀσθενείαις, ἐν ὕβρεσιν, ἐν ἀνάγκαις, ἐν διωγμοῖς καὶ στενοχωρίαις, ὑπὲρ Χριστοῦ 'Por lo cual me complazco en mi debilidad, en las injurias, en las necesidades, en las persecuciones y las angustias sufridas por Cristo') se relaciona con la lista de sufrimientos que comienza en 11,23 (διάκονοι Χριστοῦ εἰσιν; ... ὑπὲρ ἐγώ·ἐν κόποις περισσοτέρως, ἐν φυλακαῖς περισσοτέρως, ἐν πληγαῖς ὑπερβαλλόντως, ἐν θανάτοις πολλάκις. '¿Son ministros de Cristo? ... ¡Yo más que ellos! Más en trabajos, más en cárceles; muchísimo más en azotes; en peligros de muerte, muchas veces').

**Pasaje 14: Lc 1,30–35**

| 30a | ∅ | «No temas, María, |
|---|---|---|
| 30b | γάρ | has hallado gracia delante de Dios; |
| 31a | καί | vas a concebir en tu seno |
| 31b | καί | darás a luz un hijo (τέξῃ υἱόν), |
| 31c | καί | pondrás por nombre Jesús. |
| 32a |  | Éste será grande, |
| 32b | καί | le llamarán Hijo del Altísimo (υἱὸς ὑψίστου). |
| 32c | καί | el Señor Dios le dará el trono de David, su padre ...» |
| 35a | ∅ | «El Espíritu Santo (Πνεῦμα ἅγιον) vendrá sobre ti |
| 35b | καί | el poder del Altísimo te cubrirá con su sombra; |
| 35c | διό | El que va a nacer (τὸ γεννώμενον) será santo (ἅγιον) |
| 35d | καί | le llamarán Hijo de Dios (υἱὸς θεοῦ) ...» |

**Pregunta**

¿Por qué es apropiada διό en el v. 35c?

**Repuesta sugerida**

Διό es apropiado en el v. 35c porque la información que introduce no es un punto nuevo. Véanse las referencias a τέξῃ υἱόν 'darás a luz un hijo' (31b), que corresponde a τὸ γεννώμενον 'el que va a nacer' (35c); a υἱὸς ὑψίστου 'Hijo del Altísimo' (32b), que corresponde a υἱὸς θεοῦ 'Hijo de Dios' (35d); y a Πνεῦμα ἅγιον 'Espíritu Santo' (35a), que corresponde a ἅγιον 'santo' (35c).

## 7.5 Conectores de inferencia

El conector **διὰ τοῦτο** es como διό, ya que consiste en διά más el acusativo. Cuando se relaciona con el contexto (su uso 'anafórico'),[62] indica que se refiere a algo específico que es el centro de atención (temático) en el momento.[63] Además, no introduce un nuevo punto del argumento.

Vemos un ejemplo en el siguiente pasaje. Antes de 1 Ts 3,5, el demostrativo temático οὗτος ya se ha utilizado dos veces para referirse a las aflicciones (3a, 3b), y διὰ τοῦτο probablemente tiene la misma referencia. O sea, Pablo se preocupaba por los tesalonicenses pues sabía que experimentaban persecuciones. La información que sigue a διὰ τοῦτο no es un punto nuevo del argumento. Más bien, amplifica lo que escribió en los 2–3a.

**Pasaje 15: 1 Ts 3,1–5**

| 1 | Διό | no pudiendo soportar esa situación, decidimos quedarnos solos en Atenas, |
|---|---|---|
| 2–3a | καί | y enviamos a Timoteo, hermano nuestro y colaborador de Dios en el Evangelio de Cristo, para que os afianzara en vuestra fe y os diese ánimos, (3a) de modo que nadie vacile en medio de esos sufrimientos (ἐν ταῖς θλίψεσιν ταύταις), |
| 3b | γάρ | bien sabéis que para esto (εἰς τοῦτο) estamos puestos ... |
| 5 | διὰ τοῦτο | también yo (κἀγώ), no pudiendo aguantar ya más, le envié para tener noticias de vuestra fe, no fuera que el Tentador os hubiera tentado y que nuestro trabajo quedara reducido en nada. |

**Pregunta**

¿Qué indica διό en el v. 1?

**Repuesta sugerida**

Διό indica que la información que le sigue no es un punto nuevo. Los tesalonicenses ya saben que Pablo les había enviado a Timoteo, porque acaba de visitarlos.

---

[62] Διὰ τοῦτο también se emplea para referirse a lo que se va a decir o escribir (su uso catafórico). Cf., por ejemplo, 1 Ts 2,13: 'Y por esto también (Καὶ διὰ τοῦτο καί) nosotros sin cesar damos gracias a Dios de que (ὅτι) cuando recibisteis de nosotros la palabra del mensaje de Dios, la aceptasteis no como la palabra de hombres, sino como lo que realmente es, la palabra de Dios' (*LBLA*).

[63] Cf. Levinsohn 2009b:206–219 sobre el uso de οὗτος para referirse a conceptos temáticos que, «en la mente del orador (psicológicamente) está[n] más cerca» (Zerwick 2000:§ 214).

# PARTE III:
# PATRONES DE REFERENCIA

La tercera parte de este libro considera algunos factores que determinan la forma en que se hace referencia a un ente. Puede ser con un sustantivo (como ἄγγελος, Ἰησοῦς, νόμος), con un artículo[1] más un sustantivo (como ὁ ἄγγελος, ὁ Ἰησοῦς, ὁ νόμος), con un pronombre (como αὐτός, οὗτός, ἐκεῖνος), con un artículo pronominal (como ὁ), o sin referencia explícita aparte de la información comunicada por un verbo en cuanto a la persona y el número del sujeto.

La discusión de estas formas de referencia se divide en dos partes. El capítulo 8 considera la elección entre un sustantivo, un pronombre y la referencia no explícita a un ente, mientras que el capítulo 9 se centra en la presencia *versus* ausencia de artículo con los sustantivos.

Ambos capítulos identifican los patrones normales o *por defecto* de referencia. Así, se indica en § 8.2 cuál es la forma de referencia por defecto cuando el sujeto sigue siendo el mismo entre oraciones, cuando un no-sujeto de una oración se convierte en sujeto de la siguiente, etc. De la misma manera, se describen en § 9.2.1 las reglas por defecto para usar o no usar artículo (introducir un ente sin artículo, hacer referencias adicionales al ente con artículo).

Saber identificar cuándo dichos patrones se incumplen es ya un motivo para presentarlos ahora, ya que son las formas de referencia *marcadas* las que comunican al lector el inicio de una nueva sección o el realce dado a un acontecimiento o un discurso importante. También revelan qué partes de un libro se organizan alrededor de un único participante y qué partes toman diferentes participantes por turnos como participante central (§ 8.3 y 9.2.2).

Los siguientes capítulos también aclaran que los patrones de referencia empleados por cada uno de los evangelistas no siempre son los mismos. Esto es especialmente evidente cuando se considera el artículo. Mientras que Mateo y Lucas-Hechos emplean básicamente los mismos principios, Marcos y Juan tienen razones características propias para usar u omitir el artículo (§ 9.2.2–3).

Quizá la afirmación más significativa de estos capítulos tiene que ver con lo que Wallace y Steffen llaman sustantivos con característica «definida» que no llevan artículo;[2] es decir, sustantivos no precedidos por un artículo cuyo referente se identifica inequívocamente. A esos sustantivos les falta el artículo por *prominencia*, para enfocarlos o para llamar la atención del lector por una razón u otra (§ 9.2.3). Se sostiene en § 9.3 que a muchos sustantivos les falta el artículo no porque describan una cualidad, sino porque son prominentes.

---

[1] «La lengua griega posee artículo determinado ὁ, ἡ, τό ('el', 'la', 'lo'), pero no indeterminado» (Delgado Jara 2011:§ 17). Por eso no es necesario llamarlo «artículo determinado».
[2] Wallace y Steffen 2015:172.

# 8
# Formas de referencia a los participantes

El griego, como todos los idiomas, tiene varias maneras de referirse a los participantes en una narración.[1] Puede tratarse desde una referencia implícita comunicada solamente por medio de la persona del verbo, hasta conjuntos de pronombres (articulares y demostrativos, entre otros), o hasta un grupo nominal (GN, con o sin artículo [capítulo 9]). En este capítulo se consideran los factores que influyen en el uso de esas distintas formas. La comprensión de estos factores arroja luz sobre las intenciones del autor en cuanto al estatus de los participantes en la narración, en si ciertos acontecimientos o discursos se resaltan o no, y sobre el grado en que sucesivos episodios se asocian.

Se presentan de manera breve en § 8.1 las maneras en que los participantes principales y secundarios se introducen en un escenario nuevo o ya existente. En § 8.2 se proponen reglas para determinar si las referencias adicionales a participantes que ya han sido activados (introducidos en el relato) son codificaciones «por defecto» o «marcadas». Por último, se considera en § 8.3 cómo se modifica el sistema de referencia si se selecciona para trato especial un «VIP»[2] en todo el libro o en una parte del mismo. Este tratamiento tiene implicaciones de cara a la identificación de las divisiones principales de la narración, así como de las acciones y los discursos resaltados.

## 8.1 Estatus e introducción de los participantes

La distinción más común que hacen los lingüistas en cuanto al *estatus* de los participantes es: principales y secundarios. «Teóricamente, los PARTICIPANTES PRINCIPALES son los que están activos en una gran parte de la narración y desempeñan roles importantes; los participantes secundarios son activados brevemente y caen en desactivación».[3]

Esta distinción entre participantes principales y secundarios es necesaria para una de las reglas de codificación por defecto de § 8.2; por lo demás, parece tener poca consecuencia.

Los autores del NT *introducen* los participantes en sus narraciones de varias maneras.

La referencia introductoria al primer participante de una narración o un episodio es a menudo el *punto de transición*/tema proposicional de una oración de trasfondo con configuración tema-rema. Vemos un ejemplo en Lc 15,11b (Ἄνθρωπός τις[4] εἶχεν δύο υἱούς 'Un hombre tenía dos hijos') y

---

[1] Cf. también Levinsohn 2014b.

[2] «participante muy importante» (Dooley y Levinsohn 2007:86).

[3] Dooley y Levinsohn 2007:86.

[4] Hopper y Thompson (1984:719) muestran que, en muchos idiomas, la presencia versus la ausencia de palabras como 'un' o 'cierto', en conexión con la introducción de un participante, depende de si «figura en el discurso como un participante *importante*». En el griego del NT, τις se usa a menudo como un adjetivo cuando se introducen participantes principales. Sin embargo, a veces no se emplea cuando otros participantes principales son introducidos

en Hch 10,1 (Ἀνὴρ δέ τις ἐν Καισαρείᾳ ὀνόματι Κορνήλιος ... '[Había] en Cesarea un hombre, llamado Cornelio ...'). Véase también en Mc 1,30 la introducción de la suegra de Simón en un escenario existente.

Lo más común es que las introducciones en una sección nueva de una narración se realizan en una oración con configuración *presentativa*, como en Hch 9,10a (Ἦν δέ τις μαθητὴς ἐν Δαμασκῷ ὀνόματι Ἀνανίας 'Había entonces en Damasco un discípulo llamado Ananías'). A veces las oraciones presentativas se usan también en los textos no-narrativos para presentar a participantes o entes nuevos en un argumento, como en Tt 1,10 (tratado en § 2.8) y 2 Tm 2,20a (tratado en § 7.1).

Un participante puede ser introducido en un escenario existente con un verbo de *llegada*, como en Jn 4,7a (Ἔρχεται γυνὴ ἐκ τῆς Σαμαρείας ἀντλῆσαι ὕδωρ 'Llegó una mujer de Samaría a sacar agua').[5]

Los participantes a menudo son introducidos en un escenario existente como *complemento de un verbo de percepción*, como en Lc 5,27b (καὶ ἐθεάσατο τελώνην ὀνόματι Λευὶν ... 'y vio a un publicano llamado Leví ...').

Los participantes también pueden ser introducidos por *asociación* con otro participante. En Lc 15,11b (arriba), por ejemplo, los dos hijos se introducen por asociación con el padre.

La introducción de participantes puede ser *resaltada* poniendo ἰδού 'he aquí' inmediatamente antes de la referencia a ellos. Van Otterloo afirma que ἰδού se usa así «para enfocar una atención especial sobre un participante principal ... cuando es introducido en la línea de acontecimientos de un episodio».[6] Este uso, que se encuentra mayormente en Mateo, Lucas y Hechos, se ilustra en **Mt 2,1b**.

(1a) Τοῦ δὲ Ἰησοῦ γεννηθέντος ἐν Βηθλέεμ τῆς Ἰουδαίας
del md Jesús habiendo.nacido en Belén de.la Judea

ἐν ἡμέραις Ἡρῴδου τοῦ βασιλέως,
en días de.Herodes el rey

(1b) ἰδοὺ **μάγοι ἀπὸ ἀνατολῶν** παρεγένοντο εἰς Ἱεροσόλυμα
he.aquí magos de oriente llegaron a Jerusalén

La introducción de participantes también puede ser resaltada al enfocar de modo interino a un constituyente que alude a ellos. Vemos un ejemplo en Ap 12,1, donde se antepone el constituyente focal σημεῖον μέγα 'una gran señal', que alude a la 'mujer vestida del sol'.

(1) Καὶ **σημεῖον μέγα** ὤφθη ἐν τῷ οὐρανῷ, γυνὴ περιβεβλημένη τὸν ἥλιον ...
Y señal grande fue.vista en el cielo mujer vestida.de el sol

Algunos participantes *nunca* se introducen, tal vez porque su presencia se da por sentado. Entre los ejemplos podemos destacar Simón en Lc 4,38, el ángel del Señor en Hch 5,19, y Félix el gobernador en Hch 23,24.

---

(cf. Jn 4,7a y Lc 5,27b más abajo) y no encuentro una explicación para su presencia o su ausencia desde el punto de vista del Análisis del Discurso. Τις también se usa como un pronombre indefinido para introducir participantes secundarios como en Hch 5,25 (παραγενόμενος δέ τις ἀπήγγειλεν αὐτοῖς 'y viniendo uno les dijo esta noticia').

[5] Cf. § 12.2 sobre el uso del presente histórico en conexión con la presentación de participantes en escenas existentes.

[6] Van Otterloo 1988:34. Para un análisis más detallado de las funciones de ἰδού, cf. Bailey 2009, capítulo 6. Ἰδού influye en la función del constituyente que aparece inmediatamente después. Cuando una referencia a un nuevo participante sigue inmediatamente a ἰδού, lo típico es que el participante tenga un rol principal en los acontecimientos subsiguientes. Cuando un verbo lo sigue, en cambio, lo que se introduce es un *hecho* significativo. Cf., por ejemplo, Mt 9,2 (καὶ ἰδοὺ προσέφερον αὐτῷ παραλυτικὸν ... 'he aquí que [participantes no especificados] le trajeron un paralítico ...'). Cf. también Mt 8,29 y Mt 8,32.

Groce (1991:128) nota que a muchos participantes introducidos por medio de ἰδού se les «concede solamente referencia oculta, sin un nombre en la mayoría de los casos». Esos participantes bien podrían no haber sido percibidos con un rol significativo en el episodio en que fueron introducidos, si no se hubiera usado ἰδού.

Cf. § 11.1.1 sobre el uso de los genitivos absolutos para resaltar la introducción de participantes en una escena existente.

Aunque la presencia de participantes *sobrenaturales* se da generalmente por sentado, su introducción en un escenario existente puede ser resaltada. Ése es el caso del ángel del Señor en **Mt 1,20b**.

(20a) ταῦτα δὲ αὐτοῦ ἐνθυμηθέντος
      estas.cosas md él pensando

(20b) ἰδοὺ ἄγγελος κυρίου κατ' ὄναρ ἐφάνη αὐτῷ
      he.ahí ángel de.Señor en sueño se.apareció –le

## 8.2 Referencias adicionales a participantes activados

Una vez que un participante se ha introducido en una narración, la manera en que se hacen referencias adicionales a él o ella depende de varios factores, como el número de participantes en el escenario, su estatus relativo, si su rol cambia o no y la posición de la oración en el texto. Se han identificado tres tareas que recogen dichos factores para un esquema de referencia:

**semántica**: identificar los referentes sin ambigüedad, distinguiéndolos de otros referentes posibles

**pragmática**: señalar el estatus de activación* y la prominencia de los referentes o de sus acciones

**procesual**: superar interrupciones en el flujo de la información.[7]

*El término «estatus de activación» se refiere a si el referente se está introduciendo (activándose) o reintroduciendo (reactivándose), o está ya en el escenario (activo).

El Principio de Iconicidad de Givón explica de forma parcial las tareas mencionadas. Dice: «Cuanto más perturbadora, sorprendente, discontinua o difícil de procesar es una materia, más *material de codificación* se le debe asignar».[8]

En el NT griego, el material de codificación para *referentes de tercera persona* estaría en la siguiente escala, con la menor cantidad de material de codificación en la parte superior de la escala y la mayor cantidad abajo:

referencia implícita expresada en la persona del verbo

artículos pronominales

pronombres independientes (demostrativo, personal, αὐτός «intensivo»)[9]

grupos nominales (incluyendo nombres propios)

Encuentro que el Principio de Iconicidad de Givón funciona hasta cierto punto. Por ejemplo, predice correctamente que, cuando hay una discontinuidad porque un participante se reactiva después de una ausencia, es normal referirse a él o ella con un GN. También es normal emplear un GN cuando una oración se resalta porque el acontecimiento descrito es «perturbador, sorprendente».[10] Sin embargo, se pueden resaltar oraciones y usar un GN cuando la información en cuestión es importante pero ni perturbadora ni sorprendente (como por ejemplo un discurso clave). Tampoco queda claro si el principio explica el uso de un GN al principio de «unidades narrativas» nuevas[11] cuando ni los participantes ni sus roles cambian en párrafos sucesivos. (El término *unidad narrativa* comprende episodios, secciones y subsecciones de narraciones).

Los tres factores siguientes no parecen tratados por el principio de Givón:

- el *estatus* del participante, especialmente si los participantes que interactúan son ambos principales o si se trata de uno principal y otro secundario (véase más abajo).
- la *prominencia* del participante: la referencia a un participante como Jesús que es central en todo un libro (el «VIP global») se da de maneras diferentes que a otros participantes principales (§ 8.3).

---

[7] Dooley y Levinsohn 2007:83.
[8] Givón 1973:18.
[9] Wallace y Steffen 2015:251.
[10] Givón 1973:18.
[11] Fox 1987:168.

Además, las referencias por nombre a un participante de importancia local («VIP local») a menudo carecen de artículo (véase el capítulo 9).

- si la referencia a un participante sigue a un *discurso referido* o no: se usa el artículo pronominal casi exclusivamente para referirse al oyente de la última intervención (véase § 13.1).

Una alternativa para el Principio de Iconicidad de Givón consiste en analizar el sistema de referencia a los participantes activados en términos de *codificaciones por defecto* y marcadas. Primero, se identifican valores por defecto para diversas situaciones, en las que, utilizando los términos de Givón, no hay gran discontinuidad ni sorpresa. Las codificaciones marcadas son aquellas que no lo son por defecto para una situación específica.

La codificación *por defecto* en las narraciones del NT griego tiene las reglas siguientes para *sujetos*:[12]

1. Si el sujeto es el *mismo* que el de la oración anterior, no se le hace referencia explícita (a menos que la construcción requiera un sujeto explícito [véase la regla 5 más abajo]).
2. Si el nuevo sujeto era el *oyente* de un discurso referido que acaba de presentarse, se usa un artículo pronominal o una referencia no explícita (dependiendo de factores tratados en los capítulos 13–14).
3. Si un no-sujeto de una oración se convierte en el sujeto de la siguiente, no se hace referencia al nuevo sujeto bajo las siguientes condiciones:

   --se trata de un participante principal que actúa solo;

   --se trata de un participante principal que interactúa con un participante *secundario*.
4. En todos los demás casos que involucran un *cambio de sujeto*, se emplea un GN para referirse al nuevo sujeto. (Están incluidos los casos en los que un participante se reactiva y aquellos en los que dos participantes principales interactúan. Véase en § 8.3 una excepción sistemática de esta regla).
5. Si el sujeto de un *genitivo absoluto* es el mismo que el de la oración anterior, se usa un pronombre independiente (el sujeto es generalmente obligatorio en genitivos absolutos).[13] También se emplea un pronombre independiente si un *punto de transición que involucra reanudación* tiene el mismo sujeto que el de la oración anterior (véase más abajo). (En el caso de *oraciones de relativo* con el mismo sujeto que el de la oración anterior, se usa un pronombre *relativo* [§ 11.2]).

Ilustramos estas reglas con la parábola del hijo pródigo (Lc 15,11–32), antes de añadir algunas condiciones a la regla 1.

La *regla por defecto* 1 se ilustra en **Lc 15,13b**, que tiene el mismo sujeto que el del 13a. Fuera de la terminación de tercera persona singular en el verbo, no hay referencia explícita.

(13a) καὶ μετ' οὐ πολλὰς ἡμέρας συναγαγὼν πάντα ὁ νεώτερος υἱὸς
y después.de no muchos días habiendo.recogido todo el más.joven hijo

ἀπεδήμησεν εἰς χώραν μακράν
partió para país lejano

---

[12] No trato codificaciones por defecto ni marcadas de no-sujetos, aunque es un área de investigación válida. Cf. en Dooley y Levinsohn 2007, capítulo 18 una metodología escalonada para analizar las referencias a sujetos y a no-sujetos en las narraciones.

Es probable que se necesite otro conjunto de reglas para Juan.

[13] Los genitivos absolutos aparecen sin sujeto explícito en Lc 12,36 y Hch 21,31, y como variantes en otros pasajes. Si la referencia no explícita fuera considerada como la codificación por defecto para los genitivos absolutos con el mismo sujeto que el de la oración anterior, la presencia del pronombre independiente se podría explicar fácilmente en términos de unidades narrativas nuevas o para resaltar el acontecimiento descrito en la siguiente oración independiente.

## 8.2 Referencias adicionales a participantes activados

(13b) καὶ <u>ἐκεῖ</u> διεσκόρπισεν τὴν οὐσίαν αὐτοῦ ζῶν ἀσώτως.
     y allí dilapidó la hacienda suya viviendo licenciosamente

La *regla por defecto 2* se ilustra en **Lc 15,12b**. El sujeto del 12b era el oyente del discurso del 12a y la referencia se hace por medio de un artículo pronominal o se deja implícita, según la lectura que se siga.[14]

(11b) Ἄνθρωπός <u>τις</u> εἶχεν δύο υἱούς.
     Hombre cierto tenía dos hijos

(12a) καὶ εἶπεν ὁ νεώτερος αὐτῶν τῷ πατρί,
     y dijo el más.joven de.ellos al padre

     Πάτερ, δός μοι τὸ ἐπιβάλλον μέρος τῆς οὐσίας.
     Padre da –me la perteneciente parte de.la hacienda

(12b) <u>ὁ δὲ</u>* διεῖλεν αὐτοῖς τὸν βίον. (**variante para* ὁ δὲ: καί)
     él md dividió a.ellos el sustento

La *regla por defecto 3* se ilustra en **Lc 15,15–16a**. Estos versículos describen la interacción de un participante principal (el hijo menor) y un secundario (un ciudadano del país). En el 15b y el 16, el sujeto tenía un rol no-sujeto en la oración anterior y no se le hace referencia explícita.

(15a) καὶ πορευθεὶς ἐκολλήθη ἑνὶ τῶν πολιτῶν τῆς χώρας ἐκείνης,
     y habiendo.ido se.arrimó a.uno de.los ciudadanos de.la región aquella

(15b) καὶ ἔπεμψεν αὐτὸν εἰς τοὺς ἀγροὺς αὐτοῦ βόσκειν χοίρους,
     y envió –le a los campos suyos a.apacentar puercos

(16a) καὶ ἐπεθύμει χορτασθῆναι ἐκ τῶν κερατίων ὧν ἤσθιον οἱ χοῖροι,
     y ansiaba ser.alimentado de las algarrobas que comían los puercos

La *regla por defecto 4* se ilustra en Lc 15,12a (arriba). Hay un cambio de sujeto del 11b (cierto hombre) al hijo menor y se usa un GN.

La *regla por defecto 5* se ilustra en **Lc 15,14a**. El sujeto del genitivo absoluto del 14a es el mismo que en el 13b, así que se usa un pronombre independiente (αὐτοῦ).

(13b) καὶ <u>ἐκεῖ</u> διεσκόρπισεν τὴν οὐσίαν αὐτοῦ ζῶν ἀσώτως.
     y allí dilapidó la hacienda suya viviendo licenciosamente

(14a) δαπανήσαντος δὲ αὐτοῦ πάντα ...
     habiendo.gastado md él todo

**Lc 2,36–37a** (repetido de § 2.3) ilustra la regla por defecto 5 cuando un punto de transición que involucra reanudación tiene el mismo sujeto que el de la oración anterior. En los 36b y 37a, el punto de transición es un pronombre independiente.

(36a) Καὶ ἦν Ἅννα προφῆτις, θυγάτηρ Φανουήλ ...
     Y estaba Ana profetisa hija Fanuel

---

[14] Cf. el pasaje 8 de § 5.1 sobre las implicaciones de leer καί en Lc 15,12b.

(36b) αὕτη προβεβηκυῖα ἐν ἡμέραις πολλαῖς,
ésta habiendo.avanzado en días muchos

ζήσασα μετὰ ἀνδρὸς ἔτη ἑπτὰ ἀπὸ τῆς παρθενίας αὐτῆς
habiendo.vivido con esposo años siete desde la virginidad de.ella

(37a) καὶ αὐτὴ χήρα ἕως ἐτῶν ὀγδοήκοντα τεσσάρων,
y ella viuda hasta años ochenta cuatro

En cuanto a la regla 1, cabe observar que, si el sujeto es el mismo que el de la última oración independiente que narra un acontecimiento de la línea principal, no se hace referencia explícita a dicho sujeto, aunque el material intermedio de trasfondo tenga un sujeto distinto. Vemos un ejemplo en **Hch 5,2**; el sujeto de los 2a y 2c es el mismo (Ananías), y no se hace referencia explícita a él en el 2c aunque el genitivo absoluto intermedio tiene un sujeto diferente.[15]

(2a) καὶ ἐνοσφίσατο ἀπὸ τῆς τιμῆς,
y sustrajo de el precio

(2b) συνειδυίης καὶ τῆς γυναικός,
sabiendo + la mujer

(2c) καὶ ἐνέγκας μέρος τι **παρὰ τοὺς πόδας τῶν ἀποστόλων** ἔθηκεν.
y habiendo.traído parte cierta a los pies de.los apóstoles puso

Otra condición para la regla 1 es que, cuando el sujeto y otros participantes en la acción de la oración anterior se incluyen en un sujeto plural en la siguiente, este último caso se trata, por regla general, como el mismo sujeto en lo que se refiere a las codificaciones de referencia a los participantes. Vemos un ejemplo en **Lc 15,22–24**; el sujeto del discurso de los 22–24a es el padre, y el sujeto plural del 24b le comprende tanto a él como a los oyentes. De modo que no se hace referencia explícita a dicho sujeto.

(22–24a) εἶπεν δὲ ὁ πατὴρ πρὸς τοὺς δούλους αὐτοῦ ...
dijo md el padre a los siervos suyos:

'Daos prisa. Traed el mejor traje y vestidle; ponedle un anillo en el dedo y calzadle unas sandalias. Traed el novillo cebado, matadlo, y comamos y celebremos una fiesta, porque este hijo mío había muerto y ha vuelto a la vida; se había perdido y ha sido hallado.'

(24b) καὶ ἤρξαντο εὐφραίνεσθαι.
y comenzaron a.festejar

Sin embargo, lo contrario no es cierto. Cuando un miembro de un *grupo* de participantes que figuraron en la oración anterior se convierte en el sujeto de la siguiente, se usa un GN. Vemos un ejemplo en Lc 15,12a (más arriba). Los dos hijos, como un grupo, figuraron en la oración anterior (11b), mientras que el sujeto del 12a es el hijo menor. Por esa razón se aplica la regla 4.

Nota: En muchos idiomas, las formas de tercera persona plural también se usan para referirse a sujetos genéricos,[16] como en Mc 7,32 (καὶ φέρουσιν αὐτῷ κωφὸν καὶ μογιλάλον [y traen –le a.sordo y mudo]) y Mt 9,2 (citado arriba en nota 4).

---

[15] A menudo, los cambios de sujeto de una parte del cuerpo a su poseedor (como ... ἐστερεώθησαν αἱ βάσεις αὐτοῦ καὶ τὰ σφυδρά, καὶ ἐξαλλόμενος ἔστη [fueron.fortalecidos los pies suyos y los tobillos, y saltando se enderezó] Hch 3,7–8) también obedecen la regla 1. Las «partes del cuerpo no son en general entidades relevantes del discurso ... no son diferenciados de sus poseedores, y no participan en el discurso aparte de sus dueños» (Hopper y Thompson 1984:726).

[16] Wallace y Steffen (2015:279) usan el término «plural indefinido».

## 8.2 Referencias adicionales a participantes activados

El pasaje 1 (más abajo) muestra la manera en que se hace referencia a los participantes en toda la parábola del hijo pródigo y cuál es la regla por defecto que se aplica. (No indico la manera en que se hace referencia a los participantes dentro de los discursos referidos, puesto que estos últimos están incrustados en la narración).

Se usan las abreviaturas siguientes: art = artículo pronominal; GA = genitivo absoluto; intro = introducción de un participante; GN = grupo nominal; pn = pronombre independiente; Ø = referencia no explícita.

Los números entre paréntesis se refieren a los referentes: 1 es el padre; 2, el hijo menor; 3, el hijo mayor; 4, el ciudadano del v. 15; 5, los esclavos del 22; y 6, el muchacho del 26. Los primeros tres son participantes principales; los otros son participantes secundarios.

Los números de la columna «regla» indican cuál de las cinco reglas por defecto para la codificación de los sujetos se aplica. La falta de un número en los 14c y 22 indica que las codificaciones no son valores por defecto (véase más abajo).

### Pasaje 1: Lc 15,11–32

| v. | sujeto | no-sujeto | regla | resumen del contenido |
|---|---|---|---|---|
| 11 | GN (1) | GN (2 + 3) | intro | (tenía) |
| 12a | GN (2) | GN (1) | 4 | (dijo: 'Dame la parte que me corresponde') |
| 12b | art (1) | pn (2 + 3) | 2 | (repartió la hacienda entre) |
| 13a | GN (2) |  | 4 | (se marchó a una país lejano) |
| 13b | Ø (2) |  | 1 | (malgastó su hacienda) |
| 14a | pn (2) |  | 5 | (Habiéndose gastado todo) (GA) |
| 14b | hambre |  | intro | (sobrevino en aquel país) |
| 14c | pn (2) |  | - | (comenzó a pasar necesidad) |
| 15a | Ø (2) | GN (4) | 1 | (se ajustó con) |
| 15b | Ø (4) | pn (2) | 3 | (envió a sus fincas) |
| 16a | Ø (2) |  | 3 | (deseaba llenar su vientre con algarrobas) |
| 16b | nadie | pn (2) | 4 | (daba nada) |
| 17 | Ø (2) |  | 3 | (poniéndose a reflexionar, pensó: …) |
| 20a | Ø (2) | GN (1) | 1 | (se avió y partió hacia su padre) |
| 20b | pn (2) |  | 5 | (Estando él todavía lejos) (GA) |
| 20c | GN (1) | pn (2) | 4 | (vio) |
| 20d | Ø (1) |  | 1 | (se conmovió) |
| 20e | Ø (1) | pn (2) | 1 | (corrió, se echó a su cuello) |
| 20f | Ø (1) | pn (2) | 1 | (besó efusivamente) |
| 21 | GN (2) | pn (1) | 4 | (dijo: …) |
| 22 | GN (1) | GN (5) | - | (dijo: …) |
| 24b | Ø (1 +) |  | 1 | (comenzaron la fiesta) |
| 25a | GN (3) |  | 4 | (estaba en el campo) |
| 25b | Ø (3) |  | 1 | (al volver, oyó la música) |
| 26 | Ø (3) | GN (6) | 1 | (llamó, preguntó qué era aquello) |
| 27 | art (6) | pn (3) | 2 | (dijo: 'Es que ha vuelto tu hermano …') |
| 28a | Ø (3) |  | 2 | (se irritó) |

| | | | | |
|---|---|---|---|---|
| 28b | Ø (3) | | 1 | (no quería entrar) |
| 28c | GN (1) | pn (3) | 4 | (saliendo, rogaba que entrase) |
| 29 | art (3) | GN (1) | 2 | (replicando, dijo: …) |
| 31 | art (1) | pn (3) | 2 | (dijo: …) |

Cuando se emplea *más* material de codificación que lo previsto en las reglas por defecto, lo típico es que eso señale el principio de una unidad narrativa o que se resalte la acción o el discurso en cuestión.

En el pasaje 1, los únicos sujetos que tienen más material de codificación que lo previsto en las reglas por defecto se ubican en los 14c y 22. Un pronombre independiente se usa en el 14c, aunque el referente es el único participante principal en el escenario y la codificación por defecto hubiera sido una referencia no explícita (regla 3). Sin embargo, parece que el 14a empieza una nueva unidad narrativa, así que la presencia de más material de codificación es lo apropiado para señalarla.

**Lc 15,22** ilustra un caso en el que el sujeto es el oyente del discurso anterior (regla 2). En este versículo la referencia se hace con un GN, en vez de con un artículo pronominal. El efecto consiste en el realce del discurso del padre debido a su importancia, ya que indica un cambio de dirección de la parábola.

(21) εἶπεν δὲ ὁ υἱὸς αὐτῷ, Πάτερ, ἥμαρτον εἰς τὸν οὐρανὸν …
dijo md el hijo –le: Padre pequé contra el cielo

(22) εἶπεν δὲ ὁ πατὴρ πρὸς τοὺς δούλους αὐτοῦ …
dijo md el padre a los siervos suyos

Hch 5,1–6 (pasaje 2 a continuación) ilustra el uso de un GN cuando el acontecimiento descrito es el clímax de un episodio. En el 5, la codificación de referencia por defecto a Ananías habría sido un artículo pronominal, puesto que fue el oyente del discurso anterior (regla 2). La codificación marcada contribuye a que el 5 se resalte. (Abreviaturas: A se refiere a Ananías, P a Pedro y J a los jóvenes del 6a).

**Pasaje 2: Hch 5,1–6**

| v. | sujeto | no-sujeto | regla | resumen del contenido |
|---|---|---|---|---|
| 1 | GN (A) | GN (esposa) | intro | (vendió una propiedad con) |
| 2a | Ø (A) | | 1 | (se quedó con una parte del precio) |
| 2b | GN (esposa) | | 4 | (sabiéndolo) (GA) |
| 2c | Ø (A) | GN (apóstoles) | 1 | (llevó, la puso a los pies de) |
| 3 | GN (P) | Ø (A) | 4 | (dijo: …) |
| 5a | GN (A) | | - | (oyendo, cayó y expiró) |
| 5b | GN (temor) | GN (todos) | intro | (se apoderó de) |
| 6a | GN (J) | pn (A) | intro | (se levantaron, amortajaron) |
| 6b | Ø (J) | Ø (A) | 1 | (llevaron, enterraron) |

En Hch 9,10–16 (pasaje 3), una conversación entre el Señor y Ananías (no el mismo Ananías del pasaje 2), algunos de los discursos se introducen con más material de codificación para el sujeto que lo previsto en las reglas por defecto. Las instrucciones del Señor (S) a Ananías (A) en los 11 y 15 podrían verse como discursos clave. La objeción de Ananías en el 13 también se introduce con un GN, que constituye la norma cuando el oyente anterior trata de tomar el control de la conversación (§ 14.1).

**Pasaje 3: Hch 9,10–16**

| v. | sujeto | no-sujeto | regla | resumen del contenido |
|---|---|---|---|---|
| 10a | GN (A) | | intro | (había en Damasco) |
| 10b | GN (S) | pn (A) | intro | (dijo: …) |
| 10c | art (A) | Ø (S) | 2 | (dijo: …) |
| 11 | GN (S) | pn (A) | - | ([dijo:] …) |
| 13 | GN (A) | Ø (S) | - | (respondió: …) |
| 15 | GN (S) | pn (A) | - | (dijo: …) |

Los pasajes anteriores ilustran que, si se usa más material de codificación que lo previsto en las reglas por defecto, una unidad narrativa ha comenzado (como en Lc 15,14) o se resalta una acción o un discurso. En el caso de los discursos introducidos con un GN en vez de un artículo pronominal, o bien el discurso es clave o representa un esfuerzo para tomar el control por parte del hablante (§ 14.1).

Una vez que las referencias a los participantes se han clasificado como codificaciones por defecto o codificaciones marcadas, dicha clasificación se puede usar para confirmar o rechazar afirmaciones sobre el inicio de una unidad narrativa en determinado versículo o sobre el realce dado a una acción o discurso. Por ejemplo, si se considera que una oración empieza una unidad narrativa pero no aparece una referencia explícita al sujeto, la validez del salto propuesto en la narración debe ser cuestionada.

Lc 20,20 (pasaje 4) es una de esas oraciones cuestionables. En algunas versiones (como la *BJ* y la *NVI*, siguiendo el salto de párrafo según *SBU*), se considera el 20 como inicio de una nueva unidad narrativa. Sin embargo, en este versículo no hay referencia explícita al sujeto. Por consiguiente, este caso sería coherente con la regla por defecto 1 (el sujeto del 20 es el mismo del 19a–c), pero no con la expectativa de que las unidades narrativas nuevas comiencen con más material de codificación. (En este pasaje, tratado en más detalle en § 17.1, E se refiere a los escribas y J a Jesús).

**Pasaje 4: Lc 20,19–20**

| v. | sujeto | no-sujeto | regla | resumen del contenido |
|---|---|---|---|---|
| 19a | GN (E) | pn (J) | 4 | (trataron de echarle mano) |
| 19b | Ø (E) | GN (gente) | 1 | (tenían miedo de) |
| 19c | Ø (E) | | 1 | (porque comprendían que) |
| 19d | Ø (J) | pn (E) | | (había dicho aquella parábola por) |
| 20 | Ø (E) | GN (espías) | 1 | (acechando, enviaron, fingiendo ser honestos, para sorprenderle en alguna palabra) |

(En el v. 20, el sujeto es el mismo que en la última oración que describe un acontecimiento principal [19b], así que se aplica la regla 1, puesto que el 19d es una oración incrustada introducida con ὅτι. Véase en § 8.3 por qué el 19d no contiene referencia explícita a Jesús).

**Preguntas de repaso**

(a) Si el sujeto es el mismo que el de la última oración, ¿cuál es la codificación por defecto? ¿En los genitivos absolutos? ¿Si se requiere un punto de transición?

(b) Si el sujeto es el oyente del discurso anterior (y viceversa), ¿cuál es la codificación por defecto?

(c) ¿Cuál es la codificación por defecto si el sujeto era un no-sujeto en la oración anterior y solo un participante principal está en el escenario? ¿y si dos participantes principales están en el escenario?

(d) Cuando se usa más material de codificación de lo previsto en las reglas por defecto, ¿qué significado tiene por regla general?

**Respuestas sugeridas**

(a) Si el sujeto es el mismo que el de la última oración, la codificación por defecto consiste en una referencia no explícita. Sin embargo, en los genitivos absolutos se trata de un pronombre independiente. Un pronombre independiente es también la codificación por defecto si se requiere un punto de transición.

(b) Si el sujeto es el oyente del discurso anterior (y viceversa), la codificación por defecto implicaría el uso de un artículo pronominal o una referencia no explícita.

(c) Si el sujeto era un no-sujeto en la oración anterior, la codificación por defecto consiste en una referencia no explícita si únicamente un participante principal está en el escenario, y en un GN si hay dos participantes principales en el mismo.

(d) Cuando se usa más material de codificación de lo previsto en las reglas por defecto, se suele señalar el principio de una unidad narrativa o el realce de la acción o el discurso en cuestión.

**Pasaje ilustrativo 5: Hch 8,26–40 (*SBU*)**

Nótense qué referencias a los sujetos de este pasaje son codificaciones por defecto y cuáles son codificaciones marcadas. (F se refiere a Felipe y E al eunuco).

| v. | sujeto | no-sujeto | regla | resumen del contenido |
|---|---|---|---|---|
| 26a | GN (ángel) | GN (P) | | (habló, diciendo: «Ponte en marcha …») |
| 26b | pn (éste) | | | (es estepa) |
| 27a | Ø (P) | | | (se avió y partió) |
| 27b | GN (E) | | | (había venido a adorar en Jerusalén) |
| 28a | Ø (E) | | | (regresaba) |
| 28b | Ø (E) | | | (sentado en su carro) |
| 28c | Ø (E) | GN (Isaías) | | (leyendo) |
| 29 | GN (Espíritu) | GN (P) | | (dijo: «Acércate a ese carro») |
| 30a | GN (P) | pn (E) | | (oyó leer al profeta Isaías) |
| 30b | Ø (P) | Ø (E) | | (dijo: «¿Entiendes …?») |
| 31a | art (E) | Ø (P) | | (dijo: «¿Cómo lo puedo …?») |
| 31b | Ø (E) | GN (P) | | (rogó que subiese y se sentase con él) |
| 32–33 | GN (pasaje) | | | (era éste: …) |
| 34 | GN (E) | GN (P) | | (dijo: «¿De quién dice esto?») |
| 35 | GN (P) | pn (E) | | (anunció la Buena Nueva de Jesús) |
| 36a | Ø (P + E) | | | (llegaron a un sitio donde había agua) |
| 36b | GN (E) | Ø (P) | | (dijo: «¿Qué impide que yo sea bautizado?») |
| 38a | Ø (E) | | | (mandó detener el carro) |
| 38b | GN (P + E) | | | (bajaron ambos al agua) |
| 38c | Ø (P) | pn (E) | | (bautizó) |
| 39a | Ø (P + E) | | | (al subir del agua) |
| 39b | GN (Espíritu) | GN (P) | | (arrebató) |
| 39c | GN (E) | pn (P) | | (no volvió a ver más) |
| 39d | Ø (E) | | | (siguió gozoso su camino) |
| 40a | GN (P) | | | (se encontró en Azoto) |
| 40b | Ø (P) | | | (evangelizaba en todas las ciudades) |

**Preguntas**

(a) ¿En qué oraciones determina la forma de referencia al sujeto la regla por defecto 1?

(b) ¿En qué oraciones determina la forma de referencia al sujeto la regla por defecto 2?

(c) ¿En qué oraciones hay *más* material de codificación de lo previsto en las reglas por defecto? ¿Por qué se han usado dichas codificaciones marcadas?

(d) ¿En qué oración hay *menos* material de codificación de lo previsto en las reglas por defecto?

**Respuestas sugeridas**

(a) De conformidad con la regla 1 de codificación por defecto, no hay referencia explícita al sujeto en las siguientes oraciones: 28a, 28b, 28c, 30b, 31b, 38a, 39d y 40b, más 36a y 39a (los dos participantes involucrados en la oración anterior forman el nuevo sujeto plural).

(b) De conformidad con la regla por defecto 2, la referencia a un sujeto que era el oyente del discurso anterior se hace por medio de un artículo pronominal o por medio de una referencia no explícita en las siguientes oraciones: 27a (después del material de trasfondo del 26b) y 31a.

(c) Se encuentra más material de codificación de lo que previsto en las reglas por defecto en las siguientes oraciones:

- 30 (el sujeto fue el oyente anterior): una nueva unidad narrativa probablemente empieza aquí; en los 26–29, las interacciones son entre Felipe y un ángel o el Espíritu; en los 30ss, son entre Felipe y el eunuco.
- 34 (el mismo sujeto que en el 31b, el material intermedio es información de trasfondo): es probable que aquí empiece una nueva unidad narrativa, después de la cita larga de los 32–33.
- 35 (el sujeto fue el oyente anterior): se resalta el primer clímax de la interacción entre Felipe y el eunuco.
- 38b (los dos participantes involucrados en la oración anterior forman un nuevo sujeto plural): se resaltan los acontecimientos culminantes de los 38b–c.

(d) Se encuentra menos material de codificación de lo previsto en las reglas por defecto en el 38c (hay un cambio de sujeto del plural del 38b al singular [compárese con el 36b]). Esto podría ser debido a que los roles de los dos participantes son evidentes (véase el pasivo βαπτισθῆναι en el 36c) y el acontecimiento es completamente predecible. Alternativamente, es posible que la referencia no explícita a Felipe se deba a su trato como «VIP» (§ 8.3).

## 8.3 Referencias a los VIP

Las reglas de § 8.2 para la codificación por defecto de las referencias a los participantes se basan en lo que Givón llama una táctica «de retrospectiva».[17] Dependen de si el nuevo sujeto sigue siendo el mismo de antes o no y, de no ser así, si se trata del oyente anterior o si se encuentra en otro rol de no-sujeto en la oración anterior. En cada caso la codificación se determina mirando hacia atrás al contexto inmediato.

Parece que todos los idiomas usan en realidad por lo menos *dos* tácticas de referencia en ocasiones diferentes: la táctica de retrospectiva y lo que Dooley et al. llaman una táctica «*VIP*»,[18] donde VIP representa a un «participante muy importante».[19] En esta táctica, «un referente se distingue de los demás».[20] En cambio, la táctica de retrospectiva trata a todos los participantes principales de la misma manera. El mismo libro o texto puede usar ambas tácticas en diferentes secciones.

Un VIP puede identificarse a nivel *global* (p.ej., para todo un libro del NT), o a nivel *local* (para una sección de un libro o hasta para un único episodio). Todos los evangelios tratan a Jesús como el VIP

---

[17] Givón 1973:13.
[18] Dooley y Levinsohn 2007:86.
[19] Grimes (1978:viii) llama «táctica temática» a la táctica VIP.
[20] Grimes 1978:viii.

global del libro. En Hechos, en cambio, diferentes líderes cristianos se turnan como VIP, a nivel local (para uno o dos episodios) o, en el caso de Pablo, a un nivel más global (§ 9.2.2).

Cuando se emplea la táctica VIP, los idiomas tienen varias formas para marcar dicho VIP. Grimes observa que, en algunas lenguas indígenas americanas «un conjunto especial de términos se refieren al VIP sin importar cuántos conceptos se hayan mencionado más recientemente».[21] Por ejemplo, un conjunto de pronombres puede estar reservado exclusivamente para el VIP y otro conjunto para otros participantes.

Otra manera en la que funciona una táctica VIP es por medio de la *orientación* con respecto al VIP. Por ejemplo, el movimiento hacia el lugar del VIP puede expresarse siempre con el verbo 'venir', mientras que el movimiento en otras direcciones se describe con el verbo 'ir'.[22] Así también, los términos de parentesco pueden usarse para que otros participantes se relacionen con el VIP local (p.ej., «el hijo menor», «*su* padre»).

Sin embargo, lo más significativo para la materia de este capítulo es la tendencia a que las referencias al VIP sean *mínimas*, una vez que ha sido activado.[23]

Como ya hemos mencionado, Jesús es el VIP global en los evangelios. Si tomamos los párrafos establecidos por las *SBU* como indicación del inicio de nuevas unidades narrativas, la norma consiste en que no haya referencia explícita a Jesús (salvo en genitivos absolutos, donde se usa un pronombre independiente), *aun cuando él no fuera el sujeto de la oración anterior*. Es decir, la codificación por defecto para el VIP global como sujeto, cuando tenía un rol de no-sujeto en la oración anterior, es la referencia no explícita (en violación de la regla por defecto 4).

Vemos un ejemplo en el pasaje 6 (más abajo), con diversos grados de apoyo en los diferentes manuscritos, en Mt 4,12, Mt 4,18, Mt 4,23 y Mt 5,1.[24] En esos versículos, «El evangelista considera tan unida esta indicación con el relato anterior, que ni siquiera ha expresado el nominativo "Jesús"» (Gomá Civit 1976:I.150–151). Como resultado, las divisiones en la narración son mínimas.

Puesto que la codificación por defecto para el VIP global como sujeto es una referencia no explícita, cualquier referencia explícita a Jesús como sujeto una vez que se ha activado es una codificación marcada. La referencia explícita (típicamente, un GN) indica una de dos situaciones en los evangelios sinópticos:[25]

- una división principal en la narración (debida por ejemplo a un cambio significativo de tema o de situación)
- un discurso o una acción clave.

El pasaje 6 ilustra las codificaciones de referencia por defecto y marcadas a Jesús como VIP global. Las líneas horizontales indican nuevos párrafos en *SBU*. Nótense las oraciones marcadas como no conformes a las reglas de codificación por defecto de § 8.2. (A se refiere a Andrés, An a los ángeles, D al diablo, J a Jesús, Ja a Santiago, Jn a Juan y P a Pedro. «(VIP)» indica una referencia explícita de sujeto a Jesús como el VIP. Algunos manuscritos se refieren a Jesús por nombre en 4,12, 4,18a y 4,23).

---

[21] Grimes 1978:viii.

[22] Turnbull (1986:43) considera que los verbos griegos ἔρχομαι y πορεύομαι «tienen especificidad direccional», con ἔρχομαι por lo general viniendo a un «punto de referencia asumido por el hablante para sí mismo o para el oyente». Uno de los puntos de referencia es la ubicación del VIP; cf. Levinsohn 2001:13–30.

[23] Cf. Marchese 1984:234–235.

[24] Alford (1863:I.30) comenta en cuanto a la presencia de ὁ Ἰησοῦς como lectura variante en Mt 4,12, «el inicio de un segmento eclesiástico y por lo tanto, se da el nombre, como a menudo es el caso». Hace una observación parecida sobre Mt 4,18 y 4,23. Sin embargo, Pope señala (c.p.) que «también hay unos MSS que empiezan una lectura litúrgica en 5,1, pero prácticamente no hay evidencia para referirse a Jesús con un GN en este punto».

[25] Las referencias explícitas a Jesús son más frecuentes en Juan. Cf. el capítulo 15 sobre las referencias a los participantes en los orientadores para discursos en ese libro.

## 8.3 Referencias a los VIP

**Pasaje 6: Mt 4,1–5,1 (SBU)**

| v. | sujeto | no-sujeto | regla | resumen del contenido |
|---|---|---|---|---|
| 1 | GN (J) | GN (Espíritu) | 4 (VIP) | (fue llevado al desierto por) |
|   |        | GN (D)        |         | (para ser tentado por) |
| 2 | Ø (J) |  | 1 | (después de 40 días, sintió hambre) |
| 3 | GN (D) | pn (J) | 4 | (se acercó, dijo: …) |
| 4 | art (J) | Ø (D) | 2 | (respondió y dijo: …) |
| 5a | GN (D) | pn (J) | - | (llevó a la Ciudad Santa) |
| 5b | Ø (D) | pn (J) | 1 | (puso sobre el alero del templo) |
| 6 | Ø (D) | pn (J) | 1 | (dice: «Si eres Hijo de Dios …») |
| 7 | GN (J) | pn (D) | - (VIP) | (dijo: «También está escrito: …») |
| 8a | GN (D) | pn (J) | - | (lleva a un monte muy alto) |
| 8b | Ø (D) | pn (J) | 1 | (mostró todos los reinos del mundo) |
| 9 | Ø (D) | pn (J) | 1 | (dijo: «Todo esto te daré si te postras …») |
| 10 | GN (J) | pn (D) | - (VIP) | (dice: «Apártate, Satanás …») |
| 11a | GN (D) | pn (J) | - | (deja) |
| 11b | GN (An) |  | intro | (se acercaron) |
| 11c | Ø (An) | pn (J) | 1 | (servían) |
| 12 | Ø (J) |  | 3 | (oyendo de Juan, se retiró a Galilea) |
| 13 | Ø (J) |  | 1 | (saliendo, fue a residir a Cafarnaún) |
| 14–16 |  |  |  | [cita de Isaías] |
| 17 | GN (J) |  | - (VIP) | (comenzó a predicar y a decir: …) |
| 18a | Ø (J) | GN (P + A) | 1 | (caminando, vio) |
| 18b | Ø (P + A) |  | 3 | (pues eran pescadores) |
| 19 | Ø (J) | pn (P + A) | 1 | (dice: «Venid conmigo …») |
| 20 | art (P + A) | pn (J) | 2 | (dejando las redes, siguieron) |
| 21a | Ø (J) | GN (Ja + Jn) | 3 | (pasando, vio) |
| 21b | Ø (J) | pn (Ja + Jn) | 1 | (llamó) |
| 22 | art (Ja + Jn) | pn (J) | 2 | (dejando barca, siguieron) |
| 23 | Ø (J) |  | - | (recorría enseñando) |
| 24a | GN (fama) | pn (J) | intro | (llegó a toda Siria) |
| 24b | Ø (no indicado) | pn (J) |  | (traían a todos los enfermos) |
| 24c | Ø (J) | pn (enfermos) | 3 | (curaba) |
| 25 | GN (turbas) | pn (J) | intro | (siguieron de …) |
| 5,1 | Ø (J) | GN (turbas)[26] | - | (viendo, subió al monte) |

(En el 19 el sujeto es el mismo que el de la última oración que describe un acontecimiento principal (18a) y, por lo tanto, se aplica la regla 1, aunque hay material intermedio de trasfondo introducido

---

[26] Se usa más material de codificación de lo esperado para referirse a las turbas, supuestamente porque 5,1 empieza una unidad narrativa.

con γάρ. En cuanto al 24b, la norma para sujetos plurales cuyo referente no se especifica es que no tengan referencia explícita).

En el pasaje anterior, la referencia a Jesús al inicio de una nueva unidad narrativa es explícita en *SBU* solo en los vv. 1 y 17. Esto significa que el autor percibe bastante continuidad entre los acontecimientos de los 1–16, mientras que el 1 y el 17 empiezan nuevas unidades narrativas después de cambios significativos de tema o de situación. (En cuanto al 17, Schooling observa que, en Mateo, ἀπὸ τότε 'desde entonces' aparece al principio de las unidades principales).[27]

Asimismo, se da bastante continuidad entre los acontecimientos de los 17–25 (o los 23–25 si se lee ὁ Ἰησοῦς en el 23) y el Sermón del Monte (véase el comentario sobre el pasaje 5 de § 5.1 como prueba de que 4,23–25 establecen el escenario para los capítulos 5–7).

En cambio, la referencia al diablo es explícita al principio de cada nueva subunidad narrativa (5a, 8a, 11a). En cada caso, es el oyente del discurso anterior, por lo que un artículo pronominal o una referencia no explícita habría sido la codificación por defecto (regla 2; compárense los 20 y 22).

En los 7 y 10, la referencia a Jesús es explícita en conexión con la introducción a un discurso clave que termina la unidad narrativa.[28]

### Pregunta de repaso

La norma es que la referencia a Jesús como sujeto en los evangelios sinópticos no sea explícita, aun cuando no haya estado en un rol de no-sujeto en la oración anterior. Sin embargo, hay dos razones frecuentes para referirse explícitamente a Jesús en esas circunstancias. ¿Cuáles son?

### Respuesta sugerida

Las referencias explícitas a Jesús como sujeto en los evangelios sinópticos generalmente indican:

1. una división principal en la narración (p.ej., por un cambio significativo de tema o situación)
2. un discurso o una acción clave.

Pasando al libro de los Hechos, las referencias a los líderes cristianos son a veces no explícitas cuando se esperaría un GN según las reglas por defecto de § 8.2. Esto sugiere que se les trata como VIP locales en tales pasajes.

Ya se ha apuntado a Hch 8,38c como un posible caso en el que no referirse explícitamente a Felipe podría indicar que se le trata como VIP local (la respuesta sugerida (d) después del pasaje 5). El pasaje 7 (más abajo) presenta unos casos en los que la falta de referencia explícita a Saulo también podría sugerir que se le trata como VIP local.

### Pasaje ilustrativo 7: Hch 9,17–30

Este pasaje sigue inmediatamente al pasaje 3. Nótense las referencias al sujeto que son codificaciones por defecto y las que son marcadas, según las reglas de § 8.2. (Las líneas horizontales en la página indican nuevos párrafos en *SBU*. A se refiere a Ananías, B a Bernabé, H a los helenistas y Sa a Saulo).

| v. | sujeto | no-sujeto | resumen del contenido |
|---|---|---|---|
| 17a | GN (A) | | (fue) |
| 17b | Ø (A) | | (entró en la casa) |
| 17c | Ø (A) | pn (!) (Sa) | (imponiendo las manos en, dijo: ...) |
| 18a | GN (como escamas) | pn (Sa) | (cayeron de ojos de) |
| 18b | Ø (Sa) | | (recobró la vista) |
| 18c | Ø (Sa) | | (levantándose, fue bautizado) |
| 19a | Ø (Sa) | | (tomando alimento, recobró las fuerzas) |

---

[27] Schooling 1985:21.

[28] Aunque Mt 9,12 (*SBU*) tiene ὁ δὲ, parece más probable la variante textual ὁ δὲ Ἰησοῦς, ya que los 12–13 presentan un discurso clave que termina la unidad narrativa.

| | | | |
|---|---|---|---|
| 19b | Ø (Sa) | GN (discípulos) | (estuvo algunos días con) |
| 20 | Ø (Sa) | | (predicaba a Jesús en las sinagogas) |
| 21a | GN (oyentes) | | (quedaban atónitos) |
| 21b | Ø (oyentes) | | (decían: …) |
| 22a | GN (Sa) | | (se fortalecía) |
| 22b | Ø (Sa) | GN (judíos) | (confundía) |
| 23 | | | (pasados muchos días) |
| | GN (judíos) | pn (Sa) | (tomaron la decisión de matar) |
| 24a | GN (complot) | GN (Sa) | (fue conocido a) |
| 24b | Ø (judíos) | pn (Sa) | (guardaban las puertas para matar) |
| 25 | GN (discípulos) | pn (Sa) | (llevando, descolgaron en una espuerta) |
| 26a | Ø (Sa) | GN (discípulos) | (llegando a Jerusalén, intentó unirse a) |
| 26b | todos (discípulos) | pn (Sa) | (tenían miedo a) |
| 27a | GN (B) | pn (Sa) | (tomando consigo) |
| | | GN (apóstoles) | (presentó) |
| 27b | Ø (B) | pn (apóstoles) | (contó cómo él (Sa) había visto al Señor) |
| 28 | Ø (Sa) | pn (apóstoles) | (estaba con, entrando y saliendo) |
| 29a | Ø (Sa) | GN (H) | (hablaba y discutía con) |
| 29b | art (H) | pn (Sa) | (intentaban matar) |
| 30 | GN (hermanos) | pn (Sa) | (sabiendo, llevaron a Cesarea) |

**Preguntas**

(a) ¿Qué regla por defecto justifica la referencia al sujeto en el 22a? ¿En el 26a? ¿En el 29b?

(b) ¿Por qué se usa un GN en el 17a para referirse a Ananías?

(c) ¿Por qué no se usa una referencia explícita para el sujeto en el 18b? ¿En el 24b? ¿En el 28?

**Respuestas sugeridas**

(a) Las reglas por defecto que justifican las referencias al sujeto en los versículos siguientes son:
- en el 22a: 4 (Saulo no estaba involucrado en los acontecimientos del 21)
- en el 26a: 3 (Saulo es el único participante en el escenario)
- en el 29b: 2.

(b) Se usa un GN para referirse a Ananías en el 17a, aunque fuera el oyente del último discurso, porque el 17a empieza una unidad narrativa (Bruce da el título «Ananías visita a Saulo» a 17–19b).[29]

(c) No hay una referencia explícita al sujeto en los 18b, 24b ni 28, por las siguientes razones:
- para el 18b, parece que Ananías ha desaparecido de la escena, dejando a Saulo como el único participante (principal) en el escenario.
- el 24b involucra a las mismas personas que en los 23–24a (el complot es de los judíos), así que no hay un verdadero cambio de sujeto.
- en el 28, es posible que Bernabé y los apóstoles se vean como participantes secundarios, así que la regla 3 se aplica. Sin embargo, es más probable que Saulo sea tratado como VIP local. (Véase también la referencia pronominal a Saulo como complemento en el 17c, cuando se habría esperado un GN, y el hecho de no identificar a Saulo por nombre en el discurso referido del 27b).

---

[29] Bruce 1998.

Después del pasaje 8 (a continuación) se presentan unas preguntas sobre las formas de referencia a los participantes en la narración. Algunos manuscritos no tienen referencia explícita a Jesús en Mt 8,3a y Mt 8,7; en otros, aparece ὁ Ἰησοῦς. (C se refiere al centurión, J a Jesús, L al leproso y S a la suegra de Pedro).

**Pasaje 8: Mt 7,28–8,18**

| v. | sujeto | no-sujeto | resumen del contenido |
|---|---|---|---|
| 28a | GN (J) | | (cuando acabó estos discursos) |
| 28b | GN (turbas) | pn (J) | (se quedaban asombradas de la doctrina de) |
| 29 | Ø (J) | pn (turbas) | (porque enseñaba como quien tiene autoridad) |
| 8,1a | pn (J) | | (bajando del monte) (GA) |
| 1b | turbas muchas | pn (J) | (seguían) |
| 2 | GN (L) | pn (J) | (se postró, diciendo: «Señor, si quieres ...») |
| 3a | Ø/GN (J) | pn (L) | (extendió la mano, tocó, diciendo: ...) |
| 3b | Lepra | pn (de él) (L) | (quedó limpiada de) |
| 4 | GN (J) | pn (L) | (dice: «Mira, no se lo digas a nadie ...») |
| 5a | pn (J) | | (entrando en Cafarnaún) (GA) |
| 5b | GN (C) | pn (J) | (acercó, rogando) |
| 6 | Ø (C) | | (diciendo: «Señor, mi criado yace en casa ...») |
| 7 | Ø/GN (J) | pn (C) | (dice: «Yo iré a curarle») |
| 8 | GN (C) | | (respondiendo dijo: «Señor, no soy digno ...») |
| 10a | GN (J) | | (oyendo, quedó admirado) |
| 10b | Ø (J) | seguidores | (dijo: «Os aseguro que en Israel ...») |
| 13a | GN (J) | GN (C) | (dijo: «Ve y que te suceda como has creído») |
| 13b | GN (criado) | | (quedó sano en aquella hora) |
| 14 | GN (J) | GN (S) | (entrando en casa, vio en cama con fiebre) |
| 15a | Ø (J) | pn (S) | (tocó mano de) |
| 15b | GN (fiebre) | pn (S) | (desapareció) |
| 15c | Ø (S) | | (se levantó) |
| 15d | Ø (S) | pn (J) | (servía a) |
| 16a | Ø (no indicado) | pn (J) | (al atardecer, trajeron muchos endemoniados) |
| 16b | Ø (J) | GN (espíritus) | (con sólo una palabra expulsó) |
| 16c | Ø (J) | todos los enfermos | (curó) |
| 17 | profecía de Isaías | | (se cumpliera) |
| 18 | GN (J) | GN (multitud) | (viéndose rodeado de) (GA) |

**Preguntas**

(a) ¿Qué regla por defecto justifica el uso del pronombre independiente en los 1a y 5a? Si los saltos de párrafo en *SBU* fueran clasificados como mayor o menor, ¿de qué tipo serían éstos?

(b) ¿Por qué no hay una referencia explícita al sujeto en el 15c?

(c) ¿Por qué se usa un GN para referirse al centurión en el 8, aunque es el oyente del discurso anterior?

(d) ¿Por qué se usa un GN para referirse a Jesús en el 4? ¿En el 10a? ¿En el 13a? ¿En el 14? ¿En el 18? ¿En 7,28a?

(e) Si se lee ὁ Ἰησοῦς en el 3a, ¿qué motivaría esta codificación marcada? ¿En el 7?

**Respuestas sugeridas**: véase el Apéndice bajo 8(8).

# 9
# El artículo con los sustantivos

En todo el NT griego,[1] los sustantivos cuyos referentes son «conocidos, determinados»[2] a veces están precedidos por un artículo (son «articulados»)[3] y a veces aparecen sin artículo (son «inarticulados»). Según Wallace y Steffen: «El artículo, en primer lugar, no tiene como su uso básico hacer **definida** una cosa. Un sustantivo puede ser **definido** sin el artículo.»[4] Por ejemplo, los nombres propios son definidos aun sin artículo (Παῦλος significa «Pablo», no «*un* Pablo»), aunque muchas veces lo llevan. Por lo tanto, cuando el artículo se usa con un nombre propio o cualquier otro sustantivo, debe ser con otro propósito.

Este capítulo tiene que ver especialmente con la *ausencia* de artículo cuando el referente de un nombre propio u otro GN es conocido y determinado (o, para ser más exacto, cuando el autor supone que el lector podrá asignarle una identidad referencial única [véase § 9.1]). La ausencia de artículo en esas circunstancias da *prominencia* al referente y lo marca con particular importancia.

Por consiguiente, una referencia inarticulada a cualquier ente con identidad referencial única indica que dicho ente tiene un papel especial a desempeñar en esa parte de la narración o argumento. Para ilustrar esta afirmación, voy a considerar la presencia *versus* la ausencia de artículo en tres situaciones: con nombres propios de personas en los evangelios y Hechos (§ 9.2), con otros sustantivos (§ 9.3)[5] y, en particular, con puntos de transición (§ 9.4), aunque, en primer lugar, paso a revisar brevemente algunas características generales del artículo (§ 9.1).

## 9.1 Preliminares

Porter distingue dos usos del artículo con los sustantivos: el uso «determinado» y el uso «categórico». «Cuando se emplea el artículo, el sustantivo puede referirse a un elemento determinado, o puede representar una categoría de elementos».[6]

Por lo tanto, en **Lc 4,20a**, τὸ βιβλίον se refiere al rollo *determinado* del cual Jesús había leído; el GN tiene un referente único.

---

[1] Cf. también Levinsohn 2007:§ 2.2, 3.2.
[2] Blass et al. 1961:§ 252.
[3] Wallace y Steffen 2015:168.
[4] Wallace y Steffen 2015:142.
[5] Porter (1992:313) define un sustantivo como «cualquier palabra que puede usarse como un nombre. Por ejemplo, en griego, los participios, los infinitivos y, especialmente los adjetivos, además de los nombres, a menudo se usan como sustantivos».
[6] Porter 1992:104.

(20a) καὶ πτύξας       τὸ βιβλίον ἀποδοὺς    τῷ ὑπηρέτῃ ἐκάθισεν
      y  habiendo.enrollado el rollo, devolviendo al asistente se.sentó

En **Lc 10,7b**, ὁ ἐργάτης representa a la *categoría* de trabajadores en general. El artículo «distingue una clase de la otra».[7]

(7b) **ἄξιος**    γὰρ   ὁ  ἐργάτης τοῦ μισθοῦ αὐτοῦ.
     digno (es) porque el obrero   del salario suyo

Algunos sustantivos son determinados y tienen un referente único debido a su *asociación* con otro sustantivo que tiene identidad referencial única. Cuando un elemento semántico se introduce, otros elementos que la cultura asocia con dicho elemento son accesibles a la vez. Por ejemplo, si me refiero a una casa en una cultura occidental, también presupongo la existencia de su puerta, su techo, sus ventanas, su cocina, etc.

Esta observación explica por qué conviene emplear el artículo en Lc 4,20a (arriba) al referirse al asistente de la sinagoga (τῷ ὑπηρέτῃ). Como Wallace observa, «el asistente no ha sido mencionado».[8] No obstante, una vez mencionada la sinagoga (en el 16),[9] los elementos que la cultura asocia con la sinagoga también se tornan accesibles, incluido el asistente, lo cual permite el uso de artículo, siempre que el sustantivo tenga identidad referencial única.

Pasando a la *ausencia* de artículo con sustantivos, el cuadro de Wallace y Steffen «La semántica de los sustantivos sin artículo» presenta tres «características» superpuestas que un sustantivo inarticulado podría tener:[10] Una razón para la superposición de los óvalos en el cuadro de Wallace y Steffen de la semántica de los sustantivos inarticulados (arriba) es la siguiente: está claro que «indefinido» se opone a «definido» (un sustantivo no puede tener al mismo tiempo una característica indefinida y definida); no obstante, cuando un concepto «cualitativo» ha sido ya introducido, el lector puede «asignarle identidad referencial única» y, cuando lo considere apropiado, emplear el artículo.

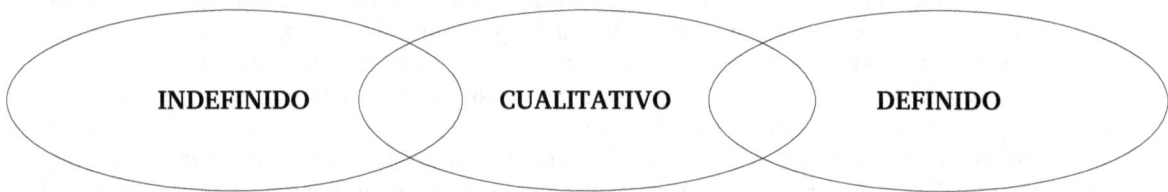

En cuanto a sustantivos *indefinidos*, Givón dice: «Los hablantes codifican un nominal referencial como indefinido si piensan que no tienen derecho a suponer que el oyente pueda ... asignarle una identidad referencial única».[11] Por ejemplo, en Jn 4,7 (γυνὴ ἐκ τῆς Σαμαρείας 'una mujer de Samaría'), el lector no podrá identificar a la mujer determinada que el autor tiene en mente; la mujer es simplemente un miembro de la clase «mujeres de Samaría».

Wallace y Steffen dicen que un sustantivo *cualitativo* «coloca el énfasis sobre su cualidad, naturaleza o esencia ... muchos sustantivos abstractos son cualitativos».[12] Por ejemplo, ἀγάπη en 1 Jn 4,8 (ὁ θεὸς **ἀγάπη** ἐστίν 'Dios es amor') es un sustantivo cualitativo.

Los sustantivos *definidos* «tienen una identidad de referencia única» aunque no lleven artículo y, puesto que por la naturaleza del caso, «un nombre propio es definido sin el artículo»,[13] estudiaremos los nombres propios en § 9.2.

---

[7] Wallace y Steffen 2015:156.
[8] Wallace 1996:217.
[9] En la cultura judía de ese tiempo, la referencia a una ciudad como Nazaret presupondría la existencia de su sinagoga.
[10] Wallace y Steffen 2015:170.
[11] Givón 1984 y 1990:I.399.
[12] Wallace y Steffen 2015:171–172.
[13] Wallace y Steffen 2015:172.

La relación de los sustantivos en las categorías indefinida, cualitativa y definida, tal como se muestra en los óvalos superpuestos, se ejemplifica en **Sg. 1,3–4**, donde la cualidad de la paciencia (ὑπομονή) se introduce en el 3b, y luego se convierte en el tema del 4a.

(3b) τὸ δοκίμιον ὑμῶν τῆς πίστεως κατεργάζεται ὑπομονήν.
la prueba de.vuestra la fe produce paciencia

(4a) ἡ δὲ ὑπομονὴ ἔργον τέλειον ἐχέτω,
la md paciencia obra completa tenga

Como se ha observado en la introducción de este capítulo, sostengo que, si un lector puede asignar identidad referencial única a un sustantivo inarticulado, entonces es prominente (el centro de atención o focal). En consecuencia, planteo una división *binaria* de los sustantivos inarticulados, entre los que Wallace y Steffen clasificarían como «definidos» y los que Porter llamaría «no-determinados»,[14] sea que Wallace y Steffen los vean como «indefinidos» o «cualitativos». El diagrama siguiente muestra la división. (Véase más en § 9.3).

| (NO-DETERMINADO) **INDEFINIDO** (incluyendo CUALITATIVO sin identidad referencial única) | (DETERMINADO) **DEFINIDO** (incluyendo CUALITATIVO con identidad referencial única) |
|---|---|

**Preguntas de repaso**

(a) ¿Qué significa *inarticulado*? ¿Qué es lo contrario?
(b) ¿Cuáles son los dos usos del artículo con los sustantivos que Porter distingue?
(c) ¿Cuáles son las tres características traslapadas que puede tener un sustantivo *inarticulado*, según Wallace y Steffen?

**Respuestas sugeridas**

(a) *Inarticulado* se usa para referirse a sustantivos que no están precedidos por un artículo que los modifica. Lo contrario es *articulado*, que se usa para referirse a sustantivos precedidos por un artículo.
(b) Porter distingue el uso *determinado* del artículo de su uso *categórico*.
(c) Las tres características traslapadas que un sustantivo inarticulado puede tener, según Wallace y Steffen, son: indefinido, cualitativo y definido.

## 9.2 El artículo con nombres propios de personas

Los nombres propios de personas[15] en el NT griego aparecen a veces con y a veces sin artículo. En Hch 18,12–18, por ejemplo, se encuentran ὁ Γαλλίων (el Galión) y Γαλλίωνος (de.Galión) (14, 12). Se consideran en § 9.2.1 las reglas por defecto del uso de estas dos formas para introducir o *activar* por nombre a los participantes en una narración y para referirse por nombre a los participantes ya activos. Se trata luego en § 9.2.2 la reactivación de participantes después de una ausencia o al principio de un nuevo episodio, antes de centrarnos en § 9.2.3 en las referencias inarticuladas a participantes activos.

---

[14] Porter 1992:104.
[15] El material sobre Hechos se ha adaptado de Read-Heimerdinger y Levinsohn 1992:15–44.

### 9.2.1 Las reglas por defecto

Cuando un participante es activado (introducido por primera vez), lo típico es que la referencia sea inarticulada.[16] Una vez que el participante ha sido activado, en cambio, las referencias siguientes por nombre a ese participante dentro del mismo episodio son articuladas.

| Para activar a un participante por nombre: | referencia inarticulada |
| Para referirse por nombre a un participante activo: | referencia articulada |

Las referencias a Galión en Hch 18,12–18 (pasaje 1) ilustran esta regla. La referencia introductoria al mismo en el 12 es inarticulada (indicada por 'Ø'), mientras que las referencias siguientes en los 14 y 17 son articuladas (indicadas por 'el'). (En los cuadros siguientes, las referencias que no involucran un nombre propio aparecen entre paréntesis).

**Pasaje 1: Hch 18,12–18**

| v. | sujeto | no-sujeto | resumen del contenido |
|---|---|---|---|
| 12 | Ø Galión | | (siendo procónsul de Acaya) |
| | (los judíos) | el Pablo | (actuaron en contra) |
| | | (lo) | (condujeron ante el tribunal) |
| 14–15 | el Pablo | | (al comenzar a hablar) |
| | el Galión | (los judíos) | (dijo: «Si se tratara de algún crimen …») |
| 16 | | (los) | (echó del tribunal) |
| 17 | (todos) | Ø Sóstenes | (agarrando) |
| | (ninguna de esas cosas) | el Galión | (importaba a) |
| 18 | el Pablo | (los hermanos) | (se despidió de) |
| | Ø Priscila y Áquila | (con él) | (se embarcó) |

Las mismas reglas de referencia por defecto operan en los evangelios sinópticos, como muestran las referencias a las siguientes personas (la reactivación de participantes se tratará en § 9.2.2):

- en Mt 14,1–6, al tetrarca Herodes: activado con una referencia inarticulada en el 1, las referencias siguientes en los 3, 6a y 6b son articuladas
- en Mc 15,2–44, a Pilato: activado con una referencia inarticulada en el 1 (*SBU*), las nueve referencias siguientes en los 2–44 son todas articuladas
- en Lc 3,1–19, al tetrarca Herodes: activado con una referencia inarticulada en el 1, las referencias siguientes en el 19 son articuladas.

Una restricción a la regla descrita más arriba tiene que ver con los sustantivos *no declinables* (por ejemplo, algunos que no son de origen griego). Lo típico es que esos nombres sean articulados si *no están en nominativo*, aun cuando el referente sea activado por primera vez. Como Wallace y Steffen afirman: «El artículo se usa solamente para definir el caso de tales sustantivos».[17] Por ejemplo, la primera referencia a José en Mt 1,18 es τῷ Ἰωσήφ, y la primera referencia a Isaac en Hch 7,8 es τὸν Ἰσαάκ.[18] En cambio, Sóstenes (un nombre de origen griego) es introducido en caso acusativo en Hch 18,17 sin el artículo (Σωσθένην).

---

[16] «La regla general de Juan es introducir un nombre personal *sin el artículo*» (Abbott 1906:57–58).

[17] Wallace y Steffen 2015:167.

[18] No obstante, cf. Teeple 1973:303. Read-Heimerdinger (c.p.) también considera posible que «lo que influencia el artículo con nombres del AT no es el caso de los mismos» y que mis conclusiones acerca de esos nombres «solo funcionarán con ciertos MSS».

Sin embargo, en los *grupos genitivos*, la referencia genitiva a un poseedor nombrado podría ser inarticulada aun si el nombre es indeclinable. Por ejemplo, Hch 13,21 se refiere a υἱὸν Κίς 'hijo (de) Cis'.

En el siglo segundo, Apolonio Díscolo «observó que tanto el sustantivo modificado como el sustantivo genitivo o tienen el artículo o están ambos sin el artículo».[19] Sin embargo, Read-Heimerdinger afirma: «Cuando se consideran todos los ejemplos en Los Hechos de un atributo genitivo en un grupo articulado, se descubre que el artículo se retiene ... cuando la referencia a la persona es anafórica. Cuando se omite, la referencia consiste o bien en un grupo sintáctico establecido del tipo 'nombre de Jesús' ... o en una primera mención».[20]

Sirvan como ejemplo las dos referencias a Simón en **Lc 4,38**. Ambos casos contradicen al «Canon de Apolonio». Simón se menciona por primera vez en el evangelio en el 38a y la referencia es inarticulada, aunque el sustantivo nuclear es articulado. Una vez activado, en cambio, la referencia a él en el 38b es articulada, aunque el sustantivo nuclear es inarticulado.

(38a) Ἀναστὰς   δὲ   ἀπὸ   τῆς   συναγωγῆς   εἰσῆλθεν   εἰς   τὴν   οἰκίαν   Σίμωνος.
      levantándose md   de    la    sinagoga     entró       en    la      casa     de.Simón

(38b) πενθερὰ   δὲ   τοῦ   Σίμωνος   ἦν   συνεχομένη   πυρετῷ   μεγάλῳ
      suegra    md   del   Simón     estaba siendo.sujetada de.fiebre grande

Véase también la referencia inarticulada a Jasón en Hch 17,5, después de un sustantivo nuclear articulado (τῇ οἰκίᾳ Ἰάσονος 'la casa de Jasón').

**Preguntas de repaso**

(a) Cuando un participante se introduce por nombre, ¿lo normal es que la referencia sea articulada o inarticulada? ¿Cuál es la manera de referirse a un participante activo por defecto?

(b) En Jn 1,45, la primera referencia a Natanael es articulada (εὑρίσκει Φίλιππος τὸν Ναθαναὴλ 'Felipe encuentra a Natanael'). ¿Por qué?

**Respuestas sugeridas**

(a) Lo normal es que los participantes se introduzcan por nombre con una referencia *inarticulada*. La forma por defecto de referirse por nombre a un participante activo es con una referencia *articulada*.

(b) En Jn 1,45, la primera referencia a Natanael es articulada para mostrar el caso del sustantivo, que es indeclinable.

### 9.2.2 Reactivación de participantes

En § 8.3 se introdujo el concepto de *VIP global* alrededor del cual se organiza una parte de o todo un libro. Una de las características de un VIP global es que tiene la tendencia a permanecer 'en el escenario' (junto con sus seguidores) a medida que los episodios se suceden. En cambio, los demás participantes a menudo son reintroducidos o *reactivados* al principio de un nuevo episodio, incluso aunque estuvieran activos en el anterior. Esto se hace especialmente evidente en la primera mitad de Hechos, donde diferentes secciones tienen que ver con diversos líderes cristianos, por lo que empiezo esta sección describiendo el sistema de reactivación en Hechos.

---

[19] «Canon de Apolonio» (Wallace y Steffen 2015:177).
[20] Véase Read-Heimerdinger 2002:138.

Al principio de un nuevo episodio en Hechos, la norma es que un participante principal se reactive con una referencia inarticulada, a menos que se trate del VIP global alrededor del cual se organiza esa sección de la narración. El principio básico es el siguiente:

- las reactivaciones del *VIP global* después de una ausencia temporal son articuladas (quizá se considera que está entre bastidores, en vez de ser verdaderamente reactivado)
- las reactivaciones de los participantes principales que no son el VIP global son inarticuladas. (Lo típico es que dichos participantes sean también prominentes [véase § 9.2.3]).

| Para reactivar al VIP por nombre: | referencia articulada |
| Para reactivar a otros participantes principales por nombre: | referencia inarticulada |

La *primera* mitad del libro de Hechos tiene que ver con las actividades de varios líderes cristianos (Pedro, Esteban, Felipe y Saulo) y ninguno de ellos se trata como VIP global. Más bien, cada vez que uno de ellos es reactivado después de una ausencia, la referencia es inarticulada. Lo mismo sucede con la reactivación de otros participantes principales.

Vemos un ejemplo en Hch 12,1–13,1 (pasaje 2), Pedro se reactiva en el 3 con una referencia inarticulada (la última vez que apareció como individuo fue cuando habló a la iglesia de Jerusalén en Hch 11,4–17). De la misma manera, Herodes (que fue introducido en Hch 12,1) se reactiva en el 19 con una referencia inarticulada, igual que Bernabé y Saulo en el 25 (su última mención se encuentra en Hch 11,30). Una vez reactivados, en cambio, las demás referencias son articuladas.

**Pasaje 2: Hch 12,1–13,1**

| v. | sujeto | no-sujeto | resumen del contenido |
|---|---|---|---|
| 1 | Ø Herodes | (algunos de la iglesia) | (mandó detener) |
| 2 |  | Ø Santiago | (mandó ejecutar) |
| 3–4 |  | Ø Pedro | (apresó, metió en la cárcel) |
| 5 | el Pedro |  | (estaba custodiado en la cárcel) |
| 6 | el Herodes | (lo) | (cuando iba a sacar) |
|  | el Pedro |  | (se encontraba durmiendo) |
| 7 | (Ø ángel del.Señor) |  | (se presentó) |
|  |  | al Pedro | (golpeó en el costado …) |
| 8 | (el ángel) | (le) | (dijo: «Cíñete») |
|  | … |  |  |
| 11 | el Pedro |  | (volvió en sí) |
| 12–13 |  | de la[21] María la madre de Ø Juan el llamado Marcos | (marchó a casa) |
| 14 | (muchacha) | del Pedro | (al reconocer la voz) |
|  | … |  |  |
| 16 | el Pedro |  | (seguía llamando) |
|  | … |  |  |
| 19 | Ø Herodes |  | (buscando …) |

---

[21] Puesto que esta es la primera referencia a María en este capítulo, se esperaría una referencia inarticulada a ella, y ésa es la lectura que se encuentra en la mayoría de los MSS. Las implicaciones de seguir la lectura articulada de *SBU* se consideran abajo.

| | | | |
|---|---|---|---|
| 20 | | Ø Tirios y Sidonios | (estaba irritado con) |
| | | Ø Blasto | (habiendo sobornado) |
| 21 | el Herodes | | (se sentó en la tribuna) |
| | ... | | |
| 25 | Ø Bernabé y Saulo | | (volvieron de Jerusalén) |
| 13,1 | el Bernabé ... | | (lista de profetas, etc.) |

La *segunda* mitad de Hechos gira mayoritariamente alrededor de un único líder cristiano principal, Pablo, lo cual se refleja en la forma en que el autor se refiere a él. Una vez establecido como VIP global, lo típico es que las referencias al mismo después de una breve ausencia sean articuladas. Véanse, por ejemplo, Hch 18,18 (en el pasaje 1 de § 9.2.1) y Hch 25,23 (después de una conversación entre el gobernador Festo y el rey Agripa). (En la primera mitad del libro, en cambio, las referencias de reactivación a Pablo (Saulo) son por lo general inarticuladas, como en Hch 12,25 (pasaje 2). Véase más abajo la discusión de la referencia articulada a él en Hch 9,1).

Las excepciones a este último patrón se limitan a ocasiones en las que otro participante principal está en el escenario y Pablo está definitivamente ausente (no solo entre bastidores).[22] Por lo tanto, su reintroducción en Hch 19,1 (más abajo) sigue a una sección sobre las actividades de Apolo (18,24–28) durante las cuales Pablo estaba en otro lugar (véase el 21).

**Pasaje 3: Hch 18,21–19,1**

| v. | sujeto | no-sujeto | resumen del contenido |
|---|---|---|---|
| 18,21 | (Pablo) | | (zarpó de Éfeso) |
| | ... | | |
| 24 | Ø Apolo | | (llegó a Éfeso) |
| 26 | Ø Priscila y Áquila | (le) | (oyeron) |
| | ... | | |
| 19,1 | el Apolo | | (estaba en Corinto) |
| | Ø Pablo | | (llegó a Éfeso) |

A lo largo de la segunda mitad del libro de los Hechos, los participantes *aparte de* Pablo se reactivan de manera inarticulada. Podemos ver como ejemplo la reactivación de Priscila y Áquila en Hch 18,18 (pasaje 1) y de nuevo en Hch 18,26 (pasaje 3). Para usar una analogía escénica, al final de cada episodio o subsección de la segunda parte de Hechos, lo típico es que todos los participantes salgan del escenario *salvo Pablo*. Al inicio del siguiente episodio, Pablo ya está presente, pero los demás participantes deben ser traídos de vuelta al escenario.

Lo típico es entonces que los participantes que no son el VIP global se reactiven por nombre con referencias inarticuladas.

Paso ahora a los casos en Hechos en los que ya ha empezado un nuevo episodio o subsección, pero la primera referencia a un participante activado anteriormente es *articulada*. La presencia del artículo obliga al lector a relacionar el referente con ese participante previamente activado y con la escena en la que apareció por última vez.[23]

En Hch 10,17, por ejemplo, hay una alusión articulada a Cornelio (οἱ ἄνδρες οἱ ἀπεσταλμένοι ὑπὸ τοῦ Κορνηλίου 'los hombres enviados por el Cornelio'). Este versículo aparece en la escena que empieza

---

[22] En Hch 19,30 (*SBU*), la referencia a Pablo es inarticulada (Παύλου), aunque muchos MSS tienen una lectura articulada. La referencia inarticulada podría subrayar el hecho de que Pablo no estaba en el escenario para los acontecimientos de los 23–29 (la alusión a él al final del 29 también es inarticulada). Cf. también la referencia inarticulada a Jesús en Mt 26,75.

[23] Cf. más abajo sobre alusiones *inarticuladas* a participantes inactivos en Juan.

en Hch 10,9 cuando Pedro se reactiva con una referencia inarticulada. La presencia del artículo en el 17 hace que el lector relacione el referente con el Cornelio que estuvo presente en una escena anterior.

En **Hch 9,1**, la referencia a Saulo es articulada. Además, el participio adverbial que sigue recuerda la última escena en la que estuvo presente. La combinación hace que el lector relacione los acontecimientos de 9,1ss con esa última escena y reconozca al referente como el Saulo que estuvo presente allí. Es decir que Lucas retoma la trama que dejó después de Hch 8,3, en vez de empezar un episodio completamente nuevo.[24]

(8,3) Entretanto Saulo hacía estragos en la Iglesia: entraba por las casas, se llevaba por la fuerza a hombres y mujeres, y los metía en la cárcel.

(9,1) Ὁ δὲ Σαῦλος ἔτι ἐμπνέων ἀπειλῆς καὶ φόνου εἰς τοὺς μαθητὰς τοῦ κυρίου ...
El md Saulo aun respirando amenaza y asesinato contra los discípulos del Señor

Véase también la referencia articulada a Cornelio en Hch 10,24, cuando Pedro llega de Jope con los mensajeros que Cornelio había enviado para llevarlo.

El ejemplo de Hch 10,17 citado más arriba está relacionado con parte del mismo episodio general. En Hch 11,19, en cambio, la alusión a Esteban (ἐπὶ Στεφάνῳ / ἐπὶ Στεφανοῦ/ ἐπὶ τοῦ Στεφανοῦ) se relaciona con un acontecimiento que se realizó *después* de su muerte (Hch 8,4), y muchos manuscritos omiten el artículo en las alusiones a él. Esto sugiere que Lucas ve poca utilidad en que sus lectores recuerden los detalles de la última escena en la que Esteban estuvo presente, de cara al nuevo episodio.

En cambio, el contenido de **Hch 15,38** pone en claro que Lucas desea que sus lectores recuerden el episodio anterior en que Juan Marcos estuvo presente, de modo que quede justificada la lectura articulada. (Véase una discusión adicional de estos versículos en § 9.2.3).

(37) Βαρναβᾶς δὲ ἐβούλετο συμπαραλαβεῖν καὶ τὸν* Ἰωάννην τὸν καλούμενον Μᾶρκον
Bernabé md quería llevar.con + al Juan el llamado Marcos
(**variante*: suprimir τόν)

(38) Pablo, en cambio, pensaba que no debían llevar consigo al que se había separado de ellos en Panfilia y no les había acompañado en su tarea.

Dije anteriormente que la referencia a María en Hch 12,12 (pasaje 2 arriba) es inarticulada en la mayoría de los manuscritos, lo cual es consistente con el hecho de que no había sido activada anteriormente. Supongamos que se sigue la lectura articulada de *SBU* (ἦλθεν ἐπὶ τὴν οἰκίαν τῆς Μαρίας τῆς μητρὸς Ἰωάννου τοῦ ἐπικαλουμένου Μάρκου 'él (Pedro) marchó a la casa de la María, la madre de Juan, el por sobrenombre Marcos'). Esto sugiere que María es introducida por asociación con algo en el contexto que era conocimiento compartido en el tiempo de Lucas, como una relación estrecha entre Pedro y Juan Marcos o que la iglesia « – presumiblemente aquella a la cual pertenecía el mismo Pedro – se reunía en la casa de María».[25]

Pasemos ahora a hacer algunas observaciones sobre la reactivación de participantes en los *evangelios*, excluyendo Marcos.[26]

Un examen superficial sugiere que Mateo y Lucas siguen el mismo sistema de reactivación que el de Hechos. Sin embargo, dicha observación debe matizarse, puesto que si los apóstoles como un todo están presentes, los miembros individuales como Simón Pedro no necesitan ser activados.

En *Mateo*, por ejemplo, Simón es introducido por primera vez en Mt 4,18 y reactivado en Mt 8,14 con una referencia inarticulada al principio de otro episodio. Una vez que los apóstoles han sido

---

[24] Es posible que Saulo ya se trate como un VIP. También lo sugieren las referencias mínimas a Saulo en Hch 9,17c y Hch 9,28 (Respuesta sugerida (c) para el pasaje 7 de § 8.3).

[25] Bruce 1998.

[26] Aunque Marcos de vez en cuando tiene referencias inarticuladas a participantes que habían estado activados, parece que no sigue los mismos principios que los otros evangelistas. Cf., por ejemplo, las referencias inarticuladas a Simón en *SBU* de Mc 1,30, Mc 1,36 y Mc 8,33, junto con la referencia articulada a él en Mc 3,16.

## 9.2 El artículo con nombres propios de personas

llamados (Mt 10,2–4), en cambio, la primera referencia a él en los episodios en los que desempeña un papel individual es normalmente articulada (como en Mt 14,28 [*SBU*], Mt 15,15, Mt 16,22, Mt 17,1 y Mt 17,24; véase § 9.2.3 sobre la referencia inarticulada en Mt 16,16).

*Lucas* es parecido. Simón es introducido por primera vez en Lc 4,38a (§ 9.2.1) y reactivado con una referencia inarticulada en Lc 5,3 (*SBU*). Una vez que los apóstoles han sido llamados (Lc 6,13–16), en cambio, la primera referencia a él en todos los episodios en los que desempeña un papel individual es por lo general articulada (Lc 8,45, Lc 12,41, Lc 18,28 [*SBU*], Lc 22,54 y Lc 24,12). Sin embargo, cuando Lucas quiere indicar que los apóstoles como un todo no estaban presentes durante un episodio, la primera referencia a Pedro en ese episodio es inarticulada (Lc 8,51, Lc 9,28 [*SBU*] y Lc 22,8).

El sistema empleado en *Juan* es distinto en el sentido que los apóstoles como individuos siempre se reactivan con referencias inarticuladas, aun cuando una referencia ya se ha hecho a los discípulos como un todo. Por ejemplo, después de la referencia a los discípulos en Jn 6,3, Felipe (Jn 6,5 [*SBU*]) y Andrés (Jn 6,8) se reactivan con referencias inarticuladas. Más aún, las alusiones por nombre a participantes inactivos que han sido activados anteriormente son inarticuladas (como a Juan el Bautista en Jn 1,40, a Andrés y Pedro en Jn 1,44, a Simón Pedro en Jn 6,8 y a María en Jn 11,20b).

En cuanto a las referencias a *Jesús* como VIP global al principio de un nuevo episodio en los evangelios, en los raros casos en los que ocurren (§ 8.3), son normalmente articuladas. Véanse, por ejemplo, Mt 3,13, Lc 4,14 (*SBU*) y Jn 3,22. Esto hace que las referencias inarticuladas a Jesús sean de significado especial.

En los *evangelios sinópticos*, una vez que Jesús ha sido activado por primera vez (Mt 1,16 y Mc 1,9, véase más abajo para Lucas), es tratado como VIP global y no reactivado sino hasta después de su muerte y sepultura. Solo cuando reaparece después de la resurrección se reactiva con una referencia inarticulada (Mt 28,9 y Lc 24,15b [*SBU*]).

En los tres primeros capítulos de *Lucas*, en cambio, todas las referencias a Jesús son inarticuladas. Esto sugiere que Lucas no lo trata como VIP global en esos capítulos, sino, más bien, lo reactiva (junto con los otros participantes principales) al principio de cada nuevo episodio (véase especialmente Lc 2,52, Lc 3,21, Lc 3,23 [*SBU*] y Lc 4,1). Véase también § 9.2.3.

Hay tantas lecturas variantes en *Juan* que se hace difícil sacar conclusiones con algún grado de certeza. Sin embargo, si el texto de *SBU* escoge correctamente las referencias inarticuladas a Jesús en Jn 5,1, Jn 12,36b, Jn 17,1 y Jn 18,1, esto implicaría que, en esos puntos, Juan despeja el escenario para una nueva sección de su libro. (Véanse también las menos respaldadas variantes inarticuladas en Jn 7,1, Jn 8,12, Jn 10,23 y Jn 21,1). De modo que los capítulos 1–4 formarían una sección, así como el capítulo 17, etc.

**Preguntas de repaso**

(a) Si una sección de un libro tiene un VIP global, ¿cuál es la manera por defecto de referirse a él por nombre después de una breve ausencia?

(b) ¿Cuál es la forma normal de reactivar por nombre a los participantes que no son el VIP global?

(c) En Hechos, ¿cuál es el significado de una alusión articulada a un participante anteriormente activo que ahora es inactivo?

(d) ¿Cómo afecta la llamada a los apóstoles en Lc 6,13–16 y en Mt 10,2–4 a la manera de referirse a ellos individualmente por nombre en ocasiones posteriores?

**Respuestas sugeridas**

(a) Si una sección de un libro tiene un VIP global, la manera por defecto de referirse a él por nombre después de una ausencia breve es con una referencia *articulada*.

(b) La forma normal de reactivar por nombre a los participantes que no son el VIP global es con una referencia *inarticulada*.

(c) En Hechos, una alusión articulada a un participante activado anteriormente que ahora está inactivo hace que el lector relacione al referente con ese participante. En la práctica, eso implica que Lucas quiere que sus lectores recuerden los detalles de la última escena en la que el participante estuvo activo.

(d) Una vez que los apóstoles han sido llamados, las referencias por nombre a ellos como individuos son con referencias *articuladas* siempre que como grupo están con Jesús. Antes de la llamada, eran reactivados por nombre con referencias *inarticuladas*.

### 9.2.3 Referencias inarticuladas a participantes activos

Según el principio de § 9.2.1, lo normal es que las referencias a los participantes activos sean articuladas. Las referencias inarticuladas a participantes activos son por tanto de significación especial. En particular, dan *prominencia* al participante o a lo que hace o dice, porque es de importancia especial. Paso a ilustrar este fenómeno primero en Hechos, luego con ejemplos de los evangelios (excepto Marcos).

En su mayoría las referencias inarticuladas a participantes activos en Hechos se clasifican en dos grupos:

1. las que involucran un cambio de atención a un participante prominente o un VIP local
2. las que aparecen en la introducción a un discurso cuyo contenido es de importancia especial.

El primero de estos grupos, las referencias inarticuladas a un participante que tienen que ver con un cambio de atención a ese participante, a veces involucra un cambio de un participante menos prominente a otro más prominente o de un participante prominente a otro. Dichas referencias probablemente identifiquen al participante como el *VIP local* (§ 8.3). Este participante típicamente toma iniciativas que determinan la resolución del episodio. Sin embargo, ese no es siempre el caso (véase más abajo sobre Zacarías como el VIP local en Lc 1,8–20).

Los cambios *de un participante menos prominente a otro más prominente* o, sea, a un VIP local, se ilustran en la interacción de Hch 3,1–6 (a continuación) entre el cojo y Pedro. Primero, Pedro y Juan se reactivan al principio del episodio (§ 9.2.2). Luego, cada vez que la atención vuelve a Pedro, la referencia a él es inarticulada (3, 4 y 6). Desde la perspectiva de la narración como un todo, Pedro es más prominente que el hombre cojo; es el VIP local y sus iniciativas determinan la resolución de la narración. Nótese también la referencia articulada a Juan en el 4, que ahora ocupa un papel de apoyo en vez de uno de iniciador.

**Pasaje 4: Hch 3,1–6**

| v. | sujeto | no-sujeto | resumen del contenido |
|---|---|---|---|
| 1 | Ø Pedro y Juan | | (subían juntos al Templo) |
| 2 | (hombre cojo) | | (era llevado) |
| 3 | (que) | Ø Pedro y Juan | (al ver a, pidió una limosna) |
| 4 | Ø Pedro | (en él) | (fijando la mirada) |
|   |        | con el Juan | (dijo: «Míranos») |
| 5 | (Él) | (ellos) | (fijó su atención en) |
| 6 | Ø Pedro | | (dijo: «No tengo plata ni oro …») |

En Hch 7,58–8,3 (a continuación), la atención pasa dos veces de Esteban a Saulo. Las referencias en 7,59 y 8,2 a Esteban son articuladas, puesto que es un participante activo. La introducción de Saulo al libro es inarticulada (7,58), como es de esperar. Debe observarse que, cuando la atención cambia de nuevo a él en 8,1 y en 8,3, las referencias son nuevamente inarticuladas. Esto cuadra porque, al morir Esteban y ser enterrado, la atención pasa de éste a Saulo y a la persecución iniciada por este último. En otras palabras, ahora es más prominente que Esteban.

## 9.2 El artículo con nombres propios de personas

**Pasaje 5: Hch 7,58–8,3**

| v. | sujeto | no-sujeto | resumen del contenido |
|---|---|---|---|
| 58 | (los testigos) | Ø Saulo | (depusieron sus mantos a los pies de) |
| 59 | | al Esteban | (apedrearon) |
| 8,1 | Ø Saulo | | (aprobaba su muerte) |
| 2 | (hombres santos) | al Esteban | (sepultaron) |
| 3 | Ø Saulo | (la iglesia) | (empezó a estragar en) |

Véase también Hch 10,21 (la mayoría de los MSS; la atención cambia de lo que el Espíritu dice a Pedro en los 19-20 a su respuesta activa). Hch 9,39 es parecido (la atención cambia de los hombres que llamaron a Pedro a su respuesta como participante activo). En ambos casos, Pedro es el foco de la atención. En otras palabras, es prominente.

El pasaje 6 ilustra unos cambios de atención *de un participante prominente* a otro dentro de la misma escena. Esto involucra una serie de iniciativas por parte de Pablo y Bernabé. De particular interés es la referencia articulada a Bernabé en Hch 15,39b (excepto D05),[27] en el punto en que deja de tener prominencia para el libro porque sale de escena. (Véase § 9.2.2 sobre la reactivación de Marcos en 15,37 y la variante textual en ese versículo).

**Pasaje 6: Hch 15,36–40**

| v. | sujeto | no-sujeto | resumen del contenido |
|---|---|---|---|
| 36 | Ø Pablo | Ø Bernabé | (dijo a: «Volvamos ya a ver …») |
| 37 | Ø Bernabé | al Juan el llamado Marcos | (quería llevar) |
| 38 | Ø Pablo | | (pensaba que no debían hacerlo) |
| 39a | (ellos) | | (se separaron) |
| 39b | el Bernabé | al Marcos | (llevando, navegó a Chipre) |
| 40 | Ø Pablo | Ø Silas | (eligiendo como compañero a, partió) |

No es común que dos participantes sean prominentes al mismo tiempo, como es brevemente el caso en Hch 15,36–40 (pasaje 6).[28] Es más normal que participantes diferentes adquieren prominencia (VIP local) por turnos. Sirva como ejemplo el pasaje 7. Gracias al uso de referencias inarticuladas, la atención cambia a los discursos importantes de Pedro (7), luego a Bernabé y Pablo (12) y luego a Santiago (13), indicando que dichos participantes devienen prominentes por turnos. (Véase la discusión después del pasaje 10 del mismo fenómeno en Lc 1–3).

**Pasaje 7: Hch 15,6–13**

| v. | sujeto | no-sujeto | resumen del contenido |
|---|---|---|---|
| 6 | (los apóstoles y presbíteros) | | (se reunieron) |
| 7 | Ø Pedro | | (dijo) |
| 12 | (toda la asamblea) | | (calló) |
| | | Ø Bernabé y Pablo | (escuchaban a) |
| 13 | (ellos) | | (Cuando terminaron de hablar) |
| | Ø Santiago | | (tomó la palabra) |

---

[27] En Hch 15,39 (D05) «se mantiene el contraste entre Bernabé y Pablo. En ℵ01/B03, el conflicto parece terminado ya que Bernabé se embarca y deja de ser relevante» (traducción de Read-Heimerdinger 2002:130).

[28] En Hch 16,25, se hacen referencias inarticuladas a Pablo y a Silas, para marcarlos como relevantes.

Paso a considerar ahora las referencias inarticuladas a los participantes que pronuncian un *discurso* de importancia especial en Hechos. Dichas referencias parecen tener el efecto retórico de resaltar dicho discurso. Se diferencian así de muchas de las consideradas anteriormente en que implican, no un cambio de atención a otro participante o VIP local, sino una repuesta por parte del oyente del último discurso. En contextos así, las referencias al hablante se encuentran típicamente inarticuladas solo si el discurso constituye el clímax del episodio o se considera de importancia especial.

En Hch 10,25-34 (a continuación), por ejemplo, las referencias a los hablantes son articuladas hasta el discurso que empieza en el 34, que es introducido por una referencia inarticulada a Pedro. Ese es el discurso al que ha conducido todo el capítulo desde el momento en que el ángel dijo a Cornelio que mandara a llamar a Pedro para escuchar lo que éste tenía que decir (5 y 22).

**Pasaje 8: Hch 10,25-34**

| v. | sujeto | no-sujeto | resumen del contenido |
|---|---|---|---|
| 25 | el Pedro | | (Cuando entraba) |
| | el Cornelio | (le) | (recibió, adoró) |
| 26 | el Pedro | (le) | (levantó, diciendo: «[26b-29]») |
| 30 | el Cornelio | | (dijo: «Hace cuatro días ...») |
| 34 | Ø Pedro | | (dijo: «[discurso culminante]») |

Dentro de los *discursos referidos* en Hechos, las referencias inarticuladas a participantes activos también indican que el participante tiene prominencia para el argumento o que es el VIP local. Vemos un ejemplo en el extracto siguiente del discurso de Esteban (Hch 7,20-32). En la sección que tiene que ver con Moisés, las referencias a éste por nombre son inarticuladas cada vez que la atención regresa al mismo (22, 29, 32). Solo en el 31 la referencia a él es articulada, lo cual indica que en ese momento es solo un espectador, en vez de un participante activo en la narración.

**Pasaje 9: Hch 7,20-32**

| v. | sujeto | no-sujeto | resumen del contenido |
|---|---|---|---|
| 20 | Ø Moisés | | (nació) |
| 21 | (la hija del faraón) | (lo) | (adoptó, crió como hijo suyo) |
| 22 | Ø Moisés | | (fue instruido en la sabiduría de Egipto) |
| | ... | | |
| 29 | Ø Moisés | | (huyó a Madián) |
| 30 | (Ø ángel) | (a.él) | (se apareció) |
| 31 | el Moisés | | (al contemplar la visión, se maravilló) |
| | (él [GA]) | | (al acercarse) |
| | (voz del.Señor) | | (vino) |
| 32 | Ø Moisés | | (temblando de miedo) |

Un punto a recordar acerca de los discursos referidos es que, aunque un participante ya haya estado presente en la narración en que el discurso se encuentra incrustado, la referencia inicial en el discurso mismo puede ser inarticulada puesto que es una primera mención, en lo que respecta al oyente.

En Hch 10,32, por ejemplo, Cornelio dice a Pedro que el ángel que se le apareció le había dicho: «Envía, pues, alguien a Jope y haz venir a Simón [Σίμωνα]». Es la primera vez que Cornelio ha oído hablar de Simón Pedro, así que la referencia es inarticulada.

Compárese con Hch 13,2, cuando el Espíritu Santo habla al grupo de profetas y maestros reunidos en Antioquía y dice: «Separadme a Bernabé y a Saulo». Estos nombres son articulados (τὸν Βαρναβᾶν

## 9.2 El artículo con nombres propios de personas

καὶ Σαῦλον), puesto que los hombres están presentes en el momento del discurso y no están siendo presentados a los oyentes por primera vez.

Por lo tanto, la presencia *versus* ausencia de artículo con los nombres propios en Hechos es sistemática. La ausencia de artículo adquiere una significación especial cuando se hace referencia por nombre a un participante activo. Esas referencias inarticuladas señalan la importancia del participante y/o de su iniciativa o su discurso.[29]

Paso ahora a unas observaciones sobre las referencias inarticuladas a participantes activos en los *evangelios*.

En *Lucas* Jesús parece no convertirse en el VIP *global* hasta el capítulo 4. Antes de ese momento, las referencias inarticuladas a uno de los participantes activos en cada episodio indican que éste o ésta es el VIP *local* en dicho episodio, es decir, que se trata del participante más prominente. En Lc 1,39–56 (pasaje 10), por ejemplo, las referencias a María son inarticuladas siempre que ella toma la iniciativa (39, 46 y 56a), mientras que las referencias a Isabel son articuladas. En cambio, el 41a solo repite desde el punto de vista de Isabel el acontecimiento del 40b, así que la referencia a María es articulada.

**Pasaje 10: Lc 1,39–56**

| v. | sujeto | no-sujeto | resumen del contenido |
|---|---|---|---|
| 39 | Ø María | | (se puso en camino a la región montañosa ...) |
| 40a | | Ø Zacarías | (entró en la casa de) |
| 40b | | a la Isabel | (saludó) |
| 41a | la Isabel | la María | (cuando oyó el saludo de) |
| | (el niño) | | (saltó de gozo en su seno) |
| 41b | la Isabel | Ø Espíritu Santo | (quedó llena de) |
| 42 | | | (exclamó y dijo: «[43–45]») |
| 46 | Ø María | | (dijo: «[47–55]») |
| 56a | Ø María | (con ella) | (se quedó unos tres meses) |
| 56b | | | (regresó a su casa) |

El resto de Lucas 1–3 se estructura de manera parecida. Las referencias inarticuladas a los participantes activos que se mencionan en este párrafo indican que el VIP local de cada episodio del capítulo 1 son a su vez Zacarías (Lc 1,12 y Lc 1,18), Isabel (Lc 1,24), María (cuando interactúa con el ángel [Lc 1,34 y Lc 1,38a] y con Isabel [pasaje 10]), y Zacarías (Lc 1,67). (En Lc 1,57, la referencia a Isabel es articulada para indicar el caso del sustantivo, puesto que su nombre es indeclinable). De manera semejante, los VIP locales de los capítulos 2–3 son José y María (Lc 2,4 y Lc 2,5), Simeón y María (Lc 2,34) y Jesús (Lc 2,43 y Lc 2,52, Lc 3,21 y Lc 3,23 [*SBU*]). (En Lc 3,2, la referencia que reactiva a Juan el Bautista también es inarticulada, posiblemente para indicar que él es el VIP local en ese momento).

Véase también *Mateo*; las referencias inarticuladas a Herodes en Mt 2,7, Mt 2,12, Mt 2,15 y Mt 2,16 podrían indicar que él es el VIP local.

Una vez que Jesús se establece como el VIP global, las iniciativas y respuestas de otros participantes activos a veces se introducen con una referencia inarticulada por nombre al participante, para resaltarlas. En Mt 16,16, por ejemplo, la declaración importante de Simón Pedro: «Tú eres el Cristo, el Hijo de Dios vivo» es introducida con una referencia inarticulada a Pedro (ἀποκριθεὶς δὲ Σίμων Πέτρος εἶπεν, 'Respondiendo Simón Pedro dijo'; véase también Lc 9,20b [*SBU*]). Mt 14,29 (algunos MSS) también tiene una referencia inarticulada a Pedro, cuando camina sobre el agua.

---

[29] Este fenómeno no se limita al griego. Mfonyam (1994:202) dice en cuanto al idioma bafut (Grassfields) de Camerún: «cuando se hace referencia por nombre a un personaje introducido anteriormente, la norma es que el nombre sea seguido por el demostrativo que corresponde a la clase nominal .... Sin embargo, si se resalta el participante, se omite el demostrativo.»

Las referencias inarticuladas a *Jesús* como participante activo en Mateo son raras. En el texto de *SBU* se encuentran solo en Mt 17,8 donde αὐτὸν Ἰησοῦν μόνον (Jesús solo) es el foco de la oración (§ 9.3); en Mt 21,1, cuando Jesús envía a dos de los discípulos por la asna sobre la que va a entrar en Jerusalén; y en Mt 21,12, cuando entra al templo para echar a todos los que vendían y compraban allí; junto con la lectura variante en Mt 20,17. En cada uno de estos casos, Jesús o su iniciativa es de especial importancia.

En *Lucas* todas las referencias inarticuladas a Jesús como participante activo que registra Moulton et al. tienen variantes articuladas.[30] Algunas introducen un discurso que podría ser considerado el clímax de un episodio (Lc 5,10, Lc 9,50, Lc 23,28; véase también Lc 5,8 [muchos MSS]), donde la referencia a Simón Pedro es también inarticulada cuando declara a Jesús como Señor por primera vez). En Lc 9,36 (como en Mt 17,8), Ἰησοῦς μόνος es el constituyente focal de la oración. En Lc 22,48, la represión de Jesús podría considerarse importante (véanse también algunos MSS de Lc 4,4). En Lc 8,41 y Lc 18,40, en cambio, no veo razón para que el discurso o la acción se marque como especialmente importante.

Pasemos ahora a *Juan* donde el número de referencias inarticuladas a participantes activos es mucho mayor que en Mateo o en Lucas-Hechos. Por ejemplo, Moulton et al. registra más de noventa referencias inarticuladas a Jesús.[31] Es muy común que también se encuentren variantes articuladas, pero parece que el efecto de escoger la forma inarticulada de referencia es marcar al referente como importante o, con más frecuencia, su iniciativa o su discurso.

La mayoría de referencias inarticuladas a participantes activos en Juan se encuentran cuando el referente es el sujeto de un verbo activo y, por lo tanto, está en una posición de tomar una iniciativa significativa o decir algo significativo. Véase, por ejemplo, la referencia inarticulada a Felipe en **Jn 1,45**, después del material de trasfondo del 44 donde la referencia a él es articulada.

(43) Al siguiente día, Jesús quiso partir para Galilea y encuentra a Felipe (Φίλιππον). Y Jesús le dice: «Sígueme».

(44) ἦν δὲ ὁ Φίλιππος ἀπὸ Βηθσαϊδά ...
era md el Felipe de Betsaida

(45a) εὑρίσκει Φίλιππος τὸν Ναθαναὴλ
encuentra Felipe al Natanael

(45b) y le dice: «Hemos encontrado a aquel de quien escribió Moisés en la Ley ...»

Véase también la referencia inarticulada de reactivación a Simón Pedro en Jn 18,10, cuando él saca su espada y corta la oreja derecha del sirviente del sumo sacerdote. En Jn 20,18, la referencia a María Magdalena es inarticulada cuando, después de su conversación con el Jesús resucitado, va y dice a los discípulos que ha visto al Señor.

Lo típico es que los *puntos de transición* que marcan cambios de atención de alguien a un participante prominente (generalmente Jesús) tengan una referencia inarticulada al mismo. Véanse, por ejemplo, Jn 6,15, Jn 8,59b, Jn 11,33 y Jn 11,38.

Los *constituyentes focales* que involucran una referencia por nombre a un participante activo son también inarticulados (§ 9.3), como en la mayoría de los manuscritos de Jn 4,2 (Καίτοιγε Ἰησοῦς αὐτὸς οὐκ ἐβάπτιζεν ἀλλή οἱ μαθηταὶ αὐτοῦ 'aunque no era Jesús mismo el que bautizaba, sino sus discípulos').

Véase en § 15.1 por qué los orientadores de discurso de la forma ἀπεκρίθη καὶ εἶπεν 'respondió y dijo' por lo general tienen una referencia inarticulada al que habla cuando se menciona su nombre.

---

[30] Moulton et al. 1978:477–478.
[31] Moulton et al. 1978:479–480.

## 9.2 El artículo con nombres propios de personas

**Preguntas de repaso**

(a) ¿Qué se indica por medio de las referencias inarticuladas por nombre a participantes activos?

(b) La mayoría de referencias a uno de los participantes en cada episodio de Lucas1–3 son inarticuladas. ¿Qué nos sugiere esto?

**Respuestas sugeridas**

(a) Las referencias inarticuladas por nombre a participantes activos marcan al participante como prominente. Pueden indicar que él o ella es el VIP local y/o que su iniciativa o discurso es de especial importancia.

(b) Las referencias inarticuladas por nombre a uno de los participantes en cada episodio de Lucas 1–3 sugieren que él o ella es el VIP local, es decir, el participante más prominente de ese episodio.

### Pasaje ilustrativo 11: Lc 23,1–13

Fíjense en las referencias por nombre a Pilato y a Herodes.

| v. | sujeto | no-sujeto | resumen del contenido |
|---|---|---|---|
| 1 | (ellos) | al* Pilato (*variante: Ø) | (lo llevaron) |
| 2 |  | (le) | (comenzaron a acusar) |
| 3a | el Pilato | (le) | (preguntó, diciendo ...) |
| 3b | (él) | (le) | (respondió: «Tú lo dices») |
| 4 | el Pilato | (a los sumos sacerdotes) | (dijo: «No encuentro delito ...») |
| 5 | (ellos) |  | (insistían ...) |
| 6 | Ø* Pilato (*var: ὁ) |  | (preguntó si era galileo) |
| 7a |  | Ø jurisdicción de Herodes | (al saber que pertenecía a) |
| 7b |  | Ø* Herodes (*var: τὸν) | (lo remitió a) |
| 8 | el Herodes | al Jesús | (al ver, se alegró mucho) |
| 9a |  | (le) | (hizo numerosas preguntas) |
| 9b | (él) | (le) | (no respondió nada) |
| 10 | (los sumos sacerdotes) | (le) | (acusando con insistencia) |
| 11a | el Herodes | (le) | (trató con desprecio) |
| 11b |  | al* Pilato (*variante: Ø) | (lo remitió) |
| 12 | el Herodes y el Pilato |  | (se hicieron amigos) |
| 13a | Ø* Pilato (*var: ὁ) | (a los sumos sacerdotes) | (habiendo convocado) |
| 13b–16 |  | (les) | (dijo: «... lo soltaré.») |

**Preguntas**

(a) Si se sigue *SBU*, ¿por qué las referencias a Pilato son articuladas en los vv. 3a, 4, 11b y 12, pero inarticuladas en los 6 y 13?

(b) ¿Por qué es apropiado que *ambas* referencias a Herodes en el 7 sean inarticuladas?

(c) ¿Se esperaría que la referencia a Pilato en el 1 fuera inarticulada o articulada? (El gobernador se introdujo en Lc 3,1 y fue mencionado en un discurso referido en 13,1). ¿Qué implicaría la lectura alternativa?

**Respuestas sugeridas**

(a) Las referencias articuladas a Pilato en los vv. 3a, 4, 11b y 12 (*SBU*) son la manera por defecto de referirse a un participante activo (igual que las lecturas articuladas variantes de los 6 y 13). Las referencias inarticuladas al gobernador en los 6 y 13 marcan como importantes las iniciativas concernidas (enviar Jesús a Herodes y convocar a los sumos sacerdotes para informarles que iba a soltarlo).

(b) La primera referencia a Herodes en el 7 aparece dentro de un discurso indirecto (Pilato se enteró de que pertenecía a la jurisdicción de Herodes) y, por ser inarticulada, lo activa *dentro* de ese discurso. Si se lee la variante inarticulada en el 7b, eso indicaría que Herodes se reactiva en la narración. (Su última aparición en la *narración* había sido en Lc 9,9).

(c) Es de esperar que la referencia a Pilato en el 1 sea *inarticulada*, puesto que lo reactiva en la narración (y va a ser un participante prominente). La variante articulada implica que Lucas pretende que sus lectores relacionen esta referencia con el contexto, sea con su introducción en Lc 3,1, sea con algún tipo de conocimiento que supuestamente los lectores comparten con él.

En el pasaje siguiente, fíjense en si las referencias por nombre a los participantes son articuladas o inarticuladas.

**Pasaje 12: Hch 8,4–26**

| v. | sujeto | no-sujeto | resumen del contenido |
|---|---|---|---|
| 4 | (los dispersados) | | (anunciaban) |
| 5 | Ø Felipe | | (bajó a Samaría) |
| 6 | (la gente) | al Felipe | (escuchó) |
| | ... | | |
| 9 | Ø Simón | | (practicaba la magia) |
| 10–11 | (todos) | (al.que) | (prestaban atención) |
| 12 | (ellos) | al Felipe | (creían, empezaron a bautizarse) |
| 13 | el Simón | | (también creyó) |
| | | al Felipe | (estaba adherido) |
| 14 | (los apóstoles en Jerusalén) | | (al enterarse que) |
| | la* Samaría (*var: Ø) | (la palabra de Dios) | (ha aceptado) |
| | (ellos) | Ø* Pedro y Juan | (enviaron a) (*variante: τὸν) |
| 15 | (los cuales) | (ellos) | (bajando, oraron por) |
| | (ellos) | Ø Espíritu Santo | (que recibieran) |
| | ... | | |
| 17 | (ellos) | (ellos) | (imponían las manos sobre) |
| | (ellos) | Ø Espíritu Santo | (recibían) |
| 18 | el Simón | | (al ver que) |
| | el Espíritu | (los apóstoles) | (mediante la imposición de las manos de) |
| | | (les) | (ofreció dinero a, diciendo) |
| 20a | Ø Pedro | (le) | (dijo: «[20b–23]») |
| 24 | el* Simón (*variante: Ø) | | (respondiendo, dijo: ...) |
| 25 | (ellos) | | (regresaron a Jerusalén) |
| 26 | (Ø ángel del.Señor) | Ø Felipe | (habló a) |

## Preguntas

(a) ¿Por qué las referencias por nombre a Felipe en los vv. 5 y 26 son inarticuladas? ¿Por qué la referencia del 12 es articulada? (Felipe había sido mencionado en Hch 6,5).

(b) ¿Por qué la referencia a Simón en el 18 es articulada?

(c) ¿Por qué la referencia a Pedro en el 20 es inarticulada, pero la referencia a Simón en el 24 (*SBU*) es articulada?

(d) En el 14, ¿por qué parece apropiado que la referencia a Pedro y Juan sea inarticulada? ¿Qué implicaría la variante textual articulada?

**Respuestas sugeridas: véase el Apéndice bajo 9(12).**

## 9.3 Referencias inarticuladas a otros sustantivos

El principio de § 9.2.3 de que las referencias inarticuladas a los participantes activos indican prominencia, no se aplica solamente a los nombres propios de personas. Puede aplicarse también a cualquier sustantivo que tenga identidad referencial única. Si un sustantivo inarticulado tiene un referente único y es activo, su referente es prominente.

Las referencias en Gálatas a *Dios* (θεός) ilustran la manera en que esto funciona. En los tres primeros capítulos de la carta, θεός es generalmente articulado, debido a que las referencias a Dios no son los constituyentes focales de las oraciones en cuestión. Más bien, sirven de apoyo para los constituyentes focales. Por ejemplo, en Ga 3,11a ('Y que por la Ley nadie se justifica ante Dios es cosa evidente'), los constituyentes focales son 'nadie' (οὐδείς) y 'evidente' (δῆλον) (véase § 9.4 sobre ἐν νόμῳ 'por Ley'). Si se lee oralmente, tomando en cuenta el contexto, los acentos recaerían en esos constituyentes, pero no sobre 'ante Dios' (παρὰ τῷ θεῷ).

(11a) ὅτι δὲ ἐν νόμῳ <u>**οὐδεὶς**</u> δικαιοῦται παρὰ τῷ θεῷ δῆλον,
que md por ley nadie es.justificado ante el Dios evidente

(Véanse también Ga 2,21 y Ga 3,18).

En **Ga 2,19b**, en cambio, θεῷ se halla en contraste con νόμῳ, y es focal y central para el argumento. Por lo tanto, la referencia a Dios es inarticulada.

(19a) ἐγὼ γὰρ διὰ νόμου νόμῳ ἀπέθανον,
yo porque mediante ley a.ley morí

(19b) ἵνα θεῷ ζήσω.
para.que para.Dios viva

Así también, en Ga 4,8–9, donde la discusión se concentra en 'conocéis a Dios' y 'sois conocidos por Dios', las referencias a Dios son inarticuladas. Véanse también Ga 4,14 y Ga 6,7.[32]

Las referencias al *Espíritu* en **Ga 3,2b** (articulada) y **Ga 3,3b** (inarticulada) ilustran la operación del mismo principio. En el 2b, no es necesario sostener que la referencia es a la persona y no al poder del Espíritu Santo[33]. Más bien, la referencia al Espíritu es de apoyo, porque el foco de la oración es el contraste entre 'por las obras de la ley' y 'por el escuchar con fe', con 'recibisteis el Espíritu por algún medio' como la presuposición (§ 4.2). En el 3b, en cambio, el contraste entre 'por el Espíritu' y 'por la carne' es focal y central.

---

[32] En Efesios, las referencias a Dios como participante activo son inarticuladas solo cuando el constituyente en cuestión se ha antepuesto para prominencia focal (Ef 2,8, Ef 4,24) o es especialmente prominente (Ef 6,17). (Las referencias inarticuladas en Ef 1,2 y Ef 6,23 pueden deberse a formulaciones de carácter fijado). Cuando un constituyente focal se ha *pospuesto*, las referencias a Dios son articuladas (Ef 3,9, Ef 3,10, Ef 5,20).

[33] Zerwick (2000:§ 181) escribe acerca de 1 Tes 1,5: «La omisión del artículo en ἐν πνεύματι ἁγίῳ parece indicar que aquí Pablo no habla tanto de la tercera persona divina cuanto de su acción».

(2b) ἐξ ἔργων νόμου τὸ πνεῦμα ἐλάβετε ἢ ἐξ ἀκοῆς πίστεως;
 por obras de.ley el Espíritu recibisteis o por oír de.fe

(3a) οὕτως ἀνόητοί ἐστε;
 ¿Tan necios sois?

(3b) ἐναρξάμενοι πνεύματι νῦν σαρκὶ ἐπιτελεῖσθε;
 habiendo.comenzado por.Espíritu, ¿ahora por.carne sois.perfeccionados?

Véanse también las referencias al Espíritu Santo en Hch 8,15-19 (a continuación). En los 15b, 17b y 19, son inarticuladas, ya que se trata de constituyentes focales. En el 18, en cambio, τὸ πνεῦμα es el tema sobre el cual se hace un comentario, de modo que la referencia es articulada, y el constituyente focal (διὰ τῆς ἐπιθέσεως τῶν χειρῶν τῶν ἀποστόλων) se ha antepuesto.[34]

**Pasaje 13: Hch 8,14-19**

(14) Al enterarse los apóstoles que estaban en Jerusalén de que Samaría había aceptado la palabra de Dios, les enviaron a Pedro y a Juan (15a) los cuales, una vez llegados,

(15b) προσηύξαντο περὶ αὐτῶν ὅπως λάβωσιν πνεῦμα ἅγιον ...
 oraron por ellos a.fin.de.que recibiesen Espíritu Santo

(17a) τότε ἐπετίθεσαν τὰς χεῖρας ἐπ᾽ αὐτούς
 entonces imponían las manos sobre ellos

(17b) καὶ ἐλάμβανον πνεῦμα ἅγιον.
 y recibían Espíritu Santo

(18a) ἰδὼν δὲ ὁ Σίμων ὅτι
 al.ver md el Simón que

 διὰ τῆς ἐπιθέσεως τῶν χειρῶν τῶν ἀποστόλων δίδοται τὸ πνεῦμα,
 mediante la imposición de.las manos de.los apóstoles es.dado el Espíritu

(18b) les ofreció dinero, (19) diciendo: «Dadme a mí también ese poder: que reciba (el) Espíritu Santo (πνεῦμα ἅγιον) aquel a quien yo imponga las manos».

Aquí es necesario hacer una observación acerca de la «regla de Colwell», donde se afirma: «Los predicados nominales indefinidos que preceden al verbo en general no llevan artículo».[35] Puesto que lo típico es que los predicados nominales que preceden al verbo se hayan antepuesto para prominencia focal, es apropiado que carezcan de artículo. Por lo tanto, en Mt 27,42 (βασιλεὺς Ἰσραήλ ἐστιν 'es (el) rey de Israel' [citado por Wallace y Steffen como un caso de una oración que contiene un predicado nominal definido]),[36] el GN predicado βασιλεὺς Ἰσραήλ se ha antepuesto para prominencia focal. Por lo tanto, es apropiado que sea inarticulado.

El problema que aparece con cualquier sustantivo inarticulado que no es un nombre propio consiste en que, aunque ya se haya empleado en el pasaje (es decir que haya sido activado), la nueva referencia podría aún tener un carácter indefinido. Por ejemplo, varios comentaristas han sugerido que los casos inarticulados de *ley* (νόμος) en Romanos y Gálatas se refieren a la ley en general (es decir que tienen un carácter indefinido) o al «principio de legalidad, el régimen de legalidad que acompaña a toda ley»,[37] incluso después de que νόμος haya sido activado. Por otra parte, Cranfield afirma: «La idea de

---

[34] Para discusión de referencias articuladas y inarticuladas a πνεῦμα en 1 Pedro, cf. Levinsohn y Dubis 2019:117ss.
[35] Colwell 1933:20.
[36] Wallace y Steffen 2015:180.
[37] Zerwick 2000:§ 177.

## 9.3 Referencias inarticuladas a otros sustantivos

que ... era costumbre de Pablo colocar artículo antes de νόμος cuando usaba la palabra en referencia a la ley del AT y que cuando lo omite, usa la palabra en un sentido general, no puede ser sostenida».[38]

Ahora bien, no se puede excluir completamente la interpretación de que νόμος inarticulada haya sido utilizada en sentido general en algunos pasajes de Romanos y Gálatas. No obstante, una vez que un concepto como ley o fe se ha activado, las referencias inarticuladas posteriores al concepto podrían también tener carácter definido especialmente cuando la referencia aparece en una posición potencialmente prominente en la oración. Esta interpretación se ve reforzada si en el mismo pasaje se encuentran referencias articuladas al mismo concepto.

Por ejemplo, νόμος se activa en Ga 2,16a (ἐξ ἔργων νόμου 'por obras de ley') y la forma articulada ὁ νόμος aparece en Ga 3,12. Puesto que muchas de las referencias inarticuladas a la ley en los capítulos 2 y 3 se ubican en posiciones potencialmente prominentes en las oraciones (como en Ga 2,19a, Ga 3,2b, Ga 3,10a y Ga 3,18), es muy probable que tengan carácter definido y que el artículo se haya omitido por ser focales.

El mismo argumento se aplica a las referencias a 'fe' (πίστις) en Gálatas 3. Este concepto también se activa en Ga 2,16a (διὰ πίστεως Ἰησοῦ Χριστοῦ 'por fe de Cristo') y la forma articulada διὰ τῆς πίστεως aparece en Ga 3,14. Puesto que muchas de las referencias inarticuladas a 'fe' en el capítulo 3 aparecen en posiciones potencialmente prominentes en las oraciones (como en Ga 3,2b, Ga 3,5b, Ga 3,8a y Ga 3,9), es muy probable que tengan carácter definido y que el artículo se haya omitido porque son focales.

### Preguntas de repaso

(a) Para que un constituyente inarticulado sea considerado como marcado para prominencia, ¿qué condiciones debe cumplir?

(b) Una vez que un concepto abstracto como 'fe' se ha activado (ha sido mencionado en un pasaje), ¿qué nos podría sugerir que las referencias inarticuladas posteriores al concepto pudieran tener carácter definido?

### Respuestas sugeridas

(a) Para que un constituyente inarticulado sea considerado como marcado para prominencia, debe tener identidad referencial única, es decir, debe haber sido activado y tener carácter definido.

(b) Una vez que un concepto abstracto como 'fe' se ha activado, las referencias inarticuladas posteriores al concepto podrían tener carácter definido si aparecen en una posición potencialmente prominente en la oración. Esta interpretación se ve reforzada si en el mismo pasaje se encuentran referencias articuladas al concepto.

### Pasaje ilustrativo 14: Rm 8,5–9b

Las preguntas que siguen a este pasaje tienen que ver con las referencias a Dios (θεός), espíritu/Espíritu (πνεῦμα), y carne (σάρξ).

(5) <u>Los que viven según la carne</u> ponen su mente en lo que es propio de la carne, mas <u>los que viven según el Espíritu</u>, en lo que es propio del Espíritu.

(6a) <u>τὸ</u> γὰρ <u>φρόνημα</u> <u>τῆς</u> <u>σαρκὸς</u> θάνατος,
la pues manera.de.pensar de.la carne muerte

(6b) <u>τὸ</u> δὲ <u>φρόνημα</u> <u>τοῦ</u> <u>πνεύματος</u> ζωὴ καὶ εἰρήνη
la md manera.de.pensar del Espíritu vida y paz

(7a) διότι <u>τὸ</u> <u>φρόνημα</u> <u>τῆς</u> <u>σαρκὸς</u> ἔχθρα εἰς θεόν,

---
[38] Cranfield 1975:154n2.

|       |       | por.lo.cual | la | mentalidad | de.la carne | enemistad | a | Dios |
|-------|-------|-------------|----|------------|-------------|-----------|---|------|
| (7b)  | τῷ    | γὰρ         | νόμῳ | τοῦ      | θεοῦ        | οὐχ       | ὑποτάσσεται, | |
|       | a.la  | pues        | ley  | del      | Dios        | no        | se.somete | |

| (7c) | οὐδὲ | γὰρ  | δύναται· |
|------|------|------|----------|
|      | ni   | pues | puede    |

| (8) | **οἱ** | δὲ | **ἐν** | **σαρκὶ** | **ὄντες** | **θεῷ** | **ἀρέσαι** | οὐ | δύνανται. |
|-----|--------|----|--------|-----------|-----------|---------|------------|----|-----------|
|     | los    | md | en     | carne     | estando   | a.Dios  | agradar    | no | pueden    |

| (9a) | ὑμεῖς    | δὲ | οὐκ | ἐστὲ   | ἐν | σαρκὶ | ἀλλὰ | ἐν | πνεύματι, |
|------|----------|----|-----|--------|----|-------|------|----|-----------|
|      | vosotros | md | no  | estáis | en | carne | sino | en | Espíritu  |

| (9b) | εἴπερ        | **πνεῦμα** | **θεοῦ** | οἰκεῖ  | ἐν | ὑμῖν.    |
|------|--------------|------------|----------|--------|----|----------|
|      | supuesto.que | Espíritu   | de.Dios  | habita | en | vosotros |

## Preguntas

(a) ¿Por qué es una hipótesis razonable considerar que todas las referencias de los vv. 6–9 a Dios (θεός), al Espíritu Santo (πνεῦμα) y a la carne (σάρξ) tienen carácter definido?

(b) ¿Por qué las referencias a la carne y al Espíritu/espíritu son inarticuladas en el 9a, pero articuladas en el 6 (y el 7a)?

(c) ¿Por qué la referencia a la carne en el 8 es inarticulada?

(d) ¿Por qué las referencias a Dios son inarticuladas en los 7a y 8, pero articuladas en el 7b?

(e) ¿Por qué πνεῦμα θεοῦ es inarticulado en el 9b?

## Respuestas sugeridas

(a) Es una hipótesis razonable considerar que todas las referencias inarticuladas de los vv. 6–9 a Θεός, πνεῦμα y σάρξ tienen carácter definido porque todos ya se han sido activados (mencionados) y en el pasaje aparecen referencias articuladas a todos ellos.

(b) Las referencias a la carne y al Espíritu/espíritu son inarticuladas en el 9a porque están en contraste y el contraste es focal en la oración.[39] Las referencias en el 6 (y el 7a) son articuladas porque son parte del tema proposicional. Por ejemplo, τὸ φρόνημα τῆς σαρκός es el tema del 6a, y θάνατος es el foco de la oración.

(c) La referencia a la carne es inarticulada en el 8 porque, aunque es parte del tema (οἱ ἐν σαρκὶ ὄντες), se ha colocado antes de su verbo (ὄντες) para darle prominencia focal dentro de la construcción participial.

(d) En el 7a, εἰς θεόν es inarticulado porque es el foco de la oración. En el 7b, τῷ νόμῳ τοῦ θεοῦ es articulado porque es de apoyo, y el foco está en el verbo final (οὐχ ὑποτάσσεται); véase el 7c, que refuerza al verbo del 7b. En el 8, θεῷ es inarticulado porque se ha antepuesto para prominencia focal.

(e) Πνεῦμα θεοῦ es inarticulado en el 9b porque se ha antepuesto para prominencia focal.

---

[39] Murray 1968:284.

## 9.4 Puntos de transición inarticulados

Esta sección señala que, aunque los puntos de transición son generalmente articulados (§ 3.8.2), pueden también ser inarticulados. Si un punto de transición inarticulado tiene identidad referencial única, entonces se le ha dado prominencia.

Delin ha observado que, en algunos tipos de oraciones hendidas, *dos* constituyentes se acentúan para prominencia.[40] Un ejemplo que cita es del siguiente diálogo entre profesores escoceses en la sala de personal, en la que el acento nuclear recae sobre la segunda parte de la oración hendida y un acento subsidiario recae en la primera parte. En la oración b, «me» (yo) es el punto de transición y el tema acerca del que «can't type properly» (no puedo escribir bien a máquina) es el comentario, y este punto de transición lleva acento subsidiario para prominencia.

a. Did the student really make this error? (¿El estudiante cometió en realidad este error?)
b. No, it's just **me** that can't **type** properly. (No, soy solo **yo** que no puedo **escribir bien a máquina**).

Hebreos 11 contiene muchos casos de puntos de transición inarticulados en griego. Varios párrafos empiezan con πίστει, que proporciona un punto de transición por reanudación (§ 2.3). Algunas versiones utilizan oraciones hendidas para captar la naturaleza prominente del punto de transición. Por ejemplo, **Hb 11,3a** en la traducción de 1992 de Terranova Editores (Grupo Editorial Tequendama, Bogotá) dice: «La fe es la que nos enseña que el mundo todo fue hecho por la palabra de Dios».

(3a) <u>Πίστει</u>   νοοῦμεν κατηρτίσθαι   τοὺς αἰῶνας   ῥήματι θεοῦ,
por.fe   entendemos haber.sido.formados   los mundos   con.palabra de.Dios

En **Ga 3,11a** (tratado en § 9.3), parece que ἐν νόμῳ es la base para relacionar la oración con su contexto (νόμος fue mencionado dos veces en el 10), a la vez que provee el punto de transición para lo que resta de oración. A su vez, οὐδείς y δῆλον son el foco respectivamente de la oración incrustada y de la principal. La ausencia de artículo con ἐν νόμῳ sugiere la prominencia de este punto de transición; se le da prominencia porque ofrece el contrapunto para el constituyente enfocado del 11b (ἐκ πίστεως) con el que contrasta.

(10)   Porque todos los que viven de las obras de la ley (ἐξ ἔργων νόμου) incurren en maldición, pues así dice la Escritura: *Maldito quien no practique fielmente todos los preceptos escritos en el libro de la Ley* (τοῦ νόμου).

(11a) <u>ὅτι</u>   δὲ   <u>ἐν</u>   <u>νόμῳ</u>   **οὐδεὶς**   <u>δικαιοῦται</u>   <u>παρὰ</u>   <u>τῷ</u>   <u>θεῷ</u>   δῆλον,
que   md   por   ley   nadie   es.justificado   ante   el   Dios   evidente

(11b) ὅτι   Ὁ   δίκαιος   ἐκ   **πίστεως**   ζήσεται
pues   el   justo   por   fe   vivirá

**Preguntas de repaso**

(a) ¿Por qué los puntos de transición son por regla general articulados? (Si es necesario, cf. § 3.8.2).

(b) Si un punto de transición es inarticulado pero el referente ya se ha activado, ¿qué se nos indica?

---

[40] Delin 1989.

**Respuestas sugeridas**

(a) Los puntos de transición son articulados generalmente porque se refieren a o se relacionan con información que es accesible en el contexto (§ 3.8.2). En consecuencia, típicamente tienen identidad referencial única.

(b) Si un punto de transición es inarticulado pero el referente ya se ha activado, eso indica que se le ha dado prominencia.

**Pasaje 15: Ga 3,21–26**

Las preguntas que siguen a este pasaje tienen que ver con las referencias a παιδαγωγός 'pedagogo', νόμος 'ley' y πίστις 'fe'. (Salvo en los grupos genitivos, las referencias a Χριστός son siempre inarticuladas en Gálatas, así que no se tratarán).

(21a) Ὁ      οὖν   νόμος   κατὰ    τῶν    ἐπαγγελιῶν  [τοῦ   θεοῦ];
      ¿Es   pues   ley    contra   las    promesas    [del   Dios]?

(21b) μὴ    γένοιτο.
      ¡No   sea!

(21c) εἰ    γὰρ    ἐδόθη    νόμος   ὁ    δυνάμενος   ζῳοποιῆσαι,
      Si   pues   fue.dada  ley    la   pudiendo    vivificar

(21d) ὄντως    ἐκ   νόμου   ἂν ἦν   ἡ   δικαιοσύνη·
      realmente  por  ley    sería   la   justicia

(22a) ἀλλὰ   συνέκλεισεν   ἡ    γραφὴ      τὰ     πάντα   ὑπὸ    ἁμαρτίαν,
      pero   encerró       la   Escritura  las.cosas  todas  bajo   pecado

(22b) ἵνα       ἡ   ἐπαγγελία  ἐκ   πίστεως   Ἰησοῦ   Χριστοῦ   δοθῇ       τοῖς. πιστεύουσιν
      para.que  la  promesa    por  fe        de.Jesús Cristo    fuese.dada  a.los creyendo

(23a) Πρὸ    τοῦ   δὲ   ἐλθεῖν   τὴν   πίστιν
      Antes  del   md   venir    la    fe

(23b) ὑπὸ   νόμον   ἐφρουρούμεθα
      bajo  ley     éramos.custodiados

(23c) συγκλειόμενοι   εἰς    τὴν   μέλλουσαν   πίστιν   ἀποκαλυφθῆναι,
      encerrados      para   la    yendo       fe       a.ser.revelada

(24a) ὥστε          ὁ    νόμος   παιδαγωγὸς   ἡμῶν     γέγονεν     εἰς,   Χριστόν
      de.modo.que   la   ley     pedagogo     nuestro  ha.vuelto   hacia  Cristo

(24b) ἵνα       ἐκ    πίστεως   δικαιωθῶμεν·
      para.que  por   fe        fuésemos.justificados

(25a) ἐλθούσης          δὲ   τῆς   πίστεως
      habiendo.venida   md   la    fe

(25b) οὐκέτι   ὑπὸ    παιδαγωγόν   ἐσμεν.
      ya.no    bajo   pedagogo     estamos

## 9.4 Puntos de transición inarticulados

(26) <u>Πάντες</u> γὰρ **υἱοὶ θεοῦ** ἐστε διὰ τῆς πίστεως ἐν Χριστῷ Ἰησοῦ·
 Todos porque hijos de.Dios sois mediante la fe en Cristo Jesús

**Preguntas**

(a) ¿Por qué la referencia a un 'pedagogo' en el v. 25b es inarticulada? ¿Y en el 24a?

(b) ¿Por qué las referencias a 'ley' son articuladas en los 21a y 24a, pero inarticuladas en los 21c, 21d y 23b?

(c) ¿Por qué las referencias a 'fe' son articuladas en los 23a, 23c, 25a y 26, pero inarticuladas en los 22b y 24b?

**Respuestas sugeridas**: véase el Apéndice bajo 9(15).

# PARTE IV:
# RECURSOS PARA COLOCAR COMO TRASFONDO Y PARA RESALTAR

Empiezo la cuarta parte de este libro hablando de lo que *no* tratarán los capítulos 10 y 11. *No* pretenden distinguir entre información de primer plano e información de trasfondo (segundo plano). Más bien, tienen que ver con las maneras en que un material puede *ser colocado* como trasfondo en relación con otro y las maneras en que un material puede *ser colocado* en primer plano o resaltado en relación con otro material. En otras palabras, tienen que ver con los recursos que pueden colocar un determinado material *más* como trasfondo o *más* en primer plano.

Por consiguiente, dedico esta sección introductoria a decir unas palabras sobre primer plano y trasfondo.

Kathleen Callow relaciona el primer plano con la *prominencia temática*: «de esto estoy hablando». El material temático «contribuye al progreso de la narración o el argumento ... desarrolla el tema del texto». En cambio, el material no temático o de trasfondo «sirve como comentario al tema, pero no contribuye en sí directamente al progreso del tema ... completa el tema pero no lo desarrolla».[1]

La *narrativa* se define en comparación con otros géneros discursivos como «+ Orientado al Agente, + Sucesión temporal contingente».[2] De modo que los constituyentes principales de las narraciones son acontecimientos realizados cronológicamente por participantes. El material de no-evento pueden ser del tipo «escenario», «explicación», «evaluación», «información colateral» o «información performativa,»[3] y se clasifica como de trasfondo (segundo plano) en la narrativa.

Los discursos de *comportamiento* o «conducta»[4] como parte de las epístolas se diferencian de la narrativa en que sus constituyentes principales no están organizados generalmente en secuencia cronológica. En esos textos, las aseveraciones y los imperativos con sujeto en segunda persona forman típicamente la línea temática.

El problema es que un género discursivo se encuentra frecuentemente incrustado en otro. Por ejemplo, la epístola a los Gálatas contiene una narración incrustada (Ga 1,13–2,14), mientras que, por otra parte, los escritores de los evangelios probablemente dispusieron los episodios narrativos con la finalidad de influir en los lectores. En consecuencia, «un material que podría tener una función de trasfondo en narrativa podría constituir material temático en ... otros tipos de discurso».[5] En Juan, por ejemplo, una conclusión como la de Jn 20,31 ('Éstos han sido escritos para que creáis que

---

[1] Kathleen Callow 1974:52–53.

[2] Longacre 1996:9; cf. Dooley y Levinsohn 2007:10.

[3] Grimes 1975:51–70. Cf. en Dooley y Levinsohn 2007:62–63 una discusión de estos términos.

[4] Dooley y Levinsohn 2007:10.

[5] Kathleen Callow 1974:56.

Jesús es el Cristo, el Hijo de Dios ...')[6] es información de trasfondo en lo que concierne a la narración inmediatamente anterior. No obstante, debe entenderse como temáticamente prominente para el hilo exhortativo que une las narraciones del evangelio.

De manera que, el mismo material puede verse como de trasfondo en un género y de primer plano en otro. En consecuencia, prefiero concentrarme en los recursos que los autores usan para indicar que cierto material es de trasfondo frente a otro material, y que determinado material es resaltado en relación con otro material.

No obstante, cualquiera que sea el género, ciertos tipos de material *no* son temáticos. Por ejemplo, γάρ hace que las oraciones que introduce sean interpretadas como refuerzo del material del contexto inmediato, sea cual sea el género (aunque la oración misma puede ser reforzada y, si el argumento que sigue se basa en ella, puede formar parte de alguna otra línea temática). Inversamente, δέ y οὖν restringen las oraciones que introducen a ser interpretadas como desarrollo de un tema en algún nivel (aunque se trate únicamente del material introducido con γάρ).

El capítulo 10 se centra en los recursos que los autores del NT usan para indicar que una *oración* debe entenderse como de trasfondo, mientras que el capítulo 11 trata del trasfondo *dentro* de la oración. El capítulo 12 describe los medios usados para *resaltar*, y luego considera el papel del *presente histórico* en relación al trasfondo y resaltado.[7]

---

[6] Jn 20,31 (D05) presenta una lectura variante: 'Jesús Mesías [Cristo] hijo es de Dios' (Ἰησοῦς Χριστὸς υἱός ἐστιν τοῦ θεοῦ).

[7] Cf. § 16.1 sobre los discursos indirectos como medio para colocar en trasfondo el contenido de un enunciado.

# 10
# Colocación de oraciones como trasfondo

Este capítulo estudia tres recursos que algunos autores del NT emplean para indicar que una o más oraciones se han colocado como trasfondo. El primero es la μέν prospectiva (sea que la acompañe οὖν o no), que a menudo reduce la importancia de una oración en relación con otra que la sigue y que se introduce con δέ (§ 10.1). El segundo tiene que ver con la prominencia natural que se asocia con las propiedades inherentes de diferentes formas verbales; luego se consideran las circunstancias bajo las cuales un imperfecto podría indicar que la oración en cuestión se ha colocado como trasfondo (§ 10.2). Por último, se considera en el § 10.3 el uso de ἐγένετο 'aconteció' seguido por una expresión temporal y a menudo un infinitivo nominal con función de sujeto, para indicar que el material precedente forma el trasfondo general para los acontecimientos de primer plano siguientes.

## 10.1 Μέν prospectiva

El término *prospectiva* se usa en conexión con μέν para indicar que anticipa una oración correspondiente con δέ (explícita o implícita).[1] Los gramáticos antiguos del griego consideraban μέν siempre como prospectiva, aun cuando apareciese en la combinación μέν οὖν; por mi parte, ya he sostenido que esto siempre se cumple en Hechos.[2]

La presencia de μέν no solamente anticipa una oración correspondiente que contiene δέ. A menudo, también reduce la importancia de la oración que contiene μέν. En particular, la información introducida con μέν es a menudo de importancia secundaria en comparación con la introducida con δέ.[3]

En **Lc 23,56b**, por ejemplo, la presencia de μέν anticipa el material introducido con δέ en 24,1 e implica que, en comparación, la información del 56b es de importancia secundaria. Esto parece evidente a partir del hecho que 24,1 se refiere a los aromas cuya preparación se había mencionado en 23,56a.

---

[1] La oración con δέ por lo general corresponde con la que tiene μέν en el sentido de que las dos pertenecen al mismo esquema. Por ejemplo, 'el (día) sábado' y 'el primer día de la semana' (Lc 23,56b–24,1) pertenecen a un mismo esquema. Así que, en Hch 26,4, 'mi vida desde mi juventud' (marcado con μέν) anticipa algo del mismo esquema, como 'mi vida presente', aunque este segundo miembro no se menciona explícitamente.

Una alternativa para δέ sería la οὖν de reanudación. Por ejemplo, la presencia de μέν en Hch 1,18 anticipa el material introducido con οὖν en el 21, que sigue al material de refuerzo introducido con γάρ en el 20.

[2] Levinsohn 1987:137–150.

[3] «La conjunción μέν normalmente está en correlación con δέ para dar relieve a la oposición» (Poggi 2011:156) o «para distribuir (*tanto ... cuanto*)» (p. 156), como en Flp 1,15–17, donde las aseveraciones son de igual importancia ('algunos ... pero hay también otros .... Éstos ... aquéllos ...' [BJ]).

(56a)   Luego regresaron y prepararon aromas y mirra.

(56b)   Καὶ τὸ μὲν σάββατον ἡσύχασαν κατὰ τὴν ἐντολήν.
        Y    el      sábado     descansaron según el   mandato

(1)     τῇ    δὲ  μιᾷ   τῶν    σαββάτων  ὄρθρου  βαθέως  ἐπὶ τὸ μνῆμα  ἦλθον
        en.el md  primer de.la semana    mañana  temprano a  el sepulcro vinieron

        φέρουσαι  ἃ         ἡτοίμασαν   ἀρώματα.
        trayendo  los.que   prepararon  aromas

Cuando οὖν sigue a μέν, se emplea en una de las dos maneras descritas en § 5.3.3 y 7.4, a saber, o bien de manera inferencial o como reanudación.

**Hch 23,17–19** ilustra el uso *inferencial* de οὖν en conexión con μέν. Pablo pide a un centurión que lleve al hijo de su hermana al tribuno, y así (οὖν [18]) lo hace. Al mismo tiempo, lo importante no es la acción de ser llevado ante el tribuno sino la oportunidad de informarle de algo (véase el final del 17). Por tanto, la presencia de μέν anticipa el material introducido con δέ en el 19 e implica que, en comparación, la información del 18 es de importancia secundaria.

(17)    Pablo llamó a uno de los centuriones y le dijo: «Lleva a este joven donde el tribuno, pues tiene algo que contarle».

(18)    ὁ   μὲν  οὖν  παραλαβὼν  αὐτὸν  ἤγαγεν  πρὸς  τὸν  χιλίαρχον  καὶ  φησίν,
        Él  pues      tomando    –le    condujo a     el   tribuno    y    dice:

        «Pablo, el preso, me llamó y me rogó que te trajese a este joven, que tiene algo que decirte».

(19)    ἐπιλαβόμενος  δὲ  τῆς    χειρὸς  αὐτοῦ  ὁ   χιλίαρχος
        tomando       md  de.la  mano    de.él  el  tribuno

        καὶ  ἀναχωρήσας        κατ' ἰδίαν  ἐπυνθάνετο,
        y    habiendo.llevado  aparte     preguntaba: («¿Qué tienes que contarme?»)

**Hch 8,1–4** ilustra el uso de οὖν para indicar *reanudación* en conexión con μέν; el tema de los cristianos que se dispersaron debido a la persecución descrita en el 1b–c se reanuda y se desarrolla. La presencia de μέν en el 4 anticipa el material introducido con δέ en el 5 e implica que, en comparación, la información del 4 es de importancia secundaria. Los acontecimientos que siguen muestran que la narración se desarrolla, de hecho, a partir de la acción del 5 y no de la del 4.

(1b–c)  Aquel día se desató una gran persecución contra la iglesia de Jerusalén. Todos se dispersaron por las regiones de Judea y de Samaría, a excepción de los apóstoles.

(2)     Unos hombres piadosos sepultaron a Esteban e hicieron gran duelo por él.

(3)     Entretanto Saulo hacía estragos en la Iglesia: entraba por las casas, se llevaba por la fuerza a hombres y mujeres, y los metía en la cárcel.

(4)     Οἱ   μὲν  οὖν  διασπαρέντες  διῆλθον  εὐαγγελιζόμενοι  τὸν  λόγον.
        Los  pues      dispersados   pasaron  predicando       la   palabra

*10.1 Μέν prospectiva*

(5) <u>Φίλιππος</u> δὲ κατελθὼν εἰς [τὴν] πόλιν τῆς Σαμαρείας
Felipe md bajando a [la] v de.la Samaría

ἐκήρυσσεν αὐτοῖς τὸν Χριστόν.
proclamaba –les al Cristo

(6a) La gente escuchaba con atención y con un mismo espíritu lo que decía Felipe,

Otros ejemplos en los que el material introducido con μέν es de importancia secundaria en comparación con la información que sigue introducida con δέ se encuentran en Hch 8,25, Hch 11,19 y Hch 19,32 (οὖν es de reanudación en estos ejemplos).

**Pasaje ilustrativo 1: Hch 15,1–4**

(1–2) Bajaron algunos de Judea que adoctrinaban así a los hermanos: «Si no os circuncidáis conforme a la costumbre mosaica, no podéis salvaros». Esto fue ocasión de una acalorada discusión de Pablo y Bernabé contra ellos. Así que decidieron que Pablo y Bernabé y algunos más de ellos subieran a Jerusalén, adonde los apóstoles y presbíteros, para tratar esta cuestión.

(3) <u>Οἱ</u> μὲν οὖν <u>προπεμφθέντες</u> <u>ὑπὸ</u> <u>τῆς</u> <u>ἐκκλησίας</u>
Los pues enviados por la iglesia

διήρχοντο τήν τε Φοινίκην καὶ Σαμάρειαν
pasaban.por la AD Phoenicia y Samaría

ἐκδιηγούμενοι τὴν ἐπιστροφὴν τῶν ἐθνῶν ...
refiriendo.en.detalle la conversión de.los gentiles

(4a) παραγενόμενοι δὲ εἰς Ἰερουσαλὴμ
habiendo.llegado md a Jerusalén

παρεδέχθησαν ἀπὸ τῆς ἐκκλησίας καὶ τῶν ἀποστόλων καὶ τῶν πρεσβυτέρων,
fueron.acogidos por la iglesia y los apóstoles y los presbíteros

**Preguntas**

(a) ¿Por qué μέν es apropiada en el v. 3?
(b) ¿Cuál es la función de οὖν en el 3?

**Respuestas sugeridas**

(a) Μέν es apropiada en el v. 3 porque la información que introduce es de importancia secundaria en comparación con la del 4. Pablo y los demás fueron enviados a Jerusalén para reunirse con los apóstoles y los presbíteros (2) y el 4a los describe en dicha reunión.
(b) La función de οὖν en el 3 es inferencial; el grupo fue elegido para subir a Jerusalén, así que empezaron pasando por Fenicia y Samaría para cumplir con su misión.

En el pasaje que sigue (Hch 25,2–6), el discurso de Festo de los 4–5 es introducido con μέν οὖν.

**Pasaje 2: Hch 25,2–6**

(2b–3) se presentaron ante él (Festo), pidiendo con insistencia la gracia de trasladar a Pablo a Jerusalén. Y todo era porque pensaban organizar una emboscada para matarlo en el camino.

(4) <u>ὁ</u> μέν οὖν <u>Φῆστος</u> ἀπεκρίθη τηρεῖσθαι τὸν Παῦλον εἰς Καισάρειαν,
El pues Festo respondió ser.guardado el Pablo en Cesarea

<u>ἑαυτὸν</u> δὲ μέλλειν ἐν **τάχει** ἐκπορεύεσθαι·
él.mismo md estar.para en breve partir

(5) «Que bajen conmigo, les dijo, los que entre vosotros tienen autoridad. Y, si este hombre es culpable en algo, que formulen una acusación contra él.»

(6) Διατρίψας δὲ ἐν αὐτοῖς ἡμέρας οὐ πλείους ὀκτὼ ἢ δέκα,
habiendo.pasado md entre ellos días no más de.ocho o diez

καταβὰς εἰς Καισάρειαν, <u>τῇ</u> <u>ἐπαύριον</u> καθίσας ἐπὶ τοῦ βήματος
descendiendo a Cesarea al día.siguiente sentándose en el tribunal

ἐκέλευσεν τὸν Παῦλον ἀχθῆναι.
mandó al Pablo ser.traído

**Preguntas**

(a) ¿De qué manera la presencia de μέν en el v. 4 contribuye a la prominencia relativa de los acontecimientos de este pasaje?
(b) ¿Cuál es la función de οὖν en el 4?

**Respuesta sugerida**: véase el Apéndice bajo 10(2).

## 10.2 La prominencia natural y el verbo; el imperfecto

Varios lingüistas han demostrado que hay una correlación significativa entre la forma verbal que se usa y las informaciones de primer plano y trasfondo. Por ejemplo, Foley y Van Valin encuentran que existe una correlación entre el «tipo semántico»[4] o el «significado léxico»[5] del verbo usado en la oración y primer plano versus trasfondo; esta correlación se trata brevemente en § 10.2.1.[6] Se ha observado también una correlación entre el *aspecto* verbal y primer plano versus trasfondo; esta correlación se considera en § 10.2.2, junto con la cuestión de hasta qué punto la elección del imperfecto en vez del aoristo en una narración indica que la información es de trasfondo.[7]

### 10.2.1 Tipos de verbo y prominencia natural

Si encontramos un verbo como 'era', 'estaba' o 'había' (ἦ) en una narración, esperamos que la oración en cuestión sea de trasfondo. Foley y Van Valin van más allá; ven una correlación natural entre

---

[4] Longacre 1990:63.
[5] Fanning 1990:127.
[6] Foley y Van Valin 1984:371.
[7] Además, Hopper y Thompson (1980:252) identificaron una correlación entre «alta transitividad» y primer plano, por un lado, y entre «baja transitividad» y trasfondo, por otro (usando el término «transitividad» en un sentido más amplio que el de tener un complemento directo); cf. Dooley y Levinsohn 2007:61–62. Otra correlación se encuentra entre el tiempo del verbo y la información de trasfondo. En particular, los acontecimientos codificados en pluscuamperfecto (sea visto como un tiempo o un aspecto) son siempre de trasfondo en la narración, porque se realizan antes del tiempo de los acontecimientos de primer plano.

*cuatro* clases básicas de verbos y la información de segundo o de primer plano. Utilizan unos criterios sintácticos y semánticos propuestos por Vendler para distinguir los siguientes tipos de verbos:

- logro («achievement»; p.ej., reconocer, encontrar, morir)
- realización («accomplishment»; p.ej., elaborar algo, pintar un cuadro)
- actividad («activity»; p.ej., correr, conducir un coche)
- estado («state»; p.ej., saber, tener).[8]

Foley y Van Valin dicen que las oraciones «con verbos de logro y realización tienen una fuerte tendencia a aparecer en la estructura temporal».[9] En otras palabras, esas oraciones tienden a presentar información de primer plano en la narración. En cambio, las oraciones «con verbos de actividad y de estado [tienen una fuerte tendencia a aparecer] en la estructura durativa/descriptiva».[10] O sea, dichas oraciones tienden a presentar información de trasfondo en la narración.

Por lo tanto, la selección de un tipo semántico de verbo tiende naturalmente a determinar si la oración en la que aparece va a trasmitir información de mayor o menor importancia para el género en cuestión. Lo significativo para el traductor de la Biblia es que los diferentes idiomas tienden a asignar un determinado verbo al mismo tipo semántico, de modo que el verbo que con más probabilidad se elegirá como traducción de un verbo de logro en griego será probablemente también un verbo de logro en el otro idioma, etc. En otras palabras, el traductor probablemente preservará la prominencia natural trasmitida por un determinado verbo en griego, aunque no haya clasificado los verbos de la lengua receptora en tipos semánticos.

### 10.2.2 Aspecto verbal y trasfondo versus primer plano

Antes de ver la correlación entre ciertos aspectos verbales y el segundo *versus* el primer plano, es necesario entender el significado del aspecto en la lingüística.[11] El aspecto verbal es una manera de *representar* un acontecimiento; «la acción *es considerada* simplemente como tal … porque el uso de los "tiempos" no depende tanto de la realidad objetiva cuanto del arbitrio subjetivo de la persona que habla».[12]

Por ejemplo, cuando se usa el aspecto *imperfectivo* para describir un acontecimiento, el acontecimiento se representa como *no completado*. El imperfecto del griego tiene aspecto imperfectivo; por lo tanto, συνεπορεύετο αὐτοῖς 'caminaba con ellos' (Lc 24,15b) indica que el viaje está representado como una acción que no se ha completado en el momento al que ha llegado la narración. Este aspecto es «interno»: «se centra en el desarrollo o el modo de proceder (de la acción) y considera el acontecimiento en referencia a su desarrollo interno, sin que el inicio o el fin entren en el ámbito de la observación».[13]

Cuando se usa el aspecto *perfectivo* para describir un acontecimiento, el acontecimiento se representa *como un todo* («simplemente como acción»).[14] El aoristo griego tiene aspecto perfectivo; por lo tanto, ἦλθεν πρὸς τὸν πατέρα ἑαυτοῦ 'vino a su padre' (Lc 15,20a) indica que la acción de venir a su padre se ve como un único viaje, incluyendo su inicio y su final. Aunque el uso del aoristo presupone que el viaje se ha completado, no se enfoca en su final; más bien, el viaje se ve como un todo. Este aspecto es «externo»: «presenta un acontecimiento de manera global, visto como un conjunto desde el exterior, sin ningún interés por el desarrollo interior del acontecimiento».[15] Esto es especialmente claro en el caso de Lc 15,20a, ya que el padre ve a su hijo antes de que termine el viaje.

---

[8] Vendler 1967:102–103. Fanning (1990:129) divide los logros en los «de clímax» (p.ej., morir, comprar, vender) y los «puntuales» (p.ej., expirar, golpear).
[9] Foley y Van Valin 1984:371.
[10] Foley y Van Valin 1984:371.
[11] Cf. Levinsohn 2010:161–174; 2016c:163ss; 2016b:183ss.
[12] Zerwick 2000:§ 241.
[13] Poggi 2011:101, citando a Fanning 1990:103.
[14] Zerwick 2000:§ 240.
[15] Poggi 2011:101, citando a Fanning 1990:97. Cf. en Campbell 2008:28–30 la comparación de los modelos aspectuales de Porter y Fanning, entre otros.

Foley y Van Valin reconocen una correlación inherente entre los aspectos perfectivo *versus* imperfectivo y primer plano *versus* trasfondo:[16]

[E]l aspecto perfectivo es la categoría aspectual principal que se encuentra en la estructura temporal del discurso narrativo en muchos idiomas y el aspecto imperfectivo es la principal en la estructura durativa/ descriptiva.[17]

Este descubrimiento [la afirmación de la p. 373] no es de sorprender, puesto que el aspecto perfectivo codifica acciones y acontecimientos completados y el imperfectivo codifica acontecimientos y acciones incompletos y el primero encaja más naturalmente en la estructura temporal de la narrativa, el último en la estructura durativa/descriptiva.[18]

En consecuencia, es natural en una narración en griego que una oración con el verbo en imperfecto (que tiene aspecto imperfectivo) trasmita información de menos importancia que una oración con el verbo en aoristo (aspecto perfectivo); ello se debe a la naturaleza de los aspectos respectivos.

Por ejemplo, el imperfecto se usa para codificar acciones *habituales*, puesto que los hábitos no se perciben como completados, y lo típico es que esas acciones se vean como acontecimientos de importancia secundaria en la narrativa. Lo podemos ver en **Lc 2,41–43**; el hecho de que los padres de Jesús iban habitualmente a Jerusalén para la fiesta de la Pascua (41) es de importancia secundaria en comparación con los acontecimientos de los 43ss que ocurrieron después de que fueran a Jerusalén cuando Jesús tenía doce años.

(41) Καὶ ἐπορεύοντο οἱ γονεῖς αὐτοῦ κατ' ἔτος εἰς Ἰερουσαλὴμ τῇ ἑορτῇ τοῦ πάσχα.
    E   iban       los padres de.él cada año a Jerusalén  a.la fiesta de.la Pascua

(42) καὶ ὅτε ἐγένετο ἐτῶν δώδεκα, ἀναβαινόντων αὐτῶν κατὰ τὸ
    y cuando fue  de.años doce    subiendo      ellos conforme.a la

    ἔθος    τῆς  ἑορτῆς
    costumbre de.la fiesta

(43) καὶ τελειωσάντων τὰς ἡμέρας, ἐν τῷ ὑποστρέφειν αὐτοὺς
    y habiendo.terminado los días  en el regresar    ellos

    ὑπέμεινεν Ἰησοῦς ὁ παῖς ἐν Ἰερουσαλήμ ...
    se.quedó  Jesús  el muchacho en Jerusalén

Por lo tanto, en las narraciones, el imperfecto tiende a correlacionarse con la información de trasfondo y el aoristo con los acontecimientos en primer plano, debido a su naturaleza inherente.

No obstante, la presencia del imperfecto en una narración en griego *no* es una señal de que la información en cuestión sea de trasfondo. Lo vemos en **Lc 2,36–38**. Los 36–38 están todos en imperfecto; el 36 presenta un no-evento con ἦ ('estaba'), la oración de relativo del 37b describe una acción habitual, y los acontecimientos en primer plano del 38 también se representan como incompletos (véase la traducción de la *BJ*: «comenzó a alabar a Dios y a hablar del niño ...»).[19]

---

[16] Cf. también Hopper 1979:215–216. Compárese con Reed y Reese (1996:189), que defienden una correlación entre el aoristo (aspecto perfectivo) y la información de trasfondo y entre el aspecto imperfectivo y la información de primer plano («prominencia temática»). Sin embargo, Reed y Reese usan los términos «trasfondo» y «primer plano» de manera diferente al uso dado en este libro.

Por cierto, no estoy de acuerdo con Reed y Reese cuando dicen que el uso del aoristo *dentro* de la cita de Judas 14–15 muestra «su relación con el resto del material del libro» (1996:195). La cita es el complemento de un verbo de lengua y las formas temporales de verbos que se encuentran de discursos incrustados tienen que tratarse aparte de los verbos principales de la superestructura de un libro.

[17] Foley y Van Valin 1984:373.

[18] Foley y Van Valin 1984:397.

[19] Poggi (2011:121) considera que el imperfecto en ejemplos como Lc 2,38 y Jn 8,31 (abajo) es «ingresivo (o incoativo)» y «puede expresarse a través de locuciones como 'comenzó a ...', 'se puso a ...'». Fanning (1997 notas de conferencia) contrasta pasajes como Lc 2,36–38 donde el imperfecto es la única forma temporal que se emplea,

## 10.2 La prominencia natural y el verbo; el imperfecto

(36) Estaba también allí una profetisa, Ana, hija de Fanuel, de la tribu de Aser, de edad avanzada. Casada en su juventud, había vivido siete años con su marido, (37a) y luego era viuda hasta los ochenta y cuatro años;

(37b) ἣ             οὐκ ἀφίστατο       τοῦ ἱεροῦ ...
      la.cual       no  se.apartaba    del templo

(38) καὶ αὐτῇ      τῇ  ὥρᾳ   ἐπιστᾶσα        ἀνθωμολογεῖτο τῷ θεῷ
     y   en.misma  la  hora  parándose.cerca daba.gracias  al Dios

     καὶ ἐλάλει  περὶ   αὐτοῦ πᾶσιν   τοῖς προσδεχομένοις λύτρωσιν Ἰερουσαλήμ.
     y   hablaba acerca de.él a.todos los  aguardando     redención de.Jerusalén

Este pasaje muestra que la función principal del imperfecto en griego no es marcar el trasfondo sino representar los acontecimientos como incompletos. La tendencia a representar las acciones habituales y otros acontecimientos de importancia secundaria como incompletos en la narración da como resultado la correlación entre el imperfecto y la información de trasfondo.[20]

Sin embargo, parece que hay ocasiones en las que el imperfecto se emplea cuando *no es obvio que el acontecimiento descrito pueda verse como incompleto*. El uso de ἔλεγεν en **Jn 8,31** es un buen ejemplo. No parece probable que el imperfecto se use en este versículo porque Jesús habitualmente decía esto. Tampoco hay ninguna indicación de que el discurso se represente como incompleto porque Jesús fuera interrumpido.[21]

(30) Al hablar él estas cosas, muchos creyeron en él.

(31) ἔλεγεν οὖν ὁ  Ἰησοῦς πρὸς τοὺς πεπιστευκότας    αὐτῷ Ἰουδαίους,
     decía  pues el Jesús  a    los  habiendo.creído -le   judíos:

     «Si os mantenéis en mi palabra, seréis verdaderamente mis discípulos; (32) y conoceréis la verdad y la verdad os hará libres».

(33) Ellos le respondieron: «Nosotros somos descendencia de Abrahán y nunca hemos sido esclavos de nadie. ¿Cómo dices tú: 'Os haréis libres'?»

Si un acontecimiento no puede verse fácilmente como incompleto y no obstante se usa el imperfecto, podemos considerar que dicho imperfecto se emplea de modo *marcado*. El mensaje para el lector en este caso es que, debido a que el escritor no eligió la manera *natural* de representar un acontecimiento completado (p.ej., con un aoristo), debe haber implicaciones adicionales.[22]

Ἔλεγεν en Jn 8,31 (arriba) podría tratarse de uno de esos usos marcados del imperfecto. Una posible confirmación de esta interpretación sería que el discurso sigue a un salto de párrafo en muchas versiones, por tanto podría interpretarse fácilmente como el discurso que incita o provoca la conversación del resto del capítulo.

Al terminar esta sección, debo enfatizar que la correlación entre el aspecto imperfectivo y la información de trasfondo, por un lado, y entre al aspecto perfectivo y la información de primer plano, por otro, es específica del género *narrativo*.

---

con pasajes donde el imperfecto contrasta con el aoristo. En esos pasajes, «el imperfecto da el trasfondo de la narración». Mc 5,1–7 ilustra esto; «la narración principal [es] llevada por aoristos y presentes históricos, mientras que los imperfectos llenan los detalles de trasfondo».

Mi impresión es que la correlación entre el imperfecto y la información de trasfondo es mucho más fuerte en Marcos y en Juan que en los demás evangelios y en Hechos.

[20] Reed y Reese (1996:190) dicen lo mismo: «el uso del aspecto verbal ... para indicar prominencia es un rol secundario».

[21] *PDT* traduce ἔλεγεν como «empezó a decir».

[22] Véase la nota 45 de § 6.3.

## Preguntas de repaso

(a) ¿Cuáles son las dos correlaciones que Foley y Van Valin han observado en la narrativa entre las formas verbales y el primer plano *versus* el trasfondo?

(b) ¿Qué es el aspecto verbal?

(c) ¿Qué caracteriza al aspecto perfectivo? ¿Y al aspecto imperfectivo?

(d) ¿Bajo qué circunstancias podría ser legítimo afirmar que un imperfecto en una narración griega se ha usado de manera marcada?

## Respuestas sugeridas

(a) Las dos correlaciones que Foley y Van Valin han observado en la narrativa entre las formas verbales y el primer plano *versus* el trasfondo son:
- el tipo semántico del verbo: los verbos de logro y de realización tienden a correlacionarse con el primer plano, mientras que los de actividad y de estado tienden a correlacionarse con el trasfondo
- el aspecto verbal: el aspecto perfectivo (externo) tiende a correlacionarse con el primer plano, mientras que el imperfectivo (interno) tiende a correlacionarse con el trasfondo.

(b) El aspecto verbal es la manera en que un hablante o escritor representa un acontecimiento.

(c) Con el aspecto perfectivo un acontecimiento se representa como un todo. Con el aspecto imperfectivo se representa como incompleto.

(d) Puede ser legítimo afirmar que un imperfecto en una narración griega se ha usado de manera marcada si el acontecimiento en cuestión no puede percibirse fácilmente como incompleto.

### Oración ilustrativa 3a: Jn 6,70–71a

(70)  Jesús les respondió (ἀπεκρίθη): «Fijaos, yo os he elegido a vosotros, los Doce. Y, sin embargo, uno de vosotros es un diablo.»

(71a)  ἔλεγεν    δὲ    τὸν    Ἰούδαν    Σίμωνος    Ἰσκαριώτου·
se.refería    md    al    Judas    de.Simón    Iscariote

### Pregunta

¿Por qué es apropiado usar un imperfecto en el v. 71a, aunque se empleó un aoristo para referirse al mismo discurso en el 70?

### Respuesta sugerida

Es apropiado usar un imperfecto en el v. 71a, aunque se haya empleado un aoristo para referirse al mismo discurso en el 70, porque se trata de material de trasfondo, no de un acontecimiento de primer plano en la narración.

### Pasaje ilustrativo 3b: Mc 15,11–15

(11)  Pero <u>los sumos sacerdotes</u> incitaron (ἀνέσεισαν) a la gente a que pidiesen más bien la libertad de Barrabás.

(12)  ὁ    δὲ    <u>Πιλᾶτος</u>    πάλιν    ἀποκριθεὶς    ἔλεγεν*    αὐτοῖς,    (*variante: εἶπεν)
el    md    Pilato    de.nuevo    respondiendo    decía    –les:
«¿Y qué voy a hacer con el que llamáis el rey de los judíos?»

(13)  οἱ      δὲ   πάλιν      ἔκραξαν,
      ellos   md   de.nuevo   gritaron: («¡Crucifícalo!»)

(14a) ὁ    δὲ   Πιλᾶτος   ἔλεγεν   αὐτοῖς,
      el   md   Pilato    –les:    («Pero ¿qué mal ha hecho?»)

(14b) Mas ellos gritaban (ἔκραξαν) con más fuerza: «¡Crucifícalo!»

(15) Pilato, entonces, queriendo complacer a la gente, les soltó (ἀπέλυσεν) a Barrabás. Y a Jesús, después de azotarle, lo entregó (παρέδωκεν) para que fuera crucificado.

**Pregunta**

¿Por qué se usa un imperfecto en los vv. 12 (*SBU*) y 14a?

**Respuesta sugerida**

Un imperfecto puede haberse usado en los vv. 12 (*SBU*) y 14a porque Pilato fue interrumpido por los gritos de la multitud (13 y 15). O también, podrían haberse usado para colocar las preguntas de Pilato como trasfondo ya que la multitud controlaba el diálogo.

## 10.3 El uso de ἐγένετο

Esta sección se ocupa de la combinación de ἐγένετο ('aconteció'; compárese con el hebreo *wayhî*) y una expresión temporal, como en ἐγένετο δὲ ἐν ταῖς ἡμέραις ἐκείναις ('aconteció que en aquellos días' [Hch 9,37a *RVR95*]). Esta combinación es un recurso encontrado en la LXX que Lucas emplea a menudo para colocar información como trasfondo con respecto a los acontecimientos de primer plano que siguen.[23] Aunque Blass et al. dicen que ἐγένετο no «tiene significado» y debe «su origen a una aversión por iniciar una oración con una designación temporal»,[24] definitivamente no es así. Más bien, como Newman y Nida afirman, «es uno de los recursos favoritos de Lucas para marcar una transición en un episodio».[25] Lo que hace, concretamente, es seleccionar del trasfondo general la *circunstancia específica* para los siguientes acontecimientos de primer plano.

Especialmente en *Hechos*, ἐγένετο aparece con una oración sustantiva de infinitivo que «debe ser considerada como el sujeto (ampliado) de ἐγένετο».[26] (Una oración de infinitivo como sujeto de ἐγένετο se encuentra de vez en cuando también en *Lucas*. Asimismo, una oración de infinitivo es el sujeto de ἐγένετο en Mc 2,15, aunque este versículo carece de expresión temporal en *SBU*).[27]

Un uso de esta construcción que *no* es el objetivo principal de esta sección consiste en indicar que un acontecimiento esperado se ha llevado a cabo. Por ejemplo, **Hch 27,22–44** registra la predicción de Pablo que todos iban a salvarse en el mar (22–26), y el infinitivo nominal con función de sujeto de ἐγένετο en el 44b hace alusión a ello.

---

[23] En la LXX, la combinación está siempre seguida por una oración independiente (como en Lc 1,41), nunca por un infinitivo nominal. Zerwick (2000:§ 389) considera que «ἐγένετο con [καί y] verbo finito» es una «construcción hebraizante», mientras que «la construcción griega de la misma» es «ἐγένετο con infinitivo».

[24] Blass et al. 1961:§ 472, 442.

[25] Newman y Nida 1972:93.

[26] Winer 1882:406.

[27] En *Mateo*, la combinación de ἐγένετο y una expresión temporal casi invariablemente empieza Καὶ ἐγένετο ὅτε ἐτέλεσεν ὁ Ἰησοῦς, 'Y aconteció que cuando Jesús terminó …' (*RVR95*). Esta expresión se ubica en las divisiones principales del libro, en vez de en una transición dentro de un episodio; véanse Mt 11,1, Mt 13,53, Mt 19,1 y Mt 26,1. Véase la respuesta sugerida a la pregunta (d) en el pasaje 8 de § 8.3 que trata de Mt 7,28, donde aparece la misma expresión. Sin embargo, en Mt 9,10 ἐγένετο está seguido por un genitivo absoluto en una transición dentro de un episodio; este versículo es paralelo con Mc 2,15; véase arriba. En *Marcos*, Mc 1,9 y Mc 4,4 son los únicos casos en que ἐγένετο es seguido por una expresión temporal. La combinación no se emplea en Juan.

(22)  «... Ninguno de vosotros va a morir ...»

(44b)  καὶ οὕτως ἐγένετο **πάντας** διασωθῆναι ἐπὶ τὴν γῆν.
y así sucedió todos ser.salvados en la tierra
(es decir que la llegada de todos a tierra se llevó a cabo)

Se encuentran otros ejemplos en Hch 10,25, Hch 21,1 y Hch 21,5, en cada uno de los cuales, la construcción aparece *dentro de* una expresión temporal.

En la combinación de la que se ocupa esta sección, en cambio, el sujeto (infinitivo nominal) de ἐγένετο describe la circunstancia específica para los siguientes acontecimientos de primer plano (véanse en el capítulo 11 otros casos en los que se usa la subordinación como medio para colocar información como trasfondo). Lo típico es que ἐγένετο venga seguido primero por el marco temporal para los acontecimientos y luego por el sujeto en infinitivo. El marco temporal se relaciona con el trasfondo general descrito en las oraciones que preceden inmediatamente a ἐγένετο.

En **Hch 9,37a**, por ejemplo, la expresión temporal ἐν ταῖς ἡμέραις ἐκείναις se refiere a un tiempo específico dentro del período correspondiente a la situación general de trasfondo descrita en el 36. Luego, la oración sustantiva de infinitivo ἀσθενήσασαν αὐτὴν ἀποθανεῖν, que es el sujeto de ἐγένετο, presenta la circunstancia específica que lleva a los próximos acontecimientos de primer plano (37bss).

(36)  Había en Jope una discípula llamada Tabitá, que quiere decir Dorkás. Era muy generosa haciendo buenas obras y dando limosnas.

(37a)  ἐγένετο δὲ ἐν ταῖς ἡμέραις ἐκείναις ἀσθενήσασαν αὐτὴν ἀποθανεῖν·[28]
sucedió md en los días aquellos enfermando ella morir

(37b–38)  La lavaron y la pusieron en la estancia superior. Lida está cerca de Jope, y los discípulos, al enterarse que Pedro estaba allí, enviaron dos hombres con este ruego: «No tardes en venir donde nosotros».

Véanse también Hch 4,5 y Hch 28,17, más Hch 16,16 (con un genitivo absoluto).

Esta función de ἐγένετο también se manifiesta en Lucas. Un ejemplo particularmente interesante se encuentra en **Lc 3,21–22**. En este pasaje, el marco temporal del 21a se relaciona con el ministerio bautismal de Juan que se ha descrito en los 3–18. La venida del Espíritu Santo sobre Jesús y la voz del cielo se expresan en oraciones sustantivas de infinitivo como sujetos de ἐγένετο (21b–22b). La implicación es que la venida del Espíritu sobre Jesús deviene la circunstancia específica para los próximos acontecimientos de primer plano, a saber, su tentación por el diablo y su ministerio posterior.[29]

(21a)  Ἐγένετο δὲ ἐν τῷ βαπτισθῆναι ἅπαντα τὸν λαὸν
Sucedió md en el ser.bautizado todo el pueblo

(21b)  καὶ Ἰησοῦ βαπτισθέντος καὶ προσευχομένου
y Jesús habiendo.sido.bautizado y orando

ἀνεῳχθῆναι τὸν οὐρανὸν
ser.abierto el cielo

(22a)  καὶ καταβῆναι τὸ πνεῦμα τὸ ἅγιον ... ἐπ' αὐτόν,
y bajar el Espíritu el Santo sobre él

---

[28] Las expresiones temporales que siguen inmediatamente a ἐγένετο se tratan como puntos de transición.

[29] Nótese el paralelo con el tratamiento de la venida del Espíritu Santo sobre la primera iglesia (Hch 2,1–4) como parte del escenario para los acontecimientos descritos en el resto del libro (cf. § 5.1).

*10.3 El uso de* ἐγένετο

(22b)  καὶ **φωνὴν ἐξ οὐρανοῦ** γενέσθαι ...
     y voz de cielo volverse

(23–38) (la genealogía de José)

(4,1) Jesús, lleno del Espíritu Santo, se volvió del Jordán ...

A pesar de ejemplos como Lc 3,21–22, la 'circunstancia específica' no siempre se expresa en Lucas como sujeto en infinitivo de ἐγένετο. Más bien (como en el hebreo y la LXX), se presenta en una o más oraciones independientes. Vemos un ejemplo en **Lc 1,41**, donde el marco temporal sigue inmediatamente a ἐγένετο en el 41a, mientras que la circunstancia específica es la oración independiente del 41b.

(41a)  καὶ ἐγένετο <u>ὡς</u> <u>ἤκουσεν</u> <u>τὸν</u> <u>ἀσπασμὸν</u> <u>τῆς</u> Μαρίας ἡ Ἐλισάβετ,
     y sucedió en.cuanto oyó el saludo de.la María la Isabel

(41b)  ἐσκίρτησεν τὸ βρέφος ἐν τῇ κοιλίᾳ αὐτῆς,
     saltó el bebé en el vientre de.ella

(41c–44) Isabel quedó llena de Espíritu Santo y exclamó a gritos: «Bendita tú entre las mujeres .... Porque apenas llegó a mis oídos la voz de tu saludo, saltó de gozo el niño en mi seno ...»

Véanse también Mc 1,9 y Mc 4,4.

En algunos pasajes, el marco temporal que sigue inmediatamente a ἐγένετο se relaciona, no con los acontecimientos anteriores del mismo episodio, sino con el episodio anterior. En esos casos, todo el episodio sirve de trasfondo general para el siguiente.

En **Hch 19,1**, por ejemplo, la circunstancia específica de la interacción de Pablo con los discípulos de Éfeso (2–6) es su encuentro con ellos al llegar allí. Sin embargo, el marco temporal del 1 se refiere a los acontecimientos finales del episodio anterior. Además, la respuesta de los discípulos en el 3 sugiere que el ministerio anterior de Apolo en Éfeso (18,24–26) proporciona el trasfondo general para el nuevo episodio (compárese 'aunque solamente conocía el bautismo de Juan' en el 25 con «El bautismo de Juan» en 19,3b).

(24–25) Llegó a Éfeso un judío llamado Apolo ... enseñaba con fervor de espíritu y con esmero todo lo referente a Jesús, aunque solamente conocía el bautismo de Juan ...

(1)  Ἐγένετο δὲ <u>ἐν</u> <u>τῷ</u> <u>τὸν</u> <u>Ἀπολλῶ</u> <u>εἶναι</u> <u>ἐν Κορίνθῳ</u>
     Sucedió md en el el Apolo estar en Corinto

     <u>Παῦλον</u> διελθόντα τὰ ἀνωτερικὰ μέρη
     Pablo habiendo.atravesado las de.arriba partes

     [κατ]ελθεῖν εἰς Ἔφεσον καὶ εὑρεῖν τινας μαθητὰς
     venir a Efeso y encontrar a.algunos discípulos

(2)  les preguntó: «¿Recibisteis Espíritu Santo cuando abrazasteis la fe?»

     Ellos le dijeron: «Pero si nosotros no hemos oído decir siquiera que haya Espíritu Santo».

(3)  Entonces dijo: «¿Pues qué bautismo habéis recibido?»

     Ellos dijeron: «El bautismo de Juan».

En Lucas, el marco temporal que sigue a ἐγένετο a veces no se refiere a los acontecimientos anteriores del mismo episodio ni al episodio anterior. No obstante, parece que la presencia de ἐγένετο indica que los dos episodios deben relacionarse temáticamente, con el episodio anterior proporcionando el trasfondo general para los acontecimientos de primer plano del siguiente.

En Lc 9,18, por ejemplo, la expresión temporal que sigue inmediatamente a ἐγένετο (ἐν τῷ εἶναι αὐτὸν προσευχόμενον κατὰ μόνας 'Estando él orando a solas') no se relaciona abiertamente con el episodio anterior (la alimentación de los cinco mil en los 12–17). Sin embargo, la pregunta del 18 ('¿Quién dice la gente que soy yo?') sugiere que los episodios están relacionados temáticamente, con la alimentación de los cinco mil proporcionando el trasfondo general para la conversación que sigue.

Así también, en Lc 7,11, ἐγένετο enlaza la curación del siervo del centurión que estaba 'a punto de morir' (2) con el episodio en que el hijo de la viuda de Naín es resucitado (11–17). El uso de ἐγένετο sugiere que el episodio que involucra a alguien a punto de morir debe ser tomado como el trasfondo general para el episodio en que se trata de uno que ya está muerto.[30]

Mt 9,10 presenta un caso más en el que el marco temporal que sigue a ἐγένετο (αὐτοῦ ἀνακειμένου ἐν τῇ οἰκίᾳ 'estando él a la mesa en la casa') no se refiere abiertamente a un acontecimiento anterior del mismo episodio ni directamente al episodio anterior [la llamada de Mateo]. Sin embargo, 'la casa' según Lc 5,29 es la de Leví (Mateo), de modo que ἐγένετο indica que su llamada sirve de trasfondo general para los acontecimientos que ocurrieron mientras Jesús estaba en su casa.

**Preguntas de repaso**

(a) ¿Es cierto que Lucas usa ἐγένετο como recurso «para marcar una transición dentro de un episodio»?[31]

(b) ¿Cuál es el rol típico del infinitivo nominal con función de sujeto vinculado a ἐγένετο en Hechos?

**Respuestas sugeridas**

(a) Sí. Lucas usa ἐγένετο como recurso «para marcar una transición dentro de un episodio» en el sentido de que ἐγένετο señala la transición desde acontecimientos que dan detalles de trasfondo hacia los acontecimientos de primer plano. Sin embargo, la presencia de ἐγένετο en algunos pasajes indica que es el episodio anterior el que presenta el trasfondo general para los siguientes acontecimientos de primer plano.

(b) En Hechos, lo típico es que el sujeto en infinitivo de ἐγένετο presente un acontecimiento que constituye la circunstancia específica para los acontecimientos de primer plano que siguen. (En el caso de Lucas, una oración independiente que sigue a ἐγένετο se usa más a menudo para cumplir esta función).

**Pasaje ilustrativo 4: Hch 16,13–17**

(13–15) El sábado salimos de la ciudad y fuimos a la orilla de un río, donde suponíamos que habría un lugar de oración. Nos sentamos y empezamos a hablar a las mujeres que habían concurrido. Una de ellas, que adoraba Dios, nos escuchaba con atención. Se llamaba Lidia …. El Señor le abrió el corazón para que se adhiriese a las palabras de Pablo. Cuando ella y los de su casa recibieron el bautismo, suplicó: «Si juzgáis que soy fiel al Señor, venid y hospedaos en mi casa». Y nos obligó a ir.

(16) Ἐγένετο     δὲ     πορευομένων     ἡμῶν     εἰς     τὴν     προσευχὴν
Sucedió     md     yendo     nosotros     a     el     lugar.de.oración

παιδίσκην     τινὰ     ἔχουσαν     πνεῦμα     πύθωνα     ὑπαντῆσαι     ἡμῖν,
muchacha     cierta     teniendo     espíritu     de.adivinación     encontrar     –nos

ἥτις     ἐργασίαν πολλὴν     παρεῖχεν     τοῖς κυρίοις     αὐτῆς     μαντευομένη.
la.cual     ganancia mucha     producía     a.los amos     de.ella     adivinando

---

[30] El punto principal, que ἐγένετο enlaza los dos episodios, no se ve afectado si se lee ἐν τῇ ἑξῆς 'al día siguiente' en vez de ἐν τῷ ἑξῆς 'poco después'.
[31] Newman y Nida 1972:93.

## 10.3 El uso de ἐγένετο

(17)   Nos seguía a Pablo y a nosotros gritando: «Estos hombres son siervos del Dios Altísimo, que os anuncian un camino de salvación».

**Pregunta**

¿Cuál es la función de ἐγένετο en el v. 16?

**Respuesta sugerida**

Puesto que el genitivo absoluto que sigue a ἐγένετο en el v. 16 se relaciona con el episodio anterior (véase el 13), ἐγένετο indica que ese episodio sirve de trasfondo general para el episodio que sigue. El sujeto en infinitivo de ἐγένετο (nos salió al encuentro una esclava poseída de un espíritu adivino) presenta la circunstancia específica para los próximos acontecimientos de primer plano (18ss).

**Pasaje 5: Lc 24,13–17**

(13)   Dos de ellos iban aquel mismo día a un pueblo llamado Emaús, que dista sesenta estadios de Jerusalén.

(14)   καὶ αὐτοὶ ὡμίλουν πρὸς ἀλλήλους περὶ πάντων τῶν συμβεβηκότων τούτων.
        y    ellos  conversaban entre sí       acerca de.todos los  acontecimientos estos

(15a)  καὶ ἐγένετο ἐν τῷ ὁμιλεῖν αὐτοὺς καὶ συζητεῖν
        y   sucedió  en el  hablar   ellos   y    discutir

(15b)  καὶ αὐτὸς* Ἰησοῦς ἐγγίσας           συνεπορεύετο αὐτοῖς,
        +   mismo  Jesús  habiéndose.acercado iba.con      ellos    (*variante: con ὁ)

(16)   Pero sus ojos estaban como incapacitados para reconocerle. (17) Él les dijo:
        «¿De qué vais discutiendo por el camino?»

**Preguntas**

(a) ¿Cuál es la función de ἐγένετο en el v. 15a?
(b) ¿Por qué la referencia a Jesús en el 15b (*SBU*) es inarticulada? (Si es necesario, véase § 9.2.2).

**Respuestas sugeridas**: véase el Apéndice bajo 10(5).

# 11
# Información colocada como trasfondo dentro de la oración

Este capítulo trata dos maneras de colocar información como trasfondo en la oración: con participios adverbiales prenucleares (§ 11.1) y con un tipo de oración de relativo (§ 11.2). También se consideran en § 11.1 las implicaciones para la continuidad de la situación y de otros factores si se empieza una oración con un participio en vez de con una oración subordinada temporal.

## 11.1 Participios adverbiales

Esta sección hace tres aserciones acerca de los participios inarticulados[1] que a menudo reciben el nombre de «participio adverbial (circunstancial)»[2] o «participio apositivo».[3] La primera tiene que ver con la diferencia entre los participios en nominativo (de aquí en adelante los PN) y los genitivos absolutos[4] (GA) (§ 11.1.1). Esta diferencia puede describirse en términos de un «cambio de referencia».[5] En la inmensa mayoría de los casos, esto significa que el sujeto de un PN es el mismo que el de la oración a la que está subordinado (aquí llamada la oración *nuclear*), mientras que el sujeto de un GA es distinto del de la oración nuclear.

Después se considera la relevancia de ubicar un PN o GA antes o después de su oración nuclear (§ 11.1.2). Se concluye que los participios adverbiales prenucleares casi siempre se colocan como trasfondo con respecto a su oración nuclear, pero que dicha afirmación no se puede aplicar a los participios posnucleares.

Finalmente, volveré a la afirmación de § 2.4 según la cual cuando una oración empieza con un verbo en vez de con un punto de transición, no se ha indicado ninguna discontinuidad. Sostengo en

---

[1] Los participios adverbiales son inarticulados y «admite[n] complementos como cualquier otra forma verbal» (Delgado Jara, 2011:§ 41). Teóricamente deberían llamarse *oraciones participiales* porque comprenden no sólo el participio en sí, sino también complementos y otros constituyentes corrientes de las oraciones tales como el sujeto. Sin embargo, las gramáticas no los designan así (cf. Poggi 2011:239–243).

Otro término que se emplea es «gerundio externo o periférico» para referirse a los participios que «forman construcciones externas a la oración, de la que aparecen separados por una pausa» (*Manual* 2010:§ 27.1.2d).

[2] Wallace y Steffen 2015:478. Delgado Jara (2011:§ 41) utiliza el término «oración circunstancial» en su consideración de los GA, pero no lo aplica a los PN.

[3] Corsani et al. 1997:210.

[4] Sigo a Healey y Healey (1990) en el uso del término «absoluto» aun cuando, como en Hch 4,1, el sujeto del genitivo en la construcción participial está involucrado en la acción de la oración nuclear.

[5] Haiman y Munro 1983.

§ 11.1.3 que lo mismo se mantiene para las oraciones que empiezan con un participio, y presento casos específicos en Hechos donde se implica una continuidad de situación y de otros factores que podría no ser inmediatamente evidente si no fuera por el uso del participio.

### 11.1.1 La diferencia entre los participios en nominativo y los genitivos absolutos

Esta sección trata de dos tipos de participios circunstanciales: los que están en nominativo (PN) y los que están en genitivo (GA).[6]

Los PN casi siempre tienen el *mismo sujeto* que su oración nuclear. Las excepciones (véase más abajo) típicamente involucran el mismo sujeto *subyacente*.

Así, en **Hch 5,17**, el sujeto del PN (17a) es 'el sumo sacerdote y todos los suyos', y ellos son también el sujeto de la oración nuclear (17b).

(17a) Ἀναστὰς     δὲ   ὁ ἀρχιερεὺς        καὶ   πάντες   οἱ    σὺν    αὐτῷ ...
      levantándose md   el sumo.sacerdote  y     todos    los   con    él

(17b) ἐπλήσθησαν   ζήλου
      se.llenaron  de.celo

Healey y Healey afirman que lo típico es que el sujeto del GA «no sea idéntico al sujeto del verbo principal».[7]

Vemos un ejemplo en **Hch 4,1**. El sujeto del GA (1a) es 'Pedro y Juan' (3,11) y el sujeto de la oración nuclear (4,1b) es 'los sacerdotes, el jefe de la guardia del Templo y los saduceos'.

(1a) Λαλούντων    δὲ   αὐτῶν   πρὸς   τὸν   λαόν
     Hablando     md   ellos   a      el    pueblo

(1b) ἐπέστησαν     αὐτοῖς     οἱ ἱερεῖς       καὶ   ὁ στρατηγὸς        τοῦ ἱεροῦ     καὶ   οἱ Σαδδουκαῖοι
     se.acercaron  a.ellos    los sacerdotes  y     el jefe.de.guardia del templo    y     los saduceos

De los 313 ejemplos de GA que Healey y Healey identificaron en el NT,[8] solamente tres o cuatro no obedecen estrictamente la regla de que debe haber un cambio de sujeto entre el GA y la oración nuclear. Incluso las excepciones muestran cambios coherentes con el comportamiento de los marcadores de cambio de referencia en otras lenguas.[9]

Así, en **Hch 21,34b–c**, aunque a un nivel superficial el sujeto del GA y de la oración nuclear sea el mismo, el *rol* de dicho sujeto ha cambiado de paciente a agente.[10]

(34b) μὴ   δυναμένου   δὲ   αὐτοῦ   γνῶναι    τὸ   ἀσφαλὲς   διὰ       τὸν   θόρυβον
      no   pudiendo    md   él      conocer   lo   cierto    a.causa   del   tumulto

(34c) ἐκέλευσεν   ἄγεσθαι        αὐτὸν         εἰς   τὴν   παρεμβολήν.
      mandó       ser.conducido  a.él (Pablo)  a     las   gradas

---

[6] Los participios también pueden estar en acusativo (como en Mt 17,25) o en dativo (Mt 8,23). Cf. Wallace y Steffen 2015:470–473 y 478 sobre la distinción entre los participios circunstanciales y los «adjetivales».

[7] Healey y Healey 1990:187 (citando a Smyth 1956:457).

[8] Healey y Healey 1990:187.

[9] En algunas lenguas, el sistema de cambio de referencia depende de si el *tema* cambia o se mantiene.

[10] Hch 28,6 es parecido. En Mc 6,22 y Hch 22,17, el rol del sujeto cambia de agente a paciente. En Mt 1,18, una oración con sujeto plural separa el GA de la oración nuclear.

El texto bizantino «corrige» el texto de Hch 21,34b a μὴ δυναμένος δὲ γνῶναι .... No he investigado si Lucas siempre emplea un GA cuando el sujeto es el mismo pero su rol cambia, o si usa normalmente un PN.

## 11.1 Participios adverbiales

Cuadro 7. La correlación entre los sujetos y los tipos de oraciones adverbiales

| Tipo de participio adverbial | Sujeto de la oración nuclear es típicamente |
|---|---|
| Nominativo (PN) | el mismo |
| Genitivo Absoluto (GA) | distinto |

Una construcción como un GA que indica un cambio de referencia subraya de modo natural la introducción en escena de participantes que llevan a cabo acciones significativas que cambian la dirección de la narración. Esto se debe a que cuando el GA tiene el *mismo* sujeto que la oración nuclear *anterior*, se crea la expectativa de que el sujeto de la oración nuclear siguiente sea un participante *diferente*. Por lo tanto, el empleo del GA con el mismo sujeto que el de la oración anterior da prominencia natural al acontecimiento descrito en la siguiente oración nuclear.

Hemos visto un ejemplo en Hch 4,1 (arriba). En el GA del 1a, αὐτῶν se refiere a los mismos hablantes que en el discurso anterior (3,12–26). Ese uso del GA anticipa la introducción de nuevos participantes que llevarán a cabo una acción significativa que cambia la dirección de la narración.[11]

### Pregunta de repaso

¿Cómo se diferencian los PN y los GA en su relación con la oración nuclear?

### Respuesta sugerida

Lo típico es que un PN tenga el mismo sujeto que su oración nuclear, y que un GA tenga un sujeto distinto.

### Pasaje ilustrativo 1: Lc 15,13–14

(13b) καὶ ἐκεῖ διεσκόρπισεν τὴν οὐσίαν αὐτοῦ ζῶν ἀσώτως.
     y allí dilapidó la hacienda suya viviendo licenciosamente

(14a) δαπανήσαντος δὲ αὐτοῦ πάντα
     habiendo.gastado md él todas.cosas

(14b) ἐγένετο λιμὸς ἰσχυρὰ κατὰ τὴν χώραν ἐκείνην,
     se.hizo hambre aguda en la tierra aquella

(14c) καὶ αὐτὸς ἤρξατο ὑστερεῖσθαι.
     y él comenzó a.sentir.necesidad

### Pregunta

¿Cuál es el efecto de usar un GA en el v. 14a?

### Respuesta sugerida

El sujeto del GA en el v. 14a es el mismo que el del 13b. Así pues, el efecto de usar el GA consiste en la preparación de la escena para introducir un nuevo participante en la oración nuclear (en este caso, la hambruna) y dar prominencia a esta acción significativa que cambiará la dirección de la narración.[12]

---

[11] Una manera de recoger este efecto resaltante en castellano es traducir el GN con una oración independiente y la oración nuclear con una subordinada posnuclear: 'Estaban hablando al pueblo, cuando se les presentaron …' (*BJ*); cf. § 11.1.3.

[12] Una traducción en castellano con el mismo efecto resaltante sería: «Se lo había gastado todo, cuando sobrevino en aquel país una hambruna extrema».

## 11.1.2 Participios adverbiales y trasfondo

Esta sección sostiene que los PN y GA que *preceden* a su oración nuclear casi siempre presentan información de trasfondo.[13] Eso significa que la información que comunican es de importancia secundaria en relación con la de la oración nuclear. Esta afirmación no es válida para los participios adverbiales que siguen a sus oraciones nucleares.

Se reconoce, en general, que los acontecimientos descritos en los participios adverbiales se relacionan semánticamente con sus oraciones nucleares de varias maneras. Así, Poggi escribe: «Puede ser equivalente a una proposición causal, condicional, concesiva, final, temporal o modal». Sin embargo, «La relación lógica entre el participio y la proposición principal no se expresa por el participio en sí mismo sino que se deduce del contexto».[14]

Por lo tanto, la función del participio adverbial no consiste en especificar ninguna de las relaciones que Poggi menciona. Blass et al. insisten: «Existen otras construcciones más extensas pero más precisas para cumplir el mismo propósito: grupos preposicionales, condicionales, causales, oraciones temporales, etc., y por último la coordinación gramatical de dos o más verbos».[15]

Según Healey y Healey, lo típico es que un participio adverbial que *precede* al verbo describa un acontecimiento de importancia secundaria en relación con la información trasmitida por la oración nuclear.[16] Por lo tanto, considero que los participios adverbiales prenucleares se codifican así específicamente para *señalar* que la información en cuestión es de importancia secundaria en relación con el acontecimiento nuclear.

Lo podemos ver en **Mc 5,25–27**. El efecto de usar la serie de participios es señalar que toda la información anterior al 27c es de importancia secundaria en relación con el acontecimiento de primer plano descrito en esa última oración.

(25) καὶ γυνὴ οὖσα ἐν ῥύσει αἵματος δώδεκα ἔτη
    y   mujer estando con flujo de.sangre doce años

(26a) καὶ **πολλὰ** παθοῦσα ὑπὸ πολλῶν ἰατρῶν
     y   muchas.cosas habiendo.sufrido por muchos médicos

(26b) καὶ δαπανήσασα τὰ παρ' αὐτῆς πάντα
     y   habiendo.gastado las con ella todas.cosas

(26c) καὶ **μηδὲν** ὠφεληθεῖσα
     y   nada habiendo.beneficiado

(26d) ἀλλὰ μᾶλλον **εἰς τὸ χεῖρον** ἐλθοῦσα,
     sino más.bien a lo peor habiendo.venido

---

[13] «El participio apositivo ... expresa una circunstancia accessoria» (Corsani et al. 1997:210). Se observan en Levinsohn 2008 dos excepciones en textos no-narrativos en las que un participio es el foco de la oración nuclear (Mt 6,5 y 1 Co 4,14).

[14] Poggi 2011:239, 240.

[15] Blass et al. 1961:§ 417.

[16] Healey y Healey 1990:187. Es mejor no usar el término «*circunstancias coordinadas*» (Greenlee 1986:66), puesto que las circunstancias siempre son de importancia secundaria con respecto a la acción de la oración nuclear. Por lo tanto, en Mt 28,19 (πορευθέντες οὖν μαθητεύσατε πάντα τὰ ἔθνη 'yendo, pues, haced discípulos a todas las gentes'), πορευθέντες es una «circunstancia acompañante» necesaria (Wallace y Steffen 2015:499) para el imperativo μαθητεύσατε. Los discípulos tienen que ir antes de poder hacer discípulos («El participio, entonces, 'va a cuestas' sobre el modo del verbo principal» [Wallace y Steffen 2015:495]). Al mismo tiempo, el hecho de ir es de importancia secundaria respecto al hecho de hacer discípulos.

## 11.1 Participios adverbiales

(27a) ἀκούσασα περὶ τοῦ Ἰησοῦ,
habiendo.oído acerca del Jesús

(27b) ἐλθοῦσα ἐν τῷ ὄχλῳ ὄπισθεν
habiendo.venido entre la multitud por.detrás

(27c) ἥψατο τοῦ ἱματίου αὐτοῦ·
tocó el manto de.él

Es cierto que las relaciones semánticas específicas entre una oración de participio adverbial prenuclear y la nuclear que la sigue pueden deducirse del contexto. No obstante, la única relación que se ha señalado entre ellas es de carácter *pragmático*, es decir, que el acontecimiento descrito con el participio es de importancia secundaria en relación al acontecimiento de la oración nuclear. Lo podemos ver en Jn 9,25c, Mt 6,27 y Hb 1,1–2 (pasajes que se presentan a continuación).

En **Jn 9,25c**, se deduce fácilmente una relación concesiva entre el PN y la oración nuclear que lo sigue. No obstante, el significado fundamental de usar el PN radica en que la referencia a la ceguera previa ofrece el contrapunto (de importancia secundaria) para la aseveración de la oración nuclear. Es más, τυφλός está antepuesto en el PN para enfocarlo de modo interino (§ 4.3) en anticipación al cambio contrastante hacia el verdadero foco de la oración, βλέπω.

(25c) **ἓν** οἶδα ὅτι τυφλὸς ὢν ἄρτι βλέπω.
una.cosa sé, que ciego siendo, ahora Veo

En **Mt 6,27**, el PN puede interpretarse como descripción de un medio para obtener el resultado descrito en la oración nuclear. Formalmente, sin embargo, μεριμνῶν (27a) solamente repite el tema del pasaje (véase el 25) y es de importancia secundaria en comparación con el resultado deseado, expresado en el 27b.

(25) Por eso os digo: No andéis preocupados por vuestra vida, pensando qué comeréis, ni por vuestro cuerpo, discurriendo con qué os vestiréis ...

(27a) τίς δὲ ἐξ ὑμῶν μεριμνῶν
¿quién md de vosotros afanándose

(27b) δύναται προσθεῖναι ἐπὶ τὴν ἡλικίαν αὐτοῦ πῆχυν ἕνα;
puede añadir sobre la estatura de.él codo uno?

Muchas versiones traducen **Hb 1,2a** de tal manera que está en una relación de contraste con el 1. Sin embargo, no es el PN el que señala el contraste. Más bien, como se indica en § 7.1, el contraste se trasmite por medio de la presencia de por lo menos dos pares opuestos de elementos léxicos (πάλαι más τοῖς πατράσιν versus ἐπ᾽ ἐσχάτου τῶν ἡμερῶν τούτων más ἡμῖν, por un lado, y ἐν τοῖς προφήταις versus ἐν υἱῷ, por otro) y un elemento común (Dios hablando). El PN en sí señala solamente que esa información es de importancia secundaria en relación con la aseveración de primer plano del 2a para la cual proporciona el marco.

(1) **Πολυμερῶς καὶ πολυτρόπως** πάλαι ὁ θεὸς
En.muchos.fragmentos y de.muchas.maneras antiguamente el Dios
λαλήσας τοῖς πατράσιν ἐν τοῖς προφήταις
habiendo.hablado a.los padres por los profetas

(2a) ἐπ᾽ ἐσχάτου τῶν ἡμερῶν τούτων ἐλάλησεν ἡμῖν ἐν υἱῷ,
a final de.los días estos habló –nos por hijo

Los participios adverbiales que *siguen* a una oración nuclear muchas veces comunican algún aspecto del acontecimiento nuclear. Alternativamente, pueden describir «una circunstancia que simplemente acompaña al verbo principal».[17]

En **Mt 28,18**, por ejemplo, ἐλάλησεν y λέγων se refieren al mismo acontecimiento. El PN posnuclear del 18b detalla lo que Jesús dijo a sus discípulos.

(18a)  καὶ   προσελθὼν    ὁ    Ἰησοῦς   ἐλάλησεν   αὐτοῖς
       y     acercándose  el   Jesús    habló      –les

(18b)  λέγων,      Ἐδόθη      μοι   πᾶσα   ἐξουσία   ...
       diciendo:   Fue.dada   –me   toda   autoridad

En **Mt 11,19a**, los PN posnucleares se refieren a la manera en que la acción de la oración nuclear ('vino') se llevó a cabo.

(19a)  ἦλθεν   ὁ    υἱὸς   τοῦ   ἀνθρώπου   ἐσθίων     καὶ   πίνων,
       vino    el   Hijo   del   Hombre     comiendo   y     bebiendo

En **Hch 5,2b**, el GA posnuclear describe «una circunstancia ... que acompaña al verbo principal».[18]

(2a)   καὶ   ἐνοσφίσατο   ἀπὸ   τῆς   τιμῆς,
       y     sustrajo     de    el    precio

(2b)   συνειδυίης   καὶ   τῆς   γυναικός,
       sabiendo     +     la    mujer

Sin embargo, no faltan pasajes en los que el GA describe una simple modificación de las circunstancias y parece que se ubica después de la oración nuclear solo para preservar el flujo de la narración. **Hch 24,10** nos ofrece una ejemplo. En este pasaje, Pablo responde principalmente, no a la invitación del procurador para hablar, sino a las acusaciones de los 2–9. Al colocar el GA del 10b después de la oración nuclear, tal vez quede más claro a quién se dirige la respuesta (ἀπεκρίθη).

(2–8)  (Discurso de Tértulo que presenta las acusaciones contra Pablo)

(9)    Los judíos lo apoyaron, afirmando que las cosas eran tal como las contaba.

(10a)  Ἀπεκρίθη    τε   ὁ    Παῦλος
       Respondió   AD   el   Pablo

(10b)  νεύσαντος      αὐτῷ   τοῦ   ἡγεμόνος    λέγειν,
       dando.señal    –le    el    procurador  a.hablar

En **Hch 28,25**, el GA posnuclear describe mucho más que una modificación de las circunstancias. El efecto de colocar el GA después del verbo nuclear es doble. Por un lado, permite que la atención se mantenga en los visitantes de Pablo al principio de la oración (son el sujeto en el 24). Por otro, lo más significativo es que permite al discurso de Pablo de los 25–28 aparecer al final y, por lo tanto, le da más prominencia en el episodio (si se sigue *SBU*; este efecto se pierde si se lee el 29), aunque se hiciera antes de que los judíos al fin se fueran.

---

[17] Greenlee 1986:57. Cf. también Levinsohn 2020:155–167.
[18] Greenlee 1986:57.

## 11.1 Participios adverbiales

(24)   Unos creían lo que decía; otros, en cambio, permanecían incrédulos.

(25a)  ἀσύμφωνοι     δὲ   ὄντες    πρὸς   ἀλλήλους   ἀπελύοντο
       en.desacuerdo  md   estando  unos    con otros  se.despedían

(25b)  εἰπόντος        τοῦ  Παύλου   ῥῆμα     ἕν,   ὅτι
       habiendo.dicho  el   Pablo    palabra  una   que:

(25c)  «Con razón habló el Espíritu Santo a vuestros antepasados por medio del profeta Isaías:

(26)   Ve a encontrar a este pueblo y dile: ...»

Mientras que los participios prenucleares presentan información de importancia secundaria en relación con la de la oración nuclear, la importancia de los participios posnucleares *no* se determina por el hecho de que la información esté codificada como un participio adverbial. Más bien, la importancia relativa de la información trasmitida en las dos oraciones tiene que ser deducida a partir del contexto.[19]

Los cinco ejemplos de participios posnucleares presentados arriba ilustran la afirmación anterior. En Mt 28,18, la información más importante no es que Jesús habló (ἐλάλησεν), sino el contenido de su discurso, que se introduce con λέγων. En Mt 11,19a, el contexto (18) implica que la información significativa no es que el hijo de Dios vino (ἦλθεν), sino *cómo* vino. El discurso de Pablo en Hch 28,25-28, que es el complemento del GA, parece ser el clímax del episodio, por lo menos. En Hch 5,2, en cambio, la información del GA solo tiene importancia más tarde en el episodio. Por último, en Hch 24,10, parecería que el acontecimiento descrito en el GA es de menor transcendencia.

**Preguntas de repaso**

(a) ¿Qué relación semántica o pragmática con una oración nuclear se señala cuando un participio adverbial (circunstancial) la precede?

(b) ¿Con qué propósito un participio adverbial sigue a su oración nuclear? ¿Cuál es el estatus relativo de la información trasmitida por las dos oraciones?

**Respuestas sugeridas**

(a) Cuando un participio adverbial (circunstancial) precede a una oración nuclear, la información que trasmite es de importancia secundaria en relación con la trasmitida en la nuclear. No se señala ninguna relación semántica específica con la oración nuclear; más bien, tiene que ser deducida a partir del contexto.

(b) Cuando un participio adverbial sigue a una oración nuclear, lo típico es que describa:
- algún aspecto del acontecimiento presentado en la oración nuclear, o
- una circunstancia que acompaña al acontecimiento presentado en la oración nuclear.

El estatus relativo de la información trasmitida en las dos oraciones tiene que ser deducido a partir del contexto.

---

[19] De la misma manera, Hwang (1990:73) afirma que, mientras que las oraciones prenucleares subordinadas en inglés presentan información de importancia secundaria, las posnucleares no lo hacen. Para Zerwick (2000:§ 376), «Es sorprendente ... el hecho de que la idea *principal se* subordine a un verbo que indica una simple *circunstancia* secundaria; v. g. 'los discípulos comenzaron a caminar arracando espigas' (Mc 2,23)».

**Pasaje ilustrativo 2: Hch 25,4-9**

Nótense los participios adverbiales que aparecen en este pasaje.

(4-5) Pero Festo les contestó que Pablo debía estar custodiado en Cesarea, adonde él mismo iba a regresar inmediatamente. «Que bajen conmigo, les dijo, los que entre vosotros tienen autoridad. Y, si este hombre es culpable en algo, que formulen una acusación contra él.»

(6a) Διατρίψας         δὲ    ἐν    αὐτοῖς   ἡμέρας   οὐ   πλείους   ὀκτὼ   ἢ   δέκα,
      Habiendo.pasado  md  entre  ellos      días      no    más     de.ocho  o   diez

(6b) καταβὰς        εἰς,  Καισάρειαν
      descendiendo    a      Cesarea

(6c) τῇ   ἐπαύριον      καθίσας       ἐπὶ  τοῦ  βήματος
      al  día siguiente  sentándose   en    el   tribunal

(6d) ἐκέλευσεν   τὸν   Παῦλον   ἀχθῆναι.
      mandó       al     Pablo    ser.traído

(7a) παραγενομένου    δὲ   αὐτοῦ
      habiendo.llegado  md    él

(7b) περιέστησαν      αὐτὸν  οἱ   ἀπὸ  Ἱεροσολύμων  καταβεβηκότες       Ἰουδαῖοι
      rodearon.de.pie  -le   los   de    Jerusalén    habiendo.descendido  judíos

(7c) **πολλὰ  καὶ  βαρέα  αἰτιώματα**  καταφέροντες
      muchos    y    graves   cargos     presentando.contra

(7d) ἃ           οὐκ  ἴσχυον       ἀποδεῖξαι,
      los.cuales  no    eran.capaces  de.probar

(8)  τοῦ   Παύλου   ἀπολογουμένου   ὅτι
      el     Pablo     defendiéndose    que:
      «Yo no he cometido delito alguno ni contra la Ley de los judíos ni contra el Templo ni contra el César».

(9a) ὁ   Φῆστος   δὲ   θέλων     τοῖς   Ἰουδαίοις   χάριν   καταθέσθαι
      el   Festo    md   deseando  a.los   judíos      favor    otorgar
      ἀποκριθεὶς      τῷ   Παύλῳ   εἶπεν,
      respondiendo    al    Pablo    dijo:
      «¿Quieres subir a Jerusalén y ser allí juzgado de estas cosas en mi presencia?»

**Preguntas**

(a) Aparecen cinco *PN prenucleares* en este pasaje; ¿en qué versículos se encuentran? ¿Cuál es el estatus de las informaciones que trasmiten en relación con la de su oración nuclear?

(b) ¿En qué versículo aparece un *PN posnuclear*? ¿Cuál es el estatus de la información que trasmite en relación con la de su oración nuclear?

(c) ¿En qué versículo aparece un *GA prenuclear*? ¿Cuál es el estatus de la información que trasmite en relación con la de las oraciones que lo siguen?

## 11.1 Participios adverbiales

(d) ¿En qué versículo aparece un *GA posnuclear*? ¿Cuál es el estatus de la información que trasmite en relación con la de su oración nuclear?

(e) A la luz de las respuestas dadas a las preguntas (a) a (d), ¿cuáles son los acontecimientos y los discursos de primer plano en los 6–9?

**Respuestas sugeridas**

(a) Los cinco PN prenucleares de este pasaje aparecen en los vv. 6a, 6b, 6c, 9a y 9b. Proporcionan informaciones de importancia secundaria en relación con la de sus oraciones nucleares (el acontecimiento del 6d y la pregunta del 9b).

(b) Un PN posnuclear aparece en el 7c. La información que trasmite es más importante que la trasmitida en la oración nuclear del 7b.

(c) Un GA prenuclear aparece en el 7a. Nos da información de importancia secundaria en relación con la de las oraciones que le siguen (7b–8 [véase la respuesta (b)]).

(d) Un GA posnuclear aparece en el 8. Como el PN posnuclear del 7c, la información que trasmite es más importante que la trasmitida en la oración nuclear del 7b.

(e) Los acontecimientos y los discursos de primer plano en los 6–9 son:

- 6d: Festo mandó traer a Pablo
- 7b–d: los judíos de Jerusalén rodean a Pablo, presentando contra él muchas y graves acusaciones, que no podían probar
- 8: mientras Pablo afirma no haber cometido delito alguno contra nadie
- 9b: Festo pregunta a Pablo si quiere subir a Jerusalén y ser allí juzgado.

### 11.1.3 Participios en posición inicial y continuidad

Los participios adverbiales prenucleares a menudo comunican más que el simple hecho de que la información que trasmiten es de importancia secundaria en relación con la de la oración nuclear. Si una oración empieza con un participio (especialmente si es un PN, véase más abajo sobre los GA), no se señala ninguna discontinuidad (§ 2.4). En la práctica, esto significa que se implica continuidad de situación y de otros factores relevantes entre las oraciones nucleares contiguas. Por consiguiente, aun cuando un participio prenuclear presente alguna modificación de las circunstancias, si empieza con el verbo participial se mantiene la continuidad general de la situación y de otros factores entre los acontecimientos de primer plano descritos en las oraciones nucleares.

**Hch 5,17** (repetido abajo) ejemplifica un participio prenuclear de este tipo. Las autoridades religiosas son reactivadas en una oración con un participio en posición inicial (17a), lo cual implica que dichas autoridades han sido colocadas en la escena ya establecida por medio de la oración u oraciones anteriores. En otras palabras, hay una continuidad implícita de la situación y otros factores con el contexto, a pesar de su reactivación. En consecuencia, cuando la siguiente oración nuclear afirma que se llenaron de celos, la razón de los celos debe ser deducida del contexto inmediato.

(16) También acudía a Jerusalén mucha gente de las ciudades vecinas trayendo enfermos y atormentados por espíritus inmundos; y todos se curaban.

(17a) Ἀναστὰς       δὲ   ὁ    ἀρχιερεὺς      καὶ  πάντες οἱ   σὺν  αὐτῷ ...
      Levantándose  md   el   sumo.sacerdote  y    todos  los  con  él

(17b) ἐπλήσθησαν   ζήλου
      se.llenaron  de.celo(s)

(Cuando un participio adverbial empieza con un constituyente que no es el participio, dicho constituyente o bien es un punto de transición, como en Hch 25,8 y Hch 25,9a [pasaje 2 arriba], o se ha antepuesto para prominencia focal, como en Hch 25,7c).

La relación de los participios en posición inicial de la oración (especialmente los GA) con la continuidad de la situación contrasta con la función de las oraciones adverbiales de tiempo en posición inicial, es decir, los puntos de transición temporales. Estos señalan *discontinuidades* de tiempo y describen el marco temporal para los próximos acontecimientos. Cuando un participio empieza una oración, en cambio, implica continuidad de la situación y de otros factores relevantes con el contexto, aun cuando describa una modificación del marco temporal.[20] Las diferencias podrían expresarse de la siguiente manera:[21]

Cuadro 8. La correlación entre los participios iniciales de oraciones y la continuidad de la situación

| posición inicial en la oración | indica |
| --- | --- |
| oración adverbial de tiempo | + discontinuidad de tiempo |
| participio | – discontinuidad |

Una comparación de Hch 18,6 y Hch 9,23 ilustra la diferencia entre estas dos maneras de empezar una oración.

En **Hch 18,6**, la oración comienza con un participio y la continuidad de los *roles* de los participantes entre los acontecimientos de primer plano de los 5–6 es evidente. «En 18,5–6, Pablo es el sujeto de las dos oraciones independientes, y los judíos son los pacientes. Aunque estos roles se revierten de modo interino en el GA, entre las oraciones independientes no cambian».[22]

(5)　Cuando Silas y Timoteo llegaron de Macedonia, Pablo se dedicó enteramente a la palabra, dando testimonio ante los judíos de que el Cristo era Jesús.

(6a)　ἀντιτασσομένων　δὲ　αὐτῶν　καὶ　βλασφημούντων
　　　　oponiéndose　　md　ellos　y　blasfemando

(6b)　sacudiendo sus vestidos, les dijo: «Sólo vosotros seréis responsables de lo que os suceda; yo soy inocente. Desde ahora voy a dedicarme a los gentiles.»

En **Hch 9,23**, una oración adverbial de tiempo empieza la oración. «… en 9,22–23, Pablo y los judíos cambian de roles entre las oraciones independientes que son contiguas a la oración temporal».[23]

(22)　Pero Saulo se fortalecía y confundía a los judíos que vivían en Damasco, demostrándoles que éste es el Cristo.

(23a)　Ὡς　δὲ　ἐπληροῦντο　ἡμέραι　ἱκαναί,
　　　　Cuando　md　se.cumplieron　días　bastantes

(23b)　los judíos tomaron la decisión de matarlo,

---

[20] Cf. más en Levinsohn 1987:65–82.

[21] Aunque los ejemplos de esta sección se toman solamente de Hechos, parece que este contraste es válido también en los evangelios.

[22] Levinsohn 1987:72.

[23] Levinsohn 1987:72. Cf. en pp. 71–79 más pares de ejemplos de Hechos que ilustran la diferencia entre empezar una oración con un participio y empezarla con una oración adverbial de tiempo.
Tres tipos de oración adverbial de tiempo son comunes en las narraciones de Hechos:
ἐν más dativo describe una situación más bien de estado *durante* la que se realizan los acontecimientos principales, como en Hch 9,3;
ὅτε: con aoristo, el acontecimiento que sigue está en *secuencia* cronológica con el acontecimiento descrito en el marco temporal, como en Hch 1,13; con imperfecto, los acontecimientos son *simultáneos*, como en Hch 22,20;
ὡς: con imperfecto, expresa *simultaneidad* (mientras el acontecimiento descrito en la oración adverbial se realizaba, otra cosa sucedió), como en Hch 8,36, Hch 9,23 y Hch 7,23; también «se usa en oraciones temporales [en aoristo] pero a menudo con un sentido ligeramente *comparativo* o *causal*» (Levinsohn 1987:242), como en Hch 5,24.

## 11.1 Participios adverbiales

En la mayoría de casos en que un participio empieza la oración en Hechos, la continuidad con el contexto es evidente. Sin embargo, en algunas ocasiones, el uso de dicho participio inicial (especialmente si se trata de un GA) explicita una continuidad no observable a primera vista.

Podemos verlo en **Hch 7,22–35**. El 23 empieza con una oración adverbial de tiempo, mientras que el 30 comunica información muy parecida con un GA. En el caso del 23, la relación principal con el contexto es temporal; el escenario cambia a cuarenta años después. Como contraste, a pesar de un cambio parecido del marco temporal entre el material que precede y el que sigue al GA del 30, hay tal continuidad en el razonamiento de Esteban que no es deseable que la discontinuidad temporal salte a un primer plano. La naturaleza de la continuidad se hace explícita en el 35, cuando los discursos del 27 ('¿Quién te ha nombrado jefe y juez sobre nosotros?') y del 34 ('voy a enviarte a Egipto') se juntan y se contrastan.[24]

(22) Moisés recibió una educación basada en toda la sabiduría de los egipcios, y era poderoso en palabras y obras.

(23) Ὡς       δὲ   ἐπληροῦτο   αὐτῷ   τεσσερακονταετὴς   χρόνος,
    Cuando   md   se.cumplía   –le    de.cuarenta.años    tiempo

se le ocurrió la idea de visitar a sus hermanos israelitas. (24) Al ver que uno de ellos era maltratado, salió en su defensa y vengó al oprimido matando al egipcio .... (26) Al día siguiente se les presentó mientras estaban peleándose y trató de poner paz .... (27) Pero el que maltrataba a su compañero lo rechazó diciendo: '¿Quién te ha nombrado jefe y juez sobre nosotros? ...' (29) Al oír esto Moisés huyó y vivió como forastero en la tierra de Madián, donde tuvo dos hijos.

(30) Καὶ   πληρωθέντων   ἐτῶν   τεσσεράκοντα
    Y     cumpliéndose   años   cuarenta

se le apareció un ángel en el desierto del monte Sinaí, sobre la llama de una zarza ardiendo .... (33) El Señor le dijo: (34) '... he bajado a librarles. Y ahora prepárate, que voy a enviarte a Egipto.'

(35) A este Moisés de quien los israelitas renegaron, diciéndole: '¿quién te ha nombrado jefe y juez?', a éste envió Dios como jefe y redentor por mano del ángel que se le apareció en la zarza.

**Preguntas de repaso**

Si una oración empieza con un participio, ¿qué nos indica? ¿Qué implicaciones se siguen?

**Respuestas sugeridas**

Si una oración empieza con un participio, nos indica que no se da discontinuidad. Ello implica la continuidad de situación y de otros factores con el contexto.

**Pasaje ilustrativo 3: Hch 23,11–12**

En este pasaje, nótese el GA inicial en el v. 12.

(11) A la noche siguiente se le presentó el Señor y le dijo: «¡Ánimo!, pues del mismo modo que has hablado de mí en Jerusalén, deberás hacerlo en Roma».

---

[24] Una manera de captar la continuidad en el v. 30 en castellano sería traducirlo: 'Cuarenta años habían pasado cuando se le apareció un ángel ....' Esta estructura también resalta la aparición del ángel (cf. § 11.1.1).

(12) Γενομένης         δὲ        ἡμέρας
    Habiéndose.vuelto  md        día

    ποιήσαντες    συστροφὴν    οἱ    Ἰουδαῖοι
    haciendo      conspiración los   judíos

    ἀνεθεμάτισαν              ἑαυτοὺς    λέγοντες  μήτε  φαγεῖν  μήτε  πιεῖν
    comprometieron.bajo.juramento a.sí.mismos diciendo  ni    comer   ni    beber

    ἕως   οὗ   ἀποκτείνωσιν   τὸν   Παῦλον.
    hasta que  matasen        al    Pablo

**Pregunta**

¿Cuál es el efecto de usar un GA al principio del v. 12, en vez de una oración adverbial de tiempo?

**Respuesta sugerida**

El efecto de empezar el v. 12 con un GA, en vez de con una oración adverbial de tiempo, da a entender que hay una relación directa entre la promesa del Señor del 11 de que Pablo iría a hablar del Señor en Roma y el complot de los judíos para matarlo. Si no fuera por el GA, se podrían necesitar varios capítulos para llegar a discernir esta relación.

Muchas versiones tratan el 11 como un párrafo aparte al final del episodio «Pablo ante el Sanedrín» e insertan un título antes del 12 (como «Conjuración de los judíos contra Pablo» [*BJ*]). Puesto que el 23 también empieza con un participio, el título «Pablo trasladado a Cesarea» podría adecuadamente introducir el 11, en vez del 23, para indicar la continuidad en los 11ss.

## 11.2 Oraciones subordinadas de relativo

Las oraciones de relativo en griego se introducen con pronombres relativos que, por regla general, «concuerdan con su antecedente en género, número y persona. Su caso está determinado por la función sintáctica que desempeñan».[25] Si el referente se menciona explícitamente, la oración de relativo lo sigue.

En **Hch 9,36**, por ejemplo, ἥ es femenino singular porque concuerda con Ταβιθά, que es un sustantivo femenino singular; ἥ está en nominativo porque es el sujeto de λέγεται. La oración de relativo sigue a. (En los primeros ejemplos de esta sección, la oración de relativo está entre llaves).

(36) Ταβιθά,   {ἥ    διερμηνευομένη   λέγεται   Δορκάς}
     Tabitá    que   traducida        se.dice   Dorkás

Los lingüistas normalmente dividimos las oraciones de relativo en dos tipos: «especificativas o restrictivas» y «explicativas» o «no restrictivas».[26]

Las oraciones de relativo *restrictivas* «precisan la denotación del grupo nominal del que forman parte»,[27] como en:

El hombre {que llegó ayer} salió esta mañana.

Las oraciones de relativo *no restrictivas* «agregan ... cierta información, pero no restringen la denotación del grupo nominal»;[28] «sirven solo para dar al oyente información adicional acerca de una entidad ya identificada»,[29] como en:

---

[25] Alexandre Júnior 2016:322.
[26] *Manual* 2010:§ 44.1.4b; Rodríguez Alfageme 2017:364.
[27] *Manual* 2010:§ 44.1.4b.
[28] *Manual* 2010:§ 44.1.4b.
[29] Comrie 1989:138.

## 11.2 Oraciones subordinadas de relativo

Juan Pérez, {que llegó ayer}, salió esta mañana.[30]

El griego del NT emplea ambos tipos de oraciones de relativo: restrictivas y no restrictivas.

**Lc 1,26** contiene una oración de relativo *restrictiva*. La oración 'cuyo nombre es Nazaret' delimita los referentes potenciales de 'un pueblo de Galilea'.

(26) εἰς πόλιν τῆς Γαλιλαίας {ᾗ ὄνομα Ναζαρὲθ}
un pueblo de.la Galilea a.que nombre Nazaret

Hch 9,36 (arriba) presenta un ejemplo de una oración de relativo *no restrictiva*. La oración 'que quiere decir Dorkás' añade información acerca de una entidad ya identificada.

Las oraciones de relativo no restrictivas del griego se subdividen en *apositivas* (como en Hch 9,36) y «explicativas de sucesión» o *continuativas*.[31] Las oraciones de relativo apositivas, como su nombre indica, están en aposición al sustantivo que modifican. Las oraciones de relativo continuativas, en cambio, describen acontecimientos que involucran al referente del pronombre relativo y se llevan a cabo después del acontecimiento o situación anterior en el que el referente interviene. Poggi considera que, en tales oraciones, el pronombre relativo funciona como «nexo» y «*no* crea una subordinada».[32]

**Hch 28,23** contiene una oración de relativo continuativa. Los referentes de οἷς son las personas que visitaron a Pablo en su alojamiento (23b). El 23c describe un acontecimiento que involucra a estos referentes y que ocurre después del acontecimiento del 23b.

(23b) ἦλθον πρὸς αὐτὸν εἰς τὴν ξενίαν πλείονες
vinieron a él a el hospedaje más

(23c) οἷς ἐξετίθετο διαμαρτυρόμενος τὴν βασιλείαν τοῦ θεοῦ
a.quienes explicaba testificando.sobre el reino del Dios

Las oraciones de relativo continuativas son más comunes en las narraciones, enlazando acontecimientos en secuencia cronológica, pero también se encuentran en textos no-narrativos. Típicamente la información que precede al pronombre relativo se coloca como trasfondo en relación a lo que sigue.

Esto viene confirmado por los verbos que se emplean en las dos partes de tales oraciones. La oración que precede al pronombre relativo a menudo usa un verbo de estado o de actividad, que tiende a correlacionarse con información de trasfondo en las narraciones, mientras que la oración que lo sigue utiliza un verbo de logro o de cumplimiento, que tiende a correlacionarse con información de primer plano (véase § 10.2.1).

**Hch 28,23** (arriba) da un ejemplo en el que la oración que precede al pronombre relativo (23b) usa un verbo de actividad,[33] pero el verbo de laoración de relativo continuativa (23c) es de cumplimiento.[34]

Es muy común en los evangelios que un ente se introduzca en la oración que precede al pronombre relativo. Esta información puede verse como de trasfondo en relación con lo que se dice acerca del ente en la oración de relativo continuativa que sigue.

En **Lc 6,48** (y en el pasaje paralelo en Mt 7,24), por ejemplo, el hombre que edifica una casa se introduce antes del pronombre relativo, mientras que los acontecimientos que éste lleva a cabo se describen en las oraciones que lo siguen.

---

[30] Muchas lenguas no tienen oraciones de relativo no restrictivas, y solo usan oraciones de relativo restrictivas en circunstancias muy específicas. Cf. Pope 1993:1–11, sobre este problema en algunos idiomas del África occidental.

[31] *Manual* 2010:§ 44.3.2i; Winer 1882:680.

[32] Poggi 2011:237.

[33] Foley y Van Valin (1984) consideran que los verbos «de movimiento» como *vino* son verbos de actividad, aun cuando la meta del viaje esté explícita.

[34] Cf. también Lc 19,30. Compárense los paralelos en Mt 21,2 y Mc 11,2, que emplean καί para enlazar las oraciones, dejando la información que trasmiten sin clasificación en cuanto a su prominencia.

(48a) ὅμοιός ἐστιν ἀνθρώπῳ οἰκοδομοῦντι οἰκίαν
     semejante es a.hombre edificando casa

(48b) ὃς ἔσκαψεν καὶ ἐβάθυνεν καὶ ἔθηκεν θεμέλιον ἐπὶ τὴν πέτραν·
     el.cual cavó y ahondó y puso fundamento sobre la roca

En Hechos, la oración que precede al pronombre relativo facilita comúnmente más información que la mera presentación del ente. No obstante, dicha información también forma parte del trasfondo para el acontecimiento (o acontecimientos) descrito(s) en la oración de relativo continuativa que sigue. **Hch 19,24–25** ilustra la presentación de amplia información de trasfondo antes del pronombre relativo.

(24) Δημήτριος γάρ τις ὀνόματι, ἀργυροκόπος, ποιῶν ναοὺς ἀργυροῦς Ἀρτέμιδος
     Demetrio pues tal de.nombre platero haciendo templetes de.plata de.Artemisa

     παρείχετο τοῖς τεχνίταις οὐκ ὀλίγην ἐργασίαν,
     proporcionaba a.los artesanos no poca ganancia

(25a) οὓς συναθροίσας ... εἶπεν,
     a.los.que habiendo.reunido dijo:

Otros ejemplos de oraciones de relativo continuativas de este tipo incluyen:

- Hch 11,29–30 ('Los discípulos determinaron enviar algunos recursos, según las posibilidades de cada uno, para los hermanos que vivían en Judea; lo cual en efecto hicieron [ὃ καὶ ἐποίησαν], enviándoselos a los presbíteros por medio de Bernabé y de Saulo'): el efecto de usar el pronombre relativo es colocar como trasfondo la intención con respecto a la realización de dicha intención;
- Hch 17,10 ('Inmediatamente, por la noche, los hermanos enviaron hacia Berea a Pablo y a Silas, los cuales [οἵτινες], al llegar allí, se dirigieron a la sinagoga de los judíos'): el efecto de usar el pronombre relativo es colocar como trasfondo el viaje de Pablo y Silas con respecto a lo que hicieron al llegar a Berea.

El efecto retórico causado por el uso de una oración de relativo continuativa en la narrativa consiste, aparentemente, en hacer progresar rápidamente la narración al combinar información de trasfondo y de primer plano en una sola oración compuesta.[35] Puesto que la oración que precede al pronombre relativo comúnmente introduce nuevos participantes, dichas oraciones compuestas tienden a aparecer al principio de los episodios, de ahí que sea conveniente pasar lo más pronto posible a los acontecimientos de primer plano del episodio.

En **Hch 23,13–14a**, por ejemplo, se presenta el número de los conjurados, no como una oración aparte, sino en la misma oración compuesta en la que se presenta el próximo acontecimiento de primer plano. Tal combinación se encuentra cerca del principio del episodio (véase la discusión que sigue al pasaje 3 de § 11.1.3), por ello es oportuno pasar rápidamente al siguiente acontecimiento de primer plano.

(12) Al amanecer, los judíos se confabularon y se comprometieron bajo anatema a no comer ni beber hasta haber matado a Pablo.

(13) ἦσαν δὲ πλείους τεσσεράκοντα οἱ ταύτην τὴν συνωμοσίαν ποιησάμενοι,[36]
     eran md más.de cuarenta los este el complot habiendo.hecho

---

[35] En *SBU*, la oración que precede al pronombre relativo a veces se separa de la oración de relativo por el signo de puntuación «ano teleia» (·), como si fueran dos oraciones separadas. Prefiero usar una coma para enlazar oraciones de relativo continuativas con la oración en la que se encuentra el referente del pronombre relativo.

[36] Muchas veces se emplea un pronombre relativo al traducir en español los participios con artículo que funcionan como un «sustantivado» (Delgado Jara 2011:§ 41), tales como οἱ ταύτην τὴν συνωμοσίαν ποιησάμενοι (p.ej., «Eran más de cuarenta *los que habían hecho esta conjuración*» [*RVR95*]). No obstante, no se clasifican como oraciones de relativo en griego, dado que no hay ningún pronombre relativo que las enlace con la oración principal.

(14a) οἵτινες προσελθόντες τοῖς ἀρχιερεῦσιν ... εἶπαν,
los.cuales acercándose a.los sumos.sacerdotes dijeron:

En las oraciones de relativo continuativas en género narrativo, el material que precede al pronombre relativo suele ser naturalmente información de trasfondo. En los discursos no-narrativos, como por ejemplo en un argumento razonado, en cambio, podría constituir la aserción de primer plano, que luego se convierte en la base para otra aserción de primer plano.[37] Por ejemplo, **Hch 7,44–46** contiene una cadena de oraciones de relativo. Cada una de ellas a su vez se convierte en la base para la siguiente aserción de primer plano.

(44) Ἡ σκηνὴ τοῦ μαρτυρίου ἦν τοῖς πατράσιν ἡμῶν ἐν τῇ ἐρήμῳ ...
El tabernáculo del testimonio era a.los padres nuestros en el desierto

(45a) ἣν καὶ εἰσήγαγον διαδεξάμενοι οἱ πατέρες ἡμῶν μετὰ Ἰησοῦ
el.cual + introdujeron habiendo.recibido los padres nuestros con Josué
ἐν τῇ κατασχέσει τῶν ἐθνῶν,
en la toma.de.posesión de.las naciones

(45b) ὧν ἐξῶσεν ὁ θεὸς ἀπὸ προσώπου τῶν πατέρων ἡμῶν
a.las.que echó.fuera el Dios de presencia de.los padres nuestros
ἕως τῶν ἡμερῶν Δαυίδ,
hasta los días de.David

(46) ὃς εὗρεν χάριν ἐνώπιον τοῦ θεοῦ καὶ ᾐτήσατο ...
quien halló gracia delante del Dios y pidió

Otras cadenas de oraciones de relativo continuativas se encuentran en Hch 5,36, Hch 7,38–39 y 1 Pe 3,18–22.

## Preguntas de repaso

(a) ¿Cuál es la diferencia entre una oración de relativo restrictiva y una no restrictiva?
(b) ¿Qué dos tipos de oraciones de relativo no restrictivas se encuentran en griego?

## Respuestas sugeridas

(a) Una oración de relativo restrictiva delimita los referentes potenciales del sustantivo nuclear. Una oración de relativo no restrictiva añade información sobre un ente ya identificado.
(b) Los dos tipos de oraciones de relativo no restrictivas que se encuentran en griego son apositivas y continuativas. (La información que precede a una oración de relativo continuativa es de trasfondo en relación con la información de la propia oración continuativa).

## Oración ilustrativa 4a: Hch 8,27

(27b) καὶ ἰδοὺ ἀνὴρ Αἰθίοψ εὐνοῦχος δυνάστης Κανδάκης βασιλίσσης Αἰθιόπων,
y he.ahí varón etíope eunuco alto.funcionario de.Candace reina de.etíopes

---

[37] Algunos idiomas emplean un marcador de desarrollo o un «espaciador» (Dooley y Levinsohn 2007:57) dentro de las oraciones para separar la base y la aserción de primer plano. Ese marcador tiene una función muy parecida a la del pronombre relativo que introduce las oraciones de relativo continuativas.

(27c)  ὃς    ἦν       ἐπὶ    πάσης  τῆς   γάζης    αὐτῆς,
       el.cual estaba  sobre  todo   el    tesoro   de.ella

(27d)  ὃς    ἐληλύθει           προσκυνήσων  εἰς  Ἰερουσαλήμ,
       el.cual había.venido     adorando     a    Jerusalén

**Pregunta**

¿Qué tipo de oración de relativo se utiliza en el v. 27c? ¿Y en el 27d?

**Respuesta sugerida**

Si se entiende que Candace tenía varios altos funcionarios, entonces la oración de relativo del v. 27c sería restrictiva, usada para delimitar los referentes potenciales de δυνάστης Κανδάκης βασιλίσσης Αἰθιόπων. Sin embargo, se inserta una coma al final del 27b (*SBU*), lo cual sugiere que esa oración de relativo se debe tomar como no restrictiva y apositiva. (En griego, a menudo no queda claro si la intención es que una oración de relativo sea restrictiva o no restrictiva y apositiva).

La oración de relativo del 27d es probablemente apositiva, puesto que solamente añade información sobre un ente ya identificado. Sin embargo, puede que continúe en el 28 ('y volvía sentado en su carro, leyendo al profeta Isaías'), en cuyo caso sería continuativa.

**Oración ilustrativa 4b: Hch 8,9–10**

(9)  Sin embargo, ya de tiempo atrás había en la ciudad un hombre llamado Simón, que practicaba la magia y tenía atónito al pueblo de Samaría, diciendo de sí mismo que era alguien importante,

(10)  ᾧ        προσεῖχον          πάντες  ἀπὸ    μικροῦ   ἕως      μεγάλου
      al.que   prestaban.atención  todos   desde  pequeño  hasta    grande

      λέγοντες,   Οὗτός  ἐστιν  ἡ    δύναμις  τοῦ  θεοῦ  ἡ    καλουμένη  Μεγάλη.
      diciendo:   Éste   es     el   poder    del  Dios  el   llamado    grande

**Pregunta**

¿Qué tipo de oración de relativo se encuentra en el v. 10?

**Respuesta sugerida**

La oración de relativo del v. 10 es no restrictiva y continuativa. El 9 introduce a Simón y da alguna información acerca de sus actividades. Esta información sirve de base para la respuesta de la gente frente a dichas actividades, que se describe en el 10. (En los 10–12, la atención se centra no tanto en Simón, sino en la gente, primero en la respuesta a su magia, pero después en la creencia en la enseñanza de Felipe que les lleva a bautizarse. La atención no se centrará de nuevo en Simón hasta el 13).

**Pasaje ilustrativo 5: Hch 16,11–14 (*SBU*)**

Fíjense en las oraciones de relativo en este pasaje.

(11)  Así, pues, embarcándonos en Tróade, navegamos derechos a Samotracia, al día siguiente a Neápolis,

(12a)  κἀκεῖθεν   εἰς   Φιλίππους,
       y.de.allí  a     Filipos

## 11.2 Oraciones subordinadas de relativo

(12b) ἥτις ἐστὶν πρώτη[ς] μερίδος τῆς Μακεδονίας πόλις, κολωνία.
la.cual es primer distrito de.la Macedonia ciudad colonia

(12c) ἦμεν δὲ ἐν ταύτῃ τῇ πόλει διατρίβοντες ἡμέρας τινάς.
estábamos md en esta la ciudad ocupando.tiempo por.días algunos

(13a) τῇ τε ἡμέρᾳ τῶν σαββάτων ἐξήλθομεν ἔξω τῆς πύλης παρὰ ποταμὸν
en.el AD día de.los sábados salimos fuera de.la puerta junto.a río

(13b) οὗ ἐνομίζομεν προσευχὴν εἶναι,
donde suponíamos lugar.de.oración haber

(13c) καὶ καθίσαντες ἐλαλοῦμεν ταῖς συνελθούσαις γυναιξίν.
y sentados hablábamos a.las reunidas mujeres

(14a) καί τις γυνὴ ὀνόματι Λυδία, πορφυρόπωλις
y cierta mujer de.nombre Lidia negociante.en.telas.de.púrpura

πόλεως Θυατείρων σεβομένη τὸν θεόν, ἤκουεν,
de.ciudad de.Tiatira adorando al Dios escuchaba

(14b) ἧς ὁ κύριος διήνοιξεν τὴν καρδίαν
de.la.cual el Señor abrió el corazón

προσέχειν τοῖς λαλουμένοις ὑπὸ τοῦ Παύλου.
para.prestar.atención a.lo siendo.hablado por el Pablo

**Preguntas**

(a) ¿Qué tipo de oración de relativo se utiliza en el v. 12b?
(b) ¿Qué tipo de oración de relativo se utiliza en el 13b?
(c) ¿Qué tipo de oración de relativo se utiliza en el 14b?

**Respuestas sugeridas**

(a) La oración de relativo del v. 12b es no restrictiva y apositiva. Da una información adicional acerca de Filipos.

(b) La oración de relativo del 13b sería restrictiva si se toma como delimitación del área que estaba fuera de la puerta junto al río 'donde suponíamos que habría un lugar de oración'. Por otra parte, podría ser no restrictiva y apositiva, si se interpreta que da un poco más de información sobre un lugar ya identificado (fuera de la puerta junto a un río).

(c) La oración de relativo del 14b es no restrictiva y continuativa. El 14a introduce a Lidia e indica que escuchaba lo que Pablo estaba enseñando. Esta información sirve de base para el resultado de esa escucha, descrito en el 14b.

**Pasaje 6: Hch 21,3–11 (SBU)**

(3) Después de avistar Chipre a mano izquierda, seguimos navegando rumbo a Siria. Y así arribamos a Tiro, pues la nave debía dejar allí su cargamento.

(4a) ἀνευρόντες δὲ τοὺς μαθητὰς
habiendo.encontrado md a.los discípulos

(4b)   ἐπεμείναμεν   αὐτοῦ   ἡμέρας   ἑπτά,
       nos.quedamos  allí     días     siete

(4c)   οἵτινες τῷ Παύλῳ ἔλεγον διὰ τοῦ πνεύματος μὴ ἐπιβαίνειν εἰς Ἱεροσόλυμα.
       los.cuales al Pablo decían por el Espíritu no subir a Jerusalén

(5a)   ὅτε   δὲ   ἐγένετο   ἡμᾶς   ἐξαρτίσαι   τὰς   ἡμέρας,
       cuando md sucedió a.nosotros completarse los días

(5b)   ἐξελθόντες  ἐπορευόμεθα
       saliendo    ibamos.marchando

(5c)   προπεμπόντων ἡμᾶς πάντων σὺν γυναιξὶ καὶ τέκνοις ἕως ἔξω τῆς πόλεως,
       acompañando -nos todos con mujeres e hijos hasta fuera de.la ciudad

(5d)   καὶ  θέντες  τὰ  γόνατα  ἐπὶ  τὸν  αἰγιαλὸν
       y    poniendo las rodillas sobre la playa

(5e)   προσευξάμενοι[38]
       habiendo.orado

(6a)   ἀπησπασάμεθα     ἀλλήλους
       nos.despedimos   unos.de.otros

(6b)   y subimos a la nave y ellos se volvieron a sus casas. (7) Nosotros tras terminar la travesía de Tiro, llegamos a Tolemaida, saludamos a los hermanos y nos quedamos un día con ellos.

(8)    Al siguiente salimos hacia Cesarea. Una vez allí, entramos en casa de Felipe, el evangelista, que era uno de los Siete, y nos hospedamos en su casa.

(9)    τούτῳ  δὲ  ἦσαν  θυγατέρες  τέσσαρες  παρθένοι  προφητεύουσαι.
       a.éste md había hijas cuatro doncellas profetizando

(10a)  ἐπιμενόντων  δὲ  ἡμέρας  πλείους
       deteniéndonos md días varios

(10b)  κατῆλθέν  τις  ἀπὸ  τῆς  Ἰουδαίας  προφήτης  ὀνόματι  Ἄγαβος,
       descendió cierto de la Judea profeta de.nombre Ágabo

(11)   quien, acercándose a nosotros, tomó el cinturón de Pablo, se ató sus pies y sus manos y dijo: «Esto dice el Espíritu Santo: Así atarán los judíos en Jerusalén al hombre al que pertenece este cinturón. Y lo entregarán en manos de los gentiles.»

**Preguntas**

(a) ¿Qué versículos, de entre los presentados en griego, contienen PN prenucleares?
(b) ¿Qué tipo de oración de relativo se encuentra en el v. 4c?
(c) ¿Cuál es el estatus relativo de la información contenida en las tres oraciones del 4?

---

[38] Kilpatrick (1965:200) considera que la variante textual (5e) προσηυξάμεθα (6a) καὶ ἀσπασάμενοι es original.

## 11.2 Oraciones subordinadas de relativo

(d) ¿Qué versículo contiene un GA posnuclear? ¿Cuál es el estatus de la información que comunica en relación con su oración nuclear?

(e) ¿Qué versículo contiene un GA prenuclear? ¿Cuál es el efecto del uso de un GA al inicio del 10, en vez de una oración adverbial de tiempo?

**Respuesta sugerida**: véase el Apéndice bajo 11(6).

# 12
# Recursos para resaltar y el presente histórico

Varios recursos se utilizan para resaltar una oración e indicar que la información trasmitida es de importancia especial para el episodio narrativo o para el punto en que se hace hincapié. Los recursos que se han encontrado en capítulos anteriores aparecen en una lista en § 12.1. La misma sección considera cómo los *enlaces reanudatorios* preparan al lector para el material importante que se va a presentar inmediatamente después. Casi siempre la presencia de un *presente histórico* tiene también el efecto de resaltar lo que sigue; § 12.2 trata del progreso en la comprensión del significado de este recurso en Mateo y Juan.

## 12.1 Recursos para resaltar en el NT griego

Las oraciones se resaltan típicamente cuando se relacionan con un *clímax*[1] o cuando se presenta en la narración un *desarrollo significativo* especial o un *cambio de dirección*. Algunos recursos retóricos se usan en ambas situaciones pero los clímax son mucho más marcados. Estos recursos generalmente aparecen antes de la descripción del acontecimiento destacado y a menudo incluyen «redundancia»,[2] tales como el uso de un GN para referirse al mismo sujeto (§ 8.2) o una referencia adicional al mismo acontecimiento (véase más adelante sobre los enlaces reanudatorios).

Los recursos ya mencionados para resaltar oraciones en griego incluyen los siguientes:

- τότε, usado para realzar discursos finales (§ 6.1.1), como en Mt 15,28

- τέ *solitaria*, empleada en ciertos contextos en conexión con la entrada específica al siguiente desarrollo de la narración (§ 6.3), como en Jn 6,18

- ἰδού e ἴδε (§ 8.1), utilizados para subrayar la introducción de un participante cuando va seguido inmediatamente por una referencia a dicho participante, como en Mt 2,1b, o para resaltar un acontecimiento cuando va seguido inmediatamente por el verbo, como en Mt 9,2

- un *grupo nominal* u otra codificación marcada de referencia a un participante, usado para resaltar acontecimientos o discursos de significado especial (§ 8.2), como en Lc 1,41a (abajo)

- referencias *inarticuladas* para activar a participantes y otros sustantivos, usadas para darles prominencia (§ 9.2.3, 9.3 y 9.4), como en Hch 10,34 (Πέτρος), Ga 2,19b (θεῷ) y Hb 11,3a (πίστει)

- un *genitivo absoluto* con el mismo sujeto que el de la oración nuclear inmediatamente anterior, para realzar la introducción en la oración nuclear siguiente de participantes que van a realizar acciones significativas (§ 11.1.1), como en Hch 4,1.

---

[1] Uso el término *clímax* para referirme al «Punto más alto o culminación de un proceso» (*Real Academia*).
[2] Smith 1985:16–25.

Los recursos para resaltar que se tratarán en secciones subsiguientes incluyen:

- algunos casos del *presente histórico* (§ 12.2)
- ἀποκρίνομαι 'responder', usado para introducir respuestas importantes en una conversación (§ 14.1).

Además de los recursos anteriores, una forma de repetición llamada *enlace reanudatorio* se emplea a veces inmediatamente antes de un acontecimiento o un discurso de significado especial, para resaltarlo (o para reanudar la línea de acontecimientos [véase más abajo]). El enlace reanudatorio en el NT griego consiste en la repetición, en una oración adverbial o participial al principio de la nueva oración, del verbo principal y otra información presentada en la oración anterior. Esta repetición sirve de recurso retórico que ralentiza la narración inmediatamente antes de un acontecimiento o discurso importante.

**Lc 1,40–41** (a continuación) da un ejemplo de enlace reanudatorio así como de codificación marcada de referencia a un participante. El 40b termina con las palabras ἠσπάσατο τὴν Ἐλισάβετ. Una referencia nominalizada a esta acción aparece en la oración adverbial de tiempo que abre el 41 (ὡς ἤκουσεν τὸν ἀσπασμὸν τῆς Μαρίας ἡ Ἐλισάβετ). Esta repetición tiene el efecto retórico de ralentizar la narración antes de presentar un acontecimiento de significado especial, a saber, que el niño salta en el vientre de Isabel (41b), y lleva a la exclamación de los 42–45 (véase § 10.3). Otro recurso para resaltar lo que sigue es el uso de un GN para referirse a Isabel en el 41a. Allí la codificación por defecto de referencia al sujeto que fue el oyente del discurso inmediatamente anterior sería solo un artículo pronominal (§ 8.2). (El uso de un GN para referirse a María en el 41a es también una forma marcada de referencia).

(40a) y entró en casa de Zacarías

(40b) καὶ ἠσπάσατο τὴν Ἐλισάβετ.
y saludó a.la Isabel

(41a) καὶ ἐγένετο ὡς ἤκουσεν τὸν ἀσπασμὸν τῆς Μαρίας ἡ Ἐλισάβετ,
y sucedió en.cuanto oyó el saludo de.la María la Isabel

(41b) ἐσκίρτησεν τὸ βρέφος ἐν τῇ κοιλίᾳ αὐτῆς,
saltó el bebé en el vientre de.ella

(41c) e Isabel quedó llena de Espíritu Santo (42–45) y exclamó a gritos: «¡Bendita tú entre las mujeres y bendito el fruto de tu seno! ...»

Véase también Hch 1,7–9. El discurso de Jesús en los 7–8, que es introducido por εἶπεν 'dijo', va seguido en el 9 por otra referencia a ese discurso (καὶ ταῦτα εἰπὼν 'y habiendo dicho estas cosas'), antes de la presentación del siguiente acontecimiento especialmente significativo de la narración, a saber, la ascensión de Jesús al cielo.[3]

Después de un material de trasfondo, es bastante común que se use una forma de enlace reanudatorio para referirse al último acontecimiento anterior a ese material y resaltar así el desarrollo que sigue al *reanudarse* la línea de acontecimientos.

Lo podemos ver en **Jn 21,20–21**. Después del acontecimiento del 20a (Pedro ve que les seguía el discípulo a quien Jesús amaba), una oración de relativo apositiva añade información sobre ese discípulo (20b). Luego la línea de acontecimientos se reanuda en el 21 con otra referencia al acontecimiento del 20a, resaltando así el incidente de los 21ss. (En este caso, un sinónimo de βλέπει [20a] se usa en el 21a, a saber, ἰδών).

---

[3] En cambio, cuando un verbo completivo como τελέω se usa en conexión con un enlace reanudatorio, como en Mt 19,1 (ὅτε ἐτέλεσεν ὁ Ἰησοῦς τοὺς λόγους τούτους 'Cuando acabó Jesús estos discursos'), indica discontinuidad.

(20a)  Ἐπιστραφεὶς ὁ Πέτρος βλέπει τὸν μαθητὴν ὃν    ἠγάπα ὁ Ἰησοῦς ἀκολουθοῦντα,
       Volviéndose  el Pedro  ve   al  discípulo al.que amaba el Jesús   siguiendo

(20b)  ὃς       καὶ ἀνέπεσεν ἐν τῷ δείπνῳ ἐπὶ τὸ στῆθος αὐτοῦ καὶ εἶπεν,
       el.cual  +   se.reclinó en la cena sobre el pecho de.él y  dijo:

       Κύριε,  τίς  ἐστιν ὁ παραδιδούς σε;
       Señor, ¿quién es  el entregando -te?

(21a)  **τοῦτον** οὖν ἰδὼν ὁ Πέτρος
       A.éste    pues viendo el Pedro

(21b)  λέγει τῷ Ἰησοῦ, Κύριε, <u>οὗτος</u> δὲ τί;
       dice  al Jesús  Señor,  éste     md ¿qué?

Véase también Jn 13,30–31 (el verbo principal del 30a es ἐξῆλθεν 'salió'; después del material de trasfondo del 30b, el 31 empieza con la oración adverbial de tiempo Ὅτε ἐξῆλθεν). Otro ejemplo se encuentra en Hch 4,21–23 (el verbo principal del 21 es ἀπέλυσαν 'soltaron'; después del material de trasfondo del 22, el 23 empieza con el participio ἀπολυθέντες 'al ser soltados').

Otro recurso que los idiomas usan para ralentizar la narración de un episodio inmediatamente antes de su clímax, consiste en introducir información de trasfondo en ese preciso momento. Este no parece ser un recurso común en el NT griego, pero bien puede tratarse de la motivación para presentar el material de trasfondo de **Hch 19,14** entre la orden de los exorcistas judíos (13) y la respuesta del espíritu maligno (15).

(13) Algunos exorcistas judíos ambulantes intentaron también invocar el nombre del Señor Jesús sobre los que tenían espíritus malos, diciendo: «Os conjuro por Jesús, a quien predica Pablo».

(14) ἦσαν   δὲ τινος Σκευᾶ Ἰουδαίου ἀρχιερέως       ἑπτὰ υἱοὶ
     estaban md de.tal Esceva judío  principal.sacerdote siete hijos

     τοῦτο ποιοῦντες.
     esto  haciendo

(15) Pero respondiendo el espíritu malo, dijo: «A Jesús le conozco y sé quién es Pablo; pero vosotros, ¿quiénes sois?» (16) A continuación, el hombre poseído del mal espíritu, abalanzándose sobre ellos y dominándolos, pudo con ellos, de forma que tuvieron que huir de aquella casa desnudos y cubiertos de heridas.

Otros casos en los que se inserta información de trasfondo inmediatamente antes del acontecimiento culminante incluyen:
- Jn 2,9b: καὶ οὐκ ᾔδει πόθεν ἐστίν, οἱ δὲ διάκονοι ᾔδεισαν οἱ ἠντληκότες τὸ ὕδωρ 'e ignoraba de dónde era (los sirvientes, los que habían sacado el agua, sí que lo sabían)', se ubica inmediatamente antes del clímax del episodio.
- Mc 5,28: ἔλεγεν γὰρ ὅτι Ἐὰν ἅψωμαι κἂν τῶν ἱματίων αὐτοῦ σωθήσομαι 'Y es que pensaba: «Si logro tocar aunque sólo sea sus vestidos, me salvaré»' se inserta después que la mujer ha tocado el manto de Jesús (27), pero antes de presentar el resultado de su acción (29).

**Pasaje ilustrativo 1: Mt 28,8–10**

Fíjense en los rasgos para resaltar que se encuentran en este pasaje.

(8) Ellas, partiendo a toda prisa del sepulcro, con miedo y gran gozo, corrieron a dar la noticia a sus discípulos.

(9a) καὶ ἰδοὺ Ἰησοῦς ὑπήντησεν αὐταῖς λέγων, Χαίρετε.
    y  he.ahí Jesús encontró a.ellas diciendo: Salud

(9b) αἱ  δὲ προσελθοῦσαι ἐκράτησαν αὐτοῦ τοὺς πόδας
     ellas md acercándose asieron de.él los pies

(9c) καὶ προσεκύνησαν αὐτῷ.
     y   se.postraron    a.él

(10) τότε λέγει αὐταῖς ὁ Ἰησοῦς,
     entonces dice –les el Jesús:
     «No temáis. Id y avisad a mis hermanos que vayan a Galilea; allí me verán.»

**Preguntas**

(a) ¿Cuáles son los tres rasgos para resaltar mencionados en esta sección que se encuentran en los vv. 9–10? (El presente histórico en el 10 se trata en § 14.3).

(b) En muchos manuscritos, la oración siguiente se encuentra al principio del 9a antes de καὶ ἰδοὺ:
    ὡς   δὲ ἐπορεύοντο ἀπαγγεῖλαι τοῖς μαθηταῖς αὐτοῦ
    en.cuanto md iban a.avisar a.los discípulos suyos

¿Por qué esta oración encajaría bien en este contexto, según los principios presentados en esta sección?[4]

**Respuestas sugeridas**

(a) Los tres rasgos para resaltar que se encuentran en los vv. 9–10 son:
- ἰδού (en el 9a), que realza la reactivación de Jesús (con una referencia inarticulada [§ 9.2.2])
- τότε (en el 10), que subraya el discurso final del episodio
- el uso de un GN para referirse a Jesús (en el 10), al introducir dicho discurso. Puesto que Jesús es el VIP global, la ausencia de referencia explícita al mismo hubiera sido la forma por defecto de referirse a él (§ 8.3).

(b) Según los principios presentados en esta sección, encajaría bien incluir la oración adverbial de tiempo citada arriba al principio del 9 porque eso constituiría un enlace reanudatorio. Ese tipo de recurso para ralentizar la narración es normal en los idiomas inmediatamente antes de un acontecimiento culminante, y esta aparición de Jesús después de su resurrección es quizá el acontecimiento más culminante del evangelio.

El próximo pasaje se usó ya en § 10.3 (pasaje 5), donde se trató la función de ἐγένετο.

**Pasaje 2: Lc 24,13–17**

(13) Dos de ellos iban aquel mismo día a un pueblo llamado Emaús, que dista sesenta estadios de Jerusalén.

(14) καὶ αὐτοὶ ὡμίλουν πρὸς ἀλλήλους περὶ πάντων τῶν συμβεβηκότων τούτων.
     y   ellos conversaban entre sí acerca de.todos los acontecimientos estos

(15a) καὶ ἐγένετο ἐν τῷ ὁμιλεῖν αὐτοὺς καὶ συζητεῖν
      y   sucedió en el hablar ellos y discutir

---

[4] Agradezco a Pope (c.p.) por hacerme notar la importancia de esta variante.

(15b) καὶ **αὐτὸς*** Ἰησοῦς ἐγγίσας συνεπορεύετο αὐτοῖς,
    +   mismo   Jesús   habiéndose.acercado   iba.con   ellos   (*variante*: con ὁ)

(16) Pero sus ojos estaban como incapacitados para reconocerle. (17) Él les dijo:

«¿De qué vais discutiendo por el camino?»

**Pregunta**

La expresión temporal que sigue a ἐγένετο en el v. 15a repite parte del 14. ¿Qué nombre tiene esa repetición? ¿Cuál es su efecto retórico?

**Respuesta sugerida**: véase el Apéndice bajo 12(2).

## 12.2 El presente histórico

Esta sección sostiene que la motivación principal para usar el presente histórico (PH) es la de *resaltar* y que, especialmente en Marcos y Juan, lo que se resalta no es tanto el discurso o la acción a la que se refiere el PH sino el acontecimiento o grupo de acontecimientos que lo sigue. En otras palabras, como otros recursos empleados para resaltar, el PH generalmente aparece *antes* del acontecimiento o grupo de acontecimientos que tienen significado especial.

«Presente histórico» es el nombre dado al uso del tiempo presente en una narración cuando se esperaría que el verbo estuviera en tiempo pasado o aspecto perfectivo. En griego, eso significa que el verbo normalmente habría estado en aoristo.[5]

En **Mt 26,36a**, por ejemplo, ἔρχεται 'viene' se usa donde el verbo esperado es ἦλθεν 'vino'. Puesto que el género es narrativo, se dice que ἔρχεται está en presente histórico.

(35b) ὁμοίως καὶ πάντες οἱ μαθηταὶ εἶπαν.
    igualmente + todos los discípulos dijeron

(36a) Τότε ἔρχεται μετ' αὐτῶν ὁ Ἰησοῦς εἰς χωρίον λεγόμενων Γεθσημανί
    Entonces viene con ellos el Jesús a terreno llamado Getsemaní

El PH no es distintivo del griego del NT, ya que también se encuentra en textos narrativos en griego clásico y en la traducción LXX del AT.[6] La frecuencia del PH en los evangelios y en Hechos es como sigue:[7]

   Mateo     93   (incluyendo 68 verbos de lengua[8] como λέγει 'dice')
   Marcos     151   (incluyendo 72 verbos de lengua)
   Lucas-Hechos   22   (incluyendo 17 verbos de lengua)
   Juan      162   (incluyendo 127 verbos de lengua).

Nota. Es normal dividir los PH en griego en dos grupos: los que introducen discursos referidos (los 'PH de lengua' de aquí en adelante) y los que involucran a otros verbos.[9]

---

[5] Poggi 2011:113. Alexandre Júnior (2016:250) utiliza el término «presente aorístico». En su uso no-marcado, en cambio, «El presente de indicativo es más exactamente 'el imperfecto del tiempo presente'» (2016:248–249).
[6] Fanning 1990:226–239.
[7] Las cifras son de Hawkins (1909), citadas por Fanning (1990:234n75).
[8] *Glosario* RA, p. 115.
[9] Campbell (2008:66) distingue entre los PH «que introducen discursos y los que emplean lexemas de propulsión».

Por regla general los gramáticos asocian el PH con dos rasgos:[10]
- fronteras discursivas
- prominencia.

Estos rasgos se tratan a continuación.

## Fronteras discursivas

Thackeray dijo que la función principal de los PH es introducir «un nuevo párrafo en la narración»,[11] mientras que Porter escribe: «Las formas verbales de tiempo a menudo cambian (p.ej., aoristo a presente, y así sucesivamente) para indicar las fronteras discursivas».[12] Porter cita Mc 7,1 como un caso en el que el «presente histórico (συνάγονται) introduce un nuevo extracto, habiendo el anterior (que va por lo menos hasta Mc 6,53) terminado con una serie de formas de tiempo aoristo e imperfecto». De la misma manera, Poggi dice que, en Lc 8,49 el PH «ἔρχεται ['viene'] señala un cambio de escena, con el ingreso de un nuevo actor».[13]

Sin embargo, Porter también observa: «Algunos han sostenido que el presente histórico se usa para marcar cambios significativos en el flujo de la narración. Mientras que ... esta categoría debe ser tenida en cuenta cuando se formula una explicación de este uso [del PH], los casos en los que no marca un cambio son demasiado manifiestos para respaldar este esquema como una explicación suficiente».[14] En **Mc 2,1–4**, por ejemplo, los PH de los 3 y 4b se usan solamente *después* de que el episodio ha empezado y no son contiguos, estando separados por un verbo en aoristo (4a).

(1–2)   Entró de nuevo en Cafarnaún, y al poco tiempo se supo (ἠκούσθη) que estaba en casa. Se juntaron (συνήχθησαν) tantos que ni siquiera ante la puerta había ya sitio, y les anunciaba (ἐλάλει) la palabra.

(3)   καὶ ἔρχονται φέροντες πρὸς αὐτὸν παραλυτικὸν αἰρόμενον ὑπὸ τεσσάρων.
y vienen trayendo adonde él paralítico llevado por cuatro

(4a)   Al no poder presentárselo a causa de la multitud, destecharon (ἀπεστέγασαν) el techo encima de donde él estaba

(4b)   καὶ ἐξορύξαντες χαλῶσι τὸν κράβαττον ὅπου ὁ παραλυτικὸς κατέκειτο.
y habiendo.abierto bajan la camilla donde el paralítico yacía

En Mateo, casi todos los PH que no involucran un verbo de lengua aparecen en una frontera de párrafo reconocida. No obstante, esto no implica que el PH *marque* la frontera, puesto que otros rasgos que tienden a aparecer en dichas fronteras también se encuentran presentes; por ejemplo, τότε (como en Mt 26,36a arriba [véase § 6.1.1]), un punto de transición temporal (Mt 3,1, Mt 17,1, Mt 25,11, Mt 25,19) o un genitivo absoluto (Mt 2,13, Mt 2,19). Mt 26,40 (καὶ ἔρχεται 'y viene') es una excepción.

Por lo tanto, llego a la conclusión de que no es la presencia del PH en sí lo que indica la frontera. Más bien, la naturaleza de su función como marcador de prominencia (véase a continuación) lleva a menudo a que aparezca al principio de un párrafo. (Véase en § 17.2.10 más discusión sobre cambios de formas de tiempo, sea del aoristo al PH o *viceversa*, como prueba que respalda la presencia de una frontera).

---

[10] Porter (1992:30–31) habla de *cuatro* propuestas en cuanto al uso del PH: uso dramático, «reducción del tiempo verbal» (del pasado al presente), cambio de escenario o de carácter, y aspecto verbal.

[11] Thackeray 1921:21.

[12] Porter 1992:301.

[13] Poggi 2011:113.

[14] Porter 1992:31.

## 12.2 El presente histórico

### Prominencia

En cuanto a la relación entre los PH y la prominencia, Porter escribe: «Mientras que el aoristo se usa simplemente en su función narrativa común, la forma presente atrae más atención a la acción a la que se refiere».[15] Cita **Hch 10,11** como un caso en el que el PH se usa «para resaltar la visión de Pedro» (véase también § 12.2.2).

(9) Al día siguiente, mientras ellos iban de camino y se acercaban a la ciudad, subió (ἀνέβη) Pedro a la terraza, a eso de la hora sexta, para hacer oración. (10) Estando allí, sintió (ἐγένετο) hambre y quiso (ἤθελεν) comer. Mientras se lo preparaban, le sobrevino (ἐγένετο) un éxtasis

(11) y ve (καὶ θεωρεῖ) el cielo abierto y cómo bajaba hacia la tierra una cosa parecida a un gran lienzo, atado por las cuatro puntas, (12) dentro del cual había toda suerte de cuadrúpedos, reptiles y aves.

(13) Y le vino (ἐγένετο) una voz: «Levántate, Pedro, mata y come».

Sin embargo, especialmente en Marcos y Juan, el PH «*no* atrae la atención al acontecimiento al que el verbo en PH se refiere, puesto que esos acontecimientos, en sí mismos, no son particularmente importantes – *ir, decir, reunirse, ver, etc.* ... [T]iene una función *catafórica*; es decir que señala más allá de sí mismo en la narración, dirige la atención a lo que sigue».[16] En **Mc 1,21**, por ejemplo, no es la acción de entrar en Cafarnaún (21a) lo que es especialmente importante. Más bien, la presencia del PH apunta más allá de sí mismo y dirige la atención a los acontecimientos subsiguientes que se realizarán en Cafarnaún.

(20) Al instante (Jesús) los llamó (ἐκάλεσεν). Entonces ellos, dejando a su padre Zebedeo en la barca con los jornaleros, se fueron tras él (ἀπῆλθον).

(21a) Καὶ εἰσπορεύονται εἰς Καφαρναούμ·
Y entran en Cafarnaún

(21b) y entró el sábado en la sinagoga y se puso a enseñar (ἐδίδασκεν).

(22) Y quedaban asombrados (ἐξεπλήσσοντο) de su doctrina, porque les enseñaba como quien tiene autoridad, y no como los escribas.

Otros casos en los que el acontecimiento presentado por el PH parece que es particularmente insignificante incluyen Mc 8,6 (*SBU*: manda [παραγγέλλει] a la gente recostarse en el suelo) y Lc 7,40 (ὁ δέ, Διδάσκαλε, εἰπέ, φησίν 'y él: «Di, maestro» dice'). En ambos casos, lo que se resalta es lo que sigue al acontecimiento o al discurso asociado con el PH. (Véase § 15.1 sobre la manera en que la distribución de referencias articuladas e inarticuladas a hablantes en Juan proporciona pruebas adicionales de que los PH no resaltan el discurso que introducen sino un discurso o acontecimiento posterior).[17]

Sin embargo, Callow también dice: «Mientras que la mayoría de los PH de lengua son catafóricos, Johnson sostiene que cuando un PH de lengua da el cierre a un intercambio verbal ... el contenido es importante en sí mismo».[18]

---

[15] Porter 1992:31.

[16] John Callow 1996:2.

[17] El efecto catafórico de usar un PH se sigue naturalmente al representar un acontecimiento o discurso como incompleto (el tiempo presente tiene típicamente aspecto imperfectivo [cf. § 10.2.2]).

[18] John Callow 1996:2, refiriéndose a Johnson 1984. Los PH que introducen discursos finales no se consideran catafóricos en el sentido de que dirigen la atención al discurso que introducen. Por el contrario, como Johnson dice, la mayoría de los PH de lengua miran más allá del discurso que introducen a los discursos o los acontecimientos subsiguientes.

En **Mc 2,15–18**, por ejemplo, parecería que el uso de λέγει en el **17** subraya el discurso de Jesús, no el episodio de los 18ss que lo siguen. (Véase también la referencia a Jesús por nombre [§ 8.3]).

(15–16) Sucedió que estando él a la mesa en casa de Leví, muchos publicanos y pecadores estaban reclinados a la mesa (συνανέκειντο) con Jesús y sus discípulos, pues eran muchos los que le seguían. Al ver los escribas de los fariseos que comía con los pecadores y publicanos, decían (ἔλεγον) a los discípulos: «¿Es que come con los publicanos y pecadores?»

(17) καὶ ἀκούσας ὁ Ἰησοῦς λέγει αὐτοῖς,

 y oyendo el Jesús dice –les:

«No necesitan médico los que están fuertes, sino los que están mal; no he venido a llamar a justos, sino a pecadores.»

(18) {Este nuevo episodio tiene que ver con la razón por la cual los discípulos de Jesús no ayunan, siendo así que los discípulos de Juan y los de los fariseos practican el ayuno.}

No obstante, sugiero que, aun en esos casos, el PH sigue teniendo connotaciones catafóricas. El incidente en Mc 2,15–17 es el primero de cuatro ocasiones en las que Jesús interactúa con los fariseos (siendo las otras Mc 2,18–22, Mc 2,23–28 y Mc 3,1–5), culminando en 3,6: 'En cuanto salieron los fariseos, se confabularon con los herodianos contra él, para ver cómo eliminarlo'. Si el PH de Mc 2,17 tiene connotaciones catafóricas, indica que, aunque se ha alcanzado la conclusión de un incidente, otras escenas relacionadas siguen a continuación. (Véanse en § 14.3 y 15.1 para afirmaciones parecidas en cuanto a los PH que introducen discursos finales en Mateo y Juan).

Concluyo, pues, que la función del PH de Marcos es principalmente catafórica, anticipatoria, apuntando a otra acción relacionada con él.

Fijémonos ahora en la función de los PH cuando el verbo *no es de lengua* en Mateo (§ 12.2.1) y en Juan (§ 12.2.3; los cinco PH presentes en Lucas-Hechos, que no son de lengua, se tratan brevemente en § 12.2.2). Los PH de lengua en Mateo se consideran en § 14.2–3, y los de lengua en Juan en § 15.1.

Mientras que existen semejanzas en la manera en que Mateo y Juan usan el PH, también se observan algunas diferencias importantes. Por ejemplo, mientras que los PH de Mateo marcan como significativo al participante que activan, las implicaciones de usar un PH para activar a un participante en Juan son más bien débiles, ya que las connotaciones catafóricas de usar el PH están más a la vista en este último.

Se identifican en § 12.2.1 varias *condiciones* que deben cumplirse si un PH va a usarse en Mateo. Además, una condición que parece aplicarse en todos los evangelios y en Hechos es la siguiente:

> Se usa [un PH] solo en conexión con *la interacción de dos participantes o grupos de participantes*. En otras palabras, nunca se emplea en situaciones en las que se presentan las acciones o los discursos de un solo participante ...[19]

En consecuencia, no se encuentra ningún PH cuando Jesús ora a su Padre, puesto que no existe respuesta. Tampoco se usa cuando Jesús enseña pero no se da una respuesta de parte de los oyentes. Por lo tanto, no hay un PH en Mt 11,20–30, por ejemplo.

La cuestión del por qué *no* se usa un PH cuando todas las condiciones se cumplen se deja hasta § 14.3, después de haber considerado los PH de lengua.

### 12.2.1 Presentes históricos que no introducen discursos referidos en Mateo

Los PH que no son de lengua en Mateo pueden dividirse en tres categorías, siendo la primera la más común (las dos primeras categorías también se encuentran en Juan [véase § 12.2.3]):

- los PH que *activan* a un participante con un rol significativo a desempeñar, al introducirlo en la escena de una interacción anterior entre participantes

---

[19] John Callow 1996:2.

## 12.2 El presente histórico

- los PH que *trasladan* a participantes activos al lugar de los próximos acontecimientos significativos
- los PH que describen el acontecimiento *final* de una interacción entre participantes cuando otros acontecimientos significativos están por ocurrir.

Lo destacable acerca de estas categorías es que el PH se usa solamente si ha sido precedido por una subsección de un episodio más extenso (véase más abajo). Además, mientras puede haber connotaciones catafóricas en las dos primeras categorías, el participante o el lugar en cuestión es también significativo, en el caso de Mateo.

### La activación de participantes con un PH

Los siguientes párrafos muestran que, para que un PH se use en Mateo para activar a un participante, se tienen que cumplir dos condiciones:

- el participante debe tener un rol activo que desempeñar (toma una iniciativa)
- el participante debe ser introducido en la escena de una interacción anterior entre participantes.

Primero considero algunos ejemplos que cumplen ambas condiciones, donde se usa un PH. En **Mt 3,7-15**, por ejemplo, Jesús es introducido en el 13 en una escena en la que Juan ha estado bautizando a la gente (véase § 6.1 sobre el uso de τότε para asociar subsecciones de un episodio). Además, tiene un rol activo que desempeñar en los acontecimientos subsiguientes de la escena. El PH marca la introducción de Jesús como significativa.

(7–12) {La subsección anterior terminó con lo que Juan dijo [εἶπεν] a los que habían acudido a él para ser bautizados}

(13)  Τότε       παραγίνεται   ὁ    Ἰησοῦς   ἀπὸ    τῆς    Γαλιλαίας   ἐπὶ   τὸν   Ἰορδάνην
      Entonces  llega          el   Jesús    desde  la     Galilea     a     el    Jordán

      πρὸς      τὸν   Ἰωάννην  τοῦ   βαπτισθῆναι    ὑπ    αὐτοῦ.
      a.donde   el    Juan     para.el ser.bautizado  por   él

(14) Pero Juan trataba de impedírselo (διεκώλυεν) …. (15) Respondiendo, Jesús le dijo (εἶπεν) …

Véanse también Mt 9,14, Mt 15,1 y Mt 25,11. (En cada uno de estos ejemplos, la iniciativa tomada por el participante activado con el PH consiste en el discurso introducido al final de la misma oración por un participio como λέγοντες).

Los PH en Mt 26,40 y Mt 26,45 pueden encajar en la misma categoría. En ambos casos, Jesús viene a los discípulos (ἔρχεται πρὸς τοὺς μαθητὰς) con quienes ha estado interactuando y les dice (καὶ λέγει) algo. En el caso del 45, el PH apunta hacia la llegada de los hombres armados dirigidos por Judas (47).[20]

Cuando el participante que se introduce en la escena de una interacción anterior *no* tiene después un rol activo que desempeñar puesto que nunca toma una iniciativa, *no* se usa un PH. Lo podemos ver en **Mt 19,11-15**; los participantes introducidos en el 13 (los niños y los que los presentaron) no tienen parte activa en los acontecimientos en curso, acontecimientos que suponen una interacción entre Jesús y sus discípulos, lo mismo que en la subsección anterior (10-12).

(11–12) {La subsección anterior termina con lo que dijo (εἶπεν) Jesús sobre los eunucos}

(13a) Τότε       προσηνέχθησαν   αὐτῷ   παιδία  ἵνα       **τὰς χεῖρας**  ἐπιθῇ         αὐτοῖς
      Entonces  fueron.traídos   –le    niños   para.que  la mano        pusiera.sobre  ellos

      Καὶ   προσεύξηται·
      y     orara

---

[20] En la ocasión intermedia, Jesús regresa donde los discípulos (Mt. 26,43) y no se usa un PH en la mayoría de los MSS, puesto que no hay una interacción entre ellos; cf. la discusión a continuación de Mt 1,18-20.

(13b) Pero los discípulos los reprendieron (ἐπετίμησαν). (14) Mas Jesús dijo (εἶπεν): «Dejad que los niños vengan a mí ....» (15) Y después de imponerles las manos, se fue (ἐπορεύθη) de allí.

Véase también Mt 12,22. Compárese con Mt 27,38, en el que se activan dos ladrones con un PH pasivo (σταυροῦνται 'están crucificados'), los cuales toman la iniciativa más tarde en el episodio (44).

Una comparación de Mt 2,19 y 1,20 sugiere que, para que se utilice un PH para activar a un participante, debe haber habido una interacción anterior entre participantes. En ambos pasajes, un participante sobrenatural se activa después de un GA. En el caso de **Mt 2,19** (y Mt 2,13), los acontecimientos anteriores forman una subsección de un episodio más grande y se usa un PH.

(17–18) {La subsección anterior termina con una cita de Jeremías que se cumplió (ἐπληρώθη) cuando Herodes mandó matar a los niños (16)}

(19) <u>Τελευτήσαντος</u> δὲ <u>τοῦ Ἡρώδου</u> ἰδοὺ **ἄγγελος κυρίου** φαίνεται
Habiendo.muerto md el Herodes he.ahí ángel de.Señor se.aparece

κατ' ὄναρ τῷ Ἰωσὴφ ἐν Αἰγύπτῳ (20) λέγων,
en sueño al José en Egipto diciendo:

«Prepárate, toma contigo al niño y a su madre, y vete a la tierra de Israel ...»

(21) Él, levantándose, tomó (παρέλαβεν) al niño y a su madre, y entró (εἰσῆλθεν) en tierra de Israel.

En el caso de **Mt 1,20**, en cambio, los 18–19 no describen una interacción anterior entre participantes, sino que son simplemente una parte del escenario para los próximos acontecimientos. Tal vez por esa razón no se emplea un PH en el 20.

(18–19) El origen de Jesucristo fue de la siguiente manera: Estando desposada su madre, María, con José, antes de empezar a estar juntos, se encontró encinta por obra del Espíritu Santo. José, su marido, siendo justo y no queriendo infamarla, resolvió repudiarla en privado.

(20) <u>ταῦτα</u> δὲ <u>αὐτοῦ ἐνθυμηθέντος</u>
estas.cosas md él pensando

ἰδοὺ **ἄγγελος κυρίου** κατ ὄναρ ἐφάνη αὐτῷ λέγων, ...
he.ahí ángel de.Señor en sueño se.apareció –le diciendo

Para resumir, para que se use un PH para activar a un participante en Mateo, hay que cumplir dos condiciones: el participante debe ser introducido en la escena de una interacción anterior entre participantes, y debe tener un rol activo que desempeñar.

Si esa conclusión es válida, el uso de un PH en **Mt 3,1**, que activa a Juan el Bautista, implica que se debe entender el episodio como parte de un todo más amplio, aunque Juan es introducido a un lugar diferente del de los acontecimientos del final del capítulo 2 (Nazaret). «La indicación temporal "por aquellos días" sugiere también que el evangelista no ve ninguna ruptura entre los relatos de la infancia y la aparición, una generación después, del Bautista, sino que enlaza ambas cosas».[21]

(2,23) y fue a residir (κατῴκησεν) en una ciudad llamada Nazaret, para que se cumpliese lo dicho por los profetas, que *Será llamado nazoreo.*

---
[21] Luz 1993:I.202.

## 12.2 El presente histórico

(3,1) Ἐν δὲ ταῖς ἡμέραις ἐκείναις παραγίνεται Ἰωάννης ὁ βαπτιστὴς
En md los días aquellos viene Juan el Bautista

κηρύσσων ἐν τῇ ἐρήμῳ τῆς Ἰουδαίας (2) [καὶ] λέγων,
predicando en el desierto de.la Judea y diciendo:

«Convertíos, porque ha llegado el Reino de los Cielos».

### El traslado de participantes activos a otro lugar con un PH

A veces, cuando Jesús ha estado interactuando con otras personas, se usa un PH para trasladar a todos los participantes al *lugar* de los próximos acontecimientos significativos en los que estarán involucrados. El PH da prominencia a los acontecimientos que se realizarán en ese lugar. A menudo, subraya también el propio lugar debido a su relevancia para los próximos acontecimientos.

En **Mt 26,36**, por ejemplo, se usan dos PH: uno para trasladar a todos los participantes activos a Getsemaní y otro para introducir el discurso inicial de Jesús a sus discípulos. Estos PH se interpretan fácilmente en tanto que apuntan hacia delante y resaltan la agonía de Jesús (37ss). Además, el sitio mismo es relevante para los próximos acontecimientos, ya que será el lugar a donde Judas llevará un grupo armado para arrestar a Jesús.

(35) {La subsección anterior termina cuando Pedro dice (λέγει)[22] a Jesús: «Aunque tenga que morir contigo, no pienso negarte». Lo mismo dijeron (εἶπαν) todos los discípulos.}

(36) Τότε ἔρχεται μετ' αὐτῶν ὁ Ἰησοῦς εἰς χωρίον λεγόμενον Γεθσημανί
Entonces viene con ellos el Jesús a terreno llamado Getsemaní

καὶ λέγει τοῖς μαθηταῖς,
y dice a.los discípulos:

«Sentaos aquí, mientras voy allá a orar».

(37) Y tomando consigo a Pedro y a los dos hijos de Zebedeo, comenzó (ἤρξατο) a sentir tristeza y angustia.

Véanse también Mt 4,5 y Mt 4,8 (con πάλιν 'otra vez').[23]

Cuando Jesús y los discípulos se trasladan a un nuevo lugar en Mt 13,36, en cambio, no se usa un PH (Τότε ἀφεὶς τοὺς ὄχλους ἦλθεν εἰς τὴν οἰκίαν 'Entonces, después de despedir a la multitud, entró en la casa'). Esto podría ser porque el lugar no es importante para los próximos acontecimientos o porque no se da prominencia especial a la interpretación de la parábola de la cizaña en el campo (36–43).

### El acontecimiento final de una interacción en PH

En dos ocasiones, se usa un PH en Mateo en conexión con el acontecimiento *final* de una interacción entre participantes. En ambos pasajes parece que el PH no se usa para resaltar el acontecimiento final en sí, sino para dirigir la atención hacia delante y realzar los próximos acontecimientos.

En **Mt 3,13–17**, por ejemplo, el acontecimiento presentado con el PH (15) termina una interacción entre Juan y Jesús. El PH dirige la atención hacia delante y destaca la venida del Espíritu Santo sobre Jesús y la voz del cielo (16–17).

(13) Por entonces viene (παραγίνεται) Jesús de Galilea al Jordán, a donde Juan, para ser bautizado por él.

---

[22] Cf. § 14.2 sobre el uso del PH de lengua en Mt 26,35.
[23] Algunos MSS también tienen un PH (λέγει) en Mt 4,9, lo cual daría como resultado que todos los acontecimientos y los discursos de los 8–11a sean presentados con un PH.

(14)    Juan trataba de impedírselo (διεκώλυεν) .... (15a) Pero respondiendo Jesús, le dijo (εἶπεν): «Deja ahora, pues conviene que así cumplamos toda justicia».

(15b)   τότε     ἀφίησιν   αὐτόν.
        entonces deja      –lo

(16–17) Una vez bautizado Jesús, subió (ἀνέβη) del agua. En esto se abrieron (ἠνεῴχθησαν) los cielos …

Véase también Mt 4,11a (Τότε ἀφίησιν αὐτὸν ὁ διάβολος 'Entonces el diablo lo deja'), que termina la interacción entre el diablo y Jesús, y dirige la atención hacia delante a la llegada de los ángeles para servirle (véase también el uso de ἰδού en el 11b).

**Preguntas de repaso**

(a) Si un PH se usa para activar a un participante en Mateo, ¿eso qué implica?

(b) Si un PH se usa para trasladar a participantes activos a otro lugar, ¿a qué le da prominencia?

**Respuestas sugeridas**

(a) Si un PH se usa para activar a un participante en Mateo, eso implica que el participante va a tener un rol importante que desempeñar en los acontecimientos siguientes. Más aún, un PH solo se emplea si el participante es introducido en la escena de una interacción anterior.

(b) Si un PH se usa para trasladar a participantes activos a otro lugar, eso da prominencia a los acontecimientos que se realizarán en ese lugar, o incluso al lugar mismo debido a su importancia para los próximos acontecimientos.

Nótese el uso del PH en los pasajes siguientes y después contéstense las preguntas.

**Pasaje ilustrativo 3: Mt 25,14–20**

(14–18) {Un hombre encomendó (παρέδωκεν) su hacienda a tres siervos. Dos ganaron (ἐκέρδησεν) más talentos, mientras que el tercero escondió (ἔκρυψεν) el dinero en la tierra.}

(19)    μετὰ       δὲ  πολὺν  χρόνον  ἔρχεται ὁ   κύριος  τῶν     δούλων   ἐκείνων
        después.de md  mucho  tiempo  viene   el  señor   de.los  siervos  aquellos

        καὶ συναίρει λόγον   μετ' αὐτῶν.
        y   ajusta   palabra con  ellos

(20)    Se llegó el que había recibido cinco talentos y presentó (προσήνεγκεν) otros cinco, diciendo: 'Señor, cinco talentos me entregaste; aquí tienes otros cinco que he ganado'.

**Pregunta**

¿Por qué se usan dos PH en el v. 19?

**Respuesta sugerida**

Se usan dos PH en el v. 19 para reactivar al señor de los siervos (después de una interacción anterior entre los participantes) y para indicar que él tiene un rol activo que desempeñar.

## 12.2 El presente histórico

**Pasaje 4: Mt 16,28–17,2**

(28) «Os aseguro que algunos de los aquí presentes no gustarán la muerte hasta que vean al Hijo del hombre venir en su Reino».

(1a) Καὶ μεθ' ἡμέρας ἓξ παραλαμβάνει ὁ Ἰησοῦς τὸν Πέτρον καὶ Ἰάκωβον
    Y después.de días seis toma el Jesús al Pedro y a.Santiago

(2) Y se transfiguró (μετεμορφώθη) delante de ellos ...

**Pregunta**

¿Qué implica la presencia de los PH en el v. 1?

**Respuesta sugerida: véase el Apéndice bajo 12(4).**

### 12.2.2 Presentes históricos que no introducen discursos referidos en Lucas y Hechos

Solamente cinco PH que no son de lengua se encuentran en Lucas y Hechos. Todos tienen que ver con la introducción de información significativa por derecho propio en una escena existente, que lleva a otros acontecimientos importantes:

- la llegada de alguien trayendo la noticia de que la hija del jefe de la sinagoga ha muerto (Lc 8,49)
- la visión de Abrahán y de Lázaro en su seno (Lc 16,23)
- la visión de los lienzos solos (Lc 24,12)
- la visión del cielo abierto y de algo semejante a un lienzo que descendía (Hch 10,11)
- el descubrimiento de muchos gentiles reunidos para escuchar a Pedro (Hch 10,27), lo cual lleva al discurso de Pedro en los 28–29.

Por lo tanto, parece que aunque un PH rara vez se utiliza en Lucas y Hechos, aquellos que aparecen funcionan más o menos de la misma manera que los que se encuentran en Mateo, a saber, para marcar como significativa la información asociada con el PH y para realzar lo que sigue.

### 12.2.3 Presentes históricos que no introducen discursos referidos en Juan

Los PH en Juan, sea que introduzcan un discurso referido o no, son generalmente catafóricos; es decir que dirigen la atención hacia delante y resaltan lo que sigue.

Una diferencia entre Juan y Mateo consiste en que, en Juan, los PH que no son de lengua van seguidos, a menudo inmediatamente, por un PH de lengua. En Mateo, en cambio, esto solo sucede en conexión con el traslado de participantes activos al lugar de los próximos acontecimientos significativos. (Véase en § 15.1 una discusión sobre si el PH en orientadores de discurso es catafórico o no).

Otra diferencia entre Juan y Mateo estriba en que las condiciones para el uso de un PH son menos estrictas en Juan que en Mateo. Por lo tanto, aunque los PH con verbos que no son de lengua en Juan pueden dividirse en tres categorías, siendo la primera la más común, las condiciones impuestas son más débiles:

- los que *activan* a un participante al introducirlo en la escena de una interacción anterior entre dos participantes (sea que desempeñe un rol importante o no)
- los que *trasladan* a participantes activos al lugar de los próximos acontecimientos significativos
- otros que describen acontecimientos que llevan inmediatamente a un acontecimiento resaltado.

Como en Mateo, la mayoría de los PH que no son de lengua en Juan activan a participantes *al introducirlos en una escena existente*. En **Jn 6,16–21**, por ejemplo, Jesús es introducido en el 19a como el complemento de θεωροῦσιν en la escena en que los discípulos están luchando contra los elementos.

(16–18) Al atardecer, bajaron (κατέβησαν) sus discípulos a la orilla del mar y, subiendo a una barca, se dirigían (ἤρχοντο) al otro lado del mar, a Cafarnaún. Había ya oscurecido (ἐγεγόνει), y Jesús todavía no había llegado (ἐληλύθει). Soplaba un fuerte viento y el mar comenzó a encresparse (διεγείρετο).

(19a)   ἐληλακότες        οὖν    ὡς    σταδίους   εἴκοσι πέντε  ἢ   τριάκοντα
        habiendo.remado   pues   como  estadios   veinticinco   o   treinta

        θεωροῦσιν   τὸν   Ἰησοῦν   περιπατοῦντα   ἐπὶ     τῆς   θαλάσσης
        ven         al    Jesús    andando        sobre   el    mar

        καὶ   **ἐγγὺς**     **τοῦ**   **πλοίου**   γινόμενον,
        y     cercano.a     la        barca        haciéndose

(19b) y sintieron miedo (ἐφοβήθησαν). (20) Pero él les dice (λέγει): «Yo soy; no temáis».

(21) Quisieron recogerle (ἤθελον) en la barca, la cual en seguida llegó (ἐγένετο) en el lugar a donde se dirigían.

De la misma manera, después del prólogo del evangelio (Jn 1,1–14), Juan Bautista es activado en Jn 1,15 con un PH que lo relaciona con la escena existente (μαρτυρεῖ περὶ αὐτοῦ 'da testimonio de él [la Palabra]'), como son activados asimismo Jesús en Jn 1,29, Simón en Jn 1,41, Felipe en Jn 1,43 y Natanael en Jn 1,45. Véanse también Jn 2,9 (el novio), Jn 4,7 (una mujer de Samaría), Jn 5,14 (Jesús), Jn 8,3 (una mujer sorprendida en adulterio), Jn 9,13 (los fariseos), Jn 12,22a (Andrés), Jn 12,22b (Jesús), Jn 13,6 (Simón Pedro), Jn 13,26 (Judas), Jn 18,3 (Judas y los que estaban con él), Jn 20,1 (María Magdalena), Jn 20,2 (Simón Pedro y el discípulo a quien Jesús amaba), Jn 20,6 (nuevamente Simón Pedro), Jn 20,12 (dos ángeles), Jn 20,14b (Jesús), Jn 20,18 (los discípulos), Jn 20,26 (Jesús) y Jn 21,20 (el discípulo a quien Jesús amaba).

Algunos complementos significativos también se introducen con un PH. Véanse Jn 20,1 (la piedra retirada del sepulcro) y Jn 20,5 y Jn 20,6 (los lienzos en el sepulcro).

Al principio de un episodio, en cambio, los participantes se activan sin un PH. Véase, por ejemplo, **Jn 2,1–2**, donde la madre de Jesús, Jesús y sus discípulos se activan sin un PH. (Ya comenzado el episodio, los siervos luego se activan como los oyentes de λέγει en el 5).

(1) <u>Tres días después</u> se celebró (ἐγένετο) una boda en Caná de Galilea, y estaba (ἦν) allí la madre de Jesús. (2) Fueron invitados (ἐκλήθη) también a la boda Jesús y sus discípulos.

De la misma manera, Nicodemo se activa sin un PH en Jn 3,1.

Los participantes que se activan con un PH son de distinta importancia. En Jn 6,19a (arriba), Jesús es muy significativo, como es también la acción que realiza. En **Jn 2,9b**, en cambio, el novio no tiene un rol activo que desempeñar (en Mateo, el participante debe tener un rol activo antes de que se use un PH [§ 12.2.1]). Más bien, lo significativo es aquello que se le dice (10), también introducido con un PH.[24]

(9a) Cuando el maestresala probó el agua convertida en vino, como ignoraba de dónde era (los sirvientes, los que habían sacado el agua, sí que lo sabían),

(9b)   φωνεῖ    τὸν   νυμφίον   ὁ    ἀρχιτρίκλινος
       llama    al    novio     el   maestresala

---

[24] El PH que introduce el discurso de Jn 2,10 puede también ser catafórico, dirigiendo la atención hacia delante a la conclusión del 11 ('Éste fue el comienzo de los signos que realizó Jesús, en Caná de Galilea; así manifestó su gloria y creyeron en él sus discípulos').

## 12.2 El presente histórico

(10) καὶ λέγει αὐτῷ,
     y   dice  –le:

«Todos sirven primero el vino bueno, y cuando ya están bebidos, el inferior. Tú, en cambio, has reservado el vino bueno hasta ahora.»

De la misma manera, en **Jn 12,20–28**, aunque se usan varios PH en los 22–23 para activar a Andrés y reactivar a Jesús, lo más significativo es lo que Jesús dice después (23–28a), y en particular, la respuesta del 28b, puesto que también se introduce con un PH.[25]

(20) Había (ἦσαν) entre los que subían a adorar en la fiesta algunos griegos. (21) Éstos, pues, se dirigieron (προσῆλθον) a Felipe, el de Betsaida de Galilea, y le rogaron (ἠρώτων), diciendo: «Señor, queremos ver a Jesús».

(22a) ἔρχεται ὁ Φίλιππος καὶ λέγει τῷ Ἀνδρέᾳ,
     viene el Felipe y dice al Andrés

(22b–c) ἔρχεται Ἀνδρέας καὶ Φίλιππος καὶ λέγουσιν τῷ Ἰησοῦ.
     viene(n) Andrés y Felipe y dicen al Jesús

(23) ὁ δὲ Ἰησοῦς ἀποκρίνεται[26] αὐτοῖς λέγων,
     El md Jesús responde –les diciendo:

«Ha llegado la hora de que el Hijo del hombre sea glorificado …. (28a) Padre, glorifica tu Nombre.»

(28b) ἦλθεν οὖν φωνὴ ἐκ τοῦ οὐρανοῦ,
     vino entonces voz de el cielo:

«Lo he glorificado y de nuevo lo glorificaré».

Por lo tanto, parece que el efecto retórico del uso de un PH para activar a un participante en Juan consiste en resaltar, pero el lector debe deducir del contexto aquello realzado. En particular, el participante activado con el PH no tiene por qué realizar los próximos acontecimientos significativos o expresar un discurso importante.

En algunos casos, cuando Jesús ya ha sido activado, se usa un PH para llevarlo al *lugar* de los próximos acontecimientos significativos. En **Jn 4,1–6**, por ejemplo, se usa un PH en el 5 para llevarlo al pueblo de Sicar. Este es el lugar de la próxima interacción significativa de su ministerio.

(1) Cuando el Señor se enteró de que había llegado a oídos de los fariseos: «Jesús hace más discípulos y bautiza más que Juan» – (2)aunque no era Jesús mismo el que bautizaba, sino sus discípulos, – (3) abandonó (ἀφῆκεν) Judea y se fue (ἀπῆλθεν) otra vez a Galilea. (4) Y le era necesario (ἔδει) pasar por Samaría.

(5) ἔρχεται οὖν εἰς πόλιν τῆς Σαμαρείας λεγομένην Συχὰρ
     viene pues a pueblo de.la Samaría llamada Sicar
cerca de la heredad que Jacob legó a su hijo José.

(6a) Estaba (ἦ) allí el pozo de Jacob. Jesús, cansado de tanto andar, se sentó (ἐκαθέζετο) junto al pozo.

---

[25] Pope (c.p.) sugiere un posible paralelo entre una cadena de PH como la que se encuentra en Jn 12,22–23 y una serie de τέ como la que se encuentra en Hch 21,30–31 (cf. § 6.3). Ambas repeticiones tienen el efecto retórico de aumentar la tensión en anticipación del próximo desarrollo significativo.

[26] ἀπεκρίνατο en D (véase § 14.1, nota 5).

Véanse también Jn 11,38 (Jesús viene al sepulcro de Lázaro) y Jn 18,28 (llevan a Jesús al pretorio con el que Pilato está asociado, como lo sugiere la referencia articulada al mismo en el 29). En ambos ejemplos, el lugar en sí es importante solo en la medida en que allí se realizarán acontecimientos importantes, así que se puede considerar que el PH tiene una función catafórica.

Por último, considérese **Jn 13,1–7** (más abajo). Parece que los PH tienen una función catafórica en las oraciones 4a y 4b y otra vez en el 5a para resaltar el acontecimiento aorístico que las sigue inmediatamente (4c y 5b respectivamente). Se consigue un efecto parecido en los 6b–7 (véase § 15.1).[27]

(1)   Antes de la fiesta de la Pascua, sabiendo Jesús que había llegado su hora de pasar de este mundo al Padre, como había amado a los suyos que estaban en el mundo, los amó (ἠγάπησεν) hasta el final.

(2–3) Durante la cena, cuando ya el diablo había metido en el corazón de Judas Iscariote, hijo de Simón, el propósito de entregarle, sabiendo Jesús que el Padre había puesto todo en sus manos y que había salido de Dios y a Dios volvía,

(4a)  ἐγείρεται   ἐκ   τοῦ   δείπνου
      se.levanta  de   la    cena

(4b)  καὶ  τίθησιν        τὰ ἱμάτια
      y    pone (aparte)  el manto

(4c)  καὶ  λαβὼν    λέντιον  διέζωσεν  ἑαυτόν·
      y    tomando  toalla   ciñó      a.sí.mismo

(5a)  εἶτα   βάλλει  ὕδωρ  εἰς  τὸν  νιπτῆρα
      luego  echa    agua  en   la   palangana

(5b)  καὶ  ἤρξατο   νίπτειν  τοὺς  πόδας  τῶν    μαθητῶν
      y    comenzó  a.lavar  los   pies   de.los discípulos

      καὶ  ἐκμάσσειν  τῷ      λεντίῳ    ᾧ        ἦν      διεζωσμένος.
      y    a.enjugar  con.la  toalla    con.que  estaba  ceñido

(6a)  ἔρχεται  οὖν   πρὸς  Σίμωνα  Πέτρον·
      viene    pues  a     Simón   Pedro

(6b)  Le dice (λέγει): «Señor, ¿tú me lavarás los pies?»

(7)   Jesús respondió (ἀπεκρίθη) …

## Preguntas de repaso

(a) Cuando se usa un PH que no es de lengua en Juan para activar a un participante, ¿tiene necesariamente el participante una parte activa que desempeñar en los acontecimientos subsiguientes?

(b) Cuando se usa un PH que no es de lengua para trasladar a Jesús a otro lugar, ¿qué implica eso?

## Respuestas sugeridas

(a) Cuando se usa un PH que no es de lengua en Juan para activar a un participante, el participante en cuestión no tiene necesariamente una parte activa en los acontecimientos subsiguientes.

---

[27] Un PH se usa en el 6a para activar a Simón Pedro (véase más arriba). Cf. también Ap 12,4 (καὶ ἡ οὐρὰ αὐτοῦ σύρει τὸ τρίτον τῶν ἀστέρων τοῦ οὐρανοῦ καὶ ἔβαλεν αὐτοὺς εἰς τὴν γῆν 'y su cola arrastra la tercera parte de las estrellas del cielo y las precipitó sobre la tierra').

## 12.2 El presente histórico

(b) Cuando se usa un PH que no es de lengua para trasladar a Jesús a otro lugar, eso implica que allí se realizarán acontecimientos importantes que lo involucran.

Nótese la presencia de los PH que no son de lengua en los siguientes pasajes ilustrativos.

**Pasaje ilustrativo 5: Jn 20,24–26**

(24) Tomás, uno de los Doce, llamado el Mellizo, no estaba con ellos cuando vino Jesús.

(25a) Los otros discípulos le decían (ἔλεγον): «¡Hemos visto al Señor!»

(25b) Pero él les dijo (εἶπεν): «Si no veo en sus manos la señal de los clavos y no meto mi dedo en el agujero de los clavos y mi mano en su costado, no creeré».

(26a) Ocho días después, estaban (ἦσαν) otra vez sus discípulos dentro y Tomás con ellos.

(26b) ἔρχεται ὁ Ἰησοῦς τῶν θυρῶν κεκλεισμένων
viene el Jesús las puertas estando.cerradas

(26c) καὶ ἔστη εἰς τὸ μέσον καὶ εἶπεν, Εἰρήνη ὑμῖν.
y se.puso en el medio y dijo: «La paz con vosotros».

**Pregunta**

¿Por qué se usa un PH en el v. 26b?

**Respuesta sugerida**

Se usa un PH en el 26b para introducir a Jesús en la escena de una interacción anterior entre los participantes y para indicar que tiene un rol importante que desempeñar.

**Pasaje ilustrativo 6: Jn 21,7b–14 (SBU)**

(7b) Simón Pedro, al oír que «Es el Señor», se vistió (διεζώσατο) —pues estaba desnudo— y se lanzó (ἔβαλεν) al mar. (8) Los demás discípulos vinieron (ἦλθον ἔβαλεν) en la barca, arrastrando la red con los peces …

(9) ὡς οὖν ἀπέβησαν εἰς τὴν γῆν
cuando pues desembarcaron en la tierra

βλέπουσιν ἀνθρακιὰν κειμένην καὶ ὀψάριον ἐπικείμενον καὶ ἄρτον.
ven brasas puestas y pescado puesto.encima y pan

(10) λέγει αὐτοῖς ὁ Ἰησοῦς,
dice –les el Jesús:
«Traed algunos de los peces que acabáis de pescar».

(11) Subió (ἀνέβη) Simón Pedro y sacó (εἵλκυσεν) la red a tierra, llena de peces grandes: ciento cincuenta y tres. Y, aun siendo tantos, no se rompió la red.

(12a) λέγει αὐτοῖς ὁ Ἰησοῦς,
dice –les el Jesús:
«Venid, comed».

(12b) Ninguno de los discípulos se atrevía a preguntarle: «¿quién eres tú?», pues sabían que era el Señor.

(13) ἔρχεται   Ἰησοῦς   καὶ   λαμβάνει   τὸν   ἄρτον   καὶ   δίδωσιν   αὐτοῖς,
    viene    Jesús    y    toma    el    pan    y    da    –les

καὶ   τὸ ὀψάριον   ὁμοίως.
y    el pescado    asimismo

(14) Ésta era ya la tercera vez que Jesús se manifestó (ἐφανερώθη) a los discípulos después de resucitar de entre los muertos.

**Preguntas**

(a) ¿Por qué se usa un PH en el v. 9?

(b) ¿Por qué se usan dos PH en el 13?

(c) ¿Cuál es el significado de la referencia inarticulada a Jesús en el 13 (*SBU*)? (Compárese con las referencias articuladas a Jesús en los 10 y 12).

**Respuestas sugeridas**

(a) Se usa un PH en el 9 para introducir en la escena en curso unos objetos importantes. Esos objetos son las brasas y especialmente el pescado y el pan.

(b) El primer PH del 13 lleva Jesús a donde se sitúan el pan y el pescado, implicando que los acontecimientos a realizar allí son importantes. Puesto que la serie de PH continúa, parece que la acción de dar el pan a los discípulos adquiere importancia especial. Alternativamente, los PH dirigen la atención a la conclusión del 14.

(c) La referencia inarticulada a Jesús en el 13 (*SBU*) tiene el efecto de resaltar los acontecimientos que realiza («es el punto en que culmina la perícopa» (Santos y Barreto 1987:902).

# PARTE V:
# CONVERSACIÓN REFERIDA

Las conversaciones referidas tienden a no estructurarse como los acontecimientos narrativos corrientes. En el caso del NT griego, ya hemos observado (§ 8.2) que la codificación por defecto de referencias a un hablante que ha sido el oyente anterior es a menudo un artículo pronominal, en vez de un GN, aunque este último sea la norma para otros cambios de sujeto. Más aún, muchos de los ejemplos del presente histórico involucran a verbos de lengua (véanse las estadísticas citadas en § 12.2). En otras palabras, estos verbos frecuentemente introducen discursos referidos. Así, puesto que las conversaciones ocupan una buena parte de los evangelios y Hechos, es importante que comprendamos la importancia de las maneras en que éstas se tratan.

Veamos ahora algunos términos.

El término *conversación cerrada* se refiere a una conversación que tiene solo dos hablantes (o grupos). El hablante de cada discurso es el oyente del anterior, y *viceversa*. Hch 10,3–6 ofrece un ejemplo de una conversación cerrada; el ángel y Cornelio se dirigen el uno al otro alternativamente.

**Pasaje 1: Hch 10,3–6**

(3)   … contempló claramente en una visión cómo un ángel de Dios entraba en su casa y le llamaba: «Cornelio».

(4a)   ὁ    δὲ …  εἶπεν,
       él   md   dijo:
       «¿Qué pasa, Señor?»

(4b–6) εἶπεν δὲ    αὐτῷ,
       dijo   md   –le:
       «Tus oraciones y tus limosnas han subido como memorial ante la presencia de Dios …»

Lc 15,21–23 es un ejemplo de una conversación que *no* es cerrada, puesto que los oyentes de los 22–23 (los siervos) no se involucraron en la conversación antes de ese punto (a diferencia del hijo).

**Pasaje 2: Lc 15,21–23**

(21)   El hijo le dijo: «Padre, he pecado contra el cielo y ante ti. Ya no merezco ser llamado hijo tuyo ...»

(22–23)   εἶπεν   δὲ   ὁ   πατὴρ   πρὸς   τοὺς   δούλους   αὐτοῦ,
dijo   md   el   padre   a   los   siervos   suyos:
«Daos prisa. Traed el mejor traje y vestidle ...»

Para que una conversación sea *compacta*, debe ser cerrada, donde el oyente anterior se convierte en el hablante y *viceversa*. Además, el hablante que sigue «toma el asunto del discurso anterior y desarrolla la conversación a partir del punto en que la dejó el último hablante».[1]

El pasaje 1 (arriba) es una conversación compacta, puesto que Cornelio responde al ángel siguiendo la línea del saludo, mientras que el ángel a su vez contesta la pregunta de Cornelio.

Hch 9,10b–14 (pasaje 3 más abajo) no es una conversación compacta. Aunque empieza de la misma manera que el pasaje 1, cuando Ananías responde al Señor siguiendo la misma línea del saludo y después el Señor le da instrucciones, entonces Ananías rompe la naturaleza compacta del intercambio poniendo una objeción (13–14). Veremos en § 14.1 que, cuando un discurso de los evangelios sinópticos y Hechos se introduce con una forma de ἀποκρίνομαι 'responder', es una señal de que la naturaleza compacta de la conversación se ha roto porque el nuevo hablante trata de tomar el control.

**Pasaje 3: Hch 9,10b–14**

(10b)   El Señor le dijo en una visión: «Ananías».

(10c)   ὁ   δὲ   εἶπεν,
él   md   dijo:
«Aquí estoy, Señor».

(11–12)   ὁ   δὲ   κύριος   πρὸς   αὐτόν,
el   md   Señor   a   él:
«Prepárate y vete a la calle Recta. Una vez allí, pregunta en casa de Judas por uno de Tarso llamado Saulo.»

(13–14)   ἀπεκρίθη   δὲ   Ἀνανίας,
respondió   md   Ananías:
«Señor, he oído a muchos hablar de ese hombre y de los muchos males que ha causado a tus santos en Jerusalén ...»

El término *orientador de discurso* se refiere a la oración que introduce el discurso que se emite.[2] En griego, los orientadores casi siempre aparecen antes del discurso, como en Hch 10,4b arriba (εἶπεν δὲ αὐτῷ). Sin embargo, de vez en cuando se ubican dentro del discurso, como en Mt 14,8 (Δός μοι, φησίν, ὧδε ἐπὶ πίνακι τὴν κεφαλὴν Ἰωάννου τοῦ βαπτιστοῦ. «Tráeme, dijo, aquí, en una bandeja, la cabeza de Juan el Bautista» [véase la discusión del presente histórico φησίν en § 14.3]). Por otro lado, el orientador puede estar dividido por el discurso como en Lc 7,40b (*SBU*; ὁ δέ, Διδάσκαλε, εἰπέ, φησίν 'Y él: «Di, maestro», dice'). En Ap 1,8, el orientador sigue al discurso (Ἐγώ εἰμι τὸ Ἄλφα καὶ τὸ Ὦ, λέγει κύριος ὁ θεός '«Yo soy el Alfa y la Omega», dice el Señor'). En Jn 1,21c (Ὁ προφήτης εἶ σύ; «¿Eres tú el profeta?»), se ha omitido el orientador (véanse también Mc 8,20 y Lc 7,41). No obstante, más a menudo lo que se omite es el verbo del orientador, como en Hch 9,11 más arriba (ὁ δὲ κύριος πρὸς αὐτόν, «Y el Señor a él»).

---

[1] Levinsohn 1987:36.

[2] Longacre (1996:89) utiliza el término «quotation formula» (fórmula de cita textual).

*PARTE V: CONVERSACIÓN REFERIDA*

Cuando un episodio contiene más de una conversación entre los participantes, se puede percibir cada conversación como una *ronda*. Por ejemplo, la tentación de Jesús por parte del diablo (Mt 4,3–11) puede dividirse en tres rondas. La negación de Pedro (Mt 26,69–75) es parecida.

Un discurso puede presentarse *directa o indirectamente* («*oratio recta, oratio obliqua*»).[3]

Cuando un discurso se presenta directamente, no se hacen cambios significativos en el contenido. Específicamente, se conservan todas las formas en primera o segunda persona que se refieren al hablante o al oyente. En Lc 7,40b más arriba, por ejemplo, la forma en segunda persona del verbo, εἰπέ, se ha conservado.

Cuando un discurso se presenta indirectamente, puede cambiarse de varias maneras.[4] Un verbo finito puede ser reemplazado por un infinitivo o por otra forma no finita, como en Hch 12,15b (ἡ δὲ διϊσχυρίζετο οὕτως ἔχειν. 'Pero ella aseguraba así ser'). Por otro lado, el verbo finito puede ser conservado pero ὅτι o ἵνα siguen al orientador, mientras que cualquier referencia al hablante o al oyente se cambia a tercera persona. Vemos un ejemplo en **Jn 4,51** (*SBU*). El orientador λέγοντες es seguido por ὅτι y la referencia al oyente está en tercera persona.

(51b) λέγοντες ὅτι ὁ παῖς αὐτοῦ ζῇ.
diciendo que el hijo suyo vive

Otra manera de presentar un discurso es directamente pero insertando ὅτι entre el orientador y el contenido. Cuando ὅτι se utiliza así, se llama *recitativo*. **Jn 4,42a** ilustra el ὅτι *recitativo*.

(42a) τῇ τε γυναικὶ ἔλεγον ὅτι **Οὐκέτι** διὰ τὴν σὴν λαλιὰν πιστεύομεν,
a.la AD mujer decían que Ya.no por la tuya charla creemos

αὐτοὶ γὰρ ἀκηκόαμεν …
mismos porque hemos.oído

En el capítulo 16 sostengo que, mientras que los discursos directos son la norma, presentarlos indirectamente tiene el efecto de colocarlos como trasfondo, mientras que el uso de ὅτι *recitativo* explica o aclara algún punto anterior,[5] y a menudo tiene el efecto pragmático de implicar que ese discurso culmina una unidad.

Reconozco dos *tácticas* para presentar las conversaciones en los evangelios sinópticos y Hechos, que se distinguen por si los discursos *no-iniciales* se introducen con una conjunción o no.

Cuando aparece una conjunción en el orientador de un discurso no-inicial, como en los pasajes 1 a 3 más arriba, se ha empleado la táctica *por defecto*; esta táctica se trata en el capítulo 13.

Si no hay una conjunción en el orientador de un discurso no-inicial, se ha empleado una táctica *de no-desarrollo* (véase § 14.2). Lo significativo en cuanto a esta táctica, que se usa solo en Mateo (y Juan [véase el capítulo 15]), radica en que el orientador se encuentra a menudo en presente histórico.

Mt 17,24–25a (pasaje 4) ilustra esta táctica de no-desarrollo, sin conjunción en el orientador del 25a. Puesto que la pregunta del 24b se niega por medio de οὐ, se espera una respuesta positiva, tal como así es.[6] Por lo tanto, el 25a no representa un nuevo desarrollo en la conversación, por ser la respuesta esperada.

---

[3] Poggi 2011:179.
[4] Poggi 2011:179–180.
[5] Es un «marcador de uso interpretativo» (Levinsohn 2009a:163ss).
[6] Poggi 2011:186.

**Pasaje 4: Mt 17,24-25a**

(24a) Cuando entraron en Cafarnaún, se acercaron a Pedro los que cobraban las didracmas

(24b) καὶ εἶπαν, Ὁ <u>διδάσκαλος</u> <u>ὑμῶν</u> οὐ τελεῖ [τὰ] δίδραχμα;
      y   dijeron: El   maestro     vuestro ¿no paga [las] didracmas?

(25a) Ø λέγει, Ναί.
        dice: Sí.

Las funciones de los orientadores de discurso en Juan varían en algunos aspectos cruciales de sus funciones en los evangelios sinópticos y en Hechos, así que el capítulo 15 se dedica exclusivamente al modo de presentación de las conversaciones en Juan.

# 13
# La táctica por defecto en las conversaciones referidas

Empiezo este capítulo considerando el estatus de las conversaciones referidas en las narraciones. Considero especialmente la manera en que la forma del orientador refleja si el discurso en cuestión es un fin en sí mismo o si se trata solo de un paso intermedio hacia las acciones resultantes de la conversación (§ 13.1). Luego considero el estatus del discurso final de una conversación y paso a observar cómo la forma de los orientadores en Lucas-Hechos refleja si el discurso logra el objetivo de uno de los participantes o no (§ 13.2).

El concepto de pasos intermedios hacia un objetivo puede relacionarse con el enfoque de un referente de modo interino (§ 4.3), en anticipación de un cambio de atención a otro referente. Considero en § 13.3 varios ejemplos de puntos de transición anticipatorios que no involucran una conversación referida.

## 13.1 El estatus de los discursos referidos en las narraciones

Ya indiqué que los discursos no-iniciales de una conversación generalmente no se tratan de la misma manera que las oraciones que describen acciones no verbales. Esto se debe a que, en muchas narraciones, lo importante no son los discursos individuales, sino más bien el resultado de la conversación, que se expresa o bien en el discurso final o bien en la acción realizada como respuesta a la conversación.

En las narraciones de Lucas-Hechos, y en menor grado en los demás evangelios, los orientadores que introducen los discursos no-iniciales de una conversación cerrada y compacta, empiezan con una referencia al hablante cuando se trata de *pasos intermedios* hacia el objetivo de la conversación. A menos que el discurso se resalte, esta referencia antepuesta es un artículo pronominal (véase § 8.2).[1] A veces un artículo pronominal se usa también cuando el oyente anterior responde a un discurso con una acción en vez de con otro discurso, siempre que la acción se vea solo como un paso intermedio hacia el objetivo (véase Lc 1,29 en el pasaje 3 más abajo).

Lc 10,25–28 (pasaje 1, a continuación) ilustra dichas conversaciones. Los orientadores que introducen los discursos de los 26 y 27 empiezan con un artículo pronominal. La razón se debe a que el discurso del 28 responde a la pregunta del 25, mientras que los discursos de los 26 y 27 son simplemente pasos intermedios hacia la realización de ese objetivo. (Véase § 13.2 sobre el significado de empezar el orientador del discurso final del 28 con un verbo).

---

[1] Δέ y μέν son las únicas conjunciones que aparecen con un artículo pronominal. Como dije en § 5.1 (nota 4), esas combinaciones de un artículo pronominal y δέ marcan desarrollo sólo dentro de una conversación.

**Pasaje 1: Lc 10,25-28**

(25) DISCURSO INICIAL

Se levantó un legista y le preguntó, para ponerle a prueba:

«Maestro, ¿qué he de hacer para tener en herencia vida eterna?»

(26) PASO INTERMEDIO

<u>ὁ</u>   δὲ   εἶπεν   πρὸς   αὐτόν,
él   md   dijo   a   él:

«¿Qué está escrito en la Ley? ¿Cómo lees?»

(27) PASO INTERMEDIO

<u>ὁ</u>   δὲ   ἀποκριθεὶς   εἶπεν,
él   md   respondiendo   dijo:

«*Amarás al Señor tu Dios con todo tu corazón* ...»

(28) DISCURSO FINAL (OBJETIVO)

εἶπεν   δὲ   αὐτῷ,[2]
dijo   md   –le:

«Bien has respondido. Haz esto y vivirás.»

En Hch 12,13-16 (pasaje 2), todos los discursos que no son iniciales (los del 15) se introducen con un artículo pronominal, puesto que el objetivo de la narración no son los discursos individuales sino que afecta a Pedro. Además, este objetivo no se consigue gracias a la conversación (véase § 13.2), sino porque Pedro sigue llamando (16). (Nótese que la forma del orientador no queda afectada por el hecho de que el discurso sea directo o indirecto).

**Pasaje 2: Hch 12,13-16**

(13-14) Al llamar (Pedro) a la puerta del vestíbulo, salió a atender una sirvienta llamada Rosa. Al reconocer la voz de Pedro, fue tal su alegría que no le abrió, sino que entró corriendo a anunciar que Pedro estaba a la puerta.

(15a) <u>οἱ</u>   δὲ   <u>πρὸς</u>   <u>αὐτὴν</u>   εἶπαν,   Μαίνῃ.
ellos   md   a   ella   dijeron:   Estás.loca

(15b) <u>ἡ</u>   δὲ   διϊσχυρίζετο   **οὕτως**   ἔχειν.
ella   md   insistía   así   ser

(15c) <u>οἱ</u>   δὲ   ἔλεγον,   Ὁ **ἄγγελός**   ἐστιν   αὐτοῦ.
ellos   md   decían:   El ángel   es   de.él

(16) <u>Pedro</u> entretanto seguía llamando. Al abrir la puerta y verlo, quedaron atónitos.

Aunque muchos de los discursos no-iniciales se introducen con una referencia antepuesta al hablante, otros no se presentan así. Una de las razones es que, para que un discurso se trate como un paso intermedio, la conversación debe ser *cerrada*. Por eso, ninguno de los discursos en el juicio de Pablo ante Félix (Hch 24,2-23) se trata como un paso intermedio; cada hablante se dirige a Félix y no al hablante anterior.

---

[2] No se refiere abiertamente a Jesús porque él es el VIP global (§ 8.3).

## 13.1 El estatus de los discursos referidos en las narraciones

Si un discurso no-inicial de una conversación *cerrada* empieza con un verbo, el discurso tiene un *estatus mayor* que el de un paso intermedio. Lo podemos ver en la conversación entre el ángel Gabriel y María (Lc 1,28–38a [pasaje 3]). En el 29, la respuesta no-verbal de María al saludo del ángel es un paso intermedio hacia lo que el ángel le dice enseguida. En cambio, los orientadores de los discursos de los 30, 34, 35 y 38a empiezan con un verbo, lo cual implica que deben verse como acontecimientos de primer plano por derecho propio.

**Pasaje 3: Lc 1,28–38a**

(28) Cuando entró, le dijo: «Alégrate, llena de gracia, el Señor está contigo.»

(29) ἡ δὲ ἐπὶ τῷ λόγῳ διεταράχθη
ella md ante la expresión se.quedó.muy.turbada
καὶ διελογίζετο **ποταπὸς** εἴη ὁ ἀσπασμὸς οὗτος.
y consideraba de.qué.clase sería el saludo este

(30–33) καὶ εἶπεν ὁ ἄγγελος αὐτῇ,
y dijo el ángel a.ella:
«No temas, María, porque has hallado gracia delante de Dios; vas a concebir en tu seno y a dar a luz un hijo …»

(34) εἶπεν δὲ Μαριὰμ πρὸς τὸν ἄγγελον,
dijo md María a el ángel:
«¿Cómo será esto posible, si no conozco varón?»

(35–37) καὶ ἀποκριθεὶς ὁ ἄγγελος εἶπεν αὐτῇ,
y respondiendo el ángel dijo –le:
«El Espíritu Santo vendrá sobre ti …»

(38a) εἶπεν δὲ Μαριάμ,
dijo md María:
«He aquí la esclava del Señor; hágase en mí según tu palabra.»

Los orientadores de los discursos de un *debate*, como los registrados en Jn 6,25–58 y Jn 8,12–58, nunca comienzan con un artículo pronominal. Más bien, se presentan en su mayoría como acontecimientos de primer plano por derecho propio. Esta puede ser la razón por la que el artículo pronominal se usa raras veces en Juan.

De paso, parece que, en Juan, el artículo pronominal se usa *solamente* para discursos o acciones individuales que son pasos intermedios hacia un objetivo. Esto tiene el efecto de redirigir la atención desde el referente del pronombre hasta el hablante o el actor que sigue.

**Jn 6,20** es un ejemplo interesante, en el sentido de que Jesús no es ni siquiera el oyente del discurso anterior, sino que responde al temor de los discípulos (19b). El episodio de los 16–21 se relata desde el punto de vista de éstos (nótese θεωροῦσιν 'ven' en el 19a [§ 12.2.3]), con el discurso de Jesús en el 20 como un paso intermedio hacia su respuesta.

(19a) Cuando habían remado unos veinticinco o treinta estadios, ven a Jesús que caminaba sobre el mar y se acercaba a la barca; (19b) y sintieron miedo.

(20)   ὁ   δὲ   λέγει   αὐτοῖς,
       él   md  dice    –les:
       «Yo soy. No temáis.»

(21)   Querían recogerle en la barca …

En los demás pasajes en los que aparece un artículo pronominal en Juan, la respuesta (sea verbal o no) es a un discurso referido. Véanse, por ejemplo:

- Jn 1,38b (la pregunta de los discípulos es un paso intermedio entre los dos discursos de Jesús que les ponen en contacto con él)
- Jn 2,8b (*SBU*; la atención se fija brevemente en los siervos antes de pasar en el 9 al maestresala)
- Jn 5,11 (*SBU*; como indican los próximos versículos, Juan se interesa más en los judíos que en el hombre que ha sido sanado [véase también Jn 5,17])
- Jn 9,38a (la respuesta del ciego [«Creo, Señor»] es un paso intermedio hacia su adoración a Jesús o hacia la interacción de los 39–41 entre Jesús y las autoridades; sobre el uso de καί en el 39, véase § 5.3.2).

Sobre el artículo pronominal de Jn 21,6a, véase el pasaje 7 de § 15.1.

**Preguntas de repaso**

(a) ¿Qué es una conversación cerrada?
(b) ¿Qué es una conversación compacta?
(c) ¿Qué significa para un discurso que sea un paso intermedio en una conversación?
(d) ¿Cómo se señalan los pasos intermedios?
(e) ¿En qué tipo de conversación pueden aparecer pasos intermedios?

**Respuestas sugeridas**

(a) Una conversación cerrada tiene solamente dos hablantes (o grupos). El hablante de cada discurso es el oyente anterior, y *viceversa*.
(b) Una conversación compacta es una conversación cerrada en la que cada hablante toma el asunto del discurso anterior y desarrolla la conversación a partir del punto donde la dejó el último hablante.
(c) Un discurso es un paso intermedio en una conversación si representa un paso hacia un discurso o una acción resultante, en vez de constituir un final en sí mismo. (Un paso intermedio casi nunca es el primer discurso en la conversación, Jn 6,20 [arriba] siendo una excepción).
(d) Los pasos intermedios se señalan por medio de una referencia antepuesta al hablante en el orientador de discurso. Dicha referencia está a menudo en forma de un artículo pronominal.

Nota. Aunque los pasos intermedios se señalan por una referencia antepuesta al hablante, no todas las oraciones que empiezan con referencias al hablante son pasos intermedios (véase Lc 15,31 en § 13.2).

(e) Los pasos intermedios solamente aparecen en conversaciones que son cerradas y compactas (salvo en Jn 6,20 [véase arriba]).

## 13.2 El estatus del discurso final de una conversación referida

En § 13.1 considerábamos los discursos no-iniciales de las conversaciones. Paso ahora al discurso final de esas conversaciones, y distingo dos tipos:

- aquellas en las que el orientador para el discurso final empieza con un verbo
- aquellas en las que el orientador para el discurso final empieza con una referencia al hablante, sea un artículo pronominal o un GN.

*13.2 El estatus del discurso final de una conversación referida*

El significado de los dos tipos varía de un libro a otro. Empiezo esta sección fijándome en su función en Lucas-Hechos, y luego añado comentarios breves sobre su uso en Mateo.

Notamos en § 6.1.1 que, cuando un discurso final logra el objetivo buscado o pronosticado en los acontecimientos anteriores, se introduce con τότε en Mateo y Hechos, especialmente si se ha demorado la consecución del objetivo. La cuestión de si el objetivo de uno de los participantes se ha logrado o no (por regla general, a través del acuerdo del otro) es también crucial para determinar si el orientador para el discurso empieza con un verbo, especialmente en Lucas-Hechos.

Se puede decir que un discurso final de un intercambio ha logrado el objetivo de uno de los participantes si la narración subsiguiente se desarrolla de acuerdo con su intención. Vemos un ejemplo en **Hch 10,3–8**. Cornelio sigue la instrucción del ángel en los 4b–5 de enviar a hombres a Jope (7–8), por tanto el discurso final logra el objetivo de la conversación.

(3) ... contempló claramente en una visión cómo un ángel de Dios entraba en su casa y le llamaba: «Cornelio».

(4a) ὁ δὲ ... εἶπεν,
él md dijo:
«¿Qué pasa, Señor?»

(4b–6) εἶπεν Δὲ αὐτῷ,
dijo md –le:
«... (5) Ahora envía hombres a Jope y haz venir a un tal Simón, a quien llaman Pedro ...»

(7–8) Apenas se fue el ángel que le hablaba, llamó a dos criados ... les contó todo y los envió a Jope.

Así también, en **Hch 19,2–5** (*SBU*), los discípulos siguen el consejo de Pablo en el 4 y se bautizan (5). Esto muestra que el discurso final del intercambio (4) logra su objetivo.

(2a) εἶπέν τε πρὸς αὐτούς,
dijo AD a ellos:
«¿Recibisteis Espíritu Santo cuando abrazasteis la fe?»

(2b) οἱ δὲ πρὸς αὐτόν,
ellos md a él:
«Pero si nosotros no hemos oído decir siquiera que haya Espíritu Santo.»

(3a) εἶπέν τε,[3]
dijo AD
«¿Pues qué bautismo habéis recibido?»

(3b) οἱ δὲ εἶπαν,
ellos md dijeron:
«El bautismo de Juan.»

---

[3] En el v. 3a (*SBU*) la primera parte de la conversación se divide en dos pares de pregunta y respuesta o «pares de adyacencia» (§ 15.1), el segundo de los cuales se añade al primero (con τέ). Puede que se haya hecho así para aumentar la tensión a medida que la conversación avanza hacia el clímax (§ 6.3). Si se sigue la variante ὁ δὲ εἶπεν, todos los discursos no-iniciales se tratan como pasos intermedios en ruta hacia el discurso del 4 que logra el propósito de Pablo.

(4)  εἶπεν δὲ Παῦλος,
     dijo   md  Pablo:
     «Juan bautizó con un bautismo de conversión, diciendo al pueblo que creyesen en el que había de venir después de él, o sea en Jesús.»

(5)  Cuando oyeron esto, se bautizaron en el nombre del Señor Jesús.

Véase también Lc 10,25–28 (pasaje 1); el 28 presenta el discurso final de la primera parte de la conversación y logra el objetivo de esa parte en el sentido de que contesta la pregunta del 25.

Sin embargo, los discursos finales no siempre logran el objetivo de algún participante del intercambio. Hay dos razones para ello:

- los participantes no se ponen de acuerdo
- el discurso constituye un paso intermedio hacia un objetivo (§ 13.1).

Cuando un discurso final no logra el objetivo de ninguno de los participantes, el orientador para ese discurso empieza con una referencia al hablante en vez de al verbo.

Un ejemplo de un discurso final en el que los participantes *no se ponen de acuerdo* se ve en el pasaje 2 de § 13.1 (repetido más abajo). Rosa y los demás todavía están en desacuerdo al final del intercambio de **Hechos 12,15**, así que el orientador del 15c empieza con un artículo pronominal.

(13–14) Al llamar (Pedro) a la puerta del vestíbulo, salió a atender una sirvienta llamada Rosa. Al reconocer la voz de Pedro, fue tal su alegría que no le abrió, sino que entró corriendo a anunciar que Pedro estaba a la puerta.

(15a) <u>οἱ</u>  δὲ  <u>πρὸς</u> <u>αὐτὴν</u> εἶπαν, Μαίνῃ.
      ellos md  a      ella     dijeron: Estás.loca

(15b) <u>ἡ</u>   δὲ  διϊσχυρίζετο **οὕτως** ἔχειν.
      ella md  insistía     así      ser

(15c) <u>οἱ</u>  δὲ  ἔλεγον, Ὁ ἄγγελός ἐστιν αὐτοῦ.
      ellos md  decían: El ángel    es    de.él

(16)  <u>Pedro</u> entretanto seguía llamando. Al abrir la puerta y verlo, quedaron atónitos.

Otros intercambios en los que el orientador para el discurso final empieza con una referencia al hablante porque los participantes no se han puesto de acuerdo incluyen:

- Hch 10,15: la voz del cielo no persuade a Pedro de cambiar su idea en cuanto a los animales profanos, lo cual queda claro por el hecho de que el éxtasis se repite tres veces (16)
- Lc 15,31: es de suponer que el discurso final del padre al hijo mayor no lo persuade para entrar a la casa.

En otros pasajes, el orientador del discurso final empieza con una referencia al hablante porque la conversación es *interrumpida* antes que los participantes lleguen a un acuerdo. Esto es el caso en **Hch 2,13**, por ejemplo. El discurso de Pedro en los 14ss interrumpe la conversación entre los mirones acerca del comportamiento de los apóstoles.

(12) Todos estaban estupefactos y perplejos y se decían unos a otros: «¿Qué significa esto?»

(13) <u>ἕτεροι</u> δὲ  διαχλευάζοντες ἔλεγον ὅτι
     otros    md  burlándose      decían que
     «¡Están repletos de vino!»

## 13.2 El estatus del discurso final de una conversación referida

(14) Entonces Pedro, presentándose con los Once, levantó la voz y les dijo: ...

En algunos pasajes, el orientador para el discurso final empieza con una referencia al hablante porque, como en los ejemplos de § 13.1, el discurso es todavía un paso *intermedio* hacia el objetivo. Eso se debe a veces a que el discurso final es seguido por un discurso narrativo que involucra al mismo hablante. Este discurso narrativo es el que logra el objetivo de la conversación, por lo cual el discurso anterior constituye un paso intermedio hacia dicho objetivo.

En **Hch 16,30-33**, por ejemplo, el orientador del 31 empieza con una referencia al hablante no porque los participantes no se hayan puesto de acuerdo sino porque el discurso es un paso intermedio hacia los resultados expresados en el discurso posterior del 32 y la respuesta del 33.

(30) Los sacó fuera y les dijo: «Señores, ¿qué tengo que hacer para salvarme?»

(31) <u>οἱ</u>   δὲ   εἶπαν,
     ellos md  dijeron:
     «Ten fe en el Señor Jesús y te salvarás junto con tu familia.»

(32) Y anunciaron la palabra del Señor a él y a todos los de su casa.

(33) En aquella misma hora de la noche el carcelero los tomó consigo y les lavó las heridas. Inmediatamente recibieron el bautismo él y todos los suyos.

Véase también Hch 28,21-22 (la oración inicial del 23, ταξάμενοι αὐτῷ ἡμέραν 'habiéndole señalado un día (para encontrarse) con él', indica que la conversación va a continuar).

Otro ejemplo se encuentra en Hch 25,2-9 (pasaje 4). Cuando los judíos piden a Festo que mande a Pablo a Jerusalén para ser juzgado (2-3), la respuesta de Festo en los 4-5 deja el asunto sin resolver. Como también sugiere el uso del prospectivo μέν (véase § 10.1), su respuesta constituye un paso intermedio hacia la interacción posterior de los 7-12, durante la cual el gobernador regresa a la petición de los judíos (9).

**Pasaje 4: Hch 25,2-9**

(2-3) Los sumos sacerdotes y los principales de los judíos le presentaron una acusación contra Pablo. Por otra parte, le pedían con insistencia la gracia de trasladar a Pablo a Jerusalén. Y todo era porque pensaban organizar una emboscada para matarlo en el camino.

(4) <u>ὁ</u>   μὲν οὖν  <u>Φῆστος</u>  ἀπεκρίθη  τηρεῖσθαι    τὸν  Παῦλον  εἰς  Καισάρειαν,
    el    entonces  Festo        respondió  ser.guardado  el   Pablo   en   Cesarea

    <u>ἑαυτὸν</u>   δὲ   μέλλειν    ἐν   τάχει   ἐκπορεύεσθαι·
    él.mismo    md   estar.para  en   breve   partir

(5) «Que bajen conmigo, les dice (φησίν), los que entre vosotros tienen autoridad. Y, si este hombre es culpable en algo, que formulen una acusación contra él.»

(6) Después de pasar entre ellos no más de ocho o diez días, Festo bajó a Cesarea. Al día siguiente se sentó en el tribunal y mandó traer a Pablo .... (9) Pero Festo, queriendo congraciarse con los judíos, preguntó a Pablo: «¿Quieres subir a Jerusalén y ser allí juzgado de estas cosas en mi presencia?»

En todos los relatos de la conversión de Pablo, el discurso final de su conversación con la voz del cielo es introducida con una referencia a la voz (Hch 9,5b, Hch 22,10b, Hch 26,15b). Aunque este discurso, en todos los casos logra el objetivo inmediato del hablante (Pablo hace lo que se le dice), un *propósito de nivel más alto* determina que esos discursos se vean simplemente como pasos intermedios hacia un objetivo mayor. Dicho objetivo se logra por medio de un discurso posterior.

Eso está especialmente claro en Hch 22,7–21 (pasaje 5), donde Pablo justifica su llamada a los gentiles. El orientador del discurso final de los intercambios de los 10 y 13–16 empieza con una referencia al hablante, puesto que se trata simplemente de pasos intermedios hacia el discurso del 21 que logra su objetivo general. (En cambio, el discurso del 8b no se trata como un paso intermedio, supuestamente porque su contenido es importante para los presentes).

**Pasaje 5: Hch 22,7–21**

INTERCAMBIO 1

(7) Caí entonces al suelo y oí una voz que me decía: 'Saúl, Saúl, ¿por qué me persigues?'

(8a) ἐγὼ δὲ ἀπεκρίθην,
yo    md   respondí:
'¿Quién eres, Señor?'

(8b) εἶπέν τε πρός με,
dijo  AD  a   mí:
'Yo soy Jesús Nazoreo, a quien tú persigues.'

(9) Los que estaban allí vieron la luz, pero no oyeron la voz del que me hablaba.

INTERCAMBIO 2

(10a) εἶπον δέ,
dije  md:
'¿Qué he de hacer, Señor?'

(10b) ὁ δὲ κύριος εἶπεν πρός με,
el md Señor  dijo  a   mí:
'Levántate y vete a Damasco. Allí se te dirá todo lo que está establecido que hagas.'

(11) Como yo no veía ... llegué a Damasco conducido de la mano por mis compañeros.

INTERCAMBIO 3

(12–13a) Un tal Ananías ... vino a verme y, presentándose ante mí, me dijo:
'Saúl, hermano, recobra la vista.'

(13b) κἀγὼ αὐτῇ τῇ ὥρᾳ ἀνέβλεψα εἰς αὐτόν.
y.yo  en.esta la hora  miré     hacia él

(14) ὁ δὲ εἶπεν,
él md dijo:
'El Dios de nuestros antepasados te ha destinado ...'

INTERCAMBIO FINAL

(17) De vuelta ya en Jerusalén, y mientras rezaba en el Templo, caí en éxtasis. (18) Entonces lo vi y oí que me decía: 'Date prisa y marcha inmediatamente de Jerusalén, pues no van a aceptar el mensaje que les transmitas acerca de mí.'

## 13.2 El estatus del discurso final de una conversación referida

(19) κἀγὼ εἶπον,
y.yo dije:
'Señor, ellos saben que yo andaba por las sinagogas encarcelando y azotando a los que creían en ti ...'

(21) καὶ εἶπεν πρός με,
y dijo a mí:
'Marcha, porque voy a enviarte lejos, a los gentiles.'

Véase también el intercambio entre Pablo, Festo y Agripa en Hch 26,1–32. El objetivo general del pasaje no lo logra el discurso final de Pablo del 29, sino la conclusión de los que estaban presentes: «Este hombre no hace nada que merezca la muerte o la prisión» (31).

Por lo tanto, en Lucas-Hechos, el orientador del discurso final de un intercambio empieza con una referencia al hablante solo cuando los participantes no se han puesto de acuerdo o cuando el discurso constituye un paso intermedio en ruta hacia un objetivo.

Ese no es siempre el caso en *Mateo*. A veces, cuando el discurso final de un intercambio empieza con una referencia al hablante en Mateo, parece que el discurso termina el episodio y no hay pruebas de que los participantes estén en desacuerdo.

Vemos un ejemplo en **Mt 13,51–53** (*SBU*). El discurso del 52 termina una larga serie de parábolas (3–50) y lo que sigue se relaciona con esa serie. La referencia explícita a Jesús en el 53 lo confirma, como corresponde al principio de una nueva unidad narrativa (§ 8.3).

(51a) «¿Habéis entendido todo esto?»

(51b) λέγουσιν αὐτῷ, Ναί.
dicen –le: Sí.

(52) ὁ δὲ εἶπεν[4] αὐτοῖς,
él md dijo –les:
«Así, todo escriba que se ha hecho discípulo del Reino de los Cielos es semejante al dueño de una casa que saca de su arca cosas nuevas y cosas viejas.»

(53) Aconteció que cuando acabó Jesús estas parábolas, partió de allí.

Véanse también Mt 17,20 y Mt 19,11–12.

### Preguntas de repaso

(a) En las conversaciones referidas de Lucas-Hechos, ¿qué significa empezar el orientador del discurso final con un verbo?
(b) ¿Cuáles son las dos razones para empezar el orientador del discurso final de una conversación en Lucas-Hechos con una referencia al hablante?

### Respuestas sugeridas

(a) Cuando el orientador del discurso final de una conversación referida en Lucas-Hechos empieza con un verbo, implica que el objetivo de uno de los participantes en el intercambio se ha logrado.
(b) El orientador del discurso final de una conversación en Lucas-Hechos empieza con una referencia al hablante cuando:
- los participantes no llegan a un acuerdo, o cuando la conversación es interrumpida antes de alcanzar un acuerdo
- el discurso constituye un paso intermedio hacia un objetivo.

---

[4] Λέγει es una variante; cf. § 14.2 sobre el uso de asíndeton y el presente histórico en Mateo.

**Pasaje ilustrativo 6: Hch 5,7–10**

Obsérvese la forma de los orientadores de los discursos no-iniciales en este pasaje.

(7)   Unas tres horas más tarde su mujer entró, que ignoraba lo ocurrido.

(8a)  Pedro le dijo: «Dime, ¿habéis vendido el campo en tanto?»

(8b)  ἡ    δὲ   εἶπεν,  Ναί,  τοσούτου.
      ella md   dijo:   Sí    en tanto

(9)   ὁ    δὲ   Πέτρος  πρὸς  αὐτήν,
      el   md   Pedro   a     ella:

«¿Cómo os habéis puesto de acuerdo para poner a prueba al Espíritu del Señor? Mira, aquí a la puerta están los pies de los que han enterrado a tu marido; ellos te llevarán también a ti.»

(10)  Al instante cayó a sus pies y expiró. Cuando entraron los jóvenes, la hallaron muerta, y la llevaron a enterrar junto a su marido.

**Preguntas**

(a) ¿Por qué el orientador de discurso del v. 8b empieza con un artículo pronominal?

(b) ¿Por qué el orientador de discurso del 9 empieza con una referencia al hablante? ¿Y por qué es la referencia un GN?

**Respuestas sugeridas**

(a) El orientador del v. 8b empieza con un artículo pronominal porque el discurso constituye un paso intermedio en ruta al objetivo de Pedro para la conversación.

(b) El orientador del 9 empieza con una referencia al hablante porque los participantes siguen en desacuerdo (la mujer de Ananías no quiere aceptar el juicio de Pedro sobre ella). La referencia es un GN para resaltar el discurso.

**Pasaje ilustrativo 7: Lc 10,25–37**

Ya hemos observado que el objetivo de la pregunta del v. 25 se logra en el 28. Fijémonos ahora en la forma de los orientadores en la continuación del episodio.

(25)  Se levantó un legista y le preguntó, para ponerle a prueba:
      «Maestro, ¿qué he de hacer para tener en herencia vida eterna?»

(26)  ὁ    δὲ   εἶπεν    πρὸς   αὐτόν,
      él   md   dijo     a      él:
      «¿Qué está escrito en la Ley? ¿Cómo lees?»

(27)  ὁ    δὲ   ἀποκριθεὶς      εἶπεν,
      él   md   respondiendo    dijo:
      «*Amarás al Señor tu Dios con todo tu corazón ...*»

(28)  εἶπεν   δὲ   αὐτῷ,
      dijo    md   –le:
      «Bien has respondido. Haz esto y vivirás.»

## 13.2 El estatus del discurso final de una conversación referida

(29) ὁ δὲ θέλων δικαιῶσαι ἑαυτὸν εἶπεν πρὸς τὸν Ἰησοῦν,
él md queriendo justificar a.sí.mismo dijo a el Jesús:
«¿Y quién es mi prójimo?»

(30–35) ὑπολαβὼν ὁ Ἰησοῦς εἶπεν,
tomando.pie el Jesús dijo:
«Bajaba un hombre de Jerusalén a Jericó ...»

(36) «¿Quién de estos tres te parece que fue el prójimo del que cayó en manos de los bandidos?»

(37a) ὁ δὲ εἶπεν,
él md dijo:
«El que practicó la misericordia con él.»

(37b) εἶπεν δὲ αὐτῷ ὁ Ἰησοῦς,
dijo md –le el Jesús:
«Vete y haz tú lo mismo.»

### Preguntas (en orden de dificultad)

(a) ¿Por qué el orientador de discurso del v. 37a empieza con un artículo pronominal, pero el del 37b con un verbo?

(b) ¿Por qué el orientador de discurso del 30 empieza con un verbo? (Si no está seguro, véase § 13.1).

(c) ¿Por qué el orientador de discurso del 29 empieza con un artículo pronominal?

### Respuestas sugeridas

(a) El orientador del v. 37a empieza con un artículo pronominal porque el discurso es simplemente un paso intermedio hacia el discurso del 37b, que logra el objetivo de Jesús al contar la parábola. Por ello se introduce con un verbo. La referencia a Jesús por nombre resalta este discurso final.

(b) El discurso del 30 empieza con un verbo porque la parábola es un acontecimiento de primer plano por derecho propio (véase § 13.1). Véase también la referencia a Jesús por nombre en el orientador del 30, que resalta lo que va a decir.

(c) El orientador del 29 empieza con un artículo pronominal porque el discurso no inicia el intercambio y constituye un paso intermedio hacia el objetivo general.

### Pasaje 8: Hch 22,24–30

Véase § 14.1 sobre el uso de una forma de ἀποκρίνομαι en el v. 28a para tratar de controlar la conversación. Nótese cómo se introducen todos los demás discursos de este pasaje.

(24) El tribuno ordenó que lo llevaran dentro del cuartel y lo sometieran a los azotes reglamentarios, para averiguar por qué motivo gritaban así contra él. (25) Cuando lo tenían estirado con las correas, dijo Pablo al centurión que estaba allí: «¿Os está permitido azotar a un ciudadano romano sin haberlo juzgado?»

(26) Al oír esto el centurión, fue donde el tribuno y le dijo: «¿Qué vas a hacer? Este hombre es ciudadano romano.»

(27a) προσελθὼν δὲ ὁ χιλίαρχος εἶπεν αὐτῷ,
acercándose md el tribuno dijo –le:
«Dime, ¿eres ciudadano romano?»

(27b) ὁ δὲ ἔφη, Ναί.
él md dijo: Sí.

(28a) ἀπεκρίθη δὲ ὁ χιλίαρχος,
respondió md el tribuno:
«Yo conseguí esta ciudadanía por una fuerte suma.»

(28b) ὁ δὲ Παῦλος ἔφη,
el md Pablo dijo:
«Pues yo la tengo por nacimiento.»

(29) Los que iban a torturarlo se retiraron de inmediato. El tribuno se asustó al darse cuenta que lo había encadenado siendo ciudadano romano.

(30) Al día siguiente, queriendo averiguar con certeza de qué le acusaban los judíos, lo sacó de la cárcel ...

**Preguntas**

(a) ¿Qué discursos del pasaje anterior forman una conversación cerrada?
(b) ¿Por qué los orientadores para los discursos de los vv. 27b y 28b empiezan con una referencia al hablante? (Véanse los vv. 24 y 30).

**Respuestas sugeridas**: véase el Apéndice bajo 13(8).

## 13.3 Pasos intermedios y puntos de transición anticipatorios

Hemos estado considerando los orientadores de discurso que empiezan con una referencia al hablante; es decir, en los que la referencia al hablante ha sido antepuesta. Surge una pregunta teórica: ¿por qué encaja bien la anteposición de estas referencias? La razón podría ser que se concibe el desarrollo de las conversaciones a través de cambios de atención de un hablante a otro. Dichos cambios de atención se indican mejor cuando se tratan como puntos de transición anteponiendo las referencias a los hablantes. Sin embargo, esto no explica por qué la referencia al *último* hablante no se antepone cuando el objetivo del intercambio se ha logrado por medio del discurso. Por esa razón otra posibilidad sería que las referencias se anteponen para *anticipar* un cambio de atención del sujeto de un paso intermedio al hablante siguiente (compárese con la discusión del enfoque interino en § 4.3).[5]

Sugiero esto último porque los puntos de transición anticipatorios aparecen en diversas circunstancias en el NT griego. Por ejemplo, a veces un miembro o un *subgrupo* de un grupo de participantes mencionado en la oración anterior se convierte en el nuevo sujeto, pero la narración se desarrolla a través de la iniciativa de los otros miembros del grupo.

Cuando un subgrupo se convierte en el sujeto y la narración se desarrolla a través de las acciones de ese subgrupo, la referencia al sujeto *no* se antepone. Vemos un ejemplo en **Hch 11,28**; la narración se basa en la iniciativa de Ágabo, en este caso, un subgrupo.

(27) Por aquel tiempo bajaron unos profetas de Jerusalén a Antioquía.

---

[5] Cf. en Levinsohn 1987:19–40 una discusión detallada de enfoque interino en los puntos de transición anticipatorios.

## 13.3 Pasos intermedios y puntos de transición anticipatorios

(28a) ἀναστὰς    δὲ    εἷς    ἐξ    αὐτῶν    ὀνόματι    Ἄγαβος
      levantándose  md  uno   de    ellos    de.nombre   Ágabo

ἐσήμανεν        διὰ        τοῦ    πνεύματος
daba.a.entender mediante   el     Espíritu

**λιμὸν    μεγάλην**   μέλλειν      ἔσεσθαι    ἐφ      ὅλην    τὴν    οἰκουμένην,
hambre    grande      estar.para   haber      sobre    toda    la     tierra habitada

(28b) (es la que hubo en tiempo de Claudio).

En cambio, si la narración no se desarrolla a través de la acción del subgrupo, sino a través de la iniciativa de los otros miembros del grupo original, entonces la referencia al subgrupo se antepone, anticipando el cambio a los otros.

Podemos verlo en **Hch 18,18–20**; la narración no se desarrolla a través de Priscila y Áquila (18), sino a través de Pablo. Esto se refleja anteponiendo ἐκείνους en el 19b, en anticipación de este cambio de atención. También se refleja al tratar a αὐτός en el 19c como un punto de transición, cambiando así la atención a Pablo.

(18) Pablo se quedó allí todavía bastantes días. Después se despidió de los hermanos y se embarcó rumbo a Siria, junto con Priscila y Áquila. En Cencreas se había afeitado la cabeza, porque tenía hecho un voto.

(19a) κατήντησαν    δὲ    εἰς    Ἔφεσον,
      llegaron      md    a      Éfeso

(19b) <u>κἀκείνους</u>   κατέλιπεν    αὐτοῦ,
      y.a.aquellos      dejó          allí

(19c) <u>αὐτὸς</u>   δὲ    εἰσελθὼν    εἰς    τὴν    συναγωγὴν    διελέξατο    τοῖς    Ἰουδαίοις.
      él            md    entrando    en     la     sinagoga      discutió     con.los  judíos

(20) Cuando le rogaron que se quedase allí más tiempo, no accedió. (21) Al despedirse, les dijo: «Volveré a vosotros otra vez, si Dios quiere.» Y zarpó de Éfeso.

Véase también la referencia antepuesta a Juan Marcos en Hch 13,13b.

Los puntos de transición anticipatorios pueden compararse con el uso de un énfasis anticipatorio en castellano cuando se refiere a un miembro de un grupo. Por ejemplo, cuando a dos escolares se les pregunta: «¿Qué hicieron hoy?» y uno de los dos responde: «<u>Yo</u> estudié todo el día», la implicación es: «Pero él no». De la misma manera, la anteposición de la referencia a un subgrupo, cuando la narración se desarrolla a través de los demás, anticipa el cambio de atención hacia estos últimos.

Los puntos de transición anticipatorios también se encuentran en el NT griego cuando la narración no se desarrolla como resultado de la iniciativa del sujeto antepuesto, porque dicha iniciativa *se ve frustrada* por la intervención de otro participante.

Lo podemos ver en **Hch 27,41–43**. La referencia a los soldados en el 42 está antepuesta (en la oración y dentro del grupo genitivo [§ 4.5.1]) en anticipación del cambio de atención hacia el centurión, que frustra su plan (43).

(41) Pero tropezaron contra un lugar con mar por ambos lados, y encalló allí la nave. La proa, clavada, quedó inmóvil, en cambio la popa, sacudida violentamente, se iba deshaciendo.

(42) τῶν δὲ στρατιωτῶν βουλὴ ἐγένετο ἵνα τοὺς δεσμώτας ἀποκτείνωσιν,
de.los md soldados plan llegó.a.ser que a.los presos mataran

μή τις ἐκκολυμβήσας διαφύγῃ.
no alguno nadando se.escapara

(43a) ὁ δὲ ἑκατοντάρχης βουλόμενος διασῶσαι τὸν Παῦλον
el md centurión queriendo salvar al Pablo

ἐκώλυσεν αὐτοὺς τοῦ βουλήματος,
impidió –les del plan

Los puntos de transición anticipatorios a menudo pueden reconocerse a partir de las siguientes características:[6]

- el referente del punto de transición estaba involucrado en el último acontecimiento descrito
- no hay discontinuidad de acción con el último acontecimiento descrito (es decir, los acontecimientos en cuestión están en secuencia natural y no hay un lapso temporal significativo entre ellos).

En otras palabras, el punto de transición es aparentemente no-motivado, de modo que el lector está obligado a interpretarlo como anticipación de un cambio de atención.

**Pregunta de repaso**

¿Bajo qué circunstancias se antepone la referencia a un subgrupo de participantes?

**Respuesta sugerida**

La referencia a un subgrupo de participantes se antepone cuando la narración se desarrolla, no a través de la acción de ese subgrupo, sino a través de la iniciativa de los otros miembros del grupo. Esta referencia anticipa el cambio de atención a estos últimos.

**Pasaje ilustrativo 9: Lc 24,28–29**

(28a) Se acercaron al pueblo a donde iban,

(28b) καὶ αὐτὸς προσεποιήσατο **πορρώτερον** πορεύεσθαι.
y él pretendió más.lejos ir

(29) Pero ellos lo rogaron insistentemente: «Quédate con nosotros, porque atardece y el día ya ha declinado.» Entró, pues, y se quedó con ellos.

**Pregunta**

¿Por qué αὐτός se antepone en el v. 28b?

**Respuesta sugerida**

Αὐτός se antepone en el v. 28b porque la narración se desarrolla, no a través de la acción de Jesús (el primer subgrupo), sino a través de los otros participantes, que «frustran» su intención aparente de seguir su viaje.

---

[6] Otros pasajes de Hechos en los que la referencia a un subgrupo se antepone porque la narración se desarrolla a través de las actividades de otro(s) participante(s) incluyen: Hch 4,36 (cf. Hch 5,1), Hch 14,2 (cf. el 3), Hch 15,32 (cf. el 35), Hch 15,39 (τὸν Βαρναβᾶν), Hch 16,14 (la atención cambia a 'una muchacha' en el 16), Hch 17,18b (cf. el 18c), Hch 19,9 (τινες) y Hch 23,8, más varios pasajes con μέν (cf. § 10.1).

# 14
# Más sobre conversaciones referidas en los evangelios sinópticos y Hechos

Este capítulo aborda tres materias: el uso de una forma de ἀποκρίνομαι 'responder' para indicar que el nuevo hablante trata de controlar la conversación o hace un pronunciamiento definitivo (§ 14.1), la significación de juntar discursos referidos en Mateo con asíndeton (§ 14.2) y la función de los demás PH de lengua en Mateo (§ 14.3).

## 14.1 Control de conversaciones en los evangelios sinópticos y Hechos

Como dije en la introducción a la Parte V, en una conversación compacta, el oyente anterior toma el tema del intercambio en el punto en que lo deja el hablante anterior. Sin embargo, el oyente anterior puede tratar de *tomar control* de la conversación con una objeción o una iniciativa nueva que rompe la naturaleza compacta del intercambio.[1] Esto se refleja en el orientador de discurso, que a menudo en dichas circunstancias contiene una forma de ἀποκρίνομαι.

Vemos un ejemplo en **Hch 9,10–16**. La conversación es paralela a la de Hch 10,3–4 (pasaje 1 de la introducción a la Parte V) hasta el punto en que Ananías rompe la naturaleza compacta del intercambio oponiéndose con una objeción (13–14). La objeción se introduce con ἀπεκρίθη.

(10b)   El Señor le dijo en una visión: «Ananías».

(10c)   ὁ    δὲ    εἶπεν,
        él   md    dijo:
        «Aquí estoy, Señor».

(11–12) ὁ    δὲ    κύριος    πρὸς    αὐτόν,
        el   md    Señor     a       él:
        «Prepárate y vete a la calle Recta. Una vez allí, pregunta en casa de Judas por uno de Tarso llamado Saulo.»

---

[1] Quisiera reconocer la deuda que tengo con Pope (c.p.) por sus valiosas observaciones sobre la función de ἀποκρίνομαι en los orientadores de discurso. Varias de sus sugerencias han sido incorporadas en esta sección.

(13-14) ἀπεκρίθη δὲ Ἀνανίας,
        respondió md Ananías:
        «Señor, he oído a muchos hablar de ese hombre y de los muchos males que ha causado a tus santos en Jerusalén ...»

(15-16) εἶπεν δὲ πρὸς αὐτὸν ὁ κύριος,
        dijo md a él el Señor:
        «Vete, pues he elegido a éste como instrumento para llevar mi nombre a los gentiles ...»

(17a)     Fue Ananías ...

Nótese que después de la réplica de Ananías en los vv. 13-14, el discurso de los 15-16 logra el objetivo del intercambio, de modo que el orientador empieza con un verbo. En cambio, el discurso que debía haber logrado el objetivo (11-12) pero es frustrado por la réplica de Ananías se trata como un paso intermedio. Aunque ese discurso no logra el objetivo de la conversación, se usa un GN, como corresponde a un discurso clave (§ 8.2).

Ἀποκρίνομαι puede emplearse aunque el participante que trata de tomar el control no sea el oyente del discurso anterior. El estímulo puede ser no-verbal, como en **Hch 3,12** (*SBU*).

(11)     Como el tullido curado no soltaba a Pedro y a Juan, toda la gente, presa de estupor, corrió hacia ellos al pórtico llamado de Salomón.

(12) ἰδὼν δὲ ὁ Πέτρος ἀπεκρίνατο[2] πρὸς τὸν λαόν,
        viendo md el Pedro respondió a el pueblo

En Hechos, la forma de ἀποκρίνομαι que se utiliza más comúnmente para indicar intentos de tomar el control es un verbo finito (véanse más abajo las excepciones). En *Mateo*, en cambio, es mucho más común usar una forma participial de ἀποκρίνομαι más εἶπεν. Vemos un ejemplo en **Mt 21,24**; en vez de responder a la pregunta que le hacen, Jesús toma control de la conversación con otra pregunta.

(23)     ... mientras enseñaba, se le acercaron los sumos sacerdotes y los ancianos del pueblo, que le preguntaron: «¿Con qué autoridad haces esto? ¿Quién te ha dado tal autoridad?»

(24) ἀποκριθεὶς δὲ ὁ Ἰησοῦς εἶπεν αὐτοῖς,
        respondiendo md el Jesús dijo –les:
        «También yo os voy a preguntar una cosa. Si me contestáis a ella, yo os diré a mi vez con qué autoridad hago esto ...»

En **Mt 14,28**, es un miembro del grupo de los oyentes anteriores el que toma el control y da una respuesta significativa al discurso dirigido al grupo como un todo.[3]

(27)     Pero al instante les habló así Jesús: «¡Tranquilos!, soy yo. No temáis.»

(28) ἀποκριθεὶς δὲ αὐτῷ ὁ Πέτρος εἶπεν,
        respondiendo md –le el Pedro dijo:
        «Señor, si eres tú, mándame ir hacia ti sobre las aguas.»

---

[2] En este contexto, el aoristo de ἀποκρίνομαι en voz media implica que Pedro respondió de forma autoritativa. En otros contextos implica que el hablante contestó (o no contestó) con información acerca de sí mismo (nota 6).
[3] En Mt 11,25, el conjunto ἀποκριθεὶς ὁ Ἰησοῦς εἶπεν introduce una iniciativa nueva de naturaleza autoritativa.

Veamos ahora la cuestión de cuándo una forma finita de ἀποκρίνομαι se utiliza sola frente al orientador más largo consistente en el participio aoristo ἀποκριθείς más εἶπεν. Esto varía de un libro a otro.

En *Hechos*, la combinación del participio más εἶπεν se usa poco. Lo típico es que esté acompañada por un GN de referencia al sujeto. Con una sola excepción (véase más abajo), se emplea cuando no se habría esperado la objeción o la nueva iniciativa. Más aún, esta objeción o nueva iniciativa es decisiva para determinar el resultado del intercambio (compárese Hch 9,13–14 más arriba). Por lo tanto, parece razonable suponer que la forma más larga del orientador ha sido escogida para resaltar el discurso.

En **Hch 19,15**, por ejemplo, se habría esperado que el espíritu malo obedeciera el conjuro de los exorcistas. Por el contrario, toma el control de la situación y determina el resultado del intercambio.

(13) Algunos exorcistas judíos ambulantes intentaron también invocar el nombre del Señor Jesús sobre los que tenían espíritus malos, diciendo: «Os conjuro por Jesús, a quien predica Pablo».

(14) ἦσαν δέ τινος Σκευᾶ Ἰουδαίου ἀρχιερέως ἑπτὰ υἱοὶ
    estaban md de.tal Esceva judío principal.sacerdote siete hijos

    τοῦτο ποιοῦντες.
    esto haciendo

(15) ἀποκριθὲν δὲ τὸ πνεῦμα τὸ πονηρὸν εἶπεν αὐτοῖς,
    respondiendo md el espíritu el maligno dijo –les:

    «A Jesús le conozco y sé quién es Pablo; pero vosotros, ¿quiénes sois?»

(16) A continuación, el hombre poseído del mal espíritu, abalanzándose sobre ellos y dominándolos, pudo con ellos, de forma que tuvieron que huir de aquella casa desnudos y cubiertos de heridas.

Después de la afirmación del sumo sacerdote en **Hch 5,28**, se habría esperado que los apóstoles se quedaran callados o que presentaran una disculpa por su comportamiento. En cambio, apelan a una autoridad más alta por sus actos (29–32). Esto determina mayormente el resultado del juicio (véase la advertencia de Gamaliel en el 39 de que las autoridades podrían estar luchando contra Dios si condenaban a muerte a los apóstoles).

(27b) El Sumo Sacerdote les interrogó, (28) diciendo: «Os prohibimos severamente enseñar en ese nombre; sin embargo, habéis llenado Jerusalén con vuestra enseñanza y pretendéis hacernos culpables de la muerte de ese hombre.»

(29) ἀποκριθεὶς δὲ Πέτρος καὶ οἱ ἀπόστολοι εἶπαν,
    respondiendo md Pedro y los apóstoles dijeron:

    «Hay que obedecer a Dios antes que a los hombres ...»

Véase también Hch 4,19.

En Hch 25,9 (§ 11.1.2, pasaje 2), sería de esperar que Festo diera un veredicto sobre los cargos presentados contra Pablo. En cambio, «queriendo congraciarse con los judíos», responde con la sugerencia de transferir el caso a Jerusalén. Este discurso es decisivo para determinar el resultado del juicio, en el sentido de que obliga a Pablo a apelar al César (10–11).

Pasamos ahora a **Hch 8,34**, una excepción al patrón anterior, en el sentido de que se esperaría que el eunuco inicie la conversación una vez Felipe se le acerca. Sin embargo, su discurso es decisivo porque determina la manera en que Felipe responde (éste empieza con el mismo pasaje de las Escrituras [35]).[4] Además, es posible que la combinación de ἀποκριθείς y εἶπεν se use debido a la cita larga de las

---

[4] Véase también Hch 3,12 (D05): ἀποκριθρὶς ... εἶπεν.

Escrituras (32–33) que interrumpe la línea de acontecimientos. Una forma de ἀποκρίνομαι es apropiada en este punto, ya que el eunuco toma la iniciativa cuando la línea de acontecimientos se reanuda.

(31b)   El eunuco rogó a Felipe que subiese y se sentase con él.

(32–33) El pasaje de la Escritura que iba leyendo era éste: ...

(34)    Ἀποκριθεὶς   δὲ   ὁ   εὐνοῦχος   τῷ   Φιλίππῳ   εἶπεν,
        Respondiendo md   el   eunuco     al   Felipe     dijo:
        «Te ruego que me digas de quién dice esto el profeta: ¿de sí mismo o de otro?»

El discurso de Santiago a la asamblea en Jerusalén (Hch 15,13–21) es introducido en el 13 con ἀπεκρίθη Ἰάκωβος λέγων (respondió Santiago diciendo). Puede haber un paralelo entre este pronunciamiento y las «declaraciones de pacto de Génesis [que] tienen marcación especial con la construcción infinitiva lē'mōr».[5]

Cuando se usa una forma de ἀποκρίνομαι en un orientador en *Lucas*, generalmente se trata de un participio, como en Lc 1,35 y Lc 10,27 (§ 13.1, pasajes 3 y 1). Se encuentran excepciones en Lc 13,15 y Lc 17,20 (ἀπεκρίθη καὶ εἶπεν 'respondió y dijo'), Lc 20,7 (ἀπεκρίθησαν con un discurso indirecto, usado cuando las autoridades dejan de hablar entre ellos y contestan a Jesús) y, en *SBU*, Lc 3,16 (ἀπεκρίνατο λέγων 'respondió [acerca de sí mismo] diciendo', un pronunciamiento autoritativo),[6] más Lc 4,4 y Lc 8,50 (ἀπεκρίθη; en ambos casos, algunos MSS añaden λέγων). En todos los pasajes menos en Lc 20,7, el hablante responde a un estímulo verbal o no-verbal tratando de tomar el control de la conversación. No hay suficientes ejemplos para distinguir la función de los orientadores menos comunes mencionados en este párrafo.

*Marcos* se parece a Lucas, en cuanto al uso de una forma de ἀποκρίνομαι en un orientador. En general es un participio, como en Mc 3,33 (*SBU*) y Mc 10,51 (con λέγει ο εἶπεν), Mc 9,19 y Mc 6,37 (precedido por un artículo pronominal y con λέγει ο εἶπεν). Se trata de un verbo principal en Mc 8,4, Mc 9,17 (*SBU*) y Mc 12,29, más Mc 7,28 (ἡ δὲ ἀπεκρίθη καὶ λέγει αὐτῷ 'Pero ella respondió y le dice') y Mc 15,9 (ὁ δὲ Πιλᾶτος ἀπεκρίθη αὐτοῖς λέγων 'Pero Pilato les respondió, diciendo'). Es posible que, cuando el orientador empieza con una referencia al hablante, el discurso se vea como un paso intermedio. Falta investigación para determinar la significación de cada orientador en Marcos.

En *Mateo*, la combinación de una forma finita de ἀποκρίνομαι más λέγων generalmente *no* se usa en discursos formales (véanse Mt 12,38, Mt 25,9, Mt 25,37, Mt 25,44 y Mt 25,45; todos estos casos salvo uno siguen a τότε). No obstante, los discursos introducidos así representan intentos por parte del hablante de tomar el control de la conversación. Como ya dije, es mucho más común en Mateo que se emplee la forma participial ἀποκριθείς en los orientadores, ya sea que estén seguidos por un GN de referencia al hablante (como en Mt 21,24 y Mt 14,28 más arriba) o precedidos por un artículo pronominal.

La combinación de un artículo pronominal y ἀποκριθείς en Mateo frecuentemente introduce el *segundo* discurso de una conversación. Se usa para rechazar una propuesta o sugerencia (explícita o implícita), como en **Mt 16,2**.

(1)    Se acercaron los fariseos y los saduceos y, para ponerle a prueba, le pidieron que les mostrase un signo del cielo.

(2–4)  ὁ   δὲ   ἀποκριθεὶς   εἶπεν   αὐτοῖς,
       él  md   respondiendo dijo    –les:
       «Al atardecer decís: 'Va a hacer buen tiempo.' ... ¡Generación malvada y adúltera! Pide un signo, pero no se le dará otro signo que el de Jonás.»

---

[5] Van den Berg c.p.; cf. Poggi 2011:242.

[6] El aoristo de ἀποκρίνομαι en voz media, ἀπεκρίνατο, a veces implica que el hablante contestó (o no contestó) con información acerca de sí mismo. Por ejemplo, οὐδὲν ἀπεκρίνατο (Mt 27,12) implica, «No contestó nada acerca de sí mismo,» es decir, «No contestó nada en su defensa.» Véanse también Lc 23,9 y, en *SBU*, Mc 14,61, Jn 5,17 y Jn 5,19.

Otros ejemplos se encuentran en Mt 12,39, Mt 15,3, Mt 15,13, Mt 15,24, Mt 15,26, Mt 19,4, Mt 20,13, Mt 24,2 (*SBU*), Mt 25,12 y Mt 26,23.

La combinación de un artículo pronominal y ἀποκριθείς se emplea también para introducir una respuesta autoritativa a una petición, como en **Mt 13,37**.

(36b) En esto se le acercaron sus discípulos y le dijeron: «Explícanos la parábola de la cizaña del campo.»

(37) ὁ   δὲ   ἀποκριθεὶς   εἶπεν,
él   md   respondiendo   dijo:

«El que siembra la buena semilla es el Hijo del hombre ...»

Otros ejemplos se encuentran en Mt 13,11, Mt 17,11 (*SBU*) y Mt 26,66b.

Pope (c.p.) observa que muchos de los ejemplos de Mateo en los que el artículo pronominal precede a ἀποκριθείς introducen lo que dice un participante «que tiene autoridad presupuesta natural», como Jesús. No obstante, la combinación puede usarse aun cuando el hablante no tenga naturalmente ese tipo de autoridad, siempre que él o ella esté tratando de tomar el control de la conversación. En **Mt 21,28–29**, por ejemplo, aunque el hijo no tiene autoridad natural sobre su padre, trata en el 29a de ser dominante en la conversación (véase también el 30b).

(28b) Un hombre tenía dos hijos. Llegándose al primero, le dijo: 'Hijo, vete hoy a trabajar en la viña'.

(29a) ὁ   δὲ   ἀποκριθεὶς   εἶπεν,   Οὐ   θέλω.
él   md   respondiendo   dijo:   No   quiero.

(29b) Pero después se arrepintió y fue.

**Preguntas de repaso**

(a) ¿Qué se indica por la presencia en un orientador de una forma de ἀποκρίνομαι?

(b) En Hechos, ¿bajo qué circunstancias es normal usar una combinación de ἀποκριθείς y εἶπεν, en vez de una forma finita de ἀποκρίνομαι? ¿Tiene la misma función en Mateo?

**Respuestas sugeridas**

(a) La presencia en un orientador de una forma de ἀποκρίνομαι indica que el hablante trata de tomar el control de la conversación.

(b) En Hechos, una combinación de ἀποκριθείς y εἶπεν, en vez de una forma finita de ἀποκρίνομαι, se usa típicamente cuando la objeción o la nueva iniciativa en cuestión no es esperada. En Mateo, en cambio, esta combinación es el modo normal de indicar que el nuevo hablante trata de tomar el control de la conversación.

**Pasaje ilustrativo 1: Hch 8,18–24**

Nótese la forma de los orientadores de discurso en los vv. 20 y 24.

(18) Al ver Simón que mediante la imposición de las manos de los apóstoles se transmitía el Espíritu, les ofreció dinero, (19) diciendo: «Dadme a mí también ese poder: que reciba el Espíritu Santo aquel a quien yo imponga las manos.»

(20–23) Πέτρος δὲ εἶπεν πρὸς αὐτόν,
       Pedro md dijo a él:
       «Que tu dinero te sirva de perdición, por haber pensado que el don de Dios se compra con dinero. En este asunto no tienes tú parte ni herencia, pues no piensas rectamente en lo tocante a Dios. Arrepiéntete, pues, de esa maldad y ruega al Señor, a ver si se te perdonan esos pensamientos; porque veo que estás amargado como la hiel, y encadenado por la maldad.»

(24) ἀποκριθεὶς δὲ ὁ Σίμων εἶπεν,
       respondiendo md el Simón dijo:
       «Rogad vosotros al Señor por mí, para que no me sobrevenga ninguna de esas cosas que habéis dicho.»

**Preguntas**

(a) Según los principios de § 13.2, ¿por qué el orientador de los vv. 20–23 empieza con una referencia al hablante?

(b) ¿Por qué se usa una forma de ἀποκρίνομαι en el orientador del 24?

(c) ¿Qué se sugiere por medio del uso de la forma más larga de un orientador en el 24?

**Respuestas sugeridas**

(a) Según los principios de § 13.2, el orientador de los vv. 20–23 empieza con una referencia al hablante porque el discurso es un paso intermedio en el intercambio.

(b) Se usa una forma de ἀποκρίνομαι en el orientador del 24 para indicar que Simón trata de tomar el control de la conversación.

(c) La forma más larga del orientador sugiere que la respuesta de Simón se ha resaltado porque es inesperada. (La oposición posterior de Simón al cristianismo podría haberla hecho tan inesperada. Por otro lado, es posible que hayan circulado historias incorrectas sobre el desenlace del incidente descrito en este pasaje).

## 14.2 Asíndeton en conversaciones referidas en el evangelio de Mateo

Vimos en § 5.3 que el asíndeton era una manera de unir oraciones en Juan cuando la segunda no representa un desarrollo significativo en la narración. El asíndeton también se encuentra entre discursos en Mateo cuando la respuesta a un primero no desarrolla la conversación, por ser *esperada o predecible*. Además, cuando hay asíndeton entre tales discursos, el orientador está a menudo en presente histórico (PH).

En **Mt 17,24–25**, por ejemplo, la respuesta del 25a no representa un nuevo desarrollo en la conversación porque la pregunta del 24b esperaba una respuesta positiva.[7] El discurso del 25a se une al discurso anterior con asíndeton y el orientador está en PH.

(24a) Cuando entraron en Cafarnaún, se acercaron a Pedro los que cobraban las didracmas

(24b) καὶ εἶπαν, Ὁ διδάσκαλος ὑμῶν οὐ τελεῖ [τὰ] δίδραχμα;
      y dijeron: El maestro vuestro ¿no paga [las] didracmas?

(25a) ∅ λέγει, Ναί.
      dice: Sí.

---

[7] Poggi 2011:186.

## 14.2 Asíndeton en conversaciones referidas en el evangelio de Mateo

Véanse también Mt 9,28c (después de un discurso introducido en el 28b con καὶ λέγει [§ 14.3]), Mt 13,51b (§ 13.2) y Mt 26,25b (Jesús está de acuerdo con lo que Judas ha dicho).

Poggi sugiere que, «cuando λέγει y otros verbos de decir [en PH] introducen un discurso directo, muchas veces su uso es estereotipado».[8] Puesto que ningún orientador en Mateo empieza con asíndeton y εἶπεν, es razonable considerar que, cuando es apropiado empezar un orientador con asíndeton, el PH se emplea automáticamente. Por lo tanto, en la discusión que sigue, me fijaré en el uso del asíndeton para unir discursos referidos y no en el PH.

El asíndeton se encuentra entre discursos cuando la respuesta en cuestión es *predecible* y, por lo tanto, no representa un nuevo desarrollo en la conversación. Vemos un ejemplo en **Mt 20,31-34**; la respuesta de los ciegos en el 33 a la pregunta de Jesús es predecible.

(31b)  pero ellos gritaban más fuerte: «¡Señor, ten misericordia de nosotros, Hijo de David!»

(32a)  Entonces Jesús se detuvo, los llamó

(32b)  καὶ    εἶπεν,    Τί      θέλετε    ποιήσω      ὑμῖν;
       y      dijo:     ¿Qué    queréis   que.haga    –os?

(33)   Ø  λέγουσιν  αὐτῷ,  Κύριε,  ἵνα  ἀνοιγῶσιν    οἱ  ὀφθαλμοὶ  ἡμῶν.
          dicen    –le:    Señor   que  sean.abiertos los  ojos      nuestros.

(34)   Movido a compasión (δέ), Jesús tocó sus ojos y, al instante, recobraron la vista …

Véase también Mt 22,42b (a continuación).

Si una respuesta a un discurso inicial comienza con asíndeton y viene seguida por un discurso final del primer hablante que representa el objetivo de la conversación, entonces el discurso final también empieza con asíndeton. Vemos un ejemplo en **Mt 22,41-43**; Jesús hace la pregunta del 42a para llegar a la afirmación del 43.

(41)   Estando reunidos los fariseos, les preguntó Jesús, (42a) diciendo: «¿Qué pensáis acerca del Cristo? ¿De quién es hijo?»

(42b)  Ø  λέγουσιν  αὐτῷ,  Τοῦ  Δαυίδ.
          dicen    –le:    De   David.

(43)   Ø  λέγει  αὐτοῖς,
          dice   –les:

       «¿Pues cómo David, movido por el Espíritu, le llama Señor …?»

Véanse también Mt 20,7a-b (siguiendo a un discurso inicial introducido con καὶ λέγει), Mt 21,31b-c y Mt 21,41-42. Mt 22,21a-b es parecido (siguiendo a un discurso inicial introducido con καὶ λέγει), salvo que se usa τότε para resaltar el discurso final (§ 14.3).

Veamos ahora unas conversaciones con *rondas múltiples* en las que las rondas no-iniciales comienzan con asíndeton. Esto sucede cuando la intención del hablante es la misma al inicio de la nueva ronda, de modo que no hay desarrollo entre las rondas.

Véanse **Mt 16,13-16**, por ejemplo. El 15 sigue a una ronda inicial que consiste en una pregunta (13) y una respuesta (14). La respuesta es introducida con un artículo pronominal puesto que su contenido no es predecible a partir de la pregunta. Al empezar la segunda ronda, la intención original de Jesús no cambia, así que su discurso comienza con asíndeton.

(13)   Tras llegar Jesús a la región de Cesarea de Filipo, preguntaba (ἠρώτα) a sus discípulos, diciendo: «¿Quién dicen los hombres que es el Hijo del hombre?»

---

[8] Poggi 2011:114.

(14) οἱ δὲ εἶπαν,
 ellos md dijeron:
 «Unos, que Juan el Bautista; otros, que Elías; otros, que Jeremías o uno de los profetas.»

(15) Ø λέγει αὐτοῖς,
 dice –les:
 «Pero vosotros, ¿quién decís que soy yo?»

(16) ἀποκριθεὶς δὲ Σίμων Πέτρος εἶπεν,
 respondiendo md Simón Pedro dijo:
 «Tú eres el Cristo, el Hijo de Dios vivo.»

**Mt 27,20–23** presenta dos ejemplos de asíndeton entre discursos referidos. El primero (22a) introduce la segunda ronda de un intercambio entre Pilato y la multitud. El 20 ya expresó la intención de las autoridades judías (que Barrabás sea liberado y que Jesús sea destruido), y esa intención no cambia al iniciar la segunda ronda, por lo tanto, se usa el asíndeton. La respuesta del 22b es predecible a partir del 20, de modo que no representa un nuevo desarrollo. (Las siguientes rondas del intercambio se presentan con δέ, puesto que representan más desarrollos en la conversación).[9]

(20) Pero los sumos sacerdotes y los ancianos persuadieron a la gente para que pidiese la libertad de Barrabás y la muerte de Jesús.

(21a) ἀποκριθεὶς δὲ ὁ ἡγεμὼν εἶπεν αὐτοῖς,
 respondiendo md el gobernador Dijo –les:
 «¿A cuál de los dos queréis que os suelte?»

(21b) οἱ δὲ εἶπαν, Τὸν Βαραββᾶν.
 Ellos md dijeron: Al Barrabás.

(22a) Ø λέγει αὐτοῖς ὁ Πιλᾶτος,
 dice –les el Pilato:
 «¿Y qué voy a hacer con Jesús, el llamado Cristo?»

(22b) Ø λέγουσιν πάντες,
 dicen todos:
 «¡Sea crucificado!»

(23a) ὁ δὲ ἔφη,
 Él md dijo:
 «Pues, ¿qué mal ha hecho?»

El asíndeton a veces se encuentra entre discursos cuando la respuesta es introducida con el aoristo de φημί «decir, afirmar, declarar».[10] Este verbo a menudo se usa cuando un hablante repite algo, de modo que va acompañado naturalmente por el asíndeton, puesto que esa repetición típicamente no constituye un nuevo desarrollo en la conversación.

Véanse **Mt 26,31–34**, por ejemplo. En el 34 Jesús reafirma lo dicho en el discurso del 31–32, por lo tanto, su discurso en el 34 no se ve como un nuevo desarrollo. El discurso de Pedro tampoco se ve como un nuevo desarrollo, puesto que reafirma su declaración del 33.

---

[9] Δέ se usa en el v. 21b porque la respuesta de la gente no era totalmente predecible (el lector no podía estar seguro de que la multitud haría lo que las autoridades les habían aconsejado).
[10] García Santos 2011:887.

## 14.2 Asíndeton en conversaciones referidas en el evangelio de Mateo

(31–32)   Entonces les dice Jesús: «Todos vosotros vais a escandalizaros de mí esta noche ...»

(33)   ἀποκριθεὶς    δὲ    ὁ    Πέτρος    εἶπεν    αὐτῷ,
respondiendo    md    el    Pedro    dijo    –le:
«Aunque todos se escandalicen de ti, yo nunca me escandalizaré.»

(34)   Ø    ἔφη    αὐτῷ    ὁ    Ἰησοῦς,
afirmó    –le    el    Jesús:
«Yo te aseguro que esta misma noche, antes que el gallo cante, me habrás negado tres veces.»

(35a)   Ø    λέγει    αὐτῷ    ὁ    Πέτρος,
dice    –le    el    Pedro:
«Aunque tenga que morir contigo, jamás te negaré.»

Véase también Mt 21,27b, donde Jesús reafirma lo que expresó en el 24.

En **Mt 27,65** (*SBU*) el nuevo hablante, Pilato, no hace más que aceptar la petición de los hablantes anteriores. En otras palabras, su discurso no se ve como un nuevo desarrollo en la narración, así que comienza con asíndeton más ἔφη, que comunica la idea de confirmación. (Si se lee δέ, la respuesta de Pilato se ve como un nuevo desarrollo en la conversación; véase la traducción que da la *NVI*: «Llévense una guardia de soldados»).

(62–64)   Al otro día ... los sumos sacerdotes y los fariseos se reunieron ante Pilato y le dijeron: «Señor, recordamos que ese impostor dijo cuando aún vivía: 'A los tres días resucitaré'. Manda, pues, que quede asegurado el sepulcro ...»

(65)   Ø*    ἔφη    αὐτοῖς    ὁ    Πιλᾶτος,    (**variante*: δέ)
afirmó    –les    el    Pilato:
«Tenéis una guardia. Id y aseguradlo, como ya sabéis.»

Véase también Mt 25,23, donde se repite la afirmación del 21.[11]

### Preguntas de repaso

(a) Cuando se encuentra asíndeton entre discursos referidos, ¿qué indica eso?

(b) Cuando las rondas no-iniciales de una conversación de varias rondas empiezan con asíndeton, ¿qué indica eso?

### Respuestas sugeridas

(a) Cuando se encuentra asíndeton entre discursos referidos, el segundo no representa un nuevo desarrollo en la conversación porque es esperado o predecible.

(b) Cuando las rondas no-iniciales de una conversación de varias rondas empiezan con asíndeton, la nueva ronda no representa un nuevo desarrollo en la narración, porque la intención del hablante no ha cambiado.

### Pasaje ilustrativo 2: Mt 19,16–22

Nótense los ejemplos de asíndeton en los vv. 18a, 20 y 21.

(16)   En esto se le acercó uno y le dijo (εἶπεν): «Maestro, ¿qué cosas buenas debo hacer para conseguir vida eterna?»

---

[11] En Mt 25,21, muchos MSS tienen δέ, en vez de asíndeton. El asíndeton de los 21 y 22 indica que la narración se desarrolla solamente cuando el tercer siervo se acerca (24).

(17)   ὁ    δὲ   εἶπεν  αὐτῷ,
       él   md   dijo   –le:

«¿Por qué me preguntas acerca de lo bueno? Uno solo es el Bueno. Mas si quieres entrar en la vida, guarda los mandamientos.»

(18a)  ∅   λέγει*  αὐτῷ,    (*variante: φήσιν)
           dice    –le:

«¿Cuáles?»

(18b)  ὁ    δὲ   Ἰησοῦς   εἶπεν,
       el   md   Jesús    dijo:

«*No matarás. No cometerás adulterio* ...»

(20)   ∅   λέγει  αὐτῷ   ὁ   νεανίσκος,
           dice   –le    el  joven:

«Todo eso lo he guardado. ¿Qué más me falta?»

(21)   ∅   ἔφη*   αὐτῷ   ὁ   Ἰησοῦ,   (*variante: λέγει)
           afirma –le    el  Jesús:

«Si quieres ser perfecto, anda, vende tus bienes y dáselo a los pobres, y tendrás un tesoro en los cielos. Luego sígueme.»

(22)   Al oír (δέ) estas palabras, el joven se marchó entristecido, porque tenía muchos bienes.

**Preguntas**

(a) ¿Por qué es apropiado el asíndeton en los vv. 18a y 20?
(b) ¿Qué sugiere el asíndeton en el 21?

**Respuestas sugeridas**

(a) El asíndeton es apropiado en los vv. 18a y 20 porque los discursos en cuestión empiezan rondas no-iniciales de una conversación de varias rondas y la intención del joven es la misma en todas ellas, a saber, descubrir cómo conseguir vida eterna.

(b) El asíndeton en el 21 sugiere que la respuesta de Jesús no representa un nuevo desarrollo en la narración. El intercambio ha tenido que ver con la persistencia del joven para encontrar la forma de conseguir vida eterna. Por lo tanto, es natural que el próximo desarrollo sea su respuesta (22), especialmente en vista de que ese desarrollo tiene que ver con los comentarios de Jesús en los 23–24 sobre lo difícil que será para un rico entrar en el Reino de los Cielos.

**Pasaje 3: Mt 4,3–7**

Fíjense en cómo se introducen los discursos de los vv. 4 y 7.

(3)   El tentador se le acercó y le dijo:

«Si eres Hijo de Dios, di que estas piedras se conviertan en panes.»

(4)   ὁ    δὲ   ἀποκριθεὶς     εἶπεν,
      él   md   respondiendo   dijo:

«Está escrito: *No sólo de pan vive el hombre, sino de toda palabra que sale de la boca de Dios.*»

## 14.2 Asíndeton en conversaciones referidas en el evangelio de Mateo

(5) Entonces el diablo lo lleva (παραλαμβάνει) consigo a la Ciudad Santa, lo puso (ἔστησεν) sobre el alero del Templo,

(6) καὶ   λέγει   αὐτῷ,
    y    dice    -le:
    «Si eres Hijo de Dios, tírate abajo, porque está escrito ...»

(7) Ø   ἔφη   αὐτῷ   ὁ   Ἰησοῦς,
    afirmó   -le   el   Jesús:
    «También está escrito: *No tentarás al Señor tu Dios.*»

**Preguntas**

(a) ¿Cuál es el significado de empezar el orientador del v. 4 con un artículo pronominal más ἀποκριθείς?

(b) ¿Por qué es apropiado introducir el discurso del 7 con asíndeton?

**Respuestas sugeridas**

(a) El v. 4 empieza con un artículo pronominal más ἀποκριθείς porque Jesús toma el control de la conversación al rechazar la propuesta del 3.

(b) Es apropiado introducir el discurso del 7 con asíndeton porque Jesús reafirma su rechazo a la propuesta del diablo sobre la misma base (las Escrituras) que en el discurso del 4.

**Pasaje 4: Mt 20,20-23**

(20) Entonces se le acercó la madre de los hijos de Zebedeo con sus hijos, y se postró como para pedirle algo.

(21a) ὁ   δὲ   εἶπεν   αὐτῇ,   Τί   θέλεις;
      él   md   dijo    -le:    ¿Qué deseas?

(21b) Ø   λέγει   αὐτῷ,
      dice    -le:
      «Manda que estos dos hijos míos se sienten en tu Reino, uno a tu derecha y otro a tu izquierda.»

(22a) ἀποκριθεὶς   δὲ   ὁ   Ἰησοῦς   εἶπεν,
      respondiendo  md  el  Jesús    dijo:
      «No sabéis lo que pedís. ¿Podéis beber la copa que yo voy a beber?»

(22b) Ø   λέγουσιν   αὐτῷ,   Δυνάμεθα.
      dicen:         -le     Podemos.

(23) Ø*  λέγει   αὐτοῖς,   (*variante: καί)
     dice    -les:
     «Desde luego que beberéis mi copa. Pero eso de sentarse a mi derecha o a mi izquierda no está en mis manos concederlo. Será para quienes mi Padre lo tenga dispuesto.»

**Preguntas**

(a) ¿Por qué es apropiado introducir el discurso del v. 21b con asíndeton?

(b) ¿Por qué el orientador del 22a empieza con ἀποκριθείς?

(c) ¿Por qué los discursos de los 22b y 23 (*SBU*) se introducen con asíndeton?

**Respuestas sugeridas**: véase el Apéndice bajo 14(4).

## 14.3 Verbos de lengua en presente histórico en el evangelio de Mateo

Nos fijamos ahora en los ejemplos de los PH de lengua que quedan en Mateo, a saber, los que siguen a una conjunción como καί, τότε o, de vez en cuando, δέ. Esos PH son *catafóricos*, pues apuntan hacia delante a uno o más acontecimientos significativos que siguen al discurso.

Véanse **Mt 28,8–20**, por ejemplo. Τότε en el 10 introduce y resalta el discurso final de Jesús, mientras que el PH apunta a los acontecimientos que siguen a partir de ese discurso, a saber, la ida de los discípulos a Galilea (16) y el mandato final de Jesús (18–20).

(8) Ellas partieron a toda prisa del sepulcro, con miedo y gran gozo, y corrieron a dar la noticia a los discípulos.

(9a) καὶ ἰδοὺ **Ἰησοῦς** ὑπήντησεν αὐταῖς λέγων, Χαίρετε.
    y he.ahí Jesús encontró a.ellas diciendo: Salud.

(9b) <u>αἱ</u> δὲ προσελθοῦσαι ἐκράτησαν αὐτοῦ τοὺς πόδας
    ellas md acercándose asieron de.él los pies

(9c) καὶ προσεκύνησαν αὐτῷ.
    y se.postraron a.él

(10) τότε λέγει αὐταῖς ὁ Ἰησοῦς,
    entonces dice –les el Jesús:
    «No temáis. Id y avisad a mis hermanos que vayan a Galilea; allí me verán.»

{11–15 narran lo que pasó cuando la guardia del sepulcro informó a los sumos sacerdotes.}

(16) Por su parte (δέ), los once discípulos marcharon a Galilea, al monte que Jesús les había indicado.

Otros pasajes en los que τότε introduce y resalta un discurso final, y el PH de lengua apunta hacia delante, al resultado de ese discurso, son Mt 4,10 (Jesús dice: «Apártate, Satanás», y el diablo lo dejó [11]), Mt 9,37–38 (Jesús dice a los discípulos que rueguen al Dueño de la mies que envíe obreros a su mies, y él envió a los doce [10,5]) y Mt 26,52–54 (véase el 56). Véanse también Mt 9,6, Mt 12,13 y, en Mt 22,21b, siguiendo a dos discursos introducidos con asíndeton y un PH (§ 14.2).

A veces el primer verbo de una subsección que empieza con τότε es λέγει. Un discurso que se introduce de esa manera es significativo por derecho propio, ya que representa una nueva iniciativa por parte del hablante, generalmente a la vista de los acontecimientos anteriores. Al mismo tiempo, los acontecimientos resultantes son más significativos que el discurso en sí (véase § 13.1 sobre la tendencia de los acontecimientos no-verbales a ser más importantes que los discursos que conducen a ellos). Vemos un ejemplo en **Mt 22,8–9**.

## 14.3 Verbos de lengua en presente histórico en el evangelio de Mateo

(7) El rey, enojado, envió sus tropas, dio muerte (ἀπώλεσεν) a aquellos homicidas y prendió fuego (ἐνέπρησεν) a su ciudad.

(8–9) τότε λέγει τοῖς δούλοις αὐτοῦ,
entonces dice a.los siervos suyos:

«La boda está preparada, pero los invitados no eran dignos. Id, pues, a los cruces de los caminos e invitad a la boda a cuantos encontréis.»

(10) Y habiendo salido aquellos siervos a los caminos, reunieron (συνήγαγον) a todos los que encontraron, malos como buenos, y la sala de bodas se llenó (ἐπλήσθη) de comensales.

Otros ejemplos en los que una subsección empieza con τότε y un PH de lengua, se encuentran en Mt 15,12, Mt 18,32, Mt 26,31, Mt 26,38 y Mt 27,13.

Los PH de lengua a menudo son enlazados por medio de καί con la oración anterior cuyo verbo puede estar en PH (Mt 26,36, Mt 26,40, Mt 26,45; véase § 12.2.1), en imperfecto o en aoristo. Una vez más, un discurso que se introduce de esta manera puede representar una iniciativa significativa por parte del hablante. Sin embargo, los acontecimientos resultantes son aún más significativos que el discurso en sí. Véase, por ejemplo, **Mt 9,9**, en el que la respuesta de Mateo a la invitación de Jesús es más significativa que la invitación en sí.

(9a) Cuando se iba de allí, al pasar vio (εἶδεν) Jesús a un hombre llamado Mateo, sentado en el despacho de impuestos,

(9b) καὶ λέγει αὐτῷ, Ἀκολούθει μοι.
y dice –le: Sigue –me.

(9c) καὶ ἀναστὰς ἠκολούθησεν αὐτῷ.
y levantándose siguió –le

Véanse también Mt 4,19, Mt 9,28b, Mt 14,31b, Mt 21,19 y Mt 22,20.

En el caso de **Mt 20,3–8**, el uso de un PH en el 6b en vez de un aoristo, como se empleó en las ocasiones anteriores en las que el hombre fue a contratar obreros (4–5), es claramente catafórico. El efecto catafórico se refuerza aún más al usarse otro PH en el 8 (véase § 14.2 sobre el uso de los PH con asíndeton en el 7).

(3) Saliendo luego hacia la hora tercia, vio (εἶδεν) a otros que estaban en la plaza parados (4) y les dijo (εἶπεν): 'Id también vosotros a mi viña, y os daré lo que sea justo'. (5) Ellos fueron (ἀπῆλθον). Habiendo salido a la hora sexta y a la nona, hizo (ἐποίησεν) lo mismo.

(6a) Todavía saliendo a eso de la hora undécima, encontró (εὗρεν) a otros que estaban allí

(6b) καὶ λέγει αὐτοῖς,
y dice –les:
'¿Por qué estáis aquí todo el día parados?'

(7a) ∅ λέγουσιν αὐτῷ,
dicen –le:
'Es que nadie nos ha contratado.'

(7b) ∅ λέγει αὐτοῖς,
dice –les:
'Id también vosotros a la viña.'

(8) ὀψίας δὲ γενομένης λέγει ὁ κύριος τοῦ ἀμπελῶνος
atardecer md habiendo.llegado dice el señor de la viña

τῷ ἐπιτρόπῳ αὐτοῦ,
al encargado suyo:

'Llama a los obreros y págales el jornal, empezando por los últimos hasta los primeros.'

(9) Viniendo, pues, los de la hora undécima, recibieron (ἔλαβον) un denario cada uno.

Véanse también Mt 8,26a (el PH apunta hacia delante al acontecimiento final del 26b, que es introducido con τότε), así como el par de discursos de Mt 15,33–34a (apuntan hacia delante, probablemente, a los acontecimientos de los 35ss). Mt 14,17 (introducido con οἱ δὲ λέγουσιν) es parecido. Otro ejemplo se encuentra en Mt 8,7 (*SBU*; algunos MSS omiten καί); una vez más el PH es catafórico, apuntando hacia la respuesta del centurión en los 8–9.

Sin embargo, no faltan ocasiones en las que el discurso introducido con el PH es muy significativo. Un ejemplo muy claro (aunque no tiene καί λέγει) se encuentra en **Mt 14,8**, donde la posición de φησίν en medio del discurso resalta aún más el deseo de la hija de Herodías (nótese también el orden marcado de los constituyentes [§ 3.5]).

(6–7) Mas, llegado el cumpleaños de Herodes, la hija de Herodías danzó (ὠρχήσατο) en medio de todos, y gustó (ἤρεσεν) tanto a Herodes que éste le prometió (ὡμολόγησεν) bajo juramento darle todo lo que pidiese.

(8) ἡ δὲ προβιβασθεῖσα ὑπὸ τῆς μητρὸς αὐτῆς,
ella md instigada por la madre suya:

Δός μοι, φησίν, ὧδε ἐπὶ πίνακι τὴν κεφαλὴν Ἰωάννου τοῦ βαπτιστοῦ.
Da –me afirma aquí en bandeja la cabeza de.Juan el Bautista

(9) Aunque entristecido, el rey, a causa del juramento y de los comensales, ordenó (ἐκέλευσεν) que se le trajese.

Quedan algunos pasajes en los que un PH introduce el discurso *final* de un episodio y es menos evidente que su función sea catafórica. Examino estos pasajes uno por uno.

En **Mt 21,12–23**, los PH de lengua de los 13 y 16b son catafóricos y apuntan hacia una confrontación posterior entre Jesús y las autoridades religiosas, a saber, la de los 23ss.[12]

(12) Entró (εἰσῆλθεν) Jesús en el Templo y echó fuera (ἐξέβαλεν) a todos los que vendían y compraban en él; volcó (κατέστρεψεν) las mesas de los cambistas y los puestos de los vendedores de palomas,

(13) καὶ λέγει αὐτοῖς,
y dice –les:

«Está escrito: *Mi casa será llamada casa de oración*. ¡Pero vosotros estáis haciendo de ella una *cueva de bandidos*!»

(14) También se acercaron (προσῆλθον) a él en el Templo algunos ciegos y cojos, y los curó (ἐθεράπευσεν). (15) Mas los sumos sacerdotes y los escribas, al ver los milagros que había hecho y a los niños que gritaban en el Templo: «¡Hosanna al Hijo de David!», se indignaron (ἠγανάκτησαν) (16a) y le dijeron (εἶπαν): «¿Oyes lo que dicen éstos?»

---

[12] Sobre la higuera sin fruto como relacionada con el mismo tema, cf. Mateos y Camacho 1981:211.

## 14.3 Verbos de lengua en presente histórico en el evangelio de Mateo

(16b) ὁ δὲ Ἰησοῦς λέγει αὐτοῖς,
el md Jesús dice –les:

«Sí. ¿No habéis leído nunca que *De la boca de los niños y de los que aún maman, te preparaste alabanza?*»

(17) Y, dejándolos, salió (ἐξῆλθεν) de la ciudad camino a Betania, donde pasó la noche (ηὐλίσθη).

{18–22 narran la maldición de la higuera}

(23) Habiendo él venido al Templo, mientras enseñaba, se le acercaron (προσῆλθον) los sumos sacerdotes y los ancianos del pueblo, diciendo: «¿Con qué autoridad haces esto? ¿Quién te ha dado tal autoridad?»

En **Mt 8,19–22**, el PH de lengua del 20 también puede interpretarse como catafórico, apuntando hacia el intercambio de los 21–22 (véase § 5.1 sobre el uso de καί en los 18–20). Sin embargo, el 22 (א B C f1 33) tiene otro PH (λέγει). Como no está claro a qué apunta λέγει, favorezco la variante εἶπεν (atestiguada por todos los manuscritos restantes).

(19) Entonces acercándose un escriba, le dijo (εἶπεν): «Maestro, te seguiré adondequiera que vayas.»

(20) καὶ λέγει αὐτῷ ὁ Ἰησοῦς,
y dice –le el Jesús:

«Las zorras tienen guaridas, y las aves del cielo nidos; pero el Hijo del hombre no tiene dónde reclinar su cabeza.»

(21) Otro de los discípulos le dijo (εἶπεν): «Señor, déjame ir primero a enterrar a mi padre.»

(22) ὁ δὲ Ἰησοῦς λέγει* αὐτῷ, (*variante*: εἶπεν)
el md Jesús dice –le:

«Sígueme, y deja que los muertos entierren a sus muertos.»

Mt 17,20 (ὁ δὲ λέγει [*SBU*]) presenta un problema parecido (aunque algunos MSS tienen εἶπεν y en su mayoría añaden Ἰησοῦς).

Por último, considérese **Mt 8,3–17**, donde el 4 introduce el discurso final con un PH. Si el PH es catafórico, es de suponer que apunta hacia delante a la profecía del 17.[13] (Se sugiere en § 5.1 que Mateo relaciona los 14–16 para mostrar que esa profecía se cumplió por las acciones de Jesús).

(3b) Y al instante quedó limpio (ἐκαθαρίσθη) de su lepra.

(4) καὶ λέγει αὐτῷ ὁ Ἰησοῦς,
y dice –le el Jesús:

«Mira, no se lo digas a nadie. Pero vete, muéstrate al sacerdote y presenta la ofrenda que prescribió Moisés, para que les sirva de testimonio.»

{5–13 hablan del centurión que pide a Jesús que sane a su criado; terminan con la oración: «Y en aquella hora sanó [ἰάθη] el criado».}

{14–15 tienen que ver con la curación de la suegra de Pedro.}

(16) Al atardecer, le trajeron (προσήνεγκαν) muchos endemoniados; él, con sólo una palabra, expulsó (ἐξέβαλεν) a los demonios. Curó (ἐθεράπευσεν) también a todos los que se encontraban mal,

---

[13] «Algunas agrupaciones de Milagros se llevaron también a cabo, según parece, con una finalidad catequética (por ejemplo, Mt 8,1–17 ...)» (Léon-Dufour 1966:252).

(17) para que se cumpliera (ὅπως πληρωθῇ) lo dicho por el profeta Isaías: *Él tomó nuestras flaquezas y cargó con nuestras enfermedades.*

Llego a la conclusión de que, salvo dos pasajes que tienen variantes, todos los casos de PH de lengua en Mateo tienen matices catafóricos.

**Preguntas de repaso**

(a) Cuando se introduce un discurso final con τότε y un PH, ¿qué se indica?

(b) Cuando un episodio termina con un discurso introducido con un PH, ¿qué implica?

**Respuestas sugeridas**

(a) Cuando se introduce un discurso final con τότε y un PH, τότε resalta el discurso, mientras que el PH apunta hacia delante a los próximos acontecimientos.

(b) Cuando un episodio termina con un discurso introducido con un PH, el PH apunta hacia delante a un episodio posterior.

Nótese el uso del PH en los pasajes siguientes y contéstense las preguntas.

**Pasaje ilustrativo 5: Mt 13,27–30 (*SBU*)**

(27)  Presentándose los siervos al amo, le dijeron (εἶπον):
'Señor, ¿no sembraste semilla buena en tu campo? ¿Por qué tiene entonces cizaña?'

(28a)  ὁ    δὲ   ἔφη     αὐτοῖς,
él    md   afirmó  a.ellos:
'Algún enemigo ha hecho esto.'

(28b)  οἱ   δὲ   δοῦλοι  λέγουσιν αὐτῷ,
los   md   siervos  dicen      –le:
'¿Quieres, pues, que vayamos a recogerla?'

(29)  ὁ    δέ   φησιν,
él    md   afirma:
'No, no sea que, al recoger la cizaña, arranquéis a la vez el trigo. (30) Dejad que ambos crezcan juntos hasta la siega. Ya diré a los segadores, cuando llegue la siega, que recojan primero la cizaña y la aten en gavillas para quemarla, y que almacenen el trigo en mi granero.'

**Pregunta**

¿Con qué propósito se usan los PH en los vv. 28b y 29?

**Respuesta sugerida**

Según el análisis presentado en esta sección, los PH de los vv. 28b y 29 tienen una función catafórica. Probablemente apuntan hacia delante a la interpretación de la parábola presentada en los 36–43.

**Pasaje 6: Mt 22,11–13**

(11)   Cuando entró el rey a ver a los comensales, vio allí a uno que no tenía traje de boda,

14.3 Verbos de lengua en presente histórico en el evangelio de Mateo

(12a) καὶ λέγει αὐτῷ,
y dice –le:
'Amigo, ¿cómo has entrado aquí sin traje de boda?'

(12b) Él se quedó callado (ἐφιμώθη). (13) Entonces (τότε) el rey dijo (εἶπεν) a los sirvientes: 'Atadlo de pies y manos y echadlo a las tinieblas de fuera …'

**Pregunta**

¿Cuál es el significado de usar un PH en el v. 12a?

**Respuesta sugerida: véase el Apéndice bajo 14(6).**

Consideramos ahora por qué se usan los PH en algunos episodios de Mateo y no en otros.

Se han identificado tres condiciones para el uso de los PH en Mateo (§ 12.2.1):

- Los PH se usan solo en conexión con la interacción de más de un participante o grupo, y nunca cuando se describen las acciones o los discursos de un solo participante.
- Los PH se usan al principio de episodios solo cuando el episodio en cuestión es una nueva subsección de una unidad más extensa.
- Los PH se usan para activar a un participante solo si ese participante tiene una parte activa que desempeñar.

Estas condiciones explican la ausencia de PH en varios episodios. Tomemos, por ejemplo, la condición de que un PH se use al principio de un episodio solo cuando ese episodio es una nueva subsección de una unidad más extensa. Eso explica la ausencia de un PH en la primera ronda de dos episodios de tres rondas (la tentación de Jesús por el diablo [Mt 4,1–4] y la negación de Pedro [Mt 26,69–70]). Sin embargo, la presencia de un PH en Mt 3,1 hace difícil predecir cuándo el autor va a ver un episodio como parte de una unidad más extensa.

De la misma manera, la condición de que un participante tenga una parte activa que desempeñar solo si se activa con un PH explica la ausencia de un PH cuando los enfermos se introducen en Mt 8,16 y cuando los 'publicanos y pecadores' se presentan en Mt 9,10.

Las condiciones anteriores también son suficientes para explicar la ausencia de los PH que no son de lengua en otras partes de los capítulos 1–4. Como ya se indicó, no se usa un PH para introducir al ángel en Mt 1,20, porque no hubo una interacción anterior entre los participantes. Luego, en Mt 2,1, los Magos no se introducen en una escena en curso, sino en una nueva escena que involucra a Herodes en Jerusalén. En Mt 3,5 y en Mt 3,7, no se usa un PH para introducir a nuevos participantes en una escena en curso porque no toman ninguna iniciativa. Por último, en Mt 4,1, no se usa un PH para trasladar a Jesús al desierto porque va solo, dejando atrás a Juan Bautista.

Mt 8,1–19 tiene cuatro o cinco PH de lengua, que se han analizado como catafóricos, pero ningún PH que no es de lengua. Es posible que las condiciones mencionadas arriba excluyan el uso de un PH que no es de lengua cuando Jesús y sus discípulos van a otros lugares (1, 5, 14) o cuando se introducen nuevos participantes que tienen una parte activa que desempeñar (2, 5, 19).

Sin embargo, otro factor también puede ser relevante: se observa una fuerte tendencia en Mateo a usar un PH *o* al principio de subsecciones *o* en conexión con discursos referidos, pero no en ambas situaciones (siendo la excepción principal los PH que describen el movimiento de participantes activados hacia el lugar de los próximos acontecimientos importantes, como en Mt 4,5 y Mt 26,36). Como resultado, Mateo normalmente indica el desarrollo de un tema a lo largo de más de un episodio o bien al principio o al final de un episodio, pero no en ambas situaciones.

Wilson sugiere que la presencia del PH en ciertos episodios de Marcos «sirve para resaltar un *tema* principal de la narración, marcando algunos de los episodios, mientras que está ausente en los episodios intermedios suplementarios al tema marcado».[14] Sin embargo, Boos considera que algunos PH se relacionan con temas de alto nivel, mientras que otros solo tienen importancia local.[15]

---

[14] Wilson 1974:215.
[15] Boos 1984:22. Boos se refería al evangelio de Juan.

Si aplicamos estas sugerencias a Mateo, podríamos distinguir entre los PH que tienen solo importancia *local*, apuntando y resaltando un acontecimiento posterior en el mismo episodio, y los que tienen una importancia *más amplia*, apuntando a acontecimientos de un episodio posterior. Estos últimos pueden reconocerse por el hecho de que el episodio termina con un discurso introducido con un PH.

Los casos de los PH de lengua identificados más arriba, que apuntan a un episodio posterior, incluyen los siguientes:

- Mt 8,4: apuntando a la profecía de 8,17 a medida que desarrolla el tema de la curación
- Mt 8,20: apuntando a enseñanzas adicionales sobre el discipulado en 8,22
- Mt 9,37–38: apuntando al envío de los discípulos en 10,5
- Mt 13,29 (*SBU*): apuntando a la interpretación de la parábola en 13,36–43
- Mt 21,13 y Mt 21,16: apuntando a otra confrontación con las autoridades religiosas en 21,23–27
- Mt 28,10: apuntando a las instrucciones finales de Jesús en 28,16–20.

En cuanto a los PH con verbos que no son de lengua al principio de episodios y subsecciones (§ 12.2.1), esos casos implican que los acontecimientos en cuestión son parte de un todo más amplio. Por lo tanto, también pueden ayudar a identificar temas de nivel más alto (especialmente si también se toma en cuenta la naturaleza asociativa de τότε y de los genitivos absolutos).

Para finalizar, un área productiva de investigación sería la interacción de dos factores:

1. la medida en que las tres condiciones mencionadas al principio de esta subsección excluyen el uso de los PH en ciertos episodios de Mateo
2. la medida en que el uso de los PH, τότε, los genitivos absolutos y otros recursos cohesivos como la presencia *versus* la ausencia de referencias explícitas a Jesús, indican que los episodios deben agruparse por tener un tema común.

Esto revelaría si estamos acercándonos a una explicación de la presencia *versus* la ausencia de PH en el evangelio, y hacia dónde pueden dirigirse los futuros estudios del PH.

# 15
# Conversaciones referidas en el evangelio de Juan

Un análisis de los orientadores de discurso en Juan debe tener en cuenta por lo menos cuatro variables:
1. la forma que se escoge para enlazar unidades (δέ, καί, οὖν o asíndeton [§ 5.3])
2. las referencias por nombre a los hablantes, articuladas *versus* inarticuladas (§ 9.2)
3. el verbo escogido (principalmente, λέγω/εἶπον o ἀποκρίνομαι)
4. el tiempo-aspecto escogido (especialmente el aoristo *versus* el presente histórico [PH]).

Otro factor adicional considerado previamente en § 13.1 consiste en el uso del artículo pronominal para presentar pasos intermedios.

Como se indicó en § 13.1, el estatus de las conversaciones varía de un episodio a otro. En algunos de los episodios registrados en Juan, los intercambios son un fin en sí mismos, por ejemplo cuando Jesús habla con discípulos potenciales (p.ej., Nicodemo en Jn 3,2–10). En otros episodios, los intercambios conducen a uno de los siete «signos» (σημεῖα) que presenta Juan,[1] como la curación del hijo del oficial en Jn 4,46–54. Hay también conversaciones largas que conducen a acciones resultantes, como la interacción entre Jesús y la samaritana en Jn 4,7–26, cuyo resultado es que muchos pobladores de Sicar creen que Jesús es «el Salvador del mundo» (42). En otras ocasiones, la evidencia de uno de los signos se expresa en un discurso referido (Jn 2,10). En resumen, no existe una división ordenada entre las conversaciones en las que los intercambios son un fin en sí mismos y aquellas en las que no lo son.

Existen correlaciones importantes entre el estatus de una conversación y algunas de las variables mencionadas arriba. En los debates con oponentes, por ejemplo, hay una tendencia a enlazar cada discurso con οὖν y de no usar un PH de lengua. Sin embargo, la correlación entre estas variables y la presencia de «tensión y conflicto»[2] es solo parcial.

Una de las razones por las cuales los PH tienden a no aparecer en debates, ni siquiera con οὖν,[3] consiste en que la mayoría de los PH de lengua son *catafóricos*, igual que en Mateo.[4] En otras palabras, apuntan a un discurso o acción posterior (véase § 15.1). En los debates, en cambio, todos los discursos son importantes, de modo que el desarrollo del debate fracasaría si se dirigiera al lector desde el interior del discurso hacia una respuesta posterior.[5]

---

[1] Véanse Vidal 2013:34–36; Tragan y Perroni 2019:69, 73.

[2] Reimer 1985:34.

[3] Un PH y οὖν se encuentran en un orientador de discurso solamente después de material de trasfondo.

[4] Boos 1984:20–22.

[5] Boos (1984:20) propone otra explicación para la distribución desigual de PH en Juan, a saber, «que las agrupaciones significativas del presente histórico ... señalan a esa sección particular como importante en el desarrollo de la trama» del libro como un todo.

En § 14.1 vimos que se emplean formas de ἀποκρίνομαι en los evangelios sinópticos y en Hechos para romper la naturaleza compacta de una conversación cerrada. Este efecto se logra en Juan por lo que llamo el orientador *largo* ἀπεκρίθη καὶ εἶπεν. Se consideran sus funciones en § 15.2.

En cambio, cuando en Juan ἀπεκρίθη se usa solo (a lo que llamo el orientador *corto*), la naturaleza compacta de la conversación no se rompe. Más bien, es la forma por defecto de introducir una respuesta a un discurso inicial. Esto es particularmente evidente cuando ἀπεκρίθη introduce la respuesta directa a una pregunta, como en **Jn 21,5b**; no se sugiere un intento de controlar la conversación al contestar una pregunta directa con la respuesta esperada.

(5a) λέγει οὖν αὐτοῖς [ὁ] Ἰησοῦς, Παιδία, μή τι προσφάγιον ἔχετε;
dice pues –les [el] Jesús: Hijitos ¿no algo comestible tenéis?

(5b) ∅ ἀπεκρίθησαν αὐτῷ, Οὔ.
respondieron –le: No.

Véanse también Jn 1,21e, Jn 8,49, Jn 13,26 (PH – véase § 15.1) y Jn 18,5a, junto con los muchos pasajes en los que una forma de ἀποκρίνομαι asocia una respuesta con un discurso introducido con un PH (§ 15.1).

Cuando ἀπεκρίθη introduce solamente algunos discursos de una conversación, el intercambio queda dividido en distintas partes, especialmente si se emplea también la conjunción de desarrollo οὖν. Lo podemos ver en Jn 18,33–38.

**Pasaje 1: Jn 18,33–38 (*SBU*)**

(33a) Entonces Pilato entró de nuevo al pretorio, llamó a Jesús

(33b) καὶ εἶπεν αὐτῷ,
y dijo –le:
«¿Eres tú el rey de los judíos?»

(34) ∅ ἀπεκρίθη Ἰησοῦς,
respondió Jesús:
«¿Dices eso por tu cuenta o es que otros te lo han dicho de mí?»

(35) ∅ ἀπεκρίθη ὁ Πιλᾶτος,
respondió el Pilato:
«¿Acaso soy yo judío? Tu pueblo y los sumos sacerdotes te han entregado a mí. ¿Qué has hecho?»

(36) ∅ ἀπεκρίθη Ἰησοῦς,
respondió Jesús:
«Mi Reino no es de este mundo ...»

(37a) εἶπεν οὖν αὐτῷ ὁ Πιλᾶτος,
dijo pues –le el Pilato:
«¿Luego tú eres rey?»

(37b) ∅ ἀπεκρίθη ὁ Ἰησοῦς,
respondió el Jesús:
«Sí, como dices, soy rey. Yo para esto he nacido y para esto he venido al mundo: para dar testimonio de la verdad. Todo el que es de la verdad, escucha mi voz.»

(38a) ∅ λέγει αὐτῷ ὁ Πιλᾶτος,
      dice –le el Pilato:
      «¿Qué es la verdad?»

(38b) Καὶ τοῦτο εἰπὼν πάλιν ἐξῆλθεν πρὸς τοὺς Ἰουδαίους ...
      Y esto diciendo de.nuevo salió a los judíos

En este pasaje, la presencia y la ausencia del orientador corto ἀπεκρίθη tiene el efecto de dividir la conversación en tres partes: los 33b–36, 37a–b y 38a. En el 37a, οὖν marca el inicio de una nueva unidad de desarrollo y la acompaña εἶπεν, como es normal (véanse también Jn 4,48, Jn 8,57, Jn 9,26, Jn 11,12 y Jn 11,16, entre otros). El PH del 38a, a su vez, apunta hacia delante a la próxima serie de acontecimientos. Esto se confirma por medio del uso en el 38b de καί (§ 5.3.2) y un enlace reanudatorio (τοῦτο εἰπών [§ 12.1]), cuyo efecto consiste en ralentizar la narración inmediatamente antes de los acontecimientos y discursos importantes de los 38b–40.

Nótese que λέγει con asíndeton no se considera un uso estereotipado del PH en Juan, puesto que también εἶπεν se encuentra con asíndeton; véanse Jn 6,10, Jn 11,25 y Jn 18,31b, aunque otros MSS introducen una conjunción en esos tres versículos.

## 15.1 Presentes históricos en orientadores de discurso en el evangelio de Juan

Como en Mateo, parece que los PH en Juan tienen siempre una función de *prominencia*, y que la mayoría de los PH que se utilizan en orientadores de discurso son *catafóricos*. En otras palabras, el uso de un PH en un orientador en Juan generalmente apunta hacia delante a un discurso o un acontecimiento posterior para resaltarlo.

El hecho de que muchos PH aparezcan en el orientador del *primer discurso de un par adyacente*[6] confirma ese efecto catafórico.

El término *par adyacente* se refiere a un par discurso-discurso o discurso-acción que van juntos porque el discurso inicial exige la respuesta específica que se describe en la segunda parte. Por ejemplo, una pregunta exige una respuesta, y un mandato exige la ejecución del mandato. Si la segunda parte del par es un discurso, a menudo se introduce en Juan con ἀπεκρίθη.

Jn 5,6b–9a (pasaje 2) consiste en dos pares adyacentes. Ambos empiezan con un PH de lengua (6b, 8), que apunta hacia delante por lo menos a la segunda parte del par, a saber, a la respuesta del enfermo (7) y al hecho de haber sido sanado (9a). El discurso que constituye la segunda parte del primer par se introduce con ἀπεκρίθη (7).

**Pasaje 2: Jn 5,6–9a**

(6a) Jesús viéndole tendido y sabiendo que llevaba ya mucho tiempo,

(6b) PAR 1: PREGUNTA
     ∅ λέγει αὐτῷ,
     dice –le:
     «¿Quieres recobrar la salud?»

(7)        RESPUESTA
     ∅ ἀπεκρίθη αὐτῷ ὁ ἀσθενῶν,
     respondió –le el: enfermo
     «Señor, no tengo a nadie que me meta en la piscina cuando se agita el agua ...»

---

[6] Blancáfort y Tusón 1999:35.

(8)   PAR 2:   MANDATO
   Ø   λέγει   αὐτῷ   ὁ   Ἰησοῦς,
      dice   –le   el   Jesús:
   «Levántate, toma tu camilla y anda.»

(9a)      EJECUCIÓN
   El hombre fue (ἐγένετο) sanado al instante, tomó su camilla y se fue andando.

Para ilustrar con cuánta frecuencia un PH introduce el primer discurso de un par adyacente, he aquí una lista de los pasajes en los que un PH de lengua en la primera parte de un par es seguido por una forma de ἀποκρίνομαι en la segunda parte: Jn 1,48a, Jn 3,4, Jn 4,9, Jn 4,11, Jn 4,16, Jn 5,6, Jn 6,5, Jn 7,50, Jn 11,8, Jn 13,6b, Jn 13,8a, Jn 13,25 y Jn 13,37 (en este ejemplo y en 13,25, el orientador de la respuesta también es un PH), Jn 13,36a, Jn 14,22, Jn 16,29, Jn 18,4b y Jn 18,29b (*SBU*), Jn 19,6b, Jn 19,9b, Jn 19,10, Jn 19,15b, Jn 20,27 y Jn 21,5a. Además, un PH en la primera parte de un par es seguido muchas veces por una respuesta no-verbal, como en Jn 5,9a (arriba) que es la segunda parte de un par.

Entre los muchos otros ejemplos de PH que introducen el primer discurso de una conversación y tienen una función catafórica están Jn 1,38a, Jn 12,4 y Jn 19,26–27a. Véase también el discurso aislado en Jn 19,28, seguido por la respuesta no-verbal del 29b. Otros introducen el primer discurso de una nueva ronda de una conversación, también con efecto catafórico, como en Jn 6,8, Jn 9,17, Jn 11,11 y Jn 21,12.

Consideramos ahora la afirmación (véase arriba) de que el uso de un PH de lengua generalmente *da prominencia a lo que sigue*, en vez de al discurso que introduce. Cabe señalar que la norma en *SBU* consiste en que las referencias por nombre a un hablante sean articuladas cuando se usa un PH, pero inarticuladas cuando se emplea una forma de ἀποκρίνομαι, especialmente con el orientador largo ἀπεκρίθη καὶ εἶπεν (véase § 15.2).[7]

Cuadro 9. La correlación entre el orientador del habla y la referencia al hablante

| forma del verbo de lengua | modo normal de referencia al hablante por nombre |
|---|---|
| λέγει | articulado |
| ἀπεκρίθη (καὶ εἶπεν) | inarticulado |

En otras palabras, las formas de referencia a los hablantes en los orientadores implican que los discursos introducidos con un PH no tienen especial prominencia, pero los introducidos con una forma de ἀποκρίνομαι sí la tienen (§ 9.2.3). Véase, por ejemplo, la referencia articulada a Jesús en Jn 5,8 (pasaje 2 arriba), junto con las referencias inarticuladas a él en Jn 18,34 y Jn 18,36 (pasaje 1).[8]

Si estas normas son válidas, pueden ayudar en la selección de lecturas variantes, si se tienen en cuenta las implicaciones del uso de un PH de lengua en Juan. En Jn 3,2–5 (pasaje 3), por ejemplo, el PH del 4 tiene una función catafórica, para apuntar hacia delante y resaltar la respuesta del 5. Esto a su vez implica que es preferible una referencia articulada a Nicodemo en el 4, y una referencia inarticulada a Jesús en el 5.

**Pasaje 3: Jn 3,2–5**

(2)   <u>οὗτος</u>   ἦλθεν   πρὸς   αὐτὸν   νυκτὸς   καὶ   εἶπεν   αὐτῷ,
      éste   vino   a   él   de.noche   y   dijo   –le:
   «Rabbí, sabemos que has venido de Dios como maestro, porque nadie puede realizar los signos que tú realizas, si Dios no está con él.»

---

[7] Abbott 1906:57. Muchas de las referencias por nombre a Jesús en un orientador tienen variantes articuladas e inarticuladas. Por lo tanto, a menos que se indique lo contrario, los ejemplos citados siguen el texto de *SBU*.

De las 39 referencias a Jesús en orientadores que van acompañados por una forma de ἀποκρίνομαι, solo 6 son articuladas en *SBU* (más 4 dudosas).

[8] En el 34 y el 36 existen variantes articuladas. Además, ὁ Ἰησοῦς en el 37b tiene una variante inarticulada.

(3) Ø ἀπεκρίθη * Ἰησοῦς καὶ εἶπεν αὐτῷ, (*variante: se agrega ὁ)
    respondió   Jesús  y   dijo  –le:

«En verdad, en verdad te digo que el que no nazca de nuevo no puede ver el Reino de Dios.»

(4) Ø λέγει πρὸς αὐτὸν [ὁ] Νικόδημος,
    dice   a   él   [el] Nicodemo:

«¿Cómo puede uno nacer siendo ya viejo? ¿Puede acaso entrar otra vez en el seno de su madre y nacer?»

(5) Ø ἀπεκρίθη * Ἰησοῦς, (*variante: se agrega ὁ)
    respondió  Jesús:

«En verdad, en verdad te digo que el que no nazca de agua y de Espíritu no puede entrar en el Reino de Dios ...»

Ya notamos que, cuando el orientador está en PH, lo normal es que cualquier referencia por nombre al hablante sea articulada. Sin embargo, a veces es *inarticulada*. Cuando eso sucede, el propio discurso se resalta.[9]

Por ejemplo, todos los discursos de Jn 20,15–17 (pasaje 4) son introducidos con un PH (en los 14b y 18, se usan para reactivar a Jesús y los discípulos [§ 12.2.3]). Aunque es posible sostener que todos se emplean de manera catafórica (supuestamente apuntando hacia la próxima vez en que Jesús aparece), las referencias inarticuladas a Jesús (por lo menos, en *SBU*) pueden sugerir que lo resaltado es el intercambio entre María Magdalena y Jesús.

**Pasaje 4 : Jn 20,14–18**

(14) Dicho esto, se volvió (ἐστράφη) y ve a Jesús (θεωρεῖ τὸν Ἰησοῦν), de pie, pero no sabía (ᾔδει) que era Jesús.

(15a) Ø λέγει αὐτῇ * Ἰησοῦς, (*variante: se agrega ὁ)
      dice  –le    Jesús:

«Mujer, ¿por qué lloras?»

(15b) Ø ἐκείνη δοκοῦσα ὅτι ὁ κηπουρός ἐστιν λέγει αὐτῷ,
      aquélla pensando que el hortelano es dice –le:

«Señor, si te lo has llevado, dime dónde lo has puesto, para que yo me lo lleve.»

(16a) Ø λέγει αὐτῇ * Ἰησοῦς, Μαριάμ. (*variante: se agrega ὁ)
      dice  –le    Jesús:  María.

(16b) Ø στραφεῖσα ἐκείνη λέγει αὐτῷ Ἑβραϊστί,
      volviéndose aquélla dice –le en.hebreo:

«¡Rabbuni!» —que quiere decir 'Maestro'—.

(17) Ø λέγει αὐτῇ * Ἰησοῦς, (*variante: se agrega ὁ)
     dice  –le    Jesús:

«Deja de tocarme, que todavía no he subido al Padre. Pero vete donde mis hermanos y diles: Subo a mi Padre y vuestro Padre, a mi Dios y vuestro Dios.»

---

[9] Sin embargo, las referencias a Simón Pedro en el evangelio de San Juan son, por lo general, inarticuladas cuando él es el hablante. Esto puede implicar a su vez que los propios discursos no se resaltan. (Algunos MSS tienen una referencia inarticulada a Jesús en Jn 13,10).

(18) Ø ἔρχεται Μαριὰμ ἡ Μαγδαληνὴ ἀγγέλλουσα τοῖς μαθηταῖς ὅτι
viene María la Magdalena anunciando a.los discípulos que:
«He visto al Señor», y les repitió las palabras que Jesús había dicho.

Véanse también Jn 13,31–14,22 (*SBU*) tiene referencias articuladas por nombre a Jesús en Jn 14,6 y Jn 14,9) y Jn 21,15–17 (si la referencia a Jesús en el 17d es inarticulada).

En resumen, los PH de lengua en Juan típicamente tienen una función *catafórica*, apuntan hacia delante al discurso o a la acción que sigue. Una referencia *articulada* al hablante confirma que se da prominencia a lo que sigue. En cambio, una referencia *inarticulada* al hablante implica que el propio discurso se resalta.

Si la combinación de un PH de lengua y una referencia articulada al hablante indica que el PH tiene una función catafórica, surge la cuestión de a qué discurso o acción apunta. Como ya se indicó, la presencia del orientador corto ἀπεκρίθη con una forma de enlace sin el marcador de desarrollo οὖν tiende a asociar las respuestas al discurso inicial. Por lo tanto, es posible que el efecto catafórico de la combinación de un PH de lengua y una respuesta introducida con ἀπεκρίθη sea apuntar *más allá* del par adyacente, *a menos* que cualquier referencia por nombre al que responde sea inarticulada.

Esto implicaría que, en Jn 5,6–9 (pasaje 2 arriba), el efecto catafórico del PH de lengua del 6b sería apuntar más allá de la respuesta del 7, tal vez a la curación del hombre (9a), a la que el PH de lengua del 8 también apunta. En Jn 3,4–5 (pasaje 3), en cambio, el PH de lengua del 4 apuntaría hacia delante solo a la respuesta del 5, puesto que la referencia a Jesús probablemente es inarticulada.

En los ejemplos considerados hasta ahora, un PH de lengua ha introducido la primera parte de un par adyacente, y el discurso o acontecimiento hacia el que apunta es a veces el que sigue inmediatamente (la segunda parte del par). Cuando el discurso introducido con un PH *no* es la primera parte de un par, aumenta la probabilidad de que el PH apunte hacia delante a un desarrollo *posterior*.

Vemos un ejemplo en Jn 1,19–23 (pasaje 5).

**Pasaje 5: Jn 1,19–23**

(19) PAR 1: PREGUNTA

Éste fue el testimonio de Juan, cuando los judíos enviaron desde Jerusalén sacerdotes y levitas a preguntarle: «¿Quién eres tú?»

(20) RESPUESTA

Él lo confesó, sin negarlo: «Yo no soy el Cristo.»

(21a) PAR 2: PREGUNTA

Le preguntaron: «¿Quién, pues?; ¿eres tú Elías?»

(21b) RESPUESTA

Καὶ λέγει, Οὐκ εἰμί.
y dice: No soy.

(21c) PAR 3: PREGUNTA

«¿Eres tú el profeta?»

(21d) RESPUESTA

καὶ ἀπεκρίθη, Οὔ.
y respondió: No.

(22)　　PAR 4:　PREGUNTA

εἶπαν　οὖν　αὐτῷ,

dijeron　entonces　a.él:

«¿Quién eres, entonces? Tenemos que dar una respuesta a los que nos han enviado. ¿Qué dices de ti mismo?»

(23)　　RESPUESTA

Ø　ἔφη,

   afirmó:

«Yo soy la voz del que clama en el desierto: Rectificad el camino del Señor, como dijo el profeta Isaías.»

En este pasaje, el discurso del 21b introducido con un PH es la respuesta a una pregunta; por consiguiente, no es el primer discurso de un par. El discurso no es importante por derecho propio, ya que repite la respuesta del 20. Tampoco es probable que apunte hacia el próximo par, ya que la respuesta del 21d a la pregunta del 21c es la misma del 21b. Más bien, apunta hacia el desarrollo de los 22–23, que es introducido con οὖν.

Entre otros ejemplos en los que un discurso introducido con un PH es la segunda parte de un par y el PH apunta hacia un desarrollo posterior están: Jn 9,12b (apuntando hacia el intercambio de los 15–17) y Jn 11,34b. Véanse también Jn 7,6[10] y Jn 18,5b.

Como en Mateo (§ 14.3), cuando un PH introduce el *discurso final de un episodio* y no hay pruebas de que el propio discurso se resalte, entonces el PH apunta hacia un episodio subsiguiente. Por ejemplo, en Jn 1,51 (καὶ λέγει αὐτῷ, «En verdad, en verdad os digo: veréis el cielo abierto y a los ángeles de Dios subir y bajar sobre el Hijo del hombre»), Mateos y Barreto (1979:134) consideran que lo «que aquí promete Jesús, se irá realizando durante el entero día del Mesías (2,1–11,54), que ... culminará en la cruz». Véase también Jn 20,29.

Cuando los PH de lengua aparecen uno tras otro y las referencias por nombre a los hablantes son *articuladas* (lo que no sucede en el pasaje 4 más arriba), cada PH apunta hacia un discurso o acontecimiento posterior que, por regla general, se introduce sin PH. En Jn 11,21–25 (pasaje 6), por ejemplo, los PH de los 23 y 24 apuntan hacia el discurso del 25 (siempre que la referencia a Marta en el 24 sea articulada).

**Pasaje 6: Jn 11,21–25 (*SBU*)**

(21–22)　εἶπεν　οὖν　ἡ　Μάρθα　πρὸς　τὸν　Ἰησοῦν,

　　　　　dijo　pues　la　Marta　a　el　Jesús:

«Señor, si hubieras estado aquí, no habría muerto mi hermano. Pero aun ahora yo sé que Dios te concederá cuanto le pidas.»

(23)　　Ø　λέγει　αὐτῇ　ὁ　Ἰησοῦς,

　　　　dice　–le　el Jesús:

«Tu hermano resucitará.»

(24)　　Ø　λέγει　αὐτῷ　ἡ Μάρθα,

　　　　dice　–le　la Marta:

«Ya sé que resucitará en la resurrección, el último día.»

(25)　　Ø　εἶπεν　αὐτῇ　ὁ Ἰησοῦς,

　　　　dice　–le　el Jesús:

«Yo soy la resurrección. El que cree en mí, aunque muera, vivirá ...»

---

[10] Nótese el αὐτός antepuesto en Jn 7,9, marcando esta acción como un paso intermedio (§ 13.3) rumbo al acontecimiento del 10.

Véanse también las series de PH en Jn 4,49–50a, Jn 11,38–40, Jn 13,24–26, Jn 21,19b–22 y, posiblemente, Jn 13,9–10 (véase la nota 9). En el caso de los discursos de Jn 2,3–5, el último de los cuales es: «Haced lo que él os diga», los PH apuntan hacia lo que Jesús dirá a los siervos que hagan (7a, 8a). Esas instrucciones también son introducidas con un PH de lengua.

En varios pasajes, las series de PH apuntan más allá de la acción más bien intrascendente que sigue inmediatamente hacia otros intercambios que involucran a los mismos participantes. Esto es evidente cuando la acción en cuestión no tiene relación con el tema de la conversación anterior.

En Jn 4,19–26, por ejemplo, la serie de PH de lengua no apunta a la llegada de los discípulos en el 27 (el tema de la última parte de la conversación entre Jesús y la mujer samaritana había sido la venida del Mesías). Más bien, apunta a la respuesta de la mujer a esa conversación ('¿No será el Cristo?' [29]) y por último, a los samaritanos que creyeron en Jesús (39–42; véase el uso de un PH en el 28c para introducir lo que ella dice en el 29).

De la misma manera, los discursos de Jn 18,17a–b tratan la identidad de Pedro como discípulo de Jesús. Los PH apuntan hacia delante, no a Pedro calentándose allí (18), sino a sus negaciones posteriores (25–26; también se intercala una interacción entre Jesús y sus acusadores). En cuanto a la serie de PH en Jn 20,12–13 (θεωρεῖ ... λέγουσιν ... λέγει 've ... dicen ... dice'), debido a que el tema de la conversación se refiere a la razón del llanto de María, apuntan, no a que ella se volvió (14a), sino al intercambio entre ella y el Jesús resucitado, que tiene otra serie de PH (véase el pasaje 4).

**Preguntas de repaso**

(a) Cuando la referencia a un participante en un orientador es *articulada* y el verbo de lengua está en PH, ¿qué implica eso?

(b) Cuando la referencia a un participante en un orientador es *inarticulada* y el verbo de lengua está en PH, ¿qué implica eso?

(c) Cuando un verbo de lengua está en PH y el orientador introduce el discurso *final* de un episodio, ¿a qué apunta generalmente el PH?

**Respuestas sugeridas**

(a) Cuando la referencia a un participante en un orientador es *articulada* y el verbo de lengua está en PH, el PH tiene función catafórica, apuntando a un discurso o acontecimiento posterior.

(b) Cuando la referencia a un participante en un orientador es *inarticulada* y el verbo de lengua está en PH, se resalta el propio discurso o intercambio.

(c) Cuando un verbo de lengua está en PH y el orientador introduce el discurso *final* de un episodio, el PH generalmente apunta hacia delante a un episodio que sigue.

**Pasaje ilustrativo 7: Jn 21,1–6**

Las preguntas después de los dos próximos pasajes tienen que ver con varios aspectos de los orientadores que introducen los discursos.

(1–2)  Después de esto, se manifestó (ἐφανέρωσεν) Jesús otra vez a los discípulos a orillas del mar de Tiberíades. Se manifestó (ἐφανέρωσεν) de esta manera: Estaban (ἦσαν) juntos Simón Pedro, Tomás, llamado el Mellizo, Natanael, el de Caná de Galilea, los de Zebedeo y otros dos de sus discípulos.

(3a)    Ø    λέγει    αὐτοῖς    Σίμων    Πέτρος,[11]
             dice     –les       Simón    Pedro:
        «Voy a pescar.»

---

[11] Las referencias a Simón Pedro en Juan son por lo general inarticuladas cuando él es el hablante.

## 15.1 Presentes históricos en orientadores de discurso en el evangelio de Juan

(3b)     ∅   λέγουσιν   αὐτῷ,
           dicen   –le:
           «También nosotros vamos contigo.»

(3c–d)   ∅   ἐξῆλθον   καὶ   ἐνέβησαν   εἰς   τὸ   πλοῖον,
            salieron   y   entraron   en   la   barca

(3e)     καὶ   <u>ἐν</u>   <u>ἐκείνῃ</u>   <u>τῇ</u>   <u>νυκτὶ</u>   ἐπίασαν   οὐδέν.
           y   en   aquella   la   noche   pescaron   nada

(4a)     πρωΐας   δὲ   ἤδη   γενομένης   ἔστη        Ἰησοῦς   εἰς   τὸν   αἰγιαλόν,
           mañana   md   ya   volviéndose   se.presentó   Jesús   en   la   playa

(4b)     οὐ   μέντοι          ᾔδεισαν   οἱ   μαθηταὶ   ὅτι   **Ἰησοῦς**   ἐστιν.
           no   sin.embargo   sabían   los   discípulos   que   Jesús   es

(5a)     λέγει   οὖν   αὐτοῖς   [ὁ]   Ἰησοῦς,
           dice   pues   a.ellos   [el]   Jesús:
           «Muchachos, ¿no tenéis nada que comer?»

(5b)     ∅   ἀπεκρίθησαν   αὐτῷ,   Οὔ.
           respondieron   –le:    No.

(6a)     <u>ὁ</u>   δὲ   εἶπεν   αὐτοῖς,
           él   md   dijo   –les:
           «Echad la red a la derecha de la barca y encontraréis.»

(6b)     ἔβαλον   οὖν,
           echaron   pues

(6c)     καὶ   οὐκέτι   **αὐτὸ**   **ἑλκύσαι**   ἴσχυον   ἀπὸ   τοῦ   πλήθους   τῶν   ἰχθύων.
           y   ya.no   la   arrastrar   podían   por   la   multitud   de.los   peces

**Preguntas**

(a) ¿Cuál es el efecto de usar un PH en los vv. 3a y 3b?
(b) ¿Cuál es el efecto de usar un PH en el 5a?
(c) ¿Por qué se emplea también οὖν en el orientador del 5a?
(d) ¿Cuál es el significado de introducir el discurso del 6a con un artículo pronominal? (Si es necesario, véase § 13.1).

**Respuestas sugeridas**

(a) El efecto de usar un PH en los vv. 3a y 3b es apuntar a los resultados de la conversación, a saber, a los acontecimientos descritos en los 3c–e.

(b) El efecto de usar un PH en el 5a es apuntar hacia delante por lo menos a la respuesta del 5b. Puesto que de cualquier manera se esperaba una respuesta negativa,[12] el efecto catafórico del PH del 5a probablemente se extiende más allá de esa respuesta hasta el siguiente par (véase (d) a continuación).

---

[12] Poggi 2011:186.

(c) Οὖν se emplea en el orientador del 5a porque la línea de acontecimientos se reanuda, después del material de trasfondo del 4b, y el discurso en cuestión representa un nuevo desarrollo, en cuanto al propósito del autor (§ 5.3.3).

(d) El discurso del 6a se introduce con un artículo pronominal porque es un paso intermedio en ruta hacia los acontecimientos de los 6b–c, que describen la pesca milagrosa. Esto tiene el efecto de mantener la atención en la ejecución del mandato de Jesús y en los resultados, en vez de en Jesús mismo.

**Pasaje 8: Jn 20,19–24**

(19a–b) Al atardecer de aquel día, el primero de la semana, estando las puertas cerradas en el lugar donde se encontraban los discípulos, pues tenían miedo a los judíos, vino (ἦλθεν) Jesús y, se presentó (ἔστη) en medio

(19c) καὶ λέγει αὐτοῖς,
y dice –les:
«La paz con vosotros.»

(20a) καὶ τοῦτο εἰπὼν ἔδειξεν τὰς χεῖρας καὶ τὴν πλευρὰν αὐτοῖς.
y esto diciendo mostró las manos y el costado a.ellos

(20b) ἐχάρησαν οὖν οἱ μαθηταὶ ἰδόντες τὸν κύριον.
se.alegraron pues los discípulos habiendo.visto al Señor

(21) εἶπεν οὖν αὐτοῖς [ὁ Ἰησοῦς] πάλιν,
dijo pues –les [el Jesús] de.nuevo:
«La paz con vosotros. Como el Padre me envió, también yo os envío.»

(22a) καὶ τοῦτο εἰπὼν ἐνεφύσησεν
y esto diciendo sopló

(22b) καὶ λέγει αὐτοῖς,
y dice –les:
«Recibid el Espíritu Santo. (23) A quienes perdonéis los pecados, les quedan perdonados, y a quienes se los retengáis, les quedan retenidos.»

(24) Tomás, uno de los Doce, llamado el Mellizo, no estaba con ellos cuando vino Jesús.

**Preguntas**

(a) ¿Cuál es el efecto de empezar los vv. 20 y 22 con τοῦτο εἰπὼν?

(b) ¿Cuál es el efecto de usar un PH en el 19c?

(c) ¿Por qué el orientador del 21 empieza con εἶπεν οὖν?

(d) ¿Cuál es el efecto de usar un PH en el 22b?

**Respuestas sugeridas**: véase el Apéndice bajo 15(8).

## 15.2 Ἀπεκρίθη καὶ εἶπεν en el evangelio de Juan

Cuando una forma de ἀποκρίνομαι aparece en un orientador en Juan, siempre es un verbo finito.[13] Mientras que el orientador corto ἀπεκρίθη es la manera por defecto de introducir una respuesta a un discurso anterior o a un estímulo no-verbal (véase la introducción de este capítulo),[14] el orientador largo ἀπεκρίθη καὶ εἶπεν *resalta* la respuesta. Identifico tres motivaciones para resaltarla:

En la mayoría de ejemplos, la respuesta se resalta porque representa una contradicción importante (véase § 14.1).

A veces, representa una nueva iniciativa importante, generalmente por parte de alguien distinto del oyente del discurso anterior.

Hay ocasiones en las que una respuesta directa a una pregunta se resalta debido a su importancia.[15]
**Jn 4,9–17** ilustra la primera motivación.

(9)     λέγει   οὖν    αὐτῷ  ἡ    γυνὴ  ἡ   Σαμαρῖτις,
        dice    entonces a.él  la   mujer  la  samaritana:
        «¿Cómo tú, siendo judío, me pides de beber a mí, que soy una mujer de Samaría?» (Es que los judíos no se tratan con los samaritanos).

(10)    ∅   ἀπεκρίθη   Ἰησοῦς   καὶ   εἶπεν   αὐτῇ,
            respondió  Jesús    y     dijo    –le:
        «Si conocieras el don de Dios y supieras quién es el que te dice 'Dame de beber', tú se lo habrías pedido a él, y él te habría dado agua viva.»

(11–12) λέγει   αὐτῷ   [ἡ   γυνή],
        dice    –le    [la  mujer]:
        «Señor, el pozo es hondo y no tienes con qué sacarla; ¿cómo es que tienes esa agua viva? ¿Te crees más que nuestro padre Jacob …?»

(13–14) ∅   ἀπεκρίθη   Ἰησοῦς   καὶ   εἶπεν   αὐτῇ,
            respondió  Jesús    y     dijo    –le:
        «Todo el que beba de esta agua volverá a tener sed; pero el que beba del agua que yo le dé no tendrá sed jamás …»

(15)    λέγει   πρὸς   αὐτὸν   ἡ   γυνή,
        dice    a      él      la  mujer:
        «Señor, dame de esa agua, para no volver a tener que venir aquí a sacarla.»

(16)    λέγει   αὐτῇ,
        dice    –le:
        «Vete, llama a tu marido, y vuelve acá.»

---

[13] «Jn., que nunca emplea el participio y suele introducir la fórmula como asíndeton, parece reflejar muy de cerca la fórmula aramea» (Zerwick 2000:§ 367).

[14] Jn 5,17 y Jn 10,32 siguen a estímulos no-verbales cuyo actor se convierte en el oyente, y cuyo paciente formula la respuesta.

[15] Esta sección en su mayor parte confirma la conclusión de Pope (c.p.) de que los orientadores largos se «usan para revelaciones o confesiones, respuestas definitivas finales, u opiniones erróneas en cuanto al estatus de Jesús. Se encuentran en puntos significativos y se relacionan con quién es Jesús. Sugiero que esto concuerda con el propósito de Juan, que es un debate de etapas múltiples … entre la posición creyente de los discípulos y la posición incrédula de los líderes judíos.»

(17a)   Ø   ἀπεκρίθη   ἡ   γυνὴ   καὶ   εἶπεν   αὐτῷ,
       respondió   la   mujer   y   dijo   –le:
     «No tengo marido.»

En este pasaje, el orientador largo introduce tres *réplicas* significativas (10, 13, 17a). Cada vez, sigue por lo menos a un discurso introducido con un PH. Las implicaciones catafóricas de esos PH confirman el hecho de que las réplicas se resaltan. Aunque la respuesta de Jesús del 10 tiene que ver con el asunto de pedir algo de beber (véase el 9), no contesta la pregunta (sea verdadera o retórica) de la mujer, sorprendida de que un judío se dirija a una samaritana. Más bien la confronta, al dirigir su atención hacia él y el don de Dios que es 'agua viva'. Luego, cuando ella pregunta sobre la fuente de esa agua viva (11) y si él es mayor que Jacob (12), él replica hablando del efecto de beber dicha agua (13–14). Finalmente, cuando él le dice que llame a su marido (16), ella replica diciendo que no tiene marido (17a), aunque vive con un hombre (18) – un tema que Jesús toma y así revela que es un profeta (19).

El discurso de Jesús en el v. 16 *no* se presenta como una réplica significativa a la petición de la mujer en el 15. Zumstein parece estar de acuerdo con esta interpretación:

> La relación con el diálogo sobre el agua se impone: a lo que la mujer aspira—como muestra su recorrido vital—es al "agua viva", al don de la vida en plenitud. De este modo, Jesús, al pasar del "agua viva" a la existencia marital de su interlocutora, intenta mostrarle que lo que está en conjunto en su ofrecimiento no es la ventaja material que le procuraría un agua mágica, sino su existencia en su aspiración más fundamental.[16]

Otras réplicas que son introducidas con el orientador largo son Jn 6,26, Jn 7,21, Jn 8,39a, Jn 8,48 y Jn 18,30. Véase también Jn 2,18 (los judíos responden a las palabras y las acciones de Jesús en el templo [15–16] replicando: «¿Qué signo puedes darnos que justifique que puedes obrar así?»). En el caso de Jn 7,52, la réplica se resalta porque termina el debate.

El orientador largo se usa también cuando Jesús toma la iniciativa y responde de una manera significativa a un discurso que *no* estaba dirigido a él. En **Jn 12,30–32**, por ejemplo, responde a un discurso que no le fue dirigido (29b). Su respuesta representa una nueva iniciativa importante, al introducir el tema del Hijo del hombre que sería elevado de la tierra (32), tema que la multitud retoma en el 34.

(29b)   «Le ha hablado un ángel.»

(30)   Ø   ἀπεκρίθη   Ἰησοῦς   καὶ   εἶπεν,
      respondió   Jesús   y   dijo
    «No ha venido esta voz por mí, sino por vosotros. (31) Ahora es el juicio de este mundo; ahora el Príncipe de este mundo será derribado. (32) Y cuando yo sea elevado de la tierra, atraeré a todos hacia mí.»

Véanse también Jn 5,19, Jn 6,43 y Jn 7,16.

El orientador largo se emplea como realce aun cuando la naturaleza compacta de la conversación no se rompa. Esto es evidente en **Jn 6,29**, que responde a la pregunta del 28; el uso de la oración introductoria 'redundante' **Τοῦτό** ἐστιν τὸ ἔργον τοῦ θεοῦ tiene también el efecto de resaltar el resto de su respuesta.

(28)   Ellos le dijeron: «¿Qué hemos de hacer para realizar las obras de Dios?»

(29)   Ø   ἀπεκρίθη   [ὁ] Ἰησοῦς   καὶ   εἶπεν   αὐτοῖς,
     respondió   [el] Jesús   y   dijo   –les:
    **Τοῦτό** ἐστιν τὸ ἔργον τοῦ θεοῦ, ἵνα πιστεύητε εἰς ὃν ἀπέστειλεν ἐκεῖνος.
    Ésta es la obra del Dios que creáis en el.que envió aquél

---
[16] Zumstein 2016:I.193.

Véanse también Jn 2,19 (Jesús responde a la pregunta del 18), Jn 8,14 (Jesús responde a la objeción del 13), Jn 9,20 (los padres del ciego responden a la pregunta del 19), Jn 13,7 (Jesús responde al desafío de Pedro del 6b) y Jn 14,23 (Jesús responde a la pregunta de Judas del 22 [Mateos y Barreto 1989:642]). Otro ejemplo es Jn 1,26 (que responde a la pregunta del 25), con la combinación ἀπεκρίθη … λέγων.[17]

De la misma manera, la respuesta de Tomás en **Jn 20,28** a la invitación de Jesús del 27 se introduce con el orientador largo para resaltar su importancia.

(27) εἶτα λέγει τῷ Θωμᾷ,
luego dice al Tomás:
«Acerca aquí tu dedo y mira mis manos; trae tu mano y métela en mi costado; y no seas incrédulo, sino creyente.»

(28) Ø ἀπεκρίθη Θωμᾶς καὶ εἶπεν αὐτῷ,
respondió Tomás y dijo –le:
«Señor mío y Dios mío.»

**Preguntas de repaso**

(a) ¿Cuál es la función del orientador corto? (Véase § 15.1, si es necesario).

(b) ¿Cuál es el efecto de usar el orientador largo? Dense tres motivaciones para usarlo.

**Respuestas sugeridas**

(a) El orientador corto es la manera por defecto de introducir una respuesta a un discurso o a un estímulo no-verbal anterior.

(b) El orientador largo realza el discurso en cuestión. Frecuentemente se resalta porque representa una réplica significativa. A veces representa una nueva iniciativa importante, generalmente por parte de alguien al que no se dirigía el discurso anterior. A veces, una respuesta directa a una pregunta se subraya debido a su importancia.

**Pasaje ilustrativo 9: Jn 9,24–34**

Considérese la motivación para los orientadores cortos y largos en los vv. 27, 30, 34 y, luego, 25.

(24a) Llamaron por segunda vez al hombre que había sido ciego

(24b) καὶ εἶπαν αὐτῷ,
y dijeron –le:
«Da gloria a Dios. Nosotros sabemos que ese hombre es un pecador.»

(25) ἀπεκρίθη οὖν ἐκεῖνος* (*variante: se agrega καὶ εἶπεν),
respondió pues aquél:
«Si es un pecador, no lo sé. Sólo sé una cosa: que era ciego y ahora veo.»

(26) εἶπον οὖν αὐτῷ,
dijeron pues –le:
«¿Qué hizo contigo? ¿Cómo te abrió los ojos?»

---

[17] La combinación ἀποκρίνεται … λέγων se encuentra en Jn 12,23, donde introduce una iniciativa importante por parte de Jesús. Cf. en § 12.2.3 la importancia de usar un PH para introducir ese discurso.

(27)   Ø ἀπεκρίθη αὐτοῖς,
       respondió –les:
       «Os lo he dicho ya y no me habéis escuchado. ¿Por qué queréis oírlo otra vez? ¿Es que queréis también vosotros haceros discípulos suyos?»

(28–29) καὶ ἐλοιδόρησαν αὐτὸν καὶ εἶπον,
       e insultaron –le y dijeron:
       «Tú serás discípulo de ese hombre; nosotros somos discípulos de Moisés. Nosotros sabemos que a Moisés le habló Dios; pero ése no sabemos de dónde es.»

(30)   Ø ἀπεκρίθη ὁ ἄνθρωπος καὶ εἶπεν αὐτοῖς,
       respondió el hombre y dijo –les:
       «Eso es lo extraño: que vosotros no sepáis de dónde es y que me haya abierto a mí los ojos. (31) Sabemos que Dios no presta atención a los pecadores .... (33) Si éste no viniera de Dios, no podría hacer nada.»

(34)   Ø ἀπεκρίθησαν καὶ εἶπαν αὐτῷ,
       respondieron y dijeron –le:
       «Has nacido todo entero en pecado, ¿y pretendes darnos lecciones?» Y lo echaron fuera.

**Preguntas**

(a) ¿Por qué se usa el orientador largo en el v. 30? ¿Y en el 34?
(b) ¿Por qué se usa el orientador corto en el 27, en vez del orientador largo?
(c) Si se sigue la variante (el orientador largo) en el 25, ¿qué implica?

**Respuestas sugeridas**

(a) El orientador largo se usa en el v. 30 para resaltar la réplica del ciego, probablemente debido a la conclusión a la que éste llega (33). El discurso del 34 se realza porque representa el rechazo final de las ideas del hombre por parte de las autoridades.

(b) El orientador corto es la manera por defecto de introducir una respuesta. Se usa en el 27 porque el autor no desea resaltar la respuesta. Aunque el discurso está en contra de las preguntas de las autoridades en el 26, se trata como una respuesta corriente, que conduce a su siguiente intento de desacreditar a Jesús (29).

(c) Si se sigue la variante (el orientador largo) en el 25, la respuesta es resaltada.

**Pasaje ilustrativo 10: Jn 3,2–12**

Considérese la motivación para los orientadores cortos versus largos en los vv. 3, 5, 9 y 10.

(2)    Fue éste donde Jesús de noche y le dijo: «Rabbí, sabemos que has venido de Dios como maestro, porque nadie puede realizar los signos que tú realizas, si Dios no está con él.»

(3)    Ø ἀπεκρίθη Ἰησοῦς καὶ εἶπεν αὐτῷ,
       respondió Jesús y dijo –le:
       «En verdad, en verdad te digo que el que no nazca de nuevo no puede ver el Reino de Dios.»

(4)  Ø λέγει πρὸς αὐτὸν [ὁ] Νικόδημος,
     dice  a   él   [el] Nicodemo:

«¿Cómo puede uno nacer siendo viejo? ¿Puede acaso entrar otra vez en el seno de su madre y nacer?»

(5–8)  Ø ἀπεκρίθη Ἰησοῦς,
       respondió Jesús:

«En verdad, en verdad te digo que el que no nazca de agua y de Espíritu no puede entrar en el Reino de Dios. Lo nacido de la carne es carne; lo nacido del Espíritu es espíritu. No te asombres de que te haya dicho que tenéis que nacer de nuevo. El viento sopla donde quiere, y oyes su rumor, pero no sabes de dónde viene ni adónde va. Así es todo el que nace del Espíritu.»

(9)  Ø ἀπεκρίθη Νικόδημος καὶ εἶπεν αὐτῷ,
     respondió Nicodemo y dijo –le:

«¿Cómo puede ser eso?»

(10)  Ø ἀπεκρίθη Ἰησοῦς καὶ εἶπεν αὐτῷ,
      respondió Jesús y dijo –le:

«Tú, que eres maestro en Israel, ¿no sabes estas cosas? (11) En verdad, en verdad te digo que nosotros hablamos de lo que sabemos, y damos testimonio de lo que hemos visto, pero vosotros no aceptáis nuestro testimonio. (12) Si al deciros cosas de la tierra, no creéis, ¿cómo vais a creer si os hablo de las cosas del cielo?»

**Preguntas**

(a) ¿Por qué se usa el orientador largo en el v. 3? ¿Y en el 10?

(b) ¿Qué sugiere el uso del orientador corto en el 5?

(c) ¿Qué sugiere el uso del orientador largo en el 9?

**Respuestas sugeridas**

(a) El orientador largo se usa en el v. 3 porque la respuesta de Jesús al discurso de Nicodemo en el 2 es una réplica significativa. Lo mismo es aplicable a la respuesta de Jesús en los 10ss. (El discurso también termina la conversación, así que sería de esperar que se resalte).

(b) El uso del orientador corto en el 5 indica que la respuesta de Jesús no se realza, tal vez porque continúa su argumento del 3.

(c) El uso del orientador largo en el 9 sugiere que la pregunta de Nicodemo es una réplica significativa al discurso de Jesús en los 5–8. «Ante el cambio de planteamiento, el fariseo muestra su desorientación y su escepticismo».[18]

**Pasaje 11: Jn 1,48–50**

(48a)  λέγει αὐτῷ Ναθαναήλ,
       dice  –le  Natanael:

«¿De qué me conoces?»

(48b)  Ø ἀπεκρίθη Ἰησοῦς καὶ εἶπεν αὐτῷ,
       respondió Jesús y dijo –le:

«Te vi cuando estabas debajo de la higuera, antes de que Felipe te llamara.»

---

[18] Mateos y Barreto 1979:193.

(49)  Ø  ἀπεκρίθη  αὐτῷ,  Ναθαναήλ*  (*variantes: agréguese καὶ εἶπεν o λέγει αὐτῷ),
        respondió  –le:  Natanael:
   «Rabbí, tú eres el Hijo de Dios, tú eres el rey de Israel.»

(50)  Ø  ἀπεκρίθη  Ἰησοῦς  καὶ  εἶπεν  αὐτῷ,
        respondió  Jesús  y  dijo  –le:
   «¿Por haberte dicho que te vi debajo de la higuera, crees? Has de ver cosas mayores.»

**Preguntas:**

(a) ¿Qué significa el uso de un PH de lengua en el v. 48a?

(b) ¿Por qué se usa el orientador largo en el 48b? ¿Y en el 50?

(c) En el 49, ¿qué significa seguir el texto de *SBU*? ¿Y seguir la variante con la adición de καὶ εἶπεν? ¿Y seguir la variante con la adición de καὶ λέγει?

**Respuestas sugeridas**: véase el Apéndice bajo 15(11).

# 16
# Tres tipos de discursos referidos

Como ya indiqué en la introducción a la Parte V, hay tres tipos de discursos referidos en griego:[1]
- el directo (sin cambios significativos en el contenido, la manera por defecto de presentarlos),
- el indirecto (con cambios significativos en el contenido),[2]
- el directo con ὅτι *recitativo* después del orientador.

En primer lugar, sugiero que, cuando un discurso es indirecto, se coloca como trasfondo con respecto a lo que sigue (§ 16.1). Luego considero las implicaciones de usar ὅτι *recitativo* para introducir discursos directos (§ 16.2).

Varios gramáticos opinan que el ὅτι recitativo «equivale a nuestros dos puntos (:)».[3] Sin embargo, esto no explica por qué ὅτι a veces está presente y a veces está ausente con un discurso directo. Uno de los propósitos de este capítulo es ofrecer una explicación. Sostengo que, en Lucas-Hechos y Juan, los discursos directos introducidos con este marcador de «uso interpretativo»[4] normalmente explican o clarifican (es decir, interpretan) algún punto anterior, a menudo con el efecto pragmático de señalar que el discurso en cuestión termina una unidad o una subunidad.[5] Lo mismo vale para afirmaciones introducidas con la fórmula (ἀμὴν) λέγω σοι/ὑμῖν '(en verdad) te/os digo' más ὅτι (§ 16.2.1).

Este capítulo no habla de ὅτι después de verbos que *requieren* una conjunción como ὅτι cuando su complemento es verbal. Esos verbos comprenden percepción sensorial (como ἀκούω 'oír'), percepción mental (como γινώσκω 'saber'), voluntad «*querer, ordenar, prohibir; etc.*» y juicio «*pensar, creer; etc.*»,[6] entre otros.

Un segundo uso de ὅτι que no se considera en este capítulo es como conjunción *causal*.[7] No obstante, después de un verbo de lengua, no siempre queda claro si ὅτι es causal o *recitativo*. Por ejemplo, en **Jn 20,13b** (*SBU*) ὅτι se trata como *recitativo*. Sin embargo, la interrogativa anterior (13a) pregunta a la oyente *por qué* llora; por consiguiente, es razonable entender el 13b como la razón por la que llora (como en la *BJ*).

---

[1] Agradezco a Pope las muchas observaciones y sugerencias que hizo sobre el uso de ὅτι recitativo en Juan.
[2] Cf. Zerwick 2000:§ 346–349.
[3] Zerwick 2000:§ 416n13; cf. también Poggi 2011:181 y Wallace y Steffen 2015:328.
[4] Levinsohn 2009a:163ss.
[5] Pope (c.p.) observó que muchos de los ejemplos de ὅτι *recitativo* en Mateo «culminan una unidad o dan una respuesta o réplica enérgica que hace pensar. Parece que este último es simplemente exclamativo y/o chocante. ... marca afirmaciones fuertes, así como el uso climático/culminante, pero no termina la unidad.»
[6] García Santos 2011:626.
[7] Zerwick (2000:§ 420) considera que ὅτι «a veces indica la razón en virtud de la cual el antecedente *es conocido*».

(13a) καὶ λέγουσιν αὐτῇ ἐκεῖνοι, Γύναι, τί κλαίεις;
y dicen –le aquéllos: Mujer, ¿por.qué lloras?

(13b) λέγει αὐτοῖς ὅτι Ἦραν τὸν κύριόν μου,
dice –les que/porque se.llevaron al Señor mío

καὶ οὐκ οἶδα ποῦ ἔθηκαν αὐτόν.
y no sé dónde pusieron –le

## 16.1 Discursos indirectos

Los discursos en griego normalmente se refieren en forma directa, de modo que la forma indirecta se usa con mucho menos frecuencia. Al emplear la forma indirecta, «se reproducen las palabras de otro adaptándolas al sistema de referencias deícticas del hablante»,[8] sin pretender reproducir exactamente las palabras originales. Por lo tanto, el discurso en **Jn 4,51b** (*SBU*) trasmite el sentido de lo que los siervos dijeron sin comunicar sus palabras exactas.[9]

(51b) <u>οἱ</u> <u>δοῦλοι</u> <u>αὐτοῦ</u> ὑπήντησαν αὐτῷ λέγοντες ὅτι <u>ὁ</u> <u>παῖς</u> <u>αὐτοῦ</u> ζῇ.
los siervos suyos encontraron –le diciendo que el hijo suyo vive

Sin embargo, decir que los discursos indirectos no reproducen las palabras originales no explica *por qué* un autor escoge presentarlos de manera indirecta. Una motivación común de los idiomas para el uso de una forma indirecta consiste en *colocar como trasfondo* el discurso con respecto a lo que sigue. Por ejemplo, Mfonyam dice en cuanto al bafut (Camerún): «Otra forma por la que se marca la información de trasfondo en el bafut es por medio de los discursos indirectos».[10]

Parece que los discursos se presentan indirectamente en griego por la misma razón. Lo podemos ver en el siguiente cuadro que indica la distribución de los discursos directos e indirectos en **Jn 4,46b–54** (*SBU*).

| | | |
|---|---|---|
| (46b) | Había un funcionario real, cuyo hijo estaba enfermo en Cafarnaún. (47) Cuando se enteró de que Jesús había venido de Judea a Galilea, fue a rogarle que (ἵνα) bajase a curar a su hijo, porque estaba a punto de morir. | (INDIRECTO) |
| (48) | Entonces Jesús le dijo: «Si no veis signos y prodigios, no creéis.» | (DIRECTO) |
| (49) | El funcionario le dice: «Señor, baja antes de que muera mi hijo.» | (DIRECTO) |
| (50a) | Jesús le dice: «Vete, que tu hijo vive.» | (DIRECTO) |
| (50b) | Creyó el hombre en la palabra que Jesús le había dicho, y se puso en camino. | |
| (51) | Cuando bajaba, le salieron al encuentro sus siervos y le dijeron que (ὅτι) su hijo vivía. | (INDIRECTO) |
| (52a) | Él les preguntó entonces la hora en que se había sentido mejor. | (INDIRECTO) |
| (52b) | Ellos le dijeron ὅτι «Ayer a la hora séptima le dejó la fiebre.» | (DIRECTO + ὅτι) |
| (53a) | El padre comprobó que era la misma hora en que le había dicho Jesús: «Tu hijo vive», | (DIRECTO INCRUSTADO) |
| (53b) | y creyó él y toda su familia. | |
| (54) | Éste fue el segundo signo que hizo Jesús cuando volvió de Judea a Galilea. | |

---

[8] *Manual* 2010:§ 43.4.1b.

[9] Aunque todos los MSS tienen ὅτι en el v. 51, algunos tienen σου por αὐτοῦ, en cuyo caso el discurso sería directo.

[10] Mfonyam 1994:195.

## 16.1 Discursos indirectos

Como indica el v. 54, este pasaje relata uno de los signos de Jesús. La mejoría en la salud del niño (51) no muestra en sí misma que Jesús lo hubiera sanado. La mejoría del hijo del oficial a la hora en que Jesús le había dicho que viviría le convence de que Jesús es el responsable de la curación. Por lo tanto, los discursos de los 51 y 52a pueden interpretarse como *preliminares* para el resto del episodio de los 51–53. De la misma manera, la petición del oficial en el 47 puede entenderse como preliminar para el resto del episodio de los 46b–50.

El cuadro que sigue indica la distribución de los discursos directos e indirectos en **Hch 12,13–15** (pasaje 2 de § 13.1). En este intercambio, los discursos indirectos de Rosa de los 14b y 15b pueden interpretarse como trasfondo con respecto a las respuestas directas de los 15a y 15c.

(13) Al llamar (Pedro) a la puerta del vestíbulo, salió a atender una sirvienta llamada Rosa. (14a) Al reconocer la voz de Pedro, fue tal su alegría que no le abrió,

| | | |
|---|---|---|
| (14b) | sino que entró corriendo a anunciar que Pedro estaba a la puerta. | (INDIRECTO) |
| (15a) | Ellos le dijeron: «Estás loca.» | (DIRECTO) |
| (15b) | Pero ella insistía en que era verdad. | (INDIRECTO) |
| (15c) | Ellos decían: «Será su ángel.» | (DIRECTO) |

Cuando un discurso es introducido por medio de ὅτι y no contiene referencias a los hablantes ni a los oyentes, no es posible saber con seguridad si está en forma indirecta o directa. No obstante, en el caso de **Jn 7,12** el 12b es el primer discurso de un intercambio y puede fácilmente verse como preliminar para el discurso que sigue, así que puede entenderse como indirecto. Además, el μέν prospectivo coloca la oración como trasfondo (§ 10.1).

(12a) Entre la gente había muchos comentarios acerca de él.

(12b) οἱ   μὲν   ἔλεγον   ὅτι   **Ἀγαθός**   ἐστιν,
unos           decían     que    Bueno     es

(12c) ἄλλοι   [δὲ]   ἔλεγον,   Οὔ,   ἀλλὰ   πλανᾷ   τὸν   ὄχλον.
otros    md    decían    No   sino.que  engaña  a.la  gente

Otros discursos introducidos por ὅτι que son probablemente indirectos se pueden ver en Jn 9,9a (*SBU*) y, en algunos MSS, Jn 7,40, Jn 7,41 y Jn 9,9b. Véanse también Lc 9,7b–8 (tres discursos que podrían verse como preliminares para la conclusión de Herodes en el 9) y Lc 21,5a. Sin embargo, parece que ὅτι se emplea poco en Lucas-Hechos para introducir los discursos indirectos.

Ὅτι se usa a menudo al introducir un discurso en una *oración subordinada*, lo cual no es sorprendente puesto que las oraciones subordinadas prenucleares están en el trasfondo en relación con su oración principal (véase § 11.1.2). Véase, por ejemplo, **Jn 8,55c**, donde la oración condicional es la base (la prótasis) para la afirmación de la oración principal (la apódosis).

(55c) κἂν   εἴπω   ὅτι   οὐκ   οἶδα   αὐτόν,   ἔσομαι   ὅμοιος   ὑμῖν   ψεύστης
+.si   dijese   que   no   conozco  –le   seré   semejante  a.vosotros  mentiroso

(55d) Pero yo le conozco, y guardo su palabra.

Véanse también Jn 8,54 y Jn 9,19 (ambos dentro de una oración subordinada de relativo).[11]

Los discursos *hipotéticos* que se introducen con orientadores negativos también tienden a llevar ὅτι. Esto tampoco es sorprendente puesto que dichos discursos a menudo dan el trasfondo para una

---

[11] Todos los discursos de *1 Juan* que se introducen con ὅτι se encuentran en oraciones subordinadas; cf. 1 Jn 1,6, 1 Jn 1,8, 1 Jn 1,10, 1 Jn 2,4 (*SBU*) y 1 Jn 4,20. Cf. también Ap 3,17 (*SBU*) y Ap 18,7 (muchos MSS).

declaración afirmativa que sigue. Ese es el caso del discurso hipotético de **Jn 21,23b**, que es la base para el discurso afirmativo del 23c.

(23b) οὐκ εἶπεν δὲ αὐτῷ ὁ Ἰησοῦς ὅτι οὐκ ἀποθνῄσκει
no dijo md a.él el Jesús que no muere

(23c) ἀλλ', Ἐὰν αὐτὸν θέλω μένειν ἕως ἔρχομαι ...
sino: Si a.él quiero permanecer hasta.que venga

Véase también Jn 16,26.

Cuando un discurso referido empieza indirectamente pero después cambia a directo, la intención del autor bien puede ser la de colocar como trasfondo la parte indirecta con respecto a la parte directa. Vemos un ejemplo en **Hch 25,4–5**; el 4 es indirecto, mientras que el 5 es directo (el 3 también era indirecto).

(4) ὁ μὲν οὖν Φῆστος ἀπεκρίθη τηρεῖσθαι τὸν Παῦλον εἰς Καισάρειαν,
el pues Festo respondió ser.guardado el Pablo en Cesarea

ἑαυτὸν δὲ μέλλειν ἐν τάχει ἐκπορεύεσθαι·
él.mismo md estar.para en breve partir

(5) Οἱ οὖν ἐν ὑμῖν, φησίν, δυνατοὶ συγκαταβάντες
Los pues entre vosotros afirma capacitados habiendo.bajado.con

εἴ τί ἐστιν ἐν τῷ ἀνδρὶ ἄτοπον κατηγορείτωσα αὐτοῦ.
si algo hay en el hombre impropio acusen –le

Véanse también Hch 1,4 y Hch 17,3.

### Pregunta de repaso

¿Cuál es la motivación para un discurso indirecto?

### Respuesta sugerida

La motivación para un discurso indirecto es colocarlo como trasfondo con respecto a lo que sigue.

### Pasaje ilustrativo 1: Lc 5,14

(14a) καὶ αὐτὸς παρήγγειλεν αὐτῷ μηδενὶ εἰπεῖν,
y él encargó –le a.nadie decir

(14b) ἀλλὰ ἀπελθὼν δεῖξον σεαυτὸν τῷ ἱερεῖ ...
sino yendo muestra a.ti.mismo al sacerdote

### Pregunta

¿Por qué es indirecto el discurso del v. 14a, mientras que el del 14b es directo?

### Respuesta sugerida

El discurso del v. 14a es indirecto porque así se coloca como trasfondo la orden de no decir nada a nadie con respecto a la orden del 14b de mostrarse al sacerdote.

## 16.2 Discursos directos con ὅτι recitativo

Cuando ὅτι introduce un discurso directo en Lucas-Hechos, no solo indica que ese discurso «interpreta» lo que ya se ha dicho;[12] parece que también señala que el discurso es la culminación de una unidad o subunidad narrativa.[13] En **Lc 4,43**, por ejemplo, ὅτι introduce el discurso final de la conversación entre Jesús y los que querían impedir que les dejara (42).

(43) ὁ    δὲ   εἶπεν      πρὸς  αὐτοὺς ὅτι  **Καὶ ταῖς ἑτέραις πόλεσιν** εὐαγγελίσασθαί
     él   md   dijo       a     ellos  que  +   a.las  otras    ciudades  predicar
     με   δεῖ          τὴν  βασιλείαν  τοῦ  θεοῦ, ὅτι  **ἐπὶ τοῦτο** ἀπεστάλην.
     me   es.necesario el   reino      del  Dios  pues para esto    fui.enviado

De la misma manera, en **Hch 25,16**, cuando los líderes judíos piden a Festo que condene a Pablo (una petición que se presenta indirectamente [15]), la respuesta de Festo termina la discusión.

(16) πρὸς  οὓς      ἀπεκρίθην ὅτι  οὐκ ἔστιν ἔθος      Ῥωμαίοις    χαρίζεσθαί
     a     los.que  respondí  que  no  es    costumbre de.romanos  entregar
     τινα       ἄνθρωπον πρὶν ἢ   ὁ   κατηγορούμενος κατὰ πρόσωπον ἔχοι
     cualquier  hombre   antes que el  acusado        cara.a.cara  tenga
     τοὺς  κατηγόρους ...
     a.los acusadores

Véanse también Lc 1,25, Lc 5,26, Lc 5,36–39, Lc 9,22, Lc 19,9–10, Lc 19,42–44, Lc 22,61, Lc 24,46–49; Hch 20,38, Hch 23,20 y Hch 28,25.[14]

Ὅτι también precede algunos discursos directos en Juan para señalar que se trata de palabras culminantes. Por ejemplo, el discurso de **Jn 4,42** (*SBU*) culmina la interacción entre Jesús y la samaritana que comenzó en el 7.

(42) τῇ   τε  γυναικὶ ἔλεγον ὅτι  Οὐκέτι **διὰ τὴν σὴν λαλιὰν** πιστεύομεν,
     a.la AD  mujer   decían que  Ya.no  por  la  de.ti charla  creemos
     **αὐτοὶ** γὰρ       ἀκηκόαμεν   καὶ οἴδαμεν
     mismos    en.efecto hemos.oído  y   sabemos
     ὅτι  **οὗτός** ἐστιν ἀληθῶς        ὁ  σωτὴρ    τοῦ κόσμου.
     que  éste      es    verdaderamente el Salvador del mundo

---

[12] Levinsohn 2009a:163ss.

[13] Cf. Levinsohn 1987:25. Este uso de ὅτι para marcar un discurso directo como la culminación de una unidad en Lucas-Hechos es un efecto pragmático de su uso en un contexto donde, probablemente, no es necesario.
En Mt 9,18 (ἰδοὺ ἄρχων εἷς ἐλθὼν προσεκύνει αὐτῷ λέγων ὅτι Ἡ θυγάτηρ μου ἄρτι ἐτελεύτησεν· ἀλλὰ ἐλθὼν ἐπίθες τὴν χεῖρά σου ἐπ' αὐτήν, καὶ ζήσεται. «De pronto se acercó un magistrado y se postró ante él diciendo: 'Mi hija acaba de morir; pero ven, impón tu mano sobre ella y vivirá'»), ὅτι no señala que el discurso es la culminación de una unidad narrativa. Más bien, indica que ese discurso es simplemente un resumen de lo que dijo el magistrado a Jesús. En otras palabras, ὅτι indica que el discurso «interpreta» lo que le dijo.

[14] Todos estos pasajes, y otros, se tratan en Levinsohn 1987:25.

De la misma manera, el discurso de Jn 4,52b (§ 16.1) culmina la conversación de los 51–52. Véanse también Jn 1,32–34, Jn 6,14, Jn 6,65, Jn 9,9c (*SBU*), Jn 9,17b, Jn 9,23, Jn 10,41 (*SBU*), Jn 13,11 (*SBU*; concluyendo la explicación introducida con γάρ) y Jn 16,15.[15]

En algunos casos en Lucas-Hechos, el discurso introducido por ὅτι termina una *sub*unidad de la narración. En **Hch 2,13**, por ejemplo, ὅτι introduce la última de las reacciones de los espectadores de la venida del Espíritu Santo sobre los discípulos (5–13), pero la narración continúa con la respuesta de Pedro a ese discurso final.[16]

(13) <u>ἕτεροι</u>  δὲ  διαχλευάζοντες  ἔλεγον  ὅτι  **Γλεύκους**  μεμεστωμένοι  εἰσίν.
    otros   md  burlándose       decían   que  De.vino.dulce  llenos      están

(14) Entonces Pedro, presentándose con los Once, levantó la voz y les habló diciendo: «… (15) pues éstos no están borrachos, como vosotros suponéis …»

Véanse también Lc 1,61, Lc 13,14, Lc 15,27, Lc 19,34 y Hch 5,23; en todos los cuales un ὅτι *recitativo* señala que el discurso en cuestión termina alguna subunidad.

La sección siguiente considera la presencia versus la ausencia de un ὅτι *recitativo* en Lucas y Juan cuando un hablante referido emplea (ἀμὴν) λέγω σοι/ὑμῖν '(en verdad) te/os digo' para afirmar la veracidad de una declaración (§ 16.2.1). Luego nos fijamos en aquellos casos donde ὅτι se usa o no se usa en conexión con una cita de las Escrituras (§ 16.2.2).

Muchos ejemplos en estas dos secciones involucran la incrustación de un discurso o cita dentro de otro, lo cual significa que el discurso principal contiene un orientador incrustado. Si el orientador del discurso principal es seguido por ὅτι, el orientador incrustado no lo es. Es de suponer que el alcance del primer ὅτι incluye la cita incrustada.

Vemos esto en **Lc 4,12** – el discurso en que Jesús pone fin a las tentaciones del diablo. Debido a que ὅτι sigue al orientador ἀποκριθεὶς εἶπεν αὐτῷ ὁ Ἰησοῦς, no se usa después de εἴρηται, aunque la cita es el punto final del argumento (§ 16.2.2).

(12) καὶ  ἀποκριθεὶς    εἶπεν   αὐτῷ   ὁ    Ἰησοῦς   ὅτι
    y    respondiendo  dijo    –le    el   Jesús    que

    Εἴρηται,        Οὐκ  ἐκπειράσεις  κύριον    τὸν  θεόν  σου.
    Ha.sido.dicho  No   tentarás     a.Señor   el   Dios  tuyo

Cuando se encuentra un ὅτι causal en el contexto inmediato de un orientador incrustado, éste a veces no viene seguido por ὅτι. Esto probablemente explica la existencia de variantes en **Jn 1,50** y Jn 3,28.[17]

(50) ἀπεκρίθη   Ἰησοῦς  καὶ  εἶπεν  αὐτῷ,  Ὅτι      εἶπόν   σοι
    respondió  Jesús   y    dijo   –le:   ¿Porque  dije    a.ti

    ὅτι*  εἶδόν  σε   ὑποκάτω  τῆς    συκῆς,  πιστεύεις;   (*variante*: ὅτι ausente)
    que   vi    –te  debajo   de.la  higuera  crees?

---

[15] Ὅτι se emplea por lo general si se usa el demostrativo οὗτος en el orientador para referirse al discurso que sigue. Cf., por ejemplo, Jn 21,23a (ἐξῆλθεν οὖν οὗτος ὁ λόγος εἰς τοὺς ἀδελφοὺς ὅτι. … 'Corrió, pues, entre los hermanos esta voz: que …'). Los discursos que se introducen de esta manera 'interpretan' οὗτος al dar en detalle su contenido. Cf. también Lc 24,44 y Hch 13,34 (después de οὕτως).

[16] En algunos pasajes de Lucas-Hechos en los que el orientador se expresa como un participio adverbial posnuclear como λέγοντες, el discurso introducido con ὅτι 'interpreta' el verbo nuclear. Cf., por ejemplo, Hch 11,2–3; el discurso del 3 expresa la razón por la que los de la circuncisión criticaban a Pedro (διεκρίνοντο [2]). Cf. también Lc 15,2, Lc 19,7; Hch 6,11, Hch 15,5 y Hch 18,13.

[17] Blass et al. (1961:§ 470[1]) comentan acerca de Jn 3,28: «ὅτι es omitido antes de οὐκ porque ὅτι ya está antes de εἶπον».

## 16.2.1 Ὅτι después de λέγω σοι/ὑμῖν

En veinticinco ocasiones en Juan, Jesús introduce una declaración con la fórmula ἀμὴν ἀμὴν λέγω σοι/ὑμῖν.[18] La norma es que ὅτι *no* siga a la fórmula; se usa solo siete veces. Cuando la sigue, la afirmación que introduce «es un comentario» sobre lo que ya se ha declarado e indica específicamente que dicha afirmación explica o aclara (es decir, interpreta) el punto anterior.[19] En cambio, las afirmaciones introducidas con ἀμὴν ἀμὴν λέγω σοι/ὑμῖν que carecen de ὅτι típicamente introducen puntos nuevos.

Lo podemos ver al comparar **Jn 10,1** con **Jn 10,7** (*SBU*). La afirmación del 1, que carece de ὅτι, introduce el tema de «la diferencia entre el pastor verdadero y los pastores falsos»,[20] con la imagen de la puerta del redil. Este discurso va seguido por la observación (6): 'Jesús les dijo esta parábola, pero ellos no comprendieron lo que les hablaba'. Por consiguiente, la declaración del 7 interpreta la alegoría para su audiencia. La presencia de ὅτι indica que el 7 no introduce un punto nuevo, sino que explica un punto anterior.

(1) Ἀμὴν ἀμὴν λέγω ὑμῖν, ὁ μὴ εἰσερχόμενος διὰ τῆς θύρας
    En.verdad en.verdad digo –os el no entrando por la puerta
    εἰς τὴν αὐλὴν τῶν προβάτων ἀλλὰ ἀναβαίνων ἀλλαχόθεν
    en el redil de.las ovejas sino subiendo por.otra.parte
    ἐκεῖνος κλέπτης ἐστὶν καὶ λῃστής·
    ése ladrón es y salteador

(7) Εἶπεν οὖν πάλιν ὁ Ἰησοῦς, Ἀμὴν ἀμὴν λέγω ὑμῖν ὅτι
    Dijo pues de.nuevo el Jesús En.verdad en.verdad digo –os que
    ἐγώ εἰμι ἡ θύρα τῶν προβάτων ...
    yo soy la puerta de.las ovejas

Un contraste parecido se encuentra en **Jn 13,18–21**. La afirmación del 20 no se relaciona estrechamente con el contexto y carece de ὅτι.[21] Su presencia en el 21 indica que esa afirmación explica algo que ya se ha dicho (18–19).

(18) «No me refiero a todos vosotros; yo conozco a los que he elegido; pero tiene que cumplirse la Escritura: *El que come mi pan ha alzado contra mí su talón.* (19) Os lo digo desde ahora, antes de que suceda, para que, cuando suceda, creáis que Yo Soy.»

(20) Ἀμὴν ἀμὴν λέγω ὑμῖν, ὁ λαμβάνων ἄν τινα
    En.verdad en.verdad digo –os el recibiendo a.quienquiera.que
    πέμψω ἐμὲ λαμβάνει ...
    envíe me recibe

---

[18] Además, la declaración de Jesús en Jn 16,7 es introducida con ἐγὼ τὴν ἀλήθειαν λέγω ὑμῖν 'yo os digo la verdad'.

[19] Levinsohn 1978:28. Agradezco a Pope (c.p.) por haberme hecho esta indicación.

[20] Slade 1998:195.

[21] «¿Cómo se integra en el contexto?» (Zumstein 2016:II.42).

(21) Ταῦτα      εἰπὼν           [ὁ]   Ἰησοῦς    ἐταράχθη   τῷ     πνεύματι
    Estas.cosas habiendo.dicho  [el]  Jesús     se.turbó   en.el  espíritu

    καὶ  ἐμαρτύρησεν  καὶ  εἶπεν,  Ἀμὴν      ἀμὴν      λέγω   ὑμῖν  ὅτι
    y    testificó   y    dijo:   En.verdad en.verdad digo   -os   que

    εἷς  ἐξ  ὑμῶν     παραδώσει  με.
    uno  de  vosotros entregará  –me

Véanse también Jn 5,24 y Jn 5,25 (que explican los puntos expresados respectivamente en los 22 y 21), Jn 8,34 (que explicita la implicación del 32 de que los oyentes tenían que ser liberados de algún tipo de esclavitud) y Jn 16,20–22 (que explica cómo debe entenderse el 19). Jn 3,11 ('nosotros hablamos de lo que sabemos, y damos testimonio de lo que hemos visto, pero vosotros no aceptáis nuestro testimonio') llega «al *corazón* del asunto» (Pope c.p.) tratado en los versículos anteriores, especialmente la incredulidad expresada en el 9 por medio de la interrogativa: '¿Cómo puede ser eso?'[22]

La presencia *versus* la ausencia de ὅτι después de (ἀμὴν) λέγω σοι/ὑμῖν en *Lucas* se determina por el mismo principio básico que en Juan. La diferencia principal radica en que las afirmaciones introducidas con ὅτι en Lucas no solo explican lo que ya se ha dicho; también terminan la discusión de ese tema principal o secundario.

Vemos un ejemplo en **Lc 4,24–25**; ὅτι en el 24 indica que este versículo es un comentario sobre los 22b–23 y también termina el tema (la envidia que los oyentes le tenían a Jesús).[23] En cambio, el 25 no tiene ὅτι pues empieza el nuevo tema del abandono de Israel por parte de Dios (25–27).

(22b)  y decían: «¿Pero no es éste el hijo de José?»

(23)   Él les dijo: «Seguramente me vais a aplicar este refrán: Médico, cúrate a ti mismo. Todo lo que hemos oído que ha sucedido en Cafarnaún, hazlo también aquí en tu patria.»

(24)   εἶπεν  δέ,  Ἀμὴν      λέγω  ὑμῖν  ὅτι
       dijo   md   En.verdad digo  -os   que

       οὐδεὶς  προφήτης  δεκτός        ἐστιν  ἐν  τῇ  πατρίδι  αὐτοῦ.
       ningún  profeta   persona.grata es     en  el  pueblo   suyo

(25)   ἐπ' ἀληθείας  δὲ  λέγω  ὑμῖν,  **πολλαὶ χῆραι**       ἦσαν    ἐν  ταῖς  ἡμέραις  Ἠλίου    ...
       en verdad     md  digo  -os:   muchas viudas había(n) en  los   días     de.Elías

Véanse también Lc 10,12, Lc 10,24, Lc 12,44, Lc 14,24, Lc 18,8, Lc 21,3, Lc 21,32 y Lc 22,16.[24]

Así, pues, cuando ὅτι sigue al orientador (ἀμὴν) λέγω σοι/ὑμῖν en Lucas y Juan, comúnmente indica que la proposición en cuestión es un comentario de (interpreta) un punto anterior. El hecho de que la proposición se trate o no de un comentario final varía según el autor.

### 16.2.2 Ὅτι con citas de las Escrituras

Cuando un pasaje de las Escrituras se cita como el punto final de un argumento en Lucas-Hechos y Juan, ὅτι sigue a γράφω 'escribir'. En **Lc 4,10–11**, por ejemplo, «el diablo cita dos pasajes de las Escrituras, ambas están introducidas con ὅτι, para justificar la petición del diablo para que Jesús se arroje desde el pináculo del templo».[25]

---

[22] En el Sermón del Monte, compárense Mt 5,22, Mt 5,28 y Mt 5,32 (con ὅτι, donde Jesús interpreta lo que se dijo a los antiguos) con Mt 5,34, Mt 5,39 y Mt 5,44 (sin ὅτι, donde lo rechaza).
[23] Alford 1863:I.476.
[24] Tratados todos en Levinsohn 1978:28–29.
[25] Levinsohn 1978:29.

## 16.2 Discursos directos con ὅτι recitativo

(10) γέγραπται γὰρ ὅτι **Τοῖς ἀγγέλοις αὐτοῦ** ἐντελεῖται περὶ σοῦ
    está.escrito pues que A.los ángeles suyos mandará respecto de.ti

    τοῦ διαφυλάξαι σε,
    del preservar –te

(11) καὶ ὅτι **Ἐπὶ χειρῶν** ἀροῦσίν σε,
    y que Sobre manos llevarán –te

    μήποτε προσκόψῃς πρὸς λίθον τὸν πόδα σου.
    para.que.no hagas.tropezar contra piedra el pie tuyo

Véanse también Lc 4,4, Hch 3,22 y Hch 23,5. En el caso de Lc 2,23, «Se usa ὅτι para introducir un pasaje de las Escrituras para explicar por qué Jesús debía ser presentado al Señor en el templo (22) (antes que Lucas pase a otro sacrificio, el que se hizo en favor de María en el 24)».[26]

Cuando un ὅτι *recitativo* no introduce una cita de las Escrituras, la cita típicamente *no* presenta el punto final del argumento. Esto es especialmente claro cuando la cita es seguida por οὖν, puesto que ese nexo introduce el próximo desarrollo en un argumento. Véanse, por ejemplo, Lc 20,28 (las palabras que inician el discurso de los saduceos), Lc 3,4–6 (en un pasaje narrativo) y Hch 1,20. Véanse también Lc 4,17–19, Lc 7,27 (el argumento continúa hasta el 29), Lc 19,46, Lc 20,17 (el argumento continúa hasta el 18), Hch 7,42–43 y Hch 15,15–18.

Cuando la cita es el punto final de un discurso y ὅτι no se usa, puede ser que no se trate del punto final en el argumento principal. En el caso de Lc 4,8, el intercambio entre Jesús y el diablo viene seguido por otro (9–12). En cuanto a Hch 13,40–41, el punto final del argumento principal es la proclamación de Jesús en los 38–39, así que ὅτι no introduce las Escrituras de los 40–41 que constituyen la advertencia.

Varias citas de una fuente escrita que están precedidas por ὅτι en *Juan* también se presentan como punto final de un argumento. Tal es el caso de **Jn 15,25**.

(23–24) «La persona que me odia odia también a mi Padre. Si no hubiera hecho entre ellos obras que ningún otro ha hecho, no tendrían pecado; pero ahora las han visto, y nos odian a mí y a mi Padre.»

(25) ἀλλ' ἵνα πληρωθῇ ὁ λόγος ὁ ἐν τῷ νόμῳ αὐτῶν γεγραμμένος ὅτι
    pero para.que se.cumpla la palabra la en la ley suya escrita que

    Ἐμίσησάν με δωρεάν.
    Odiaron –me sin.motivo.

Véanse también Jn 8,17 y Jn 19,21b. La cita en Jn 7,42 ('¿No dice la Escritura …?') también termina un argumento, aunque las Escrituras no se citan directamente.

En cambio, las citas de las Escrituras en Juan que no terminan un argumento no son introducidas con ὅτι. Por ejemplo, las siguientes citas están seguidas por una oración introducida con οὖν: Jn 2,17, Jn 12,14–15 y Jn 19,24. Véanse también Jn 6,31, Jn 6,45, Jn 12,38, Jn 12,39–40, Jn 13,18 y Jn 19,36–37 (aunque estas últimas citas podrían tomarse como el punto final del excurso de los 35–37, la narración principal continúa en el 38).

Por lo tanto, llego a la conclusión de que el ὅτι *recitativo* se usa consistentemente en Lucas-Hechos y Juan para indicar que la cita introducida termina un argumento.

---

[26] Levinsohn 1978:29. En otros casos, se cita una persona y no las Escrituras como punto final de un argumento; cf. Lc 24,7, Hch 6,14 y Hch 24,21.

**Preguntas de repaso**

(a) ¿Es correcta la afirmación de Zerwick de que un ὅτι *recitativo* «equivale a nuestros dos puntos (:)»?[27]

(b) Cuando ὅτι sigue al orientador (ἀμὴν) λέγω σοι/ὑμῖν en Lucas o Juan, ¿qué implica?

(c) Cuando ὅτι introduce una cita en Lucas-Hechos o Juan, ¿qué implica?

**Respuestas sugeridas**

(a) No. Más bien, un discurso directo introducido por un ὅτι *recitativo* explica o aclara (interpreta) un punto anterior; a menudo tiene el efecto pragmático de implicar que el discurso termina una unidad o subunidad.

(b) Cuando ὅτι sigue al orientador (ἀμὴν) λέγω σοι/ὑμῖν en Lucas o Juan, implica que la proposición en cuestión es un comentario sobre un punto anterior. En Lucas-Hechos, este comentario típicamente termina una unidad o subunidad. En Juan, simplemente explica (interpreta) el punto anterior.

(c) Cuando ὅτι introduce una cita en Lucas-Hechos o Juan, implica que la cita termina un argumento.

### Pasaje ilustrativo 2: Lc 4,16–21

Vino a Nazaret, donde se había criado, y entró, según su costumbre, en la sinagoga el día de sábado. Se levantó para hacer la lectura (17a) y le entregaron el volumen del profeta Isaías;

(17b) καὶ ἀναπτύξας τὸ βιβλίον εὗρεν τὸν τόπον οὗ ἦν γεγραμμένον,
    y habiendo.abierto el rollo encontró el lugar donde estaba escrito:

(18) **Πνεῦμα κυρίου** ἐπ' ἐμὲ ...
    Espíritu de.Señor sobre mí

(20) Enrolló el volumen, lo devolvió al ministro y se sentó. En la sinagoga todos los ojos estaban fijos en él.

(21) ἤρξατο δὲ λέγειν πρὸς αὐτοὺς ὅτι
    comenzó md a.decir a ellos que

Σήμερον πεπλήρωται ἡ γραφὴ αὕτη ἐν τοῖς ὠσὶν ὑμῶν.
Hoy se.ha.cumplido la Escritura esta en los oídos vuestros

**Preguntas**

(a) ¿Por qué un ὅτι *recitativo* no introduce la cita de las Escrituras en los vv. 18–19?

(b) ¿Por qué un ὅτι *recitativo* introduce el discurso del 21?

**Respuestas sugeridas**

(a) Un ὅτι *recitativo* no introduce la cita de las Escrituras en los vv. 18–19 porque la cita no constituye el punto final de la unidad.

(b) Un ὅτι *recitativo* introduce el discurso del 21 porque éste culmina la presente unidad.

### Pasaje ilustrativo 3: Jn 11,38–41

Entonces Jesús se conmovió de nuevo en su interior y fue al sepulcro. Era una cueva, y tenía puesta encima una piedra.

---

[27] Zerwick 2000:§ 416n13.

## 16.2 Discursos directos con ὅτι recitativo

(39a) Dice Jesús: «Quitad la piedra.»

(39b) Marta, la hermana del muerto, le dice: «Señor, ya huele; es el cuarto día.»

(40) λέγει αὐτῇ ὁ Ἰησοῦς, Οὐκ εἶπόν σοι ὅτι
dice –le el Jesús: ¿No dije –te que

ἐὰν πιστεύσῃς ὄψῃ τὴν δόξαν τοῦ θεοῦ;
si crees verás la gloria del Dios?

(41) Quitaron, pues, la piedra.

### Pregunta

¿Por qué un ὅτι *recitativo* introduce el discurso incrustado del v. 40?

### Respuesta sugerida

Un ὅτι *recitativo* introduce el discurso incrustado del v. 40 para indicar que Jesús está interpretando lo que había dicho antes (en los 23 y 26).

### Pasaje ilustrativo 4: Lc 6,3–6 (*SBU*)

En algunos MSS, un ὅτι *recitativo* introduce el discurso del v. 5.

(3–4) Jesús les respondió: «¿Ni siquiera habéis leído lo que hizo David, cuando sintieron hambre él y los que lo acompañaban, cómo entró en la Casa de Dios y, tomando los panes de la presencia, que no es lícito comer sino sólo a los sacerdotes, comió él y dio a los que lo acompañaban?»

(5) καὶ ἔλεγεν αὐτοῖς,* **Κύριός** ἐστιν τοῦ σαββάτου ὁ υἱὸς τοῦ ἀνθρώπου.
y decía –les: Señor es del sábado el Hijo del Hombre
(**variante*: agréguese ὅτι)

(6a) Ἐγένετο δὲ ἐν ἑτέρῳ σαββάτῳ εἰσελθεῖν αὐτὸν εἰς τὴν συναγωγὴν καὶ διδάσκειν.
Sucedió md en otro sábado entrar él en la sinagoga y enseñar

### Preguntas

(a) ¿Qué implica la ausencia de ὅτι *recitativo* en el v. 5 (*SBU*) en cuanto al discurso?
(b) ¿Qué implicaría la presencia de un ὅτι *recitativo* en el 5?

**Respuestas sugeridas**: Véase el Apéndice bajo 16(4).

# PARTE VI:
# RASGOS QUE IMPLICAN LÍMITES

La Parte VI consta de un solo capítulo. El capítulo se centra en los criterios que permiten al lector reconocer los límites entre párrafos y unidades semánticas o pragmáticas más grandes como secciones de un libro.[1] Debido a que esas unidades se caracterizan por tratar un solo tema, los rasgos textuales considerados en los capítulos anteriores solamente pueden aportar evidencia *de apoyo* para límites establecidos por otros motivos. El problema radica en que se pueden encontrar evidencias de apoyo contradictorias, de modo que es necesario discernir *qué* evidencia es válida. Por lo tanto, sugiero en § 17.1 que la presencia o la ausencia de un *punto de transición* tiene un papel importante para determinar la validez de una potencial evidencia. Luego examino la lista de Beekman y Callow[2] de evidencias de apoyo potenciales desde el punto de vista de su aplicabilidad en varias situaciones (§ 17.2).

---

[1] Véase también Levinsohn 2023, capítulo 8.
[2] Beekman y Callow 1974:279–280.

# 17
# Rasgos que implican límites

## 17.1 Problemas en la identificación de límites y una solución parcial

Esta sección empieza tratando tres problemas que surgen cuando se pretende identificar los límites de párrafos o secciones:

1. El párrafo o la sección es una unidad semántica o pragmática que se caracteriza porque trata un solo tema, no por la presencia de ciertos rasgos textuales.
2. La presencia de un rasgo textual específico rara vez es un criterio suficiente para identificar los límites de párrafos o de secciones.
3. La lista de Beekman y Callow (véase nota 2) de evidencias de apoyo potenciales es tan comprensiva que puede justificar segmentaciones alternativas del mismo pasaje.

Sin embargo, la presencia de un punto de transición (en posición inicial de oración) reduce parcialmente estos problemas, especialmente en material narrativo, puesto que indica la base principal para relacionar la información en cuestión con su contexto. El propósito del autor y el género del texto también influyen en la segmentación en párrafos.

**Problema 1: El párrafo o la sección es una unidad semántica o pragmática**

Tomlin afirma que «los episodios son definidos en última instancia manteniendo la atención en una materia específica a nivel de párrafo ....»[1] Beekman y Callow sostienen algo semejante:

> El criterio básico [para delinear una unidad] es que una sección o párrafo trata una sola materia. Si el tema cambia, empieza una nueva unidad ... lo que da a una sección o un párrafo su coherencia general como una unidad semántica consiste en el tratamiento de una sola materia.[2]

Como unidad *semántica*,[3] pues, los límites de un párrafo o una sección se definen sobre un base *semántica* («si el tema cambia, ya empieza una nueva unidad»), no en relación con los rasgos textuales estudiados en los capítulos anteriores (conjunciones, orden de constituyentes, etc.)

---

[1] Tomlin 1987:458.

[2] Beekman y Callow 1974:279.

[3] Randall Buth (c.p.) sugiere que sería mejor describir el párrafo como una unidad *pragmática* y no semántica, puesto que refleja lo que el *autor* ve como un solo tema.

Aunque la segmentación en párrafos y secciones no está *determinada* por medio de la referencia a rasgos textuales, muchos de dichos rasgos aparecen en los límites y pueden tomarse como evidencia *de apoyo* para los límites.

**Problema 2: La presencia de un rasgo textual específico rara vez es un criterio suficiente para identificar los límites de párrafos o de secciones**

Aunque la presencia de un rasgo textual puede tomarse como evidencia de apoyo para un límite de párrafo o sección, debemos enfatizar que la presencia de un rasgo de este tipo no es criterio suficiente para determinar un límite. Más bien, si una de las razones para la presencia de un rasgo es apoyar un límite entre unidades, casi siempre habrá otras razones por las que ese rasgo podría estar presente.

El uso de los GN 'redundantes' para referirse a un concepto es un buen ejemplo. Hemos visto (§ 8.2) que la codificación por defecto de un sujeto en griego, cuando es el mismo que el de la oración anterior, es cero. Después de un límite entre unidades, en cambio, a menudo se emplea un GN. Sin embargo, también se usa un GN para resaltar una oración. Por lo tanto, aunque la presencia de un GN 'redundante' puede proporcionar evidencia de apoyo para un límite, por sí solo no es evidencia suficiente para proponerlo (véase más en § 17.2.7).

Supongamos que descubrimos un rasgo que parece encontrarse sistemáticamente en los límites de un texto. Sería *incorrecto* suponer sobre esa base que el mismo rasgo siempre marque límites, puesto que, en la práctica, cada texto se organiza de una manera distinta.

Por ejemplo, Schooling observa que, en Mateo, ἀπὸ τότε 'desde entonces' «parece que se encuentra muy cerca de los puntos donde el libro puede dividirse en cuatro unidades principales».[4] Sin embargo, sostener a partir de esa observación que la presencia de ἀπὸ τότε indica *siempre* un límite principal sería absurdo.

Otro peligro consiste en buscar límites donde no existen. Por ejemplo, Lucas diseñó el libro de Hechos de modo tal que las secciones principales del libro están enlazadas por material *transicional*. Los comentaristas no se ponen de acuerdo sobre dónde empiezan y terminan las secciones consecutivas, porque el material transicional no pertenece ni a la una ni a la otra; más bien, establece un puente entre ambas.

Un ejemplo de bajo nivel se encuentra en **Hch 8,25–26**. Los comentaristas ponen siempre un límite antes del 26 (sin duda debido al uso del artículo pronominal en el 25 y el cambio de personajes en el 26). Sin embargo, Lucas introduce el 25 con μὲν οὖν, anticipando un correlativo δέ (que se encuentra en el 26) y la continuación de los acontecimientos que tienen que ver con Felipe. Los acontecimientos del 25, por lo tanto, se presentan no como la conclusión del primer episodio, sino como material transicional que une dos episodios que involucran a Felipe, material que es a su vez *preliminar* para el segundo episodio (véase § 10.1).

(25) Οἱ μὲν οὖν διαμαρτυράμενοι καὶ λαλήσαντες τὸν λόγον τοῦ κυρίου
Ellos pues habiendo.testificado y habiendo.hablado la palabra del Señor

ὑπέστρεφον εἰς Ἱεροσόλυμα, **πολλάς** τε **κώμας τῶν Σαμαριτῶν** εὐηγγελίζοντο.
regresaban a Jerusalén muchas AD aldeas de.los samaritanos evangelizaban

(26) Ἄγγελος δὲ κυρίου ἐλάλησεν πρὸς Φίλιππον λέγων ...
Ángel md de.Señor habló a Felipe diciendo

Guthrie escribe algo parecido en cuanto a la carta a los Hebreos. «La unidad usada para hacer una transición intermedia no pertenece exclusivamente a la unidad discursiva que la precede ni a la que

---

[4] Schooling 1985:21. En realidad, es la combinación de asíndeton y ἀπὸ τότε la que señala un límite principal en Mateo (Mt 4,17, Mt 16,21). La combinación καὶ ἀπὸ τότε, que se encuentra en Mt 26,16, señala simplemente un límite menor.

## 17.1 Problemas en la identificación de límites y una solución parcial

sigue, sino que contiene elementos de las dos».[5] Luego cita Hb 8,1–2 como un ejemplo que «funciona como una transición intermedia directa entre 5,1–7,28 y 8,3–10,18».[6]

**Problema 3: La lista de Beekman y Callow de evidencias de apoyo potenciales es tan comprensiva que puede justificar segmentaciones alternativas del mismo pasaje**

Beekman y Callow ofrecen la siguiente lista de evidencias de apoyo potenciales para límites:[7]

- las conjunciones δέ, διό, καί, οὖν, τότε, etc.
- indicaciones de un cambio de tiempo o de lugar en la narración
- enunciados de resumen, como 'cuando Jesús acabó estos discursos' (Mt 7,28, Mt 11,1, Mt 13,53, Mt 19,1, Mt 26,1)
- interrogativas retóricas que introducen una nueva materia
- el uso de vocativos
- cambios en el reparto de participantes
- cambios en el tiempo-aspecto o el modo de un verbo.

Esta lista es tan comprensiva que la presencia de uno u otro de esos rasgos puede citarse a menudo como evidencia de apoyo para análisis contradictorios del mismo pasaje. Por ejemplo, consideremos Lc 20,18–20 (pasaje 1) y, especialmente, la base para establecer un límite o bien antes del 19 o del 20 (los 9–18 relatan la parábola de la viña y los labradores).

**Pasaje 1: Lc 20,18–20**

(18) [Jesús dijo: «...] Todo el que caiga sobre esta piedra se destrozará, y aquel sobre quien ella caiga quedará aplastado.»

(19a) Καὶ ἐζήτησαν οἱ γραμματεῖς καὶ οἱ ἀρχιερεῖς
y buscaban los escribas y los sumos.sacerdotes

ἐπιβαλεῖν ἐπ' αὐτὸν τὰς χεῖρας ἐν αὐτῇ τῇ ὥρᾳ,
poner sobre él las manos en misma la hora

(19b) καὶ ἐφοβήθησαν τὸν λαόν,
y temieron al pueblo

(19c) ἔγνωσαν γὰρ ὅτι **πρὸς αὐτοὺς** εἶπεν τὴν παραβολὴν ταύτην.
entendieron porque que por ellos contó la parábola esta

(20) Καὶ παρατηρήσαντες ἀπέστειλαν ἐγκαθέτους ...
Y habiendo.acechado enviaron espías

ἵνα ἐπιλάβωνται αὐτοῦ λόγου, ὥστε παραδοῦναι αὐτὸν ...
para.que cojan su palabra a.fin.de entregar –lo

---

[5] Guthrie 1998:96.
[6] Guthrie 1998:106). Nótese, sin embargo, el uso de δέ y un punto de transición en Hb 8,1, después del material de refuerzo al final del capítulo 7. Esto indica un cambio del tema anterior a otro (cf. § 7.4).
[7] Beekman y Callow 1974:279–280. Callow y Callow (1992:23) también mencionan «cambios de estado de ánimo del escritor (que se evidencian por medio de vocabulario muy positivo o muy negativo), cambios de estilo de informal a formal, y cambios semejantes» como una señal de «límites donde un tema cambia».

Hay varias razones para reconocer un límite *después* del v. 19. Semánticamente, el 19 se refiere a la parábola relatada en los versículos anteriores, mientras que el 20 introduce una nueva materia. Las evidencias de apoyo para ese límite incluyen:

- un lapso de tiempo ('habiendo acechado') entre los acontecimientos de los 19 y 20
- un movimiento de salida y entrada al escenario ('enviaron').

También hay varias razones para establecer un límite *antes* del 19. Semánticamente, hay un cambio de materia del desafío a la autoridad de Jesús (1-18) a la búsqueda de medios para arrestarlo (19ss). Las evidencias de apoyo para ese límite incluyen:

- los iniciadores de los acontecimientos de los 19 y 20 son los mismos
- un GN se refiere a los escribas y los sumos sacerdotes en el 19, pero no hay referencia explícita a ellos en el 20 (el sujeto no cambia)
- un participio en posición inicial al principio del 20, que sugiere continuidad con el contexto (§ 11.1.3).

Puesto que las evidencias de apoyo potenciales para un límite antes o después del 19 están en conflicto, hay que poder discernir *qué* evidencias favorecen un determinado límite potencial.

### Una solución parcial: La presencia de un punto de transición

De los «rasgos lingüísticos en cuanto a la naturaleza de los cambios sobre los que se basa la segmentación»,[8] lo primordial en el género narrativo es la presencia o ausencia de un punto de transición, puesto que señala un tipo de discontinuidad.[9] Lo importante es que los puntos de transición indican la *base principal* para relacionar lo que sigue con el contexto. Por lo tanto, proporcionan una indicación sobre la validez de las evidencias de apoyo potenciales.

En el caso del pasaje 1, por ejemplo, no es apropiado citar un lapso de tiempo entre Lc 20,19 y Lc 20,20 como evidencia de apoyo para un límite después del 19, debido a que Lucas empieza el 20 con un participio (que implica continuidad) en vez de con un punto de transición temporal (que indicaría una discontinuidad temporal).

### Un factor que complica: divisiones de párrafo de bajo nivel

Aunque la presencia de un punto de transición es un rasgo importante para determinar la validez de las evidencias de apoyo potenciales para la existencia de un límite, en muchos casos los posibles límites no tienen que ver con puntos de transición. Por ejemplo, la *BJ* divide Hch 8,9–24 en tres párrafos (9–13, 14–18 y 19–24), ninguno de los cuales comienza con un punto de transición.

Las versiones introducen divisiones de párrafo en Hechos donde hay un cambio relevante dentro de cadenas de más de tres oraciones (una unidad de desarrollo marcada por δέ). El siguiente principio es de utilidad:

> Si las unidades tipo-acontecimiento $A_1, A_2 \ldots A_m$ tienen el rasgo $X_1$ en común y $A_n \ldots A_z$ tienen en común el rasgo correspondiente pero diferente $X_2$, se percibe una división de párrafo entre $A_m$ y $A_n$, siempre que ninguno de los párrafos producidos por la división propuesta contenga solo una unidad.[10]

De modo que, en Hch 8,9–24, el primer párrafo trata de Simón el mago; el segundo, de la llegada de los apóstoles desde Jerusalén; y el tercero vuelve a tratar de Simón el mago. En otras palabras, el cambio de protagonistas marca la división de este pasaje en párrafos de bajo nivel.

En cuanto a qué rasgos son relevantes para la segmentación, descubrí que, mientras que la división de un libro en unidades grandes se determina mayormente por el *propósito* del libro, el *género* principal del libro produce muchas divisiones de bajo nivel.

---

[8] Levinsohn 1980:517.

[9] En el caso de Hechos, afirmé (Levinsohn 1980:508) que «las divisiones principales de la narrativa deben coincidir con oraciones que empiezan con» un punto de transición. Hechos es un caso especial, en el sentido de que todo el libro desarrolla un solo tema, pero esta afirmación tiene cierta validez también para otros libros.

[10] Levinsohn 1980:523. En castellano, hay la tendencia a evitar los párrafos de una sola oración.

Por ejemplo, las diferentes secciones de Hechos tienen que ver con diferentes líderes cristianos. Como resultado, el libro puede dividirse hasta cierto punto sobre la base de qué líder está en primer plano (p.ej., en los capítulos 6–9, Esteban, Felipe, Saulo o Pedro). Así también, puede dividirse hasta cierto punto sobre la base de cambios en el reparto de los participantes que interactúan con un líder cristiano que está en escena (p.ej., en el capítulo 16, Pablo y Lidia, Pablo y la muchacha con un espíritu de adivinación, Pablo y el carcelero de Filipos). Esas divisiones reflejan el *propósito* del libro. Sin embargo, debido a que el género principal del libro es narrativo, muchas secciones naturalmente se *subdividen* sobre la base de cambios de marco temporal.

**Preguntas de repaso**

(a) ¿Sobre qué bases se definen los límites de párrafos o secciones?

(b) ¿La presencia de un rasgo textual específico constituye un criterio suficiente para determinar el límite de un párrafo o una sección?

(c) ¿Por qué la presencia de un punto de transición tiene valor especial para reconocer la existencia de un límite de párrafo o sección?

(d) Si el género principal de un libro es narrativo, ¿sobre qué base se subdividen muchas de las secciones?

**Respuestas sugeridas**

(a) Los límites de párrafos o secciones se definen sobre bases semánticas o pragmáticas («si el tema cambia, empieza una nueva unidad»),[11] no en relación a rasgos textuales como el orden de los constituyentes o la presencia de una conjunción específica.

(b) No, la presencia de un rasgo textual específico rara vez establece un criterio suficiente para determinar un límite de un párrafo o una sección. Usualmente puede haber otras razones por las que el rasgo se encuentra presente.

(c) La presencia de un punto de transición tiene valor especial para el establecimiento de un límite de párrafo o sección porque señala algún tipo de discontinuidad e indica la base principal para relacionar lo que sigue con el contexto. Por lo tanto, proporciona una indicación sobre qué evidencias de apoyo potenciales son válidas.

(d) Si el género principal de un libro es narrativo, muchas secciones se subdividen sobre la base de cambios de marco temporal.

## 17.2 Cómo reconocer cuándo una evidencia es válida

En esta sección me propongo mostrar cuándo una evidencia de apoyo potencial debe tomarse como confirmación válida para la existencia de un límite. En las subsecciones que siguen se tratan los rasgos textuales mencionados en § 17.1 que Beekman y Callow citan como evidencias de apoyo para un límite.[12] La lista se complementa con algunos rasgos mencionados por Neeley.[13]

### 17.2.1 Conjunciones y asíndeton

Las conjunciones δέ y τότε y el asíndeton a menudo aparecen en los límites de párrafos y secciones, mientras que καί y τέ se encuentran con menos frecuencia en esos límites.

Me fijo primero en δέ y καί (capítulos 5 y 7). Sostuve para Hechos que «los límites de párrafos no deben violar los límites de unidades de desarrollo (con ciertas excepciones bien definidas)».[14]

---

[11] Beekman y Callow 1974:279.

[12] Beekman y Callow 1974:279–280.

[13] Neeley 1987:1–146.

[14] Levinsohn 1980:507. «Por lo tanto sostengo que todo análisis de la estructura de Hechos debe tomar la unidad de desarrollo como el elemento básico de los párrafos. Las excepciones a esta norma solo se encuentran (a) cuando una división adicional no viola los límites de una unidad de desarrollo; (b) inmediatamente después de un discurso largo» (p. 506).

Específicamente, dado que καί asocia oraciones al principio o al fin de un episodio en el que todo nuevo desarrollo de la narración está marcado por δέ, los nuevos párrafos tienden a no empezar con καί. Titrud afirma lo mismo en cuanto a las epístolas: «no se debe empezar un nuevo párrafo donde un καί conjuntivo empieza una oración en el texto griego».[15]

No obstante, si el material introductorio unido por καί se extiende a lo largo de varias oraciones y los acontecimientos descritos en ellas se realizan en tiempos distintos, las oraciones se agruparán de manera natural en distintos párrafos (véase el principio formulado al final de § 17.1); incluso cuando la ausencia de δέ indica que dichas oraciones solo establecen el escenario para lo que sigue (una discusión del uso de καί en vez de δέ en Hch 1,9–2,4 y otros pasajes se encuentra en § 5.1).

Además, καί comúnmente introduce episodios en los evangelios sinópticos y Hechos que no se asocian directamente con el episodio anterior; por consiguiente, la presencia de καί de ninguna manera excluye una división en párrafos.

Τε (§ 6.3), debido a su naturaleza aditiva, tiende a no aparecer al principio de un párrafo.[16] En particular, como en el caso de καί, los párrafos introducidos con τέ no deben violar los límites de unidades de desarrollo introducidas con δέ.

Por esa razón, en **Hch 21,33–39**, la división de párrafo comúnmente reconocida en el 37 no es apropiada como alternativa a una división en el 35:

La división de párrafo comúnmente reconocida en xxi.37 refleja el cambio de rol de Pablo a iniciador, así como la interrupción en la realización de la orden del comandante en el 34b. Sin embargo, no se ajusta a la presencia de τέ, que indica que el 37 se realiza como trasfondo general de la violencia de la multitud del 35. .... Si el incidente empieza en el 35 en vez de en el 37, resulta más claro que esta parte de la narración se organiza principalmente, no alrededor de Pablo y el tribuno, sino alrededor de Pablo y la multitud. (El 39a muestra que la iniciativa de Pablo en el 37 se debe a su deseo de hablar a la multitud).[17]

| 33a | τότε | el tribuno acercándose lo detuvo, |
| --- | --- | --- |
| 33b | καί | mandó que lo atasen con dos cadenas; |
| 33c | καί | empezó a preguntar quién era y qué había hecho. |
| 34a | δέ | Entre la gente unos gritaban una cosa y otros otra. |
| 34b | δέ | Como no podía sacar nada en limpio a causa del alboroto, ordenó que lo llevasen al cuartel. |
| 35 | δέ | <u>Cuando llegó a las escaleras</u>, tuvo que ser llevado a hombros por los soldados a causa de la violencia de la gente, |
| 36 | γάρ | toda la multitud le iba siguiendo y gritando: «¡Mátalo!» |
| 37a | τέ | Estando ya a punto de introducirlo en el cuartel, Pablo dijo al tribuno: «¿Me permites decirte una palabra?» |
| 37b | δέ | Él dijo: «Pero, ¿sabes griego? ...» |
| 39 | δέ | Dijo Pablo: «... Te ruego que me permitas hablar a la gente.» |

(La evidencia de apoyo para el límite en el v. 35 es el uso de un punto de transición temporal, mientras que el 37a empieza con un participio. Sin embargo, el hecho de que el material de trasfondo del 36 se relacione con el 35 y que la referencia a Pablo sea por nombre en el 37a significa que puede justificarse una división de párrafo *adicional* de bajo nivel en el 37a).

Como dije al principio de la Parte II, el material introducido con refuerza una aseveración o suposición que ha sido presentada o implicada en el contexto inmediato. En consecuencia, ese material forma parte de manera natural de la aseveración con la que se relaciona. Sin embargo, si el material reforzante se extiende a lo largo de varias oraciones, puede ser presentado en un párrafo propio.

---

[15] Titrud 1991:18. Estas observaciones sobre δέ y καί no se aplican a Marcos.

[16] Hch 24,10 y 27,21 son excepciones aceptables, puesto que los discursos largos normalmente ocupan un párrafo por sí solos; cf. nota 8 y Neeley 1987:18–19.

[17] Levinsohn 1980:503.

Véanse, por ejemplo, las citas de las Escrituras en Hb 1,5-14, que se introducen con γάρ, ya que refuerzan la aseveración del 4 de que el Hijo de Dios se sentó 'con una superioridad sobre los ángeles tanto mayor cuanto más excelente es el nombre que ha heredado'. Debido a que comparten un tema común (todas son citas del AT), el 5 casi siempre empieza un nuevo párrafo.

Τοτε (§ 6.1) aparece en «divisiones de bajo nivel dentro de un episodio».[18] Por lo tanto, es una buena evidencia de apoyo para un límite de bajo nivel. Sin embargo, también se usa para resaltar algunos discursos finales, de modo que su presencia no garantiza una división en párrafos.

El *asíndeton* se encuentra comúnmente al principio de un nuevo párrafo o sección si esa unidad tiene núcleo propio (véase § 7.2), especialmente en las epístolas, en las que los enunciados paralelos por lo general se yuxtaponen. Sin embargo, el asíndeton es normal también entre reafirmaciones y otras relaciones que sugerirían una asociación de la proposición en cuestión con su núcleo. Por lo tanto, la ausencia de una conjunción es significativa solo en conexión con otros rasgos de límite potenciales como *vocativos* (véase § 17.2.8) y algunas clases de *orientadores*[19] como Ἠκούσατε ὅτι 'Oísteis que' (Mt 5,21) o Ἐλπίζω ... ἵνα 'Espero ... que' (Flp 2,19).

Además de las conjunciones mencionadas arriba, Neeley afirma que el uso de conectores como «οὖν, διὰ τοῦτο, ὅθεν, ἄρα ... para indicar el retorno a material principal después de material de apoyo a menudo también indica una división de párrafo».[20] Cuanto mayor es la cantidad de material intermedio, mayor es la posibilidad de que haya un límite. Véase, por ejemplo, el uso de οὖν en Hb 4,14 para marcar el retorno al tema de Jesús como nuestro sumo sacerdote, tema que fue mencionado por última vez en Hb 3,1. (Para otros ejemplos de οὖν que señalan una reanudación, véase § 7.4).

### 17.2.2 Cambios espacio-temporales

Lo normal es que las referencias a nuevos escenarios *temporales* aparezcan en posición inicial de la oración, lo cual indica que la base para relacionar la nueva información con el contexto es temporal (§ 2.2 y 17.1). Una expresión temporal que no está en posición inicial siempre indica que la base para relacionar la información con el contexto no es temporal (§ 2.4). Para que un cambio temporal sea evidencia válida de apoyo para un límite, la referencia al cambio debe estar en posición inicial; es decir, debe ser un punto de transición.

Los cambios *de espacio* son menos claros, puesto que comúnmente se relacionan con viajes. En el caso de Hechos, no hay evidencia de «que los cambios de lugar en sí sean la base para una división de párrafo. Más bien, los acontecimientos del lugar $L_1$ generalmente están separados de los que se realizan en el lugar $L_2$, porque los dos conjuntos de acontecimientos tienen repartos diferentes».[21] En otras palabras, mientras que los cambios de lugar coinciden con la presencia de un límite, esos cambios no deben ser normalmente citados como evidencia de apoyo independiente de cambios de reparto ni de tiempo. (Nótese que la descripción del viaje «por lo general, se añade a la descripción de los acontecimientos en un lugar o en el otro»).[22]

### 17.2.3 Enunciados de resumen

Por propia naturaleza, los enunciados de resumen unen la información resumida y por tanto indican que el material anterior debe tratarse como un todo, comparado con lo que sigue. Por consiguiente, los resúmenes constituyen una buena evidencia de apoyo para determinar límites.[23] Véanse, por ejemplo, Hb 11,39-40; el punto de transición οὗτοι πάντες (todos estos) comprende a todos los héroes de la fe mencionados en los versículos anteriores del capítulo e indica que deben tratarse como un todo.

Los resúmenes pueden terminar o iniciar unidades. En Mt 7,28-29, el resumen 'cuando Jesús acabó estos discursos' introduce lo que generalmente se trata como un párrafo corto *de conclusión*, al describir cómo respondió la gente al Sermón del Monte, antes de presentar el episodio siguiente (pero

---

[18] Schooling 1985:18.
[19] Véase Poggi 2011:171.
[20] Neeley 1987:18.
[21] Levinsohn 1980:538.
[22] Levinsohn 1980:538.
[23] Larsen 1991:51.

véase § 8.3). En Lc 7,1, en cambio, el resumen correspondiente *empieza* la oración introductoria del episodio siguiente ('Cuando terminó de hablar así a la gente, entró en Cafarnaún').

### 17.2.4 Estructuras quiásticas

Las estructuras quiásticas indican que el material en cuestión forma una unidad independiente,[24] que debe tratarse como un todo, comparada con lo que la precede y la sigue.

Neeley cita **Hb 5,1-10** (a continuación) como ejemplo de una estructura quiástica o «simetría concéntrica».[25] Neeley usa A, A' (etc.) para referirse a las partes correspondientes de la estructura, y superíndices para marcar los elementos de cada parte que corresponden; cursivas en el original.

A  Porque todo *sumo sacerdote*[1] está tomado de entre los hombres y *constituido*[2] en favor de la gente en lo que se refiere a Dios, para ofrecer dones y sacrificios por los pecados.

B  Es capaz de comprender a ignorantes y extraviados, porque también él se halla envuelto en flaqueza; y, a causa de la misma, debe ofrecer por sus propios pecados lo mismo que por los del pueblo.

C  Y nadie puede arrogarse tal dignidad,[3] a no ser que sea llamado por Dios,[4] como Aarón.

C'  De igual modo, tampoco Cristo se atribuyó el honor de ser sumo sacerdote,[3] sino que lo recibió de quien le dijo:[4] Hijo mío eres tú; yo te he engendrado hoy. También dice en otro lugar: Tú eres sacerdote para la eternidad, a la manera de Melquisedec.[4]

B'  Cristo, después de haber ofrecido en los días de su vida mortal ruegos y súplicas con poderoso clamor y lágrimas al que podía salvarlo de la muerte, fue escuchado por su actitud reverente. Y, aunque era Hijo, aprendió la obediencia a través del sufrimiento.

A'  De este modo, alcanzada la perfección, se convirtió en causa de salvación eterna para todos los que le obedecen, y *fue proclamado por Dios*[2] *sumo sacerdote*[1] a la manera de Melquisedec.

### 17.2.5 Estructuras tipo *inclusión*

Las estructuras tipo *inclusión* consisten en la recapitulación exacta o aproximada al final de una sección del enunciado que comenzó la unidad.[26] Como el quiasmo, la *inclusión* puede indicar que el material en cuestión forma una unidad independiente.

Rm 8,35-39 es una estructura tipo *inclusión* ya que empieza, τίς ἡμᾶς χωρίσει ἀπὸ τῆς ἀγάπης τοῦ Χριστοῦ; '¿Quién nos separará del amor de Cristo?' y termina, δυνήσεται ἡμᾶς χωρίσαι ἀπὸ τῆς ἀγάπης τοῦ θεοῦ ... 'podrá separarnos del amor de Dios ...'. Véanse también Hb 5,1-10 (§ 17.2.4) y Mt 7,16-20.[27]

Véase § 17.2.11 sobre la importancia de distinguir entre una estructura tipo *inclusión* y una «referencia retrospectiva».

### 17.2.6 Interrogativas retóricas

A veces, como Beekman y Callow afirman: «las interrogativas retóricas ... se usan para señalar el inicio de un tema nuevo o un aspecto nuevo del mismo tema».[28] Sin embargo, Neeley afirma que «las interrogativas retóricas ... pueden marcar introducción, punto 1, clímax o conclusión».[29] Véanse, por

---

[24] Cf. Neeley 1987:13-18.
[25] Zesati Estrada 1990:111.
[26] Véase Aletti et al. 2007:106.
[27] Cf. Guthrie 1998:76-89 para otros ejemplos de estructuras tipo *inclusión* en Hebreos.
[28] Beekman y Callow 1974:243.
[29] Neeley 1987:10-11.

*17.2 Cómo reconocer cuándo una evidencia es válida* 335

ejemplo, Hb 1,5–2,3, donde las interrogativas retóricas introducen el punto 1 (1,5), dos conclusiones (1,13, 1,14) y una introducción (2,2–3).

Un repaso superficial de los ejemplos citados por Beekman y Callow y por Neeley (véase notas 28 y 29) sugiere que las interrogativas retóricas que aparecen en límites generalmente reconocidos, típicamente llevan una conjunción de desarrollo (δέ o οὖν). La pregunta y la conjunción *juntas* proporcionan evidencia de apoyo para un límite.

### 17.2.7 Referencia a los participantes por medio de un grupo nominal

Si un GN aparentemente redundante (véase § 17.1) se refiere a un participante u otra entidad, se debe examinar el contexto para ver por qué está allí. Por lo general, no es muy difícil decidir si se emplea para resaltar o no, puesto que las oraciones resaltadas generalmente no empiezan unidades. Si el contexto sugiere que se usa para resaltar, es poco probable que también marque el inicio de una unidad.

En los evangelios, las referencias a Jesús por nombre al principio de un párrafo por lo general señalan una división mayor. Véanse, por ejemplo, Mc 1,14 y Mc 3,7.

La *ausencia* de un GN redundante donde parece que habría un límite sirve como evidencia en contra de la existencia, al menos, de un límite de alto nivel (véase § 8.3 y la discusión de Lc 20,20 en § 17.1).

### 17.2.8 Vocativos

Veo un paralelo entre la presencia de un vocativo y el uso de un GN redundante para referirse a un participante (§ 17.2.7). Ambos se encuentran al principio de unidades y en conexión con oraciones resaltadas por tratarse de la proposición clave de la unidad. Por lo tanto, pueden citarse como evidencia de apoyo para un límite, pero su presencia no lo indica automáticamente.

Como sostiene Banker en su valioso estudio del vocativo ἀδελφοί 'hermanos',[30] el vocativo actúa con otras formas y construcciones para señalar el principio de unidades nuevas a diferentes niveles en los textos. Parece también que refuerza nexos inferenciales como ὥστε y ἄρα οὖν cuando introducen mandatos que constituyen la proposición clave de la unidad.[31]

### 17.2.9 Cambios de reparto y de rol

He sostenido para el libro de Hechos que un cambio de *reparto* en la narración va a servir de base para una división en párrafos o secciones, únicamente si afecta directamente al VIP global de la sección.[32]

En **Hch 16,27**, por ejemplo, la reintroducción del carcelero no apoya una división en párrafos, ya que su iniciativa no afecta directamente a Pablo y Silas (los líderes cristianos).

(25–26) Hacia la media noche, Pablo y Silas estaban en oración cantando himnos a Dios. Los presos los escuchaban. De repente se produjo un terremoto tan fuerte que los mismos cimientos de la cárcel se conmovieron. Al momento quedaron abiertas todas las puertas y se soltaron las cadenas de todos.

(27) ἔξυπνος δὲ γενόμενος ὁ δεσμοφύλαξ
despierto md habiéndose.vuelto el carcelero

καὶ ἰδὼν ἀνεῳγμένας τὰς θύρας τῆς φυλακῆς,
y viendo abiertas las puertas de.la cárcel

sacó la espada con intención de suicidarse ...

---

[30] Banker 1984:36.
[31] Cf. también Longacre 1992:272–276 sobre los vocativos en 1 Juan.
[32] Levinsohn 1980:533.

Por otra parte, un cambio significativo del rol del VIP global sí sirve de base para una división en párrafos o secciones. Esto es especialmente evidente si el cambio es de iniciador a paciente al surgir un nuevo iniciador, o si el cambio es de espectador inactivo a iniciador.

En **Hch 16,19**, por ejemplo, la introducción de los amos de la esclava produce un cambio de rol en Pablo de iniciador a paciente, que sirve de evidencia de apoyo para una división en párrafos.

(17–18) Ésta nos seguía a Pablo y a nosotros gritando: «Estos hombres son siervos del Dios Altísimo, que os anuncian un camino de salvación.» Venía haciendo esto durante muchos días. Cansado Pablo, se volvió y dijo al espíritu: «En nombre de Jesucristo te mando que salgas de ella.» Y en aquel mismo instante salió.

(19) ἰδόντες δὲ οἱ κύριοι αὐτῆς ὅτι ἐξῆλθεν ἡ ἐλπὶς τῆς ἐργασίας αὐτῶν,
viendo md los amos suyos que salió la esperanza de.la ganancia suya
prendieron a Pablo y a Silas y los arrastraron hasta el ágora, ante los magistrados. (20) Los presentaron a los pretores y dijeron: «Estos hombres alborotan nuestra ciudad ...»

En resumen, un cambio en el reparto de participantes o de roles proporciona evidencia de apoyo para un límite si afecta al VIP global.

### 17.2.10 Cambios de tiempo-aspecto, modo y/o persona del verbo

Los cambios de tiempo-aspecto y modo pueden servir de evidencia de apoyo para un límite.[33] Como ejemplo, Neeley cita **Hb 3,12–18**: «donde, en la división [entre los 15 y 16], los verbos cambian en persona, tiempo y modo» (de segunda a tercera persona y de presente imperativo a interrogativa retórica en tiempo pasado).[34] Es de suponer que el cambio de personas va paralelo con un cambio de reparto en la narración.

(12) Βλέπετε, ἀδελφοί, μήποτε ἔσται ἔν τινι ὑμῶν
Mirad hermanos no.sea.que habrá en alguno de.vosotros

καρδία πονηρὰ ἀπιστίας ἐν τῷ ἀποστῆναι ἀπὸ θεοῦ ζῶντος,
corazón perverso de.incredulidad en el apartarse de Dios vivo

(13) ἀλλὰ παρακαλεῖτε ἑαυτοὺς καθ᾽ ἑκάστην ἡμέραν ...
sino exhortaos a.mismos cada día

(14) **μέτοχοι** γὰρ **τοῦ Χριστοῦ** γεγόναμεν, ἐάνπερ τὴν ἀρχὴν
partícipes porque del Cristo hemos.llegado.a ser con.tal.que el principio

τῆς ὑποστάσεως **μέχρι τέλους** βεβαίαν κατάσχωμεν,
de.la seguridad hasta fin firme retengamos

(15) ἐν τῷ λέγεσθαι, Σήμερον ἐὰν τῆς φωνῆς αὐτοῦ ἀκούσητε,
en el decir: Hoy si la voz de.él oís

μὴ σκληρύνητε τὰς καρδίας ὑμῶν ...
no endurezcáis los corazones vuestros

(16a) τίνες γὰρ ἀκούσαντες παρεπίκραναν;
¿quiénes porque habiendo.oído provocaron?

---

[33] Porter 1992:301.
[34] Neeley 1987:19.

## 17.2 Cómo reconocer cuándo una evidencia es válida

(16b) ἀλλ      οὐ    πάντες  οἱ    ἐξελθόντες   ἐξ   Αἰγύπτου   διὰ        διὰ        Μωϋσέως;
      pero    ¿no   todos   los   saliendo     de   Egipto     a.través   a.través   de.Moisés?

(17a) τίσιν         δὲ    προσώχθισεν   τεσσεράκοντα     ἔτη;
      ¿con.quiénes  md    se.irritó     durante.cuarenta años?

(17b) οὐχὶ   τοῖς    ἁμαρτήσασιν,   ὧν           τὰ     κῶλα      ἔπεσεν   ἐν   τῇ   ἐρήμῳ;
      ¿no    con.los pecando        de.quiénes   los    cadáveres cayeron  en   el   desierto?

(18)  τίσιν        δὲ   ὤμοσεν   μὴ   εἰσελεύσεσθαι   εἰς   τὴν   κατάπαυσιν   αὐτοῦ
      ¿a.quiénes   md   juró     no   entrar         en    el    reposo       de.él

      εἰ   μὴ   τοῖς   ἀπειθήσασιν;
      si   no   a.los  habiendo.desobedecido?

El uso del *presente histórico* (PH) puede ser incluido bajo este mismo título. Puesto que los PH que no son de lengua casi siempre aparecen al principio de una subsección, los cambios de aoristo o imperfecto a PH pueden servir de evidencia de apoyo para un límite. No obstante, es preciso recordar que los PH que no son de lengua no siempre aparecen al principio de una subsección (véase la discusión en § 12.2).

### 17.2.11 Referencia retrospectiva

«La referencia retrospectiva tiene que ver con una referencia al párrafo o los párrafos anteriores o a un concepto o conceptos dentro de dichos párrafos. La referencia retrospectiva a menudo aparece al principio de un nuevo párrafo».[35] En **Hch 4,21–23**, por ejemplo, Ἀπολυθέντες 'Habiendo sido soltados' (23) es una referencia retrospectiva al verbo ἀπέλυσαν 'soltaron' del párrafo previo (21), en conexión con la reanudación de la línea de acontecimientos principales después del material de apoyo del 22.

(21)  οἱ      δὲ   προσαπειλησάμενοι    ἀπέλυσαν   αὐτούς,
      ellos   md   añadiendo.amenazas   soltaron   -les

      μηδὲν   εὑρίσκοντες   τὸ   πῶς   κολάσωνται   αὐτούς,   διὰ         τὸν   λαόν   ...
      nada    hallando      lo   cómo  castigaran   -les      a.causa.de  el    pueblo

(22)  ἐτῶν       γὰρ      ἦν    πλειόνων   τεσσεράκοντα   ὁ    ἄνθρωπος
      de.años    porque   era   más.de     cuarenta       el   hombre

      ἐφ᾽   ὃν      γεγόνει       τὸ   σημεῖον   τοῦτο   τῆς     ἰάσεως.
      en    quien   ha.sucedido   la   señal     esta    de.la   curación

(23)  Ἀπολυθέντες              δὲ   ἦλθον ἔβαλεν   πρὸς   τοὺς   ἰδίους   ...
      Habiendo.sido.soltados   md   vinieron       a      los    suyos

Aunque Guthrie considera que **Hb 4,14** es un caso de *inclusión* (§ 17.2.5) con **Hb 3,1**,[36] muchos de los términos usados en ambos versículos se repiten en el participio adverbial que introduce 4,14, y no en la oración nuclear que sigue. Esto sugiere que 4,14 es un caso de referencia retrospectiva al principio de un nuevo párrafo, al reanudarse el tema de Jesús como nuestro sumo sacerdote (véase § 17.2.1 sobre οὖν en 4,14).

---

[35] Neeley 1987:19.
[36] Guthrie 1998:78.

(3,1) Ὅθεν, ἀδελφοὶ ἅγιοι, κλήσεως ἐπουρανίου μέτοχοι,
Por.tanto hermanos santos de.llamamiento celestial partícipes
κατανοήσατε τὸν ἀπόστολον καὶ ἀρχιερέα τῆς ὁμολογίας ἡμῶν Ἰησοῦν,
considerad al Apóstol y sumo.sacerdote de.la confesión nuestra Jesús

(4,14) Ἔχοντες οὖν ἀρχιερέα μέγαν διεληλυθότα τοὺς οὐρανούς,
Teniendo pues sumo.sacerdote grande habiendo.pasado.a.través.de los cielos
Ἰησοῦν τὸν υἱὸν τοῦ θεοῦ, κρατῶμεν τῆς ὁμολογίας
Jesús el hijo del Dios aferrémonos a.la confesión

(Hb 10,19–23 es parecido. Guthrie reconoce una *inclusión* con Hb 4,14–16,[37] pero la combinación del participio adverbial y la presencia de οὖν sugiere que se está retomando el tema de 4,14–16, a pesar de la repetición de los imperativos de esos versículos en 10,22–23).

Guthrie también habla de «*anadiplosis*»: «*Figura retórica que consiste en empezar un verso o una frase con la misma palabra con que termina el anterior*».[38] Por ejemplo, **Hb 7,1** empieza con el punto de transición Οὗτος ὁ Μελχισέδεκ (este el Melquisedec), y Melquisedec se mencionó al final de la sección anterior (Hb 6,20).

(6,20) ὅπου **πρόδρομος** ὑπὲρ ἡμῶν εἰσῆλθεν Ἰησοῦς, κατὰ τὴν τάξιν Μελχισέδεκ
adonde precursor por nosotros entró Jesús según el orden de.Melquisedec
ἀρχιερεὺς γενόμενος εἰς τὸν αἰῶνα.
sumo.sacerdote habiéndose.vuelto hasta el siglo

(7,1) Οὗτος γὰρ ὁ Μελχισέδεκ ...
Este porque el Melquisedec

Sin embargo, nótese que la codificación reforzada de referencia a Melquisedec en Hb 7,1 contribuye de manera particular a esa división en párrafos (§ 17.2.7); debido a que un concepto puede ser introducido al final de una oración y convertirse en el punto de transición/tema de la siguiente, sin que se comience un nuevo párrafo (véase St 1,3–4 [tratado en § 2.8]).

Un tipo de referencia retrospectiva es el *enlace reanudatorio* (§ 12.1). La segunda parte del enlace a menudo funciona como un punto de transición que señala una discontinuidad, como en **Hb 2,8**.

(8a) **πάντα** ὑπέταξας ὑποκάτω τῶν ποδῶν αὐτοῦ.
todo sometiste debajo de.los pies de.él

(8b) ἐν τῷ γὰρ ὑποτάξαι [αὐτῷ] τὰ πάντα
en el porque someter [a.él] las todas.cosas
οὐδὲν ἀφῆκεν αὐτῷ ἀνυπότακτον.
nada dejó a.él no.sometido

Como en el caso de οὖν cuando señala la reanudación de un tema (§ 17.2.1), cuanto mayor sea la distancia entre la referencia retrospectiva y el material al que se refiere, tanto mayor será la discontinuidad. Compárese, por ejemplo, el grado de discontinuidad implicado por las referencias a Hch 8,1 en Hch 8,4 (menor) y Hch 11,19 (mayor).

Antes de pasar a examinar dos pasajes que ilustran rasgos que sirven de evidencia de apoyo para límites, es apropiado reconocer que los criterios considerados en esta sección no «son siempre tan

---
[37] Guthrie 1998:79–82.
[38] Moliner 1998:I.171.

claros e inequívocos para que los límites de estas unidades semánticas más grandes puedan establecerse sin que exista ningún caso problemático ...». No obstante, si estos criterios se aplican sistemáticamente, «rara vez será imposible decidir con seguridad acerca de un límite».[39]

**Preguntas de repaso**

(a) ¿Cuáles de las siguientes *conjunciones* aparecen más frecuentemente en límites de párrafos y secciones: δέ, καί, τέ, τότε?

(b) ¿Qué condición debe cumplirse para que un cambio *temporal* proporcione evidencia de apoyo para un límite?

(c) ¿Bajo qué circunstancias un cambio *espacial* en conexión con un viaje sirve de evidencia de apoyo para un límite?

(d) ¿Por qué los *resúmenes* proporcionan buena evidencia de apoyo para un límite?

(e) ¿Bajo qué circunstancias una *interrogativa retórica* proporciona evidencia de apoyo para un límite?

(f) ¿Qué otro factor debe considerarse antes de decidir si la presencia de una referencia que involucra un *grupo nominal aparentemente redundante* proporciona evidencia de apoyo para un límite?

(g) ¿Bajo qué circunstancias un *cambio en el reparto o el rol de participantes* proporciona evidencia de apoyo para un límite?

**Respuestas sugeridas**

(a) Las conjunciones que más frecuentemente aparecen en los límites de párrafos y secciones son δέ y τότε. Debido a que καί y τέ se usan para asociar, típicamente aparecen dentro de los párrafos o en límites suplementarios.

(b) Para que un cambio temporal proporcione evidencia de apoyo para un límite, debe aparecer en posición inicial de la oración; es decir, funciona como punto de transición.

(c) Un cambio espacial en conexión con un viaje proporciona evidencia de apoyo para un límite solo cuando está acompañado por otra evidencia de apoyo como un cambio de reparto o de tiempo.

(d) Los resúmenes proporcionan buena evidencia de apoyo para un límite porque indican que el material anterior debe tratarse como un todo.

(e) Una interrogativa retórica proporciona evidencia de apoyo para un límite cuando está acompañada por otra evidencia de apoyo como una conjunción de desarrollo.

(f) Antes de decidir si la presencia de una referencia que involucra un GN aparentemente redundante proporciona evidencia de apoyo para un límite, se debe eliminar la posibilidad de que esté presente para resaltar la oración en cuestión.

(g) Un cambio en el reparto o el rol de los participantes proporciona evidencia de apoyo para un límite cuando afecta al VIP global.

**Pasaje ilustrativo 2: Hch 18,18–24**

Este pasaje describe el final del segundo viaje misionero de Pablo y el principio del tercero. Debido a ello, muchos comentaristas introducen una división principal entre los vv. 22 y 23. Sin embargo, debemos considerar si hay evidencia de apoyo para ese límite.

(18) Pablo δέ habiéndose quedado allí todavía bastantes días, habiéndose despedido de los hermanos, se embarcó rumbo a Siria, junto con Priscila y Áquila ...

(19a) Arribaron δέ a Éfeso,

(19b) καί <u>a ellos</u> los dejó allí;

---

[39] Beekman y Callow 1974:280.

(19c)  él δέ entrando en la sinagoga, se puso a discutir con los judíos.

(20)  Al rogar δέ ellos que se quedase allí más tiempo, no accedió,

(21)  ἀλλά despidiéndose de ellos y diciendo: «Volveré a vosotros otra vez, si Dios quiere», zarpó de Éfeso.

(22)  καί habiendo desembarcado en Cesarea, después de subir a saludar a la iglesia, bajó a Antioquía.

(23)  καὶ   ποιήσας         χρόνον   τινὰ    ἐξῆλθεν,      διερχόμενος   καθεξῆς
      y     habiendo.pasado tiempo   alguno  salió         atravesando   por.orden

      τὴν   Γαλατικὴν   χώραν   καὶ   Φρυγίαν,   ἐπιστηρίζων   πάντας   τοὺς   μαθητάς.
      la    de.Galacia  región  y     de.Frigia  consolidando  a.todos  los    discípulos

(24)  Ἰουδαῖος   δέ   τις     Ἀπολλῶς   ὀνόματι   ...   κατήντησεν   εἰς   Ἔφεσον ...
      Judío      md   cierto  Apolo     de.nombre       llegó        a     Éfeso

**Pregunta**

¿Qué evidencias hay para que no se acepte la existencia de un límite después del v. 22?

**Respuestas sugeridas**

Las evidencias en contra de la existencia de un límite después del v. 22 son:
- el uso de καί al comenzar el 23, pero de δέ en los 20 y 24 (δέ introduce lo que Lucas ve como los nuevos desarrollos en la trama de la narración)
- el uso de un participio en posición inicial para introducir el 23 (que sugiere continuidad)
- la ausencia de un GN para referirse a Pablo en el 23.

**Pasaje 3: Ga 5,22–6,7**

Los comentaristas no se ponen de acuerdo sobre los límites en este pasaje. Léase con cuidado, aplicando los criterios tratados en las secciones anteriores. Recuérdese que las evidencias potenciales de apoyo para un límite generalmente pueden tener más de una interpretación. Por ejemplo, el asíndeton (Ø), se manifiesta entre enunciados paralelos (como entre los núcleos de unidades distintas), pero también introduce reformulaciones del núcleo.

(22)   Ὁ   δὲ   καρπὸς   τοῦ   πνεύματός   ἐστιν   ἀγάπη   χαρὰ   ...
       El   md   fruto    del   Espíritu    es      amor    gozo

(23b)  Ø   κατὰ   τῶν    τοιούτων    οὐκ   ἔστιν   νόμος.
           contra las    tales.cosas no    hay     ley

(24)   **οἱ**   δὲ   τοῦ   Χριστοῦ   [Ἰησοῦ]   **τὴν**   **σάρκα**   ἐσταύρωσαν   σὺν   τοῖς   παθήμασιν
       los      md   del   Cristo    [Jesús]   la        carne       crucificaron con   las    pasiones

       καὶ   ταῖς   ἐπιθυμίαις.
       y     los    deseos

(25)   Ø   εἰ   ζῶμεν    πνεύματι,   πνεύματι     **καὶ**   **στοιχῶμεν**.
           si   vivimos  por.Espíritu por.Espíritu +         avancemos

## 17.2 Cómo reconocer cuándo una evidencia es válida

(26) Ø μὴ γινώμεθα κενόδοξοι, ἀλλήλους **προκαλούμενοι**,
no nos.hagamos vanagloriosos unos.a.otros provocando

ἀλλήλοις **φθονοῦντες**.
unos.a.otros envidiando

(6,1) Ø Ἀδελφοί, ἐὰν καὶ προλημφθῇ ἄνθρωπος ἔν τινι παραπτώματι,
Hermanos si + es.sorprendido hombre en alguna falta

ὑμεῖς οἱ πνευματικοὶ καταρτίζετε τὸν τοιοῦτον ἐν πνεύματι πραΰτητος,
vosotros los espirituales restaurad al tal en espíritu de.mansedumbre

σκοπῶν σεαυτὸν μὴ **καὶ σὺ** πειρασθῇς.
poniendo.atención a.mismo, no + tú seas.tentado

(2a) Ø **Ἀλλήλων τὰ βάρη** βαστάζετε
De.unos.de.otros las cargas llevad

(2b) καὶ οὕτως ἀναπληρώσετε τὸν νόμον τοῦ Χριστοῦ.
y así cumpliréis la ley del Cristo

(3) εἰ γὰρ δοκεῖ τις εἶναί τι μηδὲν ὤν, φρεναπατᾷ ἑαυτόν.
si porque piensa alguno ser algo nada siendo engaña a.sí.mismo

(4a) **τὸ** δὲ **ἔργον ἑαυτοῦ** δοκιμαζέτω ἕκαστος,
la md obra de.sí.mismo ponga.a.prueba cada.uno

(4b) καὶ τότε **εἰς ἑαυτὸν μόνον** τὸ καύχημα ἕξει καὶ οὐκ εἰς τὸν ἕτερον·
y entonces para consigo solo la jactancia tendrá y no para.con el otro

(5) ἕκαστος γὰρ **τὸ ἴδιον φορτίν** βαστάσει.
cada.uno porque la propia carga llevará

(6) Κοινωνείτω δὲ ὁ κατηχούμενος τὸν λόγον τῷ κατηχοῦντι
Comparta md el estando.instruido la palabra con.el instruyendo

ἐν πᾶσιν ἀγαθοῖς.
en todas.cosas buenas

(7) Ø Μὴ πλανᾶσθε, **θεὸς** οὐ μυκτηρίζεται ...
No seáis.engañados Dios no es.burlado

**Preguntas**

Se han sugerido límites antes de 5,25, 5,26, 6,1, 6,6 y 6,7. Suponiendo que todos estos límites podrían ser justificados sobre la base de un cambio de tema:

(a) ¿qué evidencia de apoyo hay para un límite antes de 5,25?
(b) ¿qué evidencia de apoyo hay, si la hay, para un límite antes de 5,26?
(c) ¿qué evidencia de apoyo hay para un límite antes de 6,1?
(d) ¿qué evidencia de apoyo hay *en contra de* un límite antes de 6,6?

**Respuestas sugeridas: véase el Apéndice bajo 17(3).**

# APÉNDICE:
# RESPUESTAS SUGERIDAS A LOS PASAJES ILUSTRATIVOS

## 2(4) Respuestas a las preguntas referentes a Lc 2,22–28

(a) Al empezar el v. 23b con el sujeto, se establece un punto de transición para el complemento de γέγραπται (véase el comentario sobre 14,16b, pasaje 3). Puede que se intente un cambio de atención de Jesús a 'Todo varón primogénito'.

(b) El 25c empieza con el sujeto porque la oración presenta información de fondo acerca de Simeón, en vez de presentar el próximo acontecimiento de la narración.

(c) El 28a empieza con αὐτός para relacionar esta oración con el contexto sobre la base de un cambio de atención hacia Simeón, aunque el acontecimiento en cuestión pueda haber estado en secuencia natural con la llegada al templo de Jesús y sus padres. Esto permite que se mantenga la atención en Simeón, a pesar de la introducción en escena de otros participantes.

## 2(6) Respuestas a las preguntas referentes a Ga 3,1–14

(a) En el v. 5, ὁ ἐπιχορηγῶν ὑμῖν τὸ πνεῦμα καὶ ἐνεργῶν δυνάμεις ἐν ὑμῖν empieza la oración porque es un punto de transición: la atención cambia de 'vosotros' (2b–4) a 'aquel ... que os da el Espíritu y hace maravillas entre vosotros'.

(b) En el 6a, Ἀβραάμ empieza la oración porque es un punto de transición: la atención cambia de 'vosotros' en los 2b–4 y 'aquel que os da el espíritu ...' en el 5 a Abrahán.

(c) En el 8a, ἡ γραφή no empieza la oración porque el tema del pasaje no cambia de οἱ ἐκ πίστεως (7) a 'la Escritura', como muestra el 9.

(d) En el 14a, εἰς τὰ ἔθνη empieza la oración adverbial de propósito para indicar un cambio de atención de 'nosotros' (ἡμᾶς) (13a) a 'los gentiles'.[1]

## 3(1) Respuestas a las preguntas referentes a Ga 4,1–7

(a) El tema proposicional ὁ κληρονόμος está en posición inicial en el v. 1b con el fin de establecer el punto de transición para la oración. Νήπιός probablemente precede al verbo porque esa es la posición normal para un complemento focal con una cópula (§ 3.7).

---

[1] Cf. Meyer 1873:152. Cf. también la traducción interconfesional en catalán (1994) de este versículo: *Aixi la benedicció d'Abraham, destinada a tots els pobles, s'ha complert per Jesucrist, i hem rebut per la fe l'Esperit que Déu havia promès*. La Vulgata también trata a *in gentibus* 'los gentiles' como punto de transición.

(b) La base principal para relacionar el 3a con el contexto es ἡμεῖς, lo cual indica un cambio desde los comentarios sobre el 'heredero' (1b) a unos comentarios comparables sobre 'nosotros' (ὅτε ἦμεν νήπιοι ofrece un segundo punto de transición, que señala un regreso al tiempo del 1b).

(c) Νήπιοι sigue a la cópula en el 3a porque 'niños' no es el tema a desarrollar en el material que sigue.

(d) Ὑπὸ τὰ στοιχεῖα τοῦ κόσμου precede al verbo en el 3b para prominencia focal. (Los imperfectos «perifrásticos» como ἤμεθα δεδουλωμένοι funcionan en realidad como cópulas,[2] por tanto ὑπὸ τὰ στοιχεῖα τοῦ κόσμου aparece en el lugar normal para un complemento focal con una cópula).

(e) La oración adverbial de tiempo ὅτε ἦλθεν τὸ πλήρωμα τοῦ χρόνου está en posición inicial en el 4, ya que el pasaje se desarrolla por medio de un cambio a ese tiempo desde el tiempo en que éramos niños (3a).

(f) En el 4a, τὸ πλήρωμα τοῦ χρόνου está en posición final porque es el sujeto de una oración con configuración presentativa y Por lo tanto, es el foco de la oración.

(g) En el 4b, ὁ θεὸς no está en posición inicial porque el material que trata de 'nosotros' (en el 3a) todavía está desarrollándose (véase el 5b), así que un cambio de atención a 'Dios' no se justifica.

(h) Τοὺς ὑπὸ νόμον (5a) precede al verbo porque el verbo ἐξαγοράσῃ se ha colocado al final de la oración para darle prominencia focal.

(i) En mi opinión, τὴν υἱοθεσίαν (5b) precede al verbo para darle prominencia focal, puesto que es el «fin positivo de la acción de Cristo».[3] Esto supone que las oraciones subordinadas por ἵνα (5a y 5b) no son paralelas.[4]

### 4(1) Respuestas a las preguntas referentes a las oraciones de Santiago

(a) La posición de la partícula negativa en St 1,20 indica que se ha negado una parte o todo el comentario ('obra la justicia de Dios') acerca del tema ὀργὴ ἀνδρὸς 'la ira del hombre'.

(b) La posición de la partícula negativa en St 2,1 indica que el constituyente que sigue inmediatamente a la negativa (ἐν προσωπολημψίαις) ha recibido prominencia focal.

### Respuestas a las preguntas referentes a Ga 5,7

(a) En el 7b, la presuposición es que alguien 'los estorbó para no obedecer a la verdad'; el foco está en τίς 'quién'.

(b) En el 7c, puede ser que ἀληθείᾳ preceda al verbo para darle prominencia focal, porque es sorprendente que sea la verdad lo que no obedecen, por ejemplo. Otra posibilidad sería que el verbo ocupe la posición final para prominencia focal (§ 3.8.1); esta última es la interpretación preferida si se sigue la lección articulada (véase § 9.3).

### 4(3) Respuestas a las preguntas referentes a Jn 18,7–8

(a) En el v. 8a, ἐγώ precede a εἰμι para darle prominencia focal. La respuesta a la pregunta del 7 fue 'Jesús el Nazareno' y el 8a enfoca qué persona es. (Este análisis no confirma ni excluye la posibilidad de que también se pretenda una alusión a Éxodo 3,14).

(b) En el 8b, ἐμὲ precede a ζητεῖτε para enfocarlo de modo interino, en anticipación de un cambio de atención a τούτους.

### 4(4) Respuestas a las preguntas referentes a pasajes de Santiago

(a) En St 1,2b, πειρασμοῖς ποικίλοις está dividido porque solamente la parte antepuesta (πειρασμοῖς) es focal ('pruebas' es el tema de la sección); ποικίλοις es de apoyo.

---

[2] Levinsohn 2016a:307ss.
[3] Pastor Ramos 1977:242.
[4] Cf. la discusión en Rogers 1989:117.

(b) En St 2,15b, γυμνοὶ καὶ λειπόμενοι τῆς ἐφημέρου τροφῆς está dividido porque se trata de un constituyente focal complejo (el complemento coordinado de la cópula ὑπάρχωσιν).

(c) En St 4,6a, μείζονα χάριν está dividido porque la cita que sigue se relaciona solo con la segunda parte (χάριν).

### 4(5) Respuestas a las preguntas referentes a Mt 5,20b y Jn 18,10

(a) En Mt 5,20b, ὑμῶν puede preceder a ἡ δικαιοσύνη y seguir inmediatamente al verbo (por analogía con el principio 1 de ordenamiento por defecto) porque su referente es el centro de atención; 'vosotros' es el tema alrededor del cual se organiza la oración y sobre el que se hace un comentario.

(b) En Jn 18,10b, τοῦ ἀρχιερέως precede a δοῦλον para darle prominencia focal, probablemente porque las negaciones de Pedro ocurrieron en el patio del Sumo sacerdote (véase especialmente el 26). En el 10c, αὐτοῦ puede preceder a τὸ ὠτάριον τὸ δεξιόν y seguir inmediatamente al verbo (por analogía con el principio 1 de ordenamiento por defecto) para dar más prominencia a τὸ ὠτάριον τὸ δεξιόν.

### 5(10) Respuestas a las preguntas referentes a Lc 24,13–31

(a) Δέ se usa en el v. 17a pero no en conexión con los acontecimientos anteriores del episodio, porque es precisamente en ese momento cuando los participantes empiezan a interactuar. Los acontecimientos descritos previamente puede considerarse como establecimiento de la escena para dicha interacción.

(b) Aunque los 17b y 19a entrañan cambios de sujeto, ni el acontecimiento del 17b ni el discurso del 19a constituyen nuevos desarrollos. Más bien, simplemente representan pasos hacia un discurso de mayor calado a continuación.

(c) La ausencia de δέ en los 25–30 sugiere que el propósito de Lucas al relatar el episodio progresa solo cuando los dos discípulos reconocen el hecho de la resurrección de Jesús y las evidencias de su resurrección corporal son presentadas. Solo cuando se han acumulado estas evidencias físicas Jesús relaciona lo que había experimentado con las Escrituras – un discurso que se presenta como un nuevo desarrollo (44).

### 5(18) Respuestas a las preguntas referentes a Jn 6,12–21

(a) Καί se usa en el v. 21b para introducir el acontecimiento que concluye el episodio de los 16–21. Asocia los dos acontecimientos del 21 que juntos constituyen el desarrollo final del episodio introducido por οὖν.

(b) Καί se usa en el 17a para asociar los acontecimientos que enlaza en una agrupación. Se usa en los 17b y 17c para asociar los acontecimientos y las circunstancias que juntos establecen el escenario para los acontecimientos de primer plano de los 19ss.

(c) Οὖν se usa en el 13a para introducir la respuesta lógica al mandato de Jesús del 12 (el 21a es parecido). Se usa en los 14 y 15 en conexión con sujetos antepuestos que marcan cambios de atención a otros participantes, para indicar que los acontecimientos así introducidos se encuentran también en secuencia lógica. En el 19a probablemente señala reanudación, siguiendo al material de trasfondo de los 17b–18; el 19 describe el siguiente desarrollo que involucra a los discípulos (el episodio de los 16–21 se narra desde su punto de vista [véase § 13.1]).

(d) Δέ se usa en los 12 y 16, en conexión con un punto de transición temporal porque, a pesar del cambio de escenario, se sigue desarrollando la misma trama. El uso del asíndeton habría implicado una nueva escena y tema. El uso de οὖν habría implicado una relación lógica entre los acontecimientos enlazados. Con δέ, la orden de Jesús de recoger los pedazos se ve como un nuevo desarrollo, que refuerza el milagro, pero no como una consecuencia lógica de que tanta gente hubiera comido. De manera semejante, la salida de los discípulos hacia Cafarnaún se presenta como un nuevo desarrollo, pero no como una consecuencia lógica de la salida de Jesús para estar solo en la montaña.

**5(19) Respuesta a la pregunta referente a Jn 6,1-6**

El material de trasfondo del v. 4 no refuerza nada en el contexto ni se refiere a ningún elemento del mismo, sino que presenta información distintiva, por lo que se introduce con δέ. Algunos comentaristas consideran que no se trataría de una simple referencia temporal del episodio, sino de un comentario teológico que anticipa lo que sigue en la narración («en el relato joánico esta fiesta por venir está asociada a la muerte de Jesús»).[5]

Aunque el comentario de 6a se refiere a la pregunta de 5 (véase τοῦτο en posición inicial), presenta información distintiva, tal vez como preparación del lector para otra de las «señales» de Jesús, así que la introduce δέ. Si su intención hubiera sido solo explicar la motivación de la pregunta de Jesús, se habría usado γάρ.

El comentario de 6b refuerza 6a explicando por qué la pregunta es una prueba, por eso la introduce γάρ.

**6(4) Respuesta a la pregunta referente a Hch 6,8-11**

Τότε se usa en el v. 11 para señalar la división del episodio en subsecciones, indica que las unidades de bajo nivel narrativo que enlaza tienen continuidad de tiempo y otros factores (incluyendo el reparto de participantes y el objetivo), e introduce el próximo desarrollo significativo del episodio. Los críticos de Esteban han probado una táctica y han fracasado (9-10), *en consecuencia* intentan otra manera de silenciarlo.

**6(6) Respuestas a las preguntas referentes a Mt 10,29-30 y 1 Co 7,40**

Τέ puede haberse usado en el 12a por la misma razón. La misma táctica de los enemigos de Esteban para desacreditarlo tenía dos partes; τέ añade la segunda (12) a la primera (11).

En cambio, τέ puede haberse usado en el 13 para introducir el paso específico al siguiente desarrollo (7,1); se trata del último de una serie de acontecimientos diseñados para asegurar que Esteban sea declarado culpable. (La información de 6,15 es como un aparte, antes de que el sumo sacerdote responda a la acusación hecha contra Esteban). Por otro lado, τέ se usa asimismo en el 12a como en el 13 para aumentar la tensión en espera de los discursos de 7,1ss.

**7(9) Respuestas a las preguntas referentes a Col 3,1-5a**

(a) En el v. 1a, la construcción condicional empieza la oración porque constituye un punto de transición que marca un cambio respecto a la condicional correspondiente en 2,20 (Εἰ ἀπεθάνετε σὺν Χριστῷ ...).

Οὖν se usa en el 1a para «reanudar la idea ya expresada en 2,12 [y] 2,13» y ofrece la «contraparte de 2,20».[6] La pregunta retórica del 20 implica una exhortación subyacente a no seguir sometiéndose a preceptos como si todavía pertenecieran al mundo. Los 21-23 se extienden luego sobre dichos preceptos. En 3,1 se reanudan las exhortaciones: no solo deben dejar de someterse a esos preceptos, sino que deben poner la mira en las cosas de arriba.

(b) El asíndeton se usa en el 2 porque la oración repite y amplifica el 1b (en términos del análisis semántico SSA, la relación es contracción-amplificación).

(c) En el 3b, la καί conjuntiva se usa puesto que el material que refuerza la exhortación de 2 es 3a más 3b.

Ἡ ζωὴ ὑμῶν comienza el 3b porque se trata del nuevo punto de transición/tema proposicional que marca un cambio de 'habéis muerto' (3a) a 'vuestra vida'.

Terminar el 3b con ἐν τῷ θεῷ sugiere que es más prominente que el otro constituyente periférico (σὺν τῷ Χριστῷ).

---

[5] Zumstein 2016:I.271.
[6] Hendriksen 1971:139.

(d) John Callow considera que 3,4 proporciona una segunda base para el 2. El asíndeton es el enlace apropiado entre oraciones paralelas.[7]

(e) Después de la oración adverbial de tiempo en 3,4b, τότε probablemente se usa para resaltar lo que resta del 4b (véase § 6.1).

Se usa καί adverbial en 3,4b para restringir que ὑμεῖς se procese en paralelo con ὁ Χριστός. Καί ὑμεῖς se antepone para enfocarlo, siguiendo al punto de transición temporal (4a), por tanto es muy prominente. Cuando un punto de transición y un constituyente focal preceden al verbo, es común que un constituyente pronominal de apoyo (en este caso, σὺν αὐτῷ) también lo preceda (véase § 3.8.1).

(f) Οὖν se usa en 3,5 para reanudar y hacer progresar el tema del 2 con matices inferenciales, después del material de refuerzo del 3.

## 8(8) Respuestas a las preguntas referentes a Mt 7,28–8,18

(a) La regla por defecto 5 de § 8.2 explica el uso del pronombre independiente en 8,1a y 5a para referirse al mismo sujeto que en la oración anterior (por regla general los sujetos son obligatorios en los genitivos absolutos). La codificación por defecto de la referencia a Jesús indica que el autor percibió suficiente continuidad entre los episodios como para omitir las referencias a él. En consecuencia los saltos de párrafo son de carácter menor.

(b) No hay referencia explícita al sujeto en el 15c porque interactúan un participante principal y otro secundario (regla por defecto 3). (Además, los participantes son uno masculino y otro femenino).

(c) Se usa un GN en el 8 para referirse al centurión, aunque es el oyente del discurso anterior, porque toma el control de la conversación (véase más en § 14.1).

(d) Se usa un GN para referirse a Jesús en los 4, 10a y 13a porque sus discursos se ven como significativos y, en los 14 y 18, porque hay suficiente discontinuidad entre los episodios como para empezar nuevas unidades narrativas (es decir que las divisiones de párrafo son de carácter mayor).

En 7,28a, es posible que se use un GN para referirse a Jesús para resaltar la respuesta a sus palabras. Sin embargo, creo más probable que se use porque los 28–29 empiezan la siguiente sección principal; en 8,1a, solo se usa un pronombre en el genitivo absoluto. Véase § 10.3 sobre el uso de ἐγένετο más una expresión temporal en Mateo.

(e) Si se lee ὁ Ἰησοῦς en 8,3a, esta codificación marcada resaltaría la acción; como Pope (c.p.) observa: «Tocar y sanar a un leproso fue sin duda una acción muy importante».

En el 7, la intención del discurso es concluir la conversación (a menos que se tome como una pregunta), pero no me queda claro por qué debe resaltarse.

## 9(12) Respuestas a las preguntas referentes a Hch 8,4–26

(a) Las referencias a Felipe por nombre en los vv. 5 y 26 son inarticuladas porque se le está reactivando después de una ausencia (y es prominente para la narración). El 12 se refiere a una actividad anterior en la que Felipe estaba involucrado (6). En consecuencia, una referencia articulada sería coherente con el hecho de que ya había sido activado.

(b) La referencia a Simón en el 18 es articulada probablemente porque éste se mantuvo como observador de los acontecimientos de los 15–17, por lo que se considera que estuvo «entre bastidores» durante ese tiempo.

(c) La referencia a Pedro en el 20 es inarticulada debido a la importancia del discurso que pronuncia. En cambio, la respuesta de Simón no se ve como de importancia especial, así es que la referencia al mismo en el 24 es articulada, como es normal para una referencia a un participante activado.

(d) En el 14, parece apropiado que la referencia a Pedro y Juan sea inarticulada, porque se están reactivando después de una ausencia y son prominentes para la narración. La variante textual articulada daría a entender que se reactivaron por medio de la expresión οἱ ἐν Ἱεροσολύμοις ἀπόστολοι (los apóstoles en Jerusalén).

---
[7] John Callow 1983:167.

### 9(15) Respuestas a las preguntas referentes a Ga 3,21-26

(a) La referencia a un 'pedagogo' en el 25b es inarticulada porque el referente no es determinado (de ahí la traducción de la *RVR95* «un guía»). En cambio, la *BJ* traduce παιδαγωγόν en el 25b como «el pedagogo», en cuyo caso la referencia es inarticulada porque se ha antepuesto para enfocarla. En el 24a, παιδαγωγὸς ἡμῶν se ha antepuesto para enfocarlo y lo normal es que la referencia también sea inarticulada.

(b) Las referencias a 'ley' en los 21a y 24a son articuladas porque el referente es el tema proposicional y no el foco. La referencia a 'ley' en el 21c es inarticulada porque es indeterminada («una ley capaz de dar vida» [*BJ*]). Las referencias a 'ley' en los 21d y 23b son inarticuladas porque, en ambos casos, se han antepuesto para enfocarlas.

(c) Las referencias a 'fe' en los 23a y 25a son articuladas porque su referente es el tema y no el foco.

   Las referencias a 'fe' en los 23c y 26 son articuladas porque no son focales. En el caso del 23c, el constituyente anteverbal de 23b (ὑπὸ νόμου) sigue siendo focal. En el 26, el constituyente focal también es anteverbal (υἱοὶ θεοῦ).

   Las referencias a 'fe' en los 22b y 24b son inarticuladas porque se han antepuesto para enfocarlas.

### 10(2) Respuestas a las preguntas referentes a Hch 25,2-6

(a) La naturaleza prospectiva de μέν sugiere que el discurso de los vv. 4-5 es de importancia secundaria en comparación con los acontecimientos asociados con el δέ correspondiente (a saber, los de los 6ss). El efecto es dirigir la atención de nuevo a Cesarea, donde está Pablo.

(b) La función de οὖν en el 4 es inferencial[8] (no adversativa, *contra* Moulton et al.)[9]; «el hecho de que Festo pregunta después a Pablo si desea ir a Jerusalén para ser juzgado (9) sugiere que el 4 no es un rechazo absoluto de la petición. Más bien, Festo tal vez pensó que lo aceleraría. Sin saber nada del complot, indica a los judíos que la mejor manera de manejar el asunto sería que ellos lo acompañaran a Cesarea, puesto que él iría allí de todas maneras *en tachei* [en breve]».[10]

### 10(5) Respuestas a las preguntas referentes a Lc 24,13-17

(a) Ἐγένετο en el v. 15a indica que los acontecimientos de los 13-14 forman el trasfondo general para los siguientes acontecimientos de primer plano. Las oraciones siguientes (15b-16) presentan las circunstancias específicas para los acontecimientos de primer plano de los 17ss.

(b) La referencia a Jesús es inarticulada en *SBU* porque se está reactivando después de haber estado ausente durante los acontecimientos de los 1-14.

### 11(6) Respuestas a las preguntas referentes a Hch 21,3-11

(a) Los versículos que contienen PN prenucleares son 4a, 5b, 5d y 5e (*SBU*).

(b) La oración de relativo que se encuentra en el 4c es no restrictiva y continuativa.

(c) La información del PN del 4a es de trasfondo en relación con lo que sigue. A su vez, la oración que precede al pronombre relativo (4b) sirve de base para lo afirmado en el 4c. Por consiguiente, la información del 4a es menos importante que la del 4b, que a su vez es menos importante que la del 4c.

(d) El 5c contiene un GA posnuclear. Puesto que los acontecimientos descritos en los 5dss «se basan tanto en la acción del GA como en la acción de la oración independiente anterior»,[11] probablemente tienen la misma importancia.

---

[8] «Festo, pues, contestó» (O'Callaghan 1996:781).
[9] Moulton et al. 1978:1104.
[10] Levinsohn 1987:143.
[11] Levinsohn 1980:195.

(e) El 10a contiene un GA prenuclear. El uso de un GA en vez de una oración adverbial de tiempo implica continuidad de situación y de otros factores relevantes entre la llegada del profeta Ágabo y la presencia en casa de Felipe el evangelista de sus cuatro hijas que profetizaban. «Que la profecía de las hijas de Felipe tenía relación con el cautiverio [futuro] de Pablo, se hace aún más probable por medio de este versículo, que se conecta inmediatamente con otra insinuación del mismo tipo de una fuente muy diferente».[12]

### 12(2) Respuesta a la pregunta referente a Lc 24,13–17

La repetición de la información de una oración anterior, como la que se encuentra en la expresión del 15a, recibe el nombre de enlace reanudatorio. Su efecto retórico es ralentizar la narración y así resaltar los acontecimientos importantes que siguen, a saber, la reunión de Jesús con los discípulos y su interacción con ellos.

### 12(4) Respuesta a la pregunta referente a Mt 16,28–17,2

Los PH de Mt 17,1 implican que este versículo empieza una nueva subsección de un episodio más extenso, y realza los acontecimientos que van a realizarse en el lugar donde Jesús y los tres discípulos se han trasladado.

### 13(8) Respuestas a las preguntas referentes a Hch 22,24–30

(a) Los cuatro discursos de los vv. 27a–28b forman una conversación cerrada, en el sentido de que cada hablante y oyente eran respectivamente el oyente y el sujeto del discurso anterior.

(b) Los orientadores para los discursos de los 27b y 28b empiezan con una referencia al hablante porque la razón principal de la protesta contra Pablo (24) sigue sin solución. (Véase el 30. El discurso del 27b responde a la pregunta sobre la ciudadanía de Pablo [27a]; el orientador para el 27b habría empezado con un verbo, si ese discurso hubiera sido el objetivo que el tribuno pretendía lograr).

### 14(4) Respuestas a las preguntas referentes a Mt 20,20–23

(a) Es apropiado introducir el discurso del v. 21b con asíndeton porque este discurso empieza la segunda ronda de la conversación (la primera ronda son los 20–21a) y la intención de la madre es la misma.

(b) El orientador del 22a empieza con ἀποκριθείς porque Jesús toma el control de la conversación al responder a la petición del 21b con una pregunta dirigida, no a la madre (la hablante anterior), sino a los hijos.

(c) El discurso del 22b se introduce con asíndeton porque se trata de la respuesta esperada (aunque la pregunta del 22a no contiene οὐ). El discurso final del 23 representa el objetivo al que estaba dirigida la pregunta del 22a, así que no representa un nuevo desarrollo con respecto a ese discurso.

### 14(6) Respuesta a la pregunta referente a Mt 22,11–13

El PH del v. 12a apunta hacia delante al discurso final del 13 introducido con τότε (la respuesta del 12b se entiende fácilmente como un paso intermedio [véase § 13.1]).

### 15(8) Respuestas a las preguntas referentes a Jn 20,19–24

(a) El efecto de empezar los vv. 20 y 22 con τοῦτο εἰπών, que es una forma de enlace reanudatorio (§ 12.1), consiste en ralentizar la narración antes de los acontecimientos importantes de las próximas oraciones.

---

[12] Alexander 1963:II.264.

(b) El efecto de usar un PH en el 19c consiste en apuntar hacia un discurso o acontecimiento posterior. Puesto que el 20 empieza con τοῦτο εἰπών, este acontecimiento es el descrito en el 20a.

(c) El orientador del 21 empieza con εἶπεν οὖν porque los 21–23 representan un nuevo desarrollo de la narración, y es normal usar un verbo de lengua en aoristo, en vez de un PH, al principio de una unidad de desarrollo.

(d) El uso de un PH en el 22b para introducir el discurso final de la escena apunta hacia un pasaje posterior; sea el siguiente (24–29) o sean los 30–31.

## 15(11) Respuestas a las preguntas referentes a Jn 1,48–50

(a) El PH de lengua en el v. 48a es catafórico y apunta a la respuesta de Jesús en el 48b.

(b) El orientador largo se usa en el 48b para resaltar la respuesta de Jesús, probablemente porque es un discurso significativo («La respuesta a su pregunta es, a primera vista, enigmática; Jesús afirma haberlo elegido antes que Natanael lo conociese»).[13] El orientador largo se usa en el 50 para resaltar la respuesta de Jesús porque es significativa, introduciendo el tema de las cosas mayores que Natanael verá (véase también el 51).

(c) Si se sigue el texto de *SBU* en el 49, entonces la respuesta de Natanael («Rabbí, tú eres el Hijo de Dios, tú eres el Rey de Israel») no está especialmente resaltada (quizá porque la declaración de Jesús en el 50 se considera más importante). La lectura variante con la adición de καὶ εἶπεν resaltaría su respuesta. La lectura variante con la adición de καὶ λέγει resaltaría su respuesta y apuntaría hacia la declaración de Jesús en el 50.

## 16(4) Respuestas a las preguntas referentes a Lc 6,3–6

(a) La ausencia de ὅτι *recitativo* en el v. 5 (*SBU*) implica que el discurso no se ve como la culminación del episodio. Más bien, como sugiere la presencia de ἐγένετο, el episodio que termina con el 5 proporciona el trasfondo general para el episodio siguiente y está relacionado temáticamente con él (véase § 10.3).

(b) La presencia de un ὅτι *recitativo* en el 5 implicaría que el discurso es la culminación del episodio.

## 17(3) Respuestas a las preguntas referentes a Ga 5,22–6,7

(a) Entre las evidencias de apoyo para un límite antes de 5,25 se encuentran el asíndeton y la oración condicional en posición inicial (un punto de transición), el cambio de modo y de persona de las declaraciones en tercera persona en los 22–24 a las exhortaciones en primera persona del plural en los 25–26, y la referencia retrospectiva al Espíritu en el 25 (véase el 22).

(b) Parece que no hay evidencia de apoyo para un límite antes de 5,26 (salvo el asíndeton).

(c) Entre las evidencias de apoyo para un límite antes de 6,1 se encuentran la combinación del vocativo y el asíndeton, y la oración condicional en posición inicial. También hay un cambio de primera a segunda persona.[14]

(d) Como evidencia de apoyo en contra de un límite antes de 6,6 está la ausencia de un punto de transición, que sugiere continuidad de tema («Es un poco difícil detectar la conexión; pero parece que se sugiere por medio del versículo anterior. La δέ puede dar continuidad al argumento bajo otro punto de vista; en ese sentido Pablo habría venido a decir: 'Sobrellevad los unos las cargas de los otros'; paso ahora (δέ) a ofrecer una forma en la que ese precepto puede ser obedecido»[15]).

---

[13] Mateos y Barreto 1979:130.

[14] Cf. Levinsohn y Pope 2009:7–8 sobre por qué la colocación en Ga 6,1 de τινι 'alguna' antes de παραπτώματι 'falta' implica que el referente de παραπτώματι debe encontrarse en el contexto (p.ej., en 5,26).

[15] Eadie 1979:444.

# GLOSARIO

Esta sección presenta definiciones de algunos términos usados en este volumen. Sin embargo, en algunas de las secciones introductorias se dan definiciones e ilustraciones de términos, en cuyo caso solamente se da la referencia a la sección correspondiente. Las palabras en itálicas se han definido en otro lugar en el glosario.

acontecimientos iniciales: acontecimientos que establecen el escenario para los acontecimientos de *primer plano* de un *episodio* o una narración

actor: «se aplica al que hace la cosa de que se trata»[1]

agrupación de acontecimientos: conjunto de acontecimientos enlazados por καί e introducidos por un *marcador de desarrollo* (§ 5.1)

anáfora, anafórico: «relación de identidad que se establece entre un elemento gramatical y una palabra o grupo de palabras nombrados en el discurso» (*Real Academia*)

antepuesto: describe a un *constituyente* colocado antes de su posición por defecto en una oración, por lo general para dar un punto de transición o para resaltarlo (§ 3.6)

apoyo, de: describe a los *constituyentes* del comentario sobre un tema proposicional que no son focales (§ 3.8.1)

articulado: con artículo (véase p. 2, nota 3 y la introducción al capítulo 9)

artículo pronominal: artículo que funciona como pronombre[2]

atributo: «tradicionalmente, función que desempeñan el adjetivo y otros modificadores del sustantivo dentro del sintagma nominal» (*Real Academia*)

asíndeton: omisión de una conjunción

catáfora, catafórico: «Relación de identidad que se establece entre un elemento gramatical y una palabra o grupo de palabras que se nombran después en el discurso» (*Real Academia*)

coherente: «se dice [de] un texto si un oyente ... puede encajar sus diferencias en una representación mental total» (capítulo 1)[3]

cohesión: «el uso de medios lingüísticos [como artículos, pronombres y conjunciones] para señalar coherencia» (capítulo 1)[4]

compacta: describe una relación entre discursos de una conversación de modo que cada uno de los hablantes continúa el desarrollo del tema del discurso anterior (introducción a la Parte V)

---

[1] Moliner 1998:46.
[2] Poggi 2011:85.
[3] Dooley y Levinsohn 2007:20.
[4] Dooley y Levinsohn 2007:23.

configuraciones de la oración: véase § 2.1

constituyente: «segmento lingüístico simple o complejo que se combina con otro en la formación de una unidad lingüística mayor»[5]

conversación cerrada: conversación indirecta «en la que cada nuevo hablante y oyente son sacados de los hablantes y los oyentes de discursos anteriores de esa conversación»[6]

desarrollo, marcador de: conjunción como δέ o οὖν que restringe el material con el que está asociada para interpretarse como un paso nuevo o un desarrollo en la narración o en el argumento del autor (§ 5.1, 5.3, 7.1)

diferenciados: describe a elementos lingüísticos que tienen «límites definibles, sin gradación ni continuidad entre ellos» (capítulo 1)[7]

elemento focal dominante (EFD): el constituyente más importante del comentario sobre un tema (§ 3.4)

enfoque interino: describe a un constituyente que se antepone para enfocarlo, en anticipación de un cambio de atención a un constituyente que se presenta después (§ 4.3)

enlace reanudatorio: repetición, en una oración adverbial o participial al principio de la nueva oración, del verbo principal y otra información presentada en la oración anterior (§ 12.1)

entrada específica: a diferencia de acontecimiento inicial, el acontecimiento específico sobre el que se construye el desarrollo siguiente de la línea de acontecimientos (§ 6.3)

episodio (narrativo): conjunto de acontecimientos que deben ir juntos y están descritos en uno o más párrafos (capítulo 1)

escenario: información que «indica el tiempo, el lugar o las circunstancias en las que ocurren los acontecimientos»[8]

foco: «la parte que indica lo que el hablante pretende que sea el cambio más importante y destacado que debe hacerse en la representación mental del oyente»[9] (véase § 3.4)

frase: «conjunto de palabras comprendidas entre dos signos de puntuación fuertes», a saber: el punto (.), el signo de interrogación (?) y (por razones de comodidad) el punto alto (·);[10] el término no se emplea en este libro, ya que muchos latinoamericanos lo utilizan como si fuera lo mismo que «phrase» en inglés (véase Introducción, nota 16)

genitivo absoluto (GA): participio adverbial en genitivo; lo normal es que tenga un nombre u otro sustantivo que también está en genitivo, pero de vez en cuando «se emplea ... sin nombre ni pronombre»[11] (véase § 11.1)

grupo: «palabra o conjunto de palabras que se articula en torno a un núcleo y que puede ejercer alguna función sintáctica» (*Real Academia*)

identificatoria, configuración: véase § 2.1

inarticulado: sin artículo (véase p. 2, nota 3 y la introducción al capítulo 9)

intermedio, paso: discurso o acción que puede conducir al objetivo de una conversación indirecta, pero no es el objetivo en sí (§ 13.1)

línea principal: véase primer plano

marcado, por defecto/no-marcado: presencia o ausencia de un rasgo lingüístico determinado (Introducción sobre Marcación)

marcador de desarrollo: véase desarrollo, marcador de

---

[5] Glosario RA, p. 87.
[6] Dooley y Levinsohn 2007:73.
[7] Crystal 1997:107.
[8] Dooley y Levinsohn 2007:63.
[9] Dooley y Levinsohn 2007:48.
[10] Poggi 2011:153.
[11] Zerwick 2000:§ 50.

narración: material cuyo marco general es cronológico y se ocupa de las acciones realizadas por personas o grupos específicos

no-eventos: material de trasfondo en las narraciones, como «escenario», «explicación», «evaluación», «información colateral» e «información performativa»[12]

nominativo «pendens»: «consiste en la enunciación del sujeto lógico (pero no gramatical) al inicio de la frase, seguido por una proposición en la que el término en nominativo se encuentra implícito en el pronombre que está en el caso que le corresponde»[13]

oración (gramatical): oración independiente simple, junto con sus oraciones subordinadas

orientador, orientadores: «verbos que admiten subordinadas sustantivas de complemento directo»,[14] inclusive los que introducen discursos referidos (véase § 13.1)

orientador de discurso: oración que introduce el contenido de un discurso referido (introducción a la Parte V)

paciente: «elemento que recibe la acción del verbo» (*Real Academia*)

par adyacente: par discurso-discurso o discurso-acción que van juntos porque el discurso inicial exige la respuesta específica que se describe en la segunda parte (§ 15.1)

párrafo: conjunto de oraciones que hablan del mismo tema (§ 17.1)

participantes principales: personas o grupos «que están activos durante una gran parte de la narración y desempeñan roles principales» (véase § 8.1)[15]

participantes secundarios: personas o grupos que «son activados brevemente y caen en la desactivación»[16]

participio adverbial: forma subordinada e inarticulada del verbo que funciona como adverbio (§ 11.1); construcción adverbial que comprende el participio y constituyentes de la oración que se relacionan con el mismo (sujeto, complemento, etc.)

participio circunstancial: término general para un participio adverbial en nominativo (PN) o genitivo (GA) (véase genitivo absoluto [§ 11.1])

paso intermedio: véase intermedio, paso

presentativa, configuración: véase § 2.1

primer plano: material que «hace progresar el discurso, contribuye al avance de la narración o el argumento ... desarrolla el tema del discurso» (introducción a la Parte IV);[17] los acontecimientos en primer plano forman la línea principal de la narración, a diferencia del material de trasfondo

prominencia: «cualquier recurso que da a ciertos acontecimientos, participantes o cosas más importancia que a otros en el mismo contexto» (capítulo 2)[18]

prominente: describe a aquellos participantes, como los VIP, que tienen importancia especial o son el centro de atención (introducción al capítulo 9)

punto de transición: elemento inicial de una oración que tiene una función dual:
1) establecer «un dominio especial, temporal o individual dentro del cual la predicación principal es válida»;[19] y
2) «identificar el punto de anclaje dentro de la representación mental existente» (§ 2.2)[20]

rema: «parte de un enunciado [de configuración tema-rema] que contiene información nueva, por oposición al tema» (*Real Academia*)

---

[12] Dooley y Levinsohn 2007:62s.
[13] Poggi 2011:33.
[14] *Manual* 2010:§ 43.2.3a.
[15] Dooley y Levinsohn 2007:86.
[16] Dooley y Levinsohn 2007:86.
[17] Kathleen Callow 1974:52–53.
[18] Kathleen Callow 1974:50.
[19] Chafe 1976:50.
[20] Dooley y Levinsohn 2007:53.

reparto: grupo de personajes presentes en un episodio, elenco

resaltado: material marcado como más importante que otro material del contexto inmediato (introducción a la Parte IV)

ronda: sucesión recurrente o serie de actividades que, en este volumen, se trata de conversaciones referidas, que por lo general involucran a los mismos hablantes (introducción a la Parte V)

sección: conjunto de párrafos que tienen que ver con el mismo tema (capítulo 1), parte de un libro o una epístola

secuencial, en secuencia: describe una relación cronológica entre dos acontecimientos tal que el segundo acontecimiento ocurre después del primero (capítulo 1)

subsección: subdivisión de una sección o de un episodio, que puede ser más larga o más corta que un párrafo (capítulo 1)

tema (proposicional): entidad que «expresa aquello sobre lo que versa el enunciado»[21]

tema-rema, configuración: véase § 2.1

texto: «conjunto coherente de enunciados orales o escritos» (*Real Academia*)

trasfondo: «material de apoyo que en sí no narra los acontecimientos principales»[22] (introducción a la Parte IV)

trasfondo, colocado en el: material que está marcado como de menos importancia que otro material del contexto inmediato (introducción a la Parte IV)

unidad de desarrollo: una o más oraciones introducidas por medio de un marcador de desarrollo y asociadas por medio de καί, τέ, o asíndeton que presenta un desarrollo nuevo en la narración (§ 7.1)

unidad narrativa: término usado por Fox para un episodio, una sección o una subsección de una narración (§ 8.2)[23]

VIP (participante especialmente importante): *participante principal* que se distingue de los demás (§ 8.3)

---

[21] *Manual* 2010:§ 40.1.1b.
[22] Hopper 1979:213.
[23] Fox 1987:168.

# REFERENCIAS

(Nota: Las abreviaturas utilizadas en el texto figuran entre paréntesis.)

Abbott, Edwin A., *Johannine grammar*, Londres, Adam y Charles Black 1906.

Akin, D. L., «A discourse analysis of the temptation of Jesus Christ as recorded in Matthew 4:1–11», *OPTAT* 1 (1987) 78–86.

Aletti, Jean-Noel, Maurice Gilbert, Jean-Louis Ska, y Sylive de Vulpillières, *Vocabulario razonado de la exégesis bíblica: Los términos, las aproximaciones, los autores*, Estella, Editorial Verbo Divino 2007.

Alexander, J. A., *A commentary on the Acts of the Apostles* (2 tomos), Edinburgh, Banner of Truth 1857 (1963).

Alexandre Júnior, Manuel, *Gramática de griego clásico y helenístico*, Barcelona, Herder 2016.

Alford, Henry, *The Greek testament* (4 tomos), Fifth edition, Londres, Rivingtons 1863.

Andrews, Avery, «The major functions of the noun phrase», *Language typology and syntactic description*, ed. por Timothy Shopen, I.62–154, Cambridge, Cambridge University 1985.

Arichea, D. C., Jr., y E. A. Nida, *A translator's handbook on Paul's letter to the Galatians*, Nueva York, United Bible Societies 1976.

Bailey, Nicholas A., «Thetic constructions in Koine Greek», tesis de doctorado, Vrije Universiteit, Amsterdam 2009.

Bakker, Stéphanie J., *The noun phrase in Ancient Greek: A functional analysis of the order and articulation of noun phrase constituents in Herodotus*, Leiden, Brill, 2009.

Banker, John, «The position of the vocative ἀδελφοί in the clause», *START* 11 (1984) 29–36.

Banker, John, *A semantic structure analysis of Titus*, Dallas, TX, Summer Institute of Linguistics 1987.

Banker, John, *A semantic structure analysis of Philippians*, Dallas, TX, Summer Institute of Linguistics 1996.

Barnett, Paul, *The second epistle to the Corinthians* (The New International Commentary on the New Testament), Grand Rapids, Eerdmans 1997.

Beekman, John, y John C. Callow, *Translating the Word of God*, Grand Rapids, Zondervan 1974.

Beneš, E., «Die Verbstellung im Deutschen, von der Mitteilungsperspektive her betrachtet», *Philologica Pragensia* 5 (1962) 6–19.

(BJ) Escuela Bíblica y Arqueológica de Jerusalén, *Biblia de Jerusalén*, Quinta Edicion, Revisada y Aumentada, Bilbao, Desclée de Brouwer 2019.

Black, David Alan, Katharine Barnwell, y Stephen Levinsohn (eds.), *Linguistics and New Testament interpretation: Essays on discourse analysis*, Nashville, Broadman 1992.

Blakemore, Diane, *Semantic constraints on relevance*, Oxford, Blackwell 1987.

Blancáfort, Helena Calsamiglia, y Amparo Tusón Valls, *Las cosas del decir: Manual de análisis de discurso*, Barcelona, Editorial Ariel 1999.

Blass, F., A. Debrunner, y R. W. Funk, *A Greek grammar of the New Testament*, Chicago, Chicago University 1961.
Blass, Regina, *Relevance relations in discourse: A study with special reference to Sissala*, Cambridge, Cambridge University 1990.
Blass, Regina, «Constraints on relevance in Koiné Greek in the Pauline Letters» (separata de seminario) 1993.
Boos, D., «The historic present in John's Gospel», *START* 11 (1984) 17-24.
Boswell, Freddy, *Notas para el traductor de Tito*, traducción: Miguel A. Mesías E., Dallas, TX, SIL International 2008.
Bruce, F. F., *Hechos de los Apóstoles*. Buenos Aires, Nueva Creación 1998.
Buth, Randall, «ĔDAYIN/TOTE: Anatomy of a semitism in Jewish Greek», *Maarav* 5-6 (1990) 33-48.
Buth, Randall, «Οὖν, δέ, καί, and asyndeton in John's Gospel», en *Linguistics and New Testament interpretation: Essays on discourse analysis*, ed. por David Alan Black, Katharine Barnwell, y Stephen Levinsohn, 144-161. Nashville, Broadman 1992.
Callow, John C., *A semantic structure analysis of Colossians*, ed. por Michael F. Kopesec, Dallas, TX, Summer Institute of Linguistics 1983.
Callow, John C., «Constituent order in copula clauses: A partial study», en *Linguistics and New Testament interpretation: Essays on discourse analysis*, ed. por David Alan Black, Katharine Barnwell, y Stephen Levinsohn, 68-89. Nashville, Broadman 1992.
Callow, John C., «The historic present in Mark» (separata de seminario) 1996.
Callow, Kathleen, *Discourse considerations in translating the Word of God*, Grand Rapids, Zondervan 1974.
Callow, Kathleen, «The disappearing δέ in 1 Corinthians», en *Linguistics and New Testament interpretation: Essays on discourse analysis*, ed. por David Alan Black, Katharine Barnwell y Stephen Levinsohn, 183-193, Nashville, Broadman 1992.
Callow, Kathleen, y John C. Callow, «Text as purposive communication: A meaning-based analysis», en *Discourse description: Diverse linguistic analyses of a fund-raising text*, ed. por William C. Mann y Sandra A. Thompson, 5-34, Amsterdam, Benjamins 1992.
Campbell, Constantine R., *Basics of verbal aspect in biblical Greek*, Grand Rapids, Zondervan 2008.
Cantera Burgos, Francisco, y Manuel Iglesias González, *Sagrada Biblia: Versión crítica sobre los textos hebreo, arameo y griego*, Madrid, Biblioteca de Autores Cristianos 2000.
Chafe, Wallace L, «Givenness, contrastiveness, definiteness, subjects, topics and point of view», en *Subject and topic*, ed. por C. N. Li, 25-55, Londres, Academic 1976.
Chafe, Wallace L., «Cognitive constraints on information flow», en *Coherence and grounding in discourse*, ed. por Russell S. Tomlin, Amsterdam 1987.
(*CLIE*) Lacueva, Francisco, *Nuevo Testamento interlineal griego-español*, Barcelona, CLIE 1984.
Colwell, E. C., «A definite rule for the use of the article in the Greek New Testament», *JBL* 52,1 (1933) 12-21.
Comrie, Bernard, *Language universals and linguistic typology*. Chicago, University of Chicago 1989.
Corsani, Bruno, Carlo Buzzetti, Giolama de Luca, y Giorgio Massi, *Guía para el estudio del griego del Nuevo Testamento*, traducción: Gabriel Pérez Rodríguez. Madrid, Sociedad Bíblica 1997.
Cranfield, C. E. B., *A critical and exegetical commentary on the Epistle to the Romans*, Edinburgh, T&T Clark 1975.
Crystal, David, *A dictionary of linguistics and phonetics*, cuarta edición, Oxford, Blackwell 1997.
Davison, M. E., «NT Greek word order», *Literacy and Linguistic Computing* 4 (1989) 19-28.
Delgado Jara, Inmaculada, *Gramática griega del Nuevo Testamento. II. Sintaxis*, Salamanca, Universidad Pontificia de Salamanca 2011.
Delin, J., *The focus structure of* it-*clefts*, Edinburgh, Centre for Cognitive Science 1989.
Denniston, J. D., *Greek prose style*, Oxford, Clarendon 1952.
Dik, Simon C., *The theory of functional grammar, Part I: The structure of the clause*, Dordrecht, Foris 1989.
Dooley, Robert A., «Functional approaches to grammar: Implications for SIL training» (separata de seminario) 1989.

Dooley, Robert A., y Stephen H. Levinsohn, *Análisis del discurso: Manual de conceptos básicos*, versión castellana: Giuliana López Torres y Marlene Ballena Dávila, Lima, Instituto Lingüístico de Verano 2007.

Dryer, Matthew S., «On the six-way word order typology», *Studies in Language* 21,1 (1997) 69–103.

Eadie, John, «A commentary on the Greek text of the Epistle of Paul to the Galatians», *The John Eadie Greek Text Commentaries*, tomo 1, Grand Rapids, Baker 1869 (1979).

Ellicott, C. J., *The Pastoral Epistles of St. Paul*, Londres, Longmans 1883.

Fanning, Buist M., *Verbal aspect in New Testament Greek*, Oxford, Clarendon 1990.

Fee, Gordon D., *Primera epístola a los Corintios*, Buenos Aires, Nueva Creación 1994.

Firbas, Jan, «Thoughts on the communicative function of the verb in English, German and Czech», *BRNO Studies in English* 1 (1959) 39–63.

Firbas, Jan, «From comparative word-order studies», *BRNO Studies in English* 4 (1964) 111–126.

Firbas, Jan, y K. Pala, «Review of Ö. Dahl, *Topic and comment: A study in Russian and general transformational grammar*, Göteburg: Slavica Gothburgensia 1969», *Journal of Linguistics* 7 (1971) 91–101.

Fitzmyer, Joseph A., *El evangelio según Lucas* (4 tomos), traducción: Dionisio Mínguez, Madrid, Cristiandad 1987.

Foley, W. A., y R. D. Van Valin, *Functional syntax and universal grammar*, Cambridge, Cambridge University 1994.

Follingstad, Carl M., «Thematic development and prominence in Tyap discourse», en *Discourse features of ten languages of West-Central Africa*, ed. por Stephen H. Levinsohn, 151–190, Dallas, TX, Summer Institute of Linguistics y University of Texas at Arlington 1994.

Fox, B., «Anaphora in popular written English narratives», en *Coherence and grounding in discourse*, ed. por Russell S. Tomlin, 157–174, Amsterdam, Benjamins 1987.

France, R. T., *The Gospel according to Matthew: An introduction and commentary*, Grand Rapids, Eerdmans 1985.

Gallucci, María José, «El discurso referido en la tradición gramatical hispánica», *Cuadernos de Lingüística de El Colegio de México* 4,2 (2017) 213–256.

García Santos, Amador Ángel, *Diccionario del griego bíblico: Setenta y Nuevo Testamento*, Estella, Verbo Divino 2011.

Garvin, P. L., «Czechoslovakia», en *Current trends in linguistics*, ed. por T. E. Sebeok, 1,499–522, The Hague, Mouton 1963.

Givón, Talmy, *Topic continuity in discourse*, Amsterdam, Benjamins 1973.

Givón, Talmy, *Syntax: A functional-typological introduction* (2 tomos), Amsterdam, Benjamins 1984 y 1990.

(*Glosario RA*) Univeridad de Salamanca, *Glosario de términos gramaticales*, Salamanca, Real Academia Española 2019.

Godet, Frederic Louis, *Commentary on Romans*, Grand Rapids, Kregel 1883 (1977).

Gomá Civit, Isidro, *El evangelio según San Mateo* (2 tomos). Madrid, Marova 1976.

González, Justo, *Hechos de los Apóstoles* (Comentario Bíblico Iberoamericano), Buenos Aires, Kairos 2000.

Greenlee, J. Harold, *A concise exegetical grammar of New Testament Greek*, quinta edición, Grand Rapids, Eerdmans 1986.

Greenlee, J. Harold, *An exegetical summary of Philippians*, Dallas, TX, Summer Institute of Linguistics 1992.

Grimes, J. E., *The thread of discourse*, La Haya, Mouton 1975.

Grimes, J. E., ed. *Papers on discourse*, Dallas, TX, Summer Institute of Linguistics 1978.

Groce, W. W., Jr., «A salience scheme approach to the narrative of Matthew in the Greek New Testament», tesis para optar el grado de MA, Universidad de Texas en Arlington 1991.

Guthrie, Donald, *The Pastoral Epistles* (The Tyndale New Testament Commentaries), Grand Rapids, Eerdmans 1957.

Guthrie, George H., *The structure of Hebrews: A text-linguistic analysis*, Grand Rapids, Baker 1998.

Gutt, Ernst-August, *Translation and relevance: Cognition and context*. Oxford, Blackwell 1991.

Haiman, J., y P. Munro (eds.), *Switch reference and universal grammar*, Philadelphia, Benjamins 1983.

Halliday, M. A. K., «Notes on transitivity and theme in English», *Journal of Linguistics* 3 (1967) 199–244.
Hawkins, John C., *Horae synopticae: Contributions to the study of the synoptic problem*, segunda edición, Oxford, Clarendon 1909.
Headland, Paul, y Stephen H. Levinsohn, «Prominencia y cohesión dentro del discurso en Tunebo», en *Estudios Chibchas 1*, ed. por Stephen H. Levinsohn, traducción: Alfonso Maffla Bilbao y Lino Ramiro Pabón Díaz, 1–40, Lomalinda, Instituto Lingüístico de Verano 1976.
Healey, Alan, «Split phrases and clauses in Greek», *START* 11 (1984) 3–9.
Healey, Phyllis, y Alan Healey, «Greek circumstantial participles: Tracking participants with participles in the Greek New Testament», *OPTAT* 4,3 (1990).
Heckert, Jakob A., *Discourse function of conjoiners in the Pastoral Epistles*, Dallas, TX, Summer Institute of Linguistics 1996.
Heimerdinger, Jean-Marc, *Topic, focus and foreground in Ancient Hebrew narratives*, Sheffield, Sheffield Academic 1999.
Hendriksen, William, *A commentary on I–II Timothy and Titus*, Ann Arbor, Cushing-Malloy 1957.
Hendriksen, William, *A commentary on Colossians and Philemon*, Londres, Banner of Truth 1971.
Hendriksen, William, *The Gospel of Matthew*, Edinburgh, Banner of Truth 1974.
Hopper, Paul J., «Aspect and foregrounding in discourse», en *Syntax and semantics 12: Discourse and syntax*, ed. por Talmy Givón, 213–241, Nueva York, Academic 1979.
Hopper, Paul J., y Sandra A. Thompson, «Transitivity in grammar and discourse», *Language* 56 (1980) 251–299.
Hopper, Paul J., y Sandra A. Thompson, «The discourse basis for lexical categories in universal grammar», *Language* 60 (1984) 703–752.
Hwang, Shin Ja J., «Foreground information in narrative», *Southwest Journal of Linguistics* 9,2 (1990) 63–90.
Johnson, David, «A study of the use of the historic present in the Gospel of Mark», tesis para optar el grado de MA, Londres: CNAA 1984.
Johnson, Edna, *A semantic structure analysis of 2 Peter*, Dallas, TX, Summer Institute of Linguistics 1988.
Kelly, Helen Saint, y Ron Radke, *Notas para el traductor de Santiago*, adaptado y revisado para la versión en español por Leo Skinner, traducción: Miguel A. Mesías E., Dallas, TX, SIL International 2015.
Kilpatrick, G. D., «The Greek New Testament text of today and the *Textus Receptus*», en *The New Testament in historical and contemporary perspective*, ed. por H. Anderson y W. Barclay, 189–208, Oxford, Blackwell 1965.
Knight, G. W., *Commentary on the Pastoral Epistles*. Grand Rapids, Eerdmans 1992.
Lambrecht, Knud, *Information structure and sentence form: Topic, focus, and the mental representations of discourse referents*, Cambridge, Cambridge University 1984.
Larsen, Iver, «Boundary features», *Notes on Translation* 5,1 (1991) 48–54.
Lautamatti, L., «Observations on the development of the topic in simplified discourse», en *Writing across languages: Analysis of the L2 text*, ed. por U. Connor y R. B. Kaplan, 87–114. Reading, MA, Addison-Wesley 1987.
(*LBLA*) *La Biblia de las Américas*, La Habra, CA, Lockman Foundation 1986.
Lenski, R. C. H., *La Interpretación de las Epístolas de San Pablo a los Gálatas, Efesios y Filipenses*, México, El Escudo 1962.
Lenski, R. C. H., *The interpretation of St. Matthew's Gospel*, Minneapolis, Augsburg 1943.
Léon-Dufour, Xavier, *Los evangelios y la historia de Jesús*, Barcelona, Editorial Estela 1966.
Levinsohn, Stephen H., «Functional sentence perspective in Inga (Quechuan)», *Journal of Linguistics* 11 (1975) 13–37.
Levinsohn, Stephen H., «Progresión y digresión respecto al hilo central de los discursos en inga», traducción: Luis G. Galeano L., en *Estudios en Inga*, ed. por Stephen H. Levinsohn, 107–139, Bogotá, Townsend 1976, https://www.sil.org/resources/archives/18993.
Levinsohn, Stephen H., «The function of δέ in the narrative of Mark 14:1–16:8», *Notes on Translation* 67 (1977) 2–9.
Levinsohn, Stephen H., «Luke's recitative usage of *hoti*», *Notes on Translation* 70 (1978) 25–36.
Levinsohn, Stephen H., «Relationships between constituents beyond the clause in the Acts of the Apostles», tesis para optar el grado de PhD, University of Reading 1980.

Levinsohn, Stephen H., *Textual connections in Acts*, Atlanta, Scholars 1987.
Levinsohn, Stephen H., «A discourse study of constituent order and the article in Philippians», en *Discourse analysis and other topics in biblical Greek*, ed. por Stanley E. Porter y D. A. Carson, 60–74, Sheffield, *JSOT* 1995.
Levinsohn, Stephen H., «Some constraints on discourse development in the Pastoral Epistles», en *Discourse analysis of the New Testament: Approaches and results*, ed. por Jeffrey T. Reed y Stanley E. Porter, 316–333, Sheffield, Sheffield Academic 1999.
Levinsohn, Stephen H., «*Erchomai* and *poreuomai* in Luke-Acts: Two orientation strategies», *Notes on Translation* 15,3 (2001) 13–30.
Levinsohn, Stephen H., «La aplicación del estudio de los rasgos discursivos a la exégesis del Nuevo Testamento», 2007, https://www.sil.org/resources/archives/68437.
Levinsohn, Stephen H., «Adverbial participial clauses in Koiné Greek: Grounding and information structure», presentado en la conferencia internacional sobre Discourse Grammar: Illocutionary force, information structure and subordination between discourse and grammar, Universeit Ghent, Belgia, 2008, https://www.sil.org/resources/archives/68396.
Levinsohn, Stephen H., «Is ὅτι an interpretive use marker?», en *The linguist as pedagogue: Trends in the teaching and linguistic analysis of the Greek New Testament*, ed. por Stanley E. Porter y Matthew Brook O'Donnell, 163–182, Sheffield, Sheffield Phoenix 2009a.
Levinsohn, Stephen H., «Towards a unified linguistic description of οὗτος and ἐκεῖνος», en *The linguist as pedagogue: Trends in the teaching and linguistic analysis of the Greek New Testament*, ed. por Stanley E. Porter y Matthew Brook O'Donnell, 206–219, Sheffield, Sheffield Phoenix 2009b.
Levinsohn, Stephen H., «Aspect and prominence in the synoptic accounts of Jesus' entry into Jerusalem», *Filologia Neotestamentaria* 23 (2010) 161–174.
Levinsohn, Stephen H., «A fresh look at adjective-noun ordering in articular noun phrases», presentado en la conferencia internacional de la Society of Biblical Literature, Londres, 2011, https://www.sil.org/resources/archives/68397.
Levinsohn, Stephen H., «'Therefore' or 'wherefore': What's the difference», en *Reflections on lexicography: Explorations in Ancient Syriac, Hebrew and Greek sources*, ed. por Richard A. Taylor y Craig E. Morrison, 325–343, Piscataway, Gorgias 2014a.
Levinsohn, Stephen H., «Making sense of participant reference: How the same person can be ὁ ἄνθρωπος & ἐκεῖνος & οὗτος & ὁ (Jn 9)», seminario dictado en Tyndale House, Cambridge 2014b, https://www.sil.org/resources/archives/68391.
Levinsohn, Stephen H., «Conjunciones de inferencia en hebreo y griego», seminario dictado en Tyndale House, Cambridge 2015, https://www.sil.org/resources/archives/69043.
Levinsohn, Stephen H., «Functions of copula-participle combinations ('periphrastics')», en *The Greek verb revisited: A fresh approach for biblical exegesis*, ed. por Steven E. Runge y Christopher J. Fresch, 307–326, Bellingham, Lexham 2016a.
Levinsohn, Stephen H., «Gnomic aorists: No problem! The Greek indicative verb system as four ordered pairs», en *Mari Via Tua: Philological studies in honour of Professor Antonio Piñero* (Estudios de Filología Neotestamentaria 11), ed. por Israel Muñoz Gallarte y Jesús Peláez 183–196. Córdoba, El Almendro 2016b.
Levinsohn, Stephen H., «Verb forms and grounding in narrative», en *The Greek verb revisited: A fresh approach for biblical exegesis*, ed. por Steven E. Runge y Christopher J. Fresch, 163–183, Bellingham, Lexham 2016c.
Levinsohn, Stephen H., «Una comparación de las conjunciones utilizadas por Lucas y Juan», seminario dictado en Tyndale House, Cambridge, 2018, https://www.sil.org/resources/archives/76235.
Levinsohn, Stephen H., «Relative salience of post-nuclear adverbial participles», *Filologia Neotestamentaria* 33 (2020) 155–167.
Levinsohn, Stephen H., *Self-instruction materials on non-narrative discourse analysis*, Dallas, TX, SIL International 2023.
Levinsohn, Stephen H., y Anthony G. Pope, «Τις noun order as an anchoring device in Luke-Acts», presentado en la conferencia internacional de la Society of Biblical Literature, Rome, 2009, https://www.sil.org/resources/archives/68390.

Levinsohn, Stephen H., y Mark Dubis, «The use of the Greek article in 1 Peter: A case study», en *The article in Post-Classical Greek*, ed. por Daniel King, 101-125. Dallas, TX, SIL International 2019.

Lightfoot, J. B., *Saint Paul's Epistle to the Galatians*, décima edición, Londres, Macmillan 1892.

Longacre, Robert E., «Storyline concerns and word order typologies in East and West Africa», *Studies in African Linguistics, Supplement* 10 (1990).

Longacre, Robert E., «Towards an exegesis of 1 John based on the discourse analysis of the Greek text», en *Linguistics and New Testament interpretation: Essays on discourse analysis*, ed. por David Alan Black, Katharine Barnwell, y Stephen Levinsohn, 271-286, Nashville, Broadman 1992.

Longacre, Robert E., «Left shifts in strongly VSO languages», en *Word order in discourse*, ed. por Pamela Downing y Michael Noonan, 331-354, Amsterdam, Benjamins 1995.

Longacre, Robert E., *The grammar of discourse*, Second edition, Nueva York, Plenum 1996.

Luz, Ulrich, *El evangelio según San Mateo*, Salamanca, Sígueme 1993.

(*LXX*) Hanhart, Robert, ed., *Septuaginta*, Second revised edition, Stuttgart, Deutsche Bibelgesellschaft 2006.

Mann, W. C., y Sandra A. Thompson, *Antithesis: A study in clause ordering and discourse structure*, Marina del Rey, Information Sciences Institute 1987.

(*Manual*) Asociación de Academias de la Lengua Española, *Nueva gramática de la lengua española: Manual*, Barcelona, Real Academia Española 2010.

Marchese, Lynell, «Pronouns and full nouns: a case of misrepresentation», *The Bible Translator* 35,2 (1984), 234-235.

Marshall, I. Howard, *The Gospel of Luke: A commentary on the Greek text*, Exeter, Paternoster 1978.

Mateos, Juan, y Juan Barreto, *El evangelio de Juan: Análisis lingüístico y comentario exegético*, Madrid, Cristiandad 1979.

Mateos, Juan, y Fernando Camacho, *El evangelio de Mateo: Lectura comentada*, Madrid, Cristiandad 1981.

Meyer, Heinrich August Wilheim, *Critical and exegetical handbook to the Epistle to the Galatians*, traducción: G. H. Venables, Edinburgh, T&T Clark 1873.

Meyer, Heinrich August Wilheim, *Critical and exegetical handbook to the Epistle to the Philippians*, traducción: G. H. Venables, Edinburgh, T&T Clark 1883.

Mfonyam, Joseph Ngwa, «Prominence in Bafut: syntactic and pragmatic devices», en *Discourse features of ten languages of West-Central Africa*, ed. por Stephen H. Levinsohn, 191-210. Dallas, TX, Summer Institute of Linguistics y University of Texas at Arlington 1994.

Moliner, María, *Diccionario de uso del español*, Second edition, Madrid, Editorial Gredos 1998.

Morris, Leon, *The Gospel according to Matthew* (The Pillar New Testament Commentary Series), Grand Rapids, Eerdmans 1992.

Moulton, W. F., A. S. Geden, y H. K. Moulton, *Concordance to the Greek Testament*, Edinburgh, T&T Clark 1978.

Murray, John, *The Epistle to the Romans*, Grand Rapids, Eerdmans 1968.

(*NBE*) Schökel, Luis Alonso, y Juan Mateos, trans., *Nueva Biblia Española*, Madrid, Ediciones Cristiandad 1975.

Neeley, L. L., «A discourse analysis of Hebrews», *OPTAT* 3-4 (1987) 1-146.

Newman, B. M., y E. A. Nida, *A translator's handbook on the Acts of the Apostles*, Londres, United Bible Societies 1972.

(*NVI*) Sociedad Bíblica Internacional, *Santa Biblia, Nueva Versión Internacional*, Colorado Springs, CO, Sociedad Bíblica Internacional 1999.

O'Callaghan, José, *Nuevo Testamento griego-español*, Madrid, Biblioteca de Autores Cristianos 1996.

Pastor Ramos, Federico, *La libertad en la Carta a los Gálatas*, Madrid, Universidad Pontificia Comillas 1977.

Payne, Doris L., «Verb initial languages and information order», en *Word order in discourse*, ed. por Pamela Downing y Michael Noonan, 449-485, Amsterdam, Benjamins 1995.

(*PDT*) Centro Mundial de Traducción de la Biblia, *La Biblia La Palabra de Dios Para Todos*, México, Centro Mundial de Traducción de la Biblia 2008.

Pereira Delgado, Álvaro, *Primera carta a los Corintios*, Madrid, Autores Cristianos 2017.

Pérez Vázquez, María Enriqueta, «Discurso referido: discurso directo e indirecto», en *Oraliter: Formas de la comunicación presencial y a distancia*, ed. por Félix San Vicente, Gloria Bazzocchi, y Pilar Capanaga, 101–114, Bolonia, BUP 2017.

Perrin, Mona J., «Rheme and focus in Mambila», en *Discourse features of ten languages of West-Central Africa*, ed. por Stephen H. Levinsohn, 231–241, Dallas, TX, Summer Institute of Linguistics y University of Texas at Arlington 1994.

Pierpont, W. G., «Studies in word order: Personal pronoun possessives in nominal phrases in the New Testament», *START* 15 (1986) 8–25.

Plummer, Alfred, *A commentary on St. Paul's Epistle to the Philippians*, Londres, Robert Scott 1919.

Poggi, Flaminio, *Curso avanzado de griego del Nuevo Testamento*, traducción: Marta García Fernández, Estella, Verbo Divino 2011.

Pope, Kathrin, «The use of subordinate clauses in Waama and how this affects translation», *Notes on Translation* 7,2 (1993) 1–11.

Porter, Stanley E., *Idioms of the Greek New Testament*, Sheffield, JSOT 1992.

Porter, Stanley E., «How can biblical discourse be analyzed?: A response to several attempts», en *Discourse analysis and other topics in biblical Greek*, ed. por Stanley E. Porter y D. A. Carson, 107–116, Sheffield, JSOT 1995.

Poythress, V. S., «The use of the intersentence conjunctions δέ, οὖν, καί and asyndeton in the Gospel of John», *Novum Testamentum* 26 (1984) 312–340.

Ramírez Fueyo, Francisco, *Gálatas y Filipenses*, Estella, Verbo Divino 2006.

Read-Heimerdinger, Jenny, *The Bezan text of Acts: A contribution of discourse analysis to textual criticism* (*JSNT Supplement Series* 236), Sheffield, Sheffield Academic 2002.

Read-Heimerdinger, Jenny, y Stephen H. Levinsohn, «The use of the definite article before names of people in the Greek text of Acts, with particular reference to Codex Bezae», *Filología Neotestamentaria* V (1992) 15–44.

(*Real Academia*) Real Academia de la Lengua Española, *Diccionario de la lengua española*, vigesimotercera edición, México, Real Academia Española 2014.

Reboul, Anne, y Jacques Moeschler, *Pragmatique du discours: De l'interprétation de l'énoncé à l'interprétation du discours*, Paris, Armand Colin 1998.

Reed, Jeffrey T. y Ruth A. Reese, «Verbal aspect, discourse prominence, and the letter of Jude», *Filología Neotestamentaria* IX (1996) 181–199.

Reimer, M., «The functions of οὖν in the Gospel of John», *START* 13 (1985) 28–36.

Robertson, A. T., *A grammar of the Greek New Testament in the light of historical research*, Londres, Harper 1934 (1914).

Robinson, John, *The priority of John*, Londres, SCM 1985.

Rodríguez Alfageme, Ignacio, *Gramática griega*, Madrid, Complutense 2017.

Rodríguez Carmona, Antonio, «La obra de Lucas», en *Evangelios sinópticos y Hechos de los Apóstoles*, ed. por Rafael Aguirre Monasterio y Antonio Rodríguez Carmona, 277–388, Estella, Verbo Divino 1992.

Rogers, E., *Semantic structure analysis of Galatians*, Dallas, TX, Summer Institute of Linguistics 1989.

Rius-Camps, Josep, y Jenny Read-Heimerdinger, trans., *Demostració à Teòfil: Evangeli i fets dels apòstols segons el Còdex Beza*, Barcelona, Fragmenta Editorial 2009.

Runge, Steven E., *Discourse grammar of the Greek New Testament: A practical introduction for teaching and exegesis*, Peabody, Hendrickson 2010.

(*RVR95*) United Bible Societies, *Biblia Reina-Valera Revisada*, Sociedades Bíblicas en América Latina 1995.

(*SBU*) United Bible Societies, *Greek New Testament*, 5ª edición revisada, Stuttgart, Deutsche Bibel Gesellschaft 2014.

Schooling, S., «More on Matthew's brackets: A study of the function of time references in Matthew's Gospel», *START* 13 (1985) 14–27.

Slade, Stan, *Evangelio de Juan* (Comentario Bíblico Iberoamericano), Buenos Aires, Kairos 1998.

Smith, R. E., «Recognizing prominence features in the Greek New Testament», *START* 14 (1985) 16–25.

Smith, R. E., y John Beekman, *A literary-semantic analysis of Second Timothy*, Dallas, TX, Summer Institute of Linguistics 1981.

Smyth, H. W., *Greek grammar*, prefacio y revisión por G. M. Messing, Harvard, Harvard University 1956.

Sperber, Dan, y Deirdre Wilson, *Relevance: Communication & cognition*, segunda edición, Oxford, Blackwell 1995.

Teeple, H. M., «The Greek article with personal names in the Synoptic Gospels», *New Testament Studies* 19,3 (1973) 302–317.

Terry, Ralph Bruce, *A discourse analysis of First Corinthians*, Dallas, TX, Summer Institute of Linguistics y University of Texas at Arlington 1995.

Thackeray, H. St. J., *The Septuagint and Jewish worship: A study in origins* (The Schwich Lecture 1920), Londres, Oxford University 1921.

Thrall, M. E., *Greek particles in the New Testament: Linguistic and exegetical studies*, Leiden, Brill 1962.

Titrud, Kermit, «The overlooked καί in the Greek New Testament», *Notes on Translation* 5,1 (1991) 1–28.

Titrud, Kermit, «The function of καί in the Greek New Testament and an application to 2 Peter», en *Linguistics and New Testament interpretation: Essays on discourse analysis*, ed. por David Alan Black, Katharine Barnwell, y Stephen Levinsohn, 240–270, Nashville, Broadman 1992.

Tomlin, Russell S., «Linguistic reflections of cognitive events», en *Coherence and grounding in discourse*, ed. por Russell S. Tomlin, 455–480, Philadelphia, Benjamins 1987.

Tragan, Pius-Ramon, y Marinella Perroni, *Nadie ha visto nunca a Dios: Una guía para la lectura del evangelio de Juan*, traducido por José Pérez Escobar, Estella, Editorial Verbo Divino 2019.

Turnbull, Bruce F., «A comment on Ross McKerras's article "Some ins and outs of 'come' and 'go'"», *START* 16 (1986) 42–43.

Turnbull, Bruce F., «Some features of genitives, English and Greek» (separata de seminario) 1997.

Turner, Nigel, *Syntax* (tomo 3, A grammar of New Testament Greek), ed. por J. H. Moulton, Edinburgh, T&T Clark 1963.

Turner, Nigel, *Style* (tomo 4, A grammar of New Testament Greek), ed. por J. H. Moulton, Edinburgh, T&T Clark 1976.

Unger, Christoph, «The scope of discourse connectives: implications for discourse organization», *Journal of Linguistics* 32 (1996) 403–438.

Van Otterloo, Roger, «Towards an understanding of 'lo' and 'behold': Functions of ἰδού and ἴδε in the Greek New Testament», *OPTAT* 2,1 (1988) 34–64.

Vendler, Zeno, *Linguistics in philosophy*, Ithaca, Cornell University 1967.

Vidal, Senén, *Evangelio y cartas de Juan: Génesis de los textos juánicos*, Bilbao, Ediciones Mensajero 2013.

Vidal, Senén, *Nuevo Testamento*, Santander, Sal Terrae 2015.

(*VP*) American Bible Society, *Dios Habla Hoy – Versión Popular*, Sociedades Bíblicas Unidas 1994.

Wallace, Daniel B., *Greek grammar beyond the basics: An exegetical syntax of the New Testament*, Grand Rapids, Zondervan 1996.

Wallace, Daniel B., y Daniel S. Steffen, *Gramática Griega: Sintaxis del Nuevo Testamento*, segunda edición, Miami, Vida 2015.

Werth, Paul, *Focus, Coherence and emphasis*, Londres, Croom Helm 1984.

White, Newport J. D., «The first and second epistles to Timothy and the epistle to Titus», *The expositor's Greek Testament*, tomo 4, ed. por W. Robertson Nicoll, Grand Rapids, Eerdmans 1909 (1970).

Wiesmann, Hannes, *Éléments du discours narratif dans les textes wĩn (toussian du sud)*, Cahiers Voltaïques – Hors Série 2. Bayreuth, Universität Bayreuth 2000.

Wilson, W. A. A., «Notes on the function of the historic present in Mark's Gospel», en *Understanding and translating the Bible: Papers in honor of Eugene A. Nida*, ed. por Robert G. Bratcher, John J. Kijne, y William A. Smalley, 205–217, Nueva York, American Bible Society 1974.

Wilson, Deirdre, y Dan Sperber, «La teoría de la relevancia», *Revista de investigación lingüística* 7 (2004) 233–283, https://revistas.um.es/ril/article/view/6691.

Winer, G. B., *A treatise on the grammar of New Testament Greek*, tercera edición revisada, Edinburgh, T&T Clark 1882.

Zegarač, Vladimir, «Relevance theory and the meaning of the English progressive», *University College London Working Papers in Linguistics* 1 (1989) 19–31.

Zerwick, S. J., Max, *El griego del Nuevo Testamento*, traducción y adaptación: Alfonso de la Fuente Adánez, Estella, segunda edición, Verbo Divino 2000.

Zesati Estrada, Carlos, «Hebreos 5, 7–8: Estudio histórico-exegético», disertación presentada para obtener el Doctorado en Ciencias Bíblicas, Roma, Pontificio Instituto Bíblico 1990.

Zumstein, Jean, *El evangelio según Juan* (2 tomos), traducción: Mercedes Huarte Luxán, Salamanca, Sígueme 2016.

# ÍNDICE DE CITAS BÍBLICAS

(n = nota de pie de página)

**Mateo (Mt)**

| | | |
|---|---|---|
| 1,16 191 | 4,3–7 288 | 5,43 19 |
| 1,17 152n | 4,4 58 | 5,44–48 156 |
| 1,18–20 251n | 4,5 80, 116, 253, 295 | 5,44 320n |
| 1,18–25 89 | 4,7 36 | 5,46 123n |
| 1,18 74, 186, 224n | 4,8 253 | 6,2 12 |
| 1,20 69n, 167, 252, 295 | 4,9 253n | 6,5 12, 226n |
| 1,22 110 | 4,10 290 | 6,10 124n |
| 2,1–12 90 | 4,11 154 | 6,15 58 |
| 2,1 166, 243, 395 | 4,12 176 | 6,16 12 |
| 2,2 75, 76 | 4,17 328 | 6,27 227 |
| 2,7 116, 195 | 4,18 110, 176, 190 | 7,16–20 334 |
| 2,10–12 90 | 4,19 291 | 7,24 235 |
| 2,12 195 | 4,21–5,1 90 | 7,28–8,18 180, 347 |
| 2,13 248, 252 | 4,23–5,1 176 | 7,28–29 333 |
| 2,14–18 115 | 4,23 90 | 7,28 6, 217n, 329 |
| 2,15 195 | 5–7 21 | 8,1–19 295 |
| 2,16–17 114 | 5,1 176 | 8,1–17 293n |
| 2,16 114, 195 | 5,17 19, 58 | 8,3–17 293 |
| 2,17 116 | 5,20 79, 345 | 8,3 76, 180 |
| 2,19 248, 252 | 5,21 19, 142n, 333 | 8,4 296 |
| 3,1 248, 252, 295 | 5,22 320n | 8,5–13 96 |
| 3,5 295 | 5,24 114 | 8,7 180 |
| 3,6 40 | 5,27 19 | 8,8 75 |
| 3,7–15 251 | 5,28 320n | 8,14–22 96 |
| 3,7 295 | 5,29 81 | 8,14 96, 190 |
| 3,13–17 253 | 5,30 80 | 8,16 295 |
| 3,13 116, 191 | 5,32 320n | 8,17 113 |
| 3,17 46 | 5,33 19 | 8,19–22 293 |
| 4,1–5,1 177 | 5,34 320n | 8,20 296 |
| 4,1–4 90, 295 | 5,38 19 | 8,23 224 |
| 4,1 295 | 5,39 320n | 8,26 117, 292 |
| 4,3–11 363 | 5,43–48 155 | 8,27 91 |

**Mateo (Mt), continuación**

8,29 166n
8,32 166,
9,1–8 91
9,2 76, 166n, 170, 243
9,5 76
9,6 117, 290
9,9–13 91
9,9 291
9,10 217n, 220, 295
9,11 65
9,12 178n
9,14 251
9,18 317
9,25 77
9,28 285, 291
9,29 75, 76, 117
9,37–38 290, 296
10,2–4 191
10,29–30 126, 346
10:30 127
11,1 217, 329
11,19 228, 229
11,20–30 250
11,20 116
11,25 115, 280n
12,1 115
12,13 117, 290
12,22 252
12,27 63, 64
12,38 282
12,39 283
12,46 102
13,10 64
13,11 283
13,27–30 294
13,29 296
13,36 116, 253
13,37 283
13,43 115
13,51–53 273
13,51 285, 329
13,53 217n
14,1–6 186
14,1 115
14,4 36n
14,8 42, 262, 292
14,17 292
14,28 191, 280, 282
14,29 195
14,31 291
15,1 151
15,2 64

15,3 283
15,12 291
15,13 283
15,15 191
15,21–28 116
15,24 283
15,26 283
15,28 116, 243
15,33–34 292
16,2 282
16,12 117
16,13–16 285
16,16 191, 195
16,20 116
16,21 328n
16,22 191
16,28–17,2 255, 349
17,1 191, 248, 349
17,5 102
17,8 196
17,11 283
17,15 75
17,20 273, 293
17,24–25 263, 264, 284
17,24 191
17,25 224n
18,32 291
18,33 123
19,1 217n, 244n, 329
19,4 283
19,11–15 251
19,11–12 273
19,13 116
19,16–22 287
19,16 63
20,3–8 291
20,7 285
20,13 283
20,17 196
20,20–23 289, 349
20,31–34 285
21,1–9 98
21,1 114, 196
21,2 235
21,4 98, 110
21,12–23 292
21,12 196
21,13 196
21,16 296
21,19 291
21,23 63, 65
21,24 280, 282
21,25 64

21,27 287
21,28–29 283
21,31 285
21,33 109
21,41–42 285
22,8–9 290
22,11–13 294, 349
22,20 291
22,21 285, 290
22,28 65
22,41–43 285
22,42 285
23,1 116
24,2 283
24,21 113
24,48 76
25,9 282
25,11 248
25,12 283
25,14–20 254
25,15 7
25,19 248
25,21 287n
25,23 287
25,37 282
25,44 282
25,45 282
26,1 217, 329
26,16 113, 328n
26,23 283
26,25 285
26,31–34 286
26,31 116, 291
26,35 253n
26,36 237, 248, 253, 291, 295
26,38 291
26,40 248, 251, 291
26,43 76
26,45 251, 291
26,47 102n
26,52–54 290
26,54 154n
26,56 110
26,66 283
26,69–75 263
26,69–70 295
26,74 116
26,75 189n
27,9 116
27,12 60, 292n
27,13 291
27,14 60
27,20–23 286

**Mateo (Mt), continuación**

27,38  252
27,42  200
27,46  111
27,60  77n

27,62  95
27,65  287
28,8–20  290
28,8–10  245
28,9  77, 191

28,10  296
28,12  127
28,18  228, 229
28,19  226n

**Marcos (Mc)**

1,5  40
1,9  191, 217n, 219
1,14  98n, 335
1,16  98n
1,17  36
1,21–28  96
1,21  249
1,30  98, 166, 190n
1,32  98
1,34  47, 48, 49
1,36  190n
2,1–4  248
2,2  132
2,6  98
2,13–17  87
2,15–18  250
2,15–17  250
2,15  110, 217
2,17  250
2,18–22  250
2,20  98
2,23–28  250
2,23  229n
3,1–5  250
3,7  335
3,16  190n
3,33  282

4,4  217n, 219
4,10  98
4,29  98
4,34  98
4,36  47n
4,41  123n
5,1–7  215
5,25–27  226
5,28  245
5,30  75n
5,33  98
5,35  102
5,36  98
5,37  60
6,16  98
6,17  5, 17
6,22  36, 224n
6,37  282
7,1  1, 248
7,5  64n
7,11  14n
7,20  98
7,24  98n
7,28  282
7,32  170
8,4  282
8,6  249

8,20  263
8,33  190n
9,17  282
9,19  282
9,24  75
9,25  98
9,47  81
10,32  98
10,51  282
11,1–9  98
11,2  235
11,6  98
12,29  282
12,35  17n
12,38  17
13,21–22  84
13,29  123
14,1–16,8  98n
14,60  60n
14,61  60n, 282n
15,2–44  186
15,9  282
15,11–15  216
15,16  98
15,25  111
15,33  98n

**Lucas (Lc)**

1,5–2,7  93
1,8–20  192
1,8  93
1,11  10
1,12  195
1,18  195
1,24  93, 195
1,25  317
1,26  93, 235
1,28–38  267
1,29  265
1,30–35  160
1,34  195
1,35  124
1,38  195

1,39–56  195
1,39  93
1,40–41  244
1,41  217n, 219, 243
1,56  93
1,57  15, 16, 93, 195
1,59–65  19
1,61  318
1,67  93, 94, 195
1,80  93
2,1–20  92, 93
2,1  93
2,2  111
2,4  195
2,5  195

2,6  93
2,21–40  91
2,22–28  26, 343
2,23  321
2,25  71
2,34  195
2,36–38  214
2,36–37  16, 17, 169
2,36  111
2,37  111
2,38  214n
2,41–43  214
2,43  195
2,52  191, 195
3,1–19  186

**Lucas (Lc), continuación**

3,1   93, 197, 198
3,2   195
3,4–6   321
3,15   93
3,16   282
3,21–22   93, 218, 219
3,21   93, 191, 195
3,23–38   93
3,23   191, 195
4,1   93, 191
4,4   196, 282, 321
4,8   321
4,10–11   320
4,12   318
4,14   93, 191
4,16–21   322
4,16   93
4,17–19   321
4,20   183, 184
4,24–25   320
4,31–37   23, 96
4,31   93
4,33   19n, 24, 109
4,38   109, 166, 187, 191
4,43   317
5,3   191
5,8   196
5,10   196
5,14   316
5,26   317
5,27–32   22, 87, 9, 91
5,27   43, 166
5,29   24, 109, 220
5,36–39   317
6,2   23n
6,3–6   323, 350
6,13–16   191
6,47   75
6,48   235
7,1   334
7,11   220
7,27   321
7,40   249, 262n, 263
7,41   262n
8,32   109
8,41   196
8,45   191
8,49   102, 248, 255
8,50   282
8,51   191
9,7–8   315
9,9   198

9,18   220
9,20   195
9,22   317
9,28   191
9,36   196
9,42   102n
9,50   196
10,7   184
10,12   320
10,24   320
10,25–37   274
10,25–28   265, 266, 270
10,27   282
10,37   99n
12,30   78
12,36   168n
12,41   191
12,44   320
13,10   23n
13,14   318
13,15   282
14,10   117
14,16–24   24
14,16–23   118
14,24   320
14,26   130
15,2   318
15,11–32   168, 171
15,11–14   94
15,11–13   5, 168
15,11   81, 165, 166
15,12   36, 94n, 169, 170
15,13–14   225
15,13   5, 11
15,14   169, 173
15,15–16   169
15,20   102n, 213
15,21–23   261, 262
15,22–24   170
15,22   172
15,24   8
15,25   7, 8, 10
15,27   318
15,31   268, 270
16,19–20   18
16,23   225
17,10   123n
17,20   282
18,8   320
18,28   191
18,40   196
19,7   318n

19,9–10   317
19,9   36
19,28–37   98
19,30   235n
19,32   98
19,33   98
19,34   98, 318
19,36   98
19,37   98
19,42–44   317
19,46   321
20,7   282
20,17   321
20,18–20   329
20,19–20   173
20,19   20, 330
20,20   173, 330, 335
20,28   321
20,34   36
21,3   320
21,5   315
21,20   113
21,31   123n
21,32   320
22,8   191
22,16   320
22,36   99n
22,41   17
22,47   102
22,48   196
22,53   77n
22,54   191
22,61   317
23,1–13   197
23,9   282n
23,28   196
23,44   111
23,56–24,1   209n
23,56   209
24,7   321n
24,12   191, 255
24,13–31   97, 345
24,13–17   221, 236, 348, 349
24,15   191, 213
24,16   109
24,19–21   130
24,20   127
24,28–29   278
24,41   102n
24,44   318n
24,45   117
24,46–49   317

## Juan (Jn)

1,1–14  256
1,5  43, 57
1,15  256
1,19–2,12  100
1,19–23  302
1,19–21  103
1,21  262, 298
1,22–23  103
1,22  105, 106
1,26  309
1,27  75, 76
1,28  102
1,29  102, 103, 256
1,32–34  318
1,32  103
1,35–37  103
1,35  102
1,38  105, 268, 300
1,39  102, 105, 111
1,40  191
1,41  102, 103, 256
1,42  102
1,43  102, 256
1,44  105, 110, 191
1,45  102, 187, 196, 256
1,47–50  102
1,48–50  311, 350
1,48  300
1,50  318
1,51  103, 303
2,1–11  105n
2,1–2  256
2,1  102, 103
2,3–5  304
2,5  36, 38
2,6  105, 109
2,7  36
2,8  105, 268
2,9–10  105
2,9  105, 110, 245, 256
2,10  256n, 297
2,11  102
2,12  102
2,17  321
2,18  308
2,19  309
3,1–15  105n
3,1  105, 109, 256
3,2–12  310
3,2–10  297
3,2–5  300
3,4–5  302

3,4  300
3,11  320
3,14  124
3,16  80
3,19  75n
3,22  104, 191
3,25–36  104
3,28  318
3,33  76
4,1–7  104
4,1–6  257
4,2  196
4,4  110
4,6  109, 111
4,7–26  297
4,7  166, 184, 256
4,9–17  307
4,9  300
4,11  300
4,16  300
4,19–26  304
4,28–34  105
4,33–34  106
4,41–42  128
4,42  127, 263, 318
4,43  105
4,46–54  197, 314
4,48  299
4,49–50  304
4,51–53  104
4,51  263, 314
4,52  105n, 318
4,53  104
5,1  191
5,6–9  299, 302
5,6  300
5,8  300
5,9  300
5,11  268
5,14  256
5,17  268, 282n, 307n
5,19  282n, 308
5,24  320
5,25  320
6,1–11  106
6,1–6  112, 346
6,3  191
6,5  191, 300
6,8  191, 300
6,10  299
6,12–21  108, 345
6,14  318

6,15  196
6,16–21  255
6,16–19  130
6,17  108n
6,18  127, 243
6,19  256
6,20  267, 268
6,25–58  267
6,26  308
6,29  308
6,31  312
6,43  308
6,45  312
6,65  318
6,70–71  216
7,1  191
7,6  303
7,9  303n
7,12  315
7,16  308
7,21  308
7,37  105
7,40  315
7,41  315
7,42  321
7,47  123n
7,50  300
7,52  308
8,3  256
8,12–58  267
8,12  46, 191
8,14  309
8,17  321
8,31  214n, 215
8,34  320
8,38  154n, 308
8,39  308
8,48  308
8,49  298
8,54  215
8,55  315
8,57  299
8,59  117, 196
9,9  315, 318
9,12  303
9,13  256
9,17  300, 318
9,18  154
9,19  315
9,20  309
9,23  318
9,24–34  309

## Juan (Jn), continuación

9,25  227
9,26  299
9,38–41  103
9,38  268
9,39  103
10,1  319
10,7  319
10,23  191
10,32  307n
10,41  318
11,8  300
11,11  300
11,12  36n, 299
11,16  299
11,20  191
11,21–25  303
11,25  299
11,33  196
11,34  303
11,38–41  258, 322
11,38–40  304
11,38  196
11,54  106
12,4  300
12,7  154
12,14–15  321
12,20–28  257
12,22–23  257n
12,22  256
12,23  309n
12,30–32  308
12,36  191
12,38  321
12,39–40  321
13,1–7  258
13,6  256, 300
13,7  309
13,8  300
13,9–10  304
13,10  301n
13,11  318
13,18–21  319
13,18  321
13,25  300
13,26  256, 298
13,30–31  245
13,31–14,22  302
13,35  67
13,36  300
13,37  300
14,6  302
14,9  302
14,22  300
14,23  309
15,4  13
15,6  12
15,7  12
15,25  321
16,7  319n
16,15  318
16,20–22  320
16,26  316
16,29  300
17,1  191
18,1  191
18,3  256
18,4  300
18,5  298, 303
18,7–8  67, 344
18,10  79, 196, 345
18,17  304
18,28  258
18,29  300
18,30  308
18,31  299
18,33–38  298
18,34  300
18,36  300
19,4  41n
19,6  300
19,9  59n, 300
19,10  300
19,15  300
19,19  41n
19,21  41n, 321
19,24  321
19,26–27  300
19,28  300
19,30  41n
19,31  41n
19,32  78, 79
19,36–37  321
20,1  105, 256
20,2  256
20,5  256
20,6  256
20,12–13  304
20,12  256
20,13  313
20,14–18  301
20,14  256
20,15–17  301, 302
20,18  196, 256
20,19–24  306, 349
20,24–26  259
20,26  259
20,27  300
20,28  309
20,29  303
20,31  207, 208n
21,1–6  191, 304
21,1  191
21,5  298, 300
21,6  268
21,7–14  259
21,12  300
21,15–17  302
21,19–22  304
21,20–21  244
21,20  256
21,23  316, 318n
21,24  111

## Hechos (Hch)

1,4  316
1,5  18, 71
1,7–9  244
1,9–2,4  95, 332
1,10  95
1,12  117
1,13  95, 232n
1,15  95, 128
1,18  209n
1,20  321
2,1–4  218n
2,1  95
2,13  270, 318
2,45–46  113n
3,1–6  192
3,7–8  170n
3,12  22, 280, 281n
3,22  321
4,1  223n, 224, 225, 243
4,5  218
4,8  117
4,19  281
4,21–23  245, 337
4,36  278n

**Hechos (Hch), continuación**

5,1–6  172
5,1  278n
5,2  170, 228, 229
5,4  138n
5,7–10  274
5,7  91
5,8  36, 117
5,10  88
5,17  224, 231
5,19  166
5,21  19
5,23  318
5,24  232n
5,25  166n
5,28  281
5,36  237
5,41–42  128
6,5  199
6,7–7,1  132
6,8–11  118, 346
6,11  318
6,14  321
7,4  117
7,8  186
7,20–32  194
7,22–35  233
7,23  232n
7,38–39  237
7,42–43  321
7,44–46  237
7,51  124n
7,58–8,3  192, 193
8,1–4  210
8,1  338
8,3  51, 190
8,4–26  198, 347
8,4  190, 338
8,9–24  330
8,9–10  238
8,14–19  200
8,15–19  200
8,18–24  330
8,25–26  328
8,25  127, 211
8,26–40  174
8,26  111
8,27  237
8,29  36
8,34  281
8,36  232
8,38  178
9,1  189, 190

9,3  130, 232n
9,5  271
9,10–16  172, 173, 279
9,10–14  262
9,10  10, 19, 111, 112, 116
9,11  262
9,13–14  281
9,17–30  178
9,17  190n
9,23  232
9,24  124
9,28  190n
9,34  36
9,36–43  5, 7
9,36  12, 15, 234, 235
9,37  217, 218
9,39  193
10,1–8  5
10,1  7
10,3–8  269
10,3–6  261
10,3–4  279
10,4  262
10,9  190
10,11  249, 255
10,15  270
10,17  189, 190
10,21  193
10,24  190
10,25–34  194
10,25  218
10,27  255
10,32  194
10,33  128
10,34  243
10,44  102
11,2–3  318n
11,4–17  188
11,19  190, 211, 338
11,28  276
11,29–30  236
11,30  188
12,1–13,1  188
12,1  188
12,5  6
12,8  36, 37
12,10–13  129
12,12  190
12,13–16  266
12,13–15  315
12,15  263
12,17  128

12,25  189
13,2  194
13,8  111, 112
13,13  277
13,15  38
13,16–41  91
13,21  187
13,34  318n
13,40–41  321
13,44  48
14,2–3  20
14,2  278n
14,20  41n
14,26  12
15,1–4  211
15,2  99n
15,4  130
15,5  318n
15,6–13  193
15,13–21  282
15,15–18  321
15,22  117
15,32  278n
15,36–40  193
15,38  190
15,39  193, 278n
16,10  99n
16,11–14  238
16,11  99n
16,13–17  220
16,14  81, 278n
16,16  218
16,19  336
16,25  193n
16,27  335
16,30–33  271
17,3  316
17,5  187
17,10  236
17,14  128
17,18  278n
17,20  23n
18,1  102
18,6  232
18,12–18  185, 186
18,13  318n
18,17  186
18,18–24  339
18,18–20  277
18,18  189
18,21–19,1  189
18,26  189

## Hechos (Hch), continuación

| | | |
|---|---|---|
| 19,1  189, 219 | 21,33–39  332 | 25,7  231 |
| 19,2–5  269 | 21,34  224 | 25,8  231 |
| 19,7  109 | 22,7–21  272 | 25,9  231, 281 |
| 19,9  278n | 22,10  271 | 25,12  117 |
| 19,13–15  6 | 22,17  224n | 25,16  317 |
| 19,14  245 | 22,20  232n | 25,23  198 |
| 19,15  281 | 22,24–30  275, 349 | 26,1–32  273 |
| 19,24–25  236 | 23,5  321 | 26,1  117 |
| 19,30  189n | 23,8  278n | 26,4  209n |
| 19,32  211 | 23,11–12  233 | 26,15  271 |
| 20,4  99n | 23,13–14  236 | 26,22  145 |
| 20,6  14, 18 | 23,17–19  210 | 27,21  332n |
| 20,7  127 | 23,20–21  154 | 27,22–44  217 |
| 20,38  317 | 23,20  317 | 27,32  117 |
| 21–6  21 | 23,24  166 | 27,41–43  277 |
| 21,1  218 | 24,2–23  266 | 27,41  15, 16 |
| 21,3–11  239, 348 | 24,10  228, 229, 332n | 28,1–3  129 |
| 21,5  218 | 24,11–13  133 | 28,1  114 |
| 21,11  75 | 24,21  321n | 28,6  224n |
| 21,16  123 | 25,1  99n | 28,17  218 |
| 21,18  15, 127 | 25,2–9  271 | 28,21–22  271 |
| 21,27–32  131 | 25,2–6  211, 212, 348 | 28,23  235 |
| 21,30–31  257n | 25,4–9  230 | 28,25–28  229 |
| 21,31  168n | 25,4–5  316 | 28,25  228, 317 |

## Romanos (Rm)

| | | |
|---|---|---|
| 1,13  88 | 8,24  53, 54 | 12,4  68, 71 |
| 2,19  127 | 8,35–39  334 | 13,1  160 |
| 4,9  160 | 9,14–16  158 | 13,5  160 |
| 4,22  160 | 9,16  158 | 14,16  76 |
| 5–6  21 | 9,18  158n | 15,15  160 |
| 5,7  121, 122n | 10,14  154 | 15,22  160 |
| 7,3  158n | 11,19  154 | 16,11  81 |
| 7,7  127n | 11,24  69 | 16,26  26 |
| 8,5–9  201 | 11,26–30  15 | |
| 8,22  110 | 11,30  18n, 54 | |

## 1 Corintios (1 Co)

| | | |
|---|---|---|
| 1,10  88n | 4,14  226n | 9,11  78 |
| 1,11  37, 47 | 5,2  36 | 9,19  44 |
| 2,5  46 | 5,5  40 | 10,8  44 |
| 2,10  48, 119, 221, 223, 226 | 6,1–11  146 | 10,9  52 |
| 2,14  47, 149 | 7,25  14 | 11,17–20  154 |
| 3,7  58 | 7,35  47 | 11,20  154 |
| 3,10  89n | 7,37  44 | 11,25  18, 113 |
| 3,11  46 | 7,40  126, 127, 346 | 12–14  21 |
| 3,16  46, 52 | 8,1  14, 143n | 16,12  59 |
| 3,17  46n | 8,12  75 | |
| 3,21  45n | 9  44 | |

## 2 Corintios (2 Co)

| | | |
|---|---|---|
| 4,16  77n | 5,9  124n | 12,10  160 |
| 5,1  77n | 5,16  15, 18n | 13,4  42 |

## Gálatas (Ga)

| | | |
|---|---|---|
| 1,10  74 | 3,3  199 | 4,14  44, 45, 190 |
| 1,13–2,14  207 | 3,5  201 | 4,17  44, 45 |
| 1,14  39 | 3,8  201 | 4,28  74 |
| 1,24  36 | 3,9  201 | 4,30  57 |
| 2,3  132, 138n | 3,10  201 | 4,31  74 |
| 2,5  58 | 3,11  199, 203 | 5,5  50 |
| 2,6  59, 72 | 3,12  201 | 5,6  58, 69 |
| 2,9  41n, 70 | 3,14  201 | 5,7  65, 344 |
| 2,11  50 | 3,15  75 | 5,10  36 |
| 2,13  37, 76 | 3,16  66, 70 | 5,12  122 |
| 2,15  74 | 3,18  199, 201 | 5,21  58 |
| 2,16  201 | 3,19  39 | 5,22–6,7  340, 350 |
| 2,17  78, 79 | 3,20  57 | 5,22–23  46 |
| 2,19  43, 199, 201, 243 | 3,21–26  204, 348 | 6,1  350n |
| 2,20  70 | 3,28  158 | 6,2  74 |
| 2,21  199 | 3,29  74, 158 | 6,7  199 |
| 3,1–14  31, 147, 343 | 4,1–7  54, 343 | 6,10  158n |
| 3,1–5  166 | 4,1  47n 53 | 6,11  69 |
| 3,1  15, 63, 75 | 4,2  46, 71, 72 | 6,14  53 |
| 3,2  10, 66, 199, 201 | 4,8–9  199 | 6,16  69 |

## Efesios (Ef)

| | | |
|---|---|---|
| 1,2  199n | 3,9  199n | 5,20  199n |
| 2,6  120n | 3,10  199n | 6,17  199n |
| 2,8  199n | 3,19  127 | 6,21  13, 124 |
| 2,10  77 | 4,24  199n | 6,23  199n |

## Filipenses (Flp)

| | | |
|---|---|---|
| | | 3,9  62, 63 |
| 1,15–17  209n | 1,28  60, 62, 63 | 3,13  142n |
| 1,15  49 | 2,4–5  126 | 3,20  77 |
| 1,18  138n | 2,6  62 | 4,14  75 |
| 1,20  60, 62, 63 | 2,9  63, 124 | 4,15  59, 60 |
| 1,22–25  141 | 2,23–24  125 | |
| 1,22  62 | | |

## Colosenses (Col)

| | | |
|---|---|---|
| 1,1–3  3 | 1,22  37 | 3,4  49n |
| 1,6  37 | 2,5  75 | |
| 1,20–21  18 | 3,1–5  157, 346 | |

## 1 Tesalonicenses (1 Ts)

| | | |
|---|---|---|
| | 3,10  79 | 4,18  159 |
| 2,13  161n | 4,13–5,11  159 | 5,6  158n |
| 3,1–5  161 | 4,13–18  159 | 5,11  159 |
| 3,5  161 | 4,14–18  159 | |

## 1 Timoteo (1 Tm)

| | | |
|---|---|---|
| 1,9 138 | 3,3 138n | 5,20 145 |
| 2,1 153 | 3,5 137 | 6,9 154 |
| 2,3 144 | 3,16 150 | 6,11 154 |
| 2,5 121 | 4,5 84 | 6,17 138 |
| 2,9 143n | 4,8 84, 135, 136 | 6,21 145 |
| 3,1 143, 144 | 4,10 84 | |
| 3,2 152 | 4,15 75n, 78 | |

## 2 Timoteo (2 Tm)

| | | |
|---|---|---|
| 1,3 41 | 2,7 41 | 3,9 138n |
| 1,4 76 | 2,12 121 | 3,10–12 149 |
| 1,5 136 | 2,20 137, 138n, 166 | 4,5 154 |
| 1,8 41, 152 | 2,21 152 | 4,17–18 146 |
| 1,16–18 150 | 2,23 136 | 4,17 149 |
| 2,1 153 | 2,24 138n | |
| 2,2 121 | 3,8–10 153 | |

## Tito (Tt)

| | | |
|---|---|---|
| 1,10–16 29, 144 | 2,1–3 142, 143 | 3,6–8 151 |
| 1,10 166 | 2,1–2 144 | 3,15 143 |
| 1,12 144 | 2,3 143n | |
| 1,15 28, 76, 139 | 2,15 144 | |

## Filemón (Flm)

15 66

## Hebreos (Hb)

| | | |
|---|---|---|
| 1,1–2 127 | 3,1 333, 337 | 8,1 329n |
| 1,2 227 | 3,12–18 336 | 10,7–9 115 |
| 1,3 127 | 4,14–16 338 | 10,19–23 338 |
| 1,5–2,3 335 | 4,14 153, 333, 337 | 11,3 203, 243 |
| 1,5–14 333 | 5,1–10 334 | 11,39–40 333 |
| 2,3 71, 72 | 6,20 338 | 12,2 127 |
| 2,8 338 | 7,1 338 | |
| 2,17 153 | 8,1–2 329 | |

## Santiago (St)

| | | |
|---|---|---|
| 1,2–11 27, 29, 140 | 1,13 60n, 69 | 2,14 66 |
| 1,2–3 72 | 1,18 36, 39 | 2,15–16 73 |
| 1,2 44, 45, 72, 143, 344 | 1,19 38 | 2,15 72, 345 |
| 1,3–4 27, 51, 338 | 1,20 63, 344 | 2,18 37, 44, 45, 46 |
| 1,4–5 28 | 1,23 46 | 2,19 123 |
| 1,4 69 | 1,25 49 | 2,21 60 |
| 1,6 28 | 2,1 63, 142n, 344 | 3,3 74 |
| 1,7 28 | 2,2 42 | 3,8 38, 59 |
| 1,9–10 28 | 2,4 60n | 3,14 68 |
| 1,9 141 | 2,5–7 60, 61 | 3,15 67 |
| 1,11 29, 43 | 2,6 31 | 4,4 70 |

## Santiago (St), continuación

| | | |
|---|---|---|
| 4,5–6  73 | 4,11  49 | 5,18  38 |
| 4,6  72, 345 | 5,17  39 | |

## 1 Pedro (1 Pe)

| | | |
|---|---|---|
| 1,3  77n | 2,21  123n | 3,19  123n |
| 1.4  41 | 3,5  124 | 5,8–10  18 |
| 2.9  77n | 3.18–22  237 | 5,10  77n |

## 2 Pedro (1 Pe)

| | | |
|---|---|---|
| 1,13  141 | 1,19  80n | 3,16  123n |
| 1,14  123n | 2,1  119, 120, 121n, 122, 123 | |

## 1 Juan (1 Jn)

| | | |
|---|---|---|
| 1,6  315n | 2,4  315n | 4,18  80 |
| 1,8  315n | 2,25  66 | 4,20  315n |
| 1,10  315n | 4,8  184 | |

## Judas (Judas)

| | |
|---|---|
| 5  154n | 14–15  214n |
| 6  127 | 24–25  143n |

## Apocalipsis (Aps)

| | | |
|---|---|---|
| 1,8  262 | 9,17  66 | 15,7  40 |
| 3,16  13 | 11,4–6  17 | 16,3  70 |
| 3,17  315n | 11,13  42 | 17,14  68 |
| 4,1  102 | 12,1  166 | 18,7  315n |
| 4,4–6  12 | 12,4  258n | 20,5  111 |
| 4,7  14, 81 | 12,15  42 | 20,11  59n |
| 7,17  74 | 14,18  76 | |

# ÍNDICE DE MATERIAS

ἀλλά  46, 58, 83, 85, 106, 126, 135, 138, 139, 148, 340
ἀποκρίνομαι  244, 275, 279, 280–284, 297, 298, 300, 307
ἄρα  31, 147, 152, 158, 159, 333, 335
ἄρα οὖν  158, 335
αὐτός  x, 17, 27, 126, 163, 167, 277
γάρ  28, 29, 37, 41, 77, 83–85, 87, 106–112, 121, 125–127, 129, 131, 135, 138, 140, 142, 144, 145, 147, 149, 152–157, 178, 208, 209, 236, 318, 332, 333, 346
δέ,  xv, 5, 6, 11, 12, 15, 19, 28, 54, 68, 83–85, 87–113, 116–118, 127, 129, 130–150, 153–155, 157, 166, 208–211, 249, 262, 265, 272, 285, 287, 288, 290, 294, 297, 320, 328–332, 335, 339, 340, 345, 346, 348, 350–352, 356, 358, 361
διὰ τοῦτο  66, 158, 159, 161, 333
διό  74, 124, 158–161, 329
ἐγένετο  xiii, 6, 24, 209, 214, 217–221, 225, 240, 244, 246, 247, 249, 256, 278, 300, 347, 350
ἰδού  27, 166, 243, 246, 254, 362
καί,
   adverbial  13, 45, 49, 85, 103, 113, 119–125, 127, 130, 136, 143, 149, 150, 154, 157, 347
   conjuntiva  88, 119, 120, 135, 149, 150, 156, 157, 346
μηδέ  132, 133
μέν prospectiva  209
μήτε  132, 133
ὅτι recitativo,  144, 263, 313, 317, 318, 321–323, 350
οὐδέ  59, 132, 133

οὖν  6, 11, 12, 20, 31, 36, 64, 65, 67, 70, 76, 83–85, 87, 99–101, 103–108, 112, 117, 125, 127, 128, 130, 131, 135, 137, 140, 142, 145–147, 152–158, 204, 208–212, 215, 226, 245, 256–259, 271, 297–299, 302, 303, 305–307, 309, 316, 318, 319, 321, 328, 329, 333, 335, 338, 345, 348, 350, 352, 361
οὔτε  13, 58, 59, 68, 69, 132, 133
τέ *solitaria*  113, 119, 127, 128, 130, 243
τότε  25, 77, 83, 85, 90, 91, 98, 113–118, 128, 132, 133, 157, 178, 200, 243, 246, 248, 251, 254, 269, 282, 285, 290–292, 294–296, 328, 329, 331, 332, 339, 341, 347, 349
φημί  286
ὥστε  32, 69, 76, 147, 158, 159, 204, 329, 335

Acción
   continuidad y discontinuidad  4–10, 19, 23, 25, 27, 94, 105, 114, 278
   habitual  214
Acento tónico  43, 51, 52, 53, 80
Acontecimiento final  115, 251, 253, 292
Acontecimiento inicial  352
Acontecimientos simultáneos  6–8
Aditivas (véanse καί, τέ)  xv, x, 13, 106, 119, 125, 126
Aditivas negativas (véanse μηδέ, μήτε, οὐδέ, οὔτε)  132
Adversativo  84, 135, 136, 139, 149, 152, 154
Agrupación de acontecimientos  91, 95, 96, 103, 105, 107, 351
Anadiplosis  338
Anteposición, antepuesto  22, 32, 43, 45, 47, 52, 57, 58, 60, 63–65, 68, 72–75, 77, 78, 80, 81, 95, 110, 123–126, 129, 138, 199, 200, 202, 227, 231, 276, 277, 303, 348, 351

Aoristo  212–216, 232, 247–249, 280–282, 286, 291, 297, 337, 350
Apoyo, material de  28, 29, 152, 333, 337, 354
Argumento razonado  28, 237
Artículo,
    ausencia del  x, xii, 195, 203
        (véase también Punto de transición inarticulado)
    pronominal  80, 81, 93, 94, 98, 105, 163, 165, 168, 169, 171–175, 178, 265, 266–268, 270, 274, 275, 282, 283, 285, 289, 297, 305, 306, 328, 351
Ascendente, καί adverbial como  122–124
Asíndeton  19, 83, 85, 87, 99, 100, 102, 104, 106–108, 110, 111, 114, 135, 142–148, 151, 156, 157, 273, 279, 284–291, 297, 299, 307, 328, 331, 333, 340, 345–347, 349–351, 354
Aspecto verbal  212, 213, 215, 216, 248
Atributo,
    adjetival  73, 77, 80, 81
    en genitivo  73, 77, 187, 351

Cambio de atención  16, 18, 29, 31, 51, 53, 57, 66–68, 74, 79, 81, 93, 94, 109, 126, 129, 192, 194, 265, 276–278, 343, 344, 352
Cambio de dirección  172, 243
Catafórica, connotación  249, 250, 258, 292, 294, 300–302, 304
Circunstancias, modificación de las  228, 231
Clímax  172, 175, 194, 196, 213, 229, 243, 245, 269, 334
Codificación, material de  167
    marcada  172, 175, 176, 181, 243, 244, 347
    por defecto  165, 168, 171–178, 244, 261, 328, 347
Coherencia  xi, xii, 2, 3, 94, 95, 327, 351
Cohesión  xi, 4, 115–117, 351, 358
Complemento,
    de la cópula  46, 69, 343–345
Componente,
    adverbial  xii, xv, xvi, 9, 11–13, 17, 19, 21–23, 33, 40, 44, 45, 49, 51, 85, 102, 103, 113, 114, 116–125, 127, 130, 136, 143, 149, 150, 154, 157, 190, 223, 225–227, 229, 231–234, 241, 244–246, 318, 337, 338, 343, 344, 347, 349, 352, 353, 359
    coordinado  46, 68, 69, 72, 79, 345
    dividido  27, 68, 70–72, 77, 79, 103, 262, 298, 344, 345
    nominal  x, xii, xv, 1, 9, 17, 19, 21, 22, 36–38, 40, 57, 63, 73, 77, 165, 171, 184, 195, 200, 209, 217, 218, 220, 234, 243, 335, 339, 351, 361

    nuclear  1, 37, 38, 40–44, 73–76, 78, 80, 81, 187, 203, 223–231, 237, 241, 243, 318, 337, 359
    periférico  37–44, 68, 223, 346
    pronominal  xv, 36–45, 47, 57–59, 63–65, 69, 75–78, 80, 93, 94, 98, 105, 108, 163, 168, 169, 171–175, 178, 179, 244, 261, 265–268, 270, 274, 275, 282, 283, 285, 289, 297, 305, 306, 328, 347, 351
Comportamiento, discursos de  207
Conclusión  51, 81, 91, 95, 115, 116, 122, 142, 145, 146, 152, 207, 248, 250, 252, 256, 260, 273, 294, 307, 310, 315, 321, 328, 333, 334
Conectivo, sentido  136
Conector discursivo  113–115, 117
Conexión estrecha  99, 106, 142, 143, 146
Configuración,
    identificativa  10, 16, 63, 64, 66
    presentativa  10, 16, 19, 23, 42, 47, 109, 123, 137, 166, 344
    tema-rema (tópico-comentario)  xiii 10, 11, 16, 38, 57, 64, 65, 109, 110, 165, 353
Confirmación  83, 84, 119, 121, 122, 124, 125, 215, 287, 331
Conjunción,
    adversativa (véase ἀλλά)  58, 84, 135, 136, 138, 139, 149, 152, 154
    sentido de  83, 84, 103, 135, 136, 139, 149, 152, 154
Conjunto temático  4
Continuidad  4–7, 17, 19, 20, 22, 23, 25, 27, 28, 94, 114–118, 178, 223, 224, 231–234, 330, 340, 346, 347, 349, 350, 352
    de situación  7, 9, 10, 12, 19, 94, 176, 178, 224, 231, 233, 349
    de tiempo  4, 5, 7, 8, 11, 18, 23, 27, 37, 44, 94, 95, 114–118, 232–234, 238, 241, 244–246, 248, 329, 330, 333, 336, 339, 344, 346, 347, 349
Contrapunto  28, 29, 31, 135, 142, 203, 227
Contraste  xii, 12, 14, 31, 45, 48–50, 64, 72, 74, 75, 80, 98, 128, 135–137, 139, 140, 149, 193, 199, 202, 227, 232, 233, 319
Control de conversaciones  279
Conversación referida  4, 6, 105, 265, 268, 273
    cerrada  261, 262, 265–268, 276, 298, 349, 352
    compacta  262, 265, 268, 279, 298, 308, 351
    táctica de no-desarrollo  263
    táctica por defecto  263, 265
Cualitativo  184, 185

Debate  267, 307, 308
Definido  88, 183–185, 200–202, 351

Deíctica, función 46
Demostrativo,
    pronombre 66, 102, 109, 111, 144
Desarrollo 41, 70, 85, 89, 90, 92–96, 98, 99,
    103–107, 109, 111, 114–118, 128–133,
    135–143, 145–150, 152–155, 208, 213,
    237, 243, 244, 257, 263, 265, 276, 284–
    288, 295, 297–299, 302, 303, 306, 321,
    330–332, 335, 339, 345, 346, 349–354
Descriptivo, material 12
Desplazado a izquierda xiii
Destacado 243, 352
Determinado xiii, 39, 40, 84, 123, 163, 173, 183,
    185, 207, 208, 213, 234, 330, 348, 352
Dik, patrón P1 P2 V X de Simon 1
Discontinuidad de
    acción 5–7, 19, 23, 25, 105, 114
    lugar (espacial) 5, 12
    participantes 7
    referencia 25
    tiempo 5, 8, 94, 232
Discurso
    clave 167, 178, 280
    directo xiii, 285, 313, 317, 322, 361
    final 91, 116, 117, 246, 265, 266–273, 275,
        285, 290, 292–294, 303, 304, 317, 318,
        349, 350
    hipotético 316
    indirecto xiii, 198, 282, 316

Efecto pragmático xii, 17, 19, 113, 129, 130,
    263, 313, 317, 322
Elemento Focal Dominante (EFD) xv, 39, 352
Emoción, emotivo 146–148
Énfasis, enfático 9, 13, 24, 42, 44, 45, 50, 54,
    60, 72, 73, 75, 77, 80, 81, 146, 184, 277
Enfoque interino 1, 58, 66, 67, 138, 276, 352
Enlace reanudatorio xiii
Entrada específica 129–131, 243, 352
Episodio 4, 20, 23, 24, 27, 87, 89–98, 103, 107,
    114–118, 132, 165, 166, 172, 175, 185–192,
    194–197, 217, 219–221, 228, 229, 234, 236,
    243, 245, 246, 248, 250–252, 256, 263, 267,
    273, 274, 292, 294–297, 303, 304, 315, 328,
    332–346, 349–352, 354
Escena retrospectiva (véase Flashback) 5
Escenario 11, 12, 17, 20, 24, 27, 52, 89, 90,
    92–96, 103, 107, 165–167, 172–174, 178,
    179, 187, 189, 191, 207, 218, 233, 248,
    252, 330, 332, 345, 351–353
Espacial, discontinuidad (véase Discontinuidad de)
    lugar 12
Estilo x, 3, 99, 138, 329
Estructura de información xi

Estructura semántica, análisis de la (SSA) 141, 142
Estructural, método x
Evaluación 144, 145, 148, 156, 207, 353
Explicación x, xi, 9, 46, 83, 98, 166, 207, 248,
    296, 297, 313, 318, 353

Flashback 5, 7, 8, 17
Flujo Natural de la Información, Principio del 1,
    35, 38, 40, 45, 47, 54, 57, 75, 80
Foco
    al final de la oración 41, 45
    anteverbal 44, 45
Frontera discursiva 150
Funcional, método x

Género textual 327
    narrativo xii, 4, 11, 17, 85, 87, 215, 237, 247, 330
    no-narrativo 17, 27, 85, 130
Genitivo
    absoluto (GA) xv, 102, 168–171, 217, 218,
        221, 243, 248, 347, 352, 353
    pronominal no enfático 77, 80
Grupo nominal (GN) x, xii, xv, 1, 22, 49, 57,
    70, 73–78, 80, 165, 167, 168, 170–174,
    176–181, 183, 200, 225, 234, 243, 244,
    246, 261, 268, 274, 280–282, 328, 330,
    335, 339, 340, 347
    redundante 335, 339
Grupo preposicional 14, 36

Hendida, construcción 61, 64, 124, 203

Iconicidad de Givón, Principio de 167, 168
Imperfectivo, aspecto 213–216, 249
Imperfecto 6, 209, 212–217, 232, 247, 248,
    291, 337
Inclusión 334, 337, 338
Indefinido 59–63, 81, 166, 170, 184, 185, 200
Información
    colateral 207, 353
    de primer plano 207, 213–215, 235
    de trasfondo (segundo plano) 129, 175, 207,
        208, 212–215, 226, 235–237, 245, 314
    establecida 1, 35, 36, 38, 40, 80
    no-establecida 1, 35, 38, 40
    performativa 207, 353
Inicial, en posición 11, 18–20, 22, 24, 30, 33,
    35, 45, 49, 51, 53–55, 93, 98, 100, 102,
    231, 232, 327, 330, 333, 339, 340, 343,
    344, 346, 350
Iniciativa
    cambios de 105
    frustrada 277
Interrogativa parcial, retórica 60, 336, 339

Límites, rasgos que implican  325, 327

Marcación  xi, 352
Mismidad  127, 130, 133

Narración, narrativo  xii, 4, 6, 8, 10, 17, 19, 23, 24, 41, 87–95, 97, 98, 102, 104, 105, 107, 109, 111, 112, 114–116, 129, 131, 132, 165–167, 171, 173, 176, 178, 180, 183, 185, 188, 192, 194, 198, 207, 208, 210, 212–216, 225, 228, 236, 243–249, 266, 269, 276–278, 284, 287, 288, 295, 299, 318, 321, 329, 332, 335, 336, 340, 343, 346, 347, 349–354
Negativo indefinido  59, 60, 62, 63
No-determinado  185
No-evento  4, 6, 8, 108, 207, 214
Nombre propio  183, 184, 186, 200

Oración copulativa  46, 57, 69
Oración de relativo  xiii, 30, 136, 214, 223, 236, 238–240, 348
  apositiva  235, 237–239, 244
  continuativa  131, 235–239, 348
  no restrictiva  234, 235, 237–239, 348
  restrictiva  234, 235, 237–239
Oración negativa  58, 138, 139
Orden de los componentes
  adjetivo-sustantivo  73
  ambiguo  35, 48
  básico  9, 21
  dativo-sustantivo  73
  en grupos nominales  1, 7, 35, 46, 73, 80, 167
  en oraciones negativas  1, 35, 57, 58, 60, 133
  genitivo-sustantivo  73
  marcado  21, 35, 45
  pragmático  21, 68
Orientación  142, 176
Orientador de discurso  262, 268, 274, 275, 279, 297, 353
Oyente  4, 5, 10, 11, 13, 38, 39, 42, 50, 98, 105, 130, 168, 169, 172–176, 178–180, 184, 194, 234, 244, 261–263, 265, 267, 268, 279, 280, 307, 313, 347, 349, 351, 352

Par adyacente  299, 300, 302, 353
Paralelismo  119, 121, 122, 125, 143
Párrafo  6, 7, 10, 14, 17, 84, 90, 110, 115, 143, 146, 151, 173, 180, 195, 215, 234, 248, 282, 327, 328, 330–333, 335, 337, 338, 347, 353, 354
Participantes
  activados  167, 168, 295
  estatus de  165, 167
  introducción de  165, 166, 171, 225, 243
  principales  165, 167, 168, 171, 173–175, 188, 191, 353
  reactivación de  188
  secundarios  165, 166, 171, 179, 353
  sobrenaturales  167
Participio adverbial (circunstancial)  223, 229
  apositivo  223, 226
  en nominativo (PN)  xv, 51, 223, 224, 353
Paso intermedio  105, 265–268, 270–276, 280, 282, 284, 303, 306, 349, 353
Patrón de referencia  xii, 163
  marcado  163, 165, 168, 173–176, 178, 181, 243, 244, 347
  por defecto  163, 165, 168, 172–176, 178, 186, 244, 261
Perfectivo, aspecto  213–216, 247
Presente histórico  xi, xiii, xv, 96, 115, 166, 208, 243, 244, 246–248, 261–263, 273, 284, 290, 297, 337
Primer plano  17, 103, 104, 106–108, 138, 207–209, 212–221, 226, 227, 231–233, 235–237, 267, 275, 331, 345, 348, 351–353
Prominencia
  focal  9, 20–22, 42–45, 47, 48, 50, 52–54, 57–59, 62–65, 72, 74, 75, 77–79, 89, 110, 122–126, 199, 200, 202, 231, 344, 345
  natural  209, 212, 213, 225
  temática  9, 70, 123, 207, 214
Pronombre independiente  36, 168, 169, 171, 172, 174, 176, 180, 347
Pronunciamiento autoritativo  282
Propósito del autor  89, 93, 95–97, 103–105, 109, 110, 306, 327
Punto de transición
  adverbial  9, 11–14, 17, 24
  anticipatorio  265, 276–278
  función bidireccional  11
  inarticulado  203, 204
  reanudación, por  152, 155, 168
  referencial  15, 27, 28
  situacional  11, 15
  temporal  11, 12, 17, 27, 98, 102, 104, 108, 248, 330, 332, 345, 347

Quiasmo, quiastico  334

Ralentizar, recursos para  114, 244–246, 299, 349
Razón,
  pragmática  68
  procesual  68
Reanudación  16, 17, 20, 24, 78, 104, 106, 107, 111, 115, 140, 142, 152, 153, 155, 168, 169, 203, 209–211, 333, 337, 338, 345

Refuerzo, material de  135, 152–154, 209, 329, 347
Reiteración genérico-específica  7, 25, 142
Rema  xiii, 10, 11, 14–16, 27, 28, 35, 38–41, 43, 51, 54, 57, 61, 64, 65, 109, 110, 165, 353, 354
Reparto  114, 346, 354
  cambio de  4, 7, 27, 329, 331, 333, 335, 336, 339
  mismo  4, 115, 116
Réplica  280, 308–311, 313
Resaltar, recursos para  207, 243, 244
Respuesta esperada o predecible  263, 284, 298, 349
Restricciones en el procesamiento  84, 142, 146, 150
Resumen, enunciados de  329, 333
Rol, cambio de  167, 224, 332, 335, 336
Ronda  263, 285–287, 295, 300, 349, 354

Saliente  76, 77
Significado semántico  xii, 130

Tema,
  proposicional  10, 38, 42, 76, 93, 110, 111, 114, 124, 140, 144, 145, 148, 154, 165, 202, 343, 346, 348, 351
Topicalización  9
Transicional, material  328
Transitividad  212
Trasfondo,
  colocar como  xiii, 236, 314, 316

Unidad narrativa  102, 116, 167, 172–175, 177–179, 273, 317, 354

Verbo al final  53, 58, 122
Verbo de lengua  214, 248, 300, 304, 313, 350
Verbo-inicial como el orden por defecto  21
Verbo, tipo semántico de  213
Viaje, diario de  12
VIP global  167, 168, 175, 176, 187–189, 191, 195, 246, 266, 335, 336, 339
VIP local  168, 176, 178, 179, 192–195, 197
Vocativo  37, 148, 335, 350

# CONTENIDO

| | |
|---|---|
| **Prefacio** | vii |
| **Introducción** | ix |
| **Abreviaturas** | xv |
| **PARTE I: ORDEN DE LOS CONSTITUYENTES** | 1 |
| **1 Coherencia y discontinuidad** | 3 |
| **2 Puntos de transición** | 9 |
|    2.1 Configuraciones de la oración | 10 |
|    2.2 Tema, rema y punto de transición | 10 |
|    2.3 Puntos de transición que actúan como reanudación | 16 |
|    2.4 Potenciales puntos de transición que no inician una oración | 18 |
|    2.5 Una advertencia sobre constituyentes iniciales | 20 |
|    2.6 Implicaciones para el orden básico de constituyentes en el NT griego | 21 |
|    2.7 Pasajes narrativos ilustrativos | 22 |
|    2.8 Puntos de transición en pasajes no-narrativos | 27 |
| **3 Orden de los constituyentes en el rema** | 35 |
|    3.1 Constituyentes pronominales | 35 |
|    3.2 Núcleo – Periferia | 37 |
|    3.3 Tema – Rema (tópico – comentario) | 38 |
|    3.4 Elemento focal dominante al final de la oración | 39 |
|    3.5 Casos marcados de foco al final de la oración | 41 |
|    3.6 Foco anteverbal | 44 |
|    3.7 Foco anteverbal versus foco al final de la oración | 45 |
|    3.8 Órdenes ambiguos de constituyentes | 48 |
|       3.8.1 Ambigüedades cuando la oración termina con un verbo | 48 |
|       3.8.2 Ambigüedades cuando un solo constituyente precede al verbo | 50 |
|    3.9 Comentarios finales | 54 |
| **4 Más sobre el orden de los constituyentes** | 57 |
|    4.1 Orden de constituyentes en oraciones negativas | 57 |
|    4.2 Orden de constituyentes en interrogativas parciales | 63 |
|    4.3 Enfoque interino | 66 |
|    4.4 Constituyentes divididos | 68 |
|       4.4.1 División de un constituyente focal debido a su complejidad | 68 |
|       4.4.2 División de un constituyente porque sus partes no son igualmente relevantes | 69 |
|       4.4.3 Conclusión | 71 |

| | |
|---|---:|
| 4.5 Ordenamiento en grupos nominales | 73 |
|     4.5.1 La anteposición del genitivo en los grupos nominales | 73 |
|     4.5.2 Las posiciones atributivas del adjetivo en los grupos nominales | 80 |
| **PARTE II: CONJUNCIONES Y CONECTORES DISCURSIVOS** | **83** |
| **5 Καί y δέ en el género narrativo** | **87** |
|   5.1 Καί y δέ en los evangelios sinópticos y Hechos | 87 |
|   5.2 Notas sobre δέ en el evangelio de Marcos | 98 |
|   5.3 Δέ, καί, οὖν, y asíndeton en el evangelio de Juan | 99 |
|     5.3.1 El asíndeton en Juan | 100 |
|     5.3.2 La conjunción καί en Juan | 103 |
|     5.3.3 Las conjunciones δέ y οὖν en Juan | 103 |
|   5.4 Material de trasfondo | 108 |
|     5.4.1 Material de trasfondo con δέ | 109 |
|     5.4.2 Material de trasfondo con γάρ | 110 |
|     5.4.3 Material de trasfondo con un punto de transición y sin conjunción | 110 |
| **6 Τότε, καί adverbial y τέ *solitaria*** | **113** |
|   6.1 Τότε | 113 |
|     6.1.1 Τότε como conector en Mateo | 115 |
|     6.1.2 Τότε en Marcos, Lucas, Juan y Hechos | 117 |
|   6.2 Καί adverbial | 118 |
|   6.3 Τέ *solitaria* | 127 |
| **7 Desarrollo temático en textos no-narrativos** | **135** |
|   7.1 Δέ | 135 |
|   7.2 Asíndeton | 142 |
|   7.3 Καί conjuntiva | 149 |
|   7.4 Οὖν | 152 |
|   7.5 Conjunciones de inferencia | 158 |
|     7.5.1 Ἄρα y ἄρα οὖν | 158 |
|     7.5.2 Ὥστε | 159 |
|     7.5.3 Διό y διὰ τοῦτο | 159 |
| **PARTE III: PATRONES DE REFERENCIA** | **163** |
| **8 Formas de referencia a los participantes** | **165** |
|   8.1 Estatus e introducción de los participantes | 165 |
|   8.2 Referencias adicionales a participantes activados | 167 |
|   8.3 Referencias a los VIP | 175 |
| **9 El artículo con los sustantivos** | **183** |
|   9.1 Preliminares | 183 |
|   9.2 El artículo con nombres propios de personas | 185 |
|   9.3 Referencias inarticuladas a otros sustantivos | 186 |
|   9.4 Puntos de transición inarticulados | 187 |
|     9.2.1 Las reglas por defecto | 192 |
|     9.2.2 Reactivación de participantes | 199 |
|     9.2.3 Referencias inarticuladas a participantes activos | 203 |
| **PARTE IV: RECURSOS PARA COLOCAR COMO TRASFONDO Y PARA RESALTAR** | **207** |
| **10 Colocación de oraciones como trasfondo** | **209** |
|   10.1 Μέν prospectiva | 209 |
|   10.2 Prominencia natural y verbo; el imperfecto | 212 |
|     10.2.1 Tipos de verbo y prominencia natural | 213 |
|     10.2.2 Aspecto verbal y trasfondo versus primer plano | 213 |
|   10.3 El uso de ἐγένετο | 217 |
| **11 Información colocada como trasfondo dentro de la oración** | **223** |

| | |
|---|---:|
| 11.1 Participios adverbiales | 223 |
| 11.1.1 La diferencia entre los participios en nominativo y los genitivos absolutos | 224 |
| 11.1.2 Participios adverbiales y trasfondo | 226 |
| 11.1.3 Participios en posición inicial y continuidad | 231 |
| 11.2 Oraciones subordinadas de relativo | 234 |
| **12 Recursos para resaltar y el presente histórico** | **243** |
| 12.1 Recursos para resaltar en NT griego | 243 |
| 12.2 El presente histórico | 247 |
| 12.2.1 Presentes históricos que no introducen discursos referidos en Mateo | 250 |
| 12.2.2 Presentes históricos que no introducen discursos referidos en Lucas y Hechos | 255 |
| 12.2.3 Presentes históricos que no introducen discursos referidos en Juan | 255 |
| **PARTE V: CONVERSACIÓN REFERIDA** | **261** |
| **13 La táctica por defecto en las conversaciones referidas** | **265** |
| 13.1 El estatus de los discursos referidos en las narraciones | 265 |
| 13.2 El estatus del discurso final de una conversación referida | 268 |
| 13.3 Pasos intermedios y puntos de transición anticipatorios | 276 |
| **14 Más sobre conversaciones referidas en los evangelios sinópticos y Hechos** | **279** |
| 14.1 Control de conversaciones en los evangelios sinópticos y Hechos | 279 |
| 14.2 Asíndeton en conversaciones referidas en el evangelio de Mateo | 284 |
| 14.3 Verbos de lengua en presente histórico en el evangelio de Mateo | 290 |
| **15 Conversaciones referidas en el evangelio de Juan** | **297** |
| 15.1 Presentes históricos en orientadores de discurso en el evangelio de Juan | 299 |
| 15.2 Ἀπεκρίθη καὶ εἶπεν en el evangelio de Juan | 307 |
| **16 Tres tipos de discursos referidos** | **313** |
| 16.1 Discursos indirectos | 314 |
| 16.2 Discursos directos con ὅτι recitativo | 317 |
| 16.2.1 Ὅτι después de λέγω σοι/ὑμῖν | 319 |
| 16.2.2 Ὅτι con citas de las Escrituras | 320 |
| **PARTE VI: RASGOS QUE IMPLICAN LÍMITES** | **325** |
| **17 Rasgos que implican límites** | **327** |
| 17.1 Problemas en la identificación de límites y una solución parcial | 327 |
| 17.2 Cómo reconocer cuándo una evidencia es válida | 331 |
| 17.2.1 Conjunciones y asíndeton | 331 |
| 17.2.2 Cambios espacio-temporales | 333 |
| 17.2.3 Enunciados de resumen | 333 |
| 17.2.4 Estructuras quiásticas | 334 |
| 17.2.5 Estructuras tipo *inclusión* | 334 |
| 17.2.6 Interrogativas retóricas | 334 |
| 17.2.7 Referencia a los participantes por medio de un grupo nominal | 335 |
| 17.2.8 Vocativos | 335 |
| 17.2.9 Cambios de reparto y de rol | 335 |
| 17.2.10 Cambios de tiempo-aspecto, modo y/o persona del verbo | 336 |
| 17.2.11 Referencia retrospectiva | 337 |
| **APÉNDICE: RESPUESTAS SUGERIDAS A LOS PASAJES ILUSTRATIVOS** | **343** |
| **GLOSARIO** | **351** |
| **REFERENCIAS** | **355** |
| **ÍNDICE DE CITAS BÍBLICAS** | **365** |
| **ÍNDICE DE MATERIAS** | **377** |

# Lista de cuadros y diagramas

| | | |
|---|---|---|
| Cuadro 1. | Una comparación de términos empleados | xix |
| Cuadro 2. | Dimensiones de continuidad y discontinuidad en el género narrativo | 4 |
| Cuadro 3. | La función de los vínculos en los evangelios y en Hechos | 85 |
| Cuadro 4a. | La función de los vínculos en Juan | 99 |
| Cuadro 4b. | Las funciones de δέ, καί, οὖν y asíndeton en Juan | 106 |
| Cuadro 5. | El uso de τότε | 115 |
| Cuadro 6. | El uso de los conectores | 133 |
| Cuadro 7. | La correlación entre los sujetos y los tipos de oraciones adverbiales | 225 |
| Cuadro 8. | La correlación entre los participios iniciales de oraciones y la continuidad de la situación | 232 |
| Cuadro 9. | La correlación entre el orientador del habla y la referencia al hablante | 300 |
| | | |
| Diagrama 1. | El flujo del argumento de Mateo 5,44–48 | 156 |
| Diagrama 2. | El flujo del argumento de Romanos 9,14–16 | 159 |
| Diagrama 3. | El flujo del argumento de 1 Tesalonicenses 4,13–18 | 159 |

Stephen H. Levinsohn es asesor lingüístico de SIL Global. Junto a su esposa, Nessie, se asociaron a SIL en 1965 y trabajaron con el grupo étnico inga (quechua) en Colombia desde 1968 hasta que el Nuevo Testamento en inga se publicó en 1997. Stephen colaboró también desde 1970 como asesor lingüístico en Colombia. Durante un seminario en 1974 sobre los rasgos discursivos de diversas lenguas de Panamá, de cara a la traducción de la Biblia a las mismas, se dio cuenta de la carencia de estudios relevantes sobre esos mismos rasgos en el griego del Nuevo Testamento. Como resultado, comenzó en 1978 un doctorado en Ciencias Lingüísticas de la Universidad de Reading, Inglaterra, sobre el tema de las relaciones entre constituyentes más allá de la oración en los Hechos de los Apóstoles. Algunas partes de dicha investigación fueron publicadas en 1987 por la Society of Biblical Literature [SBL] bajo el título "Textual Connections in Acts". En 1989, Stephen dirigió el primero de cuatro seminarios sobre las características discursivas del griego neotestamentario, que condujeron a la publicación de la primera edición de este volumen en inglés. Posteriormente, en 1999 y 2000, impartió un curso de cinco semanas con el mismo nombre en el Seminario Teológico de Dallas, que se convirtió en la base de la segunda edición en inglés. Más tarde dirigió seminarios sobre los rasgos discursivos comparativos aplicados a la traducción de las Sagradas Escrituras en Panamá, México, Guatemala y Perú. Stephen ha presentado varias ponencias sobre el griego del Nuevo Testamento en congresos de la SBL, de la European Association of Biblical Studies [EABS], y del International Syriac Language Project [ISLP].

**Sitio web académico**
sil.org/biography/stephen-levinsohn

**Obras de este autor en Archivos de Lengua y Cultura del SIL**
sil.org/resources/search/contributor/levinsohn-stephen-h

**Obras de este autor en Google Scholar**
scholar.google.com/citations?view_op=list_works&hl=en&hl=en&user=RpsBdtsAAAAJ

www.ingramcontent.com/pod-product-compliance
Lightning Source LLC
Chambersburg PA
CBHW060306010526
44108CB00041B/2476